一流本科专业一流本科课程建设系列教材
新工科·普通高等教育汽车类系列教材

智能网联汽车技术与应用

主　编　赵　剑
参　编　刘蓬勃　李琳辉　姚念民
　　　　姚宝珍　岳　明　李轩衡

机械工业出版社

本书融合了作者团队在智能网联车载高精度传感器与终端设计、汽车主被动安全系统、智能感知与决策控制、车联网智能组网、智能交通系统、车联网平台与车联网攻击防护等最新研究进展。本书系统全面地介绍了智能网联汽车领域的关键和前沿技术，简明扼要地阐述和探讨了该领域急缺且关键的技术点，包括智能网联汽车传感器技术、智能网联汽车环境感知技术、智能网联汽车决策技术、智能网联汽车控制技术、智能网联汽车通信技术、智能网联汽车网络技术、智能网联汽车交通规划技术及智能网联汽车的安全防护技术等，突出其原理和核心方法，具有很强的创新性和前瞻性。

本书可作为车辆工程、智能车辆工程等专业的教材，也可作为相关人员的参考书籍。

图书在版编目（CIP）数据

智能网联汽车技术与应用/赵剑主编. —北京：机械工业出版社，2023.4

一流本科专业一流本科课程建设系列教材　新工科·普通高等教育汽车类系列教材

ISBN 978-7-111-72960-0

Ⅰ.①智… Ⅱ.①赵… Ⅲ.①汽车-智能通信网-高等学校-教材　Ⅳ.①U463.67

中国国家版本馆 CIP 数据核字（2023）第 058450 号

机械工业出版社（北京市百万庄大街22号　邮政编码100037）
策划编辑：宋学敏　　　　　　责任编辑：宋学敏
责任校对：樊钟英　贾立萍　　封面设计：张　静
责任印制：张　博
保定市中画美凯印刷有限公司印刷
2023年9月第1版第1次印刷
184mm×260mm·21印张·516千字
标准书号：ISBN 978-7-111-72960-0
定价：68.00元

电话服务　　　　　　　　　网络服务
客服电话：010-88361066　　机　工　官　网：www.cmpbook.com
　　　　　010-88379833　　机　工　官　博：weibo.com/cmp1952
　　　　　010-68326294　　金　书　网：www.golden-book.com
封底无防伪标均为盗版　　　　机工教育服务网：www.cmpedu.com

前　言

随着全球汽车保有量的快速增长，环境污染、交通拥堵、安全事故频发等现象日益严重，已成为影响汽车产业可持续健康发展的限制性因素。智能网联汽车被公认为是这些问题的有效解决方案，将对整个产业链带来翻天覆地的变化，其发展已经上升为国家战略，工业和信息化部、国家发展和改革委员会、科学技术部等多部门连续颁布了一系列产业刺激政策，包括《国家车联网产业标准体系建设指南》《智能网联汽车道路测试管理规范（试行）》《车联网（智能网联汽车）产业发展行动计划》《智能汽车创新发展战略》等十余项，以期促进传统产业的转型升级，提升社会出行安全，缓解交通压力，高效利用社会资源。

智能网联技术涵盖学科领域众多，如车辆工程、传感器、电子技术、计算机、控制理论、通信技术、网络技术、安全技术等。基于上述内容，作者团队结合长期从事智能网联汽车研究的经验和创新研究成果，系统编写了本书，该书融合了作者团队在智能网联车载高精度传感器与终端设计、汽车主被动安全系统、智能感知与决策控制、车联网智能组网、智能交通系统、车联网平台与车联网攻击防护等最新研究进展，并将团队参与和主持的国家自然科学基金、国家重点专项"车联网先导应用环境构建及场景测试验证平台建设""车联网应用环境建设""工业互联网网络信任支撑平台"等项目的重要成果融入其中，重点突出众多关键技术的关联性和体系性。

本书全面地介绍了智能网联汽车领域的关键和前沿技术，简明扼要地阐述和探讨了该领域急缺且关键的技术点，如智能网联汽车传感器技术、智能网联汽车环境感知技术、智能网联汽车决策技术、智能网联汽车控制技术、智能网联汽车通信技术、智能网联汽车网络技术、智能网联汽车交通规划技术及智能网联汽车安全防护技术等，突出其原理和核心方法，具有很强的创新性和前瞻性。该书的出版可以有效补充智能网联汽车领域论著较少的现状，也能作为高校智能网联汽车课程教学用书。

编　者

目 录

前言
第1章　绪论 …………………………………… 1
　1.1　智能网联汽车概述 ………………………… 1
　1.2　智能网联汽车的应用 ……………………… 2
　1.3　智能网联汽车关键技术 …………………… 3
　1.4　智能网联汽车发展目标 …………………… 6
第2章　智能网联汽车传感器技术 …………… 8
　2.1　定位导航传感器 …………………………… 8
　　2.1.1　定位导航传感器在汽车中的应用 … 8
　　2.1.2　定位导航传感器系统组成 ………… 9
　　2.1.3　定位导航传感器的技术指标 ……… 9
　　2.1.4　加速度传感器 ……………………… 10
　　2.1.5　陀螺仪 ……………………………… 37
　2.2　辅助与自动驾驶传感器 …………………… 55
　　2.2.1　辅助与自动驾驶传感器概述 ……… 55
　　2.2.2　辅助与自动驾驶传感器的系统
　　　　　 组成 …………………………………… 57
　　2.2.3　视觉传感器 ………………………… 61
　　2.2.4　毫米波雷达 ………………………… 66
　　2.2.5　激光雷达 …………………………… 71
　　2.2.6　超声波雷达 ………………………… 81
　2.3　新能源汽车传感器 ………………………… 83
　　2.3.1　新能源汽车传感器在汽车中的
　　　　　 应用 …………………………………… 83
　　2.3.2　新能源汽车传感器的系统组成 …… 83
　　2.3.3　电池管理系统传感器 ……………… 84
　　2.3.4　电机驱动系统传感器 ……………… 90
　　2.3.5　氢燃料电池系统传感器 …………… 94
　2.4　驾乘人员生理状态传感器 ………………… 99
　　2.4.1　驾乘人员生理状态传感器概述 …… 99
　　2.4.2　驾乘人员生理状态传感器的系统
　　　　　 组成 …………………………………… 99
　　2.4.3　基于机器视觉的疲劳检测技术 …… 100
　　2.4.4　基于语音识别的疲劳检测技术 …… 103
　　2.4.5　脑电识别技术 ……………………… 109
　　2.4.6　心率心电识别技术 ………………… 114
　　2.4.7　肌力肌电识别技术 ………………… 117
　　2.4.8　血液循环状态识别技术 …………… 121
　2.5　多传感器融合技术在智能车中的
　　　 应用 ……………………………………… 124
　　2.5.1　多传感器融合应用的现状 ………… 124
　　2.5.2　信息融合的级别及优势 …………… 125
　　2.5.3　单目视觉里程计 …………………… 126
　　2.5.4　摄像头和毫米波雷达融合 ………… 127
　　2.5.5　摄像头和激光雷达融合 …………… 128
第3章　智能网联汽车环境感知技术 … 130
　3.1　智能网联汽车环境感知概述 …………… 130
　　3.1.1　环境感知的任务 …………………… 130
　　3.1.2　环境感知的功能层次 ……………… 131
　　3.1.3　环境感知传感器应用 ……………… 131
　　3.1.4　环境感知的模型 …………………… 133
　3.2　深度学习模型及神经网络 ……………… 134
　　3.2.1　感知机 ……………………………… 134
　　3.2.2　受限玻耳兹曼机 …………………… 136
　　3.2.3　卷积神经网络 ……………………… 137
　3.3　交通场景语义分割方法 ………………… 142
　　3.3.1　语义分割方法概述 ………………… 142
　　3.3.2　典型语义分割方法 ………………… 143
　　3.3.3　典型实例分割方法 ………………… 145
　　3.3.4　小结 ………………………………… 146
　3.4　交通场景目标检测方法 ………………… 146
　　3.4.1　基于视觉的障碍目标检测方法 … 147
　　3.4.2　基于视觉的交通信号及标志检测
　　　　　 方法 …………………………………… 151
　　3.4.3　基于激光三维点云数据分类与
　　　　　 目标提取 ……………………………… 153
　3.5　交通场景路面信息检测方法 …………… 155
　　3.5.1　基于视觉的路面信息检测 ………… 155
　　3.5.2　基于激光雷达的路面检测 ………… 163
　3.6　同步定位和地图构建SLAM技术 …… 165

IV

3.6.1　基于视觉的 SLAM ………… 166
3.6.2　基于激光的 SLAM ………… 167
3.7　极端工况与天气环境感知技术 ……… 169
3.7.1　雾天图像处理方法 ………… 169
3.7.2　雨天图像处理方法 ………… 171
3.8　多传感器融合 ………………………… 173
3.8.1　多传感器数据融合原理 …… 173
3.8.2　多传感器数据融合方法 …… 173
3.8.3　智能网联汽车多传感器融合 …… 175

第4章　智能网联汽车决策技术 ………… 181
4.1　智能网联汽车决策系统概述 ………… 181
4.2　通路规划技术 ………………………… 183
4.3　行为规划技术 ………………………… 184
4.3.1　有限状态机模型 …………… 184
4.3.2　基于效用/价值的马尔可夫决策模型 ………………………… 186
4.3.3　基于深度模仿学习的决策模型 …… 187
4.3.4　基于深度强化学习的决策模型 …… 189
4.4　轨迹预测技术 ………………………… 190
4.4.1　基于浅层学习的轨迹预测方法 …… 191
4.4.2　基于深度学习的轨迹预测方法 …… 192
4.4.3　轨迹预测数据集及性能比较 …… 195
4.5　运动规划技术 ………………………… 198
4.5.1　变分法 ……………………… 198
4.5.2　图搜索法 …………………… 199
4.5.3　增量式搜索方法 …………… 202
4.6　智能网联汽车决策构架 ……………… 203

第5章　智能网联汽车控制技术 ………… 204
5.1　智能网联汽车控制技术概述 ………… 204
5.2　汽车自适应巡航控制技术 …………… 206
5.3　汽车整车稳定性控制技术 …………… 208
5.4　汽车高速公路自主换道控制 ………… 211
5.5　汽车人机协同控制 …………………… 213
5.6　汽车队列成形控制及队列稳定性 …… 215
5.6.1　汽车队列成形控制 ………… 215
5.6.2　队列稳定性 ………………… 216
5.7　汽车交叉口通行车路协同控制 ……… 217
5.7.1　汽车交叉口通行车路协同控制概述 ………………………… 217
5.7.2　汽车交叉口冲突问题描述及分析 ………………………… 217
5.7.3　汽车交叉口控制模型的建立 …… 218
5.8　复杂工况下脱困控制技术 …………… 219

5.8.1　爆胎车辆脱困控制策略 …… 219
5.8.2　上层系统决策层 …………… 220
5.8.3　中层轨迹规划层 …………… 221
5.8.4　下层轨迹跟踪层 …………… 221

第6章　智能网联汽车通信技术 ………… 223
6.1　智能网联汽车通信技术概述与组成 … 223
6.2　DSRC 通信协议 ……………………… 224
6.2.1　DSRC 标准化进程 ………… 224
6.2.2　DSRC 协议架构 …………… 225
6.2.3　DSRC 系统结构组成 ……… 226
6.2.4　DSRC 主要参数及性能对比 …… 227
6.3　C-V2X 通信协议 …………………… 228
6.3.1　C-V2X 标准化进程 ……… 228
6.3.2　LTE-V2X ………………… 230
6.3.3　5G NR-V2X ……………… 232
6.4　6G 通信技术 ………………………… 235
6.4.1　6G 网络架构 ……………… 236
6.4.2　6G 性能指标 ……………… 236
6.4.3　6G-V2X 潜在技术 ………… 237
6.5　WiFi 通信技术 ……………………… 238
6.5.1　技术概述 …………………… 238
6.5.2　技术标准 …………………… 238
6.5.3　技术特点 …………………… 239
6.5.4　WiFi 在智能网联汽车中的应用 … 239
6.6　蓝牙通信技术 ………………………… 239
6.6.1　技术概述 …………………… 239
6.6.2　技术发展 …………………… 239
6.6.3　技术特点 …………………… 240
6.6.4　蓝牙在智能网联汽车中的应用 … 241
6.7　ZigBee 通信技术 …………………… 241
6.7.1　技术概述 …………………… 241
6.7.2　技术特点 …………………… 241
6.7.3　ZigBee 在智能网联汽车中的应用 ………………………… 242
6.8　VLC 技术 …………………………… 242
6.8.1　技术概述 …………………… 242
6.8.2　技术特点 …………………… 242
6.8.3　VLC 系统组成 ……………… 242
6.8.4　VLC 技术在智能网联汽车中的应用 ………………………… 243
6.9　超宽带通信技术 ……………………… 243
6.9.1　技术概述 …………………… 243
6.9.2　技术特点 …………………… 243

6.9.3　UWB 技术在智能网联汽车中的
　　　　应用 …………………………… 244
6.10　RFID 通信技术 …………………… 244
　6.10.1　技术概述 …………………… 244
　6.10.2　RFID 工作原理 ……………… 245
　6.10.3　技术特点 …………………… 245
　6.10.4　RFID 技术在智能网联汽车中的
　　　　　应用 ……………………… 245
6.11　eCall 通信技术 …………………… 246
　6.11.1　技术概述 …………………… 246
　6.11.2　eCall 系统结构 ……………… 246

第 7 章　智能网联汽车网络技术 …… 248
7.1　智能网联汽车网络技术概述 ……… 248
7.2　车载自组织网络的特点 …………… 248
7.3　车载自组织网络的系统结构 ……… 249
7.4　车载自组织网络的通信类型与协议 … 250
7.5　VANET 试验仿真工具 ……………… 251
　7.5.1　交通仿真器 …………………… 252
　7.5.2　网络仿真器 …………………… 252
　7.5.3　综合仿真器 …………………… 253
7.6　车联网协议总结与现状分析 ……… 253

第 8 章　智能网联汽车交通规划技术 … 255
8.1　智能网联汽车导航中路径规划技术 … 255
　8.1.1　导航技术概述 ………………… 255
　8.1.2　导航的空间维度 ……………… 255
　8.1.3　导航的三个基本要素 ………… 256
　8.1.4　导航中的定位技术 …………… 256
　8.1.5　导航地理数据库 ……………… 258
　8.1.6　路径规划技术介绍 …………… 259
　8.1.7　路径规划的具体方法 ………… 259
　8.1.8　路径规划常用算法的原理 …… 260
　8.1.9　改进后的路径规划算法 ……… 262

8.2　交通信号灯统筹控制技术 ………… 263
　8.2.1　交通信号灯的介绍 …………… 263
　8.2.2　交通信号灯的设置 …………… 264
　8.2.3　交通信号灯的控制系统 ……… 264
　8.2.4　交通信号灯的识别 …………… 271
8.3　智能网联汽车自动泊车技术 ……… 277
　8.3.1　泊车位探测 …………………… 277
　8.3.2　泊车位选择 …………………… 278
　8.3.3　自动泊车路径规划研究 ……… 281
　8.3.4　泊车的控制系统 ……………… 285
8.4　交通流感知和分流技术 …………… 291
　8.4.1　交通流感知的常见技术 ……… 292
　8.4.2　交通流感知的其他技术 ……… 293
　8.4.3　分流技术 ……………………… 295
　8.4.4　车路协同技术下的交通流优化 … 297

第 9 章　智能网联汽车的安全防护
　　　　　技术 ………………………… 300
9.1　智能网联汽车的安全防护技术概述 … 300
9.2　智能网联汽车网络安全防护策略 … 301
9.3　车联网的网络安全技术基础 ……… 306
9.4　安全机制与通信性能均衡技术 …… 312
9.5　位置隐私保护技术 ………………… 314
　9.5.1　匿名轨迹的隐私问题 ………… 315
　9.5.2　对匿名轨迹的隐私保护 ……… 316
　9.5.3　基于混合区的位置隐私保护
　　　　方案 …………………………… 317
9.6　智能网联汽车安全态势感知平台
　　设计 ………………………………… 320
　9.6.1　安全态势感知平台概述 ……… 320
　9.6.2　安全态势感知平台设计 ……… 321

参考文献 ………………………………… 325

第1章 绪 论

1.1 智能网联汽车概述

  智能网联是汽车行业转型升级的战略机遇，也是国家创新发展战略的重要组成部分，对促进汽车、交通、信息通信产业的融合升级和产业生态及价值链体系的重塑具有重要意义。
  智能网联汽车技术受到了世界各国的广泛重视，已成为全球新一轮科技创新和产业发展的必争之地。美国、欧洲、日本等已建立了相对独立的智能网联汽车技术标准体系和实地验证环境，但其部署受到了来自政治、文化、技术等诸多因素的制约，尚未形成统一的局势。与此同时，以谷歌、微软、百度、阿里、腾讯、华为、爱立信以及宝马、福特、戴姆勒等为代表的互联网企业、电信企业、车企均积极布局，希望赢得新一轮汽车工业革命的胜利。
  我国智能网联汽车环境已初步形成，且市场潜力巨大。据统计，我国智能网联汽车市场规模有望在 2025 年达到 2162 亿美元，占全球市场的 1/4，5 年平均复合增长率将达到 44.92%。智能网联汽车的发展受到了国家和行业的高度重视，工业和信息化部、国家发展和改革委员会、科学技术部等多部门连续颁布了一系列产业刺激政策，包括《智能汽车创新发展战略》《车联网（智能网联汽车）产业发展行动计划》《国家车联网产业标准体系建设指南（智能交通相关）》和《智能网联汽车道路测试管理规范（试行）》等十余项，重点指出"智能网联汽车链条体系"的建设目标，形成具备自动驾驶、基于 5G 的车联网、人工智能安全态势感知、智能交通规划、车联网数据共享以及应急处置等基本能力的智能网联汽车发展环境。国家发展和改革委员会等部委 2020 年发布的《智能汽车创新发展战略》明确指出"通过搭载先进传感器等装置，运用人工智能等新技术，加快推进智能汽车创新发展"。由此看出，智能网联汽车产业上升为国家战略高度。建设规模化的智能网联汽车体系，将有力推动汽车、交通、信息及人工智能产业的融合升级和产业生态的协同重塑。
  目前，我国在全国范围内已建成近 50 个智能网联示范区，预计到 2025 年基于 5G 车联网的智能网联汽车渗透率或市场占有量提升至 77% 左右，市场规模有望达到万亿级别。因此，建立智能网联汽车体系，对于我国新一轮产业创新有着非凡的意义：
  1）智能网联汽车技术的发展将会有力推动构建汽车产业及交通服务新业态。随着移动互联网和汽车智能化的快速发展，汽车产业不断向智能化和网联化转变，为人们的交通出行带来极大的便利。

2）智能网联汽车技术的发展将为智慧交通提供强有力的技术保障。借助该体系可以为车辆的自动驾驶、智能导航、交通路线规划、智能泊车等提供有力保障，为全天候无人驾驶和高度协同的智慧交通提供安全支撑。

3）智能网联汽车技术的发展将有效解决制约车联网安全技术发展的瓶颈问题。在全球范围内，车联网产业已经成为包括美、欧、亚等汽车发达国家或地区的重要战略性方向，各国纷纷加快产业布局、制定发展规划，通过政策法规、技术标准、示范建设等措施，全方位推进车联网的产业化进程。构建贯穿车联网云管端的综合立体防御体系将是保障车联网安全发展的必然趋势，实现自动化威胁识别、风险阻断、攻击溯源等综合安全态势感知，从本质上提升车联网安全防御水平，提升对未知威胁的防御能力和防御效率。

4）智能网联汽车技术的发展将进一步推进人工智能、边缘计算等新兴技术的深度融合。近年来，随着大数据时代的到来，人工智能技术迅猛发展，已成为国家大力支持的重要技术发展战略。智能网联汽车作为一个需要智能分析、评估和预测的综合系统，是人工智能技术应用的一个典型场景，通过各类传感器、操作系统、运行日志等，智能网联汽车可以提供大量用于机器学习的数据，对自动驾驶模型进行喂养训练，实现对驾驶行为及时研判，并提供在线处置方案并予以实施。发展基于人工智能技术的智能网联汽车技术符合国家的政策导向和技术需要，属于国家的重大战略需求范畴。

综上，发展智能网联汽车技术，对于形成先进的自动驾驶体系，构建完备的车联网、智慧交通和智慧出行系统，实现智慧城市、"互联网+"等国家战略具有重要的推动意义。

1.2　智能网联汽车的应用

2010年10月，谷歌公司在官方博客中宣布正在开发自动驾驶汽车，目标是通过改变汽车的基本使用方式，协助预防交通事故，将人们从大量的驾车时间中解放出来，并减少碳排放。2011年10月，谷歌公司在内华达州和加州的莫哈韦沙漠试验场对汽车进行测试。同年，美国内华达州立法机关允许自动驾驶车辆上路，这也是美国首个自动驾驶类似法律，于2012年3月正式生效。2012年4月，谷歌公司宣布自动驾驶汽车已经行驶了20万km并已经申请和获得了多项相关专利。2012年5月，内华达州机动车辆管理局（DMV）批准了美国首个自动驾驶车辆许可证。

2014年4月份，我国搜索引擎、互联网巨头百度公司与宝马汽车公司宣布开始自动驾驶研究项目，并在北京和上海路况复杂的高速公路上进行测试。2015年6月，百度公司与宝马汽车公司合作开发自动驾驶汽车，并在我国推出原型车进行路试。

2016年7月，宝马、英特尔、Mobileye联合宣布将合作研发无人驾驶汽车，优势互补，各取所需，减少了筹措发展自动驾驶技术的资金和人才对自身主营业务的冲击。

2016年8月，负责新加坡无人驾驶出租车项目的nuTonom科技公司，宣布世界上第一批无人驾驶出租车在新加坡开始载客运营。同年，Uber出资6.8亿美元收购无人驾驶货车公司Otto，此外，Uber又投资5亿美元用于构建自身地图服务，并与沃尔沃汽车公司联合投资3亿美元共同开发自动驾驶汽车，基本完善了自动驾驶领域的技术布局。同年9月份，Uber在匹兹堡推出自由的无人驾驶汽车队。

2016年10月，特斯拉宣布旗下搭载全自动驾驶硬件的汽车开始量产，特斯拉由此成为世界上第一家量产全自动驾驶硬件的汽车制造商。

2017年12月，由海梁科技携手深圳巴士集团、深圳福田区政府、安凯客车、东风襄旅、速腾聚创、中兴通信、南方科技大学、北京理工大学、北京联合大学联合打造的自动驾驶客运巴士——阿尔法巴（Alphabus）正式在深圳福田保税区的开放道路进行线路的信息采集和试运行。

2018年5月，深圳市向腾讯公司核发了智能网联汽车道路测试通知书和临时行驶车号牌，与该号牌对应的腾讯自动驾驶汽车可以在深圳市指定路段进行道路测试，测试期间必须配备驾驶人和安全员。

2019年9月，由百度和一汽联手打造的中国首批量产L4级自动驾驶乘用车——红旗EV，获得5张北京市自动驾驶道路测试牌照。同时，自动驾驶出租车队Robotaxi试运营正式开启。首批45辆Apollo与一汽红旗联合研发的"红旗EV"Robotaxi车队在长沙部分已开放测试路段开始试运营。

2019年9月，国家智能网联汽车（武汉）测试示范区正式揭牌，百度、海梁科技、深兰科技等企业获得武汉市交通运输部门颁发的全球首张自动驾驶车辆商用牌照。

2020年11月，在2020世界智能网联汽车大会上，美团副总裁、自动驾驶负责人夏华夏表示，美团三年内要在北京顺义区部署1000台自动驾驶配送车。同天，滴滴自动驾驶公司宣布，获得了上海市新增自动驾驶测试路段牌照，成为第一个在上海获得三个测试区牌照的公司。

2021年4月，小米集团在港交所发布公告，宣布小米智能汽车业务正式立项。计划首期投入100亿元人民币，未来十年投资100亿美元。

1.3 智能网联汽车关键技术

1. 多源传感信息融合技术

传感器作为智能网联汽车系统的重要组成部分，它的存在就类似于人的感官，可以感知外部环境的状态和车辆自身的状态，为系统决策提供关键的信息。由于智能网联汽车应用环境的复杂性以及性能要求的可靠性，单靠一个或一种传感器既无法消除该传感器自身存在的系统或安装误差，也无法满足一个综合性场景的性能要求，更无法达到系统的鲁棒性和冗余性的要求，因此，解决上述问题的一个有效的方法就是多源传感信息融合技术。

应用多源传感信息融合技术，融合多个传感器的性能优势，可以处理更为真实的场景问题，可以满足更为综合的性能要求。近年来，该领域的多传感器融合受到众多研究者的广泛关注，成为该领域的研究热点之一，也取得了很多研究成果。然而，多传感器融合是一个非常复杂且系统的信息处理过程，在现有的研究基础上，仍然有很多待解决的问题，也是未来研究领域重点的研究问题之一。

2. 复杂环境感知技术

环境感知技术在智能车辆技术中占据核心地位，是决定车辆智能化水平的关键。为了满足其对感知范围和感知精度的要求，智能汽车环境感知技术一直在不断完善和进步，从车载单一传感器感知周围车辆和障碍物位置、运动状态正逐步走向网联多传感器融合感知阶段。

一般而言，环境感知的传感器可以分为视觉类和雷达类两大类别。视觉感知能够获取环境丰富的视觉特征，有助于目标类别、行为的更深层次识别，但比较容易受到光照、气候等因素干扰，如夜间、强光、雨雪、雾霾等。雷达类传感器主要有激光雷达、毫米波雷达、超声波雷达等，注重从三维重建的角度对影响车辆行驶的各类目标进行检测和跟踪，但对于目标类别的区分能力有限，不能识别交通标志、信号灯颜色等信息。由于使用单一传感器的感知方法存在各自的不足，所以主流的做法是将多传感器融合来发挥它们各自的优点。多传感器融合的方法虽然已取得一些成果，部分技术也逐步走向了工程化应用，但如何扩大复杂行车环境下的感知范围、提高感知鲁棒性、延展环境理解的深度仍然是环境感知中的关键问题。

3. 智能决策控制技术

智能汽车的决策控制技术是基于感知系统构建的环境信息来为智能汽车规划行驶路线，驱动执行机构动作，以安全高效地到达目的地，决策系统可以比做大脑的运动神经中枢，负责产生运动的指令。智能汽车的决策系统按照层级来划分，可分为通路规划、行为规划和运动规划。

通路规划技术较为成熟，通过加速算法挖掘道路网内在的层次特性并构建层次结构来降低搜索空间，相比最初的迪杰斯特拉算法可以将大规模路网地图的搜索时间缩短为原来的百万分之一。采用部分可观察的马尔可夫规划是目前广泛采用的行为规划技术，得益于对环境不确定性的建模和在线求解技术，相对于传统的有限状态机模型可以动态地应对复杂的交互场景。轨迹预测技术利用深度神经网络强大的感知能力来表征复杂环境的不确定性，采用基于循环神经网络的编码器可以很好地提取运动轨迹的时间依赖性，从而提升决策控制的拟人化程度。最新运动规划框架中，基于弗雷纳的时空图投影可以很好地将动态障碍物预测轨迹及交通环境中的语义约束纳入运动轨迹搜索空间，通过优化实现纵向和横向运动的准确规划。深度学习决策框架是目前研究探索的热点，采用深度强化学习或深度模仿学习，可构建复杂环境到决策控制输出之间的映射。

4. 车载通信网络技术

随着第五代（5G）移动通信技术 Release16 阶段标准化工作的完成，Release17 阶段工作全面展开，5G 标准化工作已进入新的阶段。5G 不仅在于满足于人与人之间的信息通信，而且更加注重无线通信技术在垂直行业领域的应用，即物与物之间的通信。在此背景下，早已备受关注的车联网 V2X 通信技术再次成为学术界和工业界的研究焦点。在 Release16 中，第三代合作伙伴计划对基于 5G 的 V2X 通信技术提出了更严格的要求，在满足 V2X 通信时延和可靠性要求的同时，更加注重频谱效率以及调度灵活性。

随着车载通信技术的快速发展，基于蜂窝网络通信的 V2X 技术作为实现智能交通的重要途径，受到了越来越多的重视。相对于 LTE-V2X 只能提供有限的道路辅助作用，5G-V2X 以其低时延与高可靠性可以支持更加高级的应用，如远程驾驶、自动驾驶等。但是，随着通信业务以及通信场景趋于复杂，如何高效并行地使用车载通信网络是智能网联中的一个关键问题。

5. 智慧交通技术

智慧交通系统又被称为智能运输系统，主要是将人、车、路三者综合考虑，结合先进的控制工程技术、计算机技术、数据通信传输技术、信息技术及传感器技术等，将各种高新技术有效集成，形成一种高效、环保、节能的综合运输系统，进而实现道路管理智慧化、交通工具智慧化及出行方式智慧化的一套综合系统。

目前，智慧交通系统的建设主要通过交通点信息采集、后台数据处理和信息发布来实现，如智能交通信号控制系统、停车诱导系统、实时路况提醒系统、道路指示标志指引系统、智能公共交通系统等。近年来，各国先后对智慧交通系统进行了探索，不断拓展交通的智慧属性，如通过技术手段打破信息不对称，使出行资源更有效地实现供需对接，开发出了共享单车、网约车、分时租赁、充电桩等资源共享系统，优化了交通资源配置；从单点检测到线检测再到区域检测，不断扩大检测范围，特别是桥梁、隧道、浓雾、风吹雪等高风险工况，扩大监控范围，同时在道路交叉口上设置电子警察、高清卡口、车牌抓拍、信号灯等对来往车辆进行引导；除了新设备、新系统的应用，还不断改进生产工艺，提升系统性能，提高设备使用效率。但是，随着交通信息数据量的指数级增加，如何从全局层面进行智慧交通的有效统筹，是智能网联中的一个关键问题。

6. 车联网安全技术

随着车联网大规模的应用，其安全性问题也日益凸显。据统计，2018年全球网联车遭受黑客攻击的报告数量是三年前的6倍，涉及数据泄露和汽车破解事件。车联网的构成涵盖了车内网、车际网和车载移动互联网，按照约定的通信协议和数据交互标准，在人-车-路-云之间形成无线通信和信息交换的复杂网络。车联网作为一个更大的移动目标群体，吸引了大量黑客组织的注意，致使其安全事件频发，安全威胁范围逐步扩大，包括感知层的功能失效、通信层的信息泄露以及应用层的漏洞攻击等，导致驾驶者的生命安全遭到威胁。2015年克莱斯勒 Jeep 车型被入侵，黑客攻击 V850 控制器并修改固件，获取远程向控制器局域网络（Controller Area Network，CAN）总线发送指令的权限，可在用户不知情的情况下降低汽车的行驶速度，关闭汽车发动机，或突然制动，或制动失灵。2016年，挪威安全公司专家在入侵用户手机的情况下，获取特斯拉 App 账户用户名和密码等信息，通过联网服务平台可以随时对车辆进行定位、追踪、解锁并起动车辆。

随着车联网构架的逐步升级，车联网安全威胁转向客户数据和隐私安全方面，大量客户信息被窃取，受到僵尸、木马、蠕虫及病毒等网络安全威胁。2019年，82%的车联网安全事件都涉及短程和远程攻击，包括特斯拉 Model S 入侵事件，黑客通过智能终端向汽车发出"自杀"指令，还有宝马 Web 服务器 CSS（Cross-Site Scripting，跨站脚本攻击）漏洞、本田印度 AWS 存储不安全事件、尼桑车联网服务不安全 API（Application Programming Interface，应用程序接口）等事件。中国汽车技术研究中心数据资源中心还公布了网联车辆信息安全风险测试结果，当前车联网系统在网络构架、车载娱乐系统、T-Box（Telematics BOX）、云平台、App、ECU（Electronic Control Unit，电子控制单元）及无线电等方面存在信息安全防护水平低，车内网络防护策略不足，车联网部件的防护可靠性低等严重问题。由此看出，尽管我国在智能网联汽车的试点及应用方面已经走在了国际前列，但在智能网联汽车行业信息安全领域仍然面临严峻的信息安全考验。因此，建设全覆盖、高效、精准防御和快速响应的车联网安全态势感知平台十分必要且意义重大，它就像车联网的钢铁长城，可以为城市的交通安全保驾护航，保护网络中的隐私信息，保障智慧城市的安全运行。

如何构建有效的车联网安全防护体系是智能网联发展面临的极具挑战性的问题。相对于移动互联网和普通物联网而言，车联网组织构成复杂，涉及汽车制造商、一级供应商、监管机构、保险公司、技术公司、电信公司等易受新型攻击环境影响的组织，容易产生从点到面的漏洞群体，无法采取有效的防护措施，致使智能网联汽车会面临各种复杂的攻击以及各种形式的攻击，而且这些攻击具有高频、实时等特点，攻击包括终端威胁、传输层威胁、应用层威胁及管理层威胁。由此，车联网的安全威胁涉及不同层次、不同方式和不同类型，使得基于传统的边界式安全防护体系无法奏效，迫切需要建立一套行之有效的车联网态势感知与安全防护体系。

1.4 智能网联汽车发展目标

《智能汽车创新发展战略》指出，到2025年，中国标准智能汽车的技术创新、产业生态、基础设施、法规标准、产品监管和网络安全体系基本形成。实现有条件自动驾驶的智能汽车达到规模化生产，实现高度自动驾驶的智能汽车在特定环境下的市场化应用。智能交通系统和智慧城市相关设施建设取得积极进展，车用无线通信网络（LTE-V2X等）实现区域覆盖，新一代车用无线通信网络（5G-V2X）在部分城市、高速公路逐步开展应用，高精度时空基准服务网络实现全覆盖。2035年—2050年，标准智能汽车体系全面建成、更加完善。智能网联汽车发展方向和目标如下：

1. 构建协同开放的智能汽车技术创新体系

（1）**突破关键基础技术**　开展复杂系统体系架构、复杂环境感知、智能决策控制、人机交互及人机共驾、车路交互、网络安全等基础前瞻技术研发，重点突破新型电子电气架构、多源传感信息融合感知、新型智能终端、智能计算平台、车用无线通信网络、高精度时空基准服务及智能汽车基础地图、云控基础平台等共性交叉技术难题。

（2）**完善测试评价技术**　建立健全智能汽车测试评价体系及测试基础数据库。重点研发虚拟仿真、软硬件结合仿真、实车道路测试等技术和验证工具，以及多层级测试评价系统。推动企业、第三方技术试验和安全运行测试评价机构能力建设。

（3）**开展应用示范试点**　开展特定区域智能汽车测试运行及示范应用，验证车辆环境感知准确率、场景定位精度、决策控制合理性、系统容错与故障处理能力、智能汽车基础地图服务能力、人-车-路-云系统协同性等。推动有条件的地方开展城市级智能汽车大规模、综合性应用试点，支持优势地区创建国家车联网先导区。

2. 构建跨界融合的智能汽车产业生态体系

（1）**增强产业核心竞争力**　推进车载高精度传感器、车规级芯片、智能操作系统、车载智能终端、智能计算平台等产品研发与产业化，建设智能汽车关键零部件产业集群。加快智能化系统推广应用，培育具有国际竞争力的智能汽车品牌。

（2）**推动新技术转化应用**　开展军民联合攻关，加快北斗卫星导航定位系统、高分辨率对地观测系统在智能汽车相关领域的应用，促进车辆电子控制、高性能芯片、激光/毫米波雷达、微机电系统、惯性导航系统等自主知识产权军用技术的转化应用,加强自动驾驶系统、云控基础平台等在国防军工领域的开发应用。

3. 构建先进完备的智能汽车基础设施体系

(1) **推进智能化道路基础设施规划建设** 制定智能交通发展规划,建设智慧道路及新一代国家交通控制网。分阶段、分区域推进道路基础设施的信息化、智能化和标准化建设。结合5G商用部署,推动5G与车联网协同建设。统一通信接口和协议,推动道路基础设施、智能汽车、运营服务、交通安全管理系统、交通管理指挥系统等信息互联互通。

(2) **建设广泛覆盖的车用无线通信网络** 开展车用无线通信专用频谱使用许可研究,快速推进车用无线通信网络建设。统筹公众移动通信网部署,在重点地区、重点路段建立新一代车用无线通信网络,提供超低时延、超高可靠、超大带宽的无线通信和边缘计算服务。在桥梁、隧道、停车场等交通设施部署窄带物联网,建立信息数据库和多维监控设施。

(3) **建设覆盖全国的车用高精度时空基准服务能力** 充分利用已有北斗卫星导航定位基准站网,推动全国统一的高精度时空基准服务能力建设。加强导航系统和通信系统融合,建设多源导航平台。推动北斗通信服务和移动通信双网互通,建立车用应急系统。完善辅助北斗系统,提供快速辅助定位服务。

(4) **建设覆盖全国路网的道路交通地理信息系统** 开发标准统一的智能汽车基础地图,建立完善(包含路网信息)的地理信息系统,提供实时动态数据服务。制作并优化智能汽车基础地图信息库模型与结构。推动建立智能汽车基础地图数据和卫星遥感影像数据共享机制。构建道路交通地理信息系统快速动态更新和在线服务体系。

(5) **建设国家智能汽车大数据云控基础平台** 充分利用现有设施和数据资源,统筹建设智能汽车大数据云控基础平台。重点开发建设逻辑协同、物理分散的云计算中心,建设标准统一、开放共享的基础数据中心,开发风险可控、安全可靠的云控基础软件,逐步实现车辆、基础设施、交通环境等领域的基础数据融合应用。

4. 构建全面高效的智能汽车网络安全体系

提升网络安全防护能力。搭建多层纵深防御、软硬件结合的安全防护体系,加强车载芯片、操作系统、应用软件等安全可靠性设计,开展车载信息系统、服务平台和关键电子零部件安全检测,强化远程软件更新、监控服务等安全管理。实施统一身份权限认证管理。建立北斗系统抗干扰和防欺骗安全防护体系。按照国家网络安全等级保护相关标准规范,建设智能汽车网络安全态势感知平台,提升应急处置能力。

第2章　智能网联汽车传感器技术

2.1 定位导航传感器

2.1.1 定位导航传感器在汽车中的应用

智能网联汽车是集成辅助驾驶、路线规划、路径跟踪及环境感知的综合系统，实现精准的定位导航，可起到降低交通事故发生率、改善交通拥堵的重要作用。同样，对于自动驾驶系统，准确的航向角也是路线规划和车辆轨迹跟踪控制的必要前提。

现阶段，智能网联汽车定位导航技术主要有卫星定位技术、惯性导航技术和高精地图匹配技术。其中，卫星定位技术是通过接收北斗、GPS等卫星数据信息，进而获取车辆当前位置坐标、行驶方向、海拔及驾驶速度等信息。但在一些特殊环境下无法实现精准定位，甚至无有效信号，如雷雨天气、隧道、高架桥、建筑遮挡及强电磁场环境下；受价格因素影响，车载卫星接收机的定位误差≥10m，不能和高精地图进行良好的匹配。因此，不能将卫星定位技术单独应用于智能网联汽车的定位导航。惯性定位导航技术是在初始条件下，通过惯性传感器测量车辆角速度和加速度等参数，进而计算出车辆惯性空间的航向角、位移和瞬时速度。惯性导航技术由于是不依赖于任何外部信息，也不向外部辐射能量的自主式系统，其隐蔽性好；不受外界电磁干扰的影响，可全天候、全时间地工作于空中、道路甚至水下；能提供位置、速度、航向及姿态角数据，所产生的导航信息连续性好且噪声低；数据更新率高、短期精度和稳定性好。但是由于导航信息经过积分而产生，定位误差随时间延长而增大，长期精度差；每次使用之前需要较长的初始对准时间；不能给出时间信息。

因此，基于卫星定位技术和惯性导航技术的组合定位导航系统可有效规避两者的缺点并发扬这两种技术的优点，从而实现智能网联汽车定位导航的精准化，为辅助驾驶、路线规划和路径跟踪提供有力保障，车载卫星与惯导组合定位导航系统如图2-1所示。

图2-1　车载卫星与惯导组合定位导航系统

2.1.2 定位导航传感器系统组成

惯性导航系统是以牛顿力学定律为基础,从已知点的位置根据连续测得的运动体航向角和速度推算出其下一点的位置,进而可连续测出运动体的运动轨迹。陀螺仪用来形成一个导航坐标系,使加速度传感器的测量轴稳定在该坐标系中,并给出航向和姿态角;加速度传感器用来测量运动体的加速度,经过对时间的一次积分得到速度,速度再经过对时间的一次积分即可得到位移。陀螺仪和加速度传感器是惯性定位导航系统中的核心传感器。陀螺仪的漂移误差和加速度传感器的零偏稳定性是影响惯性导航系统精度的重要因素。因此,如何改善惯性器件的性能,提高惯性组件的测量精度,特别是陀螺仪的测量精度,一直是惯性导航领域研究的重点。

卫星定位系统由空间卫星、地面控制台和车载卫星信号接收机组成。车载卫星信号接收机的主要功能是捕获卫星信号,当信号接收机捕获到跟踪的卫星信号后,即可获得接收天线至卫星的伪距离、距离的变化率、卫星轨道参数等数据,进而计算出用户所在地理位置的经纬度、高度、速度、时间等信息。车载卫星信号接收机主要由天线单元和计算单元组成。由于卫星信号经过大气层的衰减后,其强度较为微弱(-166dBm左右),因此,对车载卫星信号接收机的天线单元具有较高性能要求,通常采用带有镀银层的陶瓷极化天线。

2.1.3 定位导航传感器的技术指标

定位导航传感器的技术指标主要由各传感器的性能指标、环境参数指标、电气参数指标及物理参数指标构成,车载卫星与惯性导航组合定位导航系统性能指标见表2-1。其中传感器的性能指标主要包括陀螺仪、加速度传感器和卫星定位系统的性能参数。由于卫星导航系统和惯性导航系统之间的数据是通过滤波和校正算法进行高效融合后输出,因此在衡量组合定位导航系统的性能时,需要给出卫星有效时和卫星失效时的融合输出性能。

表 2-1 车载卫星与惯性导航组合定位导航系统性能指标

	技术指标					
	参数名称	单位	INS600A	INS600B	INS600C	INS600D
工作性能	GPS 有效 4m 基线					
	自寻北精度	(°)	≤0.25	≤0.4	≤0.5	≤1.0
	航向角精度	(°)	≤0.05			
	姿态角精度	(°)	≤0.01	≤0.03	≤0.05	
	速度精度	m/s	≤0.03			
	位置精度	m	≤2m/RTK[①] 1cm			
	GPS 失效					
	航向角保持精度	(°)	≤0.05,1h	≤0.08,1h	≤0.1,1h	≤0.2,1h
	姿态角保持精度	(°)	≤0.03,1h	≤0.05,1h	≤0.08,1h	≤0.08,1h
	位置精度(1)	km	≤8,0.5h	≤10,0.5h	≤12,0.5h	≤15,0.5h
	系统测量范围					
	航向测量范围	(°)	±180			
	姿态测量范围	(°)	±90			

(续)

技术指标	参数名称	单位	INS600A	INS600B	INS600C	INS600D
1 性能参数						
1.1 陀螺仪						
1.1.1	测量范围	(°)/s	±1000			
1.1.2	偏置稳定性	(°)/h	0.05	0.08	0.1	0.2
1.1.3	偏置重复性	(°)/h	0.05	0.08	0.1	0.2
1.1.4	随机游走系数	(°)/√h	≤0.005	≤0.008	≤0.01	≤0.02
1.1.5	标度因数非线性	ppm[②]	≤50	≤60	≤60	≤80
1.1.6	标度因数不对称性	ppm	≤50	≤60	≤60	≤80
1.1.7	标度因数重复性	ppm	≤50	≤60	≤60	≤80
1.2 加速度传感器						
1.2.1	测量范围	g	±10			
1.2.2	偏置稳定性	ug	50	50	70	70
1.2.3	偏置重复性	ug	50	50	70	70
1.2.4	标定因数重复性	ppm	≤100	≤200	≤300	≤300
2 环境参数						
2.1	工作环境	℃	−40~+65			
2.2	贮存温度	℃	−45~+70			
2.3	振动	Hz,g²/Hz	10~2000,0.06			
2.4	冲击	g,ms	30,11			
3 电气参数						
3.1	输入电压	V	DC+9~+36			
3.2	功率	W	20			
3.3	数据输出格式	/	RS-422			
3.4	数据刷新率	Hz	100			
4 物理参数						
4.1	尺寸	mm	≤145×121.5×125			
4.2	质量	kg	≤2.5			
4.3	连接器	/	Y11P-1210ZK10			
4.4	防护等级	/	IP65			

① RTK,Real Time Kinematic,实时动态。
② ppm=10^{-6},余同。

2.1.4 加速度传感器

加速度传感器(Acceleration transducer)是一种将加速度转换为信号的传感器,可用来测量加速力(物体在加速过程中作用于物体的力)。它是由检测质量(也称敏感质量)、支承、电位器、弹簧、阻尼器及壳体组成。其中,在测量飞机过载的加速度传感器是最早获得应用的飞机仪表之一。加速度传感器本质上是一个单自由度的振荡系统，须采用阻尼器来改善系统的动态品质。现已广泛应用于汽车制动起动检测、工程测振、地质勘探等多个领域，主要用于汽车安全气囊、牵引控制系统、防抱制动系统等安全性能方面。

加速度传感器在检测质量受支承的约束只能沿一条轴线移动，这个轴常称为输入轴或敏感轴。当仪表壳体随着运载体沿敏感轴方向做加速运动时，根据牛顿定律，具有一定惯性的检测质量力图保持其原来的运动状态不变。它与壳体之间将产生相对运动，使弹簧变形，于是检测质量在弹簧力的作用下随之加速运动。当弹簧力与检测质量加速运动时产生的惯性力相平衡时，检测质量与壳体之间便不再有相对运动，这时弹簧的变形反映被测加速度的大小。电位器作为位移传感器件把加速度信号转换为电信号，以供输出。

1. 加速度传感器工作原理

加速度传感器是一种能够测量加速度的传感器。通常由检测质量块、阻尼器、弹性元件、敏感元件及电路等部分组成。传感器在加速过程中，通过对检测质量块所受惯性力的测量，利用牛顿第二定律获得加速度值。

为了模拟一个谐振器，可以使用一个简单的质量-弹簧-阻尼系统，如图 2-2 所示。系统的运动方程如下：

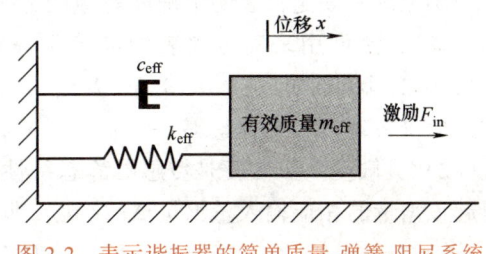

图 2-2 表示谐振器的简单质量-弹簧-阻尼系统

$$m_{eff}\frac{\partial^2 x}{\partial t^2}+c_{eff}\frac{\partial x}{\partial t}+k_{eff}x=F_{in} \quad (2-1)$$

式中，m_{eff} 为系统的有效质量；c_{eff} 为系统的有效阻尼系数；k_{eff} 为有效机械刚度；F_{in} 为输入力。

2. 加速度传感器分类

根据传感器敏感元件的不同，常见的加速度传感器有电容式、电感式、应变式、压阻式、压电式等，表 2-2 为常见加速度传感器的原理和性能比较。

表 2-2 常见加速度传感器的原理和性能比较

类型	压阻式	压电式	电容式	谐振式	模态局部化
原理	压阻效应	压电效应	电容变化	频率灵敏度	幅值比
灵敏度	低	较高	中等	较高	非常高
分辨力	$\mu g/\sqrt{Hz} \sim mg/\sqrt{Hz}$	$100ng/\sqrt{Hz} \sim \mu g/\sqrt{Hz}$	$\sim \mu g/\sqrt{Hz}$	$100ng/\sqrt{Hz} \sim 100\mu g/\sqrt{Hz}$	$ng/\sqrt{Hz}$
优点	结构电路简单、线性度好	灵敏度高、量程大、带宽大	技术成熟可靠、易于集成	准数字输出、易于集成	高稳定性和高共模抑制
缺点	灵敏度低、对温度敏感	低频特性差、工艺要求特殊	量程小、抗干扰能力差	带宽有限、直流监测困难	精确度有限

3. 加速度传感器技术指标

传感器的技术指标是指传感器的输入与输出关系特性，是传感器内部结构参数作用关系的外部表现。传感器的特性参数有很多，且不同类型的传感器，其特性参数的要求和定义也各有差异，但都可以通过其静态特性指标和动态特性指标进行全面描述。

（1）传感器的静态特性 静态特性表示传感器在被测各量值处于稳定状态时的输出与输入的关系。主要包括精确度、灵敏度、线性度、迟滞、重复性、漂移等。

1）精确度（精度）。精确度（精度）是用来表示仪表测量结果可靠程度最重要的指标。在自动化仪表中，以最大相对百分误差（引用误差）来定义仪表的准确度等级，即

$$\delta = \pm \frac{\Delta_{max}}{测量范围上限-测量范围下线} \times 100\% \tag{2-2}$$

仪表的 δ 越大，表示它的精确度越低；反之，δ 越小，表示它的精确度越高。对于两台测量范围不同的仪表，如果它们的绝对误差相等，则测量范围大的仪表精确度比测量范围小的高。

国家统一规定仪表的准确度等级的方法为：将仪表允许的最大相对百分误差去掉"±"和"%"，便可用来确定仪表的准确度等级。划分的准确度等级有：0.005，0.02，0.05，0.1，0.2，0.4，0.5，1.0，1.5，2.5，4.0。一般来说，准确度等级越高测量结果越准确可靠，但价格越贵，维护繁琐。

2）灵敏度。灵敏度是传感器静态特性的一个重要指标。其定义为输出量的增量 Δy 与引起该增量的相应输入量增量 Δx 之比，即

$$K = \frac{输出量增量}{输入量增量} = \frac{\Delta y}{\Delta x} \tag{2-3}$$

它表示单位输入量的变化所引起传感器输出量的变化。显然，灵敏度 K 值越大，表示传感器越灵敏。

线性传感器的灵敏度 K 为常数；非线性传感器的灵敏度 K 是随输入量变化的量。曲线越陡，灵敏度越高。可以通过作该曲线的切线的方法（作图法）来求得曲线上任一点的灵敏度，用作图法求取传感器的灵敏度如图 2-3 所示。由切线的斜率可以看出，x_1 点的灵敏度比 x_2 点高。

选用传感器首先要考虑的是灵敏度，如果达不到测量时所必需的灵敏度，这种传感器不能采用。但灵敏度高的传感器不一定是最好的传感器，这是因为它易受噪声的影响。除环境噪声外，还有来自传感器本身的噪声。必须用信号与噪声的相互关系来全面衡量传感器。

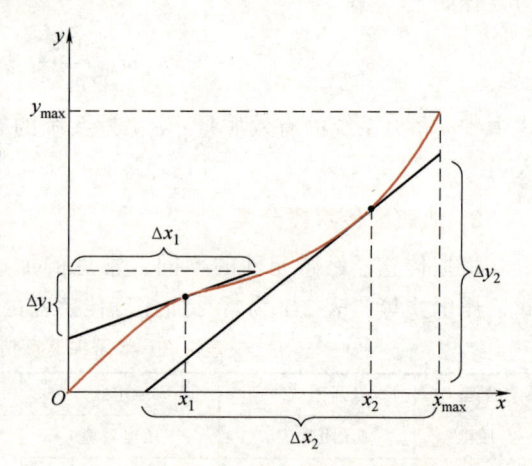

图 2-3 用作图法求取传感器的灵敏度

3）线性度。线性度即非线性误差，是传感器的校准曲线与理论拟合直线之间的最大偏差（ΔL_{max}）与满量程值（$y_{F.S}$）的百分比，即

$$\gamma_L = \pm \frac{\Delta L_{max}}{y_{F.S}} \times 100\% \tag{2-4}$$

理论拟合直线：对传感器特性线性化，用一条理论直线代替标定曲线，即理论拟合直线。拟合直线不同，所得线性度也不同。常用的两种拟合直线为端基拟合直线和独立拟合直线，如图 2-4 所示。

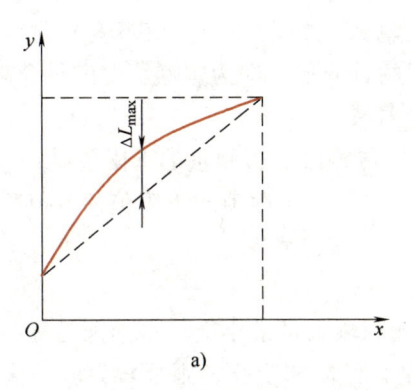

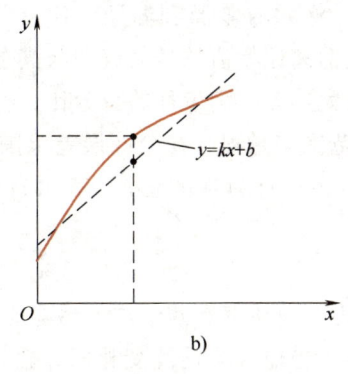

图 2-4　传感器理论拟合直线示意图

a) 端基拟合直线　b) 独立拟合直线

其中端基拟合直线是由传感器校准数据的零点输出平均值和满量程输出平均值连成的一条直线,由此所得的线性度称为端基线性度。端基拟合方法简单直观,应用较广,但拟合精度很低,尤其对非线性比较明显的传感器,拟合精度更差。独立拟合直线方程是用最小二乘法求得的,在全量程范围内各处误差都最小。独立线性度也称最小二乘法线性度。独立拟合方法拟合精度最高,但计算很复杂。

4) 变差(回差、迟滞)。变差是在外界条件不变的情况下,当输入变量由小变大和由大变小时,仪表对于同一输入所给的两个相应输出值不相等,二者在全行程范围内的最大差值即为变差,如图 2-5 所示。其数值为对应同一输入量的正行程和反行程输出值间的最大偏差 ΔH_{max} 与满量程输出值的百分比,用 γ_H 表示为

$$\gamma_H = \pm \frac{\Delta H_{max}}{y_{F.S}} \times 100\% \tag{2-5}$$

5) 重复性。如图 2-6 所示,重复性是指在同一工作条件下,输入量按同一向在全测量范围内连续变化多次所得特性曲线的不一致性。从误差的性质讲,重复性误差属于随机误差。

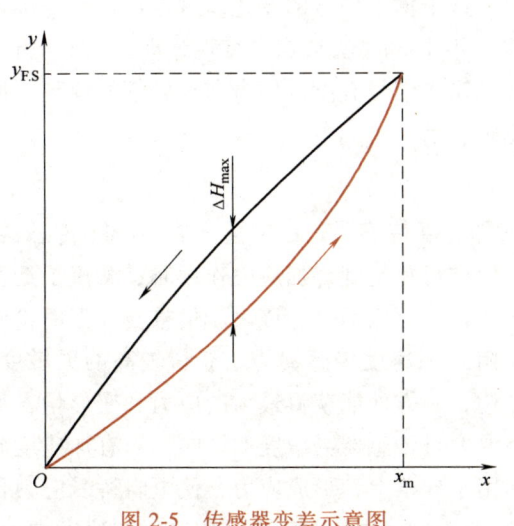

图 2-5　传感器变差示意图

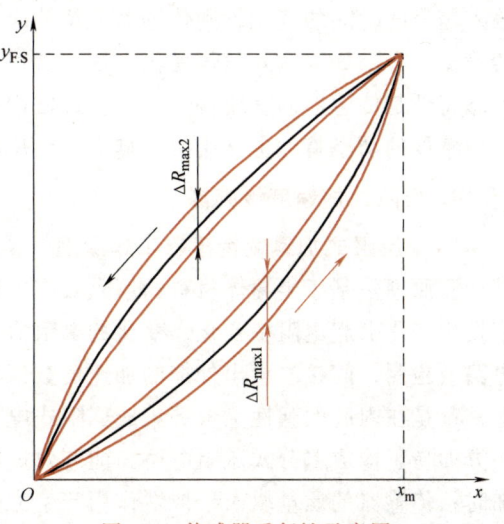

图 2-6　传感器重复性示意图

6）漂移。漂移有零漂和温漂，传感器无输入（或某一输入值不变）时，每隔一定时间，其输出值偏离原始值的最大偏差与满量程的百分比，即为零漂。温度每升高1℃，传感器输出值的最大偏差与满量程的百分比，称为温漂。

7）测量范围与量程。在允许误差范围内，传感器能够测量的下限值（y_{min}）到上限值（y_{max}）之间的范围称为测量范围，表示为 $y_{min} \sim y_{max}$；上限值与下限值的差值称为量程，表示为

$$y_{F.S} = y_{max} - y_{min} \tag{2-6}$$

8）分辨力、分辨率和阈值。传感器能检测到输入量最小变化量的能力称为分辨力。对于某些传感器，当输入量连续变化时，输出量只做阶梯变化，则分辨力就是输出量的每个"阶梯"所代表的输入量的大小。对于数字式仪表，分辨力就是仪表指示值的最后一位数字所代表的值。当被测量的变化量小于分辨力时，数字式仪表的最后一位数不变，仍指示原值。当分辨力以满量程输出的百分数表示时则称为分辨率。

阈值是指能使传感器的输出端产生可测变化量的最小被测输入量值，即零点附近的分辨力。有的传感器在零位附近有严重的非线性，形成所谓的"死区"，则将死区的大小作为阈值；更多情况下，阈值主要取决于传感器噪声的大小，因而有的传感器只给出噪声电平。

9）环境特性。周围环境对传感器影响最大的是温度。目前，很多传感材料采用灵敏度高，且信号易处理的半导体。然而，半导体对温度最敏感，实际应用时要特别注意。除温度外，还有气压、湿度、振动、电源电压及频率等都影响传感器的特性。

10）稳定性。理想特性的传感器是输入相同大小的输入量时，输出量大小总是相同。然而，实际上传感器特性随时间变化而变化，因此，对于相同大小的输入量，其输出量是变化的。连续工作时，即使输入量恒定，传感器输出量也会朝着一个方向偏移，这种现象称为温漂。需要注意的是，除传感器本身的温漂外，还有安装传感器的机构的温漂，以及电子电路的温漂。

（2）传感器的动态特性　所谓动态特性，是指传感器在输入变化时，它的输出特性。在实际工作中，传感器的动态特性常用它对某些标准输入信号的响应来表示。传感器要检测输入信号随时间的变化，则传感器的特性应能跟踪这个输入信号的变化，这样可以获得准确的输出信号。如果输入信号变化太快，就可能跟踪不上，这就是响应特性，即为动态特性。动态特性是传感器的重要特性之一。最常用的标准输入信号有阶跃信号和正弦信号两种，所以传感器的动态特性也常用阶跃响应和频率响应来表示。

4. 压阻式加速度传感器

（1）压阻式加速度传感器工作原理　压阻式加速度传感器是最早量产的MEMS传感器，其检测原理是基于半导体材料的压阻效应，即半导体材料受到外加应力作用时，载流子迁移率发生变化引起电阻率变化，变化的电阻值引起变化的电压信号，该电压信号被外围的检测电路所检测，间接测量出外加的加速度数值。压阻式加速度传感器为了获得较高的灵敏度，通常都是在内腔的弹性梁根部集成压阻式电桥结构，一方面能获得最大的应力和变形量，另一方面易于构成差分式压阻电桥，能有效地减小温度对传感器灵敏度的影响。当有加速度施加时，传感器的质量块由于惯性作用产生力并作用于硅梁上，形成应力，使电阻桥受应力作用引起电阻值变化，进而得到相应的电压输出值。该电压输出值表征了物体的加速度数值，

如图 2-7 所示为压阻式加速度传感器的示意图，其中图 2-7a 为单个悬臂梁连接的质量块模型，图 2-7b 为双悬臂梁连接的质量块结构模型。

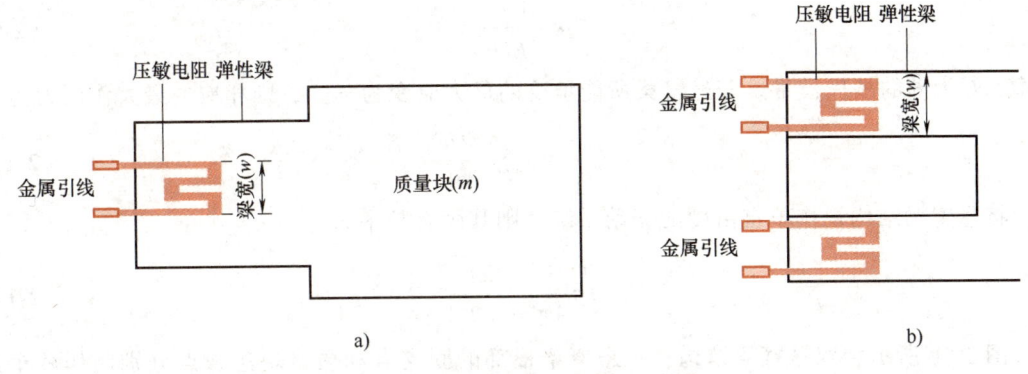

图 2-7 压阻式加速度传感器的结构
a）单悬臂梁　b）双悬臂梁

压阻式传感器与其他传感器相比有很多优点：

1）频率响应高。由于压阻式传感器集成于整块硅膜片上，没有活动部件，因此固有频率很高，可以达 1.5MHz 以上，这一特性有利于系统的动态测量。

2）精度高。由于没有机械传动过程中的摩擦误差或应变计粘贴时的蠕动和迟滞产生的误差，所以大大提高了压阻式传感器的精度。目前，压阻式传感器的精度可达 0.05% 以上。

3）微型化。由于采用了集成电路技术可以将压敏电阻做得很小，实现了整个传感器结构的微型化。传感器的外径一般为 0.8mm，最小可达到 0.1mm。

4）灵敏度高。压敏电阻的敏感度很高，使压阻式加速度传感器具有很高的灵敏度。

5）可靠性高。因为没有运动组件，其工作可靠、耐腐蚀、耐冲击、耐振、抗干扰能力突出，可以工作在恶劣的环境条件中。

综上所述，压阻式加速度传感器频率响应范围大、可测量范围大、可直接输出电压信号、备工艺简单；但由于检测变化电阻的关系，容易受温度影响，稳定性较差；压电式加速度传感器的性能主要受横向灵敏度、环境温度和湿度、安装环境以及基座应力、器件噪声的影响，可以通过修改设计规则、采用电荷放大器作为后续前置放大器处理端口、采用高绝缘材料来减弱环境湿度的影响。

图 2-7a 所示为单悬臂梁结构，其一端为自由端，固定有质量块，用来感知加速度，悬臂梁的另一端为固定端，并通过扩散工艺在悬臂梁根部制作一个压敏电阻。悬臂梁根部所受到的应力 σ 为

$$\sigma = \frac{6mla}{bh^2} \tag{2-7}$$

式中，m 为质量块的质量；b 为悬臂梁的宽度；h 为悬臂梁的厚度；l 为质量块到悬臂梁根部的距离；a 为加速度。

则电阻的变化率为

$$\frac{\Delta R}{R} = \pi \frac{6mla}{bh^2} \tag{2-8}$$

式中，π 为压阻系数。

悬臂梁根部产生的应变为

$$\varepsilon = \frac{6mla}{Ebh^2} \tag{2-9}$$

式中，E 为硅的杨氏模量。若悬臂梁所能承受的最大应变为 ε_{max}，则相应的最大作用力为

$$F_{max} = \varepsilon_{max} \frac{Ebh^2}{6l} \tag{2-10}$$

将悬臂梁结构视作单自由度的振动系统，则其固有频率为

$$f = \frac{1}{4\pi}\sqrt{\frac{Ebh^2}{ml^2}} \tag{2-11}$$

图2-7b所示为双悬臂梁结构，在悬臂梁根部的固支点和质量块边缘点分别制作两个压敏电阻。悬臂梁上固支点和质量块边缘处的应力最大，且等值相反。悬臂梁根部应力 σ_1 和质量块边缘的应力 σ_2 分别为

$$\sigma_1 = \frac{3mla}{bh^2}$$

$$\sigma_2 = -\frac{3mla}{bh^2} \tag{2-12}$$

固支端的电阻 R_1 和边缘处的电阻 R_2 的变化率分别为

$$\frac{\Delta R}{R_1} = \pi \frac{3mla}{bh^2}$$

$$\frac{\Delta R}{R_2} = -\pi \frac{3mla}{bh^2} \tag{2-13}$$

双端固支结构的固有频率为

$$f = \frac{1}{2\pi}\sqrt{\frac{Ebh^2}{ml^2}} \tag{2-14}$$

压阻式加速度传感器主要是依靠具有压阻效应的应变片，对由加速度产生的应变进行检测而获得加速度信号。电阻应变片是一种敏感元件，它可以粘贴在弹性元件或试件上构成多种传感器。

(2) 非MEMS压阻式加速度传感器

1) 丝式应变片。回线式应变片是将电阻丝绕制成敏感栅粘贴在绝缘基底上制成的。其制作简单、性能稳定、价格便宜、易于粘贴。其敏感栅材料直径在0.012~0.05mm之间。其基底很薄（一般在0.03mm左右），因而粘贴性能好，能保证有效地传递变形。引线用0.15~0.30mm直径的镀锡铜线与敏感栅相接。如图2-8所示为典型的丝式应变片构造。短接式应变片是将敏感栅平行安放，两端用直径大于栅线5~10倍的镀银丝短接起来构成。这种应变片的突出优点是显著减小了回线式应变片的横向效应。但由于焊点多，在冲击振动等条件下易出现疲劳损坏。

2) 箔式应变片。这种应变片利用照相制版或光刻腐蚀的方法，将电阻箔做在绝缘基底上制成各种图形的应变片。金属箔厚度多在0.001~0.01mm之间。利用光刻技术，可

以制成各种需要的、好看的形状,称为应变花式应变片。如图2-9所示为常见的箔式应变片,其造型具有很多优点,得到了日益广泛的应用,在常温条件下,已逐步取代了线绕式应变片。

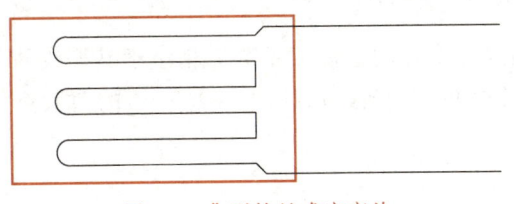

图2-8 典型的丝式应变片　　　　　图2-9 箔式应变片

箔式应变片的优点是:

① 制造技术能保证敏感栅尺寸准确、线条均匀,可以制成任意形状以适应不同的测量要求。

② 敏感栅截面为薄而宽的矩形,其表面积对截面积之比远较圆断面的为大粘合面积、大传递试件应变性能好。

③ 横向效应小,可以忽略。

④ 热性能好,允许通过较大的工作电流增大输出信号。

⑤ 蠕变、机械滞后较小,疲劳寿命高。

3) 薄膜应变片。薄膜应变片是薄膜技术发展的产物,其厚度在0.1mm以下。它是采用真空蒸发法,将阻材料蒸镀在基底上制成敏感栅而形成应变片。这种应变片灵敏度系数高,易于规模生产,是种很有前途的新型应变片。

4) 半导体应变片。半导体应变片的工作原理是基于半导体材料的电阻率随作用应变而变化的"压阻效应"。所有材料在某种程度上都呈现压阻效应,但半导体的这种效应特别显著,成为决定半导体应变片灵敏度系数的主要因素。

常见的半导体应变片是用锗或硅等半导体材料作为敏感栅,多为单根状,如图2-10所示。半导体应变片的优点是尺寸、横向效应、机械滞后都很小,灵敏度系数很大,因而输出也大,可以不需要放大器直接与记录仪器连接,使得测量系统简化。半导体应变片的缺点是电阻值和灵敏度系数的温度稳定性差;测量较大应变时非线性化严重;灵敏度系数受拉或压而变,且分散度大,一般在3%~5%之间,因而测量误差较大。

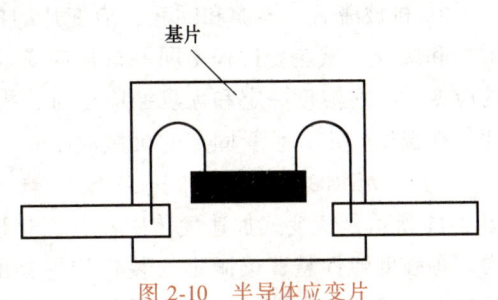

图2-10 半导体应变片

5) 应变片的灵敏度系数。电阻丝受轴向应力作用时,其电阻相对变化可用下式表示

$$\frac{\Delta R}{R} = \left(1 + 2\mu + \frac{\Delta\rho}{\varepsilon\rho}\right)\varepsilon \quad (2\text{-}15)$$

式中,$\Delta\rho/\rho$为材料的电阻率相对变化,其值与栅线的纵向轴所受的应力之比为一常数,即

$$\frac{\Delta\rho}{\varepsilon\rho} = \lambda E \quad (2\text{-}16)$$

式中，λ 为材料的压阻系数，它与材料种类及应力方向与晶轴方向之间的夹角有关；E 为材料的杨氏模量。

则可以得到

$$\frac{\Delta R}{R} = (1+2\mu+\lambda E)\varepsilon = k\varepsilon \tag{2-17}$$

式中，k 称为电阻丝的灵敏度系数。丝式和箔式应变片的灵敏度系数 k 稍小于其栅线的灵敏度系数 k，一般在 1.8~2.6 之间。半导体应变片的 λE 项的值比 $(1+2\mu)$ 项的值大百倍左右，其 k 值一般在 60~500 之间。

6）电阻应变片的主要参数：

① 标称电阻值是指未安装的应变片，在不受外力的情况下，于室温条件测定的电阻值，也称原始阻值。应变片的标称电阻值已趋于标准化，有 60Ω、120Ω、240Ω、350Ω、600Ω 及 1000Ω 数种，其中 120Ω 的应变片使用较多。

② 绝缘电阻，即敏感栅与基底间的电阻值，一般应大于 $10^{16}\Omega$。

③ 灵敏度系数 k，灵敏度系数指应变片安装于试件表面，在其轴线方向的单向应力作用下，应变片的阻值相对变化与试件表面上安装应变片区域的轴向应变之比，k 值的准确性将直接影响测量精度，其分散性大小是衡量一批应变片质量优劣的主要标志。同时要求 k 值尽量大而稳定。

④ 允许电流指不因电流产生热量影响测量精度的前提下，应变片允许通过的最大电流。它与应变片本身、试件、黏合剂及环境等有关，为了保证测量精度，在静态测量时，允许电流一般为 25mA。在动态测量时，允许电流可达 75~100mA，具体数值应根据应变片的阻值、敏感面积并结合具体情况计。

⑤ 应变极限，应变片的应变极限是指在温度一定时，指示应变值和真实应变的相对差值不超过一定数值时的最大真实应变数值，一般规定当指示应变值大于真实应变的 10% 时，其真实应变值称为应变片的应变极限。

⑥ 机械滞后、零漂和蠕变，应变片的机械滞后是指对粘贴好的应变片，在温度一定时，增加和减少机械应变过程中同一机械应变量下指示应变的最大差值；零点漂移是指已粘贴好的应变片，在温度一定和无机械应变时，指示应变随时间的变化；蠕变是指已粘贴好的应变片，在温度一定并承受固定的机械应变时，指示应变值随时间的变化。

（3）MEMS 压阻式加速度传感器

图 2-11 所示是应变式加速度传感器的简化形式。等强度弹性悬臂梁固定安装在传感器的基座上，梁的自由端固定一质量块 m，在梁的根部附近两面各贴一个（或两个）性能相同的应变片，应变片接成对称差动电桥。

图 2-11 应变式加速度传感器的简化形式

当质量块感受到加速度 a 而产生惯性力 F_a 时，在力 $F=ma$ 的作用下，悬臂梁发生弯曲变形，其应变为

$$\varepsilon = \frac{6l}{Ebh}F_a = \frac{6l}{Ebh}ma \tag{2-18}$$

输出电压 U_0 与加速度之间的关系为

$$U_0 = \frac{1}{2}U\frac{\Delta R}{k} = \frac{1}{2}Uk\varepsilon = \frac{3lUk}{Ebh^2}ma = Ka \tag{2-19}$$

式中，k 为压阻片的灵敏度系数；K 为传感器灵敏度。
则传感器灵敏度公式为

$$K = \frac{3l}{Ebh^2}kUm_a \tag{2-20}$$

图 2-12 所示为基于 SOI MEMS-CMOS 工艺的低 g 值高精度压阻式加速度传感器。该结构质量块尺寸为 $2200\mu m \times 2200\mu m \times 675\mu m$，梁为双边四固支梁结构，尺寸为 $1100\mu m \times 200\mu m \times 20\mu m$，每根梁上平行分布着两个压阻，该结构固有频率约为 1.54kHz，加速度测量范围为 $\pm 4g$。通过后续电路处理，该系统灵敏度为 4mV/g，输出非线性小于 1%，横向灵敏度小于 1%，且鲁棒性好。

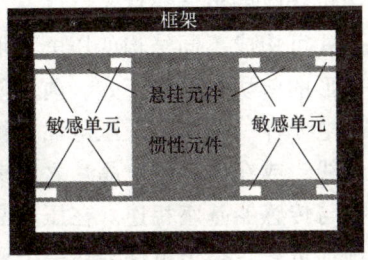

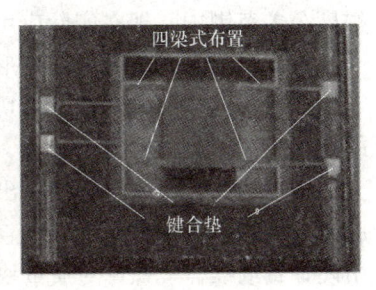

图 2-12　低 g 值高精度压阻式加速度传感器

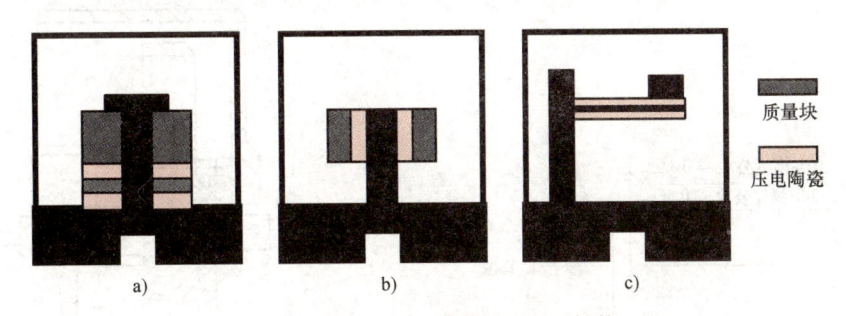

5. 压电式加速度传感器

压电式加速度传感器又称为压电加速度计，具有体积小、质量小、频带宽（从几赫到数千赫）、测量范围宽（$10^{-6} \sim 10^3$）g 等特点，使用温度可达 400℃ 以上，因此在振动加速度测量中应用广泛（在众多形式的测振传感器中，压电式加速度传感器占 80% 以上）。

(1) 压电式加速度传感器工作原理　压电式加速度传感器是一种惯性式传感器，如图 2-13 所示是常见的压电加速度传感器结构。利用的是压电晶体的压电效应。其中，压电晶体指具有"压电效应"的晶体，如压电陶瓷、石英等。

图 2-13　压电式加速度传感器的结构
a) 压缩式　b) 剪切式　c) 悬臂梁式

压电效应：某些电介质受到外力作用变形的同时，其内部还会发生极化的现象，在其内部建立电场，使其两个相对表面上出现正负相反的电荷；而一旦外力去除，它又恢复到之前不带电的状态，这种现象被称为正压电效应。既然有正压电效应，那么必然也会有逆压电效

应,所谓的逆压电效应指的是当在电介质的极化方向上施加电场时,电介质也会发生变形,而一旦电场去除,电介质的变形也随之消失,这种现象被称为逆压电效应。总而言之,正压电效应是指外力引起变形的同时也引起极化现象,逆压电效应是指施加电场出现极化现象的同时也引起变形。根据压电效应研制的加速度传感器便是压电式加速度传感器。

压电晶体是利用正、逆压电效应实现信号间转换的,压电式加速度传感器正是依据这一原理所诞生的一种压电传感器件。压电式加速度传感器的工作原理是:当加速度传感器与被测试件共同受振时,质量块对压电敏感元件施加一个惯性作用力,压电元件所输出电信号量与这个惯性力大小成正比。最初设计加速度传感器的结构时,其有一个高于使用频率范围的固有频率,只有当所测频率远远低于这个频率时,惯性力的变化才与被测加速度成正比,此时输出呈高度线性相关,所得电信号与测试加速度有良好的对应关系。图2-14所示为一个具有实际参考意义的压电式加速度传感器的幅值频率响应图谱,其最大传递区发生在±3dB幅度公差范围内,即在实际应用中可接收的范围幅度。

根据压电元件的受力和变形形式可构成不同结构的压电式加速度传感器,最常见的是基于厚度变形的压缩式和基于剪切变形的剪切式两种形式,前者使用更为普遍。基于厚度变形的压缩式加速度传感器的结构,压电元件一般由两片压电晶片组成,在压电晶片的两个表面上镀银层,并在银层上焊接输出引线,或在两片压电晶片之间夹一片金属,引线就焊接在金属片上,输出端的另一根引线直接与传感器基座相连。在压电晶片上放置惯性质量块,然后用硬弹簧或螺栓、螺母对质量块预加负载。整个组件装在一个厚基座的金属壳体中,为了隔离试件的任何应变传递到压电元件上,避免产生虚假信号,一般要加厚基座或选用刚度较大的材料制造基座。测量时,将传感器基座与试件刚性固结在一起,因此,传感器感受与试件同样的振动,此时惯性质量产生一个与加速度成正比的交变惯性力 F 作用在压电晶片上,由于压电效应而在压电晶片的表面上产生了交变电荷(电压)。当被测振动频率远低于传感器的固有频率时,则压电晶片产生的电荷(电压)与所测加速度成正比。通过后续的测量放大电路就可以测量出试件的振动加速度。如果在放大电路中加入适当的积分电路,就可以测量出相应的振动速度或位移。压缩式加速度传感器如图2-15所示。

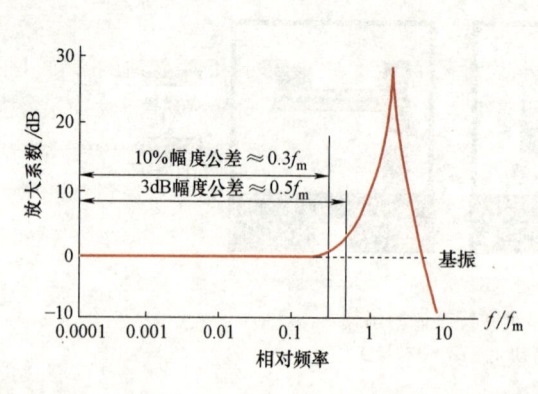

图2-14 压电式加速度传感器的幅值频率响应图谱

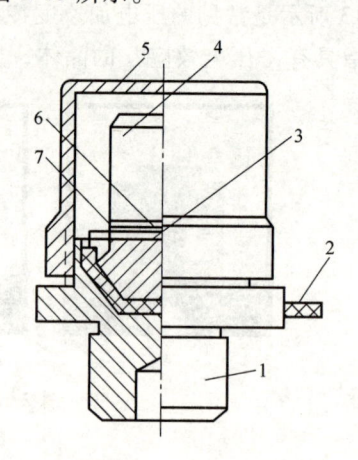

图2-15 压缩式加速度传感器
1—底座 2—引线 3、6—晶片
4—质量块 m 5—外壳 7—电极夹层

（2）灵敏度及误差的影响因素　　灵敏度是压电式加速度传感器的重要性能参数之一，有电荷灵敏度 S_q 和电压灵敏度 S_v 两种表示方法，其表达式分别为

$$S_q = \frac{q}{a} \tag{2-21}$$

$$S_v = \frac{U_a}{a} \tag{2-22}$$

式中，q 为传感器输出电荷量；U_a 为传感器的开路电压；a 为被测加速度。

压电元件受力后表面产生的电荷 $q = dF$，而施加在压电元件上的力是通过加速度的作用得到的，即 $F = ma$，这样压电式加速度传感器的灵敏度可表示为

$$S_q = dm \tag{2-23}$$

$$S_v = \frac{dm}{C_a} \tag{2-24}$$

式中，C_a 为压电元件的电容。

因此，压电式加速度传感器的灵敏度取决于压电元件的压电系数和惯性质量块的质量大小。为了提高灵敏度，应当选用压电系数大的压电材料作为压电元件，在一般精度要求的测量中，大多采用压电陶瓷作为压电敏感元件。还可以采用增加压电晶片数目和合理的连接方法提高传感器的灵敏度。增加质量块的质量虽然也可提高灵敏度，但对传感器的高频响应不利。

一个理想的压电式加速度传感器，只有当振动沿传感器的纵轴方向运动时才有输出信号，压电式加速度传感器在纵轴方向的灵敏度称为纵向灵敏度或主轴灵敏度。若在与纵轴方向相交的加速度作用下传感器也产生电信号输出，则此输出信号与横向作用的加速度之比称为传感器的横向灵敏度。横向灵敏度通常以主轴灵敏度的百分数表示，最大横向灵敏度应小于主轴灵敏度的 5%。

横向灵敏度产生的原因包括：晶片切割或极化方向有偏差；压电晶片表面粗糙度或两个表面不平行；基座平面与主轴方向互不垂直；质量块或压紧螺母加工精度不够；传感器装配、安装不精确等。这些偏差使传感器灵敏度最大的方向与传感器几何主轴方向不一致，即传感器最大灵敏度向量与传感器几何主轴的正交平面不正交，使得传感器横向作用的加速度在传感器最大灵敏度方向上的分量不为零，从而引起传感器的输出。

横向灵敏度是具有方向的，如图 2-16 所示为最大灵敏度在垂直于几何主轴的平面上的投影和横向灵敏度在正交平面内的分布情况，其中 S_m 为最大灵敏度向量，S_L 为纵向灵敏度向量，S_{Tmax} 为横向灵敏度最大值且将此方向确定为正交平面内的 0°。当沿 0° 方向或 180° 方向作用有横向加速度时，都将引起最大的误差输出；当在其他方向作用横向加速度时，产生的误差输出将正比于 S_m 在此方向的投影值。所以从 0°~360° 横向灵敏度的分布是对称的两个圆环。

横向加速度干扰通过传感器横向灵敏度引起的误差为

$$\gamma_T = \frac{a_T S_T}{a_L S_L} \tag{2-25}$$

式中，a_T 为横向干扰加速度；S_T 为 a_T 作用方向的横向灵敏度；a_L 为被测加速度，即沿传感器主轴方向作用的加速度；S_L 为传感器的纵向灵敏度。

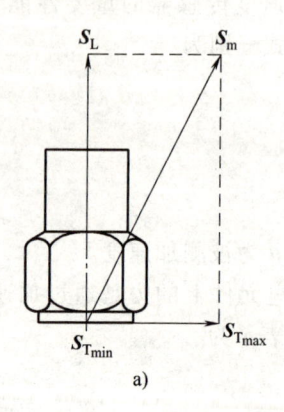

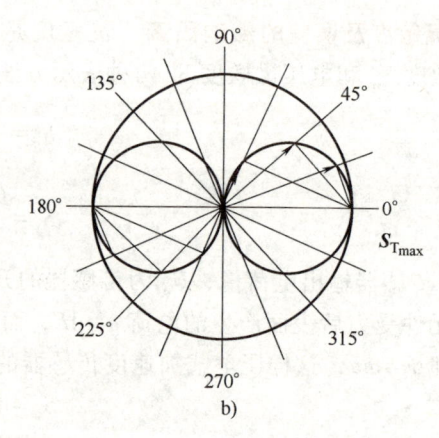

图 2-16 横向灵敏度在正交平面内的分布

为减小测量误差,在实际使用中合理的安装方法是将传感器的最小横向灵敏度 S_{Tmin} 置于存在最大横向干扰的方向。

另外,环境温度、湿度的变化会引起压电元件的压电系数、介电常数、电阻率以及绝缘电阻等的变化,从而使传感器的灵敏度也随着发生变化;周围存在的磁场和声场也会使传感器产生误差输出,因此在使用中应根据传感器具体的工作环境及对测量误差提出的要求选择传感器类型以及采取相应的隔离、屏蔽、密封等保护措施。

(3) 频率特性 压电式加速度传感器可以简化为由质量块 m、弹簧 k 和阻尼 c 组成的二阶系统,因此它的高频响应取决于传感器机械系统的固有频率和阻尼比。由于压电式加速度传感器具有很高的固有频率(一般可达 40~60kHz,最高可达 180kHz),而在传感器中没有特别的阻尼装置,其阻尼比很小,一般在 0.01 以下,所以它的可测量上限频率很高(实际测量上限频率为固有频率的 1/5~1/3),这正是压电式加速度传感器的优点。压电式加速度传感器的可测量频率下限取决于压电元件两极上产生的电荷的泄漏情况及前置放大器的下限截止频率,一般可低至 1~2Hz,甚至更低。

(4) 典型的压电式加速度传感器 图 2-17 所示为爆燃传感器用螺栓固紧在发动机机体气缸部的上侧。其内部主要是一个压电陶瓷晶片,一个惯性配重用螺钉紧压在压电陶瓷元件上,使之产生一定的预紧力。当发动机出现爆燃时产生 5~10kHz 的压力波,这一压力波通过机体传给传感器,又经过惯性配重,使作用在压电元件上的压力发生变化,产生约 20mV 的电动势,这一信号输给电脑,经滤波后输出指示爆燃的信号。爆燃传感器能将发动机爆燃时产生的压力波转变为电信号输出给电脑,当电脑第一次识别到某个气缸有爆燃燃烧时,即控制此气缸的点火正时向延迟方向改变 3°~5°CA(曲轴转角),以便即刻消除爆燃燃烧。经过一定次数的无爆燃燃烧以后,再控制点火正时以每步 0.3°~0.5°曲轴转角向提前方向进给,以保证发

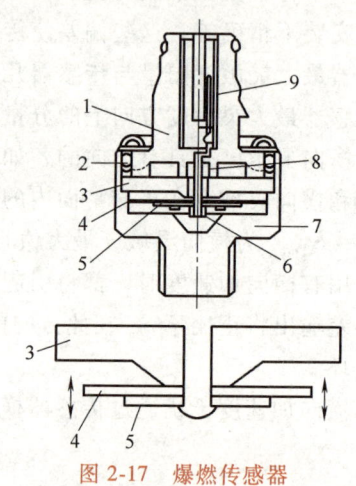

图 2-17 爆燃传感器
1—连接器 2—环 3—底座 4—摆动板
5—压电元件 6—引线端 7—外壳
8—密封剂 9—接线板

动机的点火提前角都处于接近爆燃燃烧时的最佳角度。

图 2-18 所示是 D-33 型压电式微加速度传感器，通过将加速度转化为质量块的位移并使梁产生机械形变。随后通过压电材料将机械变形转换为可测量的电信号。微加速度传感器由于其尺寸小、灵敏度高、稳定性好等优点被广泛应用。图中的与质量块相连接的悬臂梁为该器件的灵敏部件，其刚度越小，因加速度产生的机械形变就越大，因而可以有更高的灵敏度。

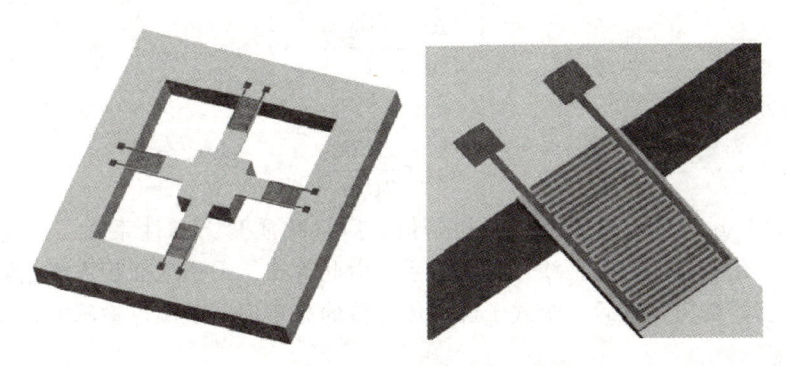

图 2-18 D-33 型压电式微加速度传感器

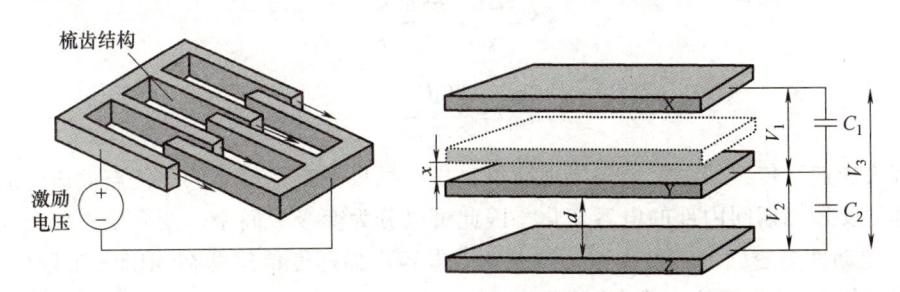

6. 电容式加速度传感器

（1）电容式加速度传感器工作原理　电容式加速度传感器是现在主流的 MEMS 加速度传感器，按照敏感机理不同可分类为改变重叠面积或改变间距两种类型，如图 2-19 所示；按照电容改变的结构不同，可分类为平行极板式和梳齿式两种结构。平行极板式电容式加速度传感器的质量块底部和衬底之间都有一个电极，形成平行极板电容，当质量块受到加速度时产生位移，引起平行极板间面积或间距发生变化，进而引起电容量发生变化。梳齿式加速度传感器又称为叉指式加速度传感器，包括位于质量块边沿处的可动梳齿电极和位于锚点处的固定梳齿电极，当传感器受到加速度作用时，质量块由于惯性作用产生位移，引起可动梳齿电极和固定梳齿电极之间重叠长度或是间距发生变化，进而引起电容变化，变化的电容引起电压变化并被外部检测电路检测放大，间接测量出加速度数值。

图 2-19 电容式加速度传感器的结构

图 2-19 所示为用改变平行极板面积的方法来改变电容值。中间的质量块上下底部都有电极，与上下极板形成差分电容对。当质量块静止时，初始电容

$$C_0 = C_1 = C_2 = \varepsilon \frac{S}{d_0} = \varepsilon \frac{lw}{d_0} \tag{2-26}$$

式中，ε 为相对介电常数；l 为质量块长度；w 为质量块宽度；d_0 为质量块与上下极板间距。由于电容 C_1 和 C_2 相等，此时无变化电容量输出。

当有外加速度 a 时，质量块发生一段位移量 x，此时总的电容变化量为

$$\Delta C = C_2 - C_1 = 2\varepsilon \frac{xw}{d_0} = 2C_0 \frac{x}{l} \tag{2-27}$$

机械灵敏度为

$$S = \frac{\Delta C}{a} = \frac{2C_0}{l} \frac{m}{K} \tag{2-28}$$

同时得到分辨力为

$$a_{\min} = \frac{\Delta C l K}{2C_0 m} \tag{2-29}$$

式中，C_0、m、K 分别为传感器电容的初始值、质量块质量、弹性系数，这些参数都是常数，所以电容变化量与加速度呈线性对比关系。由此可知，采用变面积方法能够得到完全线性的加速度传感器结构。最后一个式子说明传感器的分辨率与最小可检测电容变化量成正比关系。

中间的质量块与两侧的电极形成差分电容对当有外加速度 a 时，电容分别为

$$C_1 = \varepsilon \frac{S}{d_0 + x} = \frac{\varepsilon S}{d_0} \frac{1}{1 + \frac{x}{d_0}} = C_0 \frac{1}{1 + \frac{x}{d_0}} = C_0 \left[1 + \left(\frac{x}{d_0}\right) + \left(\frac{x}{d_0}\right)^2 + \cdots + \left(\frac{x}{d_0}\right)^n \right]$$

$$C_2 = \varepsilon \frac{S}{d_0 - x} = \frac{\varepsilon S}{d_0} \frac{1}{1 - \frac{x}{d_0}} = C_0 \frac{1}{1 - \frac{x}{d_0}} = C_0 \left[1 - \left(\frac{x}{d_0}\right) + \left(\frac{x}{d_0}\right)^2 - \cdots + \left(\frac{x}{d_0}\right)^n \right] \tag{2-30}$$

总的电容变化量为

$$\Delta C = C_1 - C_2 = \varepsilon S \left(\frac{1}{d_0 + x} - \frac{1}{d_0 - x} \right) = 2C_0 \left[\left(\frac{x}{d_0}\right) + \left(\frac{x}{d_0}\right)^3 + \left(\frac{x}{d_0}\right)^5 + \cdots \right] \tag{2-31}$$

电容变化量与位移呈非线性关系，机械灵敏度和分辨力分别为

$$S = \frac{\Delta C}{a} = \frac{2C_0}{d_0} \frac{m}{K}$$

$$a_{\min} = \frac{\Delta C d_0^2 K}{2C_0 m} \tag{2-32}$$

电容式加速度传感器由于结构原理简单、易于批量生产、价格低等优点被广泛应用。其检测原理主要依靠期间内部的电容变化，因此可以分为变极板间距、变介质、变面积三种。

(2) 差动式电容微加速度传感器 差动式电容微加速度传感器在 MEMS 工程中很常见，其表头结构如图 2-20 所示。敏感质量块的上、下表面均镀金。

当外界激励加速度为零时，质量块位于中央平衡位置，质量块的上、下表面与两电容极板分别构成电容 C_1、C_2，则

$$C_1 = C_2 = C_0 = \frac{\varepsilon A}{d_0} \tag{2-33}$$

式中，A 为极板面积。

外界激励加速度 a 导致敏感质量块偏离平衡位置，向上移动 x，如图 2-21 所示，则 C_1、C_2 电容为

$$C_1 = \frac{\varepsilon A}{d_0 - x} = C_0 \left(\frac{1}{1 - \frac{x}{d_0}} \right) \tag{2-34}$$

$$C_2 = \frac{\varepsilon A}{d_0 + x} = C_0 \left(\frac{1}{1 + \frac{x}{d_0}} \right) \tag{2-35}$$

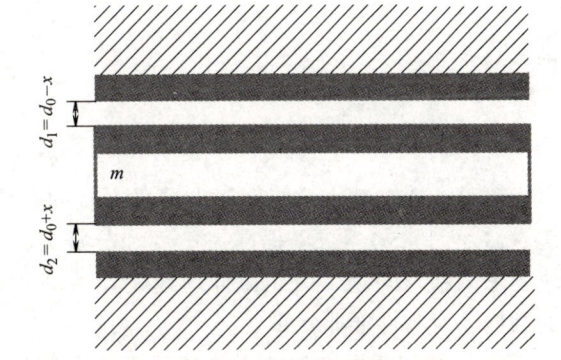

图 2-20　差动式电容微加速度传感器表头结构　　图 2-21　差动式电容表头结构（激励加速度为 a）

在 MEMS 实际工程中，$x \ll d_0$，对静电力项进行级数展开，得到差动电容为

$$\Delta C = 2C_0 \left[\frac{x}{d_0} + \left(\frac{x}{d_0} \right)^3 + \left(\frac{x}{d_0} \right)^5 + \cdots \right] \tag{2-36}$$

若忽略高阶小量，则得到差动电容为

$$\Delta C = 2C_0 \frac{x}{d_0} \tag{2-37}$$

上式显示外界激励加速度 a 导致敏感质量块向上移动 x 的位移，可以转换为差动电容的变化。当系统处于稳态常加速度输入时，差动电容的变化量为

$$\Delta C = 2C_0 \frac{a}{d_0 \omega_n^2} \tag{2-38}$$

差动式电容微加速度传感器的灵敏度同平衡位置极板电容 C_0、间隙 d_0 和固有谐振频率 ω_n 有关，极板电容 C_0 越大，间隙 d_0 越小，固有谐振频率 ω_n 越低，系统灵敏度越高。

激励加速度的最小分辨力为

$$a_{\min} = \frac{d_0 \omega_n^2}{2C_0} \Delta C_{\min} \tag{2-39}$$

差动式电容微加速度传感器的分辨力同平衡位置极板电容 C_0、间隙 d_0、固有谐振频率及电容检测能力有关。极板电容 C_0 越大，间隙 d_0 越小，固有谐振频率越低，系统分辨率越高。

设极板电容间的电压为 U，则电场能为

$$W = \frac{1}{2} U^2 C \tag{2-40}$$

极板电容间的电场力为

$$F = \frac{\partial W}{\partial d} = \frac{1}{2}\frac{\varepsilon A U^2}{d^2} \tag{2-41}$$

当外界激励加速度 a 导致敏感质量块偏离平衡位置 x 时，敏感质量块受到的总电场力为

$$F_e = \frac{1}{2}\frac{\varepsilon A U^2}{d^2}\left[\frac{1}{(d_0-x)^2} - \frac{1}{(d_0+x)^2}\right] \tag{2-42}$$

敏感质量块受到的弹性力为

$$F_k = kx \tag{2-43}$$

为了实现质量块振动而不至于塌陷粘附在电容极板上，必须满足以下条件：

$$F_k \geq F_e \tag{2-44}$$

即

$$k \geq \frac{4\varepsilon U^2 A}{d_0^3} = \frac{4U^2 C_0}{d_0^2} \tag{2-45}$$

可见，通过减小系统刚度（降低系统固有频率）、增大极板电容 C_0、减小间隙 d_0，可以提高灵敏度和分辨力，但容易导致敏感质量块的塌陷粘附问题。因此，合理地设计差动式电容微加速度传感器的结构，对其性能非常重要。

(3) 扭摆式电容加速度传感器 扭摆微加速度传感器（Pendulous Micro-machined Silicon Accelerometer，PMSA），质量块分别位于支撑梁两边，其质量和惯性矩不相等。当存在激励加速度时，质量块将围绕支撑梁扭转，导致电容大小发生改变。通过测量电容的改变量，可以得到激励加速度的大小。

扭摆微加速度传感器的力学模型如图 2-22 所示。敏感质量块输入加速度 a 产生惯性力矩，按照牛顿第二定律，得到摆角转动微分方程为

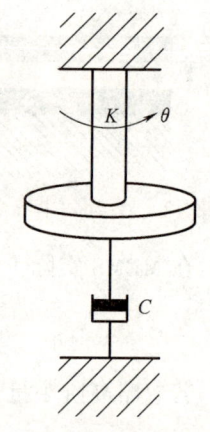

图 2-22 扭摆微加速度传感器力学模型

$$J\frac{d^2\theta}{dt^2} + C\frac{d\theta}{dt} + K\theta = K_\theta a \tag{2-46}$$

式中，J、C、K 分别为转动惯量、阻尼系数和扭转刚度；a 为外界激励加速度；K_θ 为激励加速度扭转系数，与扭摆大小有关，其转矩为

$$K_\theta a = \int_{摆片} ardm = J\ddot{\theta} \tag{2-47}$$

式中，$\ddot{\theta}$ 为等效的输入角加速度。

对式（2-46）进行零初始条件下的拉普拉斯变换，得

$$(JS^2 + CS + K)\Theta(S) = K_\theta A(S) \tag{2-48}$$

质量块的转角为输出变量，激励加速度 a 为输入变量，其传递函数为

$$\frac{\Theta(S)}{A(S)} = \frac{\frac{K_\theta}{J}}{S^2 + 2\xi\omega_n s + \omega_n^2} \tag{2-49}$$

可见，不同的外界激励加速度 a 对应不同的转角，即通过测量转角，可以间接测量出外

界激励加速度。系统的固有谐振频率和转角为

$$\omega_n = \sqrt{\frac{K}{J}} \quad (2\text{-}50)$$

$$\theta = \frac{K_\theta}{J\omega_n^2}a = \frac{K_\theta}{K}a \quad (2\text{-}51)$$

刚度越小，转动惯量越大，固有谐振频率越低，加速度传感器的灵敏度越高。

图 2-23 为一种典型的扭摆微加速度传感器结构。

图中，l、w 分别为支撑梁的长、宽，质量块的厚度为 h。惯性转矩产生的转角为

$$\theta = \frac{\rho a_3 bl(2a_1 + 2a_2 + a_3)}{4G\beta w^3}a \quad (2\text{-}52)$$

式中，a 为输入加速度；ρ 为材料密度；β 为与 h/w 有关的因子；G 为剪切模量，即

$$G = \frac{E}{2(1+\mu)} \quad (2\text{-}53)$$

式中，E 为弹性模量；μ 为泊松比。

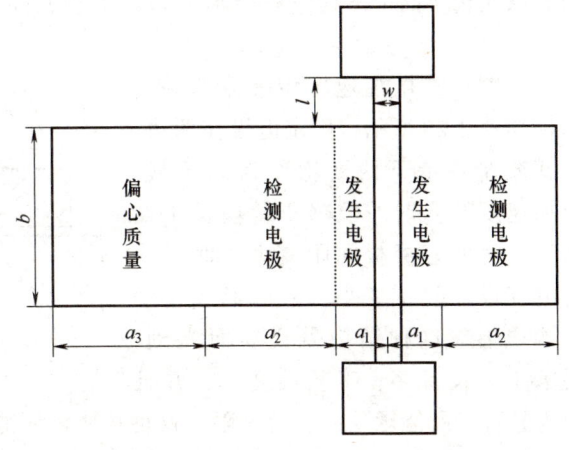

图 2-23 典型的扭摆微加速度传感器结构

转角同支撑梁宽度的三次方成反比，与质量块的厚度无关。

检测质量块受到加速度激励引起惯性力矩，产生角位移，导致相应的电极输出电容变化，然后将电容变量作为控制信号，经过电子线路转换成施力电压，加在施力电极上，从而平衡惯性力矩。

图 2-24 给出了静电力平衡式硅微加速度传感器的另一种形式。该传感器由美国 Draper 实验室研制，灵敏度高达 7.3V/g，大小仅为 0.75mm^2，可与该实验室研制的硅微陀螺集成在一个芯片上，构成惯性测量组合元件，用于制导。它的结构如同一只"跷跷板"，活动电极是 3μm 厚的硅片，由一对挠性轴支撑。在硅片一侧的表面上有一半镀有一层金，作为敏感质量块。在挠性轴两边的硅基片上，各埋设 1 个检测电极和 1 个施力电极，4 个电极对称分布，与公共的活动电极（硅片）分别构成差动的检测电容和施力电容。当有垂直于硅片方向的加速度输入时，硅片因挠性轴两侧的质量不同，所受的惯性力不同而发生偏转。检测

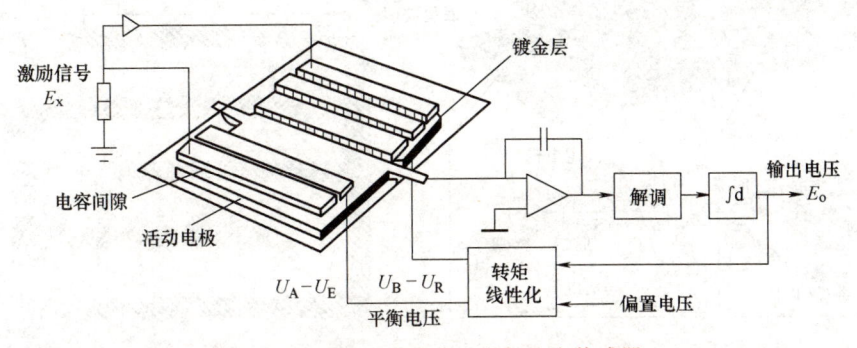

图 2-24 静电力平衡式硅微加速度传感器

电容产生输出信号，得到与输入加速度成正比的输出电压。静电力平衡回路通过转矩线性化环路，分别向两个施力电极加反向的平衡电压 U_R 和 $-U_R$，产生的静电力使硅片恢复水平状态。U_R 和 $-U_R$ 受输出电压控制，构成负反馈。该传感器的温度特性稍差。镀金的那一半硅片因金和硅热膨胀比不同，将随温度变化而产生弯曲变形。

(4) **悬臂梁式微加速度传感器** 悬臂梁式微加速度传感器是悬臂梁微机械加速度传感器（Cantilever Beam Micro-machined Silicon Accelerometer, CBMSA）的简称。通过夹在中间的敏感质量块同上下检测电极形成差动电容，同上下施力电极形成静电力反馈，构成闭合回路。

悬臂梁式微加速度传感器的基本结构如图 2-25 所示，固定电极在两边，敏感质量块上下两面均作为动极板。有加速度输入时，敏感质量块发生摆动，一对电容极板间距变大，而另一对电容极板间距变小，从而形成差动检测电容。这种结构需要双面光刻，要求工艺设备多，工艺难度大，并且因为悬臂梁所能承受的应力有限，这种传感器所能测量的最大加速度值较小。

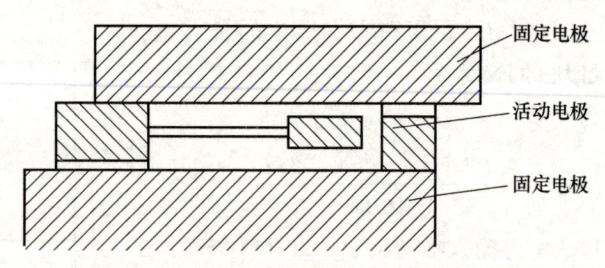

图 2-25 悬臂梁式微加速度传感器基本结构

图 2-26 是一种基于 SOG 的高性能的三轴电容式加速度传感器。该电容式加速度传感器是三明治结构形式，在单个芯片上制作出了平面和垂直差分结构，芯片尺寸为 12mm×7mm×1mm，X 轴向、Y 轴向和 Z 轴向测得的噪声本底分别为 $5.5\mu g/\sqrt{Hz}$、$2.2\mu g/\sqrt{Hz}$ 和 $12.6\mu g/\sqrt{Hz}$，通过外接四阶的 sigma-delta CMOS 集成电路测得其零偏不稳定性为 $17.4\mu g$，X 轴向、Y 轴向和 Z 轴向的量程分别为 ±10g，±10g，+12g/-7.5g。

(5) **梳齿式微加速度传感器** 梳齿式微加速度传感器也称为叉指式微加速度传感器。在介绍梳齿式微加速度传感器之前，先介绍梳齿极板静电力的计算。如图 2-27 所示为梳齿结构。

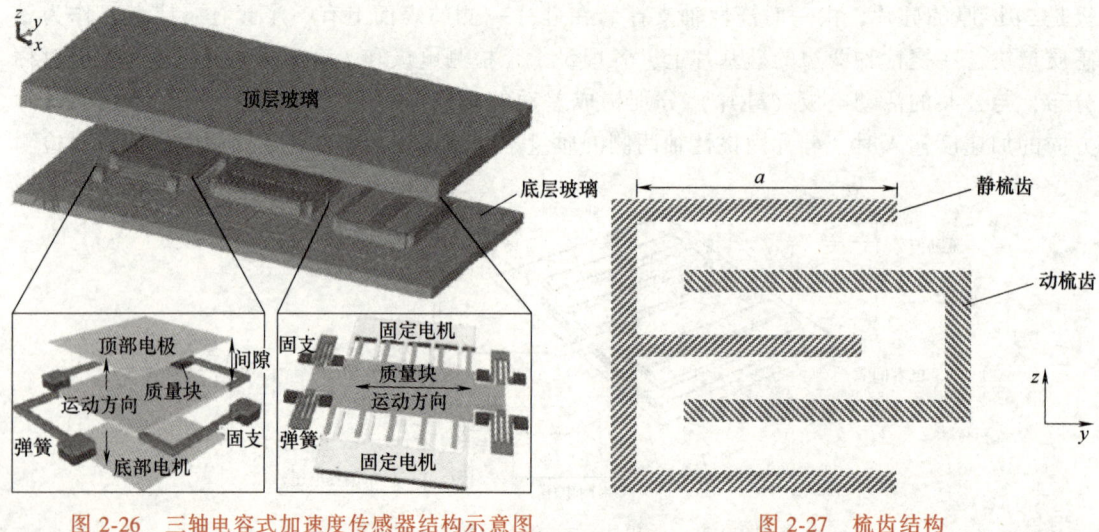

图 2-26 三轴电容式加速度传感器结构示意图

图 2-27 梳齿结构

梳齿的有效宽度为 a，有效长度为 b，梳齿在 z 方向上的间距均为 d_0。为提高静电力，组成 n 组梳齿。动梳齿与静梳齿在 $x\text{-}y$ 平面上的重合长度分别为 l_1（$0<l_1<b$）和 l_2（$0<l_2<a$），则总电容为

$$C = n\varepsilon \left[\frac{(l_1-x)(l_2-y)}{d_0-z} + \frac{(l_1-x)(l_2-y)}{d_0+z} \right] \tag{2-54}$$

当在两梳齿中间施加电压 U 时，电场能量为

$$W = \frac{1}{2}CU^2 = \frac{n\varepsilon U^2}{2} \left[\frac{(l_1-x)(l_2-y)}{d_0-z} + \frac{(l_1-x)(l_2-y)}{d_0+z} \right] \tag{2-55}$$

则动梳齿与静梳齿之间的静电力为

$$F_x = \frac{\partial W}{\partial x} = -n\varepsilon U^2 \frac{d_0(l_2-y)}{d_0^2-z^2} \tag{2-56}$$

$$F_y = \frac{\partial W}{\partial y} = -n\varepsilon U^2 \frac{d_0(l_1-x)}{d_0^2-z^2} \tag{2-57}$$

$$F_z = \frac{\partial W}{\partial z} = 2n\varepsilon U^2 \frac{d_0 z(l_1-x)(l_2-y)}{(d_0^2-z^2)^2} \tag{2-58}$$

由上式可见，沿 x、y 方向的静电力同重合齿的长度无关。上式推导以无限大平行板电容器理论为基础，未考虑极板的边缘效应。

世界上第一种用表面硅工艺大批量生产的加速度传感器是 ADXL50，由 Analog Devices 公司和 Siemens 公司于 1993 年联合研制成功，用于汽车气囊保护系统。该传感器的量程为 $\pm 50g$，灵敏度为 $20\text{mV}/g$，精度达到 0.25%，工作温区为 $-55\sim125\text{℃}$。采用与集成电路工艺兼容的表面微机械加工技术制造，微结构与信号处理电路集成在同一硅片上。整个传感器的尺寸为 $9.4\text{mm}\times4.7\text{mm}$，形状同电子元件，是真正廉价而高性能的现代传感器。

图 2-28 所示为加速度传感器 ADXL50 的结构。它的敏感元件是硅基片表面的梳状电容结构，由 $2\mu\text{m}$ 厚的多晶硅膜刻蚀而成。中间的敏感质量块为"H"形，由两根两端固定的细长梁支撑，可沿平行于基片的方向平动。质量块两侧伸出 42 个"梳指"，每个"梳指"就是一个活动电极，与两旁固定的多晶硅电极有 $1.3\mu\text{m}$ 的间隙，构成一个平行极板差动电容单元。将这些差动电容单元并联，可得到 0.1pF 的总电容。

传感器工作于静电力平衡方式并具有自检功能。自检电路定时向活动电极施加一定的电压，产生的静电力使敏感质量块产生偏移。其效果等同于惯性力的作用，可用来对传感器的工作状况进行模拟检测。自检功能进一步提高了传感器的可靠性，也使产品检验简单化。例如寿命试验，只要提供周期性的电压，无须使用振动装置。这种加速度传感器采用与集成电路工艺兼容的表面微机械加工技术制造，微结构与信号处理电路集成在同一硅片上，长度为 $380\mu\text{m}$，宽度为 $580\mu\text{m}$。

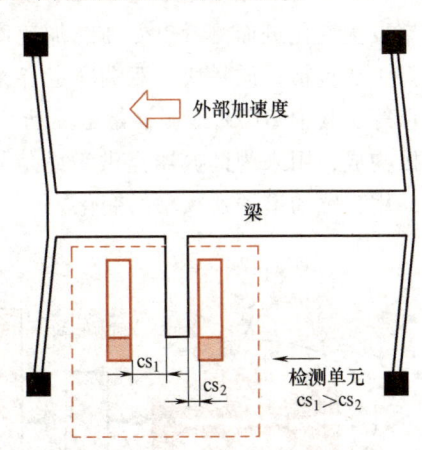

图 2-28 加速度传感器 ADXL50 结构

图 2-29 所示为另一种典型的梳齿式的电容加速度传感器——三维 MEMS 梳齿式加速度传感器。该加速度传感器结构包括一个敏感质量块，24 个敏感梳齿，8 个驱动梳齿，2 个折叠梁和 2 个锚。通过改变加速度传感器中折叠梁的宽度、长度、重叠区域面积以及梳齿的数量优化了加速度传感器的位移灵敏度和电容灵敏度。敏感质量块的尺寸为 $350\mu m \times 70\mu m$，弹性梁的尺寸为 $350\mu m \times 2\mu m$，通过使用 COMSOL 软件仿真分析得出，在敏感质量块上施加 $1g$ 加速度的条件下，该加速度传感器的敏感质量块位移为 0.154nm，其电容灵敏度为 $785 \times 10^{-18} F/g$。

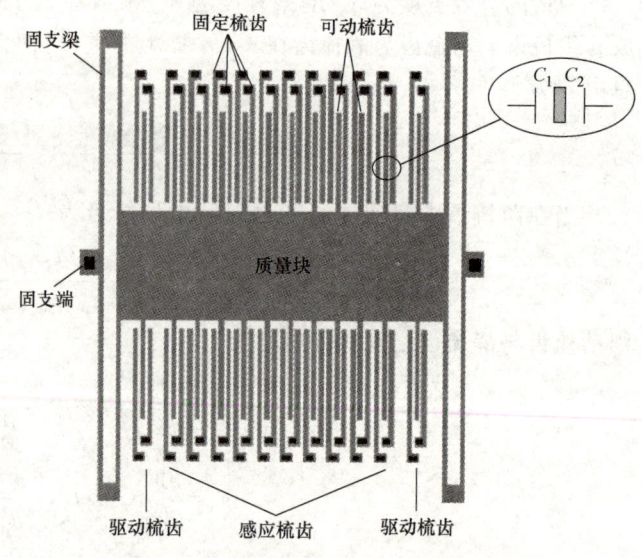

图 2-29 三维 MEMS 梳齿式加速度传感器

7. 谐振式加速度传感器

谐振式加速度传感器基于谐振式感应原理检测加速度，主要由质量块和谐振器组成。当出现加速度时，质量块产生的惯性力施加在谐振器的轴向上，或者通过微杠杆机构将放大后的惯性力施加在谐振器上，由于谐振器的固有频率对轴向力敏感，在受到拉应力时固有频率上升，在受到压应力时固有频率下降，此时，通过外围电路实时追踪固有频率，即可测量加速度。谐振器的激振与检测可采用静电、压电和电磁等方式。

（1）谐振式加速度传感器工作原理 谐振式加速度传感器是基于微结构质量块的谐振频率发生变化进而测量出外加的加速度数值。图 2-30 所示为硅谐振式加速度传感器的示意图。主要包括：质量块、双端固定音叉（DETF）、梳齿结构、微杠杆结构（力放大结构）、锚点等。其中 DETF 谐振器是由驱动端和检测端构成，驱动端是由可动梳齿电极与内部固定电极构成，用来为谐振器提供激励信号；检测端是由可动梳齿电极与外部固定梳齿电极构成，用来感知谐振器频率的变化。

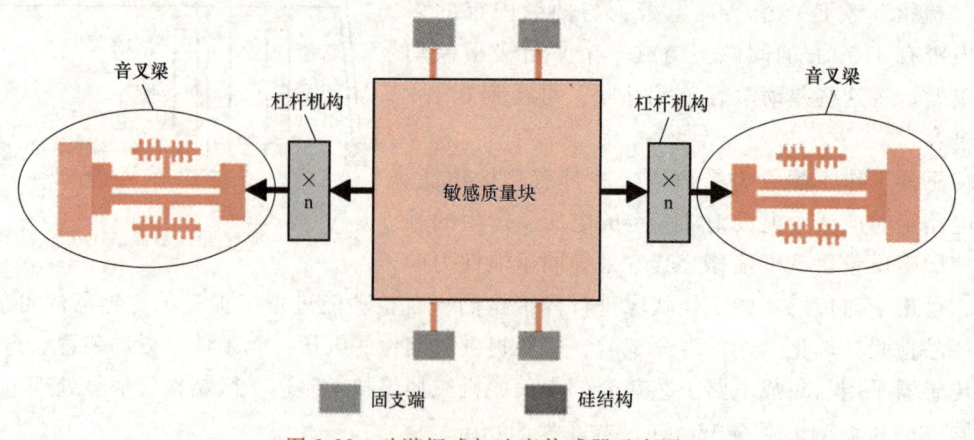

图 2-30 硅谐振式加速度传感器示意图

当有加速度时，质量块产生作用力，该作用力经过微杠杆结构放大后传送到音叉谐振器上，对称分布的音叉谐振器左边部分受轴向拉力作用，引起固有频率增大；同时右边部分受轴向压力作用，引起固有频率减小，形成差动的检测机制，这种机制能很好地消除环境温度和交叉轴灵敏度引起的音叉热应力对固定频率的影响，显著地提高加速度传感器的灵敏度。

谐振式加速度传感器具有动态范围大、灵敏度高、分辨率高、准数字输出、体积小、功耗低、可批量生产的优点，但需要制备微杠杆结构，工艺和理论计算都较为复杂，目前只应用于战略导弹等高端市场领域。

谐振式加速度传感器具有频率输出、分辨率高和动态范围大的特点。用 MEMS 工艺加工出来的硅谐振式加速度传感器在制作成本方面具有明显的优势，使得这种传感器迅速在一些精度要求不高的场合替代石英晶体加速度传感器。大部分谐振式加速度微传感器用于加速度随时间变化缓慢的场合。导致这种局限的主要原因之一就是其输出为准数字信号-频率。这种输出信号的检测虽然很方便，采用过零检测周期或频率就可以实现，但由于得到一个测量值至少需要一个检测周期，因此能够测量的加速度变化频率最高也就是数百赫兹。对传感器的输出信号进行一些处理以及采用更复杂一些的频率检测手段可以突破这一局限，但检测电路的复杂程度也相应提高。

(2) 典型的谐振式加速度传感器 图 2-31 所示为一种电阻热激励、电阻检测振动的悬臂梁式加速度微传感器结构示意图。塔形敏感质量块悬挂在与其中心轴线平行且对称的两根支撑梁的一端，两根支撑梁的另一端固定在框架上。在两根支撑梁中间再平行制作一根用于信号检测的谐振梁，一端与敏感质量相连，另一端固连在框架上，它们一起组成加速度微传感器。

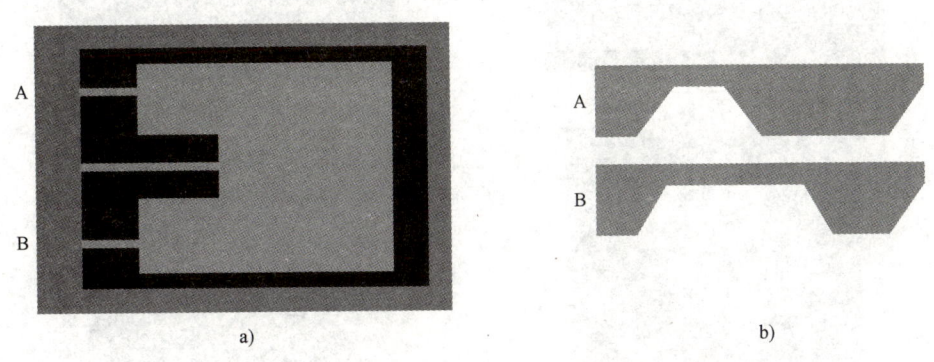

图 2-31 一种悬臂梁式加速度微传感器结构示意图

微传感器由多次光刻和刻蚀制作而成，支撑梁的参数设计多从悬挂系统的刚度和支撑梁的强度来考虑。谐振梁的参数则主要根据不受加速度作用时，所期望获得的基本谐振频率和要求的灵敏度来计算确定。为了使谐振梁的谐振频率不受悬挂系统的干扰，一般把谐振梁的工作谐振频率设计的比悬挂系统的谐振频率高出几十倍。

这种悬臂梁式加速度微传感器的工作原理如下：当有垂直于纸面方向的加速度作用于敏感质量块上时，质量块将在垂直方向移动，并使支撑梁弯曲。因谐振梁与支撑梁的厚度不同，二者的中心轴不在同一平面上，导致谐振梁产生拉伸或压缩应变，进而改变谐振梁的谐振频率，其改变量与被测加速度值成函数关系。处于谐振梁端部的激励电阻上加载交变电压和直流偏压时，谐振梁将沿轴向产生交变热应力。若频率与谐振梁的谐振频率一致，则梁发生谐振。处于梁端部的检测电阻将敏感梁谐振的轴向交变应力,阻值就按相同频率变化,通过惠斯通电桥即可得到同频变化的电压信号,进而通过此电压信号的频率即可得到加速度值。

图 2-31 所示为中国物理研究院团队研制出的一种结构和工艺都比较简单的谐振梁式加速度微传感器。其敏感质量块由一个悬臂梁支撑,当传感器受到沿敏感轴方向的加速度时,质量块产生位移使悬臂梁弯曲,在谐振梁上产生压应力或拉应力,间接使谐振梁的固有频率改变,用拾振电阻检测出此频率信号,就可以得到被测加速度。

上述结构中,垂直方向和横向加速度存在交叉影响,故在实用中,有时采用多支撑对称悬挂结构。这样,横向加速度将导致敏感质量转动,而垂直方向的加速度则只能导致敏感质量沿垂直方向平移,从而可把来自任意方向的加速度分解,实现解耦。

图 2-32 所示为一种利用绝缘硅技术制作的谐振梁式加速度微传感器扫描电镜图。整个传感器的结构包括一个两端连接的双谐振梁、一个质量块、一个锚点以及两个连接点,采用表面加工工艺在 SOI 硅片上实现,避免了使用浓硼掺杂硅的自停止腐蚀技术制作硅梁。由于 SOI 硅片的中间二氧化硅层可以实现深反应离子刻蚀的自停止腐蚀,可得到垂直的侧面,因而可精确确定结构的各部分尺寸垂直的侧面,因而可精确确定结构的各部分尺寸。

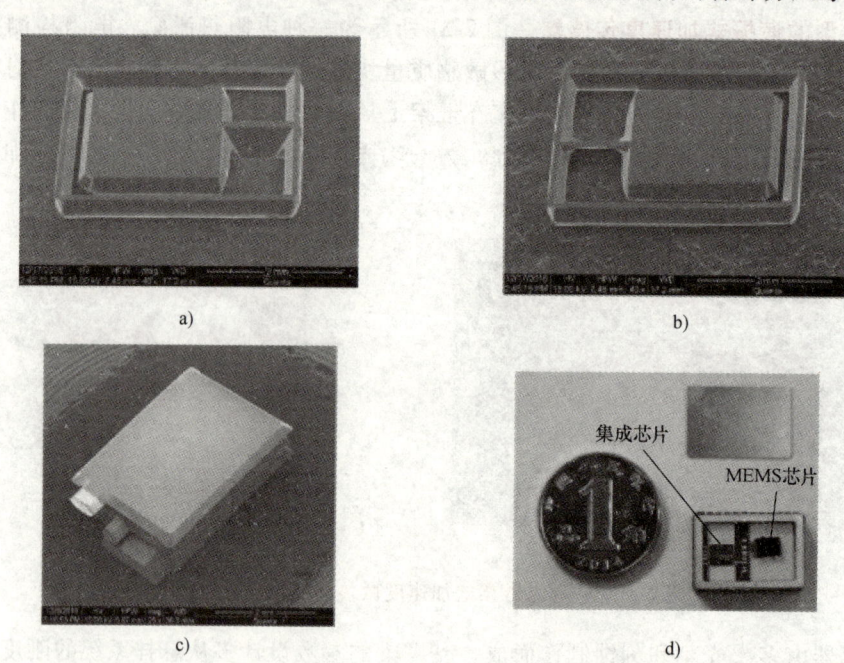

图 2-32 谐振梁式加速度微传感器扫描电镜图

图 2-33 给出了谐振器的基本结构及其振动模态。谐振器的两端都有梳状电极,用于实现静电激励和电容拾振。谐振器工作在 x-y 平面内的弯曲振动模态,振动的节点置于连接点处。图 2-34 所示为在图 2-33 结构基础上改进的一种双谐振器结构。质量块两端由一对谐振器支撑,从而可降低传感器对交叉轴加速度的灵敏度。

当传感器受到 y 向加速度作用时,谐振器的双梁结构受到质量块所感应的惯性力作用而发生变形,双梁之间的距离发生改变,导致谐振器的等效刚度 k 发生变化。谐振器的谐振频

率与梁的等效刚度 k 之间的关系为

$$f \propto \frac{1}{L^2}\sqrt{\frac{Ek}{A\rho}} \quad (2\text{-}59)$$

式中，f 为谐振器的谐振频率；L 为谐振器梁的长度；E 为梁的弹性模量；A 为梁的横截面积；ρ 为材料密度。因此，加速度变化时，谐振频率相应发生改变，其相对变化量为

$$\frac{\Delta f}{f} = \frac{1}{2}\frac{\Delta k}{k} \quad (2\text{-}60)$$

谐振式加速度传感器的种类很多，大体分为两类：一类是基于机械谐振结构的机械式谐振式传感器；另一类是 MOS 环振式谐振传感器。其中机械式谐振式传感器应用最广。通常振子的材料采用诸如铁镍恒弹合金等具有恒弹性模量的所谓恒模材料。但这种材料较易受外界磁场和周围环境温度的影响。石英晶体在一般应力下具有很好的重复性和最小的迟滞，其振子的品质因素 Q 值极高，并且不受环境温度影响，性能长期稳定，因此采用石英晶体作为振子可制成性能更加优良的压电式谐振传感器。

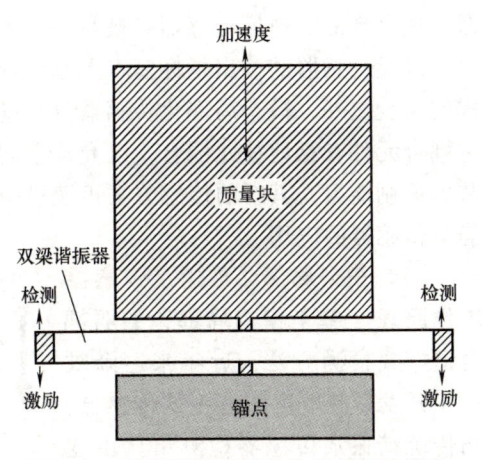

图 2-33　谐振器的基本结构及其振动模态

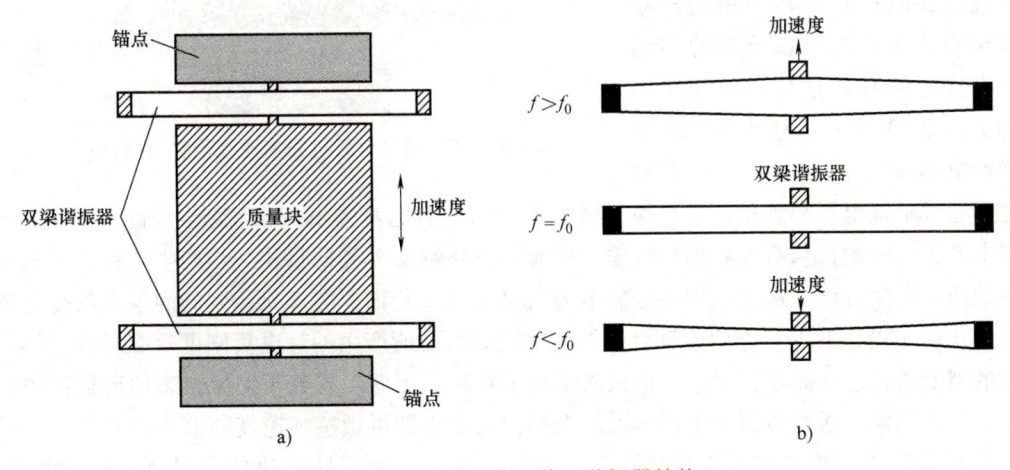

图 2-34　改进后的一种双谐振器结构
a) 双谐振器结构的加速度微传感器　b) 加速度作用时谐振器的结构变形

8. 模态局部化加速度传感器

在深入研究模态局部化传感器的细节之前，以下给出了模态局部化传感器的定义：模态局部化传感器是利用基于模态局部化效应的传感范式，通常存在于包含多个相互弱耦合的谐振器的系统中，通常相互弱耦合。当传感器受到外部激励时，传感器的输出度量通常基于多个谐振器的振幅变化。本节介绍模态局部化传感器的一般工作原理。为了简化分析，通常只考虑振动方向上的运动；因此，自由度的数量由谐振器的数量决定。通常，模态局部化传感器由两个或三个谐振器组成。

谐振式加速度微传感器一直是世界各国研究的热点。传统上，谐振式加速度微传感器依赖于基于频移的读出。本节介绍并讨论了一种基于模态局部化效应的新型谐振式加速度传感

器。这种新的加速度传感器是被称为"模态局部化传感器"的更广泛传感器系列的一个子集。这类传感器的读出指标基本上基于振幅调制，这是这种方法的关键标识符。除了传感范式的转变之外，模态局部化传感器具有基于单个谐振器的可区分拓扑：即通常多个谐振器通过耦合元件有意地彼此耦合，以允许空间能量扩展。由于其独特的结构，如更高的灵敏度和共模抑制能力，其新的传感方案迅速吸引了研究人员的注意。当然，模态局部化已经适应了静电传感器的应用。

(1) **模态局部化加速度传感器工作原理** 基于模态局部化的弱耦合谐振式检测方法，近年来逐渐被用于开发高灵敏度的谐振式传感器。与传统谐振式传感器检测单自由度谐振系统的频率输出不同的是，其通过检测多自由度弱耦合系统的振动模态（振幅比）的变化来敏感外界扰动变化，特别是利用振动模态的能量局部集中效应实现了灵敏度的大幅度提高；并且其采用的振幅比输出模式使得基于该原理的传感器具有很好的环境适应性。其基本原理如图 2-35 所示，可动质量块通过弹性支撑梁支撑，质量块与谐振器之间通过平板电容相连接，质量块与谐振器之间具有电势差 ΔV；谐振器 1 和谐振器 2 通过梳齿电容进行驱动；当有外界加速度输入的时候，质量块 1 和质量块 2 均产生位移，平板电容的有效间距发生变化，从而产生差分静电力（谐振器 1 与谐振器 2 所受到的静电力的变化方向相反）作用于谐振器上；作用于耦合谐振器中的静电力所产生的静电负刚度效应导致了耦合谐振器的刚度软化，从而使得弱耦合谐振器结构不对称，因此使得处于谐振状态的谐振器中产生模态局部化现象，通过检测两个谐振器的振幅比的输出即可敏感加速度的大小。

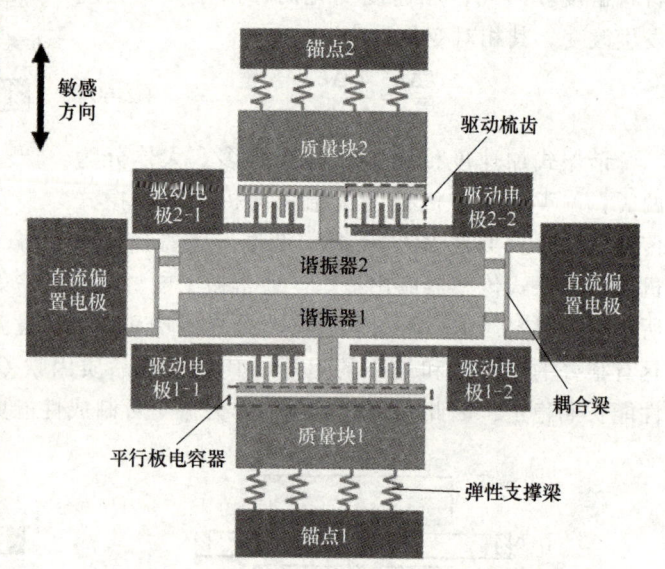

图 2-35 弱耦合微机械加速度传感器原理图

(2) **二自由度模态局部化传感器** 典型的二自由度模态局部化传感器及其标准弹簧-质量-阻尼器模型如图 2-36 所示。每个二自由度模态局部化传感器有两个具有相同拓扑结构和设计参数的谐振器。两个谐振器之间的耦合元件可以通过静电力或机械力来实现。

图 2-36a 所示是典型的耦合二自由度模态局部化传感器，由两个相同的谐振器组成，在这种情况下，谐振器为双端音叉（DETF）型。图 2-36 还显示了谐振器之间的耦合元件，在这种情况下是基于静电力的耦合元件。图 2-36b 所示是典型二自由度系统的标准二自由度弹簧-质量-阻尼器模型。通常，选择面内弯曲模态作为谐振器的振动模态，而其他模态（如扭转模态和面外模态）的运动可以忽略不计。在振动运动方向上，可以使用图 2-36 所示的二自由度弹簧-质量-阻尼器系统对系统进行建模，而不考虑耦合类型。每个单独的谐振器由一个弹簧（k_1，k_2）、一个质量块（m_1，m_2）和一个阻尼器（c_1，c_2）组成。在谐振器之间是耦合元件 k_c。每个谐振器沿振动方向的位移分别标记为 x_1 和 x_2。施加在谐振器上的驱动力为 F_1 和 F_2 且忽略了重力的影响，利用力学知识推导每个谐振器的运动方程并不困难，可表示为

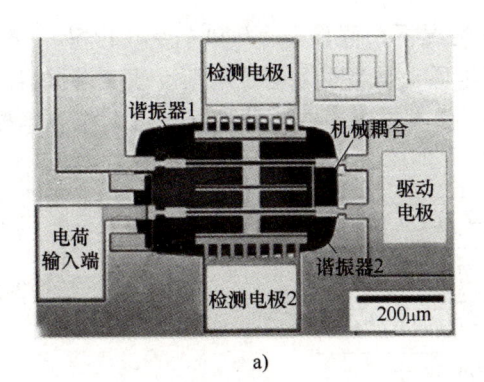

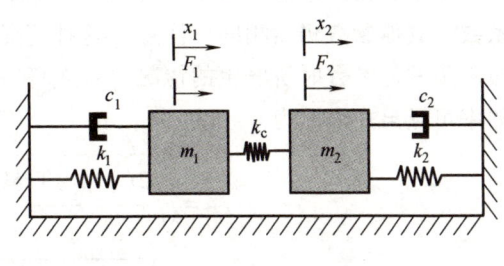

图 2-36 一个典型的耦合二自由度模态局部化传感器及其标准弹簧-质量-阻尼器模型
a) 典型的耦合二自由度模态局部化传感器 b) 标准二自由度弹簧-质量-阻尼器模型

$$m_1 \frac{\mathrm{d}^2 x_1}{\mathrm{d}t^2} + c_1 \frac{\mathrm{d}x_1}{\mathrm{d}t} + (k_1 + k_c) x_1 - k_c x_2 = F_1$$

$$m_2 \frac{\mathrm{d}^2 x_2}{\mathrm{d}t^2} + c_2 \frac{\mathrm{d}x_2}{\mathrm{d}t} + (k_2 + k_c) x_2 - k_c x_1 = F_2$$

(2-61)

将拉普拉斯变换应用于方程。可得到以下方程式:

$$(m_1 s^2 + c_1 s + k_1 + k_c) X_1(s) - k_c X_2(s) = F_1(s)$$

$$(m_2 s^2 + c_2 s + k_2 + k_c) X_2(s) - k_c X_1(s) = F_2(s)$$

(2-62)

应用克莱默法则,可以得到

$$X_1(s) = \frac{F_1(s) H_2(s) + k_c F_2(s)}{H_1(s) H_2(s) - k_c^2}$$

$$X_2(s) = \frac{F_2(s) H_1(s) + k_c F_1(s)}{H_1(s) H_2(s) - k_c^2}$$

(2-63)

其中 $H_1(s)$ 和 $H_2(s)$ 由下式给出,即

$$H_1(s) = m_1 s^2 + c_1 s + k_1 + k_c$$

$$H_2(s) = m_2 s^2 + c_2 s + k_2 + k_c$$

(2-64)

当两个谐振器相同时。在这种情况下,$k_1 = k_2 = k$,$m_1 = m_2 = m$,$c_1 = c_2 = c$。两个基本谐振模式的角频率可计算为

$$\omega_1 = \sqrt{\frac{k + 2k_c}{m}}$$

$$\omega_2 = \sqrt{\frac{k}{m}}$$

(2-65)

忽略阻尼项,两个基本共振模式的振幅比为

$$\frac{X_2(\omega_1)}{X_1(\omega_1)} = -1$$

$$\frac{X_2(\omega_2)}{X_1(\omega_2)} = 1$$

(2-66)

当两个谐振器的刚度稍微不匹配时。在这种情况下，假设 $k_1 = k$ 和 $k_2 = k(1+\delta k)$，δk 是失配系数。其他参数仍然相同。注意，这种情况本质上是当引入电子电荷，改变谐振器的刚度，而不是其他参数时所发生的情况。将 k_1 和 k_2 代入式中。在这种情况下，两个基本模式的角频率可导出并表示为

$$\omega_1 = \sqrt{\frac{2(k+k_c)+k\delta k-\sqrt{(k\delta k)^2+4k_c^2}}{2m}}$$

$$\omega_2 = \sqrt{\frac{2(k+k_c)+k\delta k+\sqrt{(k\delta k)^2+4k_c^2}}{2m}}$$

（2-67）

对于这两个频率，忽略阻尼项，这两个频率处的振幅比 $\chi(\omega_1)$ 和 $\chi(\omega_2)$ 可计算为

$$\chi(\omega_1) = \frac{X_2(\omega_1)}{X_1(\omega_1)} = -\frac{k\delta k}{2k_c} - \sqrt{\left(\frac{k\delta h}{2k_c}\right)^2+1}$$

$$\chi(\omega_2) = \frac{X_2(\omega_2)}{X_1(\omega_2)} = -\frac{k\delta k}{2k_c} + \sqrt{\left(\frac{k\delta k}{2k_c}\right)^2+1}$$

（2-68）

从方程中可以清楚地观察到，振幅比取决于两个谐振器之间的刚度失配。取振幅比对刚度失配的导数，振幅比对刚度失配的比例因子 C_χ 可以表示为

$$C_\chi(\omega_1) = \frac{d[\chi(\omega_1)]}{d(\delta k)} = -\frac{k}{2k_c} - \frac{k^2\delta k}{4k_c^2}\left[\left(\frac{k\delta k}{2k_c}\right)^2+1\right]^{-\frac{1}{2}}$$

$$C_\chi(\omega_2) = \frac{d[\chi(\omega_2)]}{d(\delta k)} = -\frac{k}{2k_c} + \frac{k^2\delta k}{4k_c^2}\left[\left(\frac{k\delta k}{2k_c}\right)^2+1\right]^{-\frac{1}{2}}$$

（2-69）

从上述表达式可以看出，比例因子是刚度失配的非线性函数。然而，仔细观察上式揭示了比例因子可以用三个区域中的三个线性函数来近似。

图 2-37 关于静电电耦合器件（即 $k_c<0$）的刚度失配 δk 的理论计算响应：图 2-37a 为二

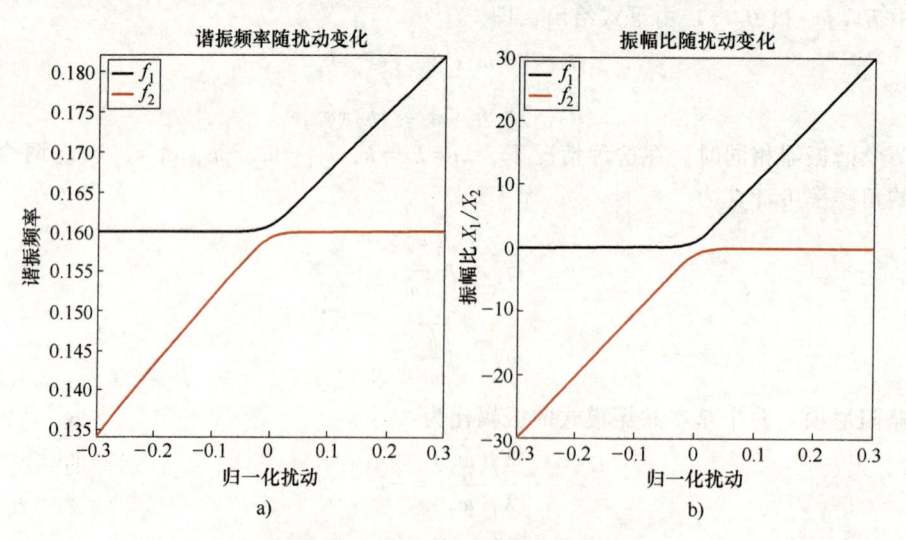

图 2-37 扰动下不同输出度量的变化

a）谐振频率随扰动变化 b）振幅比随扰动变化

自由度模态局部化传感器内的归一化谐振频率随扰动变化,即 ω/ω_0;图 2-37b 为二自由度模态局部化传感器内的振幅比随扰动变化,即 X_1/X_2。可以观察到振幅比的变化比共振频率的变化更剧烈。此外,可以看出振幅比的变化是耦合强度的函数,k_c 越小,振幅比随扰动的变化越剧烈。

如上所述,一种类型的耦合元件是静电耦合。它具有可调谐性强的优点,因此在模态局部化传感器中得到了广泛的应用。如果使用静电耦合,意味着 $k_c<0$,则可以直接并排比较振幅比和归一化频率的比例因子。从式(2-69)可知,比例因子的改进可近似为

$$\frac{C_X(\omega_1)}{C_X(\omega_2)} \approx -\frac{2(k+k_c)}{k_c} \tag{2-70}$$

从这个方程可以看出,k/k_c 的比值越大,标度因子的改善越大。这也是弱耦合谐振器用于提高传感器灵敏度的方式之一。在图 2-37 中,通过模拟可以清楚地观察到利用模态局部化效应的比例因子改善。一般来说,k/k_c 的比值在几百到几千之间,这意味着比例因子的改善通常是两到三个数量级。

对于几乎所有的传感器,共模抑制能力是一个关键的技术指标,因为它表明了当共模信号(最典型的是环境波动)存在时传感器的性能。这一概念类似于集成运算放大器中的共模抑制比,因此可"借用"以下定义:

$$共模抑制比 = \frac{比例系数差分输入}{共模输入比例因数} \tag{2-71}$$

为了公平地比较这两个比例因子,有必要将差模和共模输入都转换为谐振器刚度的变化。在模态局部化静电传感器中,电荷注入产生的静电力导致谐振器刚度的变化,这被认为是差分输入。另一方面,共模电荷注入、环境波动,特别是温度波动,以及谐振器中相同的应力疲劳,也可能导致两个谐振器刚度的变化;这些效应被认为是共模输入。

在实践中,更常见的共模信号是环境信号波动。在这种情况下,不仅影响谐振器的灵敏度,耦合元件 k_c 也会发生变化。如上所述,共模比例因子取决于 k_c。由于这些因素如何影响耦合元件十分复杂,对这些影响进行建模并不简单。过去,人们通过实验研究来表征模态局部化传感器对环境波动的共模抑制比。一些研究结果表明,环境变化(如温度和压力变化)的比例因子可以较低,但不一定总是低于差频的比例因子。然而,由于高微分比例因子,产生的共模抑制比通常提高了大约两个数量级。

2.1.5 陀螺仪

1. 陀螺仪工作原理

如图 2-38 所示,设在一个角速度 ω 逆时针转动的圆盘上有两个点 A 和 B,O 为圆盘中心,且 $OA>OB$。在 A 点以相对于圆盘的速度 v 沿半径方向,向 B 点抛出一个球。如果圆盘是静止的,则经过一段时间 $\Delta t=(OA-OB)/v$ 后,球会到达点 B。在圆盘运动的情况下,球到达了 B 转动的前方一点 B'。这是由于圆盘的转动导致球在离开 A 点后,除了拥有径向速度 v' 之外,还有切向速度,而 B 点的切向速度为 v_B,由于 B 比 A 更靠近圆心,故 $v_A>v_B$。在盘外不转动的惯性参考系下垂直于 AB 的方向上,球运动的比 B 远些。

在惯性参考系下小球的运动轨迹如图 2-39 所示。

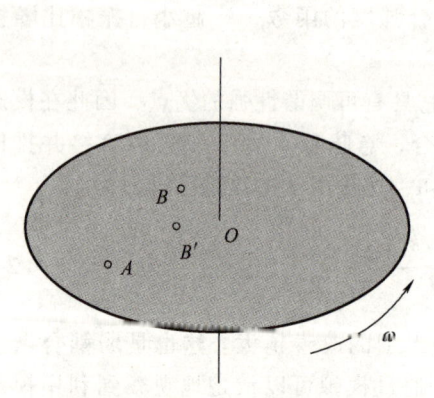

图 2-38　惯性系下小球的运动

图 2-39　惯性参考系下小球的运动轨迹

在以圆盘为参考系的 B 点，只能看到有一球自 A 点以初速度向其抛来，但球未直接到达，而是向运动的右前方抛去了。根据牛顿第二定律，小球是受到了一个垂直于速度 v 方向的一个惯性力 F_c，这种在转动参考系中观察到的运动物体的加速现象被称为科里奥利效应，产生的虚拟惯性力被称为科里奥利力。

科里奥利加速度大小为

$$a = 2\omega v \qquad (2-72)$$

陀螺仪正是利用科里奥利力检测角速度的。如图 2-40 所示，整个陀螺仪沿着 z 轴方向旋转，并在 x 轴方向上对质量块施加一个驱动力。由于科里奥利力的作用，通过对 y 轴方向上分布的电容来检测质心在 y 轴方向上的受力情况。并利用公式 $a = 2\omega v$ 可以求得角速度 ω 的大小。

2. 陀螺仪的分类

按照检测方式分类，陀螺仪共有压电检测、电容检测、压阻检测、光学检测及隧道效应检测 5 种方法。按照工作原理划分，可以将陀螺仪分成微机械陀螺仪、激光陀螺仪、光纤陀螺仪及原子陀螺仪等种类。根据性能指标的不同可以将陀螺仪分成速率级、战术级和惯性级 3 种。

3. 陀螺仪的性能指标

惯性导航传感器的技术指标包括角度随机游走、零偏、灵敏度、带宽、动态范围、最大脉冲、量程等参数。能够全面地表现陀螺仪的性能。

（1）**角度随机游走**　陀螺的角速率输出随着时间缓慢变化，通常由系统误差引起，比如环境温度的缓慢变化，可以用来衡量零偏的变化规律。

（2）**零偏**　零偏又可称为零位漂移或零位偏移。零偏应理解为陀螺仪的输出信号围绕其均值的起伏或波动，习惯上用标准差（σ）或方均根值（RMS）表示，一般折算为等效输入角速率 [(°)/h]。在角速度输入为零时，陀螺仪的输出是一条复合白噪声信号缓慢变化的曲线，曲线的峰-峰值就是零偏值（drift），如图 2-41 所示。在整个性能指标集中，零偏是评价陀螺仪性能优劣的最重要指标。

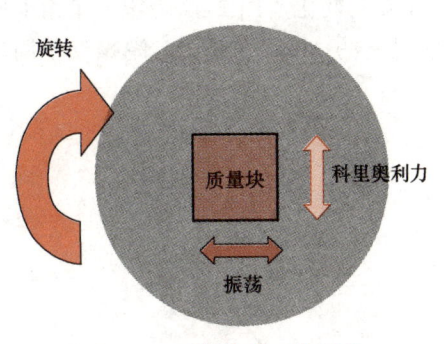

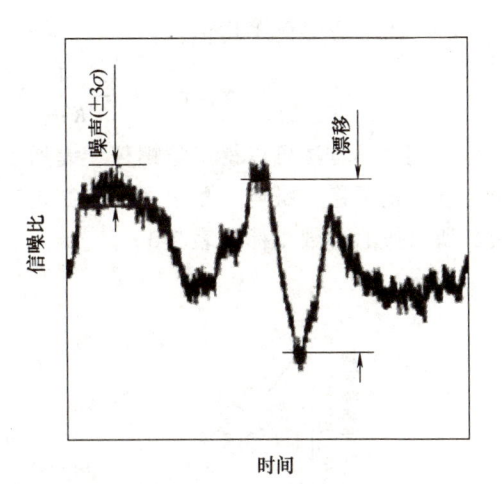

图 2-40　陀螺仪的工作原理　　　　图 2-41　零输入陀螺仪的输出

（3）**灵敏度**　灵敏度是表示在规定的输入角速率下能感知的最小输入角速率的增量，该参数一般取决于陀螺仪的白噪声。陀螺仪的灵敏度主要体现了陀螺仪的内部性能和抗干扰能力。

（4）**带宽**　带宽代表能够保持输入-输出关系的输入频率范围，带宽数值越大表明陀螺仪的动态响应性能越强。通常来说，带宽的边缘可以容忍大小为 3dB 的数值变化。

（5）**动态范围**　陀螺在正、反方向能检测到的输入角速率的最大值表示了陀螺的测量范围，该最大值除以阈值即为陀螺的动态范围，该值越大表示陀螺敏感速率的能力越强。

（6）**陀螺仪误差的计算——Allan 方差**　在陀螺仪的实际工作情况下角随机游走和零偏是影响最大的两种误差。然而利用传统的统计学方法（如标准差）无法得出收敛的结果。故一般采用 Allan 方差以对陀螺仪的误差进行表示。

利用 Allan 方法估算和表示误差的方法如下：

1）利用公式推导出数据样本的数值：

推导角度随机游走的积分为

$$\sigma^2_{ARW}(\tau) = 4\int_0^\infty N^2 \frac{\sin^4(\pi f\tau)}{(\pi f\tau)^2}df = \frac{N^2}{\tau} \tag{2-73}$$

零偏不稳定噪声的求解积分为

$$\sigma^2_{ARW}(\tau) = 4\int_0^\infty \frac{B^2}{2\pi f} \frac{\sin^4(\pi f\tau)}{(\pi f\tau)^2}df = \frac{4B^2}{9} \tag{2-74}$$

角速率随机游走的求解积分为

$$\sigma^2_{ARW}(\tau) = 4\int_0^\infty \frac{K^2}{2\pi f} \frac{\sin^4(\pi f\tau)}{(\pi f\tau)^2}df = \frac{K^2\tau}{3} \tag{2-75}$$

2）收集数据样本并将数据均匀分组：

$$\underbrace{\omega_1, \omega_2, \cdots, \omega_M}_{K=1}, \underbrace{\omega_{M+1}, \omega_{M+2}, \cdots, \omega_{2M}}_{K=2}, \cdots, \underbrace{\omega_{N-M+1}, \omega_{N-M+2}, \cdots, \omega_N}_{K=K}$$

3）计算各组的平均值：

$$\overline{\omega_K}(M) = \frac{1}{M}\sum_{i=1}^M \omega_{(K-1)M+i} \tag{2-76}$$

4）Allan 方差的平均值：

$$\sigma_A^2(\tau_M) = \frac{1}{2(K-1)} \sum_{j=1}^{K-1} (\overline{\omega}_{k+1}(M) - \overline{\omega}_k(M))^2 \tag{2-77}$$

利用上述方法可以得出陀螺仪误差所引起的 Allan 方差变化。图 2-42 为包含了角度随机游走、零偏不稳定噪声、角速率随机游走三种随机性误差的 Allan 方差图。陀螺仪不同等级及其所对应的参数指标见表 2-3。

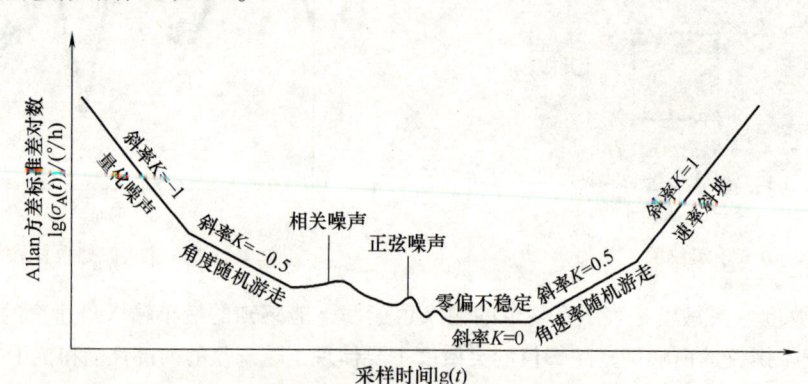

图 2-42 陀螺仪的 Allan 方差图

表 2-3 陀螺仪不同等级及其所对应的参数指标

参数	速率级	战术级	惯性级
角度随机游走/[(°)/$\sqrt{h}$]	>0.5	0.5~0.05	<0.001
零偏/[(°)/h]	10~1000	0.1~10	<0.01
灵敏度(%)	0.1~1	0.01~0.1	<0.001
量程/[(°)/s]	50~1000	>500	>400
1ms 所受最大冲击/(g/s)	10^3	$10^3 \sim 10^4$	10^3
带宽/Hz	>70	约为 100	约为 100

4. 线振动陀螺仪

（1）线振动陀螺仪的原理 线振动陀螺仪是在 X-Y 面内进行的平面运动。在以质量块平动振动为基础的微机械陀螺中，质量块被驱动沿 X 轴方向谐振，X 轴被认为是驱动方向；衬底绕 Z 轴旋转在 Y 轴方向引起谐振科里奥利力，Y 轴被认为是敏感轴；所有的运动确定在 X-Y 面内。为了得到其简化的动力学方程，可以作如下假设：绕 Z 轴输入的角速度不大，X 轴和 Y 轴方向没有角速度输入，Z 轴方向没有振动信号的输入。线振动陀螺仪的简化机械结构如图 2-43 所示。

从振动力学的角度分析，由于 MEMS 陀螺

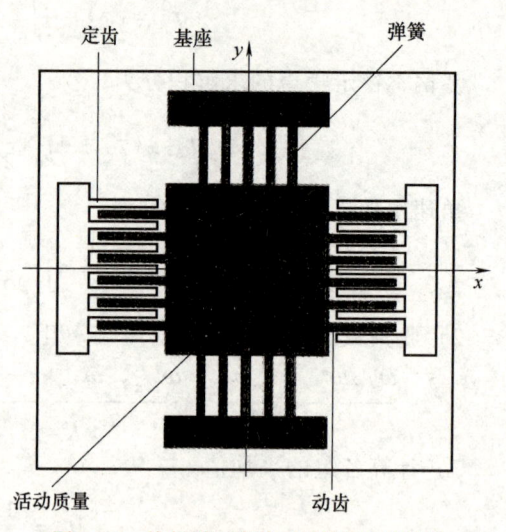

图 2-43 线振动陀螺仪的简化机械结构

在驱动和检测方向上互不影响，故可以用弹簧-质量-阻尼器二自由度振动系统来研究。陀螺仪的振动力学模型如图 2-44 所示。

其中 x 轴方向受到谐振力 $F_x\sin(\omega t)$ 作用，y 轴方向受到科里奥利力作用，MEMS 陀螺的基本动力学方程在时域上可以用一个常系数非齐次二阶微分方程表示为

$$m\frac{d^2x}{dt^2}+C_x\frac{dx}{dt}+K_xx=F_x\sin\omega t$$
$$m\frac{d^2y}{dt^2}+C_y\frac{dy}{dt}+K_yy=-2m\Omega_z\frac{dx}{dt} \tag{2-78}$$

求解微分方程组，可得驱动模态下的位移为

$$x(t)=A_x e^{-\xi_x\omega_x t}\sin(\sqrt{1-\xi_x^2}\omega_x t+\alpha)+B_x\sin(\omega t-\varphi_x) \tag{2-79}$$

其中，

$$B_x=\frac{F_x}{m\omega_x^2\sqrt{\left(1-\frac{\omega^2}{\omega_x^2}\right)^2+4\xi_x^2\left(\frac{\omega}{\omega_x}\right)^2}} \tag{2-80}$$

$$\varphi_x=\tan^{-1}\frac{2\xi_x\omega_x\omega}{\omega_x^2-\omega^2}$$

其中，微分方程解的第一项为方程的瞬态解，第二项为稳态解；由瞬态解构成的振动随时间指数衰减，因而当陀螺仪工作在稳定状态下时，系统仅在稳态解形式的振动规律下运动。

将稳态解带入方程中，可得检测模态的微分方程为

$$\frac{d^2y}{dt^2}+2\xi_y\omega_y\frac{dy}{dt}+\omega_y^2 y=-2\Omega_z B_x\omega\cos(\omega t-\varphi_x) \tag{2-81}$$

可得出检测模态的位移为

$$y(t)=A_y e^{-\xi_y\omega_y t}\sin(\sqrt{1-\xi_y^2}\omega_y t+\alpha)+B_y\sin(\omega t-\varphi_y) \tag{2-82}$$

其中，

$$B_y=\frac{2\Omega_z F_x\omega}{m\omega_x^2\omega_y^2}\frac{1}{m\omega_x^2\sqrt{\left(1-\frac{\omega^2}{\omega_x^2}\right)^2+4\xi_x^2\left(\frac{\omega}{\omega_x}\right)^2}}\frac{1}{m\omega_y^2\sqrt{\left(1-\frac{\omega^2}{\omega_y^2}\right)^2+4\xi_y^2\left(\frac{\omega}{\omega_y}\right)^2}} \tag{2-83}$$

$$\varphi_y=\tan^{-1}\frac{2\xi_y\omega_y\omega}{\omega_y^2-\omega^2}+\varphi_x$$

式（2-82）中第一项为振动的瞬态项，由初始条件决定，它随时间指数衰减，衰减振动频率为 $\sqrt{1-\xi_y^2}\omega_y$，时间常数为 $1/\xi_y\omega_y$，第二项为检测仪器所需的有效输出信号。

根据式（2-79）和式（2-82）可以得出驱动方向和检测方向上频率与振幅的关系图，如图 2-45 所示。

(2) 典型的线振动陀螺仪 在汽车实际行驶过程中，陀螺仪容易受到角速度和线性加速度作用，从而对敏感质量块产生干扰。博世公司设计了一种全对称的线振动陀螺仪，如图 2-46 所示，该结构检测框位于内侧，耦合框位于中间，驱动框位于最外侧。各个框之间采用 U 形梁相互连接，同时，左右两侧利用耦合梁的连接以保证驱动和检测模态的完全解耦。

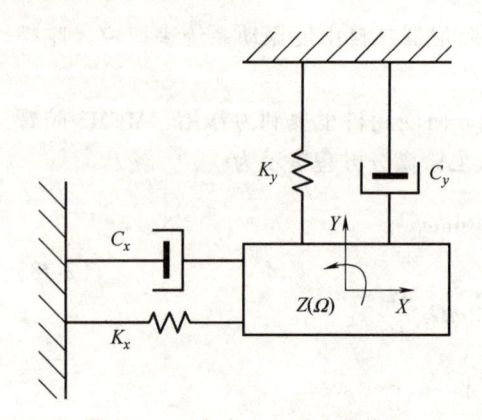

图 2-44 陀螺仪的振动力学模型

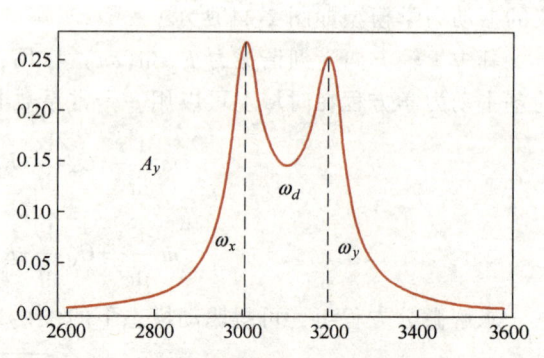

图 2-45 驱动方向和检测方向上频率与振幅的关系

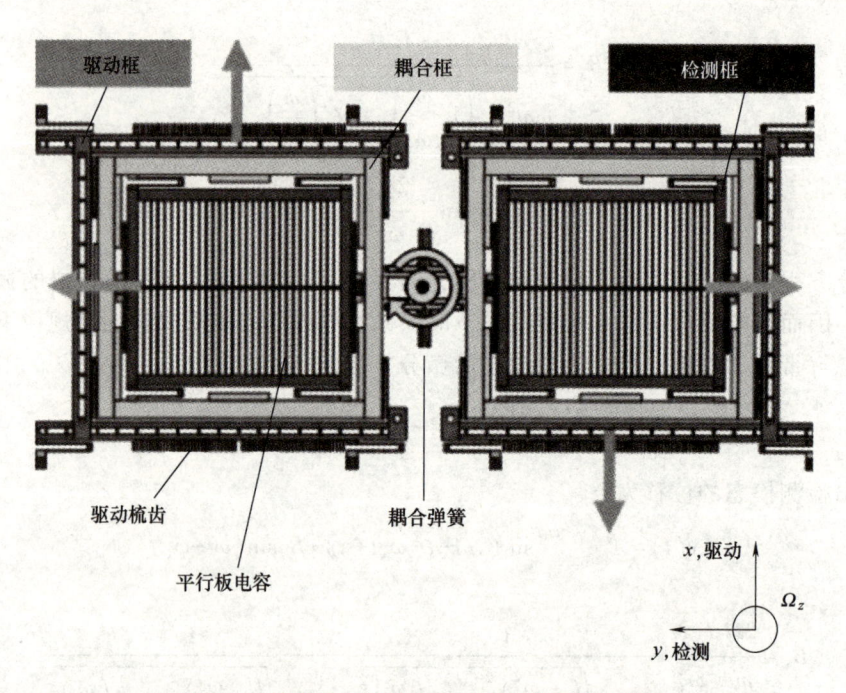

图 2-46 博世公司设计的全对称的线振动陀螺仪

利用较高机械非线性的 U 形梁，采用解耦结构设计并保证驱动与检测模态的高品质因数值，该结构具有高偏置稳定性并能够很大程度上减小外界的振动、冲击等扰动所带来的影响。

面临着驱动与检测模态频率的频率匹配问题，加利福尼亚大学的学者提出了一种多自由度感应模式的线振动陀螺仪，它基于传统的二自由度模型，使用两个相互连接的质量块，并保证质量块之间在感应方向上相互耦合，其模型的示意图如图 2-47 所示。

根据上述结构，可以列出其运动学方程如下：

$$\ddot{x}+\frac{C_d}{m_d}\dot{x}+\frac{K_d}{m_d}x=\frac{F_d}{m_d} \tag{2-84}$$

$$\ddot{y}_a+\frac{C_a}{m_a}\dot{y}_a+\left(\frac{K_a+K_b}{m_a}\right)y_a-\frac{K_b}{m_a}y_b=-2\dot{x}\Omega_z \tag{2-85}$$

$$\ddot{y}_b + \frac{C_b}{m_b}\dot{y}_b + \frac{K_b}{m_b}y_b - \frac{K_b}{m_b}y_a = -2\dot{x}\,\Omega_z \qquad (2\text{-}86)$$

采用了二自由度系统，其结构拥有两个谐振峰，谐振峰之间的区域也较为平坦。在该平坦区域下，响应受到固有频率和振动的影响较小。即该结构拥有更好的对温度变化和加工误差的鲁棒性。该二自由度系统结构随频率变化产生的频率响应如图 2-48 所示。

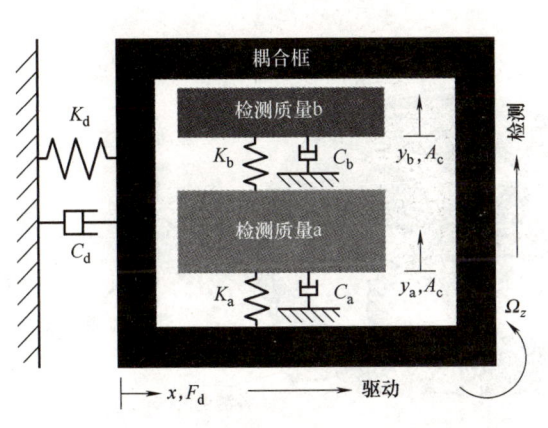

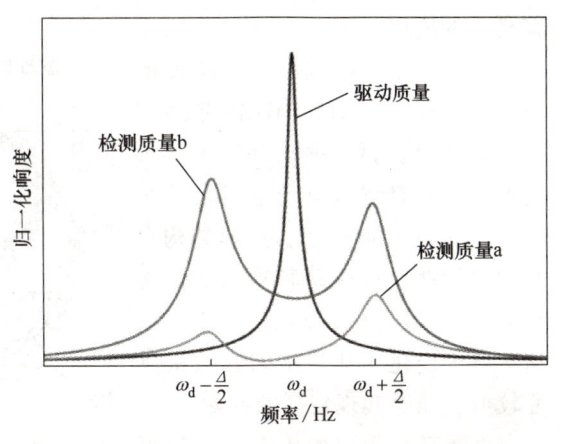

图 2-47　多自由度陀螺仪的振动力学模型示意图　　图 2-48　二自由度系统结构随频率变化产生的频率响应

与传统的陀螺仪相比，该陀螺在检测方向上为二自由度振动系统，故包含 1 个驱动频率 ω_d 和 2 个检测频率 $\omega_d - \frac{\Delta}{2}$、$\omega_d + \frac{\Delta}{2}$，利用两个检测峰值之间的平坦区域敏感角速度信号，可获得更大的带宽和鲁棒性。由于多自由度陀螺仪的驱动方向为一自由度，与传统陀螺仪一致，故其结构的设计重点在于其二自由度的感测模式。Anderi 设计的多自由度感应模式的线振动陀螺仪如图 2-49 所示。

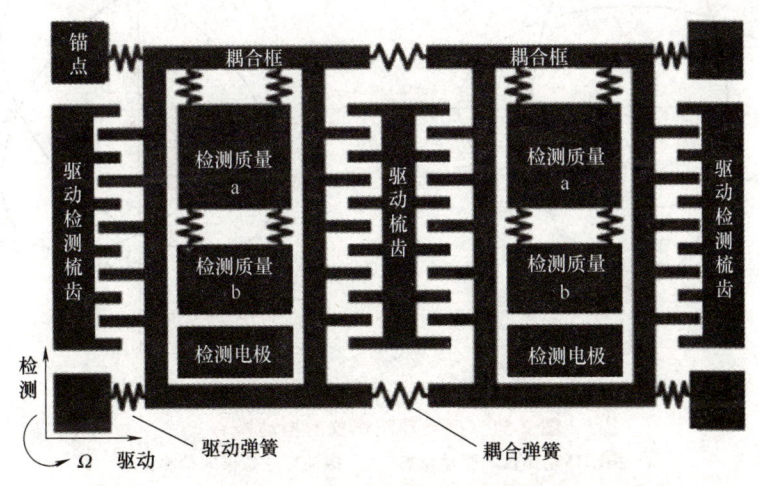

图 2-49　多自由度感应模式的线振动陀螺仪的结构模型

从图 2-49 中可以看出，该陀螺仪由左侧和右侧两个完全相同的二自由度系统组成，左右两侧由上下两个耦合弹簧相连接。与传统陀螺仪相同，该陀螺仪的检测方向是基于驱动框反相运动的。由于驱动框做反相运动，对应的科里奥利响应也反相，因此检测信号的差分将保留角速率信号。同时，可以拒绝振动等外界输入的共模误差。

5. 振动环 MEMS 陀螺仪

随着技术的发展，振动环 MEMS 陀螺仪由于其良好的对称性使其驱动和检测模态拥有十分相近的属性，同时对随机振动、温度变化等随机因素的影响不敏感，使其结构特性明显优于线振动陀螺仪。近年来，振动环 MEMS 陀螺仪已经在航空航天、精密机器人等行业有着充分的应用。

（1）振动环 MEMS 陀螺仪的结构和原理　振动环 MEMS 陀螺仪的组成部分包括：振动环、半圆形的弹性支承悬梁、驱动电极及传感电极。如图 2-50 所示，环形结构良好的对称性使得驱动和检测两模态具有十分相近的属性，同时对振动、温度变化等非理想因素的敏感度较低，能够实现较高的性能。

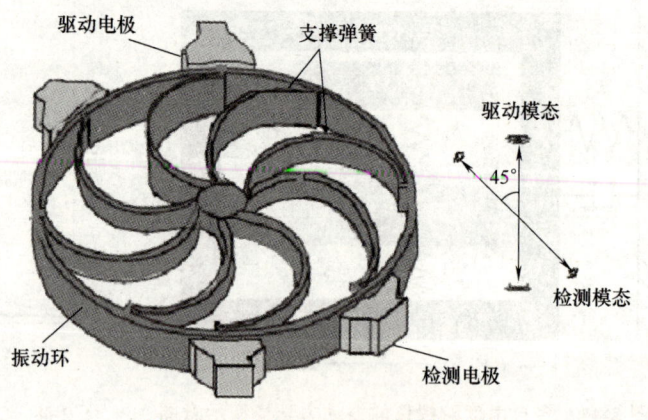

振动环陀螺仪的模态是一种形变振动，如图 2-51 所示，可以看出，两种振动模态的波节和波腹是互补的，即第一种模态的波节和波腹对应第二种模态的波腹和波节。因此两个振动模态是相互独立的，而且相差 45°角。

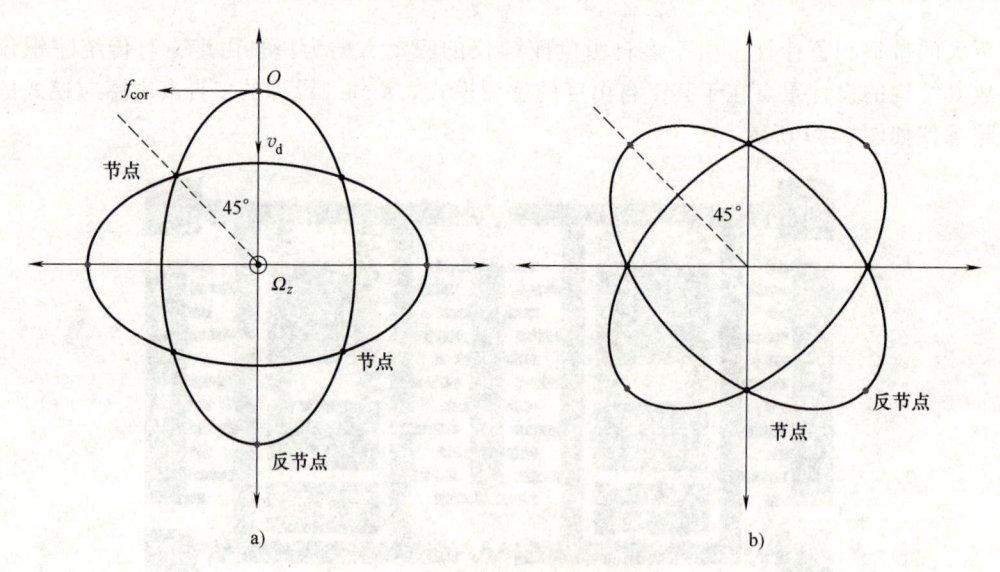

图 2-50　振动环 MEMS 陀螺仪结构

图 2-51　振动环陀螺仪的振动模态
a）振动环陀螺仪的驱动模态　b）振动环陀螺仪的检测模态

因此，振动环陀螺仪振动环任意位置的振动状态可以表示为上述两种基础模态的叠加，即

$$u(t,\theta) = q_1(t)\varphi_1(\theta) + q_2(t)\varphi_2(\theta) \tag{2-87}$$

式中，q_1、q_2 分别为驱动模态和检测模态的振幅。

当在驱动电极上施加交变驱动电压时，振动环在静电力的作用下做驱动模态的形变振动。当有旋转角速度输入时，科里奥利力诱导振动环检测模态的振动。驱动模态的振幅和感应模态的振幅两者有如下关系：

$$q_2 = 4A_g \frac{Q}{\omega} q_1 \Omega_s \tag{2-88}$$

式中，A_g 为环形角增益，对于环形陀螺其为固定值 0.37；Q 为机械结构的品质因数，与结构的参数和工艺相关；ω 为结构的固有振动频率，当驱动模式的振幅已知的情况下，可以通过测量 q_2 的变化量来测得角速度的大小，而 q_2 的测量又是通过测量检测电极电容的变化而得。

（2）振动环陀螺仪品质因数提升的研究　　振动环陀螺仪的机械灵敏度大小等于环的位移与角度的变化量之比，根据系统集中质量动力学方程可以得出振动环陀螺仪的机械灵敏度为

$$S_{\text{mech}} = \frac{y}{\Omega} = \frac{4A_g Q}{\omega_0} = 2A_g \tau |x| \tag{2-89}$$

从式（2-89）中可以看出，振动环陀螺仪的灵敏度与其品质因数 Q 成正比关系，而且提升品质因数也能有效地减少陀螺仪的机械噪声。现今，有许多研究通过提高陀螺仪的品质因数来提高陀螺仪的灵敏度。

2016 年，国防科大的肖定邦分析了多环嵌套陀螺仪的各尺寸变化对品质因数的影响，并探究出一套通过优化环陀螺尺寸提升品质因数的方案，不同壁厚分布的嵌套环陀螺示意图如图 2-52 所示。

分布类型	结构示意图（单位：μm）	平均壁厚	壁厚分布
均匀分布(UD)	锚点 11 11 11 11 11 11 11 / 11 11 11 11 11 11	15μm	T_i=20μm，(i=1, 2, …, 13)
逐渐递增(LID)	锚点 9 11 13 15 17 19 21 / 10 12 14 16 18 20	15μm	T_i=9+i−1μm，(i=1, 2, …, 13)
逐渐递减(LDD)	锚点 21 19 17 15 13 11 9 / 20 18 16 14 12 10	15μm	T_i=21−i+1μm，(i=1, …, 13)
先增后减(LDID)	锚点 12.2 14.2 16.2 18.2 16.2 14.2 12.2 / 13.2 15.2 17.2 15.2 13.2	15μm	T_i=12.2+i−1μm，(i=1, 2, …, 7) T_i=18.2−i+7μm，(i=7, 8, …, 13)
先减后增(LIDD)	锚点 17.7 15.7 13.7 11.7 13.7 15.7 17.7 / 16.7 14.7 12.7 14.7 16.7	15μm	T_i=17.7−i+1μm，(i=1, 2, …, 7) T_i=11.7+i−7μm，(i=8, …, 13)

图 2-52　不同壁厚分布的嵌套环陀螺示意图

从图 2-52 中可以看出，同壁厚分布下，谐振结构的频率、品质因数、机械灵敏度和抗冲击性能有很大差别，其中先增后减分布下的谐振频率最高，但结构品质因数最低，而先减后增分布下的谐振结构频率最低，但品质因数最高。

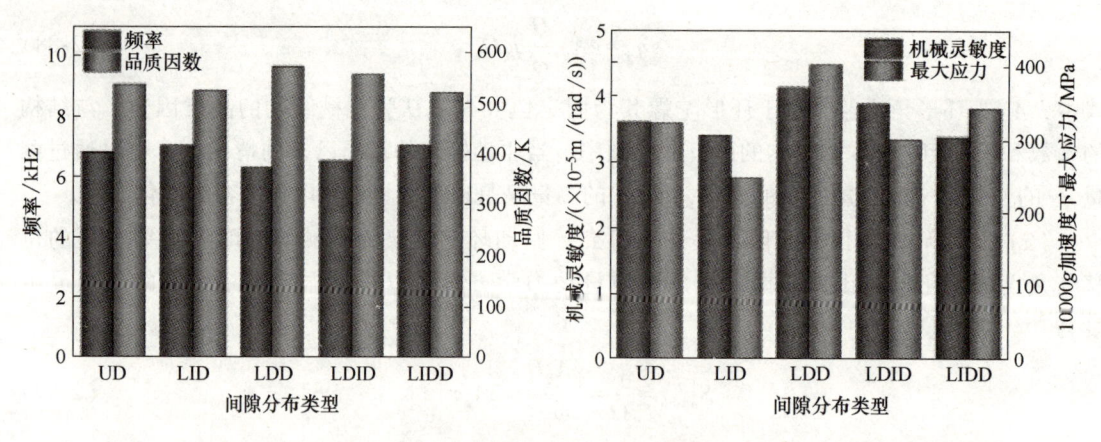

图 2-53　不同的间隙分布对品质因数的影响

从图 2-53 中可以看出，在不同间隙分布下，谐振结构的频率、品质因数差别不如改变壁厚分布明显，其中逐渐递增分布下的频率最高，品质因数最低，逐渐递减分布下的频率最低，品质因数最高。

将图 2-52 与图 2-53 相对照可以看出，两个性能基本上处于反比趋势，一方性能的提升将会引起另一性能的损耗，但对于嵌套环式微陀螺间隙与壁厚这两个多变量结构参数，几种特殊的结构分布情况表明，拥有最大机械灵敏度的结构分布不一定拥有最差的抗冲击性能，拥有最小机械灵敏度的结构分布不一定拥有最好的抗冲击性能，所以在设计结构时需进一步考虑所有变量的影响。

2018 年，肖定邦课题组通过 MATLAB 调用 COMSOL 软件，利用粒子群（PSO）算法优化了环的壁厚与间隙的数值。以机械灵敏度为目标的尺寸优化结果如图 2-54 所示，通过将所有的环厚度与环壁厚当作变量，成功得出了能够极大增加品质因数的构型。

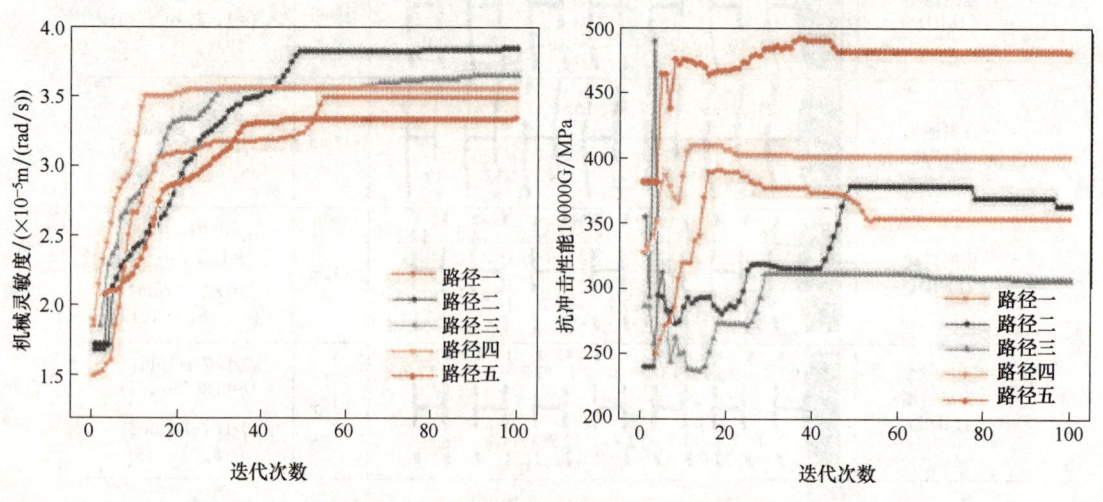

图 2-54　以机械灵敏度为目标的尺寸优化结果

（3）振动环陀螺仪的频率裂解 陀螺谐振子在加工过程中难免会产生各种加工误差，并且硅片材料本身也会有晶向误差等各种缺陷，这些误差及缺陷将导致谐振子质量、密度、刚度等参数分布不均匀。这种质量和刚度分布的不均匀性将导致谐振子在自由振动状态下出现两个相互成 45°的固有轴系，谐振子沿着两个轴振动的固有频率分别达到极大值和极小值。这两个轴被称为谐振子的刚性轴，极大值与极小值的频率差被称为谐振子的频率裂解。频率裂解将严重影响陀螺仪性能，因此应进行必要的频率修调以减小或消除频率裂解。

1）振动环陀螺仪频率裂解的模型。振动环 MEMS 振动陀螺仪由多个谐振环组成，上述加工误差及缺陷导致的谐振子质量、刚度等参数分布不均匀可以看成是每个理想的谐振环上随机添加了两类可以量化的扰动：质点、径向弹簧，如图 2-55 所示。

现假设一个理想无误差谐振环的质量为 m_0，谐振频率为 ω_0。在谐振环上添加 N_m 个质量点，每个质量点的质量为 m_i，周向位置为 ϕ_i，$i=1$，…，N_m，同时添加 N_k 个径向弹簧，每个弹簧刚度为 K_j，位置为 ϕ_j，$j=1$，…，N_k。

不妨定义其刚性轴位于 0~90°的位置，根据诺丁汉大学的研究成果可得出刚性轴的位置为

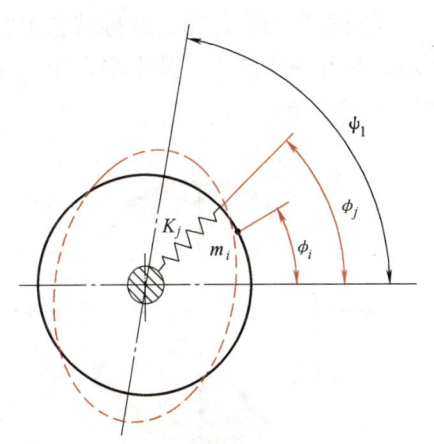

图 2-55 添加质点和径向弹簧的弹簧谐振子

$$\tan 4\psi_1 = \frac{\lambda_k \sum_{j=1}^{N_k}(K_j \sin 4\phi_j) - \lambda_m \sum_{i=1}^{N_w}(m_i \sin 4\phi_i)}{\lambda_k \sum_{j=1}^{N_k}(K_j \cos 4\phi_j) - \lambda_m \sum_{i=1}^{N_w}(m_i \cos 4\phi_i)} \quad (2-90)$$

2）振动环陀螺仪的频率裂解的消除。根据上文得出的频率裂解与刚性轴位置的关系，一般有如下两种修调方法来消除振动环陀螺仪之间的频率裂解。

① 在谐振子上添加或去除质量进行修调：

对于 MEMS 陀螺，这种修调方式需要一定的工艺技术支持，如飞秒激光烧蚀工艺、聚焦离子束（FIB）技术等。这种方法在谐振子上永久性地添加或者去除质量，进而修调后频率裂解的稳定性较好。要实现高精度的修调，需要稳定的工艺技术，即每次添加或去除的质量需尽可能保持一致，这样有利于修调质量的量子化计算。由于去除质量的修调方式会对谐振子结构造成一定的破坏，还可能降低谐振子的 Q 值，因此推荐添加质量的修调方式。

② 增加或减小局部刚度进行修调：

目前绝大多数的刚度修调均采用静电修调的方式，实质上是减小了局部的径向刚度。该方法只需在修调电极上加上直流电压，因此不需要复杂的工艺技术，操作起来比较简单，且容易实现高精度的修调；既可以在陀螺仪封装前进行修调，也可在封装后进行。

6. 半球谐振陀螺仪

半球谐振陀螺仪是近几年兴起的一种新型谐振陀螺仪，其核心优势在于利用了 MEMS 技术及新型制造工艺，实现了高性能微半球谐振结构的制造。该技术既有望继承传统半球谐振陀螺仪精度高、寿命长等技术优势。目前，密歇根大学研制的微半球谐振陀螺仪样机的零

偏不稳定性达到 0.0103°/h，已接近导航精度，是目前精度最高的陀螺仪之一。

微半球谐振陀螺仪的敏感结构为旋转对称形结构，通过位于结构中心的锚点固定在结构基底上，通常采用经典驱动和检测。其运动学模型可以简化成环形结构，通过静电结构使敏感结构谐振在 $n=2$ 的"酒杯模态"。当外部输入沿轴向的角速度为 Ω，振动中的敏感结构受到科里奥利力作用，其大小为

$$F_c = -2\Omega v_r' d_m \tag{2-91}$$

受科里奥利力作用，敏感结构上与驱动模态相隔 45°的检测模态被激励出来。如图 2-56 所示，在开环模式下，其振幅大小与输入角速度 Ω 成正比，通过解算振动幅值可以得出角速度 Ω 的数值。

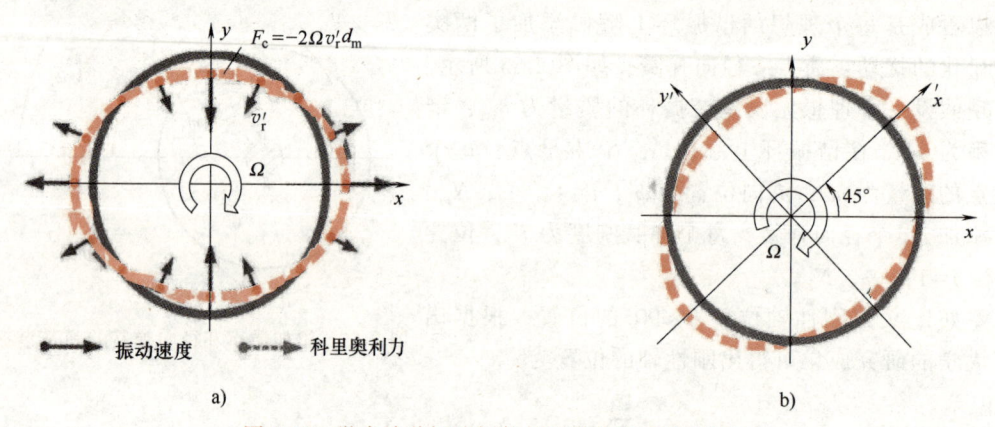

图 2-56 微半球谐振陀螺仪的驱动模态和检测模态
a）驱动模态　b）检测模态

半球谐振陀螺仪的测量原理如图 2-57 所示，半球谐振陀螺仪振动于最低弯曲模态。理想情况下，模态的波腹和波节的位置相对于半球壳稳定。在外界角速度作用下，驻波振型以约 0.3 的比例落后于半球壳转动，即如果半球壳转过 90°，振型转动将落后约 27°。比例因子 0.3 称为半球壳的几何比例因子。

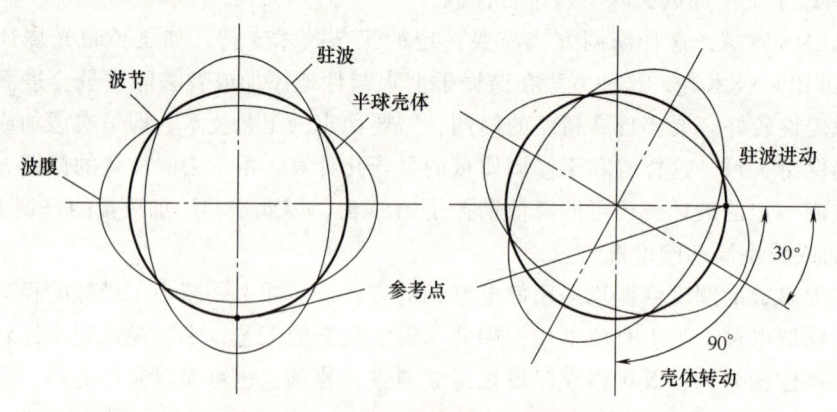

图 2-57 半球谐振陀螺仪的测量原理

半球谐振陀螺仪可以作用于两种工作模式：全角模式和力平衡模式。全角模式下，检测电极直接读出驻波相对于壳体的位置，比例因子只与几何进动因子有关，因此十分稳定（10^{-6} 量级），由于驻波相对于壳体自由进动，因此陀螺仪具有很大的动态范围。力平衡模式下，通过

反馈控制使驻波相对壳体位置固定，控制所需电压与角速度成比例。相对于全角模式，力平衡模式的测量精度高、噪声性能和零偏稳定性较好，但动态范围较小。两种模式各有优缺点，应根据应用场合合理选择：高速情况下首选全角模式，而低速高精度测量首选力平衡模式。

由于旋转对称的三维谐振机构的可动面积大，微半球谐振陀螺仪的机械灵敏度很高，可以用于速率陀螺仪和速率积分陀螺仪使用，以适应高精度、高动态范围等各种不同的要求。同时，由于根据不同的制造工艺，谐振结构材料的选择更加多样化。多晶金刚石、熔融石英等高性能材料的应用，可进一步提升陀螺仪的理论极限性能使实现导航级的 MEMS 陀螺仪成为可能。

微半球谐振陀螺仪的技术仍然面临着许多挑战，首先，谐振尺寸的显著减小对于谐振结构的制造提出了很高的要求，微小尺度下的频率修调问题亟待解决。其次，相比于传统的 MEMS 器件，半球谐振陀螺仪的三维结构在电极制造、器件集成方面面临许多挑战。

对于半球谐振陀螺仪而言，其模态匹配与品质因数至关重要。而国内外各个研究机构一般通过结构与制造工艺两个角度提高半球谐振陀螺仪的性能。

国防科技大学的肖定邦于 2018 年利用玻璃吹制和飞秒激光切割的方法，加工出了带灵敏度放大结构的微型壳体谐振结构，采用底部的平面电极进行驱动和信号检测，使微半球谐振结构的灵敏度提升了一个数量级以上。

带灵敏度放大结构的谐振陀螺仪采用具有良好的机械和光学性质的 FS 材料，并采用微喷吹法，即利用喷灯与其下方的压力差模器件层来控制陀螺仪表面材料均匀分布。然而在实际操作下，该方法受温度影响较大，成品率较低。如图 2-58 所示，该研究组通过分析 FS 材料的温度分布来分析温度所导致的结构黏性变化与不对称变形。

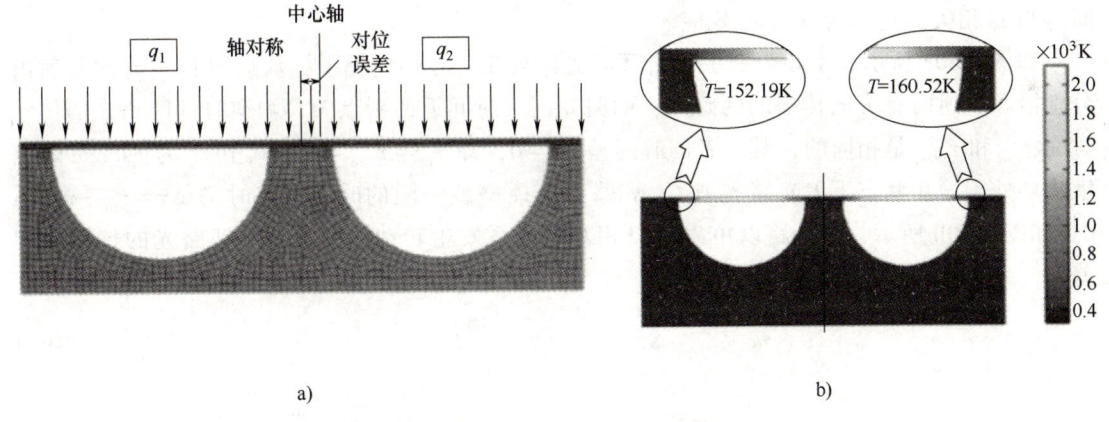

图 2-58 配置过程中材料上的温度分布

a) 初始配置成型的温度分布 b) 成型过程中的 FS 基材分布

利用沿圆周方向的傅里叶级数指定误差方向：

$$H(\varphi) = H_0 + \sum_{i=1}^{\infty} \Delta H_i \cos i(\varphi - \varphi_{H_i}) \tag{2-92}$$

$$R(\varphi) = R_0 + \sum_{i=1}^{\infty} \Delta R_i \cos i(\varphi - \varphi_{R_i}) \tag{2-93}$$

$$T_{\text{rim}}(\varphi) = T_0 + \sum_{i=1}^{\infty} \Delta T_i \cos i(\varphi - \varphi_{T_i}) \tag{2-94}$$

由上述公式可以得出等效径向误差与方位角的关系如图 2-59 所示。

图 2-59 揭示了仅一次谐波对 $n = 2$ "酒杯模式"的频率对称性影响很小。因此，侧壁的烧蚀质量是影响激光烧蚀释放过程中频率对称性的重要因素。对于激光烧蚀，烧蚀质量与激光的波长、功率、脉冲持续时间、重复频率等密切相关。为了实现高频对称性，应通过优化加工过程中的工艺参数来改善侧壁上的表面缺陷。根据上述分析，最终选择高速旋转平台以改善温度均匀性和外界扰动的温度场的鲁棒性，这可以有助于降低模具和喷灯之间的对准精度对壳谐振器的结构对称性的影响。此外，可以将成形模具设计成具有谐振器的外表面的形状，以便于控制壳体结构尺寸的均匀性。

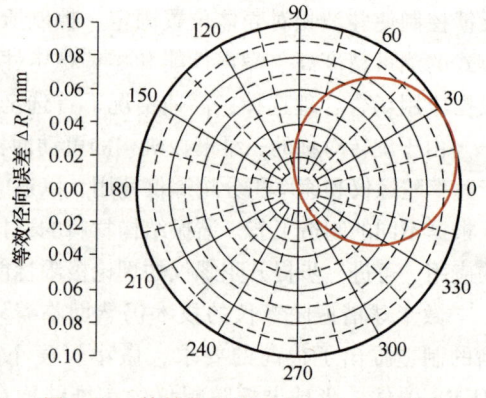

图 2-59　等效径向误差与方位角的关系

7. 光学陀螺仪

光学陀螺仪一般代指以萨格纳克（Sagnac）效应为理论基础的陀螺仪，现今的光学陀螺仪通常分为两种：光纤陀螺仪与环形激光陀螺仪。

（1）Sagnac 效应　Sagnac 效应是由法国科学家 Sagnac 在 1913 年首次提出并论证的。在一个任意的闭合光路中，从任意某点发射出的沿着相反方向传输的两路光，传播一圈后抵达原出发点时，假如闭合光路相对惯性系以 Ω 为角速度转动，则两路光波的光程差 $\Delta\delta$ 或时间差与 Ω 相关，这称为 Sagnac 效应。

如图 2-60a 所示，半径为 R 的闭合环状光路处于静止的情况下，从点 M 同一时间发射出分别沿顺、逆时针方向传播的两路光，两路光同一时间返回到点 M，顺逆时针两路光的传输时间 τ_{cw} 和 τ_{ccw} 是相同的，其二者的时间差 $\Delta\tau = 0$，即 $\tau_{cw} = \tau_{ccw} = \tau_0$，其中 τ_0 为 Sagnac 效应敏感环处于静止状态下 CW 路光或 CCW 路光传播整整一圈的时间，该时刻 $\Delta\tau = \tau_{cw} - \tau_{ccw} = 0$。如图 2-60b 所示，当光路以角速度 Ω 相对惯性系发生转动的情况下，两路光的传输时间差为

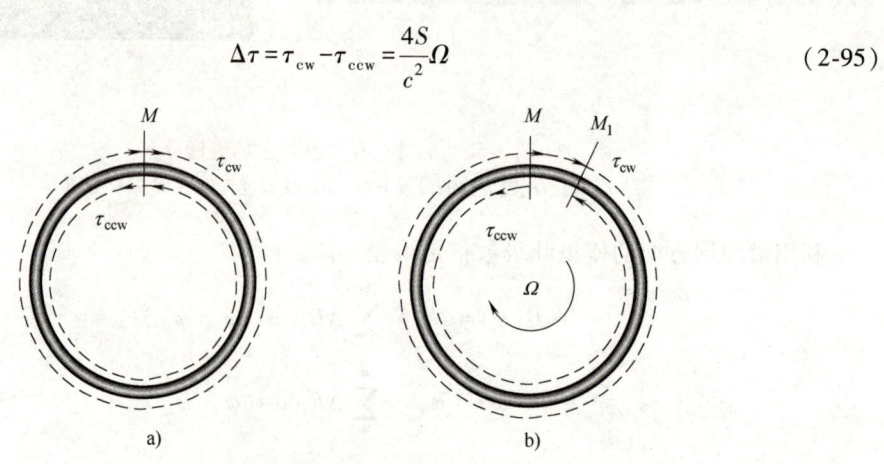

$$\Delta\tau = \tau_{cw} - \tau_{ccw} = \frac{4S}{c^2}\Omega \tag{2-95}$$

图 2-60　Sagnac 效应
a）系统不转动　b）系统转动

式中，S 表示光纤环形谐振环的总面积；c 表示真空中的光速。

进而，可以得出光波波长与相位差的关系，这也是激光陀螺仪运行的基础。

$$\Delta\varphi = \frac{2\pi}{\lambda}\Delta L = \frac{8\pi S}{\lambda c}\Omega \qquad (2-96)$$

（2）激光陀螺仪 激光陀螺仪是以光学干涉原理为基础发展起来的新型光电惯性敏感仪器，它无须机电陀螺仪所必需的高速转子，是一种没有自旋质量的固态陀螺仪。激光陀螺仪的一种典型产品是环形激光陀螺仪（Ring Laser Gyro，RLG），它是利用环形谐振腔内顺逆运行的两束光的谐振频率差来测量载体对于惯性空间的转速和方位的。

相对于传统陀螺仪，环形激光陀螺仪具有如下优点：

1）性能稳定，抗干扰能力强，可承受很高的加速度和强烈的振动冲击。

2）精度高，国外现已公布的零漂值为 0.0005°/h，中高精度正式产品的零漂值在 0.001~0.01°/h 之间。

3）由于激光陀螺仪输出不受惯性力的影响，因此动态范围宽，可测转速的动态范围高于 $10g$，远优于普通机电陀螺仪。

环形激光陀螺仪是以双向行波激光器为核心的量子光学仪表，依靠环形行波激光振荡器内的双向行波间的谐振频率差来测量载体的角速度。环形激光陀螺仪主要由环形激光器、偏频组件、稳频组件（程长控制组件）、信号读出系统、逻辑电路、电源组件及安装结构和电磁屏蔽罩等组成。这些组成部分可以因激光陀螺仪的种类而有很多差别，但通常是必不可少的。

图 2-61 是环形激光陀螺仪的典型组成示意图。其中，环形激光器是环形激光陀螺仪的核心，由它形成的正、反行波激光振荡是激光陀螺仪对输入转速实现测量的基础。其他部件属于控制系统部分，主要用于实现精度控制、误差补偿和数据读出。

环形激光陀螺仪正是利用了 Sagnac 效应，其原理示意图如图 2-62 所示。激光发射器首先发射出两束发光强度相同但方向相反的光，这两束光经过镜面反射并最终汇聚于输出发光强度传感器中。利用 Sagnac 公式，利用这两束光的干涉条纹，通过 Sagnac 效应的公式求出外界的角速度大小。

（3）光纤陀螺仪 光纤陀螺仪由光路部分、电路部分和机械结构三部分组成，其组成框图如图 2-63 所示。从图中可以看出，光纤陀螺仪光路部分主要包括光源、光电检测器组

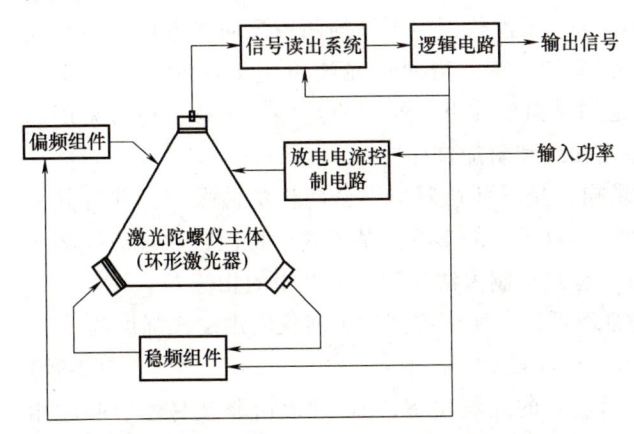

图 2-61 环形激光陀螺仪的典型组成示意图

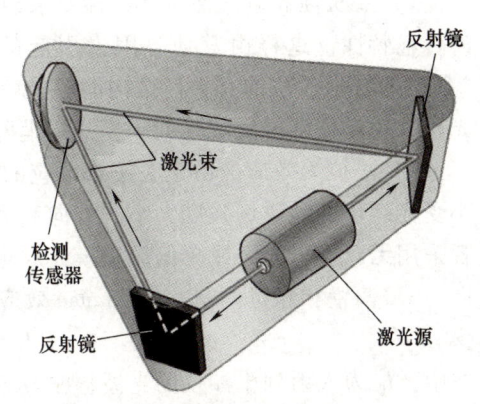

图 2-62 环形激光陀螺仪的原理示意图

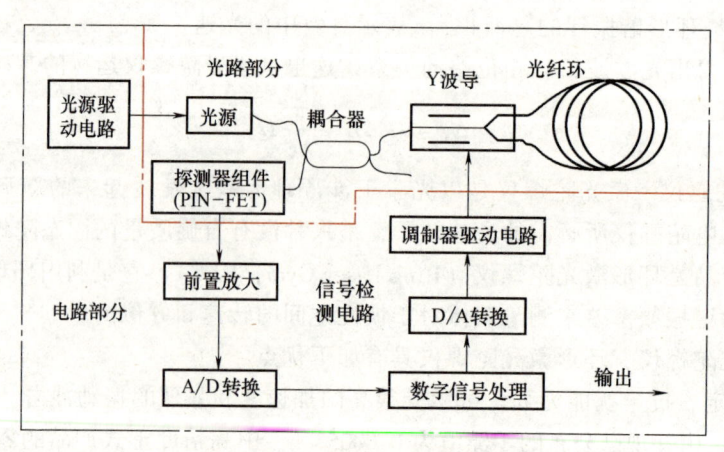

图 2-63 光纤陀螺仪的组成框图

件、耦合器、相位调制器（Y波导）和光纤环等；电路部分则主要由光源驱动电路与信号检测电路两部分组成。

光纤陀螺仪工作原理是基于 Sagnac 效应，如图 2-64 所示：光源发出光后向耦合器传输，在耦合器的作用下一分为二，一束传到空端，另一束则传输到 Y 波导，并且在 Y 波导中分为顺时针和逆时针方向的两束光，经过 Y 波导调制、起偏后进入光纤环，在光纤环中相向传输。在光纤环中相向传输的两束光在 Y 波导的公共端相遇，

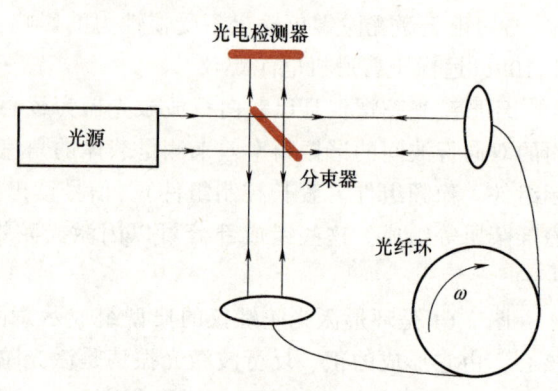

图 2-64 光纤陀螺仪的检测原理

发生干涉效应，干涉光传输经耦合器再传输到探测器组件，探测器组件将光信号转换为电信号。转换得到的电信号经过放大、滤波后由 A/D 转换为数字信号，数字信号经数字信号处理单元处理后，得到光纤陀螺仪所敏感的角速度，进而实现了载体旋转运动的实时测量。

由于光纤陀螺仪具有独特的结构以及其传播光线损耗很小的特点，光纤陀螺仪具有许多其他陀螺仪不具有的特性：

1）互易性和偏振性。互易性要求经 Sagnac 干涉仪发生干涉的两束反向光波应具有相同的传输特性，这样由其他各因素引起的相移差为零。当两束光波发生干涉时，具有良好"共模抑制"效应的互易性结构能够灵敏地测量由旋转引起的"非互易"相移。通常采用同光路并保证叠加的光波是同一模式来消除光程差和附加位移。

2）法拉第效应。由于法拉第效应的影响，光纤环在磁场中会产生某种噪声，并且其大小受光纤环所处磁场强度大小、方向和光纤的双折射的影响。基于这个特性，通过磁屏蔽或者采用无双折射光纤或单偏振单模光纤可以有效抑制由法拉第效应产生的相位差。

3）偏置和相位调制。由 Sagnac 效应原理可知，所探测到的干涉仪输出发光强度为

$$I_D = I_0(1+\cos\Delta\varphi) \tag{2-97}$$

式中，I_0 为入射到干涉仪的光波振幅，表示输入的光波功率；$\Delta\varphi$ 代表由非互易性引起的相移，也就是相反方向光波的相位差。从式（2-97）中可以看出，当 $\Delta\varphi$ 很小时，光纤陀螺仪

的检测灵敏度很低，因此，有必要通过增加相位偏置 φ 的方法增强发光强度信号，当 $I_D = I_0[1+\cos(\Delta\varphi+\varphi_0)]$、$\varphi_0 = \pi/2$ 时，光纤陀螺仪具有最大检测灵敏度。

此外，光纤陀螺仪还具备以下特点：首先，光纤陀螺仪具有易制造、易集成、灵敏度高、寿命长以及动态范围宽等特点；同时，其最大的优势在于其耐用性和高性价比，它可以在复杂且恶劣的环境中正常工作较长时间；与 MEMS 陀螺仪相比，其优势主要在于技术指标和环境适应性方面。其次，光纤陀螺仪在设计方面最大的特点在于其灵活性，能够满足不同应用场合对设计提出的性能要求。

8. 原子干涉陀螺仪

原子干涉陀螺仪分为单原子束干涉仪，双原子束对射干涉仪等。其原理是通过应用低速中性原子拟用原子的物质波干涉仪的惯性传感器，可以实现原子干涉陀螺仪。实现原子干涉陀螺仪的技术主要包括激光冷却技术、原子俘获技术以及激光操控原子、与之相互作用的原子干涉技术。

原子干涉陀螺仪具有远高于普通陀螺仪的精度，常规陀螺仪的精度普遍位于 5×10^{-4} ~ $10^{-1}°/h$ 的中精度范围时，而原子干涉陀螺仪的精度能到达 10^{-9} ~ $10^{-7}°/h$，属于精度最高的陀螺仪结构。由于量子陀螺仪在理论上有绝对高的精度，因此，利用它可以大大减小导航应用中的积累误差，进而在深空探测领域得到越来越广泛的应用。

光冷却原子时，它对原子产生的是耗散力的作用，如图 2-65 所示，所以没有一定空间势场的辅助，根本不能对原子产生束缚作用，很快原子就会脱离光学粘胶。俘获原子需要先通过激光作用，将减速后的原子引入由 6 束、两两相对的激光构成的交汇处，再在此基础上，加上磁场方向相反的两个线圈，用于形成磁场梯度，并且保证 6 束激光交汇的部分与空间中磁场最小的区域相重合在一起。这样，在磁场的作用下，原子的特征能级发生变化，由于磁场对原子的作用力大于原子受到的重力，从而原子轻易就被限制在磁光的中心，这就延长了冷原子存在的时间，使冷原子具备了用于物质波干涉现象研究与观察的可能性。

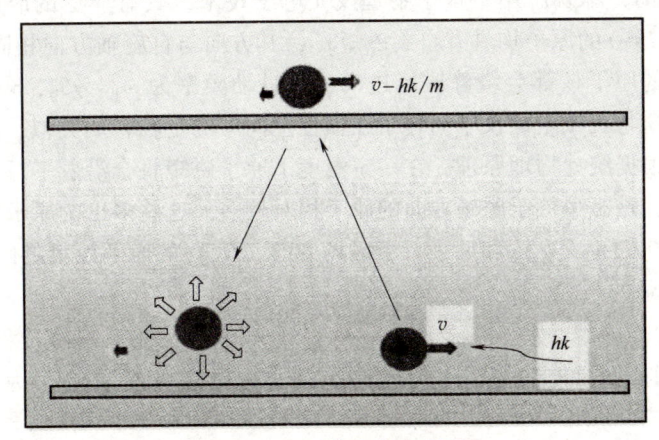

图 2-65 耗散力产生原理

陀螺仪的干涉原理如图 2-66 所示，在正交激光束和反亥姆兹线圈的共同作用下，原子团被囚禁在磁光阱中，通过近共振激光的作用，可以引导原子云沿着真空系统纵向飞行，从而形成原子束，通过光抽运技术，可以将原子团制备到 1 态。在原子干涉区域，再通过三对拉曼光，使原子波发生干涉，最后再通过对原子态的布居数分布进行检测，则可以得到干涉的相位结果。

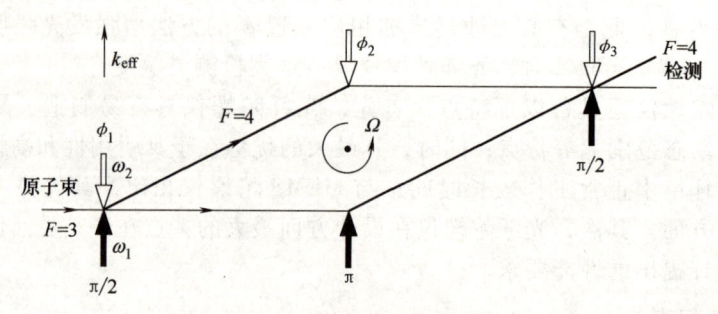

图 2-66 陀螺仪的干涉原理

对于采用对射原子束的陀螺仪来说，由于 Sagnac 相移直接取决于科里奥利加速度，而科里奥利加速度与原子速度成正比，所以，对于两对射的原子束来说，获得的相位信息恰好是相反的。陀螺仪的信号有以下的形式：

$$S_{\text{North}} \sim \cos(\varPhi_\varOmega + \phi_{\text{arb}}) \tag{2-98}$$

$$S_{\text{South}} \sim \cos(-\varPhi_\varOmega + \phi_{\text{arb}}) \tag{2-99}$$

式中，$\varPhi_\varOmega$ 为旋转角速度 $\varOmega$ 引起的相位；ϕ_{arb} 为科里奥利加速度产生的相位。
则通过标准三角函数变换，有

$$(S_{\text{North}} - S_{\text{South}}) \sim \sin\varPhi_\varOmega \cos\phi_{\text{arb}} \tag{2-100}$$

由于正弦因子的作用，旋转速度为零时，不同的信号都会出现零偏，通过调整随机相位，就可以使余弦幅角取到最大值。所以，采用原子束对射的方式，可以精确地测量旋转速度为零（相对于无旋转的惯性系）的系统，而不依赖于陀螺仪的大小及随机相位。

9. 核磁共振陀螺仪

核磁共振陀螺仪是一种基于核磁共振原理的固态陀螺仪，它没有运动部件，理论上具有较大的动态测量范围，综合应用了量子物理及光电子技术，具有广泛的应用前景。

核自旋量子数 $I \neq 0$ 的原子均具有自旋磁矩 μ_i，其方向与自旋轴方向相同。在静磁场 β_0 中每一个磁矩不为零的原子核都会绕静磁场进动，其进动频率为 $\omega_1 = \gamma\beta_0$，$\gamma = eg_1/2m_p = \mu_N g_1/h$ 为原子核旋磁比，这与机械陀螺仪中的转子在惯性空间中的定轴转动类似，因而每一个原子都类似一个小陀螺。根据统计物理原理，在一定温度下原子磁矩将会沿着平行于磁场方向或反平行于磁场方向排列，磁矩平行于磁场方向的原子相对较多，这些多出的原子磁矩产生宏观磁矩 M。磁矩平行于磁场方向（N_a）和反平行于磁场方向（N_b）的原子数量之比为

$$\frac{N_a}{N_b} = e^{-(E_a - E_b)/k_B T} \tag{2-101}$$

式中，E_a、E_b 分别为平行方向与反平行方向的原子布居能级能量，k_B 为玻耳兹曼常数；T 为绝对温度。

核磁共振陀螺仪是通过测量宏观核磁矩 M 的 Larmor 进动频率的变化，来测量运载体的转动角度和角速率核自旋具有磁矩 μ，取向与自旋轴方向一致，在自然状态下具有随机性，无宏观指向。如图 2-67 所示将核自旋置于静磁场 B_0 中，核自旋将在静磁场作用下以拉莫尔角频率绕 B_0 方向进动。由式（2-103）可知，强磁场或低温工作可提高原子的宏观磁矩，但是强磁场（10T）对应极高的 Larmor 进动频率（几十兆赫兹），这种超高原子进动频率所需的时间精度已超过了目前能够达到的时间精度。而在液氮中原子到达的极化率通常较低。目

前一种较为有效的方案是采用泵浦光技术，通过圆偏振泵浦光极化碱金属原子，再通过碱金属原子和惰性气体之间的自旋交换碰撞泵浦光极化惰性气体。这种泵浦光技术可极大地提高碱金属原子和惰性气体的极化率，从而提高核磁共振陀螺仪的性能。

核磁共振陀螺仪的研制进展和潜在应用受到了国内外的广泛关注，在微小型敏感单元应用中具有突出的潜力，现已逐渐从实验室测试转向工程化与装备化，并最终得到广泛应用，随着物理学、新材料、高度专业化制造以及其他相关技术的发展，核磁共振陀螺仪有望在 5~10 年内以捷联方式应用于无人机、水下潜航器、地面车辆、临近空间飞行器以及单兵装备等任何需要小尺寸和低功率高精度导航的民用和军事领域。

民用无缝导航对惯性导航系统的基本要求是精度高至纳米级，体积小便于集成，成本低以便广泛应用。然而，传统的惯性导航系统难以满足，其首要瓶颈就是陀螺仪。高精度惯性导航系统价格昂贵，难以在民用市场规模应用，微机电陀螺仪精度有限，难以应用于高精度无缝导航。核磁共振陀螺仪有望在更广阔的范围内，如遮挡区域和干扰区域提供高精度无缝导航定位，对民用定位导航带来变革性影响。

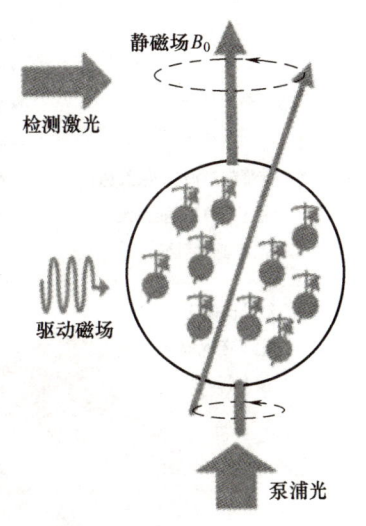

图 2-67　核磁共振陀螺仪的基本原理

在军事领域，核磁共振陀螺仪有望使得微小体积武器装备具备高精度自主导航能力，对自主导航技术发展带来重大推动作用，使武器装备可用的高精度惯性系统的体积、重量显著降低，并有望满足未来武器装备远程、长航时、高精度以及小型化、低功耗等应用需求。

2.2　辅助与自动驾驶传感器

2.2.1　辅助与自动驾驶传感器概述

自动驾驶不是一个一蹴而就的过程，在达到完全的自动驾驶之前，将长期处于辅助自动驾驶和有限的自动驾驶阶段。而且辅助驾驶设备不仅在辅助自动驾驶阶段存在，在完全的自动驾驶时期仍将配合完全的自动驾驶而存在。因此，在谈及自动驾驶之前，有必要了解当前辅助驾驶的基本功能，便于读者对于自动驾驶有一个层次分明的、更为全面的理解。

大多数交通事故是人为错误造成的。先进的驾驶人辅助系统是用于自动化、适应和增强车辆系统，以确保安全性和更好的驾驶功能的系统。

高级驾驶辅助系统（ADAS）是具有帮助驾驶人驾驶和制动车辆功能的电子系统，如图 2-68 所示。通过安全的人体机器界面，ADAS 可提高汽车和道路安全。ADAS 使用传感器和摄像机等自动化技术来检测附近的障碍物，并做出相应响应，从而通过最大限度地减少人为错误来减少道路死亡。安全功能旨在通过提供技术来提醒驾驶人注意问题，实施安全措施以及必要时控制车辆，以避免事故和碰撞。自适应功能可以自动照明、提供自适应巡航控制、协助避免碰撞、纳入卫星导航/交通警告、提醒驾驶人注意可能的障碍、协助避免车道偏离保持车道居中、通过智能手机提供导航辅助，以及提供更多功能。

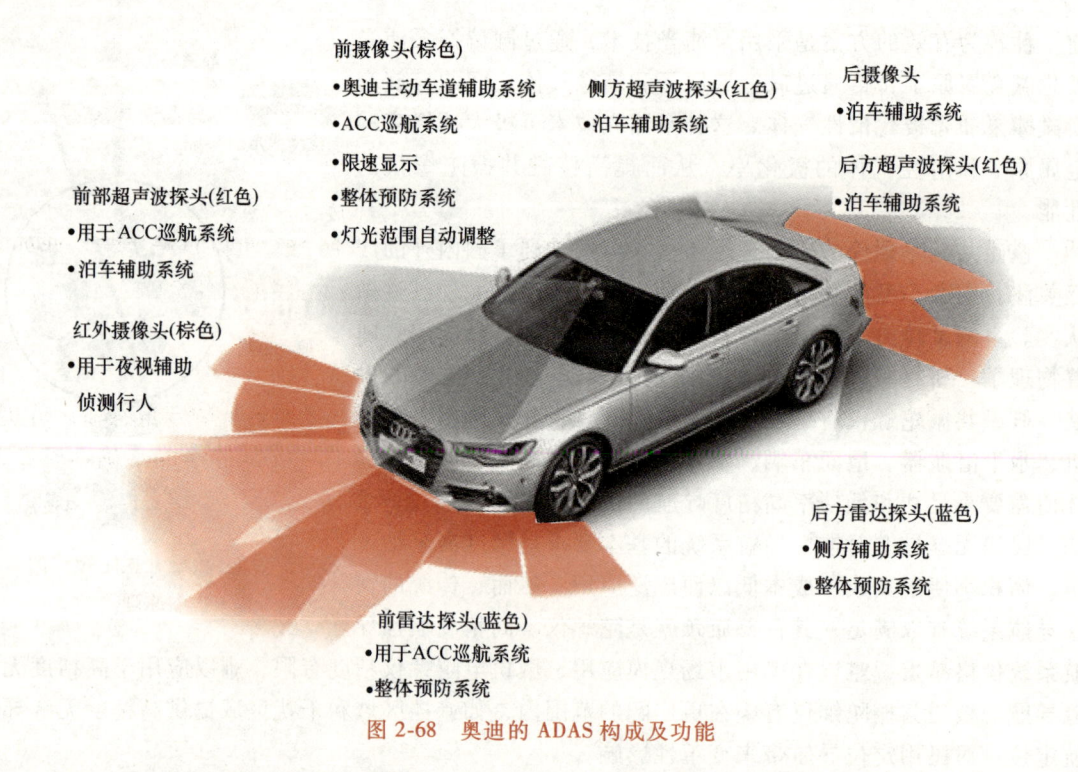

前摄像头(棕色)
- 奥迪主动车道辅助系统
- ACC巡航系统
- 限速显示
- 整体预防系统
- 灯光范围自动调整

侧方超声波探头(红色)
- 泊车辅助系统

后摄像头
- 泊车辅助系统

后方超声波探头(红色)
- 泊车辅助系统

前部超声波探头(红色)
- 用于ACC巡航系统
- 泊车辅助系统

红外摄像头(棕色)
- 用于夜视辅助 侦测行人

后方雷达探头(蓝色)
- 侧方辅助系统
- 整体预防系统

前雷达探头(蓝色)
- 用于ACC巡航系统
- 整体预防系统

图 2-68 奥迪的 ADAS 构成及功能

ADAS 功能曾经只在高端车辆上提供，但如今，它们可用于越来越多的中级、甚至入门级车型。其常见功能如下：

1) 车道偏离警告（LDW）。LDW 系统通过检测前置摄像头或后置摄像头图像数据中的交通车道标记，如果自有汽车可能离开当前行驶车道而不发出车道变化信号，就会警告高速公路上的驾驶人。

2) 交通标志识别（TSR）。TSR 系统使用前置单目摄像头的图像数据识别交通标志，并在显示面板上显示识别的交通标志信息。此系统可用于将识别的限速与通过 CAN 读取的车速进行比较，然后通知驾驶人。

3) 前向碰撞警告（FCW）。FCW 系统使用来自立体摄像头的图像数据或带毫米波雷达的单目摄像头来检测自己车辆前面的车辆，并根据车辆与自有车辆速度之间的距离，向驾驶人发出警告，发现潜在的碰撞风险。向后碰撞警告（BCW）系统使用来自后单目摄像头的图像数据检测自有车辆后部的车辆。

4) 车道改变辅助（LCA）。LCA 系统使用单目摄像头（在后方）或两个单目摄像头（在后右和后左）检测障碍物，如附近的车辆，以寻求车道改变辅助，并警告驾驶人有撞到障碍物的危险。

5) 障碍物检测。障碍物检测系统使用三个单目摄像头（一个在前面，另两个在右后和左后）检测车辆周围的障碍物，如车道改变辅助和前进碰撞警告。

6) 右转/左转感知系统。该系统使用安装在自己汽车左侧或右侧的摄像头检测行人、自行车和摩托车，并警告驾驶人有撞到他们的危险。

7) 前向行人碰撞警告。前向行人碰撞警告系统使用前置摄像头检测行人，并提醒驾驶人。

根据以上的描述，实际上，ADAS 已经部分实现了自动驾驶的功能或者期望，但是仅限于简单的、近距的、局部的感知；并且驾驶人辅助系统的实际效用也主要是对驾驶人的反馈，以及短时间内对车辆的自动调节和控制。

而自动驾驶相比于辅助驾驶和部分自动驾驶而言，其主要区别在于自动驾驶能够实现对车辆全局的控制，在各种条件乃至极限工况下仍能自行控制，就可以执行所有与安全有关的重要功能，包括没有人在车上时的情形，完全不需受驾驶意志所控，可以自行决策。此外，在硬件部分，自动驾驶相对于辅助驾驶也有极大的增强，来实现全局的环境感知。

2.2.2 辅助与自动驾驶传感器的系统组成

在自动驾驶技术中，感知是最基础的部分，没有对车辆周围三维环境的定量感知，就犹如人没有了眼睛，自动驾驶的决策系统自然也就无法正常的工作。为了安全与准确地感知，无人驾驶系统使用了多种传感器，其中包括摄像头、毫米波雷达、激光雷达以及超声波雷达。

自动驾驶具有里程碑意义的项目是 DARPA 挑战赛，由美国国防部最著名的研究机构国防高级研究计划局资助，美国的一些大学如斯坦福大学、卡耐基·梅隆大学等，以及一些企业分别成立了自己的车队参与竞赛。当前自动驾驶汽车的硬件架构与 DARPA 挑战赛的无人驾驶车辆基本一致。

DARPA 挑战赛的第一次比赛于 2004 年 3 月 13 日在美国莫哈韦沙漠地区举行，共 240km（150mile）的路线，沿着 15 号州际公路，从加州巴斯托出发，一直到位于普里姆的加州内华达州边境。没有一辆机器人车辆完成路线。卡耐基·梅隆大学的"Red Teamandcar Sandstorm"（一辆改装悍马，如图 2-69 所示）走了最远的距离，完成了 11.78km（7.32mile）的路程，然后撞上岩石后，导致了偏离路线。

图 2-69 卡耐基·梅隆大学的 Red Teamandcar Sandstorm

在 2005 年的 DARPA 比赛中，来自斯坦福大学斯坦福赛车队与大众电子研究实验室（ERL）合作创建的自动驾驶汽车 Stanley，如图 2-70 所示，Stanley 赢得了 2005 年 DARPA 挑战赛，车队获得了 200 万美元的奖金，而卡耐基·梅隆大学团队以 10min 之差获得亚军。斯坦福大学教授 Sebastian Thrun 后来也被誉为"自动驾驶之父"。

Stanley 的原始框架是一个标准的柴油版大众图阿雷格（Touareg）车型，由大众公司的电子研究实验室提供。斯坦福赛车队看中了图阿雷格的"线控驱动"控制系统，该系统可根据条件进行调整，能够直接通过车载计算机控制，而无须使用执行器或伺服电机。

在导航方面，Stanley 采用了 5 个车顶安装 SickAG 激光雷达装置来构建三维环境地图，GPS 定位系统作为补充；利用陀螺仪和加速度传感器的内部制导系统监控车辆的方向，并用于补充 GPS 和其他传感器数据，如图 2-71 所示。汽车配置的摄像头提供了其他导航数据，用于观察行驶条件至 80m（超出激光雷达范围），并确保有足够的加速度空间。Stanley 还在车轮中安装了传感器,用于记录轮胎上印有的图案,并在信号丢失时(如在通过隧道时)充当里程表。使用来自此传感器的数据,板载计算机可以推断出自信号丢失后,车辆行驶的实际距离。为了处理传感器数据并执行决策,Stanley 在中继中配备了 6 台低功耗 1.6GHz 英特尔奔腾 M 型计算机,运行不同版本的 Linux 操作系统。

图 2-70 斯坦福大学的 Stanley

图 2-71 Stanley 顶部安装的雷达等设备

Stanley 代表了自动驾驶车辆的基础架构,即包括板载计算机、激光雷达、摄像头、超声波雷达和 GNSS/IMU 等导航设备,不同传感器又可根据原理和结构等细分为更多类型,但其基本功能一致。

当前最新颖的自动驾驶平台的代表是特斯拉的纯视觉路线以及 Waymo 的激光雷达路线。特斯拉的自动驾驶方案为纯视觉方案,即主传感器为摄像头,辅以多套毫米波雷达和相机作为硬件平台。其中,特斯拉 Model 3 设计的传感器套件包括 8 个摄像头,1 个毫米波雷达和 12 个超声波雷达。摄像头和超声波雷达分布在车身周围,其中在正前方的摄像头模组是由 3 个不同规格摄像头组成,毫米波雷达位于正前方保险杠的位置,相关传感器的覆盖范围如图 2-72 所示。

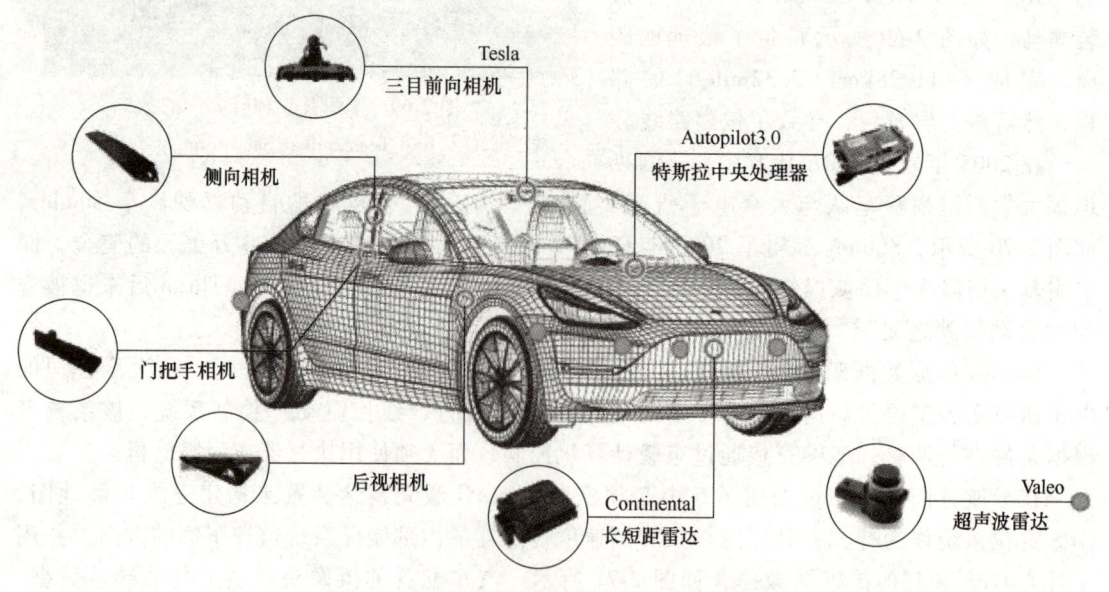

图 2-72 特斯拉的环境感知传感器及其布置

1）8个摄像头。可在 250m 半径内在汽车周围提供 360°可视性，在摄像机正面，有 3 个面向正面的摄像机，它们支撑雷达并具有不同的特性。最主要的是覆盖 250m，但视角非常狭窄，还有一些覆盖距离较短（150m、80m 和 60m）的广角，可以看到汽车周围环境，并且通过图像拼接实现 360°视野。还有 4 个摄像头位于汽车的侧面，1 个摄像头位于车位后部。

2）12 个超声波传感器。声呐使用超声波检测汽车周围 8m 半径范围内的障碍物。它可以以任何速度工作，也可以控制盲点。该传感器收集的数据也被自动驾驶仪用来管理超车期间的自动车道变更。

3）1 个毫米波雷达。特斯拉选择使用大陆集团成熟的雷达模块。美国大陆航空的 ARS4-B 内部装有一个 NXP 半导体提供的 77GHz 雷达芯片组和 32 位 MCU。

特斯拉的方案基本不存在视野盲区，但是缺乏较为全面的视野，此外，基于机器视觉的纯视觉方案存在较为严重的误检情况，如之前出现过将翻倒的白色厢式货车视为天空，或者将彩旗视为红绿灯等情况，特斯拉的纯视觉方案针对复杂工况无法保证自动驾驶的安全性。

Waymo 团队提出的以激光雷达为主，与摄像头融合的方案，其硬件传感器基本组成及布置如图 2-73 所示，该方案硬件成本较高，但是对于环境的感知效果更好。

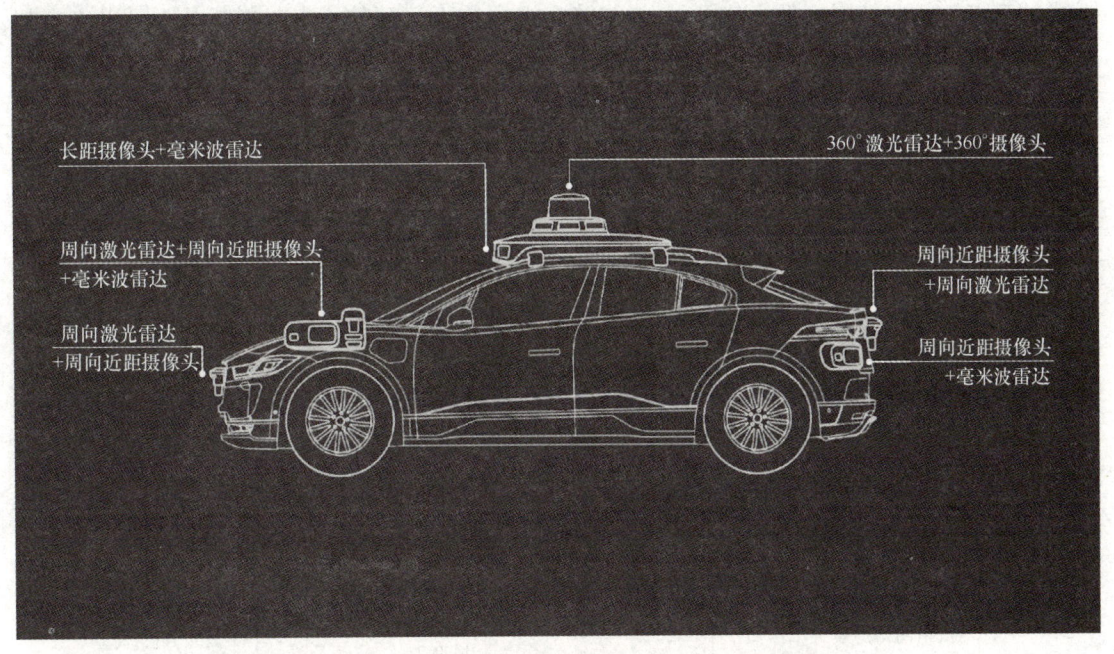

图 2-73 Waymo 的环境感知传感器基本组成及其布置

Waymo 第五代自动驾驶汽车在车身上部布置了一套 360°激光雷达和 360°全景摄像头，来获得开阔的全局视野；在车身前后面以及侧面则布置了多套近距激光雷达、近距摄像头和毫米波雷达来实现高精度的局部视野，并且通过多套传感器来取长补短，以便在各种工况下都能有传感器正常工作。

Waymo 最新一代的硬件平台的基本架构如下：

（1）激光雷达　在大约 300m 的范围内的 360°视野中提供较高的分辨率。

作为 Waymo Driver 最强大的传感器之一，激光雷达可对周围环境进行 3D 感知，激光雷达的使用不受环境限制,在白天或者黑夜都能感知极大范围的周边情况,从而能够测量车辆周围物体的大小和距离,可以在复杂工况下提供精确的信息,不仅能检测到远处的停靠车辆打开的车门,而且能够在高速公路上数百米处发现道路碎片,因此有足够的时间来使 Waymo 驾驶的货车停下或改变车道。此外,Waymo 的系统还提供了汽车,骑车人和车辆周围行人的鸟瞰图。同时,新型外围激光雷达放置在车辆侧面的 4 个点处,可提供无与伦比的覆盖范围,并具有广阔的视野,可检测附近的物体。这些近距激光雷达提供增强的空间分辨率和准确性,可在城市交通中穿越狭窄的间隙并覆盖丘陵地带上的潜在盲点。

(2) 摄像头 应对视野重叠情况,具有高动态范围和热稳定性,可应对更复杂的环境,在捕获更多细节并在复杂的驾驶条件下提供清晰的图像环境。

Waymo 的视觉系统实现了比当今汽车摄像头更高的性能水平,远程摄像头和 360° 的视觉系统的视野比一般的视觉系统更为开阔,能够识别行人等重要细节并在 500m 外的停车标志处停车。此外,新型周边视觉系统与周边激光雷达配合使用,可为 Waymo Driver 提供另一种视角,以观察靠近车辆的物体。例如,当周边激光雷达精确地检测到车辆前方的障碍物时,周边摄像头将为自动驾驶系统的机器学习算法提供更多细节,以可靠地识别物体,从而为交通场景提供更多背景信息。同时,新的周边视觉系统可帮助减少停放的汽车或大型车辆造成的盲点。这些外围摄像头使 Waymo 能够窥视在前面行驶的货车,判断是否可以安全超车或是否应该等待。这些不同类型的摄像头配合使用,能够比以往更早,更快地做出决策,并提供更多信息。

(3) 毫米波雷达 具备较宽的视野,并在较宽的视野内提供较高的分辨率。

虽然激光雷达能够识别物体,而摄像头则帮助车辆了解周围环境,但雷达凭借其即时查看和测量物体速度(或缺乏速度)的独特能力对这两种方式进行了补充,即使在恶劣的天气条件下(如雨、雾和雪)也能正常工作。传统的汽车雷达能够跟踪移动的物体,而 Waymo 采用的新型成像雷达具有更高的分辨率和增强的信号处理能力,使其能够更好地检测和跟踪正在移动、几乎不移动或停止的物体。

环境感知传感器的功能特点见表 2-4,当前的环境感知传感器主要包含以下几类,它们的功能相互补充,从而实现全面的、高精度的、普适性的自动驾驶。

表 2-4 环境感知传感器的功能特点

感知传感器	功能	范围	优势	缺陷
激光雷达	障碍物探测识别、辅助定位、地图构建等	200m 以内	精度高、探测范围广,可构建三维环境模型	受天气影响大,技术不成熟,造价高
摄像头	障碍物检测识别、车道线检测、道路信息读取、地图构建等	最远可达 500m	可识别物体几何和色彩等特征,探测距离,成本低廉可靠	受天气影响大,恶劣天气难以工作
毫米波雷达	障碍物探测(中远距离)	200m 以内	对烟雾等穿透力强,对相对速度和距离敏感	与微波雷达相比,毫米波雷达的性能有所下降
超声波雷达	障碍物探测(近距离)	5m 以内	抗干扰能力强,技术成熟,成本低	探测距离有限,精度差,范围小

2.2.3 视觉传感器

视觉传感器是指利用光学元件和成像装置获取外部环境图像信息的仪器，通常用图像分辨率来描述视觉传感器的性能。视觉传感器的精度不仅与分辨率有关，而且同被测物体的检测距离相关。被测物体距离越远，其绝对的位置精度越差。应用于自动驾驶中的视觉传感器主要分为两类，可见光视觉传感器和红外视觉传感器，其中前者又分为常见的单目视觉传感器和双目立体视觉传感器。

摄像头视觉数据分析与处理，是基于发展已久的传统计算机视觉领域，其通过摄像头采集到的二维图像信息推断三维世界的物理信息，现通常应用于交通信号灯识别和其他物体的识别。计算机视觉在自动驾驶场景中解决的最主要的问题可以分为两大类：物体的识别与跟踪以及车辆本身的定位。其中，物体的识别与跟踪是指通过深度学习的方法，无人车可以识别在行驶途中遇到的物体，比如行人、空旷的行驶空间、地上的标志、红绿灯以及旁边的车辆等；车辆本身的定位是指通过基于拓扑与地标的算法，或者基于几何的视觉里程计算法，无人车可以实时确定本身的位置，以满足自己导航的需求。

1. 单目视觉传感器

对于单目相机成像的原理，需要构建相机模型来描述，从而转变成数学描述，对于三维空间中的一个点，相机通过拍照从而将该点转换到二维的平面上，这个投影转换可以用几何模型来进行，也就是相机模型，单目相机模型最为简单实用的为针孔相机模型。

对于针孔相机模型，可以用图 2-74 来形象地解释相机成像过程。

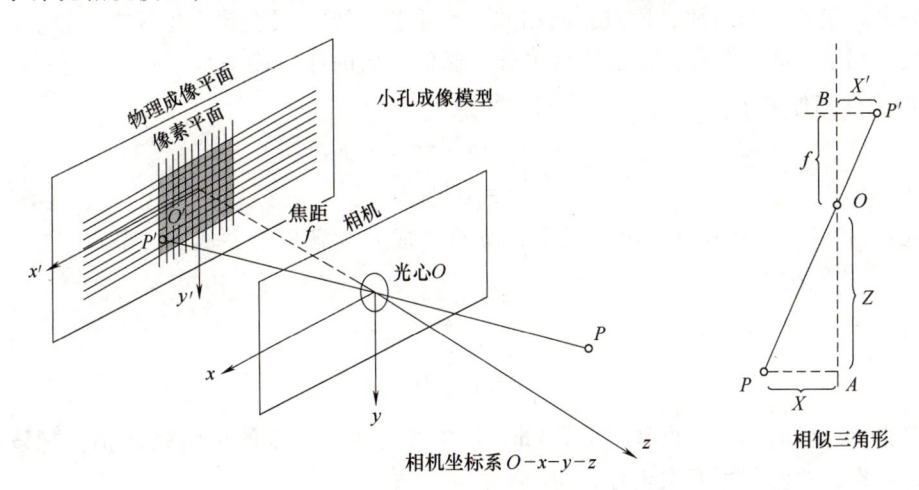

图 2-74 针孔相机模型

如图 2-74 所示，设 $O\text{-}x\text{-}y\text{-}z$ 为相机坐标系，其中，z 轴指向的是相机的正前方，x 轴指向右边，y 轴指向下方，O 代表摄像机的光心，也是针孔相机模型中的针孔。对于三维空间上的一个点 P，坐标 $[X, Y, Z]^T$，经过小孔 O 投影之后，落在相机的成像平面 $O\text{-}x'\text{-}y'\text{-}z'$ 上，P' 是成像点，坐标为 $[X', Y', Z']^T$，由三角形相似原理可以得到

$$\frac{Z}{f} = -\frac{X}{X'} = -\frac{Y}{Y'}$$

(2-102)

其中负号表示像是倒立的，可以把成像平面对称到相机光心与空间点的同侧，从而能简化模型，三种成像平面如图 2-75 所示。如此做从而把公式中的负号去掉，让公式变得简洁，即

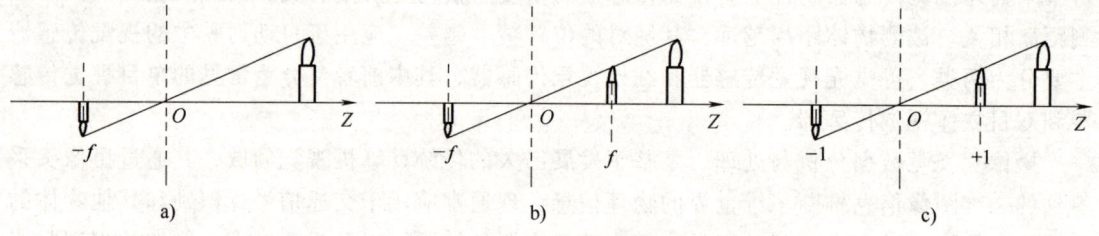

$$\frac{Z}{f} = \frac{X}{X'} = \frac{Y}{Y'} \tag{2-103}$$

图 2-75 三种成像平面

a) 真实成像平面 b) 对称的成像平面 c) 归一化成像平面

由图 2-75 整理得

$$X' = f\frac{X}{Z}$$
$$Y' = f\frac{Y}{Z} \tag{2-104}$$

相机成像的最终结果是得到像素坐标，所以需要建立像素平面，假设在物理成像平面上固定着一个像素平面 $O\text{-}u\text{-}v$，所以 P' 的像素坐标为 $[u, v]^T$，像素坐标系的定义如下：原点 O 固定于相机的图像左上角，u 轴、v 轴分别与 x 轴、y 轴同方向平行，该坐标系与成像平面在坐标轴之间相差一个缩放，原点之间相差一个平移。可以假设像素坐标在 u 轴、v 轴上分别的缩放 α 倍、β 倍，像素坐标系原点相对于成像平面的原点则平移了 $[c_x, c_y]^T$，从而则得到 P' 的坐标和像素坐标 $[u, v]^T$ 之间的转换为

$$\begin{cases} u = \alpha X' + c_x \\ v = \beta Y' + c_y \end{cases} \tag{2-105}$$

代入式（2-103）和式（2-104），并把 αf 合并成 f_x，把 βf 合并成 f_y，得

$$\begin{cases} u = f_x \dfrac{X}{Z} + c_x \\ v = f_y \dfrac{Y}{Z} + c_y \end{cases} \tag{2-106}$$

其中，f 的单位是 m，α、β 的单位是 px/m，所以推导出 f_x、f_y 的单位就是 px。把该式转换成矩阵的形式，左侧利用齐次坐标，为

$$\begin{pmatrix} u \\ v \\ 1 \end{pmatrix} = \frac{1}{Z} \begin{pmatrix} f_x & 0 & c_x \\ 0 & f_y & c_y \\ 0 & 0 & 1 \end{pmatrix} \begin{pmatrix} X \\ Y \\ Z \end{pmatrix} \tag{2-107}$$

即

$$Z \begin{pmatrix} u \\ v \\ 1 \end{pmatrix} = \begin{pmatrix} f_x & 0 & c_x \\ 0 & f_y & c_y \\ 0 & 0 & 1 \end{pmatrix} \begin{pmatrix} X \\ Y \\ Z \end{pmatrix} \triangleq \boldsymbol{KP} \tag{2-108}$$

在上式中，可以把中间的量组成的矩阵称为相机的内参数矩阵（Camera Intrinsics）**K**。通常认为，相机的内参在出厂之后是固定的，不会在使用过程中轻易发生变化。

2. 双目视觉传感器

双目视觉是指使用两个摄像头从不同角度同时拍摄场景图像，并通过视差原理可以获得目标物体在场景中的三维信息。双目视觉具有广泛的应用前景，在工业试验、生物医学、军事、虚拟现实等领域具有重要的研究意义。基于双目立体视觉进行障碍物探测，其基本原理是利用左右两个摄像头从各自角度对目标场景进行成像以获取其图像对，并通过算法匹配出相应像点，从而计算得到图像对之间视差以获取其深度信息，最终利用深度信息之间的差异分割图像以识别障碍物。

双目立体视觉主要可分为平行式双目视觉与非平行式双目视觉两种模式，在这两种模式下左右摄像头成像平面位置分别呈平行或汇聚模式。非平行双目视觉模型如图 2-76 所示，可见在该模型中两摄像头成像平面成非平行相交且二者光轴相交于远点。空间中一点 $A(X,Y,Z)$，在两成像平面上的投影分别为 (u_1,v_1) 和 (u_2,v_2)，由于左右像平面不共面，故 u_1、u_2 和 v_1、v_2 在通常情况下均不相等。

非平行双目视觉模式只需保证两摄像头光轴相交，在使用过程中安装位置较为灵活，相机视场可根据目标场景进行调节。但该模式下被测物体在左右摄像头成像平面的 u 轴和 v 轴方向上均会形成视差，故在像点匹配时需使用计算量较大的坐标变换矩阵实现深度计算及立体重建。该模式算法复杂度较高不具备实时性，难以实现在障碍物探测系统中的应用。

平行式双目立体视觉模型如图 2-77 所示，可见该模式下两摄像头成像平面互相平行，空间中一点 $P(x_c,y_c,z_c)$，与其在左右成像平面上的投影点构成一个三角形。可知在摄像头之间位置关系已知的前提下，基于三角原理即可计算得到两摄像头公共视场内物体的三维尺寸及特征点的三维坐标。

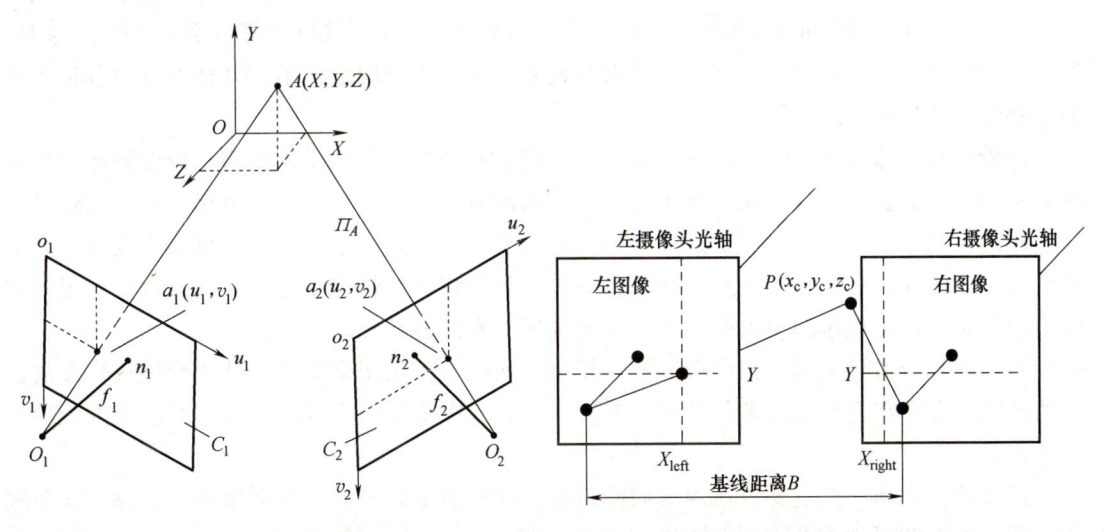

图 2-76 非平行双目视觉模型　　图 2-77 平行式双目立体视觉模型

图中左右图像平面投影中心点之间的距离即为相机基线距离 B。当左右摄像头在同一时刻对空间中一点 P 进行观察时，分别在左右图像平面上获取到其对应像点，其坐标为 $P_{\text{left}}=$

$(X_{\text{left}}, Y_{\text{left}})$,$P_{\text{right}}=(X_{\text{right}}, Y_{\text{right}})$。由于两摄像头成像平面共面,故特征点 P 在两图像坐标系 Y 轴上的坐标一定是相同的,即 $Y_{\text{left}}=Y_{\text{right}}=Y$。由三角几何原理可以得到如下关系式

$$\begin{cases} X_{\text{left}}=f\dfrac{x_c}{z_c} \\[2mm] X_{\text{right}}=f\dfrac{(x_c-B)}{z_c} \\[2mm] Y=f\dfrac{y_c}{z_c} \end{cases} \quad (2\text{-}109)$$

式中,f 表示相机焦距。若将视差定义为 $Disparity=X_{\text{left}}-X_{\text{right}}$,可推算得到点 P 在空间中的三维坐标为

$$\begin{cases} x_c=\dfrac{BX_{\text{left}}}{Disparity} \\[2mm] y_c=\dfrac{BY}{Disparity} \\[2mm] z_c=\dfrac{Bf}{Disparity} \end{cases} \quad (2\text{-}110)$$

可知平行式双目模式的运算是基于点对点的,被测特征点的位置信息获取取决于其左右像平面上对应点的视差。只要在右摄像头像面上找到对应左摄像头像面上某一点的对应点,即可计算得出该点的空间三维坐标。

3. 红外视觉传感器

红外线是一种波长介于可见光与微波两者之间的电磁波,它的波长范围为 760~106nm,波长大于红光的不可见光称为红外辐射。在红外辐射中,有近红外和热红外线,它们的波长范围分别为 760~2000nm 和 2000~10^6nm。所有自然界里的物体都能够发出红外辐射,于是,通过探测仪测量目标对象的本体与环境背景两者当中的红外辐射差值,就能够获得各种不同的由热红外线生成的红外图像。

随着红外成像在军事领域的重要度日益提高,红外图像目标识别的需求以及图像数据源的需求都将日益扩大。红外成像技术是有着广阔前景的一项高新技术。虽然可见光成像是目前主流的成像方法,一般被用于光照理想的场景下,而当光照条件不好时可见光成像将无法满足需求。此外,在高温、光照过强、大雾、遮挡等特殊场景下,可见光成像也会有很大程度上的影响。红外成像的引入弥补了可见光成像一系列的缺点。

鉴于红外图像存在的对比度低、噪声较多等缺陷,直接用采集的红外图像进行行人候选区的分割,会存在边缘不清晰,分割误差等缺点,故在采集图像以后,需要对图像进行预处理操作。

图像的预处理工作主要包括四方面的内容:红外图像的采集、灰度增强、图像去噪和阈值分割。图2-78 为红外图像的预处理流程图。

常用的灰度增强处理方式有灰度自适应均衡化和灰度拉伸。灰度自适应均衡化的目的是增强灰度的对比度,平均地将图像中每一个像素的灰度进行分布。其优势在于可以增大目标与背景之间的灰度对比。通过像素之间的运算将该点的灰度值在整个灰度直方图中均布,通

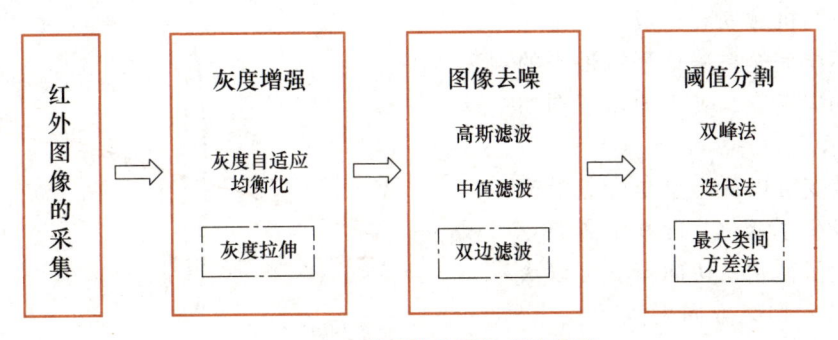

图 2-78 红外图像的预处理流程图

过将采集的红外图像进行转化,使得转换后的图像在每一灰度级上均有相同像素点数,以扩展灰度值之间的动态范围。

在红外图像处理的过程中,图像滤波尤为重要,它可对诸多噪声进行抑制,保持边缘信息的完整,改善图像的成像质量。红外图像噪声中以脉冲噪声为最主要噪声,脉冲噪声主要分为两种:椒盐噪声和随机值脉冲噪声。椒盐噪声消除的方法为线性滤波即高斯滤波,而随机值脉冲噪声通过非线性滤波消除,非线性滤波包括中值滤波、双边滤波等。

阈值分割是图像二值分割中的难点,直接影响图像的分割效果。常用的阈值分割方法有双峰法、迭代法、最大类间方差法等。由于车辆在行驶过程中采集到的行人图像是不断变化的,传统二值分割方法不足以满足实时变化的要求,故有必要采用一种自适应阈值分割的方式进行二值处理。

4. 视觉传感器的畸变

由于相机的前端透镜的影响,相机存在畸变。造成畸变的原因有两个,一是透镜本身的形状影响,二是机械安装过程中的不标准安装带来的影响,透镜不可能和成像平面精确平行。畸变的类型可以分为径向畸变和切向畸变。

由透镜自己的形状带来的畸变(Distortion,也称为失真)称为径向畸变,在理想的针孔相机模型中,一条直线通过相机投影在像素平面依然为一条直线,而真实情况下这样的情形是不可能的,由于存在畸变,拍摄中,直线被投影成了曲线。因为透镜的形状是中心对称的,造成的畸变通常也是径向对称的。径向畸变有桶形畸变和枕形畸变两种类型,图像放大率随着与光轴之间的距离增大而减小的是桶形畸变,反之就是枕形畸变,如图 2-79 所示。

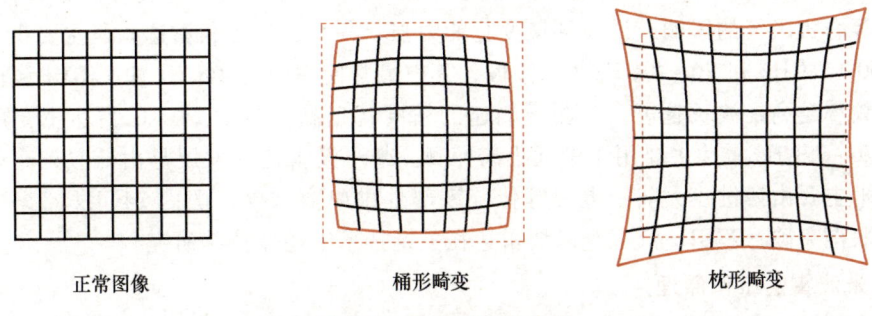

图 2-79 径向畸变的类型

由相机的机械安装造成的透镜与成像平面不能完全精确地平行带来的畸变称为切向畸变,其来源示意图如图 2-80 所示。

径向畸变可以认为是坐标点沿着长度方向发生了变化,即其距离原点的长度发生了变化;切向畸变可以认为坐标点沿着切线方向发生了变化,也就是它的水平夹角发生了变化。用多项式来描述畸变可得

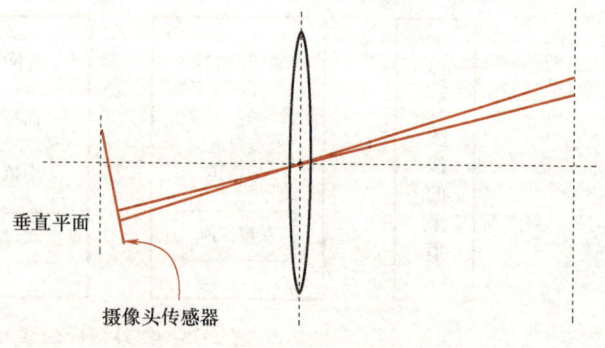

图 2-80 切向畸变的来源示意图

$$\begin{cases} x_c = x(1+k_1r^2+k_2r^4+k_3r^6) \\ y_c = y(1+k_1r^2+k_2r^4+k_3r^6) \end{cases} \tag{2-111}$$

其中 (x_c, y_c) 是校正后的归一化坐标,(x, y) 是未校正的坐标。另外对于切向畸变,也可以进行去畸变,即

$$\begin{cases} x_c = x+2p_1xy+p_2(r^2+2x^2) \\ y_c = y+2p_2xy+p_1(r^2+2y^2) \end{cases} \tag{2-112}$$

对点 $P(X, Y, Z)$ 的去畸变步骤一般按照以下三个步骤:

1) 对三维空间点进行归一化平面的投影处理,得到其归一化坐标为 $[x, y]^T$。
2) 对 $[x, y]^T$ 进行径向畸变和切向畸变的纠正。

$$\begin{cases} x_c = x(1+k_1r^2+k_2r^4+k_3r^6)+2p_1xy+p_2(r^2+2x^2) \\ y_c = y(1+k_1r^2+k_2r^4+k_3r^6)+2p_2xy+p_1(r^2+2y^2) \end{cases} \tag{2-113}$$

3) 对第二步处理后的点利用内参数矩阵转换到像素平面,得到空间点的正确像素坐标位置。

$$\begin{cases} u = f_x + c_x \\ v = f_y + c_y \end{cases} \tag{2-114}$$

2.2.4 毫米波雷达

毫米波雷达是指工作频率通常选在 30~300GHz 频域(波长为 1~10mm)的雷达。毫米波雷达波束窄、角分辨力高、频带宽、隐蔽性好、抗干扰能力强、体积小、重量轻,最大优点是可测距离远。与红外、激光设备相比较,具有对烟、尘、雨、雾良好的穿透传播特性,不受雨雪等恶劣天气的影响,适应环境变化能力强。各大国的车载雷达频段主要集中在 23~24GHz、60~61GHz 和 76~79GHz 3 个频段,其中最常使用的是 24GHz 和 77GHz 频段,毫米波雷达的频率越高,波长越短,其测距测速的精度就越高,其中 24GHz 雷达主要用于近距离探测,76~79GHz 雷达主要用于中远距离探测。毫米波雷达的发展是由低频到高频,目前其关键技术主要由博世、大陆、电装等传统零部件供应商掌握,国内 24GHz 的毫米波雷达技术已经取得突破,77GHz 汽车毫米波雷达在关键技术上还在持续研究。

1. 毫米波雷达工作原理

车载毫米波雷达工作路径简图如图 2-81 所示,雷达利用天线向外发射毫米波,通过接

收器接收目标的回波信号,经过信号处理器对雷达信号进行处理后得到车身周围的目标信息,如目标的相对距离、相对速度、相对加速度、相对角度等,然后根据获得的目标的物理信息进行障碍物的分类识别和跟踪预测,最后通过车载 ECU 进行数据的处理决策。

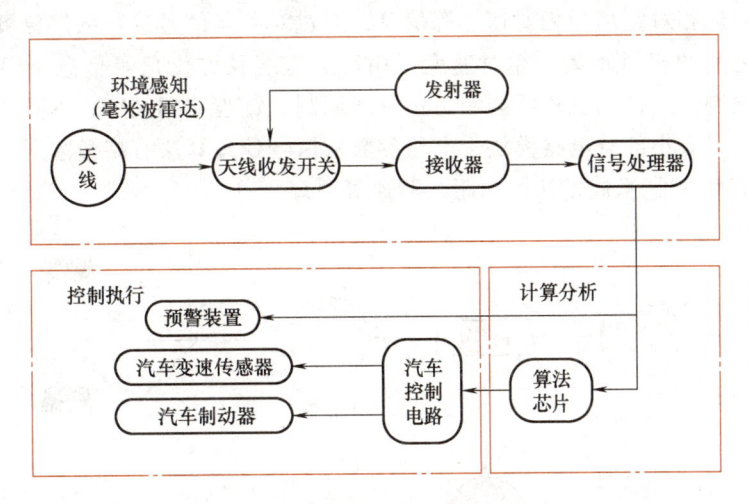

图 2-81 毫米波雷达工作路径简图

目前,常见的毫米波雷达按照电磁能量辐射特征,可以分为脉冲(Pulse)雷达和连续波(Continuous Wave,CW)雷达两种,它们的雷达发射功率示意图如图 2-82 所示。其中,脉冲雷达通过计算两相邻脉冲信号时延,可以进行远距离目标检测,在近距离目标检测时,由于脉冲信号宽度的限制存在盲区,且脉冲雷达发射功率高,不适合在电磁敏感、有盲区和距离精度要求高等场合使用。连续波雷达是根据发射和回收信号的频率差进行工作的,根据发射信号的不同,连续波雷达又可以分为非调频连续波雷达和调频连续波雷达(Frequency Modulated Carrier Wave Radar,FMCW),非调频毫米波雷达可以得到车辆的速度信息,但无法得知距离信息,调频毫米波雷达除了速度和距离信息,还可以获得目标的运动方向,因此,调频毫米波雷达在 ADAS 系统得到了广泛的应用。

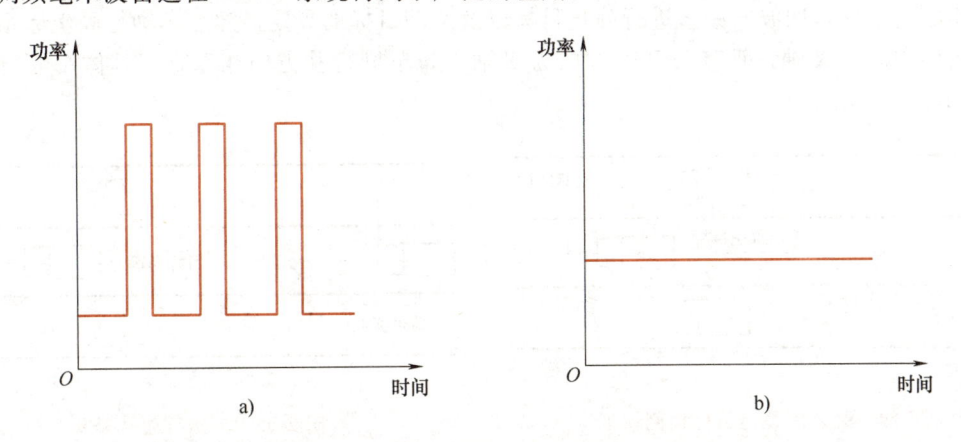

图 2-82 脉冲雷达和连续波雷达发射功率示意图
a)脉冲雷达发射功率示意图　b)连续波雷达发射功率示意图

FMCW 雷达的结构如图 2-83 所示,其主要由波形发生器、接收器、调制信号源、耦合

67

器和混频器等组成。其基本原理如下：调制波形作用于压控振荡器（Voltage-Controlled Oscillator，VCO），信号调频后从耦合器-环形器-发射天线进行发射信号，当检测到障碍物时发射信号被雷达天线接收，反射回来的信号同当前信号在混频器中混频形成差频信号，差频信号中包含目标的相对距离和相对速度等信息，通过对差频信号进行频谱分析和处理可以获得目标和雷达之间的相对距离、相对速度、相对加速度及方位角等信息。FMCW 雷达有多种不同的频率调制方式，如三角波调制、正弦波调制、锯齿波调制等，不同的调频方式硬件构成基本相同，只有小部分电路模块、电路参数和信号处理算法有略微区别。下面以三角波为例进行说明 FMCW 毫米波雷达的测距、测速等原理。

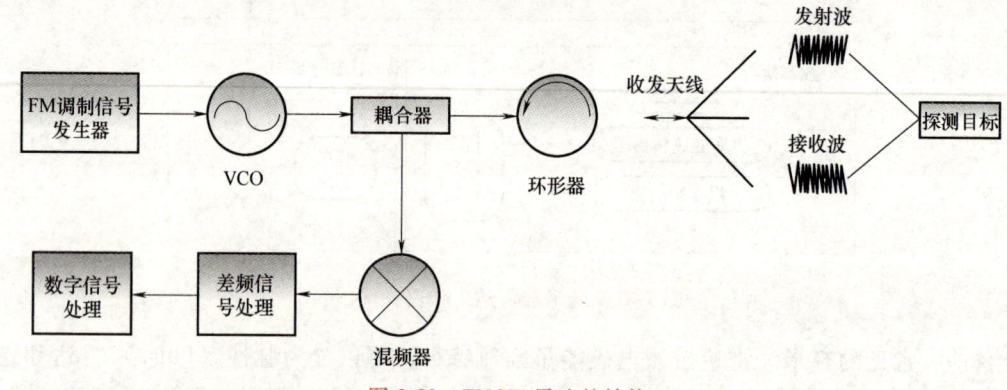

图 2-83　FMCW 雷达的结构

2. 毫米波雷达的测距测速原理

在自动驾驶中，为了确定前方物体的运动状态，需要建立毫米波雷达目标检测区域，其检测模型如图 2-84 所示。

由图 2-84 可知，检测区域毫米波雷达在进行前方目标检测时，会有各种各样的目标，有静止目标，如护栏、指示牌等；有反向运动的车辆；有同车道行驶的车辆。这些目标中，同车道以及旁车道的车辆是检测的重点，称之为有效目标。为了获得有效目标，首先需要根据毫米波雷达反射回波的频移进行静止目标以及运动目标的界定。建立车辆行驶坐标系，以汽车行驶方向为 X 轴，垂直于 X 轴方向为 Y 轴，与车辆行驶方向相垂直，具体车辆行驶坐标系如图 2-85 所示。

图 2-84　毫米波雷达目标检测模型　　　　图 2-85　车辆行驶坐标系

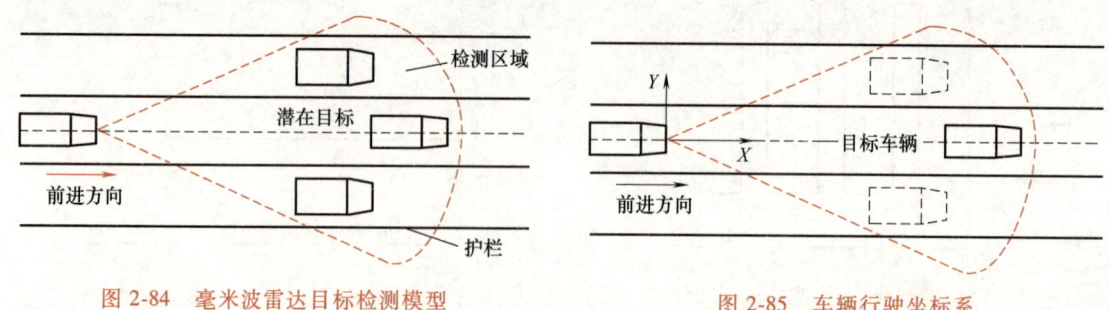

以三角波调制为例介绍 FMCW 雷达的工作原理。当探测目标与雷达相对静止时，雷达发出的发射信号与碰到障碍物后反射形成的回波信号具有相同的形状，相对静止目标回波信号如图 2-86 所示。

如图 2-86 所示，回波信号相对于发射信号延迟了 Δt 的时间，回波延迟时间 Δt 为

$$\Delta t = 2d/c \tag{2-115}$$

式中，d 为探测目标的相对距离；c 为光速。

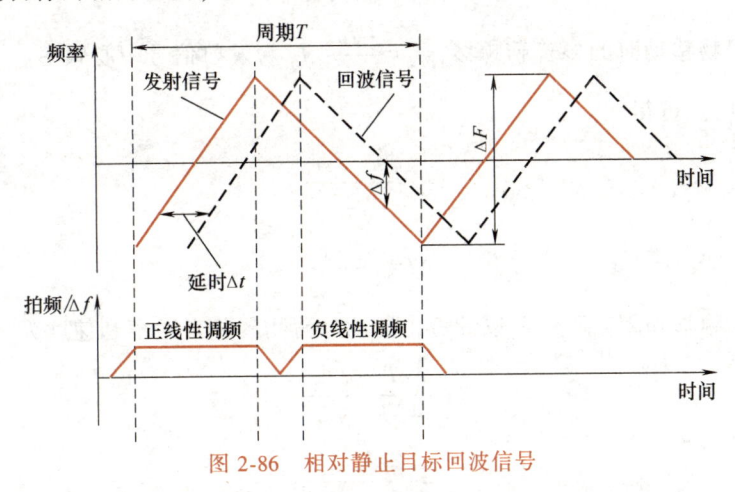

图 2-86 相对静止目标回波信号

Δf 是发射信号与回波信号的频率差，根据相似三角形判定定理得到

$$\frac{\Delta t}{\Delta f} = \frac{T}{2\Delta F} \tag{2-116}$$

式中，T 为扫频周期；ΔF 为调制带宽。

将 Δt 带入式（2-115），得到障碍物目标的距离为

$$d = \frac{cT}{4\Delta F}\Delta f \tag{2-117}$$

从式（2-117）可以看出，相对静止障碍物的目标距离由扫频周期 T、调制带宽 ΔF 和中频信号频率 Δf 计算得到。

当探测目标与雷达相对运动时，由于多普勒效应，回波信号产生多普勒频移现象，相对运动目标回波信号如图 2-87 所示。

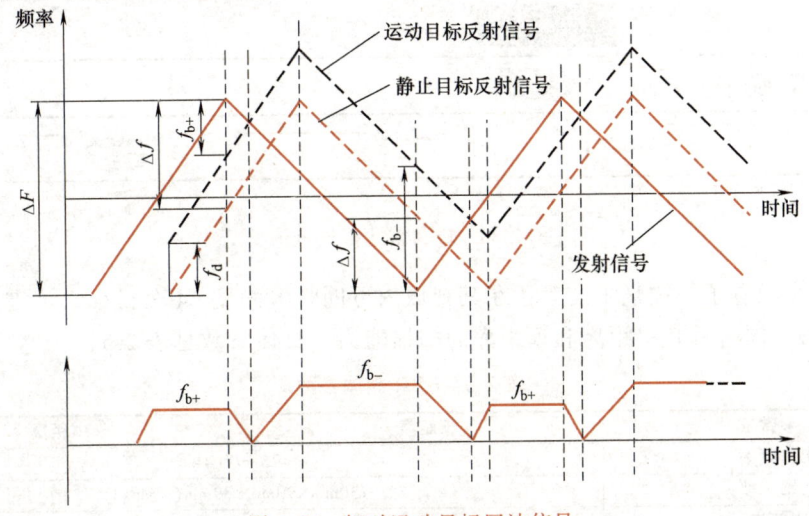

图 2-87 相对运动目标回波信号

混频后三角波上升沿和下降沿的中频频率可分别表示为

$$f_{b+} = \Delta f - f_d$$
$$f_{b-} = \Delta f + f_d \tag{2-118}$$

式中，f_d 是障碍物移动时的多普勒频移，$f_d = \dfrac{2vf_0}{c}$；f_0 为发射信号中心频率。

由式（2-118）可得

$$f_d = \frac{f_{b-} - f_{b+}}{2} \tag{2-119}$$

$$\Delta f = \frac{f_{b-} + f_{b+}}{2}$$

根据多普勒频移和距离公式可以计算出运动障碍物的相对距离和速度为

$$d = \frac{cT}{4\Delta F} \cdot \frac{f_{b-} + f_{b+}}{2} \tag{2-120}$$

$$v = \frac{c}{2f_0} \cdot \frac{f_{b-} - f_{b+}}{2} \tag{2-121}$$

从上面公式可以看出，在雷达调制信号周期和带宽确定的情况下，调制三角波的上升沿和下降沿中频频率 f_{b-} 和 f_{b+} 是计算运动障碍物相对距离和速度的关键。

3. 毫米波雷达选型

车载毫米波雷达主要有 24GHz 和 77GHz 两种频段雷达。24GHz 频段雷达属于中短距雷达（SSR），用于实现近距离障碍物检测，如盲区监测（BSD）、变道辅助（LCA）等功能；77GHz 频段雷达属于长距离雷达（LRR），最大探测距离可达 160m，常用于实现自动紧急制动（AEB）、自适应巡航（ACC）等功能。以 Delphi 76Hz ESR 毫米波雷达为例解释其指标性能。Delphi ESR 雷达提供中距离宽覆盖和长距离高分辨率两种检测模式，ESR 雷达探测范围如图 2-88 所示。

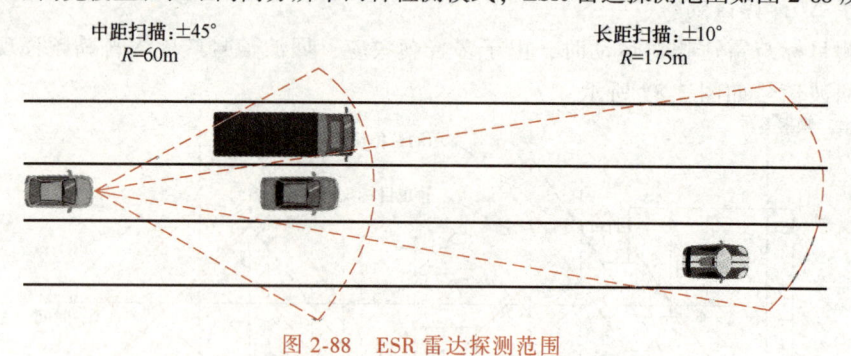

图 2-88 ESR 雷达探测范围

该 ESR 高频电子扫描毫米波雷达在其视域内可同时检测到 64 个目标。该雷达发射波段为 76~77GHz，同时具有中距离和远距离的扫描能力。具体参数见表 2-5。

表 2-5 ESR 具体参数

参数	长距离	中距离
工作频率	76~77GHz	
三维尺寸	130mm×90mm×39mm（w×h×d）	
刷新率	50ms	50ms

（续）

参数	长距离	中距离
可检测的目标数	通过长距离和中距离目标的合并，总共 64 个目标	
覆盖范围	250m	
检测距离	1~175m	1~60m
相对速度	-100~+25m/s	-100~+25m/s
水平视角	±10°	±45°
距离误差	±0.5m	±0.25m
相对速度误差	±0.12m/s	±0.12m/s
角度误差	±0.5°	±1°

2.2.5 激光雷达

相比传统雷达技术，激光雷达以它的高测量精度、精细的时间和空间分辨率以及大的探测距离而成为一种重要的主动遥感工具，不但能够精确测距，而且能够精确测速、精确跟踪，在民用、军用领域具有广阔的应用前景。

激光雷达 Lidar（Light Detection and Ranging）是一种主动式的现代光学遥感技术，是传统雷达技术与现代激光技术相结合的产物。激光具有高亮度性、高方向性、高单色性及高相干性等特点，因此激光雷达具有一系列独特的优点：角分辨率高、距离分辨率高、速度分辨率高、测速范围广、能获得目标的多种图像、抗干扰能力强，同时激光雷达的体积和重量都比微波雷达小，使用方便灵活，激光雷达是以激光束作为信息载体，可以用振幅、相位、频率及偏振来搭载信息的雷达，它不但能够精确测距，而且能够精确测速、精确跟踪，继微波雷达之后，激光雷达把辐射源的频率提高到光频段，比毫米波高出两到四个数量级，这使之能够探测微小自然目标，包括大气中的气溶胶。

1. 激光雷达测距原理

激光雷达是指以发射激光束来探测目标位置的雷达系统，其工作范围在红外和可见光波段。根据扫描机构的不同，激光雷达有二维和三维两种。它们中的大部分都是靠一个旋转的反射镜将激光发射出去，并通过测量发射光和物体表面反射光之间的时间差来测距，三维激光雷达的反射镜还附加一定范围内俯仰以达到面扫描的效果。

激光测距方式主要有三角法、干涉法和激光飞行时间（TOF）法。其中三角法和干涉法激光测距虽然精度很高，但是其一般应用于测量物体微小位移，在探测距离上受到很大限制，无法满足一般障碍物探测的范围要求。目前比较常用的激光测距方法为 TOF 法，按照激光调制信号的不同，激光 TOF 法主要可以分为：脉冲式激光测距和相位式激光测距。

（1）**三角法测距** 其原理是：激光信号以一定的入射角照射到被测物体表面后产生反射，反射光斑经过光学透镜成像在 CCD 传感器上。当被测物体沿激光方向发生移动时，CCD 上的光斑产生移动，可由光斑移动距离计算出被测物体与基线的距离值。由入射光、反射光构成一个三角形，基于三角关系，可计算出目标物体与雷达的距离值和相对方位角度值，其测距原理图如图 2-89 所示。

具体来看，激光雷达发射器先发射激光，经过物体反射后被 CCD（一种图像传感器）

捕捉，设捕捉点为 x_2。现过焦点 O 作一条虚线平行于入射光线，交图像传感器于 x_1，由于 β 已知，所以可得到的位置 x_1。记 x_1、x_2 之间距离为 x，易得左右两个三角形相似，所以有：$\dfrac{q}{f} = \dfrac{s}{x}$，又有 $\sin\beta = \dfrac{q}{d}$，二者联立可得 $d = \dfrac{sf}{x\sin\beta}$。

这样就可得到物体到激光发射器的距离 d 了，激光雷达将这样的发射器和接收器组装在一起，经过机械旋转 360° 即可得到一周障碍物的距离。

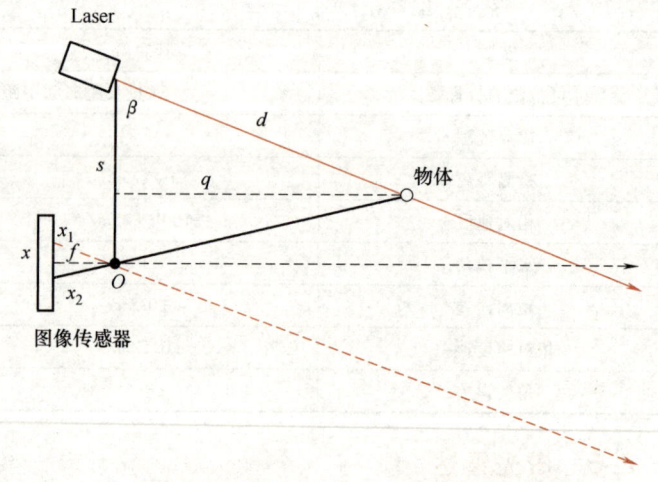

图 2-89 激光雷达三角法测距原理图

（2）**干涉法测距** 通过使用两束光（通常将一束光分为两束光），可在其叠加时形成干涉图。由于可见光的波长非常短，两束光的光路（传播距离）稍有不同就能被检测出来（因为这些差异会在干涉图上产生明显的变化）。

（3）**TOF 法测距** 激光发射器发射一个激光脉冲，并由计时器记录下发出的时间，回返光由接收器接收并记录下时间，两个时间相减，得到"飞行时间"，再由光速计算出距离。从原理上来讲，三角雷达在近距离下精度可以很高，但随着测量的物体越远，在 CCD 上的位置差别越小，角度差异越来越小，故三角雷达在标注精度时常采用百分比的标注法（如精度 1%），当测量值超过某一距离后，CCD 几乎无法分辨，因此不适合远距离测量。TOF 法采用脉冲激光采样，依赖飞行时间，时间精度并不会随着长度增加而变化，同时 TOF 法能严格控制视场以减少环境光的影响。相比三角测距法，TOF 法可以测量的距离更远，并且可以在长距离范围内保持较高精度。

1）脉冲式激光测距。脉冲式激光测距是指激光发射器发射脉冲激光束，经过分光镜分出一小部分激光作为计时开始信号触发计数器，其他大部分激光被发射向大气中的待测目标，反射后的回波光信号被接收系统接收，紧接着对此信号进行一系列信号调理，最终鉴别出停止时刻来终止计时，这样就得到了激光往返的时间差（Δt），根据式（2-122）即可计算出待测物的相对距离 D。

$$D = \dfrac{\Delta t}{2}c = \dfrac{T_{stop} - T_{start}}{2}c \tag{2-122}$$

式中，c 为光速；T_{start} 为起始时刻；T_{stop} 为计时终止时刻。

脉冲式激光测距特点是峰值功率高、测量范围大、实时性好并且抗光干扰能力强等，其测量原理如图 2-90 所示。

脉冲式激光测距系统主要包括控制器、发射机、接收机、光学系统等。影响脉冲

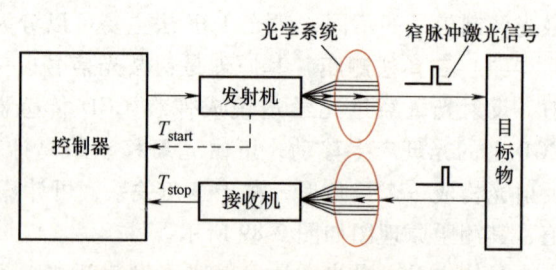

图 2-90 脉冲式激光测距测量原理图

式激光测距精度的因素主要分为系统误差和随机误差两种，其中系统误差包括大气折射率、系统时钟频率、电光误差等；大气折射率一般对远距离测量有较大影响，障碍物探测的距离一般较近，可以通过提高半导体激光发射器的峰值功率来减小这种影响。而随机误差大致分为前沿时刻鉴别误差、时间差测量误差、系统噪声等。一般在对精度要求不是很高的远距离测距系统中，测量误差主要取决于系统时钟频率，可以通过提高计数频率来减小测量误差。但是对于精度要求较高的近距离测距系统，不仅要考虑计数频率，同时还要对时刻鉴别、时间间隔测量等这些方法进行优化改进，提高距离测量精度。其中激光脉冲上升沿的陡峭程度决定了时刻鉴别的精度，上升沿越陡，测量精度越高。接收系统中，信号需要不失真的传输，就需要接收通道具有很大的带宽，但是带宽太大又会引入不必要的背景噪声信号，降低系统的信噪比（SNR），对有用回波信号的调理产生不利影响。因此，准确的时刻鉴别、高精度时间间隔测量以及合适的增益带宽决定了脉冲激光测距的测量精度。

2）相位式激光测距。相位式激光测距属于连续式激光测量的一种，相对于脉冲式激光测距具有更高的精度，市面上常用的手持式测距仪就是利用相位测距原理研制而成。相位式激光测距是利用特定调制频率信号对发射光的强度（幅度）进行调制，测量调制光往返一次产生的相位延迟，再根据调制信号的波长，换算此相位延迟所对应的距离。相位式激光测距示意图如图 2-91 所示。

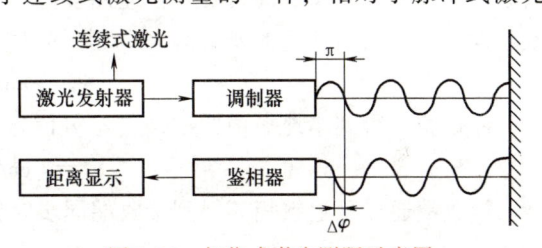

图 2-91　相位式激光测距示意图

相位式激光测距一般对工作在连续模式下的激光进行调制，通过相位差测量间接得到激光飞行时间，从而获得光源到待测物之间的距离 D，其距离测量的一般计算公式为

$$D=\frac{c}{2}t=\frac{c}{2}\frac{\Delta\varphi}{2\pi f}=\frac{c\Delta\varphi}{4\pi f} \qquad (2\text{-}123)$$

式中，t 为激光飞行的时间；$\Delta\varphi$ 为激光往返所产生的相位差；f 为调制频率。

在实际测量中，相位差 $\Delta\varphi=2\pi N_1+\Delta\varphi_1=2\pi(N_1+\Delta N_1)$，则式（2-123）可变为

$$D=\frac{\lambda}{2}(N_1+\Delta N_1) \qquad (2\text{-}124)$$

式中，λ 为调制波长，$\lambda=c/f$；N_1 和 $\Delta\varphi_1(\Delta N_1)$ 分别为相位移动中周期 2π 的整数部分和小数部分。

由于近代精密仪器技术和测相技术的发展，在测距方程式（2-124）中的 ΔN_1 是可以通过仪器精确测得的。但实际测量中整数部分 N_1 不是一个定值，并不能直接测量出来，从而会引起多值解问题。

一般相位测距中 $L=\lambda/2$ 称为光测尺长度，为调制波长的一半，决定了实际测量的最大测程，只有当所测实际距离 $D<L$ 时，整数部分 $N_1=0$，此时只需通过仪器测量小数部分 ΔN_1 即可得到唯一的距离值。而当 $D>L$ 时，容易产生多值解，只有通过降低调制频率 f 来增大测尺长度，这样可以使整数部分 N_1 降为 0 从而产生唯一解，但是调制频率（测尺频率）越低，测距误差越大，因此存在精度和测程之间的矛盾，一般实际测量时采用粗测尺和精测尺，分别测量低频和高频信号，两者结合即可得出正确的测量值。相位差测量误差可以间接造成测距误差，因此提高测相精度对于测量结果至关重要。而调制频率的大小直接影响相位

差测量时间，从而影响测量精度：频率越低，相位差测量精度越高，而为了实现较远距离测量，其调制信号频率一般很高。基于上述两方面原因，一般利用差频测相技术将高频调制信号转换为低频信号，保留了原相位信息，以便对其进行相位差测量，提高测量精度。如图2-92所示为差频测相原理图，主振荡器产生主振信号的同时，利用锁相环产生两路同主振信号频率相近的本振信号，经过混频电路（乘法器）分别和主振信号以及接收测距信号进行混频，通过LPF（低通滤波器）滤波得到对应的低频信号，将这两路低频信号分别送入测相单元，实现高精度相位差测量。

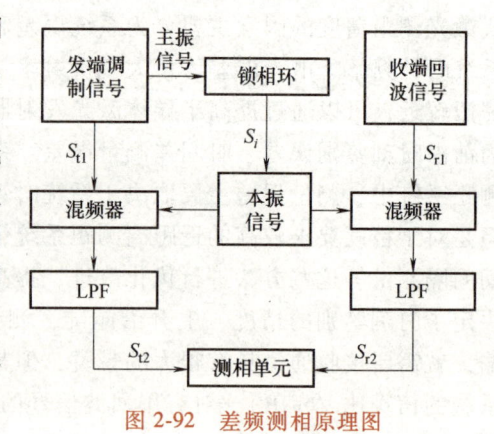

图2-92 差频测相原理图

设由主振荡器产生的发射端（调制码）时钟信号为

$$S_{t1} = A\cos\omega_s t + \varphi_s \tag{2-125}$$

经锁相环得到本地振荡器信号（本振信号）为

$$S_i = A(\cos\omega_i t + \varphi_i) \tag{2-126}$$

接收端通过延迟锁相环得到接收端同步时钟信号为

$$S_{r1} = A(\cos\omega_s t + \varphi_s + \Delta\varphi) \tag{2-127}$$

分别将信号 S_{t1} 和信号 S_{r1} 与本振信号 S_i 进行混频，经过低通滤波器获得的低频信号分别为

$$\begin{aligned} S_{t2} &= B\cos[(\omega_s - \omega_i)t + (\varphi_s - \varphi_i)] \\ S_{r2} &= B\cos[(\omega_s - \omega_i)t + (\varphi_s - \varphi_i) + \Delta\varphi] \end{aligned} \tag{2-128}$$

若式（2-128）中取 $w_i = 0.999w_s$，则差频信号 $w_c = w_s - w_i = w_s/1000$，即经过混频后极大地降低了调制信号频率，延长了测量周期，从而提高了测相精度。这样虽然可以实现远高于脉冲式激光测距的测量精度，但是利用差频测相延长了相位差测量周期，导致其测量速度远远慢于脉冲激光雷达，难以满足扫描式激光雷达实时性的探测要求。

2. 激光雷达成像原理

扫描式激光成像方法目前已经相当成熟，在地形测量、工程建设，汽车导航领域有着非常广泛的应用。它由单点激光测距配合快速光束扫描器件来实现对目标上各点距离信息的获取，再将这些距离信息与该点对应光束指向的方位角和俯仰角结合得到目标的距离-角度-角度图像（Rang-Angle-Angle），又称为三维图像。

扫描三维成像也被广泛地应用于汽车自动驾驶技术。为了提高扫描的速率，市面上的车载激光雷达往往采用发射激光阵列的形式进行扫描成像，这也被称为多线束成像。其中Velodyne公司以360°旋转的多线束激光雷达为主要产品，扫描线束达到了16线、32线以及64线，是机械旋转加多线扫描成像的典型代表，技术较为成熟。

扫描成像的激光雷达捕获的原始数据是三维点云，需要通过拼接才能生成可用的三维图像。点云数据的处理一般包括滤波去噪，简化压缩，拼接配准及三角网格化等。具体如下：

（1）滤波去噪 由于仪器本身问题，被测物体的运动或其他人为操作因素，扫描系得到的数据会包含较多的误差,这需要在数据处理过程中对其进行剔除,即去噪和滤波平滑处理,使能得到准确的点云测量数据。

(2) **简化压缩** 扫描得到的点云数据往往数据量极大,为了便于后续处理,提高计算效率,需要在不影响测量目标特征的情况下对其进行简化压缩。

(3) **拼接配准** 不同扫描仪所测得的点云坐标系各不相同,将其转换到同一坐标系下就是点云配准,其实质就是求点云之间的旋转平移矩阵,即将源点云变换到目标点云相同的坐标系下。

(4) **三角网格化** 由于扫描得到的点云是散乱无序的点云,它不包含几何拓扑关系。为了实现点云数据后期的渲染显示,需要对其进行三角网格化,即建立拓扑关系,以保证曲面重建的正常进行。

综上,点云数据处理常规流程一般如图2-93所示。

原始点云 → 滤波去噪 → 简化压缩 → 拼接配准 → 三角网格化

图 2-93 点云数据处理常规流程图

为了克服单点扫描成像激光雷达系统成像速度慢的缺点,扫描成像激光雷达逐渐从单点扫描向小面阵扫描和线阵推扫式成像过渡。而且,为了减小系统体积、重量、功耗,扫描成像激光雷达系统的探测器也逐渐由线性探测器向灵敏度更高的光子计数探测器过渡。

除了以上提及的扫描成像,面阵式激光成像是一种更为快速的成像方式。相比于扫描式激光成像需要逐点扫描测距的方式,面阵式激光成像仅需发射一次激光脉冲即可以得到一整幅三维图像。如果把扫描成像的方式比作用手指摸索目标全貌,那么面阵成像就像是用巨大的手掌直接覆盖目标。同时,因为没有扫描结构,所以面阵式系统整机结构更加紧凑,体积更小。按照探测器的不同,面阵三维成像大致可以分为:APD阵列和CCD相机两种探测方式。

APD阵列的每个像元都是一个单点激光测距的单元,它能够直接给出与其对应的距离信息。20世纪90年代后期,美国麻省理工学院林肯实验室(MIT/LL)用盖格模式下的雪崩光电二极管焦平面阵列(GM-APDFPAs)作为面阵三维成像激光雷达的探测器,其阵列的规模日益增大,从4×4、8×8到128×32乃至256×256。2003年MIT/LL对地面目标进行了机载三维成像试验和机载植被穿透实验,实验表明采用焦平面探测器的面阵式三维成像激光雷达可以快速获取目标三维图像,有效地识别林中隐蔽的坦克,如图2-94所示。

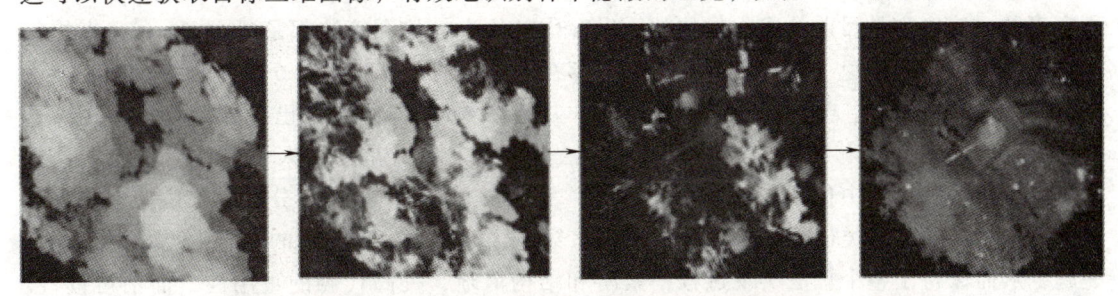

图 2-94 基于APD阵列的三维成像激光雷达对密林中隐蔽坦克进行探测

2018年,中国科学院光电技术研究所提出了基于偏振调制的激光三维成像方法,利用EMCCD相机作为探测器,提高了系统的探测灵敏度。同时,利用偏振调制技术从EMCCD

拍摄图像的灰度信息得到脉冲飞行的时间，从而实现距离测量。该系统仅需发射一次脉冲即可获得一幅三维图像，因而可以用于高速运动平台或高动态目标的三维成像，其偏振三维成像如图 2-95 所示。

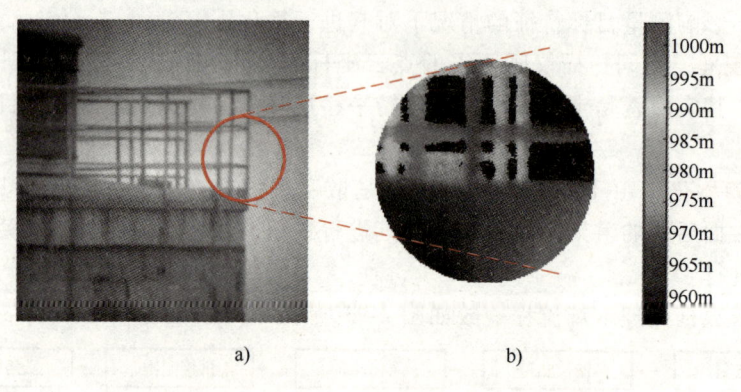

图 2-95　中科院光电所研制的偏振三维成像
a）灰度图像　b）距离图像

面阵三维成像虽然成像速度快，不需要扫描结构，但是它将系统接收的回波功率平均分布到每个探测像元上，探测像元越多，分散到每个像元上的回波功率就越低，因此面阵成像系统的测距范围远小于单点扫描测距系统，一般仅适用于较近距离的成像探测。

3. 激光雷达点云库（Point Clouds Library，PCL）

点云库（PCL）是用于 2D/3D 图像和点云处理的大规模开放项目。PCL 框架包含众多最新算法，包括过滤、特征估计、表面重建、配准、模型拟合及分段。这些算法可用于，如从嘈杂的数据中过滤离群值，将 3D 点云缝合在一起，分割场景的相关部分，提取关键点并计算描述符以根据物体的几何外观识别世界上的物体，并从中创建表面点云并将其可视化。

PCL 架构图如图 2-96 所示，对于 3D 点云处理来说，PCL 完全是一个模块化的现代 C++ 模板库。其基于以下第三方库：Boost、Eigen、FLANN、VTK、CUDA、OpenNI 及 QHull 等，实现点云相关的获取、滤波、分割、配准、检索、特征提取、识别、追踪、曲面重建、可视化等。PCL 利用 OpenMP、GPU、CUDA 等先进高性能计算技术，通过并行化提高程序实时性。K 近邻搜索操作的构架是基于 FLANN（Fast Library for Approximate Nearest Neighbors）所实现的，速度也是目前技术中最快的。PCL 中的所有模块和算法都是通过 Boost 共享指针来传送数据，因而避免了多次复制系统中已存在的数据的需要，从 0.6 版本开始，PCL 就已经被移入到 Windows、Mac OS 和 Linux 系统，并且在 Android 系统也已经开始投入使用，这使得 PCL 的应用容易移植与多方发布。从算法的角度，PCL 是指纳入了多种操作点云数据的三维处理算法，其中包括过滤、特征估计、表面重建、模型拟合和分割、定位搜索等。每一套算法都是通过基类进行划分的，试图把贯穿整个流水线处理技术的所有常见功能整合在一起，从而保持了整个算法实现过程中紧凑和结构清晰，提高代码的重用性、简洁可读性。在 PCL 中一个处理管道的基本接口程序如下：

1）创建处理对象，如过滤、特征估计、分割等。
2）使用 setInputCloud 通过输入点云数据，处理模块。

第2章 智能网联汽车传感器技术

[PCL架构图]

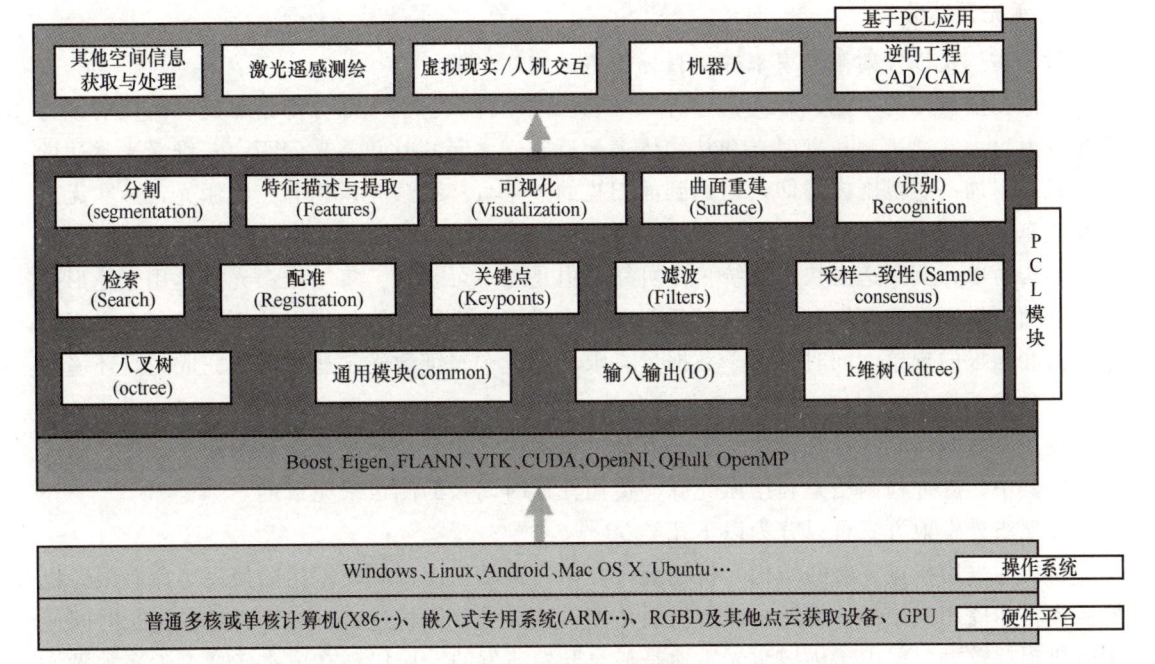

图2-96 PCL架构图

3）设置算法相关参数。

4）调用计算（或过滤、分割等）得到输出。

为了进一步简化和开发，PCL被分成一系列较小的代码库，使其模块化，以便能够单独编译使用提高可配置性，特别适用于嵌入式处理中：

1）libpclfilters：如采样、去除离群点、特征提取、拟合估计等数据实现过滤器。

2）libpclfeatures：实现多种三维特征，如曲面法线、曲率、边界点估计、矩不变量、主曲率，PFH和FPFH特征，旋转图像、积分图像，NARF描述子，RIFT，相对标准偏差，数据强度的筛选等。

3）libpclI/O：实现数据的输入和输出操作，如点云数据文件（PCD）的读/写。

4）libpclsegmentation：实现聚类提取，如通过采样一致性方法对一系列参数模型（如平面、柱面、球面、直线等）进行模型拟合点云分割提取，提取多边形棱镜内部点云等。

5）libpclsurface：实现表面重建技术，如网格重建、凸包重建、移动最小二乘法平滑等。

6）libpclregister：实现点云配准方法，如ICP等。

7）libpclkeypoints：实现不同的关键点的提取方法，这可以用来作为预处理步骤，决定在哪儿提取特征描述符。

8）libpclrange：实现支持不同点云数据集生成的范围图像。

为了保证PCL中操作的正确性，上述提到的库中的方法和类包含了单位和回归测试。这套单元测试通常都是由专门的构建部门按需求进行编译和验证。当某一部分测试失败时，这些特定部分的各自作者就会立即被告知。这彻底地保证了代码测试过程出现的任何变故，以及新功能或修改都不会破坏PCL中已经存在的代码。

4. 激光雷达分类

激光雷达是以发射激光束来探测目标位置的雷达系统。

按照扫描机构的不同，激光雷达有二维和三维两种。它们大部分都是靠旋转的反射镜将激光发射出去并通过测量发射光和从物体表面反射光之间的时间差来测距。三维激光雷达的反射镜还附加一定范围内俯仰，以达到面扫描的效果。二维激光雷达和三维激光雷达在无人驾驶汽车上得到了广泛应用。与三维激光测距雷达相比，二维激光雷达只在一个平面上扫描，结构简单，测距速度快，系统稳定可靠；但是也不可否认，将二维激光雷达用于地形复杂、路面高低不平的环境时，由于其只能在一个平面上进行单线扫描，故不可避免会出现数据失真和虚报的现象。同时，由于数据量有限，用单个二维激光雷达也无法完成越野环境下的地形重建工作。

按照测量时间差的计算方法，主要有脉冲检测法、相干检测法和相移检测法3种不同的方法。其中，脉冲检测法是利用激光脉冲传播往返时间差的测量来完成的。

按照激光发射方式可以分为以下几类：

传统的采用机械旋转的结构，机械旋转容易导致磨损使得激光雷达的使用寿命有限。机械激光雷达使用机械部件旋转来改变发射角度，这样导致体积过大，加工困难，且长时间使用电机损耗较大。但由于机械激光雷达是最早开始研发的，所以现在成本较低，大多数无人驾驶公司使用的都是机械激光雷达。

固态激光雷达主要有三类——Flash 激光雷达、MEMS 激光雷达和激光雷达相控阵。

其中 Flash 激光雷达原理非常简单：在短时间内发射出一大片覆盖探测区域的激光，再以高度灵敏的接收器，来完成对环境周围图像的绘制。只要有光源，就能用脉冲一次覆盖整个视场。随后再用飞行时（ToF）方法接收相关数据并绘制出激光雷达周围的目标。

MEMS（Micro-Electro-Mechanical System）激光雷达是将原本激光雷达的机械结构通过微电子技术集成到硅基芯片上。本质上而言 MEMS 激光雷达是一种混合固态激光雷达，并没有做到完全取消机械结构。

MEMS 激光雷达结构简单，只要一束激光和一块反光镜。主要原理为：激光射向这块类似陀螺一样旋转的反光镜，反光镜通过转动，可以实现对激光方向的控制。

相控阵激光雷达：光学相控阵原理类似干涉，通过改变发射阵列中每个单元的相位差，合成特定方向的光束。相控阵激光雷达利用独立天线同步形成的微阵列，相控阵可以向任何方向发送无线电波，完全省略了"旋转"这一步骤，只需控制每个天线发送信号间的时机或阵列，就能控制信号射向特定位置。具体来说，通过 MEMS 把机械结构集成到体积较小的硅基芯片上，并且内部有可旋转的 MEMS 微振镜，通过微振镜改变单个发射器的发射角度，从而达到不用旋转外部结构就能扫描的效果。

经过这样的控制，光束便可对不同方向进行扫描。雷达精度可以做到毫米级，且顺应了未来激光雷达固态化、小型化和低成本化的趋势，但难点在于如何把单位时间内测量的点云数据提高以及投入成本巨大等问题。

（1）二维激光雷达 二维激光雷达传感器的作用主要用于检测无人车周围存在的障碍物，它往往同三维激光雷达一起配合起来进行准确地感知无人车行驶道路环境中障碍物的分布情况，三维激光雷达由于安装的高度及其特殊的扫描工作情况，会使得在无人车周围一小区域存在感知的盲区，这个问题可以通过搭配二维激光雷达辅助检测来解决。本文所介绍的中科院合肥物质科学研究院开发的"智能先锋"系列无人车系统采用的是 SICK-LMS511 激光雷达。SICKLMS511 激光雷达是一种二维激光雷达，如图 2-97 所示。

SICKLMS511 激光雷达根据扫描区域内各个点与自身的相对位置，并采用极坐标方式表示返回的测量值，测量值包括被测物体与 SICKLMS511 中心之间的距离及被测物体在扫描仪坐标系下的角度。SICKLMS511 激光雷达可以设置多种角度分辨率和扫描频率，它输出的每个光束的测量距离表达方式与所设置的角度分辨率及扫描频率有关。SICKLMS511 激光雷达通过参数设置可以选择多种不同的

图 2-97　SICKLMS511 激光雷达

数据传输方式，包括网络连接端口及 USB 串口等。为了能够实时地获取 SICKLMS511 激光雷达的数据，通常采用网络接口的传输方式。采用网络接口传输方式连接上位机与 SICK-LMS511 激光雷达，第一步需要在上位机与 SICKLMS511 激光雷达之间建立 TCP/IP 连接，由上位机向 SICKLMS511 激光雷达发送扫描请求，然后 SICKLMS511 激光雷达通过网络接口按设定频率发送数据包。对 SICKLMS511 激光雷达进行操作需要遵照一系列的操作顺序，包括 IP 地址登录、设置扫描频率和角度分辨率、保存参数、登出及创建扫描请求等。这些操作都是通过向 SICKLMS511 激光雷达发送指令完成的。SICKLMS511 激光雷达报文采用的是 ASCII 码形式。进行数据处理前，需要把 ASCII 码数据表达转化为二进制数据表达。根据 SICKLMS511 激光雷达的配置参数，在不同的应用场合可以进行不同的参数设置。根据无人车在道路环境的应用情况，"智能先锋"系列无人车 SICKLMS511 激光雷达扫描视角范围设置为 5°~185°的视角，角分辨率为 0.25°，一帧扫描数据为 761 个。SICKLMS511 激光雷达输出的数据为极坐标系下的被测物体与激光雷达中心之间的距离及被测物体在激光雷达坐标系下的角度，可以用公式表示为

$$H=(\rho,\theta) \tag{2-129}$$

式中，ρ 是被测物体与 SICKLMS511 中心之间的距离值；θ 是被测物体在扫描仪坐标系下的角度。

为方便使用，需要将测量结果从极坐标系下表示的参数转换到笛卡儿坐标系下的参数表示方法 (x,y)。其中，x 为笛卡儿坐标系下的横坐标值，y 为纵坐标值。转换方法如式（2-130）所示。

$$\begin{cases} x=\rho\cos\theta \\ y=\rho\sin\theta \end{cases} \tag{2-130}$$

（2）三维激光雷达　三维激光是由多个单线激光组成。除具有单线激光的优点外，还能精确地获得周围环境的三维信息，因此，利用三维激光雷达检测道路能获得更全面的信息数据。由于 Velodyne 是最早开发三维激光雷达且技术较为先进的公司，现有无人车系统常采用 Velodyne 的 HDL-64ES2 三维激光雷达，如图 2-98 所示。

Velodyne 的 HDL-64ES2 三维激光雷达是目前无人车系统中使用最广泛的传感器之一，无论是国外的无人车，如 Google 无人车等，还是国内科研机构所研发的无人车系统，如中

科院合肥物质科学研究院及军事交通学院等研发的无人车上都有广泛的应用。Velodyne 的 HDL-64ES2 三维激光雷达由上下两组各 32 条扫描线组成，每条扫描线有一个固定的俯仰角，通过旋转扫描的方式来获取数据，感知无人车周围的道路环境。在激光雷达上下各有一个激光接收器镜面，Velodyne 的 HDL-64ES2 三维激光雷达结构图如图 2-99 所示。

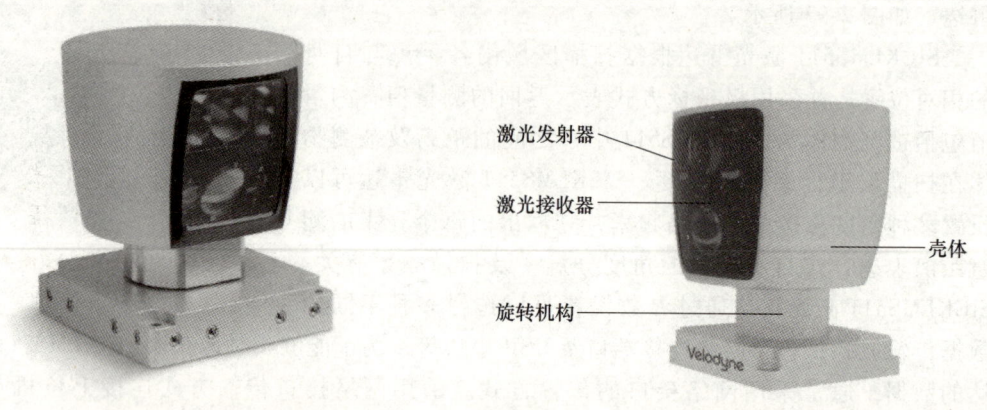

图 2-98　Velodyne 的 HDL-64ES2 三维激光雷达　　图 2-99　Velodyne 的 HDL-64ES2 三维激光雷达结构

Velodyne 的 HDL-64ES2 三维激光雷达由于激光发射装置与激光接收装置被安排在一个旋转电机上，所以在水平方向的可视范围可以达到 360°。除了恶劣天气，如雨天和雾天等，其他条件的环境下都可以正常使用，Velodyne 的 HDL-64ES2 三维激光雷达各项关键性能指标见表 2-6。

表 2-6　Velodyne 的 HDL-64ES2 三维激光雷达性能指标

激光发射器、接收器数目	64	扫描频率	5~20Hz
水平扫描范围	360°	最远检测距离	120m
垂直扫描范围	26.8°	测量精度	1.5cm
角度分辨率	0.09°	数据量	每秒 133 万个三维点数据

Velodyne 的 HDL-64ES2 三维激光雷达的水平旋转角度分辨率跟工作的频率有关。当 Velodyne 的 HDL-64ES2 工作频率在 10Hz 情况下，水平旋转角度分辨率是 0.1728°。当工作频率是 5Hz 时，水平旋转角度分辨率为 0.0864°。具体角度分辨率数据见表 2-7。并且当扫描目标物体距离不同时，Velodyne 的 HDL-64ES2 水平分辨率也不相同。

表 2-7　Velodyne 的 HDL-64ES2 三维激光雷达不同频率下的角度分辨率

旋转频率/Hz	数据点数/每转	数据点数/每根射线每转	角度分辨率/(°)
5	266624	4166	0.0864
10	133312	2083	0.1728
15	88896	1389	0.2591

Velodyne 的 HDL-64ES2 在无人车上的安装位置和位姿会影响检测范围。应尽可能地减少遮挡面积，以便增加 Velodyne 的 HDL-64ES2 三维激光雷达的探测范围。

5. 激光雷达技术指标

激光雷达的主要性能参数有激光的波长、探测距离、FOV（垂直+水平）、测距精度、角分辨率、出点数、线束、安全等级、输出参数、IP 防护等级、功率、供电电压、激光发射方式（机械/固态）、使用寿命等。激光雷达的优势非常明显，其探测的范围更广，且精度更高。但是在极端天气或者烟雾环境下性能大大降低，而且由于其数据采集量大，价格也非常贵。

(1) 激光的波长　目前市场上三维成像激光雷达最常用的波长是 905nm 和 1550nm。1550nm 波长 LiDAR 传感器可以以更高的功率运行，以提高探测范围，同时对于雨雾的穿透力更强。905nm 波长的主要优点是硅在该波长处吸收光子，而硅基光电探测器通常比探测 1550nm 光所需的铟镓砷（In Ga As）近红外探测器便宜。扫描频率表示一秒内雷达进行多少次扫描。扫描频率越大，设备对外界环境的感知的速度越快，系统实时性可以更高。

(2) 安全等级　激光雷达的安全等级是否满足 Class1，需要考虑特定波长的激光产品在完全工作时间内的激光输出功率，即激光辐射的安全性是波长、输出功率和激光辐射时间综合作用的结果。

(3) 探测距离　激光雷达的测距与目标的反射率相关。目标的反射率越高则测量的距离越远，目标的反射率越低则测量的距离越近。因此在查看激光雷达的探测距离时要知道该测量距离是目标反射率为多少时的探测距离。

(4) FOV　激光雷达的视场角有水平视场角和垂直视场角。如果是机械旋转激光雷达，则其水平视场角为 360°。

(5) 角分辨率　一个是垂直分辨率，另一个是水平分辨率。水平方向上做到高分辨率其实不难，因为水平方向上是由电机带动的，所以水平分辨率可以做得很高。一般可以做到 0.01°级别。垂直分辨率是与发射器几何大小相关，也与其排布有关系，就是相邻两个发射器间隔做得越小，垂直分辨率也就会越小。垂直分辨率为 0.1°~1°的级别。

(6) 出点数　每秒激光雷达发射的激光点数。激光雷达的点数一般从几万点至几十万点每秒左右。

(7) 线束　多线激光雷达，就是通过多个激光发射器在垂直方向上的分布，通过电机的旋转形成多条线束的扫描。多少线的激光雷达合适，主要是说多少线的激光雷达扫出来的物体能够适合算法的需求。理论上讲，当然是线束越多、越密，对环境描述就更加充分，这样还可以降低算法的要求。常见的激光雷达的线束有：16 线、32 线、64 线等。

(8) 输出参数　障碍物的位置（三维）、速度（三维）、方向、时间戳（某些激光雷达有）、反射率。

(9) 使用寿命　机械旋转的激光雷达的使用寿命一般在几千小时；固态激光雷达的使用寿命可高达 10 万 h。

2.2.6　超声波雷达

超声波是指振动频率在 20kHz 以上的机械波。超声波穿透性较强，具有一定的方向性，传输过程中衰减较小，反射能力较强。超声波雷达一般由超声波发射器、接收器和信号处理装置三大部分组成。

常用探头的工作频率有 40kHz、48kHz 和 58kHz 三种。一般来说，频率越高，灵敏度越高，但水平与垂直方向的探测角度就越小，故一般采用 40kHz 的探头。超声波雷达防水、防尘，即使有少量的泥沙遮挡也不影响。探测范围在 0.1~3m 之间，而且精度较高，因此非常适合应用于泊车。

常见的超声波雷达有两种。第一种是安装在汽车前后保险杠上的，也就是用于测量汽车前后障碍物的倒车雷达，这种雷达业内称为 UPA；第二种是安装在汽车侧面的，用于测量侧方障碍物距离的超声波雷达，业内称为 APA。UPA 和 APA 的探测范围和探测区域都相同。

UPA 超声波雷达的探测距离一般在 15～250cm 之间，主要用于测量汽车前后方的障碍物。APA 超声波雷达的探测距离一般在 30～500cm 之间。APA 的探测范围更远，因此相比于 UPA 成本更高，功率也更大。APA 的探测距离优势让它不仅能够检测左右侧的障碍物，而且还能根据超声波雷达返回的数据判断停车库位是否存在。

1. 超声波雷达工作原理

超声波雷达的工作原理是通过超声波发射装置向外发出超声波，到通过接收器接收到发送过来超声波时的时间差来测算距离。

超声波作为一种特殊的声波，同样具有声波传输的基本物理特性，超声波测距就是利用其反射特性来工作的。超声波发射器不断发出一系列连续的脉冲（比如 40kHz 的超声波），并给测量逻辑电路提供一个短脉冲。超声波接收器则在接收到所发射超声波遇障碍物反射回来的反射波后，也向测量逻辑电路提供一个短脉冲，再利用双稳电路把上述两个短脉冲转化为一个方波脉冲。方波脉冲的宽度即为两个短脉冲之间的时间间隔。测量这个方波脉冲宽度就可以确定发射器与探测物之间的距离。根据测量出输出脉冲的宽度，即测得发射超声波与接收超声波的时间间隔，从而就可求出汽车与障碍物之间的距离 s，即

$$s = \frac{1}{2}vt \tag{2-131}$$

式中，v 是超声波音速；由于超声波也是声波，故 v 为声速；t 为时间。

超声波雷达原理简单，制作方便，成本比较低。但其作为高速行驶车辆上的测距传感仪不可取，主要有两个方面的原因：一是超声波的速度受外界环境变化影响较大。在不同的温度下，声速是不同的，在-30～30℃ 范围内，声速变化为 313～349m/s；而且声速随雨、雾、雪等天气的变化而变化，不能精确测距。二是由于超声波能量是与距离的二次方成正比而衰减的。故距离越远，反射回的超声波越少，灵敏度下降很快，从而使得超声波测距方式只适用于较短距离。目前国内外一般的超声波雷达理想测量距离为 4～5m，因此一般只能用于汽车倒车防撞系统上。

超声波的能量消耗较缓慢，在介质中传播的距离比较远，穿透性强，测距的方法简单，成本低。但是它在速度很高情况下测量距离有一定的局限性，这是因为超声波的传输速度容易受天气情况的影响，在不同的天气情况下，超声波的传输速度不同，而且传播速度较慢，当汽车高速行驶时，使用超声波测距无法跟上汽车的车距实时变化，误差较大。另一方面，超声波散射角大，方向性较差，在测量较远距离的目标时，其回波信号会比较弱，影响测量精度。但是，在短距离测量中，超声波测距传感器具有非常大的优势。

2. 超声波雷达技术指标

1）测量距离。其取决于其使用的波长和频率；波长越长，频率越小，测量距离越大。测量汽车前后障碍物的短距超声波雷达测量距离一般为 0.15～2.50m；安装在汽车侧面、用于测量侧方障碍物距离的长距超声波雷达测量距离一般为 0.30～5.0m。

2）测量精度。指传感器测量值与真实值的偏差。超声波雷达测量精度主要受被测物体

体积、表面形状、表面材料等影响。测量精度越高，感知信息越可靠。测量精度要求在±10cm以内。

3）探测角度。包含水平视场角和垂直视场角。

4）工作频率。发射频率要求是（40±2）kHz，这样传感器方向性尖锐，且避开了噪声，提高了信噪比。

5）工作温度。由于超声波雷达应用广泛，有的应用场景要求温度很高，有的应用场景要求温度很低，因此，超声波雷达必须满足工作温度的要求。工作温度一般要求-30~80℃。

2.3 新能源汽车传感器

2.3.1 新能源汽车传感器在汽车中的应用

新能源汽车与燃油汽车相比，其动力结构有较大幅度的改变。首先，新能源汽车由电动机取代了内燃机，因此去掉内燃机机械部分工作状态监测的传感器，如曲轴位置传感器、凸轮轴位置传感器、机油传感器、爆燃传感器、缸内压力与温度传感器等；还去掉了内燃机进气与排气部分监测传感器，如空气流量传感器、进气歧管温度与压力传感器、节气门位置传感器、氧传感器、NO_x传感器、涡轮压力传感器等。其次，新能源汽车中电池或氢燃料取代了燃油，因此去掉了燃油液位传感器、喷油管压力传感器、燃油品质监测传感器等。新能源汽车的底盘部分、车身部分、驾驶辅助部分与燃油汽车差别不大，但是新能源尤其是电动汽车在传感器上面的应用范围不断扩大。

新能源汽车与燃油汽车相比，增加了电机及驱动器、电池箱和氢燃料电池，这些关键设备都需要传感器来检测其工作状态。因此，新增了电机及驱动器部分传感器，如电机转速传感器、电机转矩传感器等；新增了电池管理系统传感器，如电池温度传感器、电流传感器、电压传感器等；对于氢燃料电池则增加了氢传感器等，燃油汽车与电动汽车传感器应用系统对比如图2-100所示。

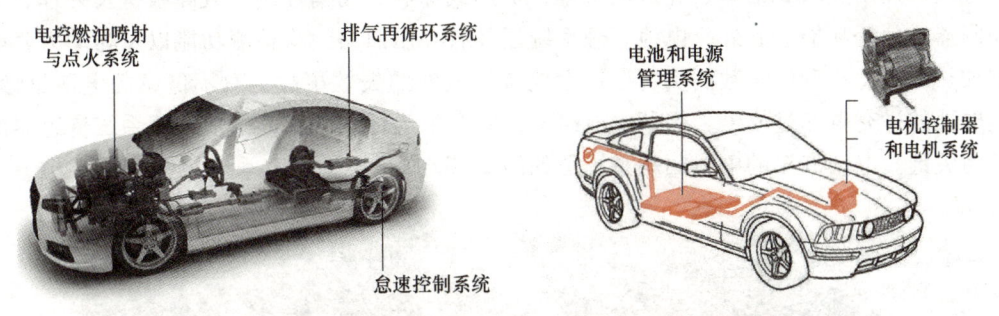

图2-100 燃油汽车与电动汽车传感器应用系统对比图

2.3.2 新能源汽车传感器的系统组成

对于电动汽车来说，其传感器监测的关键部位在于电池系统和电机系统。其中电池作为能量的储存单元要确保在工作时处于安全的温度范围内，在充放电时，电流、电压均在合理阈值内，所以绝大多数的电池系统都会配有电池温度传感器、电池电流传感器和电池电压传感器。电机作为能量的输出单元要确保电机在工作时输出期望转矩和转速,所以需要配备电机转矩传感器和电机转速传感器。

氢燃料电池汽车因为其独有的氢燃料电池系统,需要对氢气的纯度、气压等参数进行精确监测,氢传感器对于氢燃料电池汽车来说至关重要。新能源汽车传感器的系统组成如图 2-101 所示。

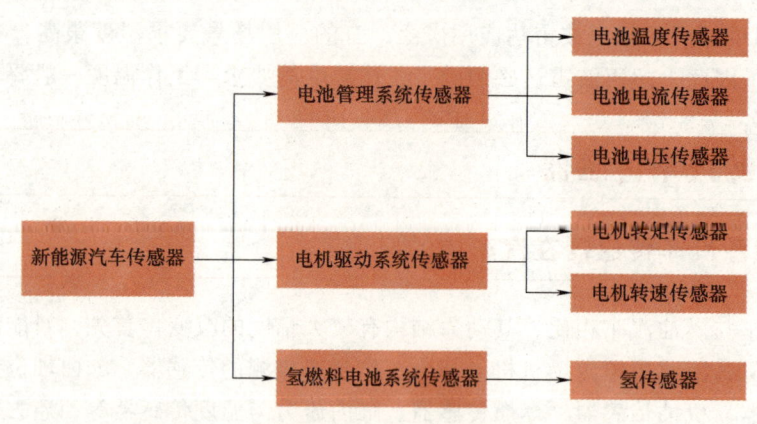

图 2-101　新能源汽车传感器的系统组成图

2.3.3　电池管理系统传感器

电动汽车的动力装置是由单元电池组构成,也就是动力蓄电池,而动力蓄电池与储能电池的区别是,动力蓄电池需要提供较大的放电电流,而且其工作时电流波动很大,具有峰谷效应,因此电动汽车的电池管理系统需要实时采集与电池状态相关的参数(包括电压、电流、温度等)从而对电池的状态进行准确估计。电池管理系统(BMS)俗称为电池保姆或电池管家,主要就是为了智能化管理及维护各个电池模组,监测电池的状态,通过温度、电流、电压等监测实现对动力蓄电池系统的过电压、欠电压、过电流、过高温和过低温保护,实现继电器控制、SOC 估算、充放电管理、加热或保温、均衡控制、故障报警及处理、与其他控制器通信等功能。此外,电池管理系统还具有高压回路绝缘检测功能以及为动力蓄电池系统加热功能。正确的参数测量可以极大地减少电池的失效事故,对不健康的电池早诊断,防止电池的过充电和过放电,保证电池组全面安全地运行。因此,电池管理系统传感器的使用尤为关键。电动汽车的电池驱动系统图如图 2-102 所示。

图 2-102　电动汽车的电池驱动系统图

1. 电池温度传感器

温度传感器是指汽车在运行过程中需要对不同的温度进行适应，然后结合具体的信号，传递给计算机系统。温度传感器可以保证信息的传递，促使车的稳步运行。传统汽车的温度传感器的应用是为了检测汽车上发动机的温度，可以进行及时的监测和调节。汽车运行过程中温度传感器是使用次数最多的一种传感器，其所安装的位置也是不同的。

作为纯电动汽车中的能源，同时也是电动汽车的核心部位，动力蓄电池对于电动汽车来说具有重要的作用。温度是影响着电池剩余寿命的因素，在蓄电池使用过程中，为了保持最佳状态，需要实时对于电池的荷电状态进行把握。尤其是精算到电池单体温度，要考虑到电池系统和温度测量的准确性，电动蓄电池系统具体使用过程中，要对于具体温度进行测量。为了使蓄电池处在最佳的工作状态并且随时把握好电池的荷电状态，需要一种抗干扰能力强、测量精度高的温度传感器。

温度检测是为了实时动态监测电动汽车动力蓄电池组运行过程中的温度。通常温度可通过热敏电阻器和集成的数字温度传感器来检测，热敏电阻器是对温度极为敏感的一种器件，一般可由单晶、多晶、玻璃以及塑料等半导体材料制成。电池管理系统中的温度传感器实物如图2-103所示。

温度传感器可根据温度变化对电阻器影响的趋势将热敏电阻器分为正温度系数电阻器（PTC）和负温度系数电阻器（NTC）。PTC与NTC的不同之处在于，PTC是一种随着温度升高电阻值增大的器件，而NTC是一种随着温度升高电阻值减小的器件。PTC与NTC温度电阻曲线如图2-104所示。

图2-103 电池管理系统中的温度传感器实物图

从热敏元件的电阻值变为ECU可识别的信号需要测量电路，一般温度传感器系统的测量电路大致分为电阻分压式电路和电阻桥式电路两种，具体电路结构及电路测量原理方程式如图2-105和图2-106所示。

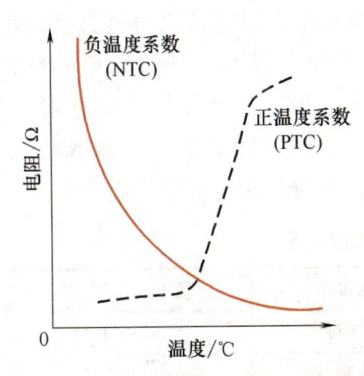

图2-104 PTC与NTC温度电阻曲线图

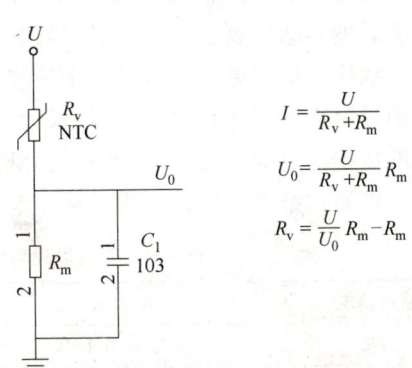

$$I = \frac{U}{R_v + R_m}$$

$$U_0 = \frac{U}{R_v + R_m} R_m$$

$$R_v = \frac{U}{U_0} R_m - R_m$$

图2-105 电阻分压式测量电路图及测量原理方程式

温度传感器器件主要用于实现电池单体温度的准确测量。尽量使用一些单片机端口的资源，合理地利用软硬件，确保工作的实施，系统工作时对于总线器件温度值要及时进行确定。NTC电池温度传感器测量数据见表2-8。

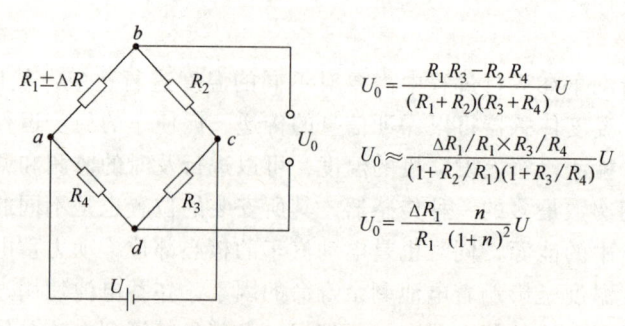

$$U_0 = \frac{R_1 R_3 - R_2 R_4}{(R_1+R_2)(R_3+R_4)} U$$

$$U_0 \approx \frac{\Delta R_1 / R_1 \times R_3 / R_4}{(1+R_2/R_1)(1+R_3/R_4)} U$$

$$U_0 = \frac{\Delta R_1}{R_1} \frac{n}{(1+n)^2} U$$

图 2-106 电阻桥式测量电路图及测量原理方程式

表 2-8 NTC 电池温度传感器测量数据表

序号	25℃阻值 /kΩ	85℃阻值 /kΩ	B 值 25/85 /K	耐压 2500V/60S/3mA	绝缘 DC100V /MΩ	环境时间常数 /s	耗散系数 /(mW/℃)	U/V	I/mA
1	9.97	1.46	3421.89	pass	pass	4~5	2.79	15.59	10.72
2	10.03	1.46	3429.83	pass	pass	4~5	2.68	15.34	10.50
3	10.03	1.47	3422.11	pass	pass	4~5	2.90	15.87	10.96
4	9.99	1.46	3423.02	pass	pass	4~5	2.80	15.66	10.72
5	10.01	1.46	3428.11	pass	pass	4~5	2.88	15.77	10.96
6	10.05	1.46	3429.30	pass	pass	4~5	2.82	15.70	10.77
7	10.03	1.47	3422.35	pass	pass	4~5	2.78	15.57	10.72
8	10.07	1.47	3420.36	pass	pass	4~5	2.79	15.61	10.72
9	10.05	1.47	3424.41	pass	pass	4~5	2.92	15.91	11.00
10	10.05	1.46	3428.18	pass	pass	4~5	2.78	15.55	10.72

通过 ADC 对热敏电阻两端电压进行采集，并根据热敏电阻阻值与温度对应的关系将电压值转换为温度值。热敏电阻器响应速度快、时滞低、价格便宜，但热敏电阻阻值随温度变化关系的线性度差、电阻值的一致性很差，不易相互替换，而且器件也容易老化，稳定性差。而数字温度传感器就是通过对温度敏感的器件和相应的电路把温度转化为可直接读取的数字信号。数字温度传感器集成了数字逻辑、数/模转换器和通信接口，通过简单的硬件集成和软件编程就能实现保存温度数据、设定传感器工作模式、设定传感器转换速率等功能。采集的温度数据经过通信总线（如 I^2C、SPI 等）传输给控制器。数字温度传感器精度高，灵敏度高，可通过编程控制，使用灵活。电池管理系统温度传感器性能指标见表 2-9。

表 2-9 电池管理系统温度传感器性能指标表

测量准确度	0.01 级	控温稳定度	优于 0.01℃/10min
分辨率	0.4μV/0.1mW	测量不确定度	优于 0.7℃
温度范围	-30~70℃	重复度误差	<0.25℃

2. 电池电流传感器

动力蓄电池在进行放电的时候，要对其电流的大小进行严格的规定。电流传感器对于电池充放电的电流进行及时的监测，电流传感器通过对电池放电电流状态的检测，解决了电池组的在线监测和对电池故障情况的及时诊断，为动力蓄电池的维护提供了一定的依据。确保了电池组的可靠运行，确保了行车过程中新能源汽车的行车安全性。电池电流传感器在电池在线监测的环节中，起到了重要的作用，有利于汽车的运行过程数据的接收和控制器的准确性测量。目前检测电流有两种常见的方法，一种是通过分流电路电流传感器去检测，另一种是通过电流互感器去检测。

检测分流电路电流是通过分流电阻器和运算放大器来完成，待测导线电流通过串联在电路中的分流电阻器时，去检测分流电阻器两端的电压信号，进而换算得到电流大小，是直接检测方法。检测分流电路电流的基本原理为，分流电阻器两端的电压是微弱的模拟量信号，需经运算放大电路将微弱电压信号放大，再通过模/数转换将其转换为数字信号，最后根据欧姆定律计算出实际电流值。检测分流电路电流电路图如图 2-107 所示。

检测分流电路电流电路具有精度相对较高、结构简单、成本低等优点。但该方法对于串联的分流电阻器和运算放大电路有较高的要求且无电气隔离功能。首先，对分流电路电阻值的精度和温漂特性有较高的要求，分流电阻器需在不同的环境下其阻值保持基本不变。其次，需使用较好的数/模转换器和性能优异的运算放大电路去保证所需达到的精度。该方法一般用于电压不高、电流相对较小的情况下，若电流太大，分流器会产生比较大的热能损耗，增加了散热难度，同时温漂也会加重，影响检测精度。

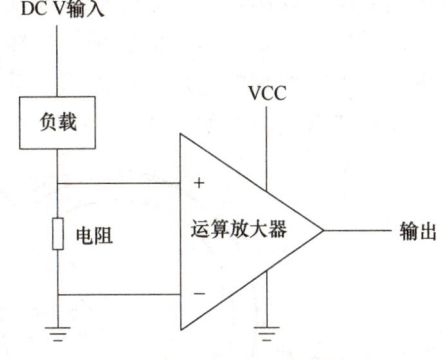

图 2-107 检测分流电路电流电路图

霍尔电流传感器检测电流是采用一种非直接、非接触的方式去检测电流，它是根据霍尔效应原理而制作的一种通过检测磁场来反映电流大小的传感器。霍尔电流传感器由电路和磁路组成。利用霍尔磁平衡原理进行设计，其核心器件霍尔元件用于绝缘隔离被测电流信号。由于霍尔传感器采用软磁材料铁心聚集磁场，当一次回路穿过铁心时，会产生磁场被铁心聚集，且磁场强度与一次电流大小成正比，因此霍尔元件将输出与一次电流大小成比例的电压信号，进而通过后端的运算放大电路进行相关信号输出。霍尔电流传感器实物如图 2-108 所示。

图 2-108 霍尔电流传感器实物图

其工作原理的表达公式为：

$$U_s = AU_m \tag{2-132}$$

$$U_m = K_c I_c B \tag{2-133}$$

$$B = H_p \mu \tag{2-134}$$

$$H_p = KI_p \tag{2-135}$$

式中，U_s 为电流传感器输出电压；A 为综合放大倍数；U_m 为霍尔输出电压；K_c 为灵敏度；I_c 为霍尔电流；B 为磁感应强度；H_p 为磁场强度；μ 为磁导率；K 为电磁转化系数；I_p 为一次电流。

霍尔电流传感器有两种不同的类型，分为开环式和闭环式。开环式霍尔电流传感器包含一个磁心、一个霍尔器件和运算放大电路。当被测导线穿过磁心，磁心将被测导线电流产生的磁场聚集起来，磁心上有一个气隙，在气隙中放置一个霍尔器件，霍尔器件可以检测被测导线电流产生的跟电流大小成正比的磁场，同时输出一个与气隙处的磁感应强度成正比的电压信号。与开环式传感器相比较，闭环式传感器增加了一个反馈的线圈，通过增加反馈线圈，提高了开环式传感器检测电流的性能。霍尔元件产生的电压信号经过运算放大电路放大后去驱动反馈线圈，使之在磁心气隙处产生一个与被测导线电流产生的磁场方向相反但强度相同的磁场，去抵消原来的磁场。这样在磁心气隙处磁场几乎为零，达到磁平衡。然后通过采集测量电阻两端的电压，进而算出反馈线圈中的电流，再计算出一次电流大小。开环式霍尔电流传感器结构图如图 2-109 所示，闭环式霍尔电流传感器结构图如图 2-110 所示。

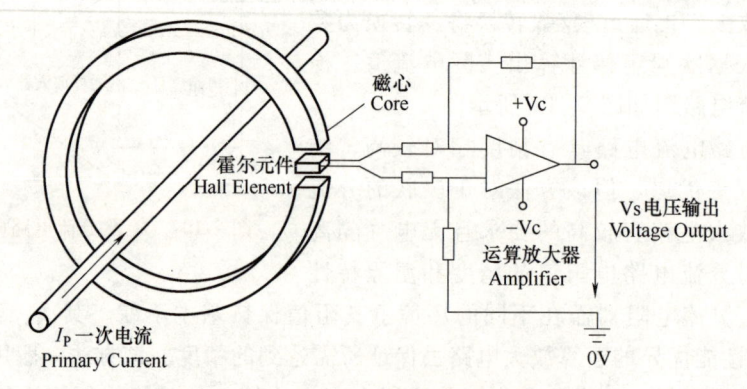

图 2-109　开环式霍尔电流传感器结构图

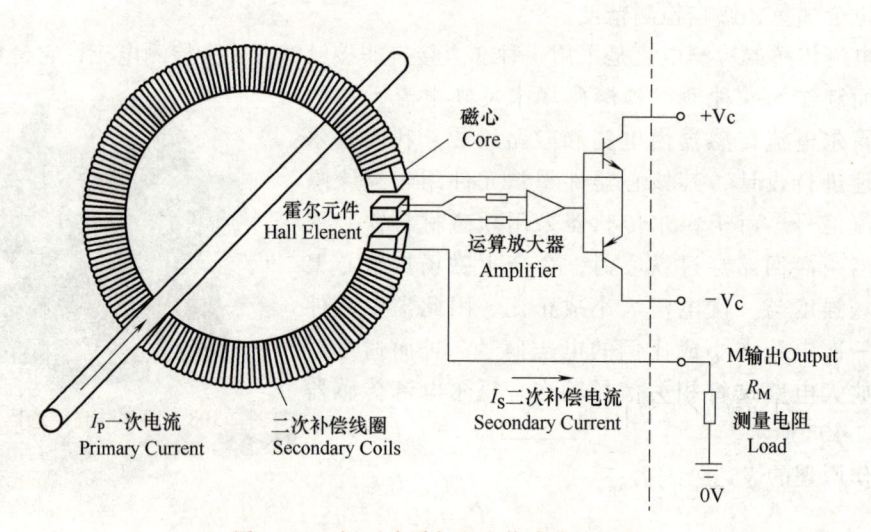

图 2-110　闭环式霍尔电流传感器结构图

分流电路检测与霍尔效应检测相比较，分流电路检测在结构、成本上有较大的优势，但它有一定的功率损耗，没有电气隔离的功能。如果用分流电路去检测充放电电流，由于分流器和高压连接，检测信号需经隔离器件隔离后才能与控制器相连接，增加了隔离器件成本。而霍尔效应检测适合检测大电流，二次回路与一次回路之间电气完全隔离，安全性好，可靠性高。虽然闭环式霍尔电流传感器有检测精度高、线性度好等优点，但就汽车应用而言，闭环式霍尔电流传感器内部结构复杂，可靠性没有开环式高，成本高，还极易受到温度影响。

一般地，电池管理系统电流传感器性能指标见表2-10。

表 2-10 电池管理系统电流传感器性能指标表

线性度	>0.02%韦克威	精度	1‰ ~ 0.5‰
额定输出电流	4mA ~ 50A	温度范围	-40 ~ 125℃

3. 电池电压传感器

新能源汽车动力蓄电池一般由若干节单体电池串联而成，电池两端电压一般较高，而且随着汽车行驶状态的改变，电池运行状态也会随之改变，电压变化范围较大，精确检测电压较为困难。因此，电池电压传感器选择合理的检测电压方案至关重要。常用检测电池电压的方法一般为电阻分压法。电阻分压法是将电池两端电压经分压电路分压，然后对分压得到的信号滤波处理，最后经过模/数转换器采集和主控模块经计算后得到实际电压。

目前市面上的电压传感器采用ADC检测方案较为常见，其工作原理为电池正极（开路电压）、负载正极和负载负极三路关键节点电压经分压电路分压后，电压降为适合ADC采集的相对电压信号，信号经高低压隔离模块进行电气隔离后传输给主控模块处理，其检测电压方案原理图如图2-111所示。其中电池开路电压需通过固态继电器控制，当检测电路正常工作时，连通电池正极与分压电路，当检测电路停止工作后，需切断电池正极与分压电路的电流路径，以避免分压电路对电池持续耗能。

霍尔电压传感器与霍尔电流传感器都是采用了霍尔效应作为机理，工作原理为霍尔电压随磁场强度的变化而变化，磁场越强，电压越高，磁场越弱，电压越低，霍尔电压值很小，通常只有几个毫伏，但经集成电路中的放大器放大，就能使该电压放大到足以输出较强的信号。若使霍尔集成电路起传感作用，需要用机械的方法来改变磁感应强度。磁场中有一个霍尔半导体片，恒定电流通过该片，在洛伦兹力的作用下，电子流在通过霍尔半导体时向一侧偏移，使该片在侧向方向上产生电位差，这就是所谓的霍尔电压。霍尔电压传感器实物图如图2-112所示。

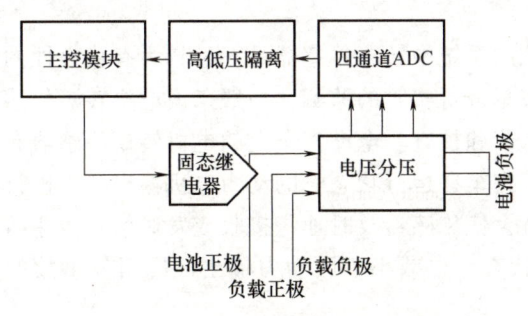

图 2-111 ADC检测电压方案原理图

图 2-112 霍尔电压传感器实物图

电池管理系统电压传感器性能指标见表2-11。

表 2-11 电池管理系统电压传感器性能指标表

线性度	>0.02%韦克威	精度	1‰ ~ 0.5‰
额定输出电流	4mA ~ 50A	温度范围	-40 ~ 125℃

2.3.4 电机驱动系统传感器

新能源汽车具有环保、节约、简单三大优势。在纯电动汽车上体现尤为明显：以电动机代替燃油机，由电机驱动而无须自动变速器。相对于自动变速器，电机结构简单、技术成熟、运行可靠。传统的内燃机能高效产生转矩时的转速限制在一个窄的范围内，这就是为何传统内燃机汽车需要庞大而复杂的变速机构的原因；而电动机可以在相当宽广的速度范围内高效产生转矩，在纯电动车行驶过程中不需要换档变速装置，操纵方便容易，噪声低。

与混合动力汽车相比，纯电动汽车使用单一电能源，电控系统大大减少了汽车内部机械传动系统，结构更简化，也降低了机械部件摩擦导致的能量损耗及噪声，节省了汽车内部空间、重量。电机驱动控制系统是新能源汽车车辆行驶中的主要执行结构，驱动电机及其控制系统是新能源汽车的核心部件（电池、电机、电控）之一，其驱动特性决定了汽车行驶的主要性能指标。电动汽车中的燃料电池汽车 FCV、混合动力汽车 HEV 和纯电动汽车 EV 三大类都要用电动机来驱动车轮行驶，选择合适的电动机是提高各类电动汽车性价比的重要因素，因此研发或完善能同时满足车辆行驶过程中的各项性能要求，并具有坚固耐用、造价低、效能高等特点的电动机驱动方式显得极其重要。

电机驱动系统主要由电动机、功率转换器、控制器、各种检测传感器以及电源等部分构成。电动机一般要求具有电动、发电两项功能，按类型可选用直流、交流、永磁无刷或开关磁阻等几种电动机。功率转换器按所选电机类型，有 DC/DC 功率变换器、DC/AC 功率变换器等形式，其作用是按所选电动机驱动电流要求，将蓄电池的直流电转换为相应电压等级的直流、交流或脉冲电源。电机是应用电磁感应原理运行的旋转电磁机械，用于实现电能向机械能的转换。运行时从电系统吸收电功率，向机械系统输出机械功率。电机驱动系统主要由电机、控制器（逆变器）构成，驱动电机和电机控制器所占的成本之比约为 1∶1，根据设计原理与分类方式的不同，电机的具体构造与成本构成也有所差异。电机的控制系统主要起到调节电机运行状态，使其满足整车不同运行要求的目的。对电机的精确控制离不开电机转矩传感器和转速传感器的使用。

1. 电机转矩传感器

汽车在平稳运行的过程中，汽车的电子控制系统中转矩传感器是一种较为有代表性的传感器。它可以对汽车运行过程中的电机输出转矩进行实时的监测。一般来说电机转矩传感器有助于汽车在运行过程中的数据进行及时的监测和核查。电动汽车上的电机转矩传感器有压阻式、压电式、谐振式等多种类型，可以对于汽车在运行状态时的动力电机输出转矩进行检查。如果存在输出转矩不足或不稳定问题，就会使传感器及时地将接收或发送信号传递给电控单元，避免电机长时间处于不稳定的工作状态，也减小了因动力输出问题引发事故的可能性。

2. 电机转矩传感器分类及特点

扭矩传感器又称力矩传感器、扭力传感器、转矩传感器、扭矩仪，分为动态和静态两大类，其中动态扭矩传感器又可称为转矩传感器、转矩转速传感器、非接触扭矩传感器、旋转扭矩传感器等。扭矩传感器是对各种旋转或非旋转机械部件上对扭转力矩感知的检测。扭矩传感器将扭力的物理变化转换成精确的电信号。扭矩传感器具有精度高，频率响应快，可靠

性好，寿命长等优点。本书中，对于电机部分的传感器，主要测量动态情况下的工作状况，所以使用"电机转矩传感器"，或简称"转矩传感器"。

3. 电机转矩传感器技术指标

电机转矩传感器性能技术指标表见表2-12。

表2-12 电机转矩传感器性能技术指标表

转矩示值误差	<±0.5%F·S	静态超载	120%
灵敏度	(1±0.2)mV/V	断裂负载	200%
非线性	<±0.25%F·S	使用温度	0~60℃
重复性	<±0.2%F·S	消耗电流	<130mA
回差	<0.2%F·S	频率信号输出	5~15kHz
零漂(24h)	<0.5%F·S	负额定转矩	5kHz±10Hz
输出阻抗	1kΩ±3Ω	信号占空比	(50±10)%

4. 电阻应变式转矩传感器

电阻应变式转矩传感器把电阻应变片贴在转轴上，将专用的测扭应变片用应变胶粘贴在被测弹性轴上并组成应变桥，应变电桥的供电和从桥路输出信号都必须通过导电集电环，向应变桥提供电源即可测得该弹性轴受扭的电信号。将该应变信号放大后，经过压/频转换，变成与扭应变成正比的频率信号。由于能源输入及信号输出是由两组带间隙的特殊环形变压器承担的，因此实现了无接触的能源及信号传递功能。这种传感器结构简单，制造方便，但因使用导电集电环，振动频率较低，不适于高速旋转体和扭轴振动较大的场合使用。电阻应变式传感器结构图如图2-113所示。

5. 光电式转矩传感器

光电式转矩传感器它由一个转轴和两个光栅盘构成。两光栅盘上有相等数量辐射状黑色部位。转轴受转矩作用时产生扭转角变形，光栅盘1与2相差一个角度，形成透光口，光电元件遂有一调宽脉冲输出，转矩越大，透光口开度也越大，因而光电流脉冲的宽度也就越大。脉冲电流平均值与转矩成正比。这种传感器属于非接触式，但光源必须稳压供电。光电式转矩传感器结构图如图2-114所示。

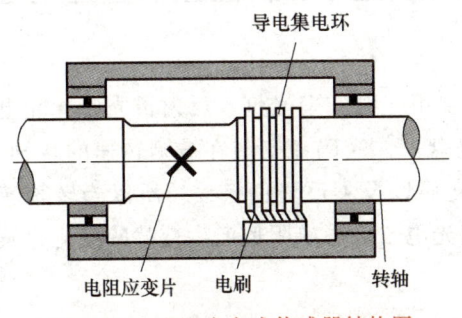

图2-113 电阻应变式传感器结构图

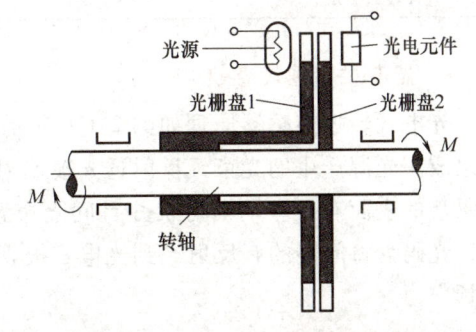

图2-114 光电式转矩传感器结构图

6. 磁电式转矩传感器

扭转角扭杆传感器的工作原理是由于施加的转矩而导致的扭转角的电位测量原理。电磁式转矩传感器的实质就是通过上述原理检测在转动轴上相位角度的差值，通过电磁感应原理及相关的扭矩公式，来最终得出扭矩，实现对转动轴扭矩的测量。在转动轴的两侧分别安装有齿数相同的齿轮，将两个齿轮的初始相位预设成0°或180°——即齿轮1和齿轮2电压信号的初始相位相同或者相差180°。由于齿轮与感应器之间预留的空气间隙，其中气隙较小。通过该气隙实现了磁电式转矩传感器的非接触测量。当转动轴开始转动时，转动轴是弹性轴，由材料力学可知，转动轴由于切应力的影响发生形变，此时两组齿轮间将形成微小扭转角。由此导致输出的两路电压信号的相位差不再是0°或180°，从而使得两组磁电检测器中分别感应出两个交变电动势，且交变电动势仅与两个齿轮的磁心相对位置和相交位置有关。通过得到的两路电动势的信号之间的相位差，就可以计算出扭转角，进而计算出传动轴所受到的转矩值。磁电式转矩传感器结构图如图2-115所示。

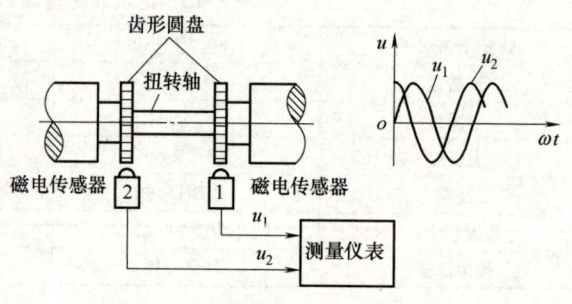

图2-115 磁电式转矩传感器结构图

7. 电机转速传感器分类及特点

转速传感器从原理上可以分为磁电感应式、光电效应式、霍尔效应式、磁阻效应式及介质电磁感应式等。另外还有间接测量转速的转速传感器，如加速度传感器通过积分运算间接导出转速，位移传感器通过微分运算间接导出转速等。大多数的转速传感器都能保证较高的精度和较强的抗干扰能力。

8. 电机转速传感器技术指标

电机转速传感器技术指标见表2-13。

表2-13 电机转速传感器技术指标表

精度	系统误差≤1%	恒流输出	4~20mA
使用环境	-10~45℃	电源	交流220V±10% 50Hz
传感器温度	-25~85℃		

9. 光电式转速传感器

光电式转速传感器原理如图2-116所示，它主要由光源、聚光灯、反射透光镜、光电管等组成。光源产生的光束经反射透光玻璃射到光码盘上，光码盘安装在被测转速的转轴上。光码盘的表面有一些呈辐射状并且间隔布置的反光面以及不反光面条纹。所以当转轴转动时，光码盘将间隔的有反射光到光电二极管上，使光电二极管电阻值产生交替的变化，其变化频率为

$$f = \frac{n}{60} z \tag{2-136}$$

式中，n 为转轴转速，单位为 r/min；z 为光码盘反射条纹数。

光电二极管的电阻变化信号经转换电路转变为电压信号，并送到显示仪表进行显示。

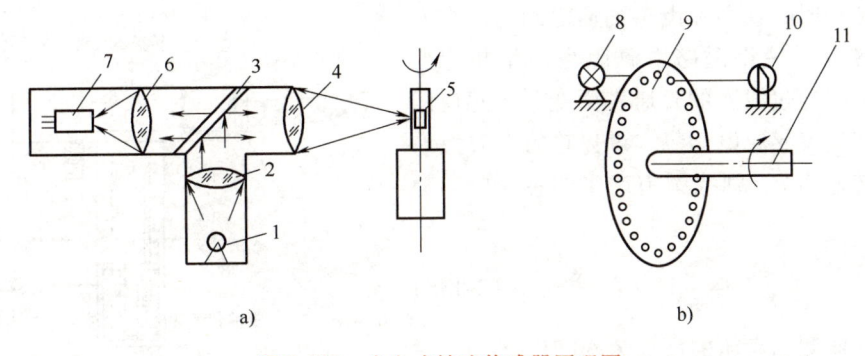

图 2-116 光电式转速传感器原理图

a) 反射型光电式转速传感器工作原理 b) 直射型光电式转速传感器工作原理

1、8—光源 2、4、6—透镜 3—半透明膜片 5、11—被测轴 7、10—光电管 9—圆盘

10. 测速发电机转速传感器

测速发电机为永磁式交流三相同步发电机,其转子为永久磁钢,测速发电机转速传感器工作原理图如图 2-117 所示。测速发电机的转子通过弹簧联轴器与汽轮机转子前端相连接。定子有 3 个绕组,各绕组的支流电阻为 27.5Ω,当转速为 3000r/min 时,其输出电势为 44V。

测速发电机输出电势与转速的关系为

$$E = C\phi n \tag{2-137}$$

式中,C 为常数,取决于发电机绕组结构与磁极对数;ϕ 为磁通量,取决于磁钢的磁感应强度;n 为转速。

可见在测速发电机结构一定的条件下,其输出电势与被测转速成正比。

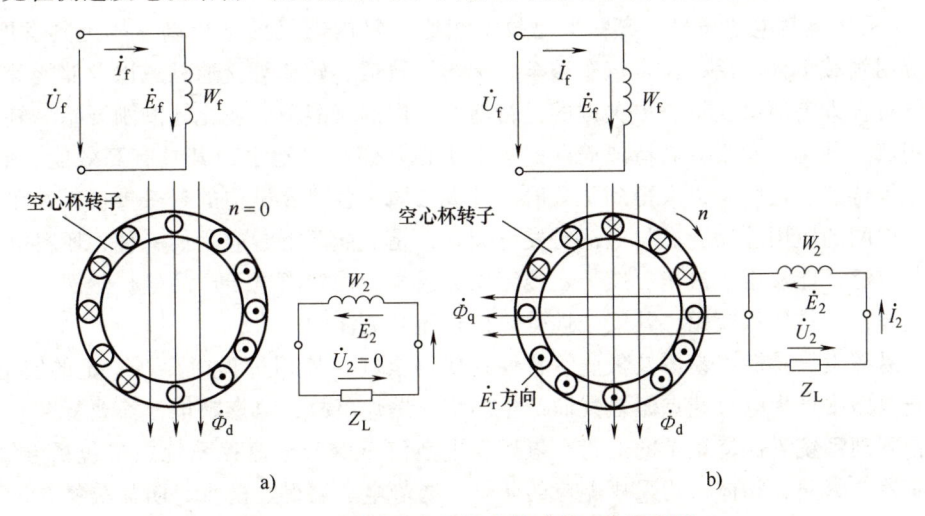

图 2-117 测速发电机转速传感器工作原理图

a) 转子静止时 b) 转子旋转时

11. 磁电式转速传感器

磁电式转速传感器主要由永久磁钢、铁心、线圈等组成,其结构如图 2-118 所示。它是根据磁路中磁阻变化引起磁通变化,从而在线圈中产生感应电动势的原理工作的。当被测轴

带动齿轮转动时,铁心和齿轮的齿之间的间隙发生周期性变化,使得磁路中磁阻也产生相应变化,从而引起通过线圈的磁通发生变化,感应线圈中就生产交变感应电动势。设齿轮的齿数为 z,被测轴的转速为 n,则线圈中产生的感应电动势的频率为

$$f=\frac{n}{60}z \quad (2-138)$$

当传感器测速齿轮的齿数为 60 时,$f=n$,说明传感器输出脉冲电压的频率在数值上与所测转速相等。

因感应电动势的大小与磁通的变化率成正比,即 $E=-W\frac{\mathrm{d}\phi}{\mathrm{d}t}$($W$ 为感应线圈的匝数),因此磁电式传感器不能测量低转速。

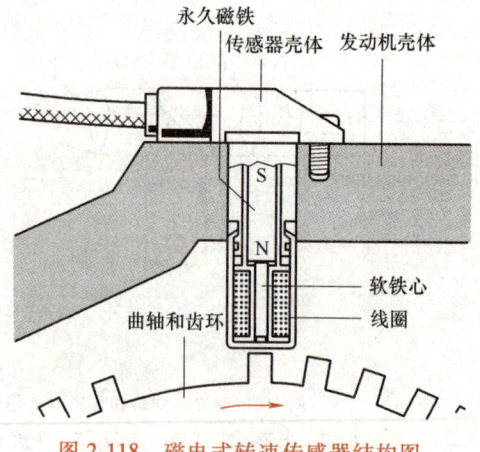

图 2-118 磁电式转速传感器结构图

2.3.5 氢燃料电池系统传感器

氢能源是再生能源,它的副产物是水,而且氢的来源非常广泛。目前,氢能源是公认的清洁能源,它作为低碳和零碳能源正在脱颖而出。近些年以来,中国和美国、日本、加拿大、欧盟等都制订了氢能源发展规划,而且我国已在氢能源领域取得多方面的进展,氢燃料电池更是当今最被看好的新能源之一。氢能产业链分为上游制氢、中游储氢、运氢、加氢和下游的燃料电池及应用领域三大环节。氢能源的应用有两种方式:一是直接燃烧(氢内燃机),二是采用燃料电池技术,燃料电池技术相比于氢内燃机效率更高,故更具发展潜力。氢能源应用领域十分广泛,包含汽车整车、叉车、轨道、轮船等交通领域以及储能等,氢能源产业链符合人类环保要求,更关键的是目前在中国的氢能源商业化才刚刚开始。氢燃料电池是使用氢这种化学元素,制造成储存能量的电池。燃料电池也因其具有高效能、低污染、能源安全等特点,近些年以来得到了政府、各大公司及各研究机构的普遍重视,并在许多领域展现了广阔的应用前途。燃料电池是发电装置,是氢能源下游应用的一种,燃料电池的应用也极其广泛,能够用于汽车、航天、楼宇供电系统、消费类电子产品等。然而,一种新的能源系统要得到推广和应用,其安全性是应该首先被关注的。

氢气易挥发、易燃、易爆及氢脆等特性,使得氢气在使用过程中存在一定的安全隐患。为了防止电路中产生电火花点燃氢气而产生燃烧或爆炸事故,氢燃料电池需要复杂的功率控制和电池管理系统来保持正常的运行。氢燃料电池汽车的安全监控系统主要包括电气元件、氢气传感器、管路、阀体,均采用相应的防爆、防静电、阻燃、防水、防盐雾材料,并在监控系统中设定相应的防护值,一旦发生异常状况,则通过氢系统控制器将各种监控信息传递给各种安全设施,及时断开或关闭,使燃料电池汽车处于安全状态。燃料电池汽车动力系统结构如图 2-119 所示。

燃料电池汽车用传感器主要有氢气泄漏传感器、压力传感器、温度传感器、温湿压一体的组合传感器、空气流量传感器等。虽然这些传感器在燃料电池汽车中成本占比不高,但使用数量却不少,因为它有着无比重要的作用。氢气泄漏传感器和其他传感器一样,在选择上

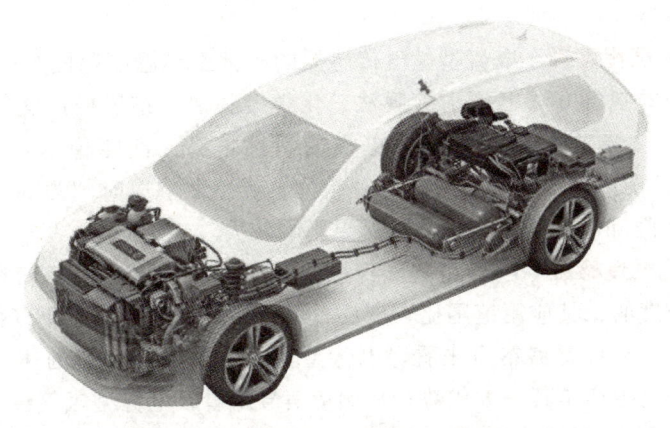

图 2-119　燃料电池汽车动力系统结构图

应用对象和环境不同,传感器的选型就不同,应用方式可以分为车载级要求,工业级要求;量程范围也有不同,如 0~4VOL%、0~10VOL%、0~100VOL%;测量方式不同,有扩散式、泵吸式;传感器反应的原理不同,有催化燃烧式、电化学式、半导体式等。虽然传感器分类不同,但就传感器本身而言,它包括敏感探头、电路板、外部壳体以及相关的结构组件;传感器与外部的接口主要为通信接口,这些子系统有机结合在一起构成了一个氢气传感器零部件。氢气是易燃易爆气体,对于燃料电池汽车而言,氢气泄漏和聚集达到爆炸极限时(4~75VOL%),氢气泄漏传感器的报警作用是不言而喻的,为了保障燃料电池汽车运行安全,氢气泄漏传感器是强制性装载的。氢气泄漏传感器可检测到氢气浓度达到爆炸下限范围时(0~100%LEL,即 4%以内),给整车及时输入泄漏的报警信号,整车系统 ECU 会立刻做出相应的切断气源并断电的安全保护措施,以防止发生安全事故。

1. 氢气传感器技术指标

氢气传感器技术指标见表 2-14。

表 2-14　氢气传感器技术指标表

响应时间	<2s	供电电压	12/24V
精度	1%至 4%VOL	信号输出	PWM 信号
使用寿命	8~15 年	电压信号输出	0.5~4.5V
信号输出	CAN 信号	减少干扰	CH_4,CO 等

2. 氢气传感器分类

目前氢气传感器根据其主要工作原理可分为电化学型氢气传感器、电学型氢气传感器和光学型氢气传感器,每种氢气传感器又有具体的分类,下面将一一介绍其工作原理。

3. 电化学型氢气传感器

电化学型氢气传感器是将化学信号转变为电信号从而实现氢气浓度检测的氢气传感器。电化学型氢气传感器由两个电极组成,采用一个电极作为传感元件,另一个电极作为参考电极,当氢气与传感电极发生电化学反应时,电极上的电荷传输或电气性质会发生改变,传感器通过检测相应物理量的变化实现氢气浓度检测的目的。电化学型氢气传感器又可分为两类：电流型与电势型。

（1）电流型氢气传感器　电流型氢气传感器的正常工作温度范围为$-20\sim80℃$。通过比较不同的催化电极的制备方法（溅射镀膜法、化学镀膜法、铂黑模压法等）和相应传感器的性能，得出溅射镀膜法制备的铂催化电极的活性最高，性能稳定，可以在$0\sim10^4$ppm（1ppm=10^{-6}）的范围内实现氢气浓度的快速检测，传感器响应时间为30s，灵敏度为4μA/100ppm。温度、压强和湿度变化都对测量结果影响较大。

（2）电势型氢气传感器　电势型氢气传感器是通过测量传感电极和参考电极之间的电势差来测量氢气浓度的，其应用范围比较广泛，可以检测常温或高温下气体、水溶液、熔态金属中的氢气含量。从传感器本身来看，电势型氢气传感器与自身的体积和结构几乎不相关，因此适合微型化生产是其一大优势；从测量信号来看，电势型氢气传感器的响应与氢气浓度呈线性关系，电势型氢气传感器与氢气浓度成对数关系，因此，电流型氢气传感器在氢气浓度较低时具有更高的灵敏度。

4. 电学型氢气传感器

电学型氢气传感器主要是利用了材料的电学特性与氢气浓度存在一定的函数关系，通过检测电学物理量，测得氢气浓度。根据工作原理的不同，电学型氢气传感器可以分为电阻型与非电阻型。

（1）电阻型氢气传感器　电阻型氢气传感器主要为半导体金属氧化物氢气传感器，半导体金属氧化物吸附氧气时，电阻率会显著增加，当氢气等还原性气体将金属氧化物化学吸附层中的氧气还原时，电阻率会随之变化，通过检测电阻变化量即可检测氢气浓度。大部分半导体金属氧化物传感器都采用氧化锡作为敏感材料，其平均响应时间在$4\sim20$s，可测氢气浓度范围为$10\sim20$ppm。采用单一的金属氧化物对于氢气的选择性不高，为了提高选择性，可以掺杂对氢气选择性好的金属材料，比如钯、铂等。电阻型氢气传感器响应速度快，使用寿命长，可以达到10年。但是其对氢气选择性差，极易受到其他还原性气体的干扰，如甲烷、一氧化碳、醇类物质等。

（2）非电阻型氢气传感器　非电阻型氢气传感器主要是利用了材料电容或势垒与氢气浓度成一定的函数关系。根据传感器工作原理和结构的不同分为肖特基二极管型和场效应晶体管型。目前，肖特基二极管型氢气传感器应用较广泛。肖特基二极管型氢气传感器的基本原理是：在半导体上沉积一层非常薄的金属就形成"肖特基结"，氢气接触到肖特基结时被吸附在具有催化性能的金属表面，并被快速催化分解为H，H经过金属晶格间隙，扩散至金属半导体界面，将一定偏置电压加在传感器上，由于H的存在，半导体二极管特征曲线发生漂移，传感器通过检测电压或电容的变化来检测氢气浓度。电学型氢气传感器具有结构简单，易实现微型化，易集成等优点。但是其工作所需温度较高，增加了能耗，并且其工作时易产生电火花，不适用于易燃易爆场所氢气浓度的检测。

5. 光学型氢气传感器

光学型氢气传感器主要利用气体的光学特性。根据工作原理的不同，主要分为以下几类：光纤氢气传感器、声表面波氢气传感器和光声氢气传感器。

（1）光纤氢气传感器　光纤氢气传感器的原理是利用光纤与氢敏材料结合，通过氢敏材料与氢气反应后引起光纤物理性质的改变，导致光纤中传输光的光学特性的变化，通过检测输出光对应物理量的变化测得氢气浓度。根据传感机理的不同，光纤氢气传感器可以分为：微透镜型、干涉型、消逝场型、光纤布拉格光栅型。

1) 微透镜型光纤氢气传感器。在光纤的一个端面覆盖一层钯膜，形成微型钯镜，光通过光纤传输时，大部分光可以透过钯膜。钯在吸附了氢气后会形成氢化钯，当光透过钯氢薄膜时，其反射率与折射率都会发生改变，通过分析光谱变化，可以测得氢气浓度。微透镜型光纤氢气传感器检测原理如图2-120所示。

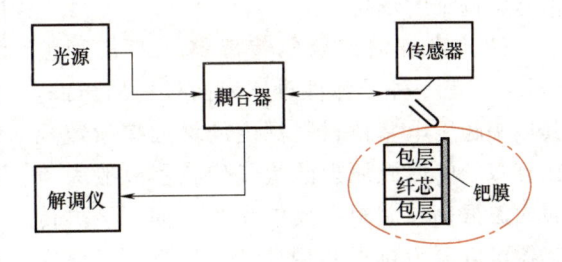

2) 干涉型光纤氢气传感器。干涉型光纤氢气传感器的基本原理是镀有钯或钯合金膜的光纤在有氢环境中其钯膜会膨胀，以致拉伸光纤，增加光程，导致信号臂中光信号的相位发生改变。由干涉仪测量相位的变化量可以测得氢气浓度。该类传感器具有精度高，重复性好，误差小等优点。其主要缺点为测量精度易受环境温度影响，实际使用中可以进行温度补偿提高其测量精度。干涉型光纤氢气传感器检测原理如图2-121所示。

图2-120　微透镜型光纤氢气传感器检测原理图

图2-121　干涉型光纤氢气传感器检测原理图

3) 消逝场型光纤氢气传感器。消逝场型氢气传感器是利用氢气对消逝场的影响来检测氢气浓度的。该传感器的制作通常为去掉一部分的光纤包层，使其达到消逝场的作用范围，当光通过该区域时发光强度沿纤芯径向呈指数衰减。在该区域镀上氢敏材料，氢敏材料与氢气发生反应后光学性质发生变化，相应的消逝场也会改变，通过测量发光强度的变化量可以测得氢气浓度。该类传感器可以通过调节敏感器长度和钯膜厚度，实现灵敏度和响应时间的独立优化，可以利用OTDR（光时域反射）技术实现分布式传感，并且适用于远距离传感，在线测量。消逝场型光纤氢气传感器检测原理如图2-122所示。

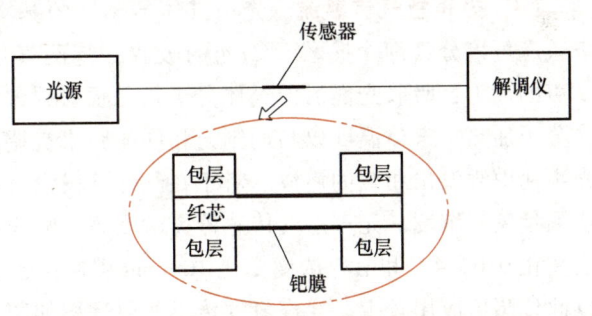

图2-122　消逝场型光纤氢气传感器检测原理图

4) 光纤布拉格光栅（FBG）氢气传感器。

FBG氢气传感器的光纤纤芯包含成周期性排列的布拉格光栅，不仅能够对折射率进行周期性的调制，还能够反射特定波长的光。当光纤纤芯镀有钯膜时，如果待测气体中含有氢气，氢气渗透入钯膜，生成的PdH_x使得钯膜体积膨胀，从而使光栅栅距变大，进而导致光栅的反射光中心波长发生变化，如图2-123所示。通过测量光栅反射光中心波长的变化，可以测得氢气浓度。FBG 氢气传感器具有抗光源扰动，稳定性高，易于实现多路复用等优点。但是其钯膜易起泡脱落，寿命有限，且信号解调难度较高。

（2）声表面波氢气传感器 声表面波（SAW）是一种沿弹性机体表面传播的声波。其振幅随压电基体材料深度的增大按指数规律衰减。应用此原理的氢气传感器一般为声表面波振荡器。根据反馈元的不同，该类传感器可以分为延迟线型和谐振器型，目前主要采用延迟线型振荡器结构。该传感器的关键部件是具有选择性的氢敏感膜，一般以金属钯为材料。声表面波在氢敏感膜吸附氢气前后的光学特性会发生改变，通过测量频率变化量，可以检测氢气浓度。该传感器测量精度高，但是其敏感膜易受腐蚀，寿命短且成本较高。双通道声表面波氢气传感器原理图如图 2-124 所示。

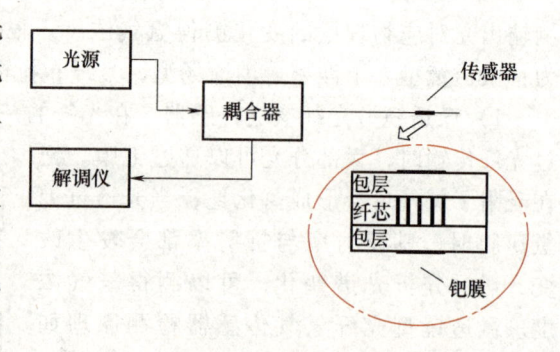

图 2-123 FBG 氢气传感器检测原理图

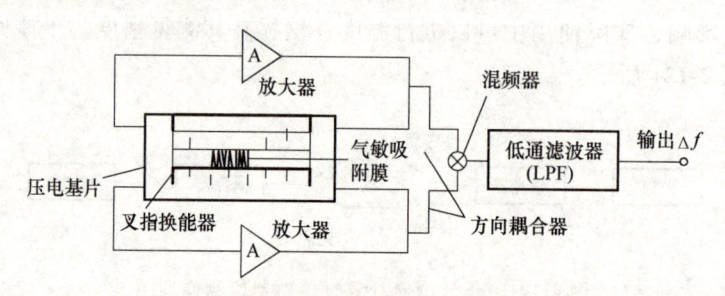

图 2-124 双通道声表面波氢气传感器原理图

（3）光声氢气传感器 光声气体传感器的基本原理是基于气体的光声效应。气体的光声效应可以分为两个阶段：①光的吸收：待测气体吸收特定波长的调制光后处于激发态；②声的产生：吸收光能后的气体分子以无辐射弛豫过程将光能转化为分子的平均动能，使气体分子加热，气体温度以与调制光相同的频率被调制，导致气体压强周期性的变化，从而在光声池中激发出相应的声波。对于在红外波段没有吸收的氢气，可以采用间接光声光谱的方法测量氢气浓度。光声氢气传感器灵敏度高，响应速度快，但是受光声池及温度影响大，温度变化 0.0274℃ 和氢气浓度变化 100ppm 引起声速的改变量相同，并且其测量方法间接，所以此传感器应用较少。光声氢气传感器原理图如图 2-125 所示。

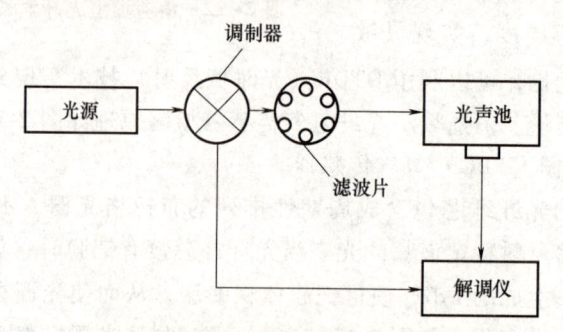

图 2-125 光声氢气传感器原理图

2.4 驾乘人员生理状态传感器

2.4.1 驾乘人员生理状态传感器概述

驾乘人员生理状态测量的目的是为了获取驾乘人员生理状态信息，生理状态传感器是驾乘人员生理状态测量的基础。生物体是极其复杂的生命系统，采用工程技术方法获取生物医学信息通常采用适合生物医学测量的传感技术和检测技术来实现，这是与普通测量相区别的。

生理状态传感器是将被测的生理参数转换为与之相对应的电学量输出，以提供基于生物医学基础对人员进行研究与分析所用的数据。随着科学的发展和其他学科的渗透，目前，生理状态传感器已成为驾驶员状态检测、生物医学测量、数据处理中不可缺少的关键部分。要提取和捕捉驾驶员状态的各种生理信息，就需要依靠各种各样的生理状态传感器，它也是驾驶员生理状态检测的重要环节。

随着现代科学技术的迅速发展，驾乘人员生理状态传感器在汽车中的应用种类越来越多，可以用生理状态传感器测量记录的指标也不断增加。

在研究脑电信号与驾乘人员生理状态的关系中，有资料提出使用可穿戴式单通道 EEG 设备作为疲劳驾驶检测工具，该设备可以帮助驾驶人评估自己的疲劳程度；也有资料采集驾驶人的前额脑电信号数据，利用自适应缩放因子获取算法以及熵特征提取算法，提出了一种自适应多尺度熵特征提取算法，然后再对提取出来的熵特征进行分类处理，并用实验证明该方法在检测疲劳驾驶状态的有效性。

在研究心电信号与驾乘人员生理状态的关系中，有资料使用一种低成本心电图传感器推导驾驶人的心率变异性数据检测疲劳驾驶；徐礼胜等采用一种短时心电信号的疲劳驾驶检测算法，首先采集时长为 30s 的短时心电信号序列数据，然后对数据进行预处理，去除掉极端样本数据，利用该序列的频域特征与卷积神经网络对 ImageNet 数据集训练的特征进行结合，对这些特征分类，用分类结果对驾驶人进行疲劳驾驶检测。

在研究肌电信号与驾乘人员生理状态的关系中，有资料提出了一种新的技术来检测和缓解疲劳，该方法使用肌电图与电肌肉刺激，利用采集系统采集驾驶人大腿股二头肌肌电图，以肌电图峰值因子作为检测疲劳驾驶状态的特征，当该肌电图峰值因子超过预定阈值时，EMS 在不影响驾驶人正常操作的条件下刺激驾驶人的手部展肌和拇指屈肌，达到缓解疲劳的目的；有资料提出了一种设备，可以检测驾驶人的早期睡意，该设备可以把肌电信号采集设备附在眼睑周围的皮肤上，可在不伤害眼睛的前提下检测到眼睑的闭合，并基于此方法设计了 ESP8266 系统，最后利用该系统达到检测疲劳的目的。

2.4.2 驾乘人员生理状态传感器的系统组成

对于大多数生理状态传感器来说，不管它多么复杂，一般都可以分解为三个主要部分：信号采集（包括电极）、放大器和测量电路、数据处理或显示装置。在这三部分中，信号采集的功能是把各种生理信息转换成可供测量的电信号或其他可用信号，而电极的功能主要是把各种生物电信号转换成可供测量的电信号。可见，信号采集是驾乘人员生理状态测量的前提。放大器和测量电路的功能是把生理信号采集设备所获得的微弱信号加以放大、转换、去伪存真，从而得到数据处理和显示装置可以处理的信号。数据处理或显示装置对于现代化的仪器而言，一般用计算机完成数据的记录、储存、计算或显示。驾乘人员生理状态传感器系统组成见表2-15。

表 2-15 驾乘人员生理状态传感器系统组成表

系统组成	作用
信号采集器	将生物电信号转换成可供测量电信号
放大器和测量电路	放大、转换、去伪存真微弱生物电信号
数据处理或显示装置	完成数据的记录、储存、计算或显示

2.4.3 基于机器视觉的疲劳检测技术

如上所述，大多数生理状态传感器一般都可以分解为三个主要部分：信号采集（包括电极）、放大器和测量电路、数据处理或显示装置。相比之下，通过视觉技术对驾驶人进行生理状态检测是最简单、最直观的检测方式：基于视觉的生理与疲劳检测技术的基本方法是通过摄像头获得驾驶人面部等的图像，通过对图像的处理来提取面部的各种特征，这些特征与生理或疲劳状态有较为密切的关系。整个过程只需要摄像头和处理设备以及显示设备，相比于一般的生理传感器针对信号的处理，视觉方法主要是对二维图像进行处理。

基于机器视觉的驾驶人安全状态监测以面部检测为基础，所谓面部检测是指在输入图像中确定所有面部（如果存在）的位置、大小的过程。作为面部信息处理中的一项关键技术，面部检测长期以来是计算机视觉和人机交互研究领域的一个重要研究方向，它被广泛应用于面部身份验证、出入控制、面部识别、基于模型的视频编码、视频电话低宽带通信和智能人机交互等相关领域。近年来，随着会议电视、计算机支撑协作系统及人机交互技术的发展，对面部的检测及跟踪的实时性要求也越来越高。

面部是一类具有相当复杂细节变化的自然结构目标，此类目标检测问题的挑战性在于：
1）面部由于外貌表情、肤色等不同，具有模式的可变性。
2）一般意义下的面部可能存在眼镜、胡须等附属物。
3）作为三维物体的面部影像不可避免地受由光照产生阴影的影响。

目前面部检测方法分为基于灰度图像的方法和基于彩色图像的方法两类。在灰度图像中面部的检测方法主要包括基于模板匹配的方法、基于知识的方法、特征脸法、人工神经网络法、支持向量机法和基于积分图像特征的方法基于彩色图像处理的方法等。

面部检测研究的趋势是利用多种线索（头发、肤色、器官、轮廓、模板等）综合多种分类方法（混合高斯模型、概率模型、神经网络与支持向量机等），启发式信息与统计学习方法相结合，才能保证面部检测的准确性与实时性。

1. 驾驶人面部定位算法

面部定位就是指对于给定的一幅输入图像需要确定这幅图像中是否有面部存在，如果有的话则确定其位置和大小，它的主要目的是从人像图像中找出面部区域，从而将面部区域和非面部区域分离。近年来，面部检测作为面部信息处理中的一项关键技术，有着广泛的应用，如作为面部识别的一部分可用于高度机密场所和边防出入检查系统等，面部定位的结果将直接影响到整个系统的性能，因此，面部定位将普遍受到重视，成为一项十分活跃的研究课题。

基于机器视觉的疲劳识别方法利用摄像头拍摄驾驶员的面部图像运用图像识别技术提取出驾驶人眨眼间隔闭眼时间瞳孔运动状况等特征参数，并依此来推测驾驶人的疲劳状态。此方法主要包括面部定位、眼睛搜索和眼睛状态识别等三个关键技术。其中面部定位是从各种不同的场景中检测出面部的存在并确定其位置。这一任务受光照、噪声、面部倾斜度和各种遮挡的影响很大，是识别过程的一个重要环节，其算法的优劣直接影响到识别的速度和精度。

2. 面部检测概述

早期的面部检测集中于静止图像，起步于基于特征的模型或者简单的模板匹配技术，在空域上提取特征，能够完成简单的面部检测。中期的发展开始采用基于模板的方法，用统计学的方法建立面部模型，可以实现复杂背景下的面部检测，并且运用运动信息来考察视频流或图像序列中的面部检测。近期，研究者的方向各不相同，有人从频域中提取特征，有人继续研究更复杂的统计模型，有人将最新的分类决策理论应用于面部检测领域。基于信息融合技术，利用多种有效特征信息检测面部逐渐成为面部检测方向的热点及面部检测技术的发展趋势。检测的方法多种多样。对国内外面部检测的研究现状进行总结，可发现目前的方法主要集中在以下几个方面：

1) 基于器官特征的方法。这种方法首先提取面部器官图像特征，然后根据面部中各器官的几何关系来确认面部的存在。这是一种自底向上的方法，另外还有自顶向下的方法，即根据一个面部模型（一般是正面面部模型），先在一个比较大的范围内寻找面部候选区，由粗到精地在一个最佳范围内定位面部候选区，然后检测各种面部器官特征。虽然面部因人而异，但都遵循一些普遍适用的规则，即五官分布的几何规则。检测图像中是否存在满足这些规则的图像块。这种方法一般首先对面部的器官或器官的组合建立模板，如双眼模板、双眼与下巴模板；然后检测图像中几个器官可能分布的位置，对这些位置点分别组合，用器官分布的集合准则进行筛选，从而找到可能存在的面部。

2) 神经网络。神经网络是一种基于样本的学习方法。通过训练一个网络结构，把模式的统计特性隐含在神经网络的结构和参数之中。将神经网络用于面部检测，为面部检测提供了新的思路。这种方法将面部检测看作区分面部样本与非面部样本的两类模式分类问题，通过对面部样本集和非面部样本集进行学习以产生分类器。人工神经网络避免了复杂的特征提取工作，它能根据样本自我学习，对于复杂的、难以显式描述的模式，具有独特优势，具有一定的鲁棒性和自适应性，但计算复杂度较大。

3) 基于彩色信息的方法。基本思想是尽管人的肤色因人而异，并且随种族不同而变化，但是在彩色颜色空间中皮肤颜色分布在很小的区域里。一般情况下人的皮肤颜色分布与其他物体的颜色分布不同，而且不同物体的颜色除了受光照的影响较大外，与物体的大小伸缩及姿态基本上无关。这就表明面部区域可以通过使用简单的阈值处理分割出来。该方法的最大优点是对姿态变化不敏感。用彩色信息检测面部的关键是合理选择色度坐标。常用的方案是将彩色的 RGB 分量归一化。目前，人们研究更多的是如何提取彩色的色度信息，即将 RGB 彩色空间转化为其他彩色空间，以突出色度信息。Lelel 等设计了肤色模型表征面部颜色，利用感光模型进行复杂背景下面部及器官的检测与分割。Sbery 等则将颜色形状结合在一起进行面部检测。与其他检测方法相比，利用颜色知识检测出的面部区域可能不够准确，但如果在整个系统实现中作为面部检测的粗定位环节，它具有直观，实现简单、快速等特点，可以为后面进行精确定位创造良好的条件，以达到最优的系统性能。并且用色度表示面部特征有一个最大的特点，即具有姿态不变性。

无论采用什么方法，都需要检测到面部，再对检测到的面部提取面部特征，从而得到与疲劳相关的参数，进行生理状态和疲劳的预测。

目前最常用的人脸特征提取库 Dlib 为人脸检测提供了极大的便利，总共有 68 个面部特征点来描述人脸位置和器官位置，但在人脸疲劳检测中，只需要保留眼睛和嘴巴的地标（37~68 点），用来提取模型特征的重要特征点。Dlib 中提供的人脸特征点如图 2-126 所示。

基于此，可以提取面部特征的相对距离来计算人脸的面部表情和状态，实际上需要一些特征参数来衡量面部的情况。最常用的四个核心特征是眼睛长宽比、嘴的长宽比、瞳孔循环度以及嘴的长宽比与眼睛的长宽比的比值。

(1) 眼睛长宽比（EAR） 眼睛长宽比如图 2-127 所示。

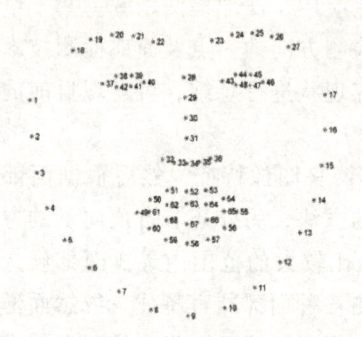

图 2-126　Dlib 中提供的人脸特征点

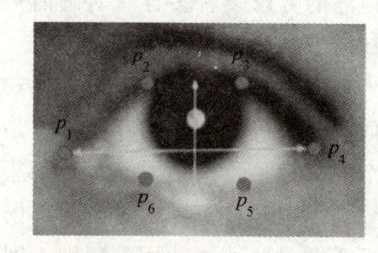

图 2-127　眼睛长宽比（EAR）

顾名思义，眼睛长宽比就是眼睛的长度与宽度之比。眼睛的长宽比是通过平均两个明显的垂直线横跨眼睛，如图 2-127 所示。

眼睛长宽比基本公式描述如下

$$\mathrm{EAR} = \frac{\|p_2-p_6\|+\|p_3-p_5\|}{2\|p_1-p_4\|} \tag{2-139}$$

其与疲劳的基本逻辑关系在于，当一个人昏昏欲睡时，他们的眼睛可能会闭合，也可能会频繁眨眼。基于这一假设，希望模型能够预测如果一个人在连续帧（视频）中眼睛的长宽比开始下降，即眼睛开始更加闭上或眨眼更快，那么驾乘人员就会昏昏欲睡。

(2) 嘴的长宽比（MAR） 嘴的长宽比如图 2-128 所示。

MAR 基本公式描述如下

$$\mathrm{MAR} = \frac{|EF|}{|AB|} \tag{2-140}$$

嘴的长宽比（MAR）在计算上与 EAR 相似，MAR 测

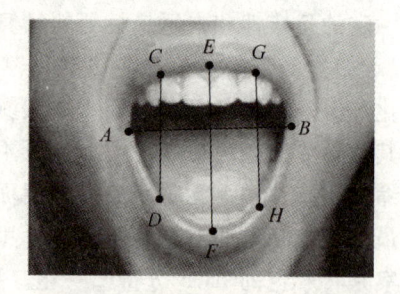

图 2-128　嘴的长宽比（MAR）

量的是嘴的长度与宽度的比率。同样假设，当一个人变得昏昏欲睡时，很可能会打哈欠并失去对嘴巴的控制，这使得在这种状态下的 MAR 比平时要高。

(3) 瞳孔循环度（PUC） PUC 基本公式描述如下

$$圆度值 = \frac{4\pi A}{P^2}, \quad A = \left(\frac{Dtance(p_2, p_5)}{2}\right)^2 \pi$$

$$P = Dtance(p_1, p_2) + Dtance(p_2, p_3) + Dtance(p_i, p_{i+1}) + Dtance(p_6, p_1) \tag{2-141}$$

PUC 更强调瞳孔而不是整个眼睛。例如，那些眼睛半开或几乎闭着的人瞳孔的圆度值要比那些眼睛完全睁开的人低得多，因为分母中有二次方项。与 EAR 相似，研究人员认为，当一个人昏昏欲睡时，他的瞳孔圆度可能会下降。

(4) 嘴的长宽比超过眼睛的长宽比（MOE） MOE 的基本公式描述如下

$$MOE = \frac{MAR}{EAR} \tag{2-142}$$

最后的参数是嘴的长宽比超过眼睛的长宽比（MOE），MOE 就是 MAR 和 EAR 的比值。使用此特性的好处是，如果各自的状态发生变化，EAR 和 MAR 将会朝着相反的方向移动。与 EAR 和 MAR 不同，MOE 作为一种测量方法将对这些变化更敏感，因为它将捕捉 EAR 和 MAR 的细微变化，并在分母和分子向相反方向移动时夸大这些变化。

虽然所有这些特征都具有直观意义，但当使用分类模型进行测试时，它们在 55%~60% 的准确率范围内产生了较差的结果，这与二元平衡分类问题 50% 的基线准确率相比只是一个微小的改进。尽管如此，这些特征并没有错，只是没有正确地看待它们。

此外，还需要对特征进行均一化。当用上面讨论的四个核心特性测试模型时，会出现这样的一个状况，即每当随机将帧用于训练和测试，模型能产生结果准确性高达 70%。然而，当测试未在训练集中的帧时，模型性能会较差。

事实上，模型正在与新面孔进行斗争，而这种斗争的主要原因是每个人在默认警报状态下都有不同的核心特征，有很多不同大小眼睛的个体。如果一个模型，当测试人总是预测昏昏欲睡的状态，它会检测到 EAR 和 MAR 的上升下降，以及 MOE 的变化。基于这一发现，假设标准化每个个体的特征可能会产生更好的结果，结果证明正确。特征归一化的公式如下：

$$Normalised\ Feature_{n,m} = \frac{Feature_{n,m} - \mu_{n,m}}{\sigma_{n,m}} \tag{2-143}$$

式中，n 代表特征；m 代表测试者；$\mu_{n,m}$ 和 $\sigma_{n,m}$ 代表每三帧的状态。

为了对每个个体的特征进行归一化，将每个个体的警报视频的前三帧作为归一化的基线。计算这三帧中每个特征的均值和标准差，并分别对每个参与者的每个特征进行标准化。

2.4.4 基于语音识别的疲劳检测技术

相比视觉，基于语音的生理状态与疲劳驾驶检测技术更为传统，与后续提到的基于脑电信号的检测技术基本一致，不同点在于基于语音的疲劳驾驶检测可以加入语音信息作为人机交互的一部分，即驾驶员发出"我困了，开始无人驾驶"的指令，可以作为无人驾驶与有人驾驶模式切换的接口；此外，驾驶人在疲劳时会不由自主地打哈欠等，实际上也是一种近似的语音信息，不过实际上这种语音信号相对难以利用。

语音是人与人交流的最直接、最便捷的方式,语音信号在包含文字所传达的语义内容的同时,还包含了诸如紧张、悲伤和开心等情感信息,因此通过语音传递信息是常用的一种信息交换方式。语音信号中也蕴藏了疲劳度的相关信息,并且语音信号处理是基于语音类学科和数字信号处理技术的新兴学科,可以实现语音信息的提取。基于语音信号处理的疲劳度检测可避免上述方法中存在的各种问题。首先,语音疲劳度检测技术只需采集人的声音信号来进行训练识别,语音信号中已经包含了丰富的疲劳信息,相对于其他生理参数更易于获取,同时简单的录音设备也避免了复杂的仪器接触给受试者带来的巨大心理压力,在一定程度上使分析结果的客观性得到了提高。综上,语音信号具有实时性高、维护简单、性价比高的优势。

前文介绍到语音信号携带着各种各样的信息,因此语音处理的第一步就是提取语音中所包含的有效信息,即特征参数的选择和提取,这样才能对语音信号进行后续的处理分析,进而达到识别目的。但是不管提取何种语音特征参数,首先要做的就是对语音信号进行预处理。下面对语音信号预处理和语音疲劳检测的特征参数提取进行详细介绍。

1. 语音信号预处理

语音信号预处理流程如图 2-129 所示,初始的模拟语音信号不能被计算机所处理,故经过预滤波、采样(采样周期依据奈奎斯特定理,避免造成信号的频域混叠失真)、A/D 转换等过程将其转换为数字语音信号后,再通过对高频部分进行预加重,去除口鼻辐射的影响,以此增加语音的高频分辨率,最后考虑到短时平稳特性,通过加窗分帧将数字语音分成便于计算机处理的准平稳的语音帧序列。

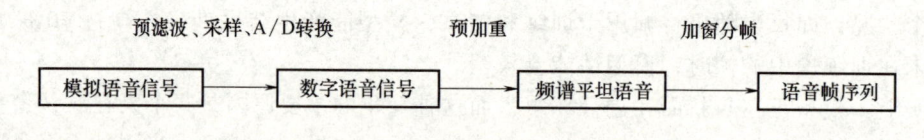

图 2-129 语音信号预处理流程

(1) 预加重 人在发音时高频部分相对来说更容易受到口鼻辐射的影响,从而导致 800Hz 以上的频率处会有 6dB/倍频程的跌落,且在模拟语音信号转数字语音信号时加了一个低通滤波,对高频部分也有影响。预加重可以有效消除这两个因素的影响,可以提升高频部分的幅度,使信号的频谱变得平坦,以便于频谱分析和声道参数分析,在整个频带中用同样的信噪比求频谱。一般通过传递函数如下的一阶高通数字滤波器来实现预加重。

$$H = 1 - az^{-1} \tag{2-144}$$

式中,a 为预加重系数,取值通常在 0.9~1.0 之间。

n 时刻的语音采样值为 $x(n)$,当 $a=0.98$ 时,则经过预加重后得到的频谱平坦的语音信号为

$$y(n) = x(n) - ax(n-1) \tag{2-145}$$

(2) 加窗分帧 针对上面介绍到的语音信号的短时平稳特性,采取加窗分帧的方式将语音信号分为若干个准稳态的语音帧。分帧是短时分析的手段。分帧是将一个连续语音段分为若干个数据帧,主要是由可移动的有限长度窗口进行加权的方法实现。一般帧长为 10~30ms,而为了使帧与帧之间的过渡尽可能的平滑,分帧时通常采用交叠分段的方式以保持

语音帧的连续性。常取帧长的 0~1/2 作为帧移，即为该交叠部分。加窗是分帧的手段。常用的窗函数有矩形窗和汉明窗。

矩形窗：

$$w(n)=\begin{cases} 1 & 0\leqslant n\leqslant N-1 \\ 0 & \text{其他情况} \end{cases} \quad (2\text{-}146)$$

汉明窗：

$$w(n)=\begin{cases} 0.54-0.46\cos[2\pi n/(N-1)] & 0\leqslant n\leqslant N-1 \\ 0 & \text{其他情况} \end{cases} \quad (2\text{-}147)$$

两者的优劣分别在于：矩形窗的主瓣宽度小于汉明窗，频谱分辨率较高；汉明窗的平滑的低通特性得益于旁瓣衰减较大，能够较高程度反映短时信号的频率特性。根据两种窗函数的优劣表现，一般地，矩形窗适用于时域处理，汉明窗适用于频域处理。

2. 语音疲劳检测的特征参数提取

为了建立较全面系统的有关疲劳的语音信号特征参数体系，结合上文人体疲劳对发音器官和语音表达的影响，本节选择性地提取了时域和频域等方面的特征来进行疲劳度分析。针对语音信号短时相对平稳的特性，采用"短时分析技术"对语音信号进行分段分析处理，其中每 10~30ms 的一段语音取为一帧，每一帧内的语音信号保持相对稳定性。根据疲劳引起的生理反应，反应在运动疲劳时语音特征参数的变化有：语速减缓、语音能量降低、基音频率上升、喘息段时长增加以及短时过零率增加。针对这些物理变化以及梅尔频率倒谱系数（Mel-scale Frequency Cepstral Coefficients，MFCC）在语音信号处理中的很多应用场景下都有很好表现力，选择的疲劳语音特征参数包括：语音段短时平均能量、语音段短时平均过零率、基音频率、MFCC。

（1）语音段短时平均能量 短时平均能量是每一帧语音信号的能量的平均，可以理解为一段语音的四元素中的音量大小。人体在各种疲劳状态下的音量大小往往有差异性，随着疲劳逐渐加深，人体会身体负荷过重而降低音量。语音信号 $x(n)$ 在 n 时刻时的短时平均能量 E_n 可表示为

$$E_n = \sum_{m=n-(N-1)}^{n}[x(m)w(n-m)]^2 \quad (2\text{-}148)$$

如上述讨论加窗分帧时提到，时域分析时常采用矩形窗，加窗分帧后得到的第 n 帧语音信号 $x_n(m)$ 为

$$x_n(m) = w(m)x(n+m) \quad 0\leqslant m\leqslant N-1 \quad (2\text{-}149)$$

则第 n 帧短时平均能量 E_n 可以简化为

$$E_n = \sum_{m=n-(N-1)}^{n} x^2(m) \quad (2\text{-}150)$$

也可以理解为：对语音信号各样点值取二次方后，通过由冲激响应 $h(n)$ 构成的滤波器，得到由短时能量构成的时间序列，时间序列计算框图如图 2-130 所示。

由此可知，短时平均能量的值直接由窗函数的选择影响。窗函数的两个属性：类型和窗长，类型已经确定为矩形窗，则只需确

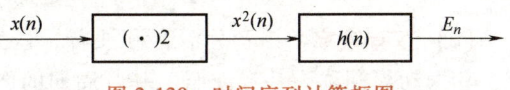

图 2-130 时间序列计算框图

定窗长 N，窗长由基音周期决定，通常为基音周期的几倍。语音信号在 10~30ms 中保持相对平稳，故折中设定 20ms 为一帧，语音采样频率为 16kHz，则取帧长为 320。帧移为帧长的一半，即为 160。设 n 为样本序号（$1<n<30$），i 为样本的疲劳度等级，则第 n 个样本的第 i 个疲劳度等级的短时平均能量为 $E(n,i)$，设 $E_{\text{ave}}(i)$ 为所有样本在第 i 个疲劳度的短时平均能量的平均，如式（2-151）所示，则可观察短时平均能量随疲劳度变化的整体趋势。

$$E_{\text{ave}}(i) = \sum_{n=1}^{30} \frac{E(n,i)}{30} \tag{2-151}$$

（2）语音段短时平均过零率 短时平均过零率是指每帧内信号通过零值的次数，一定程度上是信号的频率信息的反馈。对于连续时间的语音信号，过零即表示语音的时域波形通过时间横轴的情况；对于离散时间的语音信号，则表示相邻采样时，代数符号改变的次数。过零率是单位时间内语音信号过零的次数，而平均过零率顾名思义则是一段语音信号的过零率，可定义为

$$\begin{aligned} Z_n &= \sum_{m=-\infty}^{+\infty} |\text{sgn}[x(m)] - \text{sgn}[x(m-1)]| w(n-m) \\ &= |\text{sgn}[x(n)] - \text{sgn}[x(n-1)]| w(n) \end{aligned} \tag{2-152}$$

式中，sgn[ ] 为符号函数；$w(n)$ 为窗函数。

当 $|\text{sgn}[x(m)] - \text{sgn}[x(m-1)]| = 0$ 时，相邻两个样点符号相同，未产生过零；当 $|\text{sgn}[x(m)] - \text{sgn}[x(m-1)]| = 2$ 时，相邻两个样点符号相反，产生过零，但此过零次数重复，因此在统计一帧的短时平均过零率时，求和后需要除以 $2N$，则窗函数可以表示为

$$w(n) = \begin{cases} \dfrac{1}{2N} & 0 \leq n \leq N-1 \\ 0 & \text{其他情况} \end{cases} \tag{2-153}$$

在矩形窗条件下，过零率可简化为

$$Z_n = \frac{1}{2N} \sum_{m=n-(N-1)}^{n} |\text{sgn}[x(m)] - \text{sgn}[x(m-1)]| \tag{2-154}$$

短时平均过零率的计算框图如图 2-131 所示。

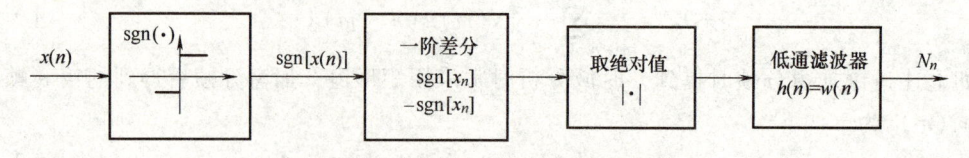

图 2-131 短时平均过零率计算框图

并设 n 为样本序号（$1<n<30$），i 为样本的疲劳度等级，则第 n 个样本的第 i 个疲劳度等级的短时平均过零率为 $Z(n,i)$，设 $Z_{\text{ave}}(i)$ 为所有样本在第 i 个疲劳度的短时平均过零率的平均，如式（2-155）所示，则可观察短时平均过零率随疲劳度变化的趋势。

$$Z_{\text{ave}}(i) = \sum_{n=1}^{30} \frac{Z(n,i)}{30} \tag{2-155}$$

（3）基音频率 语音分清音和浊音，区别在于只有发浊音时声带才会振动，才具有基音，其振动周期称为基音周期，基音周期的倒数称为基音频率，简称基频。需说明的是，声带振动是一个准周期性的振动过程，而不是严格意义上的周期振动。基音检测对于研究语音

信号有重要作用,对于基音周期的研究也有多种研究方法:基于短时自相关法(Auto Correlation Function,ACF)、短时平均幅度差函数法(Average Magnitude Difference Function,AMDF)、倒谱法(Cepstrum Function)的基音周期的估计等。本书中利用语音信号的倒谱特征进行基音周期的估计,所谓倒谱就是对数振幅谱的傅里叶分析。倒谱分析能通过反卷积分离这两个滤波器,其高频部分包含了基音周期的峰值信息。倒谱法估计基音周期首先对语音信号进行分帧加窗,联系上文语音加窗规律,故本书采用汉明窗将语音信号分成语音帧序列,再对语音序列求倒谱得

$$c[n] = \frac{1}{2\pi}\int_{-\pi}^{\pi}\log|S(w)|e^{jnw}\mathrm{d}w \tag{2-156}$$

对数振幅谱中包含许多规律的谐波连续序列,通过对声谱作傅里叶变换可以发现两个谐波峰值间存在间隔,该间隔就是基音周期。

设 n 为样本序号($1<n<30$),i 为样本的疲劳度等级,则第 n 个样本的第 i 个疲劳度等级的语音段基频为 $P(n,i)$,设 $P_{ave}(i)$ 为所有样本在第 i 个疲劳度的语音段基频的平均,如式(2-157)所示

$$P_{ave}(i) = \sum_{n=1}^{30}\frac{P(n,i)}{30} \tag{2-157}$$

(4)MFCC MFCC被广泛应用于语音识别和说话人识别方面。通过对人耳听觉机理的研究不难发现,人的听觉系统是一个特殊的非线性系统,类似滤波器组,对不同频率的语音有着不同的反应灵敏度。人耳会选择性地接收到语音的特定频率,但这些频率往往又不是有规律地分布的。考虑到人类的这一听觉特征,而Mel频率⊖却可以将不统一的频率转化为统一的频率,因此MFCC参数更能体现语音信号的特性,因此本书尝试将MFCC作为语音测疲劳的一项特征参数。

Mel频率与正常频率 f 之间的关系为

$$mel(f) = 2595\lg(1+f/700) \tag{2-158}$$

因此通过Mel频率表示正常频率时,人对音调的感知度呈线性关系。提取MFCC的基本流程如图2-132所示。

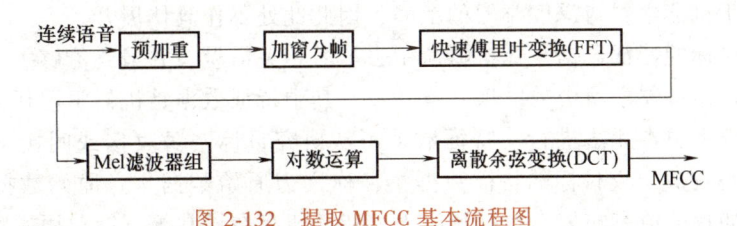

图2-132 提取MFCC基本流程图

连续语音信号 $x(n)$ 经过预加重、加窗分帧等预处理,得到帧序列语音信号,再通过FFT得到语音信号功率谱

$$X_a(k) = \sum_{n=0}^{N-1}x(n)e^{-j2\pi k/N} \quad 0 \leq k \leq N \tag{2-159}$$

⊖ Mel频率是基于人耳听觉特性提出来的,与赫兹频率成非线性对应关系。

再通过由 M 个频率响应如式（2-159）所示的三角带通滤波器组合而成的 Mel 滤波器组，对语音频谱起到平滑并消除谐波的作用。其中三角带通滤波器的中心频率为 $f(m)$，且 $f(m)$ 之间的间隔与 m 值成正比，Mel 滤波器组如图 2-133 所示。

对每个滤波器组输出的能量求对数，并经过 DCT 变化得到 MFCC 系数为

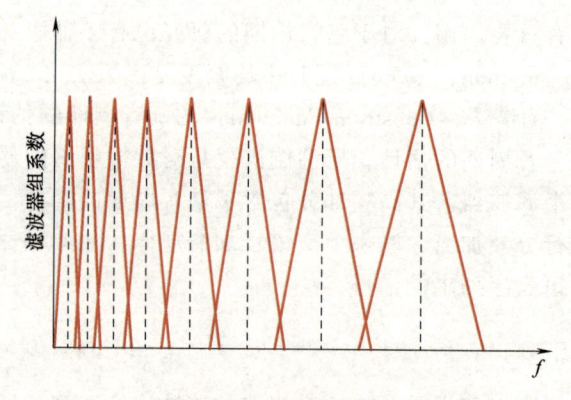

图 2-133 Mel 滤波器组

$$s(m) = \ln\left(\sum_{k=0}^{N-1} |x_a(k)|^2 H_m(k)\right) \quad 0 \leqslant m \leqslant M$$

$$C(n) = \sum_{m=0}^{N-1} s(m)\cos\left(\frac{\pi n(m-0.5)}{M}\right) \quad n = 1, 2, \cdots, L \tag{2-160}$$

式中，L 为 MFCC 系数的阶数，本书中取 12。

设 n 为样本序号（$1 < n < 30$），i 为样本的疲劳度等级，则第 n 个样本的第 i 个疲劳度等级第 j 阶 MFCC 为 $C_j(n,i)$，设 $C_{ave}(i)$ 为所有样本在第 i 个疲劳度的语音段 MFCC 的平均值，即

$$P_{ave}(i) = \sum_{n=1}^{30} \frac{P(n,i)}{30} \tag{2-161}$$

3. 语音特征的分析、筛选

获得驾驶员的语音信号的特征之后，下一步需要对语音信号进行分析处理，以获取最佳的特征参数来描述生理状态。

鉴于不同场景下的语音特征的分析和筛选差异较大，此外语音特征的筛选以及后续的疲劳检测已经属于机器学习与深度学习的范畴，因此此处不作具体展开。

给出研究目标的特征数据，让机器从中去学习相关信息，并最终能够关于研究目标做出推理与决策，这是机器学习中的一项基本任务，其中特征数据是机器学习任务的基础，没有特征机器学习任务根本无法进行。特征数据可从研究目标本身直接或间接（如通过算法提取）获得，最终构成研究目标的特征数据集，称之为原始数据集。原始数据集可能存在一系列的问题，如特征值有缺失、数据量过大、特征值存在异常等。针对原始特征数据集存在的问题进行处理，并在处理后的数据集中提取出有用的信息，这是特征工程的核心内容。简单来说，特征工程就是特征处理的过程。一般来说，特征工程包含以下内容：

1）特征清洗。解决数据异常值、缺失值和数据不均衡等问题。

2）特征变换。对数据进行归一化、离散化、向量化编码等处理，将数据变换成更适合算法执行的形式。

3）数据降维。在数据信息不过分丢失的前提下，减少数据量，加快学习任务的进行。

4）特征选择。从数据集中选出对研究目标有意义的特征。

5）衍生特征。从已有特征计算新的特征，称为衍生特征，衍生特征往往更能反映研究目标的特点。

特征工程是一个广义上的概念，以上内容并不能涵盖特征工程的全部内容，但是属于特征工程中的常见操作，也包含了本次研究中所做的特征处理工作。完整的特征工程体系包含特征的获取、使用、处理、监控等多个方面，但是具体的机器学习任务中并不需要用到特征工程里的全部内容，而是根据任务中存在的具体问题或模型学习的实际效果来分析和决定对原始特征数据作何处理，以获得更好的训练数据，提高模型的学习效果。

4. 基于语音特征的疲劳检测

在筛选出合适的语音信号特征后，便需要机器学习与深度学习等方法来对得到的语音信号特征进行分析和学习，得到的模型便可以用作语音疲劳检测或者语音识别。

经过特征处理的数据最终可用于神经网络模型的训练，从而进行语音疲劳度的分类实验。神经网络是人工智能算法中的一种，在神经科学领域人类对大脑的认识过程中，尝试对大脑的功能与结构进行模拟，因而产生了人工神经网络。神经网络广泛应用于模式识别、自动控制、信息处理等诸多领域。根据网络结构的不同，神经网络可分为 BP 神经网络、卷积神经网络、循环神经网络、模糊神经网络等多种类型，其中卷积神经网络常用于图像处理领域，而循环神经网络常用于自然语言处理领域。误差反向传播算法是训练神经网络的基本算法，该算法的提出打破了曾经限制神经网络发展的瓶颈。2006 年，Hinton 和他的学生 Salakhutdinov 在《科学》杂志上发表了"Reducing the Dimensionality of Data with Neural Networks"一文，对于深层网络训练过程中存在的梯度消失问题，文中提出了先通过无监督的预训练初始化网络权值，再使用有监督的反向传播算法对权值进行微调的解决办法，深度网络的训练问题因此得到了解决，神经网络的研究进入了"深度学习"时代。深度学习算法能够实现自动提取复杂数据的高度抽象特征，研究意义重大。经过十几年的发展，深度学习技术如今已经在图像识别、自然语言处理、无人驾驶等多个领域发挥出了重要作用。

2.4.5 脑电识别技术

脑电技术广泛应用于交通安全领域。1924 年，德国脑神经学家，耶那大学的 Hans Berger 教授首次发现并记录到人脑有规则的电活动。通过大量的实验研究确认了脑电图（Electroenc Ephalo Gram，EEG）的存在后，他于 1929 年正式发表了"关于人脑电图"的论文，对人脑的电活动和脑电图做了精确的描述，奠定了脑电图学的基础。在人脑的中枢神经系统中始终存在着伴随脑神经活动所产生的电位活动，检测出来就是脑电图。此后，脑电技术得到迅速发展，并推广到了世界。脑电技术应用广泛，通过脑电信号可以判断驾驶员清醒、瞌睡、兴奋、疲惫等生理状态，将其应用于驾驶人的疲劳驾驶检测、驾驶行为预测、智能辅助驾驶等研究方向都有着巨大的作用。另外，脑电信号可以在驾驶人疲劳之前就进行预测，所以基于脑电信号的疲劳检测可能会为驾驶人提供更充分的预警时间。但驾驶人使用脑电信号传感器检测时，身体动作会使测量信号伪迹和噪声增加，降低检测准确度。所以，需要使用各种先进的信号处理滤波算法来去除伪迹和噪声，提高信噪比。另外，驾驶人戴上电极帽等脑电传感器后可能会感觉不舒服，从而有抵触心理，不愿意使用。为了缓解这个问题，目前越来越多的方案开始采用无线技术把生理信号传输到手机或其他移动设备进行处理。

1. 脑电信号概述

人的中枢神经系统主要由两种细胞构成，即神经细胞和神经胶质细胞，神经细胞具有感受刺激和传导兴奋的作用；神经胶质细胞对神经细胞有支持、营养和保护作用，但不具有兴奋性，不能发放电冲动。神经细胞由细胞体和突起构成，突起分为树突和轴突。正是这几种结构构成了脑电信号产生的物质基础。

由生物电的基本知识可知，脑电信号即神经细胞的电活动也属于生物电，生物电分为动作电位和静息电位两种。在一般组织中，细胞内 K+ 浓度远大于细胞外 K+ 的浓度，细胞外 Na+ 浓度远大于细胞内的 Na+ 浓度，正是这种离子浓度差，提供了生物电产生的动力。

静息状态时，细胞膜对 K+ 有特殊的通透性，而 Na+ 几乎不能通过，于是 K+ 就会从膜内流出膜外，使膜内电位下降，膜外电位升高，形成一定电位差。而这种电位差产生的电场力使 K+ 外流逐渐减小，最后达成一种动态的电化学平衡。平衡时细胞膜内外电位差可达-70~90mV，这个电位差即静息电位就是 K+ 的平衡电位。由此可知，静息时细胞膜是局部极化。

当细胞兴奋时，细胞膜对 Na+ 的通透性增加，并超过了其对 K+ 的通透性，这时原有的动态平衡就会被打破，膜外大量的 Na+ 流入膜内，形成与静息状态完全相反的平衡状态，这个过程称为去极化。神经元受遗传、病理、电化学或药物刺激时，细胞膜的平衡遭到破坏，产生高度去极化，这时即可产生动作电位，这个局部动作电位又会破坏下一段细胞膜的平衡状态。这一系列反复恢复和破坏细胞膜的生化物理过程便构成了动作电位在神经元和神经细胞膜上的单向传递，这就是脑电信号产生的机理。

2. 脑电信号的一般性质及分类

在人的大脑皮层中存在着频繁的电活动，而人正是通过这些电活动来完成各种生理机能的。大脑皮层的神经元具有自发生物电活动，因此大脑皮层经常具有持续的节律性电位改变，称为自发脑电活动。临床上用双极或单极记录方法在头皮上观察皮层的电位变化，记录到的脑电波称为脑电图。记录到的直接在皮层表面引起的电位变化称为皮层电图（Electrocorticogram，ECOG），无论由头皮或皮层所记录到的波动的电位，都代表由各种各样的活动神经元电流发生器产生的容积导体电场的叠加。

通过检测并记录人的脑电就可以对人的大脑及神经系统状态进行判断，所以很有必要对人的脑电图进行研究。

(1) 脑电信号的一般性质 图 2-134 所示为一种具有正弦波节律的脑电图波形，它是头皮上两点间电位差随时间变化的曲线，图中 ΔE 即为电位的变化量。从图中可以看出，脑电图虽然不是正弦波，但可以作为一种以正弦波为主波的波形来分析，所以脑电图波形也可以用周期、振幅和相位等参数来描述。周期、振幅、相位是脑电图的基本特征。

1) 周期（频率）。脑电图的周期指由一个波谷到下一个波谷的时间间距或由一个波峰到下一个波峰的时间间距在基线上的投影。通常把单位时间内出现的正弦波波数（频率）的倒数称为平均周期，正常人脑电频率主要在 8~12Hz 范围内。

图 2-134 具有正弦波节律的脑电图波形

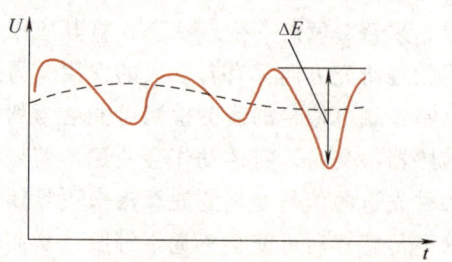

2）振幅。在脑电图中通常从波峰划一直线使其垂直于基线，由这条直线与前后两个波谷连线的交点到波峰的距离称为脑电图的平均振幅，如图2-135所示。

3）相位。脑电图的相位有正相与负相之分，以基线为准，波峰朝上者为负相波，波峰朝下者为正相波。另外，在记录两个部位的脑电波时，其相位差也应予以考虑。当两个波的相位相差180°时称为相位倒转；如果其相位相差为零，则称为同相，其相位差一般不用度数表示，而把其转换成时间轴距离，以ms为单位。

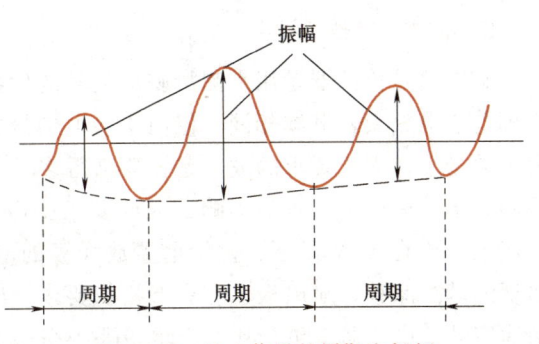

图2-135 脑电信号的周期和振幅

（2）**脑电信号的分类** 图2-136所示为现代脑电图学中脑电信号测量原理和四种基本波形，根据频率与振幅的不同将脑电波分α波、β波、θ波及δ波。

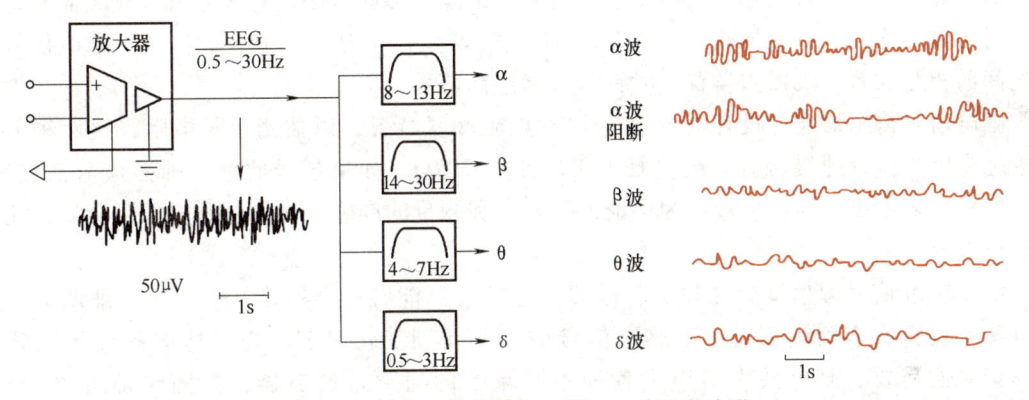

图2-136 脑电信号测量原理和四种基本波形

α波可在头颅枕部检测到，频率为8~13Hz，振幅为20~100μV，它是节律性脑电波中最明显的波；整个皮层均可产生α波。α波在清醒、安静、闭眼时即可出现，波幅由小到大，再由大到小规律性变化，呈棱状图形。

β波在额部和颞部最为明显，频率为14~30Hz，振幅为5~20μV，是一种快波。β波的出现一般意味着大脑比较兴奋。

θ波频率为4~7Hz，振幅为10~50μV，它是在困倦时，中枢神经系统处于抑制状态时所记录的波形。

δ波在睡眠、深度麻醉、缺氧或大脑有器质性病变时出现，频率为0.5~3μV，振幅为20~200μV。

脑电图的波形随生理情况的变化而变化。一般来说，当脑电图由高振幅的慢波变为低振幅的快波时，意味着兴奋过程增强；反之，当脑电图由低振幅快波转化为高振幅的慢波时，则意味着抑制过程进一步发展。

正常的成年人、儿童、老年人的脑电图均有自己的特点，清醒和睡眠时的脑电图不同。不同人的脑电图也各不相同，现代脑电图学已经建立起了正常人的脑电图诊断标准和异常脑电图诊断标准。因此，脑电图在疲劳驾驶检测领域有极为重要的价值。

3. 脑电信号传感器

脑电信号传感器是用来测量脑电信号的生物电放大器。它的主要单元脑电放大器的工作原理与心电放大器基本相同，但由于脑电信号的幅值范围为 10~100μV，比标准心电信号小两个数量级，因此要求的放大增益要高得多。由于信号太微弱，同样大小的共模电压对脑电检测将会造成更为严重的影响，因此要求脑电放大器有更高的共模抑制比，一般为 100dB。噪声电压应在 1μV 以下，供给前置放大级的电源纹波电压应小于 0.5mV。为了防止极可能出现的基线漂移，对电极也有更严格的要求，应采用 Ag-AgCl 极，以减少极化电压影响和提高稳定性。由于脑电电极比心电电极要小得多，因此具有较高的信号源阻抗，这就要求脑电放大器有更高的输入阻抗（大于 5MΩ）。除此之外，结合脑电图临床检查的特点，对整机还提出了一些特殊的要求。由于脑电信号一般由若干个头部电极从统一的部位引出，引出的电极线有若干根，因此经常采用中间接线盒（又称输入盒），电极引出线直接与输入盒相连，通过输入盒引出线再将脑电信号送到脑电图机中去。由于导联数较多，而且为了观察脑电场分布的对称情况和瞬时变化，一般要求进行同步记录。因此，必须有多通道的放大器和记录器同时工作。常见的有 8 导联、16 导联、32 导联等。另外为了便于分析各导联脑电信号波形之间的相互联系，机器内设置了时钟信号和定标信号。

脑电信号传感器还应设有电极-皮肤接触电阻测量装置，以估测接触电阻，提示采取改进措施来保证良好的接触。一般接触电阻应小于 20kΩ，如果超过此值，则必须清洁皮肤，处理电极和采用更好的电极膏。为保证人身安全和测量的准确，测量电源应采用交流恒流源和隔离电源。

由于脑电信号幅值变化比较大，故要求增益控制能有更多档级，包括粗、细调节，定标电压也设置有多种幅值；由于脑电信号的频率差别变化显著，为了适应各种不同频率波形记录的需要，脑电放大器应有各种不同频率的通频带滤波器，并随时都可以转换。脑电图是由不同频率、不同幅度和不同波形的脑电波组成的，反映了通过感觉器官的各种信息的传递、处理过程，脑电波具有非常大的信息量。目前，对脑电信号的分析大多还是采用人工的办法，自动分析还刚刚起步。一般脑电图包含有 0.5~60Hz 的频率成分，其中 1~30Hz 特别重要，所以一般都在这个范围内进行分析。图 2-137 所示为脑电频率分析器的结构原理框图。脑电信号来自脑电图机的输出或直接来自电极，经输入选择和电平调整后送入前置放大器，然后输出到带通滤波器。每一通道有五个通带，可以用下列两种中的任何一种。

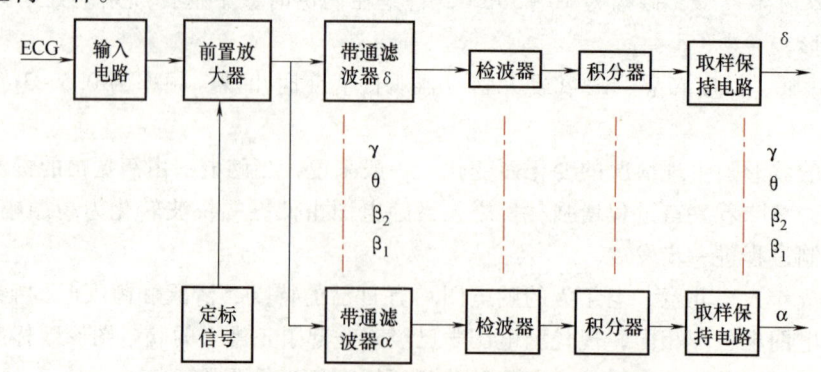

图 2-137 脑电频率分析器的结构原理框图

1) 2~4Hz，4~8Hz，8~13Hz，13~20Hz，20~30Hz。
2) 1~2Hz，2~4Hz，4~8Hz，8~13Hz，13~20Hz。

这些带通滤波器一般采用三级或四级参差连接或采用高阶带通有源滤波器、检波器全波检出脑电信号，经积分器后送到取样保持电路。脑电频率分析器可以把脑电信号的积分值进行描记、比较。

因为脑电信号传感器的电路结构同心电信号传感器基本相似，故不再就具体电路进行分析。如图2-138所示为脑电信号传感器框图，其构成包括输入盒、低噪声和高输入阻抗EEG前置放大器。实现EEG的导联选择、频段选择、灵敏度选择等。现代的脑电信号传感器设计，通常由计算机实现控制。

4. 脑电信号传感器的应用

（1）**脑电疲劳驾驶传感器** 基于对驾驶人脑电信号采集分析进行驾驶疲劳状态判定，

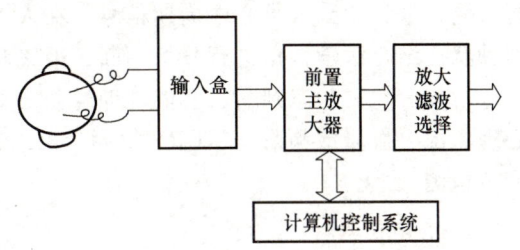

图2-138 脑电信号传感器框图

将复杂的脑电信号处理为表征驾驶人状态的特征指标，如脑电信号各节律波频带能量占比、模糊熵等特征指标进行疲劳检测来保障行车安全。

（2）**热笔描记式脑电信号传感器** 这是临床应用最为广泛的一种脑电信号传感器。它一般配置8~16导电极，用笔式记录器将脑电图记录在纸上。

（3）**无纸脑电信号传感器** 该类型的脑电信号传感器由放大器、配有A/D转换器的计算机和打印机所组成，一般也配置8~16个电极。有的无纸脑电图机还具有一定的分析功能。

（4）**脑电地形图仪** 其至少要配置16个电极，且打印机能输出彩色图像。脑电地形图仪原理是把按照国际10~20系统安放在头皮上的电极位置投影到一个平面上，然后利用信号处理的方法计算每一个信号的功率谱，并加以插值，绘出头皮上脑电信号功率谱强度的分布。

（5）**脑电监护仪** 一个实际的脑电监护仪除了能实时地、连续不断地显示脑电波形外，还应具有存储功能、数据管理功能，能够像心电监护仪那样具有报警功能。

（6）**脑电"Holter"** 此词来自心电Holter，即动态脑电长时间记录仪。它一般配置3~16个电极，应具有存储24h脑电信号的能力。若采样频率按100Hz、A/D转换器的精度按8bit计，那么单个导联24h的数据量是8.64MB，16导联则是138MB。如此大量数据的存储，放大器的小型化及放大器的供电是脑电"Holter"的关键技术。早期的存储介质是磁带，近年来有人用存储芯片构成所谓"固态存储器"。为了解决体积、供电与存储量的矛盾而多采用数据压缩技术。目前脑电"Holter"记录器的发展趋势是利用闪速存储卡或是1.8in（1in=2.54cm）的小硬盘。这两类记录介质都可实现16导联脑电信号的无压缩记录。

（7）**脑电分析仪** 此处所说的脑电分析仪既包括脑电"Holter"的回放分析系统，也包括一般意义上的脑电分析系统。近20多年来，工程技术人员几乎把所有信号处理学科的技术都应用于脑电信号，取得了可喜的成果。

2.4.6 心率心电识别技术

心率心电检测技术广泛应用于交通安全领域。驾乘人员驾驶过程中产生疲劳、瞌睡等生理状态时，其心率心电信号中血氧饱和浓度、心率异变性（HRV）、呼吸变异性（BRV）等指标会有明显的变化，基于心率变异性的驾乘人员精神疲劳的判定指标，利用基于毫米波的非接触式生物雷达波心率监测技术和心率心电接触式监测技术，对驾乘人员心率心电变化进行监测，采集驾乘人员心电周期信号，在人工智能加持下，对此信号进行分离。将驾乘人员驾驶状态结合医学数据进行分析判断，最终利用驾驶人的心率、血压、血氧、呼吸等关键指标进行疲劳驾驶状态判断、智能辅助驾驶决策。除上述基础生理指标外，还可以对驾驶人的心理状况、血氧饱和浓度、HRV 检测、BRV 检测等四大类及 30 多小项的生理指标进行驾驶疲劳检测。

1. 心电信号

心脏的节律性收缩和舒张，维持着人体全身血液循环。心脏的节律性跳动是由心肌细胞节律性收缩产生的，而这种有规律的收缩又是生物电信号在心肌纤维传播的结果。心肌纤维由大量心肌细胞组成，细胞兴奋以及兴奋沿传导系统向整个心脏传布。在心脏右心房和上腔静脉交界处的窦房结组织，结中有一团起搏细胞，在正常情况下，发出 60~100 次/min 电信号传至心脏各部分，使心脏各部分细胞依次地发生兴奋，即由原来的极化状态转化为去极化状态，兴奋过后又从去极化状态转化为极化状态。

人体组织内存在的大量体液可视为电解质溶液，因此人体就是一个容积导体，心肌细胞电活动可以扩布到全身各处，不仅可从心脏本身测出电信号，也可由体表用电从心脏本身测出电信号，也可由体表用电极测量。可以把心肌电活动等效看作一个电偶极子，称为心电偶。它在某一时刻的电偶极矩是所用心肌细胞电偶极矩的矢量和，称为心电向量。心电偶在空间产生的电场称为心电场。在体表某处测量的心电图是心电向量在该方向的投影。在体表各点的电位分布是不同的。任意两点间的心电电位差的周期性曲线，称为心电信号 ECG 或 EKG（Electrocardiogram）。心电图反映心脏兴奋的产生、传导和恢复过程中的生物电变化。心脏各部分动作电位与心电图的关系如图 2-139 所示。图 2-139 上面各个波形是心脏不同部位的细胞动作电位，下面图形是体表测量的心电信号，两者存在相互对应关系。

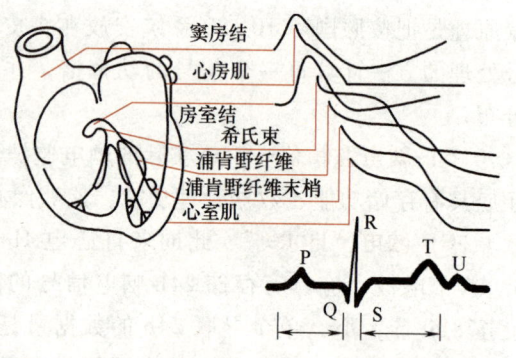

图 2-139 心脏各部分动作电位与心电图的关系

心肌细胞的生物电位变化是心电信号的来源。由图 2-139 可见，显然心电信号曲线与单个心肌细胞的生物电位变化曲线有明显的区别，原因有以下三点：

1) 单个心肌细胞电位变化是用细胞内电极记录方法得到的，即一个电极放在细胞表面，另一个电极插入细胞膜内。所记录的是细胞膜内、外电位差，包括细胞膜的动作电位和静息电位。心电图在体表记录，是所有心肌电兴奋传导到体表的结果。

2) 心肌细胞电位变化反映的是单个细胞膜电位变化，而 ECG 反映的是一次心动周期中整

个心脏的生物电位变化和传导过程。因此 ECG 是很多心肌细胞电活动综合效应在体表的反映。包括窦房结和房室结组织、心房、浦肯野纤维及心室组织等表现的电活动，如图 2-139 所示。

3）心电信号电极放置位置不同，记录的心电信号曲线也就不相同。

1903 年威廉·爱因多芬（Wilam Einthoven）应用弦线电流计，第一次将体表心电信号记录在感光片上，1906 年他首次在临床上用其抢救心脏病人，于是产生了世界上第一张从病人身上记录下来的心电信号，轰动了当时的医学界，人们将这台弦线电流计称为心电图机。1924 年威廉·爱因多芬被授予生理学及医学诺贝尔奖。

2. 心电信号传感器

记录心电信号都采用固定位置，以便相互交流。心电信号记录时所采用的联线方式称为心电图导联。测定 ECG 的电极位置和引线与放大器联接方式有严格的统一规定，即心电图导联系统。目前广泛使用十二导联的心电图机，这种心电图机结构简单，操作方便，自动将人体 12 导联心电图依次描记在心电图纸上，供基于心电信号的研究与分析。

3. 心电信号传感器的设计特点

心电信号传感器的设计特点包括以下几点：

（1）**前置放大器增益的限制**　电极极化电位的存在是前置放大器增益限制的原因。金属导体与电解质溶液接触时，它们之间要产生电位差，其大小取决于金属性质和电解质的成分。金属和电解质溶液之间释放离子，在金属与溶液的界面产生一个双电层。这就是电极极化现象。

如果两电极极化电压及其极性相同，则将作为共模直流信号送入心电信号传感器前置放大器。由于心电前置放大器具有较高的共模抑制比（CMRR）。因此可以克服一定范围内的共模极化电压，若两电极极化电位不等，则两极化电压之差作为直流差模信号送给心电图机前置放大器。如果此差模信号较大，而前置放大器的增益又较高，势必造成前置放大器静态工作点偏离，甚至进入截止或饱和的失真状态。因此，设计前置放大器时增益不能太大。前置放大器为一直接耦合式放大器，一般说来其增益设计在 20 左右。若以输出动态范围为 ±5V 为例，则前置放大器允许的最大差模电极极化电位应小于 ±250mV。

（2）**电极与皮肤的接触电阻对 CMRR 的影响**　心电的测量一般在非屏蔽环境下进行，源电阻直接影响到干扰电平，而源电阻不对称将使输入回路 CMRR 下降，不可避免地会把共模干扰信号转化为电路无法克服的差模信号。如能增大心电图机前置放大器输入电阻，则可减小其影响。所以心电信号传感器前置放大器输入端为高输入阻抗的缓冲器。

（3）**频率响应**　心电信号传感器的频率响应要求，在 ±10mm 描记范围内一般应达 0.05~100Hz（-3dB）。下限频率要求达到 0.05Hz，即时间常数为 3.2s。上限频率则由于记录器不断改进，提高到 100Hz（-3dB）或者更高。

（4）**增益**　输入 1mV 定标电压时，记录笔偏转的毫米数即为心电信号传感器的灵敏度。心电信号传感器一般要求 5mm/mV、10mm/mV、20mm/mV，也就是系统增益为 500、1000 和 2000。并设有增益细调，用于增益的精确校正。

（5）**线性**　线性描记范围内，误差应在 ±(1%~0.5%) 范围内，即描记范围为 ±20mm 的心电图机，误差不应在 ±(0.2~1.0)mm 之间。

（6）**共模抑制比（CMRR）**　CMRR 是衡量心电信号传感器抗干扰能力的一项重要指标。

共模干扰包括电极极化电位,50Hz 或 60Hz 工频干扰以及其他共模干扰。一般心电信号传感器的 CMRR 应达 80dB 以上。

(7) 噪声 过大的噪声会影响心电信号传感器测量的分辨率。心电信号传感器内噪声是指折合到输入端的闭路噪声,同时心电信号传感器在实测时会引入信号源的噪声,因此噪声可能要比内噪声更大些。

(8) 安全 心电信号传感器的导联电极直接置于人体体表,安全问题十分重要,尤其采用导管法记录心内心电图时更是如此。为了防止病人电击事故发生,设计心电信号传感器时必须认真考虑。一般认为小于 10μA 的漏电流才是微电击安全脱离电流,小于 10mA 的漏电流为宏电击安全脱离电流。为避免病人电击事故,一般采用两种方法:一是在地线中串接 5mA 熔丝,二是采用浮置前置放大器,使漏电流减小到 10μA 以下。

4. 心电信号传感器的组成结构

心电信号传感器从最早的弦线电流计发展到现在计算机控制方式,经历了电子技术飞跃变革的几个阶段。但是心电信号传感器的基本结构没有改变。心电信号传感器虽然种类和型号繁多,但一般都由下列各基本结构组成,如图 2-140 所示。

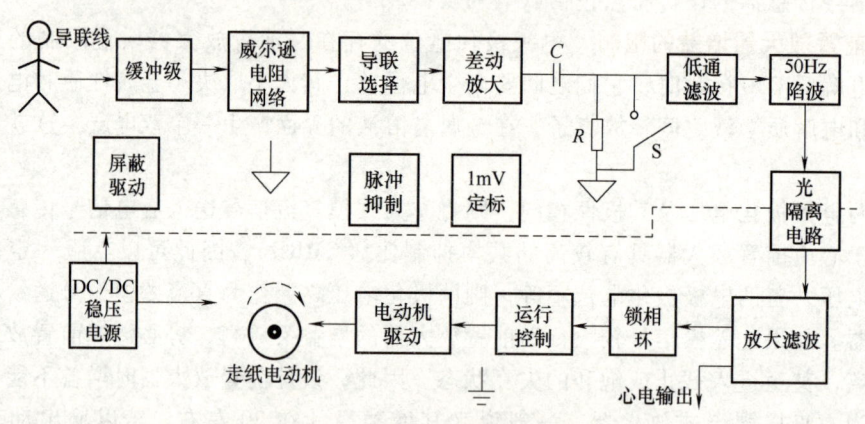

图 2-140 心电信号传感器基本结构

(1) 导联线 标准 12 导联心电信号传感器由 10 个电极组成导联线,包括 3 个肢体电极,6 个胸部电极和一个右腿接地(右腿驱动)电极。电极部位、电极符号和相连导联线的颜色,均有统一规定,见表 2-16。电极获取的心电信号仅为毫伏级,所以导联线均用屏蔽线。导联线的芯线和屏蔽线之间有分布电容存在(约 100pF/m),为了减少电磁感应引起的干扰,屏蔽线可直接接地,但这样会降低输入阻抗。也可以采用屏蔽驱动,这样可减少共模误差和不降低输入阻抗。

表 2-16 电极部位、电极符号和相连导联线颜色的规定

电极部位	左臂	右臂	左腿	右腿	胸
符号	LA 或 L	RA 或 R	LL 或 F	RL	CH 或 V
导联线颜色	黄	红	蓝	黑	白

(2) 缓冲放大器 标准缓冲放大器保证心电信号传感器的高输入阻抗要求,起到阻抗变化作用。输入保护电路采用电压限制器(高压放电管),低压限制器(二极管限幅器)。

高频滤波器为一阶 RC 低通滤波电路组成，滤波器截止频率为 10kHz 左右，可滤去高频杂散干扰（如电器、电焊的火花发出的电磁波），确保心电信号的顺利通过。

（3）**威尔逊电阻网络** 威尔逊电阻网络是按照标准 12 导联心电图定义组成的电阻网络。

（4）**导联选择器** 导联选择器包括缓冲放大器、威尔逊电阻网络和自动导联切换电路。完成标准 12 导联的电极和差动放大器对应连接，即导联按顺序进行切换。每次实现一种导联的心电信号传感器测量，依次完成 12 个导联心电图测量。

（5）**差动放大** 差动放大是心电图前置放大的主要部分，和缓冲放大器一起组成心电图前置放大。差动放大的作用是将幅度仅为毫伏级的微弱心电信号进行放大。同时必须具有高抗干扰能力，即具有高共模抑制比。本级还包括 1mV 标准信号发生器和除颤脉冲抑制电路。心电信号传感器均备有 1mV 标准信号发生器，它产生幅度为 1mV 的标准电压信号，作为检验放大器性能的定标。一般使用心电信号传感器之前，都要进行定标检查。通过在前置差动放大器输入 1mV 定标信号，使描记出幅度为 10mm 高的标准波形（即标准灵敏度）。

（6）**RC 时间常数电路** RC 时间常数电路实际上是阻容耦合电路，即高通滤波器。它的作用是去除前置放大器的直流电压和直流极化电压，耦合心电信号，保证心电信号低端频率界限为 0.05Hz。RC 时间常数电路由 RC 电路组成，为使心电信号不失真地耦合到下一级，必须选用合适的 RC 参数，其大小决定 RC 耦合器的低频响应。RC 乘积越大，放大器的低频响应越好，但 RC 的值不能无限制加大，否则会使充放电时间延长。RC 电路的放电通过闭锁电路完成，以加快导联切换的速度。

（7）**低通滤波器和 50Hz 陷波器** 心电信号的高频响应界限为 100Hz，由 100Hz 低通滤波器完成。50Hz 陷波器用于加强滤除 50Hz 干扰。有的心电信号传感器还设有 40Hz 低通滤波器用于滤除肌电干扰。

（8）**光隔离器** 光隔离器采用光电耦合器或者集成光隔离放大器实现前置放大器的浮置工作，保证测量的安全，提高信号的质量。

2.4.7 肌力肌电识别技术

肌力肌电识别技术在交通安全领域应用广泛。疲劳驾驶包含驾乘人员的精神疲劳驾驶和肌肉疲劳驾驶。目前，与我国驾驶疲劳法律相关，研究驾驶人连续驾驶所带来的肌肉疲劳的研究较多，疲劳驾驶不仅会引发交通事故，还会引起驾驶人职业病。基于肌力肌电识别技术对连续驾驶的驾驶人肌肉工作生物电信号进行研究。人体骨骼肌共 400 多块，每块肌肉附着在骨骼和结缔组织上，在神经系统的控制下，成为一个具有执行一定运动机能的机械性效应系统，疲劳驾驶常用肌肉分别是颈夹肌、上斜方肌、中斜方肌、肱二头肌、肱三头肌、竖脊肌中部、冈下肌、背阔肌。兴奋和收缩是骨骼肌的最基本机能，也是肌电图形成的基础。肌电图记录的是不同机能状态下骨骼肌的电位变化，这种电位变化与肌肉的结构、收缩力学、收缩时的化学变化有关。肌电图记录肌肉收缩时的力学效应，神经电图则记录外周神经的动作电位的效应。基于肌力肌电识别技术可对驾乘人员肌肉疲劳驾驶状态进行有效的判断。

1. 肌电信号

肌肉的生物电活动形成的电位随时间的变化曲线称为肌电图（EMG）。肌电活动是一种快速的电变化,它的振幅为20μV到几毫伏,频率为2Hz～10kHz。

所谓运动单位就是用来表示肌肉基本功能的单位,由一个运动神经元和由它所支配的肌纤维构成。一个运动单位所包括的肌纤维数目一般有10～1000根。运动单位为肌肉活动的最小单位,实际看到的肌肉收缩,是众多个运动单位共同参加活动的结果。正常肌肉在轻微主动收缩时,出现的动作电位称为运动单位电位,它表示一个脊髓前角细胞所支配的肌纤维的综合电位或亚运动单位的综合电位。正常运动单位电位的特征如下:

(1) **波形位相图** 分段正常肌肉的动作电位,用单极同心针电极引导,由离开基线偏转的位相来决定,根据偏转次数的多少分为单相、双相、三相、四相或多相电位。一般以单相、双相或三相为多见。达四相者在10%以内,五相者极少。五相以上者定为病理或异常多相电位。图2-141所示为波形位相图。

(2) **时程**(时限) 时程指运动单位电位从离开基线的偏转起,到返回基线所经历的时间。运动单位电位时程变动范围较大,一般在3～15ms范围。运动单位时限的测量如图2-142所示。

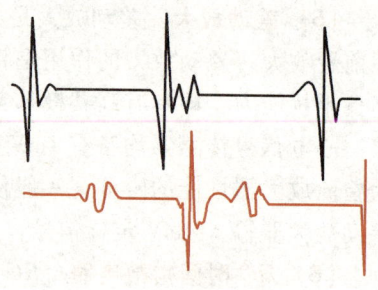

图2-141 波形位相图

(3) **电压** 正常肌肉运动单位电压是运动肌纤维兴奋时动作电位的综合电位,是正、负波最高偏转点的差,一般为100～2000μV,最高电压不超过5mV。运动单位电压的测量如图2-143所示。

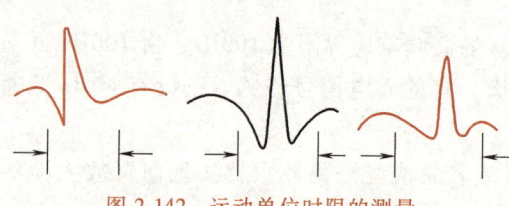

图2-142 运动单位时限的测量

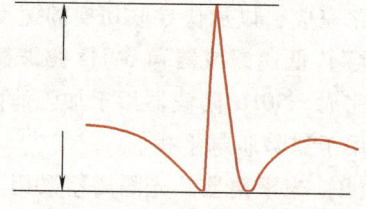

图2-143 运动单位电压的测量

正常肌肉的动作电位波形、电压和时程变异较大,原因是不同肌肉或同一肌肉的不同点运动单位的神经支配比例不同,年龄差异,记录电极的位置等都是影响变异的因素。故若确定上述参数的平均值,应在一块肌肉几个点做多次检查,因此细心检查是非常必要的。以前的仪器由医生人工寻找运动单位电压,是费力费时的工作。目前很多新型的肌电图机具有自动寻找运动单位电压的功能。

2. 肌电信号的一般性质及分类

正常骨骼肌做轻度、中度或最大用力收缩时,参加活动的运动单位增多,可出现如下肌电波形,如图2-144所示。

(1) **单纯相** 轻度用力收缩时,只出现几个运动单位电位相互分离的波形。

(2) **混合相** 骨骼肌做中度用力收缩时(不完全强直收缩),多个运动单位持续活动,

图2-144 正常肌肉不同程度收缩时肌电波形图

肌纤维放电频率增加，有些部位较密集难以分出单个运动单位电位，有些部位较稀疏可以分出单个运动单位电位，称混合相。

(3) 干扰相　骨骼肌做最大收缩时（完全强直收缩），被动员参加活动的运动单位增加，几乎全部运动单位皆参加了活动，可产生节律的、反复发生的动作电位，呈密集相互干扰的波形，称干扰相。振幅一般在 2~5mV，此时波形及时程难以分析。现代肌电图机对干扰相给出的每秒翻转次数和平均电压两个参数。

肌肉不同程度收缩时的肌电图通常采用积分肌电图，肌电图测量流程包括 EMG 放大器、双向整流电路、积分器及肌肉张力测量装置等。适当调节积分器的积分时间常数，可以得到与肌肉收缩张力相关的变化。用积分肌电图描述肌肉不同程度收缩的大小。

3. 肌电信号传感器

肌电信号传感器与脑电信号传感器十分相似，其主要组成部分是电极、前置放大器盒、主放大器、辅助设备等。

在肌电信号中，不仅有运动单位的动作电位，还有神经电位。动作电位的幅度在几十微伏到几毫伏范围，约达到 60dB 的变化。神经单位信号在 $1\mu V$ 以下。肌电放大器增益设计应与信号幅度的变化特点相适应，通常总增益可达 106 以上。肌电信号的频谱很宽，范围为 2Hz~10kHz。用针电极提取肌纤维的动作电位时，电极与肌纤维的接触面积仅有 $0.07mm^2$，接触阻抗有时高达 $1M\Omega$ 以上，因此要求肌电放大器的输入阻抗必须大于 $100M\Omega$。肌电放大器其他低噪声、低漂移、高共模抑制比等指标的要求，相对比心电放大器、肌电放大器更严格。

诱发电位与肌电都属于生物电信号中的快变化信号。具有良好的高频特性的肌电放大器，通常也适用于诱发电位的放大、测量。

为了适应被测信号的波幅相差悬殊的特点，肌电放大器增益应可在大范围内调节，这是很重要的。前置级增益为 200，主放大器增益分×1、×10 两档；衰减器衰减系数为 1、0.5、0.25、0.1、0.05、0.025、0.01、0.001，分为八档；高频滤波器增益为两档。以上均由灵敏度寄存器的数据输出，经过光电耦合对模拟开关进行控制，实现调节。

根据需要，如进行单纤维肌电图和脑皮层诱发电位测量时，必须将频率范围向上或者向下扩展，实现频率的上、下值调节，这是对肌电放大器功能的基本要求。肌电放大器的频率下限为：500Hz、200Hz、100Hz、50Hz、20Hz、10Hz、5Hz、2Hz、0.5Hz；上限频率为 20kHz、10kHz、5kHz、2kHz、1kHz、0.5kHz、0.2kHz、0.1kHz，均由滤波寄存器的数据输出经光电耦合实现控制。肌电放大器与其后面的信号处理电路通过光电耦合实现电气隔离。所有从后面的信号处理电路和微机系统来的数字控制信号，均通过光电耦合电路进行隔离。模拟信号与数字信号无共地联系，所以模拟信号放大的过程中能免受数字电路中干扰的危害，通常放大器安置在主机之外的单独屏蔽盒内。信号通道中各无源网络构成的功能电路——衰减、低频滤波、高频滤波之间，都注意到用缓冲级进行阻抗变换。由地址总线通过地址译码为各寄存器提供时钟信号；数据总线经过缓冲级送入各寄存器，由程序设计分别实现放大器放大倍数、通带选择等参数的调节。

样本熵的嵌入维数 m 通常可取 1 或 2，肌电放大器中前置级的低噪声和高共模抑制比设计是实现放大器所要求的高性能指标的关键，电路结构是人们已经熟知的同相并联差动放大形式，如图 2-145 所示。采用集成运算放大器件，只要设计正确，电路的共模抑制比能达到 100dB 以上，如同前面的理论分析，A_1、A_2 器件本身的共模抑制比应具有高对称性，其差值须小于 0.5dB；差动级的共模抑制比对肌电放大器总共模抑制比的影响最大。因此，一方面 A_3 器件本身的共模抑制比应较高，另一方面外回路电阻的匹配精度要求较高。当 A_3 器件的共模抑制比 CMRR ≥ 120dB 时，按图 2-145 设计的增益分配，并设电阻匹配精度 $\delta \leq 10^{-4}$，则总共模抑制比可达 113dB 以上。

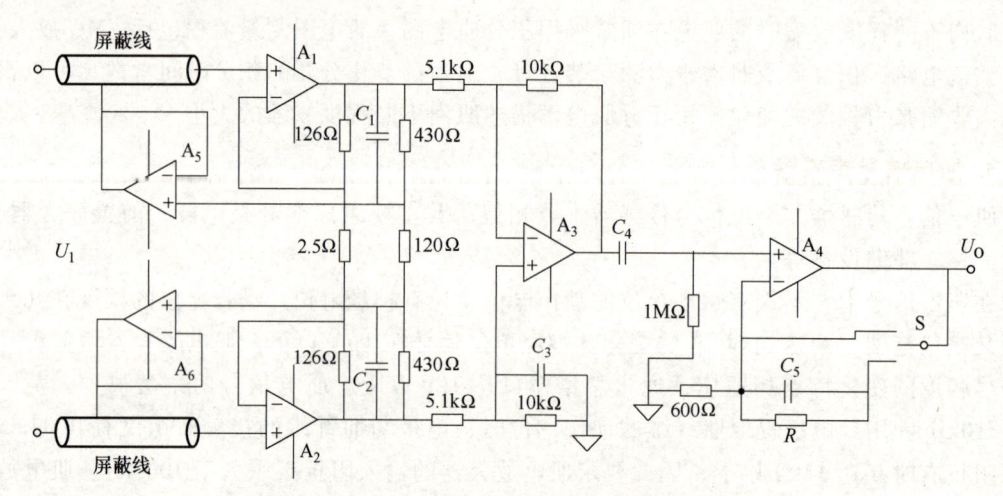

图 2-145　肌电、诱发电位放大器前置主放电路

关于前置级的低噪声设计，概括为以下几点。

1) 根据信号源为高内阻源的特点。为实现噪声匹配，选择场效应输入的低噪声运算放大器件构成前置级。选用 OP27 或 OP77 低噪声运算放大器件，可以满足低噪声性能的要求，其 U_N、I_N 参数为

$$U_N = 3.5 nV/\sqrt{Hz}$$
$$I_N = 10^{-12} A/\sqrt{Hz}$$
(2-162)

图 2-146 所示为 OP27 的 $1/f$ 噪声特性。OP27 的 $1/f$ 噪声的转折频率为 18Hz。因此作为肌电放大器的 2Hz ~ 20kHz 带宽要求，$1/f$ 噪声影响已不是主要的危害。

2) 合理的增益分配。遵循低噪声设计的原则，前置级的电压增益越大，后边各级电路所造成的噪声的影响越小，因此，前置级增益应尽可能高。但是前置级电压增益受到放大器动态工作范围的限制，而且在去除电极的极化电压之前的前置级，动态范围受极化电压的限制。前置级中，第一级的电压增益，对放大器的噪声影响最大，第一级电压增强高，将提高信号的质量，有较高的信噪比。如图 2-145 所示的前置级增益分配为：输入级电压增益为 100，第二级电压增益为 2，所以前置级电压增益为 200。电极的极化电压通常为几十毫伏，对于肌电信号，约 20mV 的动态范围就足够了。由实验可以看到，第一级电压增益的变化对放大器的噪声性能有很明显的影响。

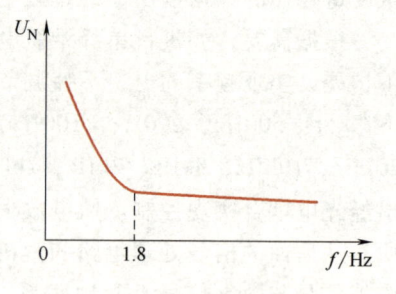

图 2-146　OP27 的 $1/f$ 噪声特性

3) 低噪声运算放大器件的输入端（对 A_1、A_2 而言）不允许附加任何额外电阻，信号端的电阻将引入噪声电压，地端的电阻产生附加的噪声电流。对于输入级的信号输入端的敏感回路，应格外予以注意。

4) 前置级中的输入级各反馈电阻 R_F、R_W（图 2-145 中的 126Ω，2.5Ω）与低噪声运算放大器 A_1、A_2 输入的输入端相连接，由其噪声等效电路可知，这些电阻本身的热噪声将成为输入噪声 UNI 的一部分。因此，此电阻的阻值越小，放大器的噪声性能越佳。图 2-145 所示的电阻取值，已接近允许取值的最低值。

5) 前置级的低噪声设计中，去极化电压的电容 C_4 和光电耦合器位于信号传送的主通道上，其本身的噪声成为放大器中的重要噪声源。为了削弱其噪声危害，总的设计原则是，在动态范围允许的情况下，尽可能将其设置在放大电路的后一部分。

2.4.8　血液循环状态识别技术

血液循环状态识别技术在交通安全领域应用广泛。与我国驾驶疲劳法律相关，研究驾驶员连续驾驶所带来疲劳的研究状态与其自身血液循环状态关联性可以对驾驶人生理状态进行一个准确的判断。驾乘人员血液循环状态识别技术主要包括脑血液循环、肢体血液循环等，血液循环加快，脑和肢体血氧供应减少会导致驾乘人员出现开车精力不集中、观察判断力下降等问题，为安全行车带来较大隐患。因此，基于血液循环状态识别技术可对驾乘人员生理疲劳驾驶状态进行有效的判断。

1. 非损伤性血液循环传感器

进行生理监测时，有时需要了解流入血管末梢的血流，或流入某段肢体的血流是否充分，尤其是在对血管重接的外科手术效果进行评价时，这种测量更为必要。目前，有一系列的方法测量末梢血流，其中比较可靠的方法是非损伤的，又能得到定量结果的静脉闭塞血流图。

这种静脉阻塞体积描记法（Venous Occlusion Plethysmography，VOP）VOP 技术是在待测肢体的近端靠近关节处加一脉压带，并加压到刚刚阻断静脉血液的回流，而在远端加另一脉压带，加压到阻断动脉血流（如是测量整个肢体，则只需要加静脉脉压带）。这样，该段肢体内就只有血流进入而没有血流流出，并引起肢体的容积变化。如果忽略其他因素，可由容积变化曲线的斜率求得阻断期间流入肢体的动脉平均血流量。

图 2-147 是 VOP 血液循环测量方法示意图。测量肢体容积变化的方法大致有三种：第一种方法是用充水系统，因为水可认为是不可压缩的，则水的容积变化可视为血流量的变化。第二种方法是用充气系统，通过测量气体容积或压力的变化，换算成血流量的变化。以上两种方法要注意避免由于温度变化造成的基线漂移，对充气系统，这一点尤其要注意。第三种方法是应用弹性应变仪进行测量，将肢体容积的变化转化成电阻值的变化量输出。

2. 电磁式血液循环传感器

这是一种损伤性测量血液循环的方法，要求手术剥离出待测的血管，并将其嵌入传感器的磁气隙中，由传感器输出的电压值表示血管血液循环的平均速度，再根据测出的血管横截面积，最终可求出血流量。这种方法目前已比较成熟，为了能适应于临床测量的需要，传感器按各种尺寸设计成系列化，可检测血管的最小直径为 1mm 以下。这种方法的准确度较高，可作为检测完整血管中脉动血流量的标准方法。电磁血液循环传感器如图 2-148 所示。

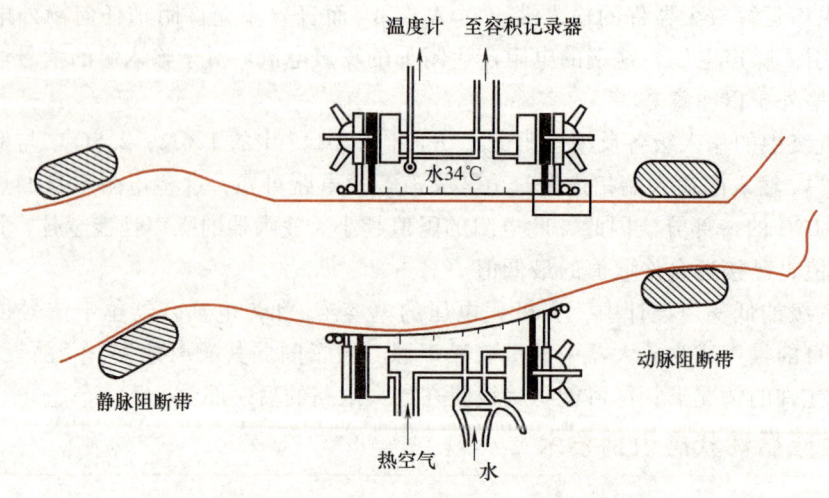

图 2-147 VOP 血液循环测量方法示意图

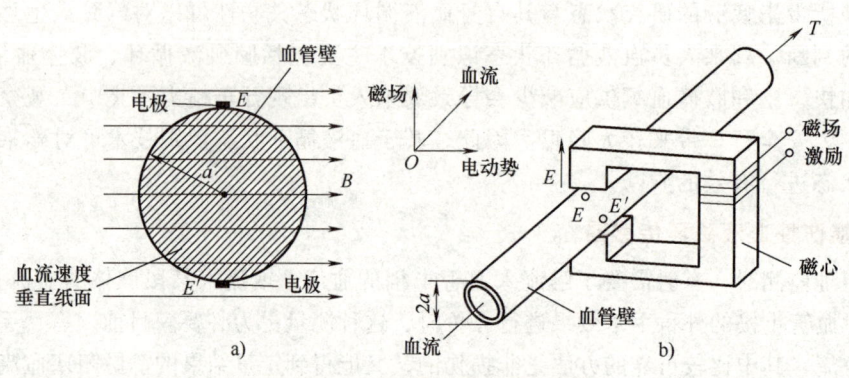

图 2-148 电磁血液循环传感器

根据电磁血液循环传感器的原理，在垂直于血管轴向方向上加一磁场 B，并在与 B 相垂直的方向的血管表面两侧安装电极，测出电极之间的电压 V 为

$$V = 2aBv_a \tag{2-163}$$

式中，B 是磁气隙的磁感应强度；a 是血管的半径；v_a 是血管内血流的平均速度；V 则为电极 EE 上输出的电压。

3. 超声血液循环传感器

超声血液循环传感器的本质与工业测量中大量使用的超声流量计基本相同。根据测量原理和方法的不同又分为：脉冲渡越时间差式（输入窄脉冲），声束偏移式（输入窄脉冲），相移式（输入正弦波群）等类型，具体介绍如下：

（1）**脉冲渡越时间差式超声血液循环传感器** 图 2-149 为脉冲渡越时间差式超声血液循环传感器的工作原理图。这是用两个超声探头成一定角度地安置在血管的两侧。设两探头间距离为 d，超声波在血液中的速度为 v_s。血流速度为叫 v_f，两速度的方向夹角为 θ，则超声波在两传感器间的实际速度为 $v_s \pm v_f\cos\theta$，顺流取 +，逆流取 −。超声波在两探头间的渡越时间分别为

$$t = d/(v_s \pm v_f\cos\theta) \tag{2-164}$$

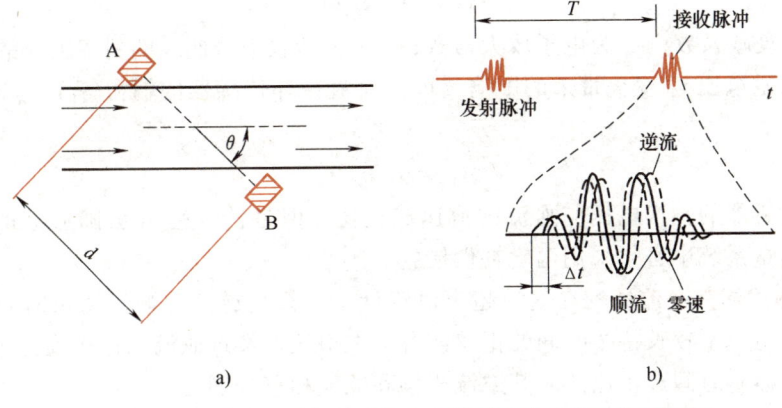

图 2-149 脉冲渡越时间差式超声血液循环传感器工作原理图

a）传感器与血流位置关系　b）发送和接收脉冲波形

逆流与顺流的渡越时间差为

$$\Delta t = 2dv_f\cos\theta/(v_s^2-v_f^2\cos^2\theta) \tag{2-165}$$

因为实际情况下，通常可简化为

$$\Delta t = 2dv_f\cos\theta/v_s^2 \tag{2-166}$$

所以，只要能准确地测量出逆流与顺流的渡越时间差，就可求出血流的硬速度。实际测量中，为使上式中其他的参数都保持不变，通常都是使两个超声探头交替发射和接收。

（2）声束偏移式超声血液循环传感器　将超声波束垂直射入血管，由于血液的流动，在血管对侧接收到的波束向血流的下游偏移，其偏移的角度为 θ，则

$$\tan\theta = v_f/v_s \tag{2-167}$$

即通过测出偏转角度 θ，即可由 v_s 求出 v_f，或者测声束的线偏移值 δ，设血液循环传感器管径为 D，则

$$\tan\theta = \delta/D \tag{2-168}$$

或

$$\delta = \tan\theta D = Dv_f/v_s \tag{2-169}$$

实际测量中常用的方法是：在发射传感器的对侧安置两个接收传感器，并且发射矩形窄脉冲信号，通过适当的门控选择，可只接收第一对脉冲信号并加以放大。图 2-150 所示为传感器位置、血流速度与波束位移三者的关系图。

将两接收传感器对称安置，流速为零时两传感器的输出相同。设发射传感器的激励电压为 v_T，则两传感器的输出电压分别为

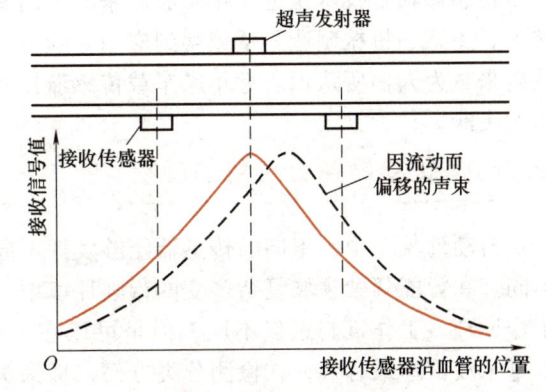

$$v_{R_1} = v_T\alpha_1 k_a \tag{2-170}$$
$$v_{R_2} = v_T\alpha_2 k_a \tag{2-171}$$

当血管中有血液流动时，则为

$$v_{R_1} = v_T\alpha_1(k_a - \beta_1 dv_f/v_s) \tag{2-172}$$

图 2-150 传感器位置、血流速度与波束位移三者的关系图

$$v_{R_2}=v_T\alpha_2(k_a-\beta_2 dv_f/v_s) \tag{2-173}$$

式中，α 为声衰减系数；k_a 为电子放大倍数；β 为由接收信号曲线的斜率决定的系数。

为消除激励电压 v_T 变化带来的影响，可使血液循环传感器的输出等于 v_{R_1}/v_{R_2}。当声束偏移较小时，有

$$v_{Out}=\beta_3 Dv_f/v_s \tag{2-174}$$

即血液循环传感器的输出电压与血流的流速成正比。但是，声速 v_s 会随血液的温度变化而变化，所以测量系统中必须采用温度补偿措施。

(3) 相移式超声血流计 在这种超声血流计中，只是逆流和顺流测量时发出的不是矩形窄脉冲，而是一个较长持续时间的正弦波群。发射波群经过血流到达接收传感器时要产生相移，这是与渡越时间成正比的。其逆流相移和顺流相移分别为

$$\phi_{逆}=2\pi f t_{逆} \tag{2-175}$$

$$\phi_{顺}=2\pi f t_{顺} \tag{2-176}$$

式中，f 为超声波的频率；t 为超声波的渡越时间。

将前边逆流和顺流的渡越时间差代入，则

$$2\phi_{逆}=2\pi f\Delta t=4\pi f dv_f\cos\theta/v_s^2 \tag{2-177}$$

改进的方法是采用相位和渡越时间相组合的测量系统，即用相位相差 180° 的激励信号（频率和幅值相同）同时激励两个探头，激励信号的持续时间小于两探头间最小渡越时间。将两探头接收到的信号相加，当相移很小时，相加后的输出正比于平均流速。

图 2-151 为采用了 4 个超声探头的超声血液循环传感器示意图。其中探头 (1) 和 (2) 互为收发，探头 (3) 和 (4) 互为收发，即为两组相同的测量系统，得 4 个探头的输出相加，得到的输出为上述改进型测量系统输出的两倍。

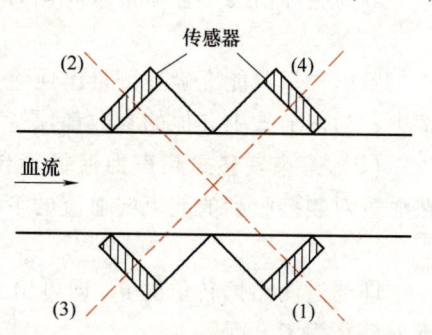

图 2-151 4 个超声探头的超声血液循环传感器示意图

2.5 多传感器融合技术在智能车中的应用

多传感器融合技术是近几年发展起来的一门新兴技术，已广泛应用于军事领域，并逐渐在航天、遥感、机械制造等领域得到应用。随着计算机技术的普及，多传感器融合技术的重要性越来越为人们所认识。近年来车载传感器技术得到迅速的发展，其可靠性和安全性得到了质的飞跃。

2.5.1 多传感器融合应用的现状

在自动驾驶车中，不同的传感器能够发挥不同的作用，同时各自应用的场景也有着很大的不同。在智能驾驶领域复杂多变的行驶环境中，自然是需要各传感器互相配合使用。它们的工作原理、工作机制迥然不同，但是可以在不同的行驶领域里实现互补。比如雨雾天气下，毫米波雷达最有效；在检测分类方面，摄像头最有效；在构建地图方面，激光雷达最有效。因此，在智能车辆的行驶环境中，需要各传感器互相补充来弥补单一传感器的不足。进

一步采用信息融合技术来提高自动驾驶车辆的鲁棒性，从而也为自动驾驶的决策以及其他功能提供强有力的保障。

在感知层面，融合的方式也是多样的。在当前的研究中主要有雷达信号与视频融合，激光雷达与摄像头融合，激光雷达与毫米波雷达融合等。针对自动驾驶领域融合的方法不同，自然会有不同的研究方案。关于融合方式的不同，当前主要有两种形式。第一种是以视觉为主的感知方案，具有代表性的科技公司是特斯拉。特斯拉的自动驾驶感知系统以摄像头为主，毫米波雷达为辅。雷达的加入，使得探测距离扩大为视觉探测距离的6倍，从而利用融合的优势提高对前方目标的感知能力。在汽车中加入适量无人驾驶技术可提高汽车的安全性，同时也不剥夺驾驶人的驾驶体验。第二种是以激光雷达为主的感知方案。当前沃尔沃的自动驾驶传感器配置方案中，以激光雷达为主导方案，同时配置其他类型的车载传感器，与此同时配备云端服务器，从而能实现无人驾驶。针对多传感器信息融合，NVIDIA DRIVE系统可以融合多个摄像头、激光雷达、普通雷达及超声波传感器中的数据。将深度神经网络用于物体检测和分类，可以显著提高传感器数据融合后的准确性。此外，恩智浦的融合平台功能广泛，能够将各类传感器进行有效的融合与应用。Mobileye作为摄像头的主要供应商，能够融合其他传感器，在车辆上有效地实现高级辅助驾驶（ADAS）功能。2019年3月，蔚来也对外宣布将放弃纯视觉方案，采用多传感器信息融合。

2.5.2 信息融合的级别及优势

根据融合系统中融合前数据所处的层级，可以分为三个级别：数据级、特征级和决策级融合。

数据级融合直接对传感器观测的最原始数据进行融合，对融合得到的结果进行目标识别和跟踪处理等。该种最低层次的融合优点为：在融合处理中可保证较小的原始数据丢失，可对原始数据中的细微信息进行融合处理，且所得的融合结果精度较高。它的劣势为：①融合处理的数据量较大，处理所消耗时间较长，融合系统实时性较差。②由于是在最低层数据进行融合处理的，传感器原始数据中存在的各种不利因素都会影响到最终的融合结果，这需要融合系统有较高的容错能力。③该级别融合仅适应于同类型传感器原始数据间的融合。数据级融合图如图2-152所示。

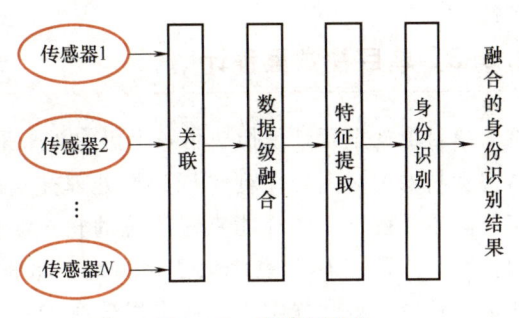

图2-152 数据级融合

特征级融合的处理机理为：每个传感器先从原始数据中提取目标特征，然后对目标特征信息进行融合处理。通过特征提取可显著压缩融合数据处理量，提高了系统实时性，但因特征的提取导致部分有用信息的损失，降低了融合性能。特征级融合主要包括目标特征和目标状态信息融合两大类。模式识别、参量模板法、人工神经网络等是目标特征信息融合常用的数学方法。目标状态信息融合用于多目标跟踪领域，先后完成数据配准、数据关联和状态估计，常用的数学方法有卡尔曼滤波（Kalman Process，GP）、交互式多模型和联合概率数据关联等。特征级融合图如图2-153所示。

决策级融合中，每个传感器对自己原始数据处理后获得决策目标信息，融合中心是对这

些决策信息的融合。由于融合不参与决策判断，每个传感器处理结果的优劣都将直接影响融合后的效果，但其对原始数据的压缩量最大，融合处理速度最快，实时性好，且不要求同种类型传感器。常见的算法有 D-S 理论、模糊集理论等。决策级融合图如图 2-154 所示。

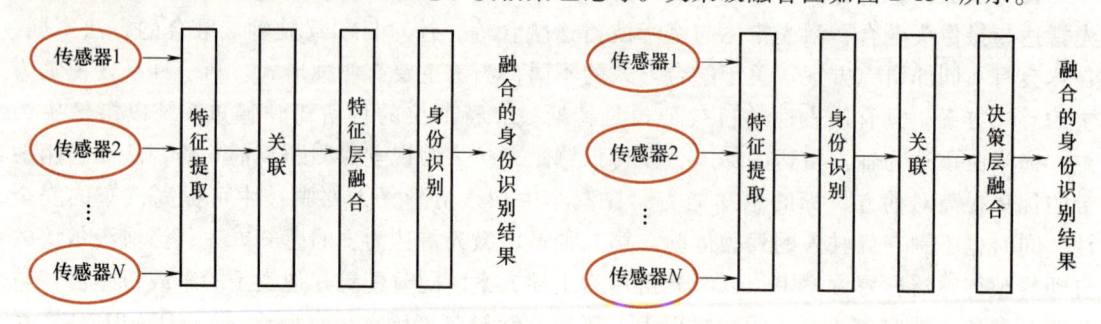

图 2-153　特征级融合

图 2-154　决策级融合

多传感器融合系统具有如下优点：

1）鲁棒性。多传感器信息的冗余让融合系统的纠错容错能力增强。

2）扩大探测范围。当多传感器的检测范围仅是部分重叠，可扩展系统有效探测范围。

3）扩大时间检测范围。若多个传感器各自观测信息更新频率不同，则某个传感器在某个时段内可能探测到其他传感器还未探测的目标，多个传感器的协同作用可以提高前方目标被检测的概率。

4）增大可信度。相同覆盖范围内多传感器对同一目标的冗余检测可提高该目标信息的可信度。

5）提高准确性。将同一覆盖范围内多传感器对同一目标的观测数据结合起来可提高准确性。

2.5.3　单目视觉里程计

单目视觉里程计是指使用一个摄像头来采集移动机器人运动过程中的图像序列，通过机器视觉技术来对图像序列进行分析处理并实时实现对移动机器人的定位。单目视觉里程计能克服传统的轮式里程计的局限性，定位更加精准，并且在 GPS 系统无法覆盖或失效的环境中可以正常运行，如室内环境、星际探索等。这里以传统的单目视觉里程计方法为例解释其原理。

在研究人员的探索下，基于单目相机的视觉里程计出现了许多具有创造性的方案。文献把视觉里程计的计算过程分为特征点提取、特征点配对、运动估计及局部优化这几个步骤，其流程图如图 2-155 所示。

图像特征点相对于图像灰度值的优势是在不同的图像间变化较小，比较稳定，因此，更适合在相邻图像帧之间进行搜索和追踪。同时若直接对图像的所有像素点进行计算，将会浪费大量的计算和存储资源。近几年来，比较流行的特征点提取算法主要有 FAST（Features from Accelerated Segment Test）、ORB（Oriented FAST and

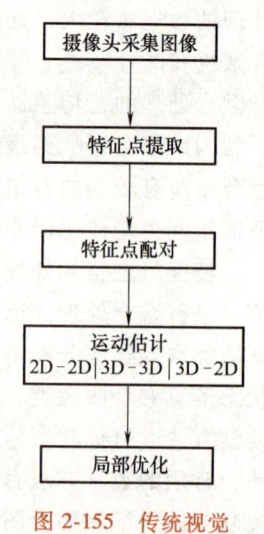

图 2-155　传统视觉里程计流程图

Rotated BRIEF）、BRISK（Binary Robust Invariant Scalable Keypoints）等。

目前对两幅图像中的特征点进行配对主要有两种方法，一种是分别在两幅图像中独立地提取特征点，并计算相应的特征描述子进行特征匹配。而另外一种方案则是在一幅图像中提取特征点，并在另一幅图像中进行跟踪。特征匹配方法可以适用于摄像头运动较大时的特征点配对，但是需要更多的计算时间。而特征跟踪的方法避免了特征描述子的计算和匹配这个过程，极大地缩短了计算时间，但是要求摄像头的运动较小以及图像的采样频率足够高。根据不同系统的运行情况，可通过具体的实验来确定要采取哪一种特征点配对的方法。

根据传感器配置的不同，可把运动估计方法分为 2D-2D、3D-3D 和 3D-2D 这三类。2D-2D 方法是利用两幅图像中配对的特征点，根据对极几何原理求解得到摄像头的运动。3D-3D 方法中的单位四元数法，核心思想是前后两幅图像的特征点的三维空间坐标是已知的，通过计算特征点集的欧氏空间距离的最小值，可以得到摄像头的运动参数。而 3D-2D 方法通过把前一幅图像的特征点对应的三维空间坐标进行旋转平移后转换到后一幅图像的相机坐标系下，再投影到后一幅图像平面上得到特征点的投影像素坐标，并与匹配特征点像素坐标之间计算距离，最后把该距离最小化可以求出最优的运动估计。

由于视觉里程计是增量地进行运动估计，在移动机器人长期的运动过程中会产生累积误差。通过采用一些常用的局部优化方法比如光束平差法（Bundle Adjustment，BA）来减小累积误差。

2.5.4 摄像头和毫米波雷达融合

目前毫米波雷达和摄像头传感器是量产 ADAS 系统中常用的环境感知传感器。相比于摄像头传感器，毫米波雷达在纵向可探测范围较广，对前方障碍物的测距测速精度较高，不易受天气环境的影响，但其在横向识别中误差较大，原始信号中包含的大量噪声杂波信号导致其目标误判率和目标跟踪丢失率较高，也无法对目标进行正确的分类。相比于雷达传感器，摄像头传感器通过先进的图像处理技术可获得对障碍物信息完整的观测，包括对障碍物的类型、大小和位置做出相对准确的判断，技术门槛和成本较低。但其极易受天气环境、光照条件的影响，摄像头固有的距离识别原理决定了其在测距测速上误差较大，这对 ADAS 系统中的高精度控制中的自动紧急制动控制系统（AEB）引入较大的目标估计误差，无法满足应用需求，这也是当前单摄像头环境感知方案无法得到大量使用的原因。

摄像头和毫米波雷达两种传感器对前方环境进行感知，并且将两者采集的信息进行融合。根据前文中空间融合以及时间融合的思路，融合的过程分为两步。首先是假设产生，雷达对前方环境探测后，对获取的信息进行过滤，从而获取有效目标，有效目标信息通过坐标转换关系，投影到图像信息上，并且形成感兴趣区域。其次是假设验证，摄像头对感兴趣区域进行检测，从而检测出前方障碍物，并且有效地实现分类。大致融合思路如图 2-156 所示。

针对盲区中行人横向穿越场景的特殊性，结合以上对这一典型交通场景的分析，在目标检测方面仍需进一步改善。首先，分析该场景发现，产生视觉盲区大多来自于邻车道的车辆出现。因此，首先利用 YOLOv2 目标检测算法对右前方车辆进行检测，从而形成特定场景出现的触发条件。其次，若右前方出现车辆，对车辆前方划定感兴趣区域，并对感兴趣区域利用 YOLOv3 进行目标检测，进一步解决了典型工况下的小目标检测问题。具体小目标检测方案如图 2-157 所示。

图 2-156 融合思路

图 2-157 小目标检测方案

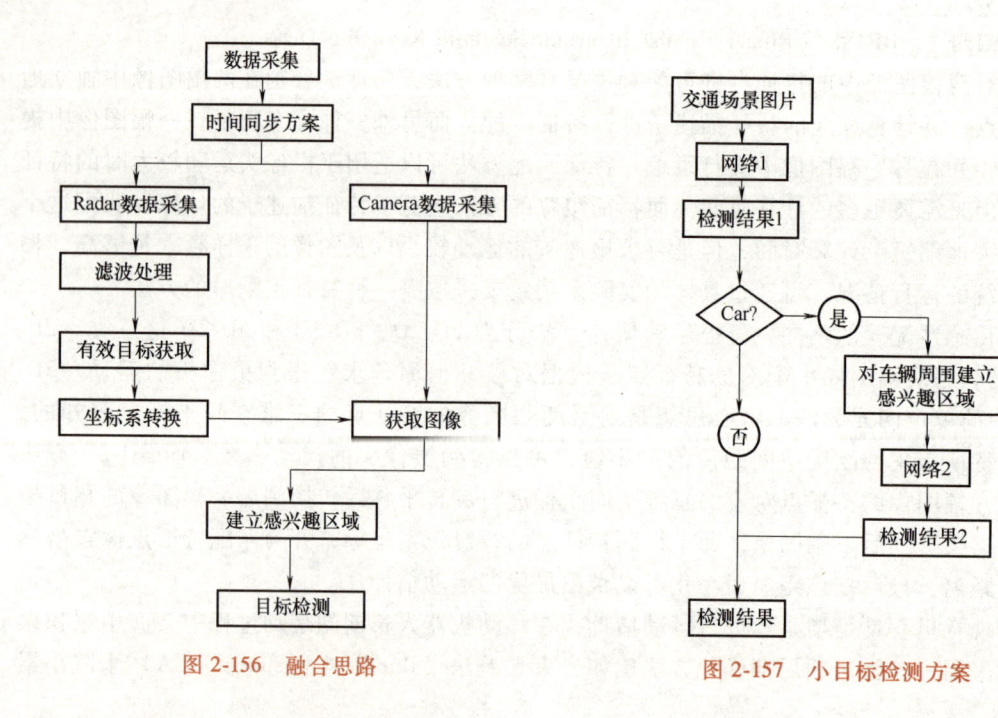

2.5.5 摄像头和激光雷达融合

在摄像头与激光雷达的融合过程中，为了利用图像与点云数据实现更好的检测效果，首先将两种数据在时间与空间上进行匹配。在时间上将各传感器采样时间统一到同一时间戳；在空间上利用摄像头的内外参标定矩阵，建立两传感器坐标空间转换模型，最终通过点云映射到图像的方式检验数据匹配的效果。图像检测则采用了开源网络模型，输出了目标的检测框。目标的空间定位依赖点云信息，因此采用 R-Tree 算法进一步匹配检测框与对应的点云，使得检测框带有三维空间信息。最后利用融合数据修正了目标检测置信概率，并由测试数据集验证融合方法有效改善了目标检测效果。激光点云与图像数据融合的目标检测流程如图 2-158 所示。

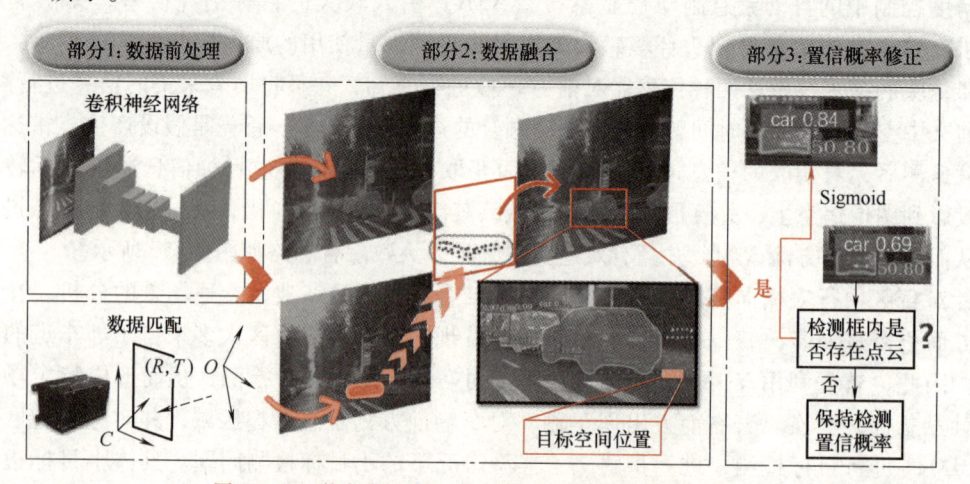

图 2-158 激光点云与图像数据融合的目标检测流程图

该数据融合流程框架分为 3 个部分。部分 1 为数据前处理，部分 2 为数据匹配与基于 R-Tree 算法的数据融合，部分 3 为利用点云数据修正目标的识别置信度。框架的输入为激光点云与图像的原始数据。在数据前处理阶段，图像数据采用卷积神经网络来识别并检测图像中的目标，输出目标的检测框；数据融合分为两个步骤，首先，将点云同图像进行时间、空间的匹配，使点云能恰当地投射到图像上；然后，进一步匹配检测框与相应的点云；最后，利用点云的深度信息可获知目标的真实位置，并且利用融合后的数据可降低仅靠图像进行检测目标时的漏检概率。

第3章　智能网联汽车环境感知技术

一般而言，智能网联汽车的环境感知是指利用车载超声波传感器、毫米波雷达、激光雷达、视觉传感器以及V2X通信技术等获取环境数据，经过一系列的计算及处理，得到道路、车辆位置和障碍物等信息，作为环境建模的依据。环境感知能够为后续地图构建、决策规划、导航控制等模块提供丰富的信息，包括障碍物的位置、形状、类别及速度信息，也包括对一些特殊场景的语义理解（如施工区域，交通信号灯和交通路牌等）。

3.1　智能网联汽车环境感知概述

3.1.1　环境感知的任务

狭义的环境感知可以类比为人类驾驶员眼睛的功能，要求具备观察周围世界的能力，常用于感知的传感器可分为相机（Camera）、激光雷达（LiDAR）和毫米波雷达（Radar）三种类别，相机又可分为单目相机、立体相机、红外相机等；激光雷达可分为机械式激光雷达、固态激光雷达和混合固态激光雷达等。而环境感知的四个主要核心任务包括：

1）检测。指找出物体在环境中的位置。
2）分类。指明确对象是什么。
3）跟踪。指随时间的推移观察移动物体。
4）分割（语义）。将图像中的每个像素与语义类别进行匹配，如道路、车辆、建筑、天空。

广义的环境感知可以认为在人类驾驶员眼睛功能的基础上，进一步包含触觉（车辆状态/车内感知/轮地感知）、听觉（网联信息/环境声音）等环境多维度信息理解的能力，涉及面向驾驶员状态感知、土壤力学参数分析等多个感知任务。

从人工智能发展的角度，智能网联汽车对环境的理解又可被细分为"感知智能"和"认知智能"范畴。目前，智能网联汽车的研发多数注重于任务和功能的实现，核心的感知、建图、规划和控制四个步骤尚属于"按程序要求驾驶"；与人类驾驶员的驾驶过程相比，缺乏更高层次能够"自己学习驾驶"的"认知智能"所注重的推理表达和自主学习，难以处理各种复杂的驾驶条件。而智能网联汽车对环境理解的程度（或深度）又是其是否能够进行拟人推理和决策的基础。

3.1.2 环境感知的功能层次

从功能层次的角度，智能车环境理解经历了单一目标识别（如交通信号、交通标志、车辆、行人、标线等）向交通环境系统性认知（如语义分割、多类别目标识别、地图构建等）的发展过程。从是否运动的角度，环境感知的目标可分为固定目标和可运动目标两种类别。固定目标包括路面、车道线、道路边界、信号灯、交通标志等引导车辆行驶的要素，以及建筑、树木、杆、桩等影响车辆行驶的静止障碍物；可运动目标以各类道路使用者为主，如机动车、非机动车、行人等。由于道路使用者属于具有观察、思考和决策能力的"智能单元"，其运行轨迹受自身的目的地、周围环境和其他智能单元的交互影响，具有高度的复杂性和不确定性，需要更深层次的环境感知作为支撑。

根据感知层次的不同，可运动目标的感知由低向高可被划分为三个层次：检测、跟踪、行为分析，交通环境理解功能层次图如图3-1所示。层次越高，对智能单元运动的理解程度越深，越能更早、更准确地预测其行为轨迹的变化，为车辆的拟人化决策奠定基础。

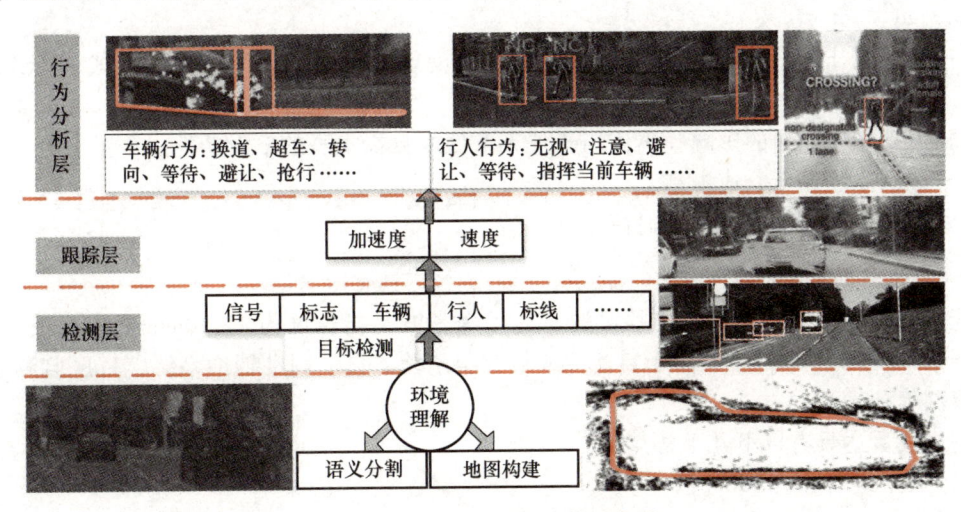

图 3-1　交通环境理解功能层次图

3.1.3 环境感知传感器应用

用于道路交通环境感知的传感器主要有激光雷达、毫米波雷达、单/双/三目摄像头、环视摄像头等。

1. 激光雷达

激光雷达是工作在光波频段的雷达，它利用光波频段的电磁波先向目标发射探测信号，然后将其接收到的回波信号与发射信号相比较，从而获得目标的位置（距离、方位和高度）、运动状态（速度、姿态）等信息，实现对目标的探测、跟踪和识别，原始数据类型为所探测空间的三维点云数据，如图3-2所示。

激光雷达具有以下几个特点：

1) 探测范围广。可达300m以上。

131

图 3-2 激光雷达原始数据

2）分辨率高。距离分辨率可达 0.1m，速度分辨率能达到 10m/s 以内，角度分辨率不低于 0.1rad。

3）信息量丰富。探测目标的距离、角度、反射强度、速度等信息，生成目标多维度图像。

4）不受光照强弱的影响，不依赖于外界条件或目标本身的辐射特性。

5）产品体积偏大，成本高。

6）不能识别交通标志和交通信号灯。

2. 毫米波雷达

毫米波雷达是工作在毫米波频段的雷达。毫米波是指长度为 1~10mm 的电磁波，对应的频率为 30~300GHz；主要用于自适应巡航控制系统、自动制动辅助系统、盲区监测系统、行人检测等。

毫米波雷达具有以下几个特点：

1）探测距离可达 200m 以上。

2）探测性能好。

3）响应速度快。

4）适应能力强。

5）抗干扰能力强。

6）覆盖区域呈扇形，有盲点区域。

7）无法识别交通信号与标志。

目前，毫米波雷达仍然面临一些挑战：

1）数据的不稳定性对后续的软件算法提出了较高的要求。

2）对金属敏感。近处路面上突然出现的钉子、远距离外的金属广告牌都可能会被认为是障碍物。

3）目前普遍采用的毫米波雷达不包含高度信息。

3. 摄像头

车载摄像头是实现众多预警、识别类 ADAS 功能的基础。在众多 ADAS 功能中，视觉影像处理系统较为基础，而摄像头又是视觉影像处理系统的输入，智能车辆可以根据实时采集的图像信息来检测障碍物等。摄像头可实现的典型ADAS功能见表3-1。

表3-1 摄像头可实现的典型ADAS功能

ADAS 功能	使用摄像头	功能简介
车道偏离预警（LDW）	前视	当前摄像头检测到车辆即将偏离车道时，就会报警
前向碰撞预警（FCW）	前视	当前摄像头检测到与前车距离过近，可能发生追尾时，发出报警
交通标志识别（TSR）	前视、侧视	识别前方道路两侧的交通标志
车道保持辅助（LKA）	前视	当前摄像头检测到车辆即将偏离车道线时，就会向控制中心发出信号，然后由控制中心发出指令，及时纠正行驶方向
行人碰撞预警（PCW）	前视	前视摄像头会标记前方道路行人，并在可能发生碰撞时及时发出报警
盲点监测（BSD）	侧视	利用摄像头，将后视镜盲区内的影像显示在驾驶室内
全景泊车（SVP）	前视、侧视、后视	利用车辆前后左右的摄像头获取的影像和图像拼接技术，输出车辆周边全景图
泊车辅助（PA）	后视	泊车时将车尾的影像显示在驾驶舱内，预测并标记倒车轨迹，辅助驾驶人泊车
驾驶人注意力机制	内置	安装在车内，用于检测驾驶人是否疲劳、闭眼等

相对于车载雷达等传感器，车载摄像头价格更加低廉，易于普及应用，未来单车多摄像头将成为趋势。车载前视摄像头又可以分为单目和双目摄像头，单目可以用于简单的标记，双目则可以利用视差原理来较好的测距。

3.1.4 环境感知的模型

环境感知模型的环境适应性除了与硬件条件相关外，很大程度上取决于其所采取的机器学习方法的优劣。根据近年来机器学习方法的发展历程与趋势，按照机器学习模型层次结构的深度不同，可被分为基于浅层学习的方法和基于深度学习的方法两种。

浅层学习的定义是相对深度学习而言的，其模型结构中至多包含一层或两层非线性特征变换。典型的浅层学习结构有传统的隐马尔可夫模型（Hidden Markov Model，HMM）、支持向量机（Support Vector Machine，SVM）、决策树（Decision Tree）、Boosting系列、条件随机场（Conditional Random Field，CRF）、浅层神经网络、高斯混合模型（Gaussian Mixed Model，GMM）、最大熵模型（Maximum Entropy Models，MaxEnt）、逻辑回归（Logistic Regression，LR）等，可分为识别分类器和生成分类器两大类。浅层学习方法具有以下特点：

1）不同浅层学习方法均有其自身的结构特点和优势，浅层学习方法与方向梯度直方图（Histogram of Oriented Gradient，HOG）、哈尔（Haar）、Gabor、尺度不变特征转换（Scale Invariant Feature Transform，SIFT）等高综合性及可靠性的显性特征相结合，可以解决交通环境中特定目标的识别或分类问题，而多个浅层分类器的融合，也可以用于多目标分类。

2）相对人类视觉的认知过程而言，浅层学习有限的模型复杂度和表达能力难以应对交通场景的多目标分类及表达问题。随着分类及推理复杂度的增加，需要的参数和样本巨大，会导致不能分布式特征表示的学习结构效率低下，难以实现。此外，显性特征的确定及提取需要以丰富的专家经验为基础。

深度学习的模型由多个层次或多个非线性信息处理模块阶段组成，其动机在于建立、模拟人脑进行分析学习的神经网络，具有强大的从少数样本中学习数据本质特征的能力，以卷积神经网络（Convolutional Neural Networks，CNN）、递归神经网络（Recursive Neural Network，RNN）和深度置信网络（Deep Belief Networks，DBN）为代表，已经在语音识别、自然语言处理、图像与视频分析、图像语言描述等诸多领域取得了巨大成功，超越了许多成熟的模式识别方法，于 2013 年被 *MIT Technology Review* 列为世界十大技术突破之首。

以视觉感知为例，自 2012 年 CNN 获得 ILSVRC 大赛图像分类和目标定位任务第一名以来，目前几乎所有的参赛队伍都在采用深度学习方法。对车载应用而言，深度学习方法具有以下特点：

1）深度学习能够直接作用于原始数据，提取反映数据本质的隐性特征，并提供分布式的特征表示，被认为是类脑人工智能发展至今最成功的案例，适合应用于车载感知系统以模拟驾驶人的认知过程。

2）深度模型的本质是图模型，其结构多样，仍存在很大的发展与优化空间，特别在复杂推理表达方面，仍是长期困扰人工智能的难题。

3.2　深度学习模型及神经网络

深度学习作为机器学习方法的一个子域，是一种对数据的表征学习方法，自提出以来，得到了越来越广泛的使用和普及，成为人工智能领域的最新研究趋势之一，并引领计算机视觉技术的突破性发展。本节主要对深度学习的常用网络模型进行介绍，着重介绍了 CNN 的使用特点、训练及优化方法，为下文交通场景的环境感知方法的深度学习实现奠定理论基础。

3.2.1　感知机

早期的神经网络由简单的感知机神经层组成，只能进行简单的有限计算。感知机作为最早的监督学习的方法，也是神经网络的起源。

感知机是二分类的线性模型，只能够对线性可分的数据集分类，其基本原理是将输入数据的特征向量分类，输出为样本的类别。单层感知机的基本模型结构如图 3-3 所示，对输入的 n 个样本数据 x_1, x_2, $\cdots$, x_i, $\cdots$, x_n 运算后得到结果 y，可用公式表示为

$$y = f(x_i) = \text{sgn}(w_i x_i + b) \tag{3-1}$$

式中，w 是指权重；b 是偏差；x 是输入的特征向量；wx 是指二者的内积；$sign$ 是符号函数；i 为输入样本的次序，且

$$\text{sgn}(x) = \begin{cases} +1, & x \geq 0 \\ -1, & x < 0 \end{cases} \tag{3-2}$$

图 3-4 所示为感知机的基本原理示意图，即将位于超平面 S 上分属不同类别的样本数据进行线性分离，得到的结果如图 3-4 所示。感知机模型越好，达到的结果越好，数据分类越准确。

感知机在训练过程中，以参数 w、b 调整样本的输出值和实际值之间的误差，得到最优的结果。感知机的误差损失函数即感知机模型学习的经验风险函数为

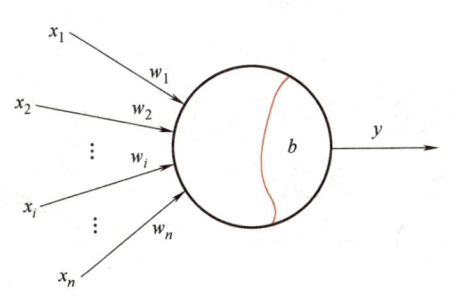

图 3-3　单层感知机的基本模型结构 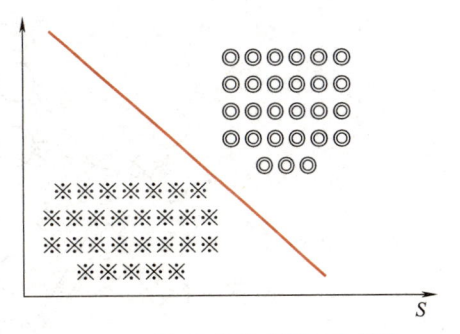　　　　图 3-4　感知机的基本原理示意图

$$L(w,b) = -\sum_{x_i \in M} y_i(wx_i + b) \tag{3-3}$$

式中，M 为输入的特征向量的个数；y 为符号函数；i 为第 i 个输入的特征向量。可以看出，误差为非负的，误分类样本点越少，损失函数越少。

感知机的训练过程已经将样本的分类问题转化为求解误差最优解问题，即通过调整参数 w 和 b，使得损失函数最小。在机器学习的过程中，常常使用梯度下降的方法实现线性回归，使用一条直线拟合输入特征点，并借此来优化损失函数。梯度下降法又分为小批量梯度下降法（Mini-Batch Gradient Descent，MBGD）和随机梯度下降法（Stochastic Gradient Descent，SGD）等方法。其中，小批量梯度下降法在每次迭代的过程中使用训练集数据的一部分样本，计算量大；随机梯度下降法改善了此不足，每次迭代过程中仅使用单个样本，减小单个样本的损失，使全局最优。梯度下降法对参数的优化过程如下

$$w \leftarrow \eta y_i x_i \tag{3-4}$$

$$b \leftarrow b + \eta y_i \tag{3-5}$$

分别对权重 w 和偏差 b 进行更新，η 为学习率，x 为输入的特征向量，y 为符号函数，i 为第 i 个输入的特征向量。

感知机进行线性分类过程中，损失函数的梯度由下列公式给出，即

$$\nabla_w L(w,b) = -\sum_{x_i \in M} y_i x_i \tag{3-6}$$

$$\nabla_b L(w,b) = -\sum_{x_i \in M} y_i \tag{3-7}$$

$\nabla L(w,b)$ 为所求的梯度值，通过多次迭代找到 w 和 b 的值，迭代过程按照梯度的负方向更新。

单层感知机可以对线性可分的数据集分类，但也存在固有的缺陷，即只能学习线性可分函数，即使最简单的异或（Exclusive OR，XOR）问题，也无法解决。因此，后来者将多个单层感知机组合，并应用不同的激活函数，形成了多层感知机，亦即前馈神经网络（Feedforward Neural Network，FNN）。一个典型的前馈神经网络包含输入层，一个或多个隐含层，输出层，每一个神经层包含多个神经元，每个神经元即上文提到的感知机。如图 3-5 所示，为一个 FNN 的基本结构，包含一个四神经元的输入层，两个分别为五神经元和三神经元的隐含层，一个单神经元的输出层，且每个神经元之间保持全部连接。输入样本数据 x_i 经过输入层、隐含层、输出层，逐层输出得到分类结果 y。

对 FNN 而言，每个神经元之间通过权重和偏差相连接，最后通过激活函数得到输出。

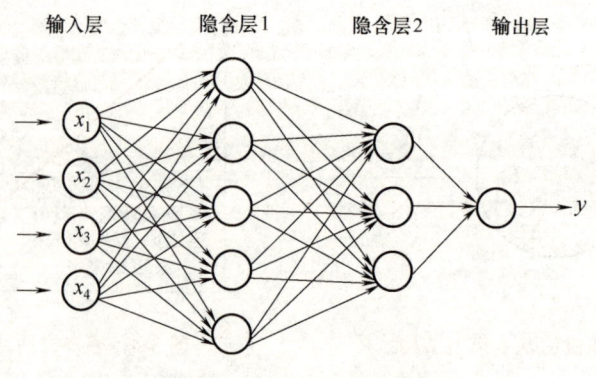

图 3-5　FNN 基本结构

而如果采用线性激活函数，则其仅相当于一个放大的感知机，仍然只能实现数据的线性分类。故引入非线性激活函数，如 sigmoid、tanh、Relu 等，实现更加强大的非线性分类功能。

目前，常用的神经网络监督训练算法是误差反向传播算法（Error Back Propagation，BP）。在训练过程中，首先将输入的数据样本通过前向传播计算输出和损失误差；再转向反向传播过程，将得到的损失通过优化算法优化，得到更好的网络参数；重复此过程，迭代以得到最优的结果。反向传播算法本身建立在优化方法的基础上，通过激励传播和权重更新两个过程的反复迭代，达到目标输出对输入特征的可靠范围为止。

前馈神经网络和反向传播算法的应用使得神经网络得到了更广泛的使用和传播。自编码器（Autoencoder，AE）作为典型的前馈神经网络模型，如图 3-6 所示，由 3 层或者 3 层以上的神经层组成，可以看作由编码器和解码器两部分组成，将样本输入编码器，由解码器部分解析编码器的输出，使得输出和输入尽可能地一样或者相近，起到数据的重构（降维或特征学习）的作用。

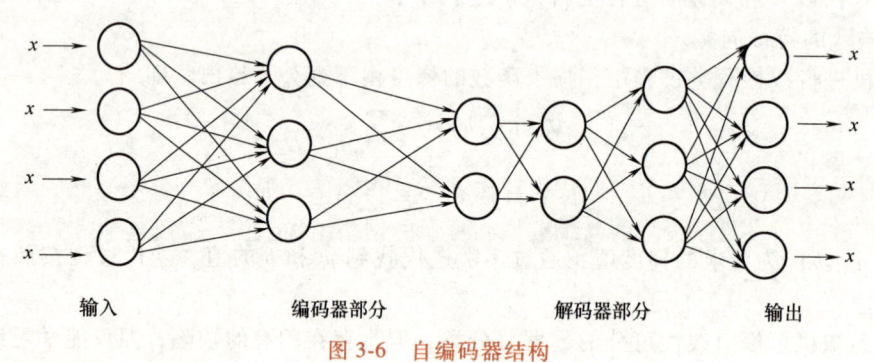

图 3-6　自编码器结构

3.2.2　受限玻耳兹曼机

受限玻耳兹曼机（Restricted Boltzmann Machines，RBM）由 Geoff Hinton 等人提出，适用于数据的降维、分类、回归、特征学习等。RBM 是双层神经网络结构，如图 3-7 所示，为 RBM 的结构示意图：v 层为输入层，h 层为隐藏层，两层之间均由随机二维向量组成，隐藏层与输入层之间的权值矩阵为 W，输入层的偏置向量记为 a，隐藏层偏置向量记为 b。同一层的每个神经元之间相互不相连，相邻层之间相互连接，即 RBM 不存在层内连接，这也

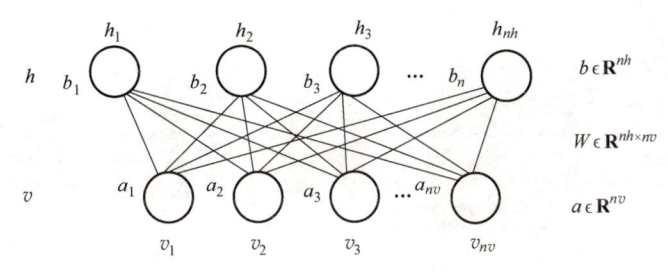

图 3-7 RBM 结构示意示图

是 RBM 的限制之一。而且，RBM 输入层的所有神经元都将输入传递到隐藏层，所以 RBM 被定义为对称二分图（Symmetrical Bipartite Graph）：对称意味着 RBM 每个可见神经元均与隐藏层相连接；二分是指它只有两层；图是指它是由节点和边组成的图结构网络。

RBM 输入层的神经元以数据样本中的低级特征（如灰度图的每个像素点）作为随机输入。RBM 是基于能量的概率分布模型，对于给定的输入层 h 和输出层 v，其能量函数可表示为

$$E(v,h) = -\sum_i a_i v_i - \sum_j b_j h_j \sum_i \sum_j h_j w_{i,j} v_i \tag{3-8}$$

式中，a_i 是输出层神经元 v_i 的偏差；b_j 是输入层神经元 h_j 的偏差；$w_{i,j}$ 是输入层和输出层神经元之间的权重。

RBM 常采用对数损失函数计算网络的损失，通过模型中的参数 w、a、b，对损失函数求最优值。训练 RBM，常用的算法是杰弗里·辛顿提出的对比分歧（Contrastive Divergence, CD）算法，在梯度下降的过程中完成对权重的更新，具体与神经网络的反向传播过程相似。通过此过程，可以得到各参数的优化值。

RBM 已经成功应用在数据的滤波、分类、降维、检索等不同的信息处理与学习任务中，并根据任务的不同，使用监督学习或者无监督学习的方法进行训练。更深层次上，多个 RBM 的堆叠可以形成深度置信网络（Deep Belief Network，DBN），且其已经成功应用于众多的机器学习任务中，在一定程度上提高了复杂问题的解决能力。

3.2.3 卷积神经网络

卷积神经网络作为深度学习的代表算法之一，在图像处理领域有着广泛的应用和突出的效果。卷积神经网络依靠大量的离线数据和可靠的网络结构，引入局部连接和权值共享等结构，实现了特征提取的平移不变性，对图像的缩放、变换等不同的操作具有高度的不变性。早期出现的卷积神经网络，大多是利用卷积层和全连接层通过分类器实现图像的识别等操作。对于输入图像，CNN 的网络层部分依照深度的不同提取不同的特征信息：浅层部分提取低级特征；中层部分提取中级信息；深层部分提取高级信息。这些特征信息均由 CNN 通过训练输入数据进行学习，隐式提取，避免了传统方法的显式特征提取，具有更好的特征学习能力。

CNN 主要由输入层、隐藏层、输出层等多个卷积层组成，结构之间的主要特点是局部连接、权值共享，达到大规模减少网络参数的效果。如图 3-8 所示，一个常用的卷积神经网络主要包括卷积层、池化层、激活函数、全连接层。每层之间利用局部连接和权值共享减少计算参数，提高运算速度。

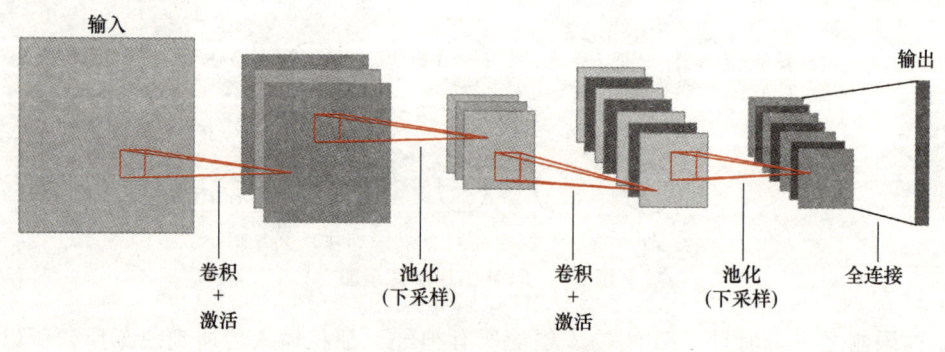

图 3-8 卷积神经网络的结构

1. 局部连接和权值共享

CNN 的一大优点是神经元之间的局部连接结构。早期的神经网络每层的神经元与相邻层之间全部的神经元保持相互连接，即全连接，下一层每个神经元的输入为上一层神经元的全部数据特征。CNN 改变了这种连接方式。对图像而言，其本身存在明显的空间关系，CNN 选取其局部的特征作为下一层的输入，感知局部信息，在更高层将其融合为全部信息。卷积神经网络的连接方式如图 3-9 所示，图 3-9a 为神经网络的全连接方式，图 3-9b 为局部连接方式。通过神经元之间的局部连接可以大幅度减少参数量，提高运行速度，同时在一定程度上可以防止过拟合。

对于给定的图像，使用卷积核进行卷积操作提取图像的特征。图像的卷积过程即使用卷积核中的参数值对图像的像素点进行加权，其本身是一种矩阵的运算，卷积核中的参数值也称为权重或权值。权值共享即使用同一卷积核对图像进行卷积，整幅图像共享卷积核的参数，不会因卷积位置的改变而改变参数的大小。通过局部连接的方式，神经网络的参数量已经大批量减少，再通过局部连接过程中图像局部的权值共享，可以进一步减少网络参数。

图 3-10 所示为神经网络的权值共享图解。对于输入的 6×6 大小的矩阵使用不同颜色但大小相同的卷积核进行卷积，得到 4×4 大小的输出，大规模地减少了参数量。

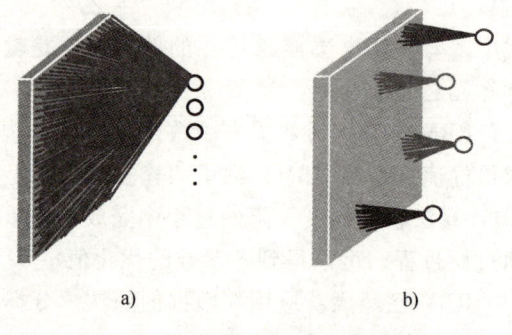

图 3-9 卷积神经网络的连接方式
a) 全连接　b) 局部连接

2. 卷积

卷积神经网络的输入层与其他神经网络功能一致，用来实现数据的输入。对于一张 RGB 图像，有三个图层，即输入层为三维像素矩阵。卷积层作为 CNN 中非常重要的部分，主要是实现卷积操作，提取输入数据的

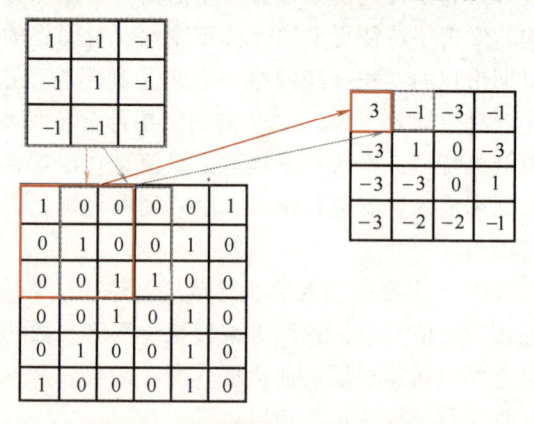

图 3-10 神经网络的权值共享图解

特征。对一个二维矩阵，卷积操作为

$$a_{i,j} = f(\sum_{m=0}^{2}\sum_{n=0}^{2} w_{m,n} x_{i+m,j+n} + b) \tag{3-9}$$

式中，f 为激活函数；$x_{i,j}$ 表示输入第 i 行 j 列的输入数据；b 为对应的偏差；$w_{m,n}$ 为对应的权重；$a_{i,j}$ 为卷积后的结果。

卷积后的特征图尺寸为

$$W_{out} = (W_{in} - F + 2P)/S + 1 \tag{3-10}$$

$$H_{out} = (H_{in} - F + 2P)/S + 1 \tag{3-11}$$

式中，H_{in} 和 W_{in} 分别是输入特征图的高和宽；H_{out} 和 W_{out} 分别是卷积后特征图的高和宽；F 是卷积核的边长；S 是卷积的步长；P 是 Zero Padding 数量。

Zero Padding 是指以 0 值在原始特征图边界进行像素点填充，如果 P 的值是 1，那么就在原始图像周围加上一圈 0。通过 Zero Padding 可以更好地保证特征图边界信息的参考价值，且保证图像尺寸和维度一致。

图 3-10 所示亦为神经网络的卷积过程，在卷积的实现过程中严格应用了局部连接和权值共享的操作。二维矩阵经过 3×3 的卷积核卷积，得到的特征图中每部分的值均是由公式 (3-9) 得到。

3. 池化

池化层也称为下采样层，常加在卷积层之后，对卷积后的特征矩阵进行 pooling（池化）操作，整合得到更容易表达的新的特征矩阵。常用的池化操作是均值池化和最大值池化。池化层将特征图进一步缩小，减少了运算操作，并在池化过程中保持特征不变，如旋转不变性、平移不变性、伸缩不变性等。

池化操作示意图如图 3-11 所示，图 3-11a 是最大值池化操作，取池化窗口内特征值的最大值，可以减少卷积层参数误差造成的估计均值变化引起的误差；图 3-11b 为均值池化操作，对池化窗口内的特征值取均值，可以减少邻域大小受限带来的估计值方差变大引起的误差。

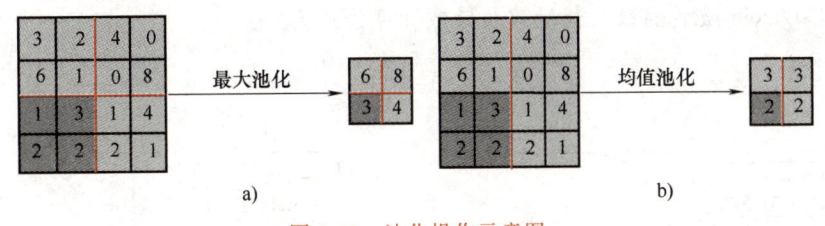

图 3-11 池化操作示意图
a) 最大值池化 b) 均值池化

4. 激活

激活函数通过函数将输入的特征处理并映射出来。早期的感知机和神经网络利用线性激活函数只能实现简单的线性分类，CNN 中常利用非线性激活函数增加神经网络的非线性特征表达能力，解决线性模型不能解决的问题。神经网络中常用的激活函数主要是 sigmoid、tanh 和 Relu。

对常用的几种激活函数，tanh 在特征信息相差明显的时候效果更好；在特征需要更细微的分类判断时常使用 sigmoid 函数。目前,大部分的神经网络广泛采用 Relu 激活函数,稀疏化表征网络的特征,减少了参数之间的依赖关系,缓解了过拟合的发生。

tanh 是双曲正切函数,其函数及导数计算公式如下为

$$T(x) = \tanh x = \frac{\sinh x}{\cosh x} = \frac{e^x - e^{-x}}{e^x + e^{-x}} \tag{3-12}$$

$$T'(x) = 1 - (T(x))^2 \tag{3-13}$$

tanh 的函数及其一阶导数曲线如图 3-12 所示。$y = \tanh x$ 的函数曲线经过原点并严格递增,限制于 [-1, 1] 之间;导数值域为 [0, 1]。在神经网络的反向传播过程中,计算每层网络的梯度都需要计算与激活函数的一阶导数的乘积。对于 tanh 激活函数,每计算一层网络,梯度衰减一部分;随着网络层数的增加,函数的梯度逐渐消失至近于 0。在此种情况下,神经网络的收敛速度变慢,且浅层网络的参数得不到有效的调整,得不到预期的网络性能。

sigmoid 激活函数也称为 S 型生长曲线,其函数和导数计算公式为

$$S(x) = \frac{1}{1 + e^{-x}} \tag{3-14}$$

$$S'(x) = \frac{e^{-x}}{(1 + e^{-x})^2} = S(x)(1 - S(x)) \tag{3-15}$$

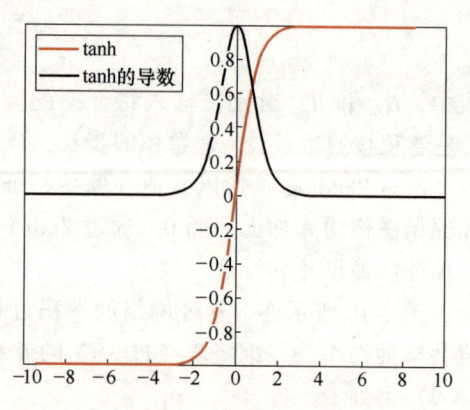

图 3-12 tanh 激活函数及其一阶导数曲线图

如图 3-13 所示,sigmoid 函数变量映射到 [0, 1],其一阶导数变化趋势同 tanh 函数类似,sigmoid 函数反向传播时同样会导致梯度消失,造成特征值的丢失。

如图 3-14 所示,Relu 激活函数作为如今神经网络中常用的神经网络激活函数,其性能优于 tanh 和 sigmoid 激活函数。其函数及导数计算公式为

$$\text{Relu}(x) = \begin{cases} x, & x > 0 \\ 0, & x \leq 0 \end{cases} \tag{3-16}$$

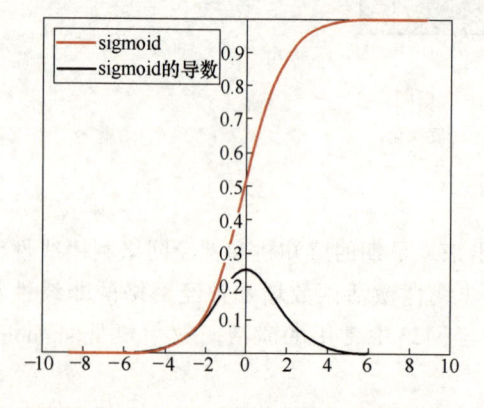

图 3-13 sigmoid 函数及其一阶导数曲线图

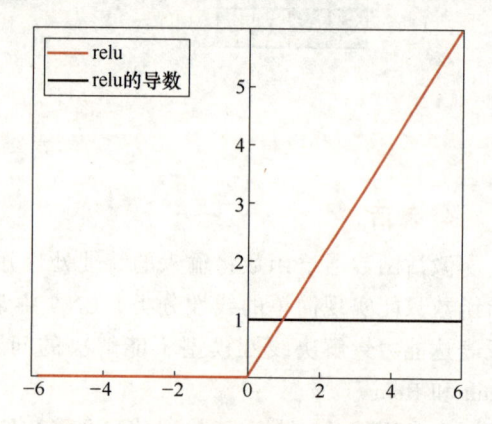

图 3-14 Relu 函数及其一阶导数曲线

$$\text{Relu}'(x) = \begin{cases} 1, x > 0 \\ 0, x \leq 0 \end{cases} \qquad (3\text{-}17)$$

由式（3-16）和式（3-17）可知，Relu 函数及其一阶导数的负值均为 0，如图 3-14 所示，为 Relu 激活函数及其一阶导数的变化曲线。可见，其导数正值为常数，计算的梯度值稳定，不存在梯度消失的问题，模型的收敛速度稳定。

5. 神经网络训练

搭建好神经网络的结构后，需进行神经网络的训练，实现输入的特征映射到输出，达到图像的分类等目的。一般神经网络的训练分为前向传播和反向传播过程。

神经网络的前向传播过程，即输入样本映射到输出特征的过程。神经网络的前向传播过程如图 3-15 所示，为一个简单的三层神经网络，包含输入层，一层隐藏层和输出层。具体的前向传播计算过程如公式（3-9）所示，为神经网络的卷积操作，输入 x 经过矩阵的权重和偏差运算，由激活函数激活后得到最终的结果。对于多隐藏层的神经网络，将输入的数据特征经过一系列上述运算后可以得到输入 x 对应的输出 y。

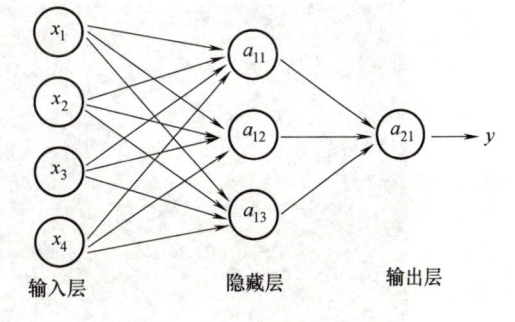

图 3-15　神经网络的前向传播过程

神经网络经前向传播得到相应的输出后，还需要计算相应的损失函数进行反向传播过程。损失函数是用来衡量预测值和真实值差距的一种方法，损失函数越小，得到的网络模型越好，与实际的样本规律越符合，证明提出的神经网络结构越合理。常用的损失函数计算有均方误差（mean-square error，MSE）和交叉熵（Cross Entropy，CE）等。

MSE 主要用在网络模型的回归分析中，计算公式为

$$mse(y, y') = \frac{\sum_{i=1}^{n}(y_i - y'_i)^2}{n} \qquad (3\text{-}18)$$

式中，y 是真实值；y' 是预测值；n 为数据的数量值。

交叉熵损失函数是神经网络常用的一种损失函数，主要解决网络模型的分类问题，常常将神经网络的前向传播结果通过 Softmax 函数等方式转化为概率分布，计算真实输入的概率分布和预测值的概率分布之间的误差。公式为

$$H(p, q) = -\sum_{x} p(x) \log q(x) \qquad (3\text{-}19)$$

式中，p、q 分别为真实标签值和得到的预测值的概率分布。

在反向传播过程中不断优化损失函数值，使其不断减小，并以此调整参数值，使网络参数最优。在反向传播过程中，使用的主要优化方法有随机梯度下降法。在构建神经网络时，常根据模型的不同选择不同的优化方法，最大程度上优化损失函数，使神经网络模型获得更好的效果。

3.3 交通场景语义分割方法

3.3.1 语义分割方法概述

语义分割本质上是图像的分类任务。深度学习之前,在传统的语义分割方法中简单的阈值法、基于像素聚类的方法、图划分的分割方法等发挥着巨大的作用。其中,经典的基于"图划分"的分割算法主要包括 Normalized cut 和 Grab cut 算法等。这些算法主要是将图像抽象为图(graph)形式,依据图理论或者辅助以纹理信息等实现语义分割,计算精度较低,尤其是在复杂的图像分割任务中。语义分割如图 3-16 所示。

图 3-16 语义分割

随着深度学习的发展,LeNet-5、AlexNet、GoogleNet 等神经网络的提出,为图像语义分割做出了极大的贡献。以这些神经网络为基础,图像的语义分割处理取得了良好的结果,有了更多的发展和突破。

LeNet-5 等作为早期 CNN 的简单应用,一般是由卷积层和全连接层组成,使用 Softmax 等分类方法实现手写数字识别、图像处理分类等。之后,Jonathan Long 等人提出全卷积神经网络(Fully Convolutional Network,FCN),取消了 CNN 的全连接层,奠定了语义分割像素级分类的基础。在这之后,Badrinarayanan 等人提出 SegNet 网络实现语义分割。SegNet 是基于 FCN 的编码器-解码器结构设计,编码器采用卷积结构提取输入图像的特征,作为解码器的输入;解码器通过反卷积实现输入特征图尺寸的扩大,使其与输入图像尺寸相同,以便于分类。与 FCN 不同的是,在解码过程中,SegNet 将编码器池化层中的池化指数传递到对应的反卷积过程中,实现了更好的精度和实时性。

之后,许多新颖的网络,包括 ResNet(Residual Neural Network)、DeepLab 系列、PSP-Net(Pyramid Scene Parsing Network)、RefineNet 等一一出现。通常来讲,卷积神经网络深度的增加可以提高模型的精度。但是,当模型的深度增加到一定程度之后,却会导致梯度消失或梯度爆炸,使预测结果变差。ResNet 提出了残差模块,使用"捷径"和"跳跃连接"结

构,有效地解决了该问题,在训练更深网络的同时,保证了良好的拟合效果和良好的精度。DeepLab 在 ResNet 的基础上,采用了空洞卷积和空间金字塔池化模块,采用不同的扩张率对多尺度信息进行分类。PSPNet 提出了金字塔场景解析网络,基于全局场景信息、融合局部和全局信息,将复杂的场景信息与 FCN 的输出预测相关联,得到了更好的精度和实时性表现。基于 PSPNet,赵恒爽等人又提出了图像级联网络(Image Cascade Network,ICNet)。ICNet 在 PSPNet 的基础上提出了图像级联融合单元,以低分辨率图像的高效率实现和高分辨率图像的高质量推断,采用低分辨率图像提取粗糙的特征,中分辨率和高分辨率图像特征辅助训练,在不牺牲训练精度的前提下,得到更好的实时性。

随着软件和硬件等技术的提升,利用多信息融合的语义分割技术得到更好的应用,如 RGB-D 技术的应用,D 是指 Depth Map(深度图)。在传统的彩色图像三通道的基础上添加深度信息,相比较基于 RGB 图像的语义分割技术具有更高的分割精度和场景适应性。此外,不同于语义分割,基于实例级别的实例分割技术和将语义分割和实例分割融合的全景分割技术在后续的计算机视觉领域中得到了新的应用。

3.3.2 典型语义分割方法

1. FCN(全卷积网络)语义分割

FCN 网络通过对图像的像素进行分类,解决了语义级别的图像分割问题。FCN 网络是基于 CNN 的网络框架。其主要思想是使经典的 CNN 以任意大小的图像作为输入。CNN 最后通常使用全连接层来进行预测,由于 CNN 仅接受和生产特定尺寸输入的标签的限制来自完全连接的固定层,因此,FCN 将最后的全连接层用卷积层来替代,使得网络能够对任意大小的输入进行预测。

图 3-17 所示为 AlexNet 和 FCN 两个神经网络的相应结构与对应转换关系,图中上半部分网络为 AlexNet,下半部分网络为 FCN。从图中可以看出,FCN 特征提取部分的网络结构与 AlexNet 相仿,只是把最后三层全连接层变为卷积层,经过后续的反卷积等操作,对每个像素点进行预测,最后输出标注好的语义分割图像,而非 AlexNet 的图像所属类别及概率输出。

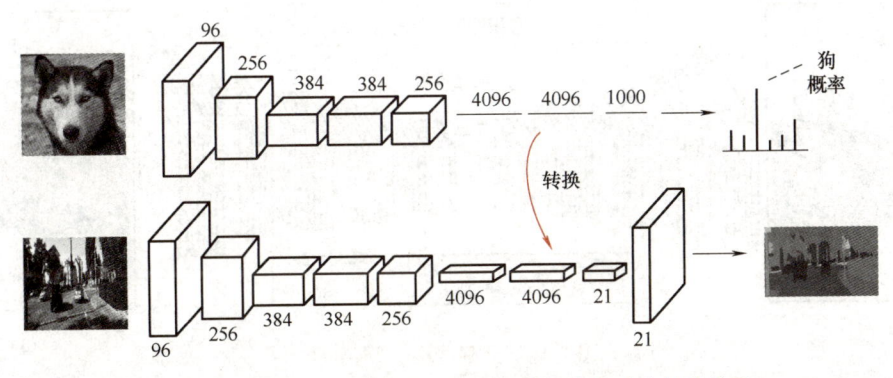

图 3-17 AlexNet 和 FCN 神经网络相应结构与对应转换关系

FCN 主要运用了三种技术来实现图像的语义分割:
1) 全连接层转化为卷积层。

2）反卷积。简单的理解就是卷积的反向过程。利用双线性插值方法，对图像的横纵轴方向插值，填充图像得到更大尺寸的特征图，实现与输入同等大小的图像输出。

3）跳跃结构，多特征融合。利用卷积、池化等过程中产生的多个特征图之间信息融合，弥补反卷积过程中缺失的图像细节特征信息。跳跃结构如图3-18所示。

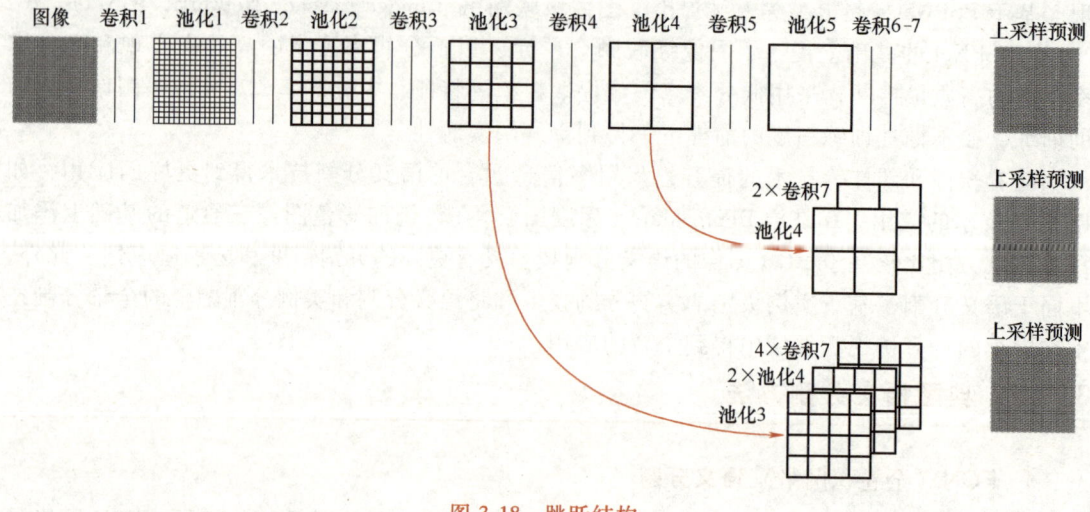

图3-18 跳跃结构

FCN存在的缺点：

1）分割的结果还不够精细。最终得到的结果比较平滑和模糊，对图像中的细节不敏感。

2）基于CNN网络，将全连接层替换为了卷积层，将像素进行独立分类，忽略了图像中像素之间的联系。

2. SegNet

SegNet（图3-19）的创新点在于用解码器对低分辨率的图像进行上采样时，并没有通过反卷积的方法，而是使用全新的反池化的方法。

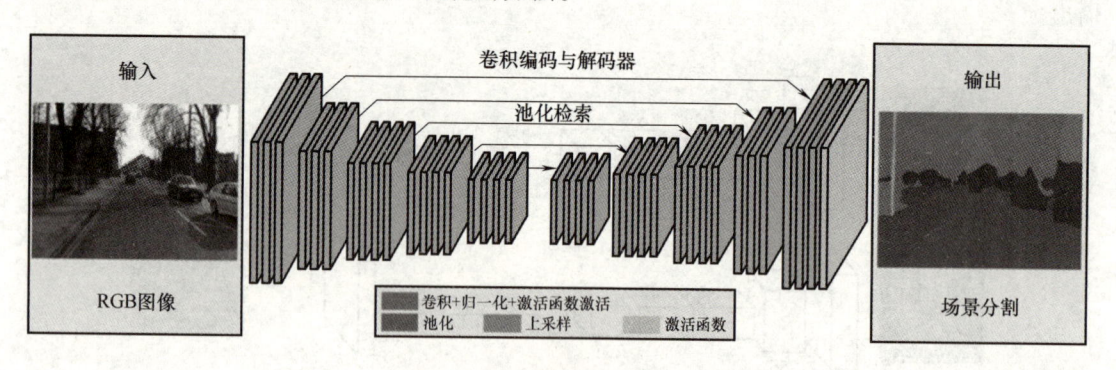

图3-19 分割网络（SegNet）

该网络的主要特点为：

1）计算量小，网络所需参数量下降，属于一种轻量级网络。

2）通过索引来对特征图进行反池化的一个操作，保证了图像高频特征不会丢失。

反池化上采样的过程如图 3-20 所示。反池化时需要记录下池化的位置，反池化时把池化时的位置直接还原，其他位置加 0。

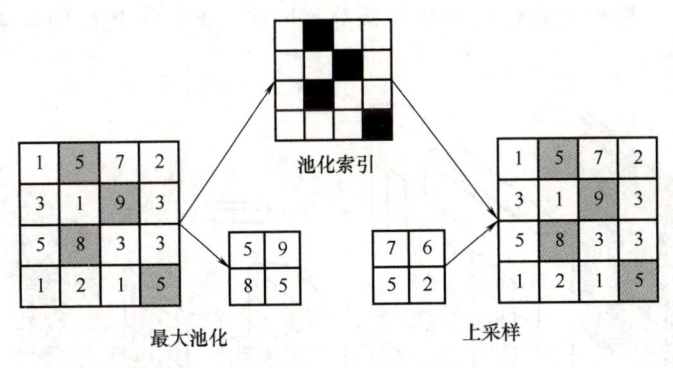

图 3-20　反池化上采样

3. PSPNet

由上文可知，FCN 不能对场景整体之间的关系和全局信息有一个准确地把握。为了改善这一缺点，赵恒爽等人提出了 PSPNet，提出了金字塔池化模块（Pyramid Pooling Module），融合特征图的局部和全局的信息，并聚合不同区域的上下文信息获取全局信息。

PSPNet 的一大主要特色是金字塔池化模块。PSPNet 的前端利用 ResNet 和空洞卷积（Dilated Convolution）提取特征图，特征图经过金字塔池化模块对四种不同尺度的特征进行融合，得到的带有整体信息的特征与前几层的特征图相连接，卷积后得到输出。此外，PSPNet 的辅助损失结构如图 3-21 所示，PSPNet 在 ResNet 的基础上做了改进，提出了辅助损失的概念。除了在分类部分的损失之外，在第四阶段额外添加辅助损失，两个损失使用不同的权重优化参数，实现了网络模型的快速收敛。

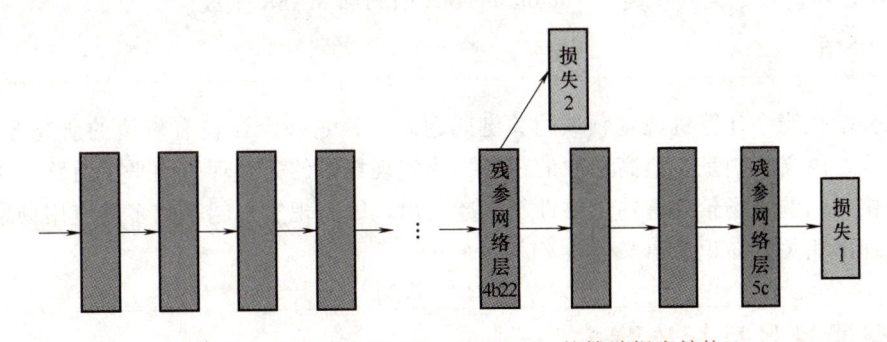

图 3-21　金字塔池化网络（PSPNet）的辅助损失结构

3.3.3　典型实例分割方法

和语义分割不同的是，实例分割不仅是对每个像素点的分类，还要在此基础之上将同一类别不同个体区分开来，达到不同实例分割的效果。这对分割算法来说是一项更高的挑战。实例分割的基本思路就是在语义分割的基础上融合目标检测，先用目标检测算法将图像中的不同实例进行定位，再用语义分割的方法对图像进行像素级的分类，最终达到实例分割的

效果。

典型的实例分割网络为 mask-RCNN 实例分割网络，mask-RCNN 网络是何凯明于 2017 年提出的基于两阶段目标检测算法提出的实例分割网络，取得了较好的效果。mask-RCNN 网络架构如图 3-22 所示。

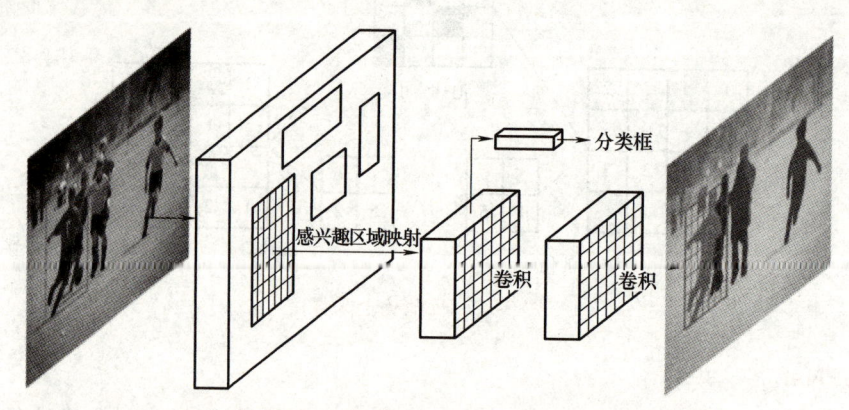

图 3-22　掩码-卷积神经网络（mask-RCNN）架构

整个网络的工作流程为：

1）输入图片进行预处理操作，或者输入处理后的图片。

2）将预处理后的图片输入到已经训练好的卷积神经网络中得到特征图。

3）对特征图中的每一点设定预定个的感兴趣区域（Region of Interest，ROI），获得多个候选 ROI。

4）将 ROI 输入到 FPN 网络进行二值分类和 Bounding Box 回归，过滤掉背景和一部分 ROI。

5）将原图和特征图的像素相对应以及将特征图和固定的特征相对应。

6）对 ROI 进行分类（N 类）、Bounding Box 回归和 MASK 生成。

3.3.4　小结

图像分割是当今计算机视觉领域的关键问题之一，是一个比较有价值的研究方向之一。从宏观上看，语义分割是一项高层次的任务，为实现场景的完整理解铺平了道路。作为计算机视觉的核心问题，场景理解的重要性越来越突出，因为现实中越来越多的应用场景需要从影像中推理出相关的知识或语义。

3.4　交通场景目标检测方法

交通场景的目标检测主要包括两大类，一类是运动的目标，主要有车辆、行人、动物等，另一类是静止的物体，主要有路边静止的车辆、护栏、路标、道路路况等。而本书主要讲述的是行人与车辆以及交通标志的检测方法。

交通场景的目标检测通常通过摄像头、激光雷达、毫米波雷达等多种传感器来检测目标。根据每一种传感器的特点，将目标检测分为两大类：基于视觉的目标检测、基于雷达的目标检测。

1) 基于视觉的目标检测主要通过车载摄像头传感器完成。该方法主要是通过卷积神经网络来对摄像头获得的图像进行一个细致的分类，可以用于车道线检测、行人车辆以及交通标志的识别、交通信号的识别等。

2) 基于雷达的检测，又可分为通过激光雷达的目标检测和基于毫米波雷达的目标检测。激光雷达可以对物体在距离上实现一个精准的定位；毫米波雷达则主要用于判断目标车辆或行人与自车的相对速度、方位等。

3.4.1 基于视觉的障碍目标检测方法

目标检测本质上是基于目标级别的图像分类任务。传统的基于手工特征提取的目标检测算法大体分为三步：①创建滑动窗口，提取候选区域。②提取特征，如方向梯度直方图（Histogram of Oriented Gradient，HOG）特征，局部二值模型（Local Binary Pattern，LBP）特征等。③使用 SVM 等分类器得到分类结果。其中，可变形部件模型（Deformable Part based Model，DPM）算法作为传统目标检测算法的巅峰，实行"从部分到整体"的结构，将目标检测问题转化为目标的部分检测问题，再将局部检测的结果整合为一体，得到最终的检测结果。

深度学习的发展逐渐取代了传统的目标检测算法，但其中一些重要的理论，如边界框回归，上下文全局信息的利用等都影响着深度学习的进一步发展。Girshick 等人提出了名为 R-CNN 的目标检测方法，将目标候选区域和 CNN 相结合，在检测结果上取得了飞跃性的提高，并成为将卷积神经网络应用于目标检测方法的先驱，掀起了基于深度学习方法的目标检测热潮。但是，多阶段的训练过程和候选区域的反复提取导致 R-CNN 的方法检测耗时、速度较慢。其后，SPP-Net 的提出，利用空间金字塔池化层实现任意大小区域的特征提取，有效解决了 R-CNN 的计算冗余问题，但仍存在计算速度慢、精确度较低的问题。之后，基于 R-CNN 的网络变体，如 fast R-CNN，faster R-CNN 的提出，进一步改善了目标检测方法的精度和实时性。

上述的目标检测方法属于多阶段的检测算法。深度学习理念的进一步发展促进了基于深度学习的端对端目标检测算法的兴起，如 YOLO、SSD 等。YOLO 作为端对端目标检测的先驱之作，将目标检测问题转化为回归问题，以整个图像作为输入，利用 CNN 提取特征，直接得到分类的结果和位置坐标。YOLO 的检测速度相比较于之前的检测网络有了大幅度的提升，但是精度降低，对相互靠近或小群体的物体检测效果不好。SSD 的基本原理与 YOLO 相似，不同之处在于，SSD 利用不同尺度的多特征图原理，避免了检测精度降低的风险，也具有较高的实时性，在检测大目标上取得了好的效果，对小目标检测效果较差。此外，YOLOv2、YOLOv3 等网络作为 YOLO 网络的改进，在目标检测任务上也取得了好的检测效果。

1. R-CNN 系列网络

目标检测主要分为两个任务：物体的定位与分类。为了完成这两个任务，R-CNN 借鉴了滑窗的思想，提出了候选区域，大大提高了目标检测的效率。比较经典的 R-CNN 系列目标检测网络（包括 R-CNN、fast R-CNN、faster R-CNN）都是利用候选区域的方法来实现目标检测的过程。R-CNN 网络具体检测步骤如图 3-23 所示。

1）给定一张输入图片，从图片中提取 2000 个类别独立的候选区域（ROI）。
2）通过 CNN 网络在候选区域抽取出一定长度的特征向量。
3）再利用支持向量机（Support Vector Machines，SVM）对区域进行目标分类。

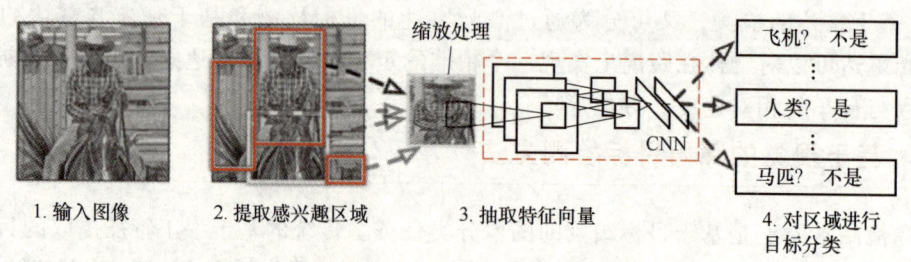

图 3-23 候选框卷积神经网络（R-CNN）具体检测步骤

R-CNN 实现了目标的精确检测，其主要缺点是候选区域重复检测时，运算缓慢。之后，fast R-CNN、faster R-CNN 相继出现。Fast R-CNN 网络主要融合了 SPP-Net 的思想，提高了网络的性能。具体结构如图 3-24 所示。

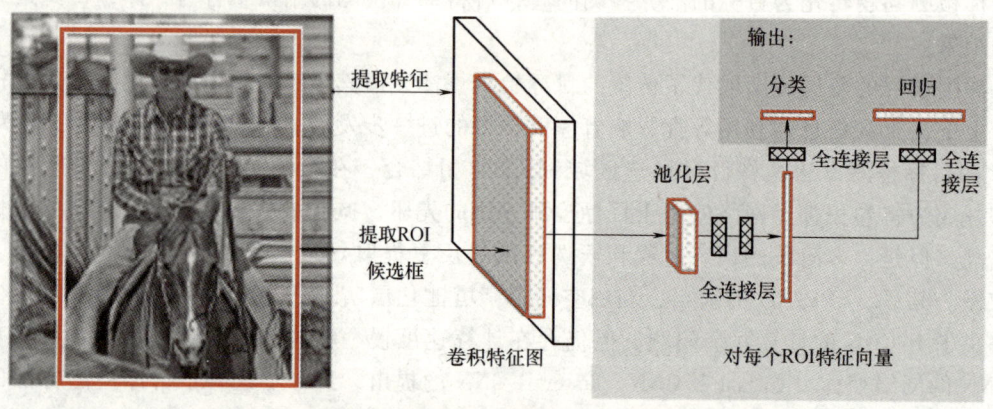

图 3-24 快速候选框卷积神经网络（Fast R-CNN）结构

1）给定一张输入图片，从图片中提取 2000 个类别独立的候选框 ROI。
2）通过卷积网络提取整张图的特征。
3）再通过 ROI 区域池化来获得不同候选区特征。
4）最后通过两个 FC（全连接网络）进行分类和回归。

Faster R-CNN 的方法是基于 fast R-CNN 生成，只是利用候选区域网络（Region Proposal Network，RPN）算法取代候选区域提取的方法生成 ROI。RPN 以特征图作为输入，利用卷积网络实现候选区域的提取。在滑动窗口的原图上标记 9 个（3 种长宽比×3 种尺度的）矩形窗口（也称为锚点或 anchors），卷积图像结果和锚点的位置输入到小的网络中进行回归和分类；训练网络得到结果。其网络结构如图 3-25 所示。

2. YOLO（You Only Look Once）系列

R-CNN 系列属于 two-stage 方法，而 YOLO 正如它的全称一样，只要看一次图片，属于 one-stage 方法，将物体的分类与识别在一个步骤中完成。YOLO 直接以整张图像作为输入，可以更好地区分背景和目标，一次性检测多个目标的位置和类别信息，实现端对端的目标检测。具体的网络结构如图 3-26 所示：

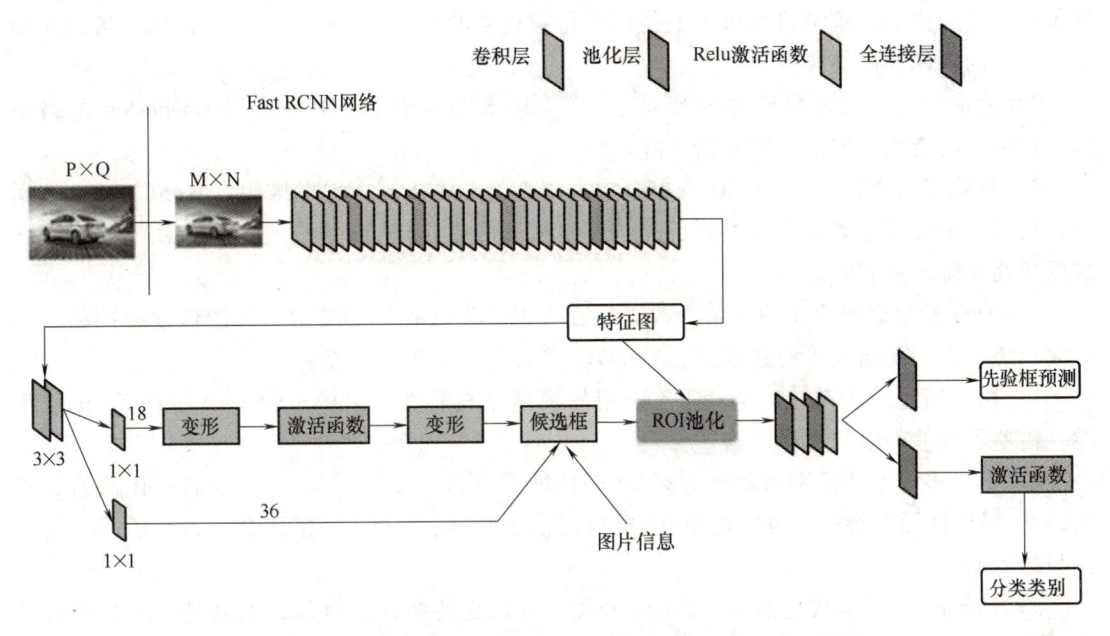

图 3-25 更快速候选框卷积神经网络（Faster R-CNN）结构

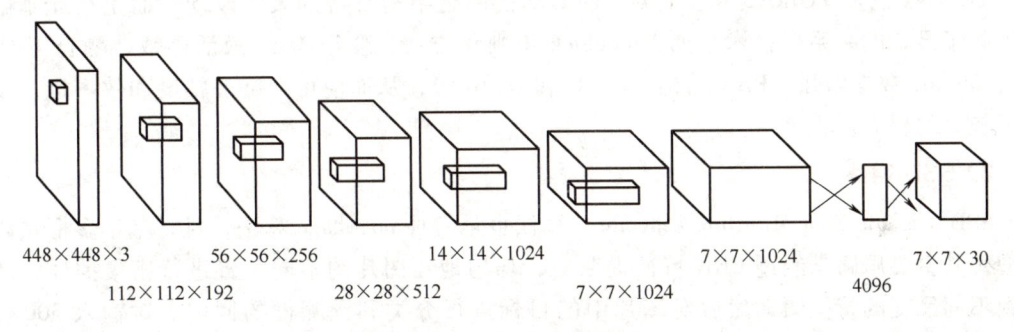

图 3-26 YOLO 网络结构图

YOLO 网络利用 24 个卷积层提取图像特征，2 个全连接层得到图像的位置坐标和类别概率。如图 3-26 所示，每部分特征图中间的矩形框代表划分的网格大小。YOLO 将输入图像划分为 $s×s$ 个栅格，每个栅格预测 B 个边界框，每个边界框输出自身的位置，是否存在目标的置信度和目标归属类别概率信息。

为了平衡三种输出，YOLO 的损失函数包括了三个部分：位置误差、置信度（confidence）误差、类别误差。

YOLO 将 CNN 更深层次地应用于目标检测中。但是，YOLO 无视输入图像的大小，全部调整大小为 448×448，这样容易造成图像的变形，检测结果变差；对小的物体检测不精确。在 YOLO 的改进基础上，相继诞生了 YOLOv2 和 YOLOv3。

YOLOv2 对 YOLOv1 进行改进，主要是达到效果更好（better）、速度更快（faster）、泛化能力更强（stronger）的目的：

1）效果更好。YOLOv2 修剪网络，删除全连接层和最后的池化层，引入 BN 层，得到更高分辨率的特征；使用奇数尺寸的图像作为输入，得到奇数尺寸的特征图，使用图像的中心框预测；引入锚框，预测目标边界框坐标，得到更高的召回率；多尺度图像训练，可以使用不同大小的图像提高鲁棒性。

2）速度更快。大多数检测框架基于 VGG-16 提取特征，YOLO 使用 GoogleNet 网络架构，传播速度更快，但准确率有所下降。

3）泛化能力更强。和 COCO 等单个数据集直接分类不同，树形结构（Word Tree）依据所属目标类别逐层分类，由父类到子类，使用树形结构的分层预测方法有效解决了两个不同数据集相互排斥的问题。

YOLOv3 是对之前算法的保留和改进。在 YOLOv2 已有算法结构，如图像划分网格、端对端训练、多尺度输入等的基础上，YOLOv3 主要进行了下述改变：

1）网络模型结构改变。YOLOv3 采用的模型结构称为"Darknet-53"，使用 53 个卷积层，借鉴了残差网络的直连结构。

2）引入多尺度特征图检测。对第 79 层特征图进行上采样，与第 61 层特征图融合，得到第 91 层特征图的特征；再次对第 91 层特征图上采样，与第 36 层融合，得到适合小目标检测的特征图。

3）Logistic 分类取代之前的 Softmax 分类。可以支持多标签对象，尤其是一个目标有两个甚至多个标签时。

YOLOv4 以及 YOLOv5 并没有对 YOLOv3 的网络结构有特别大的改动，而是在此基础之上堆叠了最新的一系列技术，如 Dropblock 正则化方法、使用 Mish 激活函数、融合了 CSP-Net、Mosaic 数据增强、PAN 结构、CIOU 和 DIOU 等，从而使得网络的精度和效率进一步得到了较大的提升。

3. SSD 网络

SSD（Single Shot MultiBox Detector）算法也是一种 one-stage 算法，且是基于多框预测的模型，其主要思路是经过 CNN 特征提取后，均匀地在图片的不同位置进行密集抽样，从而得到不同尺度的特征图，然后对图片中的目标进行分类和预测框的回归。对输入 300×300 的图像，在 voc2007 数据集上测试，SSD 能够达到 58 帧每秒（Titan X 的 GPU），72.1% 的 mAP。其主干网络结构如图 3-27 所示。

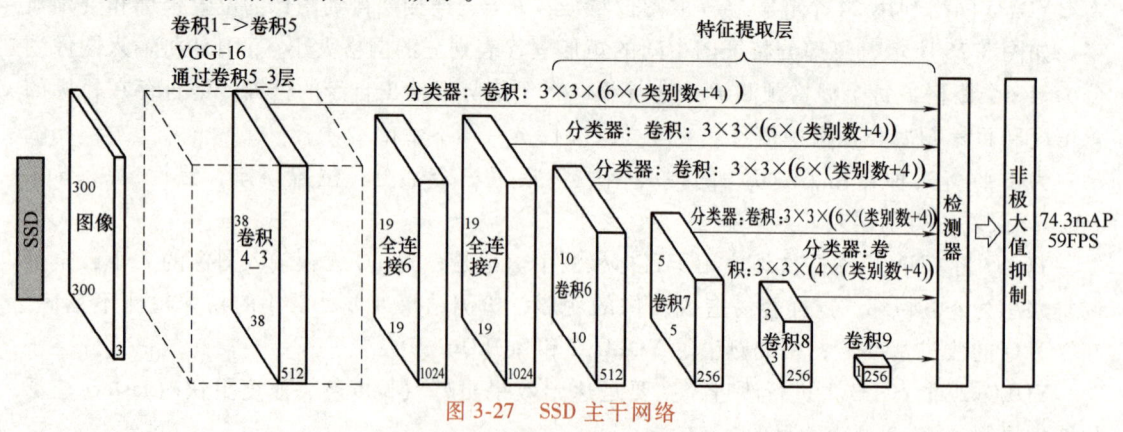

图 3-27 SSD 主干网络

SSD 和 YOLO 一样，也可以把网络分成三部分：卷积层、目标检测层和 NMS 层。SSD 的特点有：

1）每个卷积层可以输出不同大小尺度的特征图，SSD 在这些不同尺度的特征图上进行物体的分类和定位，大大提高了模型的泛化能力。

2）SSD 设置了先验框。

3）SSD 还采用了数据增强的技术。

4. 注意力机制（SENet）

SENet（Squeeze-and-Excitation Networks）主要由两部分组成，分别为 Squeeze 部分和 Excitation 部分，SE 模块如图 3-28 所示。

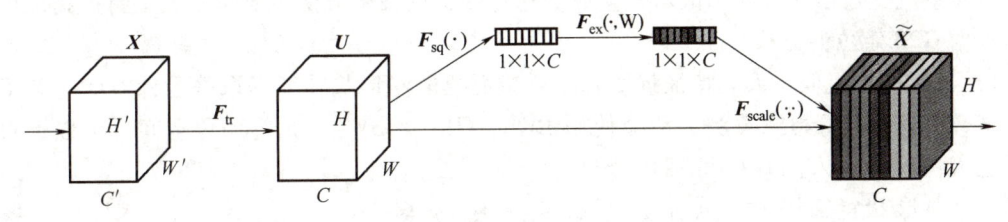

图 3-28 SE 模块

（1）Squeeze 部分 首先对图像进行一个压缩操作，即将原来的 $H×W×C$ 的特征图压缩为通道级的全局特征，维度为 $1×1×C$，感受域更广，一般通过 global polling 来实现。

（2）Excitation 部分 在 Squeeze 操作的基础之上进行 Excitation 操作，学习各个通道间的关系，并得到不同通道的权重，最后乘以原来的特征图得到最终特征。

SENet 这种注意力机制可以更好地关注信息量大的通道特征，抑制甚至忽略那些不重要的通道特征，且该模块是通用的，可以嵌入其他卷积网络中。

5. 小结

目标检测至今仍然是计算机视觉领域比较活跃的一个研究方向，虽然 one-stage 检测算法和 two-stage 检测算法都取得了较好的效果，但是距离真实场景下的应用还有一定的差距，进一步提高目标检测的实时性以及使模型轻量化这一基本任务还具有挑战性，而且存在较大的提升空间。

3.4.2 基于视觉的交通信号及标志检测方法

1. 红绿灯检测

红绿灯检测的主要目标是对图像中的红绿灯进行一个定位与分类。智能驾驶的车辆根据红绿灯的分类结果来对当前的交通场景进行判断，在判定为绿灯且前方无障碍物的情形下通过该路口，否则原地等待。智能车辆能否准确无误地检测交通信号直接关系着车辆与行人的安全。交通信号灯在一幅图像中所占的像素较小，所以特别容易产生误检、漏检等情况，红绿灯检测仍然是一个比较关键且困难的问题。

传统的红绿灯检测，大多包括图像预处理、颜色空间的阈值分割以及形状特征过滤等步骤。即先对采集的图像进行去噪和图像增强处理，使红绿灯更加突出；然后对图像进行一个颜色空间的转换（一般为 HSV 颜色空间转化），并设定阈值，过滤掉非红绿灯区域；进一步根据红绿灯的形状特征过滤掉汽车尾灯等非红绿灯区域，来实现红绿灯的检测。这种方法的准确率并不是特别理想。最近基于深度学习技术的目标检测大大提高了目标检测的效率和准确率。

利用深度学习技术能够自动学习图像中的各种特征，避免了人工提取。目前在图像识别领域卷积神经网络模型中取得了良好的效果。大多数目标检测都是基于YOLO、SSD、faster R-CNN等，它们对于小目标的检测效果并不是特别理想，容易出现漏检、误检等。所以红绿灯的检测仍然是一项比较困难的任务。

（1）**基于传统方法的交通信号灯检测** 传统的红绿灯检测主要分为两个阶段：第一个阶段根据摄像头所采集的图像对交通信号灯候选区域进行筛选；第二个阶段是对候选区域内的交通信号灯进行分类。

首先生成交通信号灯候选区域，生成交通灯候选区域的方法主要包括人工特征提取的方法和根据GPS定位的方法。

1）人工特征提取。人工特征提取有颜色特征提取和形状特征提取等。针对颜色特征提取，多数交通信号灯检测算法一般会使用RGB、HIS、HSV、Lab等颜色空间。可以通过设定颜色阈值，在输入图片中得到信号灯区域，针对形状特征提取；也有使用圆形检测结合K-means聚类算法来定位图像中的交通信号灯的方法。

2）根据GPS定位的方法。该方法主要通过结合GPS系统和交通信号灯的位置信息，使得智能车辆在行驶的过程中精准定位并获得准确的红绿灯位置，获得感兴趣的区域，完成交通信号灯的检测。传统方法的红绿灯检测效果如图3-29所示。

图3-29 传统方法的红绿灯检测效果

（2）**基于深度学习的交通信号灯检测** 本书主要介绍基于YOLOv3的红绿灯检测。YOLOv3的特征提取网络为Darknet53，由残差网络堆叠而成。检测网络可以通过三种尺度的特征图进行多尺度预测，将高层特征与底层特征相融合，大大提高了目标检测的准确率。但由于交通信号灯属于小目标，YOLOv3对于小目标的检测效果并不是特别理想，所以会进行改进，如将原本的IOU改为GIOU，引入注意力机制SENet、引入soft NMS，利用空洞卷积代替传统卷积来增加感受野等，最终达到提高该网络对于交通信号等的检测效果的目的，降低了误检率和漏检率。基于YOLOv3的红绿灯检测如图3-30所示。

2. 交通标志检测

交通标志检测的任务是在输入的图像中筛选出可能是交通标志的候选区域，并对其进行识别。因此，交通标志检测需要有较高的准确率，且尽可能多地包含交通标志区域，过滤掉其他背景。交通标志的检测仍然是一项具有挑战性的任务，主要存在以下这些问题：

1）不同交通标志所处环境的光照强度各不

图3-30 基于YOLOv3的红绿灯检测

相同。比如白天与黑夜环境下，交通标志的能辨识度完全不同。

2）不同交通标志所处的环境各不相同。这将导致交通标志所在的地方背景各不相同，能否有效过滤掉各种背景是一个比较困难的问题。

3）交通标志可能存在倾斜等情况。

4）交通标志可能不能完整地展现在图像中。有路边停靠的车辆或者植物等可能存在遮挡交通标志的情况。

5）在远处时，交通标志所占的像素较小，属于小目标物体。这样会大大降低检测的准确率。

为解决上述问题，人们也提出了一系列方法，也可分为传统的方法和基于卷积网络的方法两大类。

(1) 传统的交通标志检测方法　传统的交通标志检测简单地说，也是利用颜色特征，将图像转换到不同的颜色空间，从而分离出交通标志区域。传统方法在选取候选区时，一般经过如下步骤：

1）对输入的图像进行预处理，如去噪、图像增强等。

2）通过先验知识和大量观察样本，人工提取特征。

3）在进行候选区分类之后，进一步通过先验知识和其他一系列措施，过滤掉背景，尽可能多地保留交通标志区域进行识别。

(2) 基于卷积网络的交通标志检测方法　传统的方法需要手工提取特征，而且整个步骤是比较繁琐的，其效率并不是特别的高。基于卷积网络的检测方法可以有效地避免图像预处理、人工提取特征等步骤，是一种端到端且比较高效的方法。使用 faster R-CNN 网络训练出来的模型，基于卷积网络的交通标志识别效果如图 3-31 所示。

图 3-31　基于卷积网络的交通标志识别效果

3.4.3　基于激光三维点云数据分类与目标提取

一般而言，在原始点云数据基础上的目标检测可分为特征提取和分类/聚类两大步骤。

特征提取指的是根据不同目标的几何、运动、属性等特点，从原始数据中挖掘信息，用于原始数据点的聚类或分类。分类/聚类指的是基于不同的机器学习模型，从数据中获取知识，实现所探测环境的感知或认知。

三维数据中能够提取的特征，可分为显性特征和隐性特征两大类别。其中，显性特征依赖于人工定义，按基元不同主要有：基于点的特征提取，基于体素的特征提取，基于切片的特征提取，基于对象的特征提取，基于关键点的提取等方法。特征描述能力不足，是目前分类和目标提取质量无法满足应用需求，限制三维点云使用价值最主要的原因。隐性特征随着深度学习的发展而普及，即通过卷积、池化、采样等操作提取反映数据本质、分布式的特征表示，突破了传统分类方法中过度依赖人工定义特征的难题，被认为是类脑人工智能发展至今最成功的案例。

在分类/聚类方面，根据机器学习模型的深度不同，可分为浅层学习模型和深度学习模型两大类。

在浅层学习方面，主要模型有线性回归、逻辑回归、决策树、SVM等分类方法，以及K-Means、Mean shift、层次聚类等聚类方法。应用到激光雷达领域，主要方法包括：

1) 基于模型拟合的提取方法。该方法主要利用三维局部特征描述算子、霍夫变换算法和随机抽样一致性算法及其改进算法识别与提取点云场景中的线、面、圆、柱、体等简单几何对象及其组合对象，如利用柱与面提取交通指示牌，用柱与体提取树木等。这类方法简单快捷，但精度不高，适合对象有限。

2) 基于区域生长的提取方法。该方法针对特定目标对象设定或选取种子，根据对象特征设定相应的生长规则与终止条件，基于种子生长提取出对象。该方法能够用于提取大多数对象，其精度完全取决于种子选取和生长规则的合理性，难度较大，同时提取速度较慢。

3) 基于聚类分析的提取方法。该方法是在特征计算基础上，利用逐点分类方法或类簇分类方法对点云标识，然后进行目标提取。常用方法有人工经验阈值分类方法（包括基于特征和基于特征的模型）和基于机器学习的监督分类方法。这些方法都依赖特征计算，其中对于基于学习的方法还需要提供相应的训练样本。

在深度学习方面，主要模型有卷积神经网络（CNN）、递归神经网络（RNN）、深度置信网络（DBN）及图网络（GN）等，成为当前点云数据感知领域的研究热点。例如，2016年，百度将全卷积网络技术移植到三维距离扫描数据检测任务。具体地，根据Velodyne 64E激光雷达的距离数据，将场景设置为车辆检测任务，在2D点图呈现数据，并使用单个2D端到端全卷积网络同时预测目标置信度和边框，通过设计的边框编码，使用2D卷积网络也能够预测完整的3D边框。但是在三维点云场景的目标对象提取与精细分类等方面，还面临着海量数据集样本库的建立，适用于三维结构特征学习的神经网络模型的构建及其在大场景三维数据解译中的应用等诸多难题。未来，可以从三维目标多尺度全局与局部特征的学习，顾及目标及其结构的语义理解和先验知识或第三方辅助数据引导下的多目标提取与分类方法等方向着手展开研究。基于点云的3D物体检测VoxelNet只利用点云数据，在无人驾驶环境下实现了高精度的三维物体检测：将三维点云划分为一定数量的Voxel，经过点的随机采样以及归一化后，对每一个非空Voxel使用若干个体素特征编码（Voxel Feature Encoding，VFE）层进行局部特征提取，得到Voxel-wise Feature，然后经过3D Convolutional Middle Layers 进一步抽象特征（增大感受野并学习几何空间表示），最后使用区域候选框网格（Region Proposal Network，RPN）对物体进行分类检测与位置回归。

3.5 交通场景路面信息检测方法

3.5.1 基于视觉的路面信息检测

车道线是指道路上以线条、箭头、文字、标记及轮廓标识等向交通参与者传递交通信息的标线，用以达到管制和引导交通的目的。

车道线检测是智能车辆环境感知系统的重要组成部分，当前的车道偏离预警系统（Lane Departure Warning System，LDWS）、车道保持辅助系统（Lane Keeping Assist System，LKAS）等辅助驾驶系统以及高级别的自动驾驶都离不开对车道线准确实时的识别。车道线检测可通过不同的传感器实现，最常见的为基于相机的方法。最初，基于相机车道线检测多采用传统图像处理的方法，随着深度学习技术的快速发展，车道线检测任务越来越多地采用基于神经网络的方法，同时随着激光雷达在汽车上的应用，基于激光雷达和视觉融合的车道线检测也逐渐受到研究者们的关注。

1. 基于传统图像处理的车道线检测

传统图像处理方法主要采用图像预处理、手工特征提取以及启发式来检测车道线。其按照问题形式的不同主要分为基于特征的方法和基于模型的方法。基于特征的方法利用车道线灰度值、梯度变化、边缘信息，通过阈值分割、边缘检测等算法分离车道线特征，并利用 Hough 变换等方法提取特征；基于模型的方法将车道线检测视为求解道路模型参数问题，根据车道线几何特征抽象出几何模型（直线模型、抛物线模型、样条曲线模型等），通过 RANSAC（Random Sample Consensus）算法、最小二乘法等获得模型参数来拟合车道线。

（1）基于特征的车道线检测方法 基于特征的车道线检测方法，主要利用车道线与路面及其周边环境信息之间的纹理、灰度值、梯度变化以及边缘等特征差异，通过边缘检测或阈值分割方法，将车道线与道路背景信息区分开来。

车道线一般呈白色或黄色，相较于沥青等暗色路面具有突出的颜色特征，反映在彩色图像中表现为像素值位于一定颜色区间内，在灰度图像中表现为灰度值较大，可利用阈值分割算法予以区分。对于彩色图像，可将图像转换到不同色彩空间进行，通过对不同色彩空间各通道值的约束来进行车道线提取，如 RGB 色彩空间，R（红色通道）、G（绿色通道）、B（蓝色通道）各通道取值范围均为 0~255；HLS 色彩空间，H（色相）、L（亮度）、S（饱和度）各通道取值范围为 $0 \leq H \leq 360$，$0 \leq S \leq 1$，$0 \leq L \leq 1$。由于彩色图像数据量较大，通常会将图像进行灰度化预处理。除颜色外，在车道线出现和消失的位置，图像灰度值变化较大，可采用边缘检测算法进行定位。常用的边缘检测算子有 Canny 算子、Sobel 算子、Prewitt 算子等。基于特征的车道线检测算法效果如图 3-32 所示。

基于特征的车道线检测算法主要利用车道线颜色、边缘等显性特征，通过人为设计的手工特征提取方法进行车道线的提取，在车道线清晰、无障碍物遮挡、无光照阴影干扰的平整

图 3-32 基于特征的车道线检测算法效果
a) 原始图像 b) 灰度图像 c) 阈值分割图像 d) 边缘检测图像

路面下较为适用，在面临车道线磨损、交通拥堵、光线干扰较强等复杂交通场景时效果下降明显。

（2）基于模型的车道线检测方法 基于模型的方法是根据结构化道路的几何特征抽象出车道线的几何模型（直线模型、二次曲线模型、双曲线模型以及样条曲线模型等），然后通过 RANSAC 算法、最小二乘法、霍夫变换等方法获得能够较好拟合车道线几何模型的参数，将车道线检测问题归纳为模型参数求解问题。

在数字图像坐标系中，图像左上角为坐标原点，水平向右为 u 轴正方向，竖直向下为 v 轴正方向，直线模型与二次曲线模型数学表达式为

$$u = kv + b \tag{3-20}$$

$$u = av^2 + bv + c \tag{3-21}$$

直线模型参数量少，计算简单，但在弯道下对车道线的表达能力较差，二次曲线模型能够较好拟合弯曲的车道线，但模型参数数量多于直线模型。通常，即使行驶在弯道中，近处的车道线也近似为直线，只有远处的车道线才会表现出弯曲，因此也可采用直线模型+曲线模型组合的方式表示车道线。

摄像头同人眼一样，观察到的场景具有透视特性，因而采集到的图像中车道线呈现出粗细不等、间距各异等不同的特征。透视特性的存在为车道线的提取与拟合增加了困难，因此可对采集到的图像进行透视变换，将阈值分割或边缘检测后的二值化图像转换为鸟瞰视角，在鸟瞰视角中进行车道线的提取与拟合。

透视变换矩阵计算方法如下：

$$\begin{pmatrix} X \\ Y \\ Z \end{pmatrix} = \boldsymbol{M} \cdot \begin{pmatrix} x \\ y \\ 1 \end{pmatrix} = \begin{pmatrix} a_{11} & a_{12} & a_{13} \\ a_{21} & a_{22} & a_{23} \\ a_{31} & a_{32} & a_{33} \end{pmatrix} \cdot \begin{pmatrix} x \\ y \\ 1 \end{pmatrix} \tag{3-22}$$

其中 $[x\ y\ 1]^\mathrm{T}$ 为源像素点，$[X\ Y\ Z]^\mathrm{T}$ 为目标像素点，3×3 矩阵 $\boldsymbol{M}$ 为透视变换矩阵。此变换为从二维空间到三维空间的转换，而图像位于二维平面，故将目标点坐标除以 Z 以得到二维图像上的点 $[X'\ Y'\ Z']^\mathrm{T}$，其计算方法如下：

$$X' = \frac{X}{Z} = \frac{a_{11}x + a_{12}y + a_{13}}{a_{31}x + a_{32}y + a_{33}}$$

$$Y' = \frac{Y}{Z} = \frac{a_{21}x + a_{22}y + a_{23}}{a_{31}x + a_{32}y + a_{33}} \tag{3-23}$$

$$Z' = \frac{Z}{Z} = 1$$

令 $a_{33} = 1$，即可得到目标像素点坐标的计算式为

$$\begin{aligned} a_{11}x + a_{12}y + a_{13} - a_{31}xX' - a_{32}yX' &= X' \\ a_{21}x + a_{22}y + a_{23} - a_{31}xY' - a_{32}yY' &= Y' \end{aligned} \tag{3-24}$$

式（3-24）中存在 8 个未知数，每对源像素点和目标像素点可以列写两个方程，故需要 4 对源像素点和目标像素点方可解出所有未知数，得到透视变换矩阵 $\boldsymbol{M}$。由图 3-33 中两幅图像四边形的四对角点坐标计算出透视变换矩阵 $\boldsymbol{M}$，产生对应的原图像和鸟瞰视角图像。

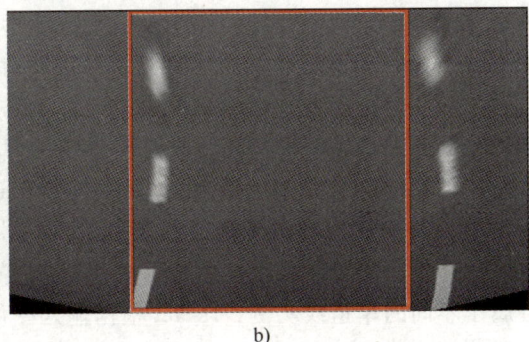

图 3-33 透视变换
a）原图像 b）鸟瞰视角图像

将经过边缘检测或阈值分割的图像进行透视变换即可得到鸟瞰视角的二值图像，在此图像中，车道线呈现出近似平行的特性，可根据位置关系或滑动窗搜索的方式提取出车道线特征点，进而利用直线模型或曲线模型拟合。基于曲线模型的车道线检测如图 3-34 所示。

基于模型的车道线检测方法与基于特征的车道线检测方法均依赖于手工特征提取，对车道线信息明确的良好路况较为适应，当车道线信息不明显或干扰因素过多时效果较差。

2. 基于深度学习的车道线检测

基于传统图像处理方法的车道线检测需要人工提取车道线特征和建立车道线模型，工作量大且无法适应复杂多变的交通场景。随着深度学习技术的快速发展，数据驱动的方法在各

图 3-34 基于曲线模型的车道线检测

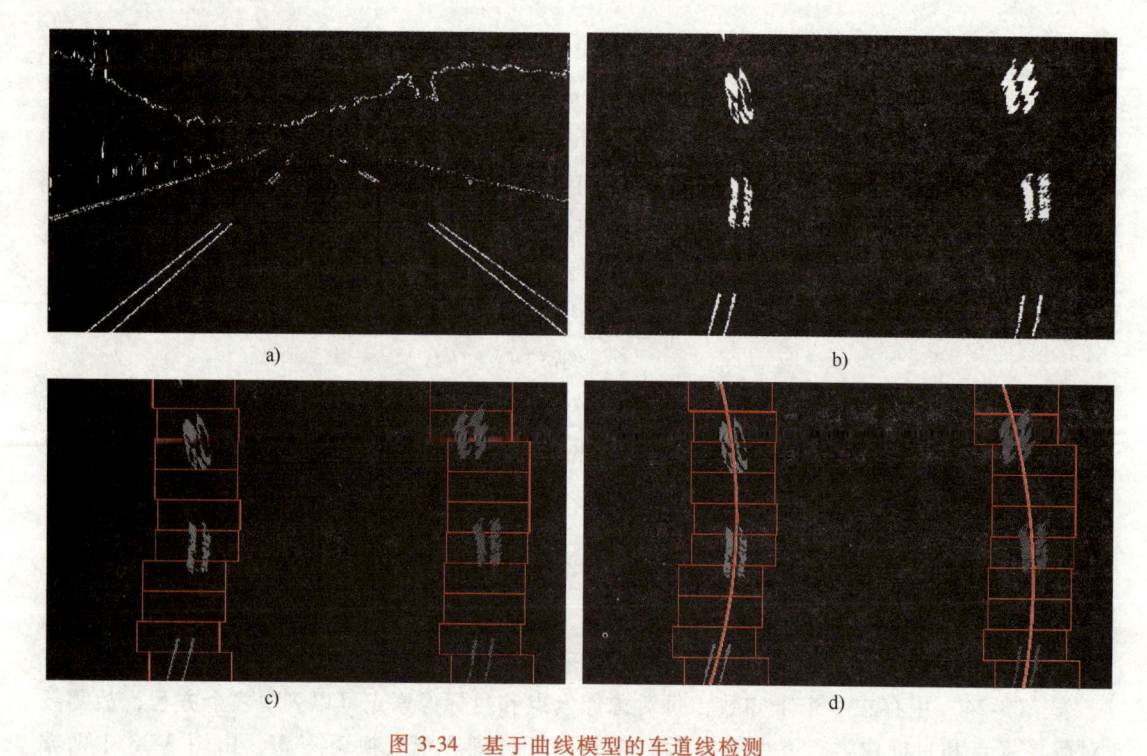

a）原视角二值图像　b）鸟瞰视角二值图像　c）滑动窗搜索车道线特征点　d）车道线曲线模型拟合

种视觉任务中表现出良好的性能。基于深度学习的车道线检测通常将车道线检测视为图像分割或分类任务，通过建立合理的神经网络模型并提供大量标记好车道线的道路图像，让模型自动学习和修正参数，由于数据集中包含不同天气、不同地区、不同交通场景的图像，因此训练得到的神经网络模型通常具有较传统图像处理方法更好的泛化性能。

（1）LaneNet 车道线检测　LaneNet 将车道线检测视为实例分割问题，每条车道线作为一个单独的实例，同属于车道线类别。网络由 LaneNet 和 H-Net 组成，LaneNet 负责将图像中的车道线实例分离出来，组成每条车道线实例的像素集合具有一个车道 ID 标识，用以区分属于不同的车道线实例，H-Net 根据输入图像的不同学习不同的透视变换参数，用于将车道线分割结果投影到鸟瞰图中，经三次多项式拟合后再映射回原图像中，Lane Net+H-Net 车道线检测如图 3-35 所示。

LaneNet 网络分为分割分支和嵌入分支，其结构如图 3-36 所示。分割分支（Segmentation branch）用来完成车道和背景的二分类问题，分离出所有车道线所在的位置，得到车道线二值图像，嵌入分支（Embedding branch）用于生成车道线像素的特征向量，使同一条车道线上的特征相近而不同车道线上的特征相远，最后对特征向量进行聚类即可提取出每条车道线实例。

（2）SCNN 车道线检测　虽然卷积神经网络具有强大的从图像像素中提取语义信息的能力，但其层接层的结构尚未表现出充分的图像行列空间关系提取能力，而车道线特有的长条形状使得车道线像素具备在图像行列方向上的强关联性，利用这一特性可以提升 CNN 在车道线被遮挡情况下的性能。如图 3-37 所示，SCNN 在车道线被车辆遮挡的情况下较 CNN 能够更好地推理出车道线，同时对于细长形状的物体也具有更好的分割效果。

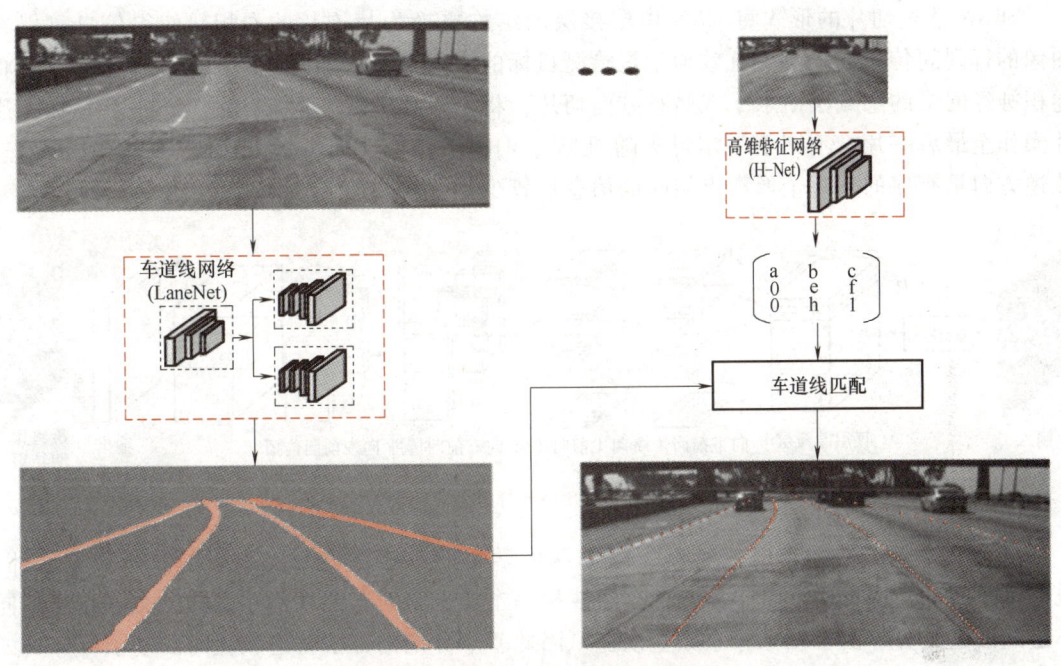

图 3-35 LaneNet+H-Net 车道线检测

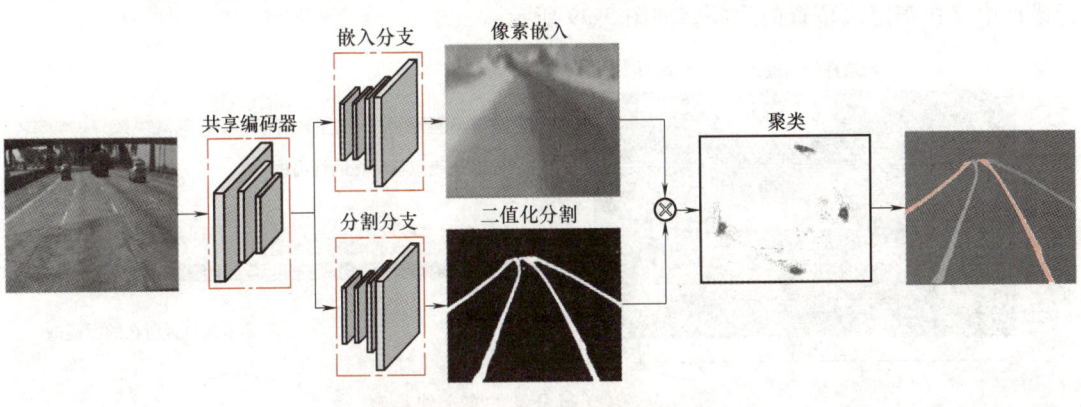

图 3-36 LaneNet 网络结构

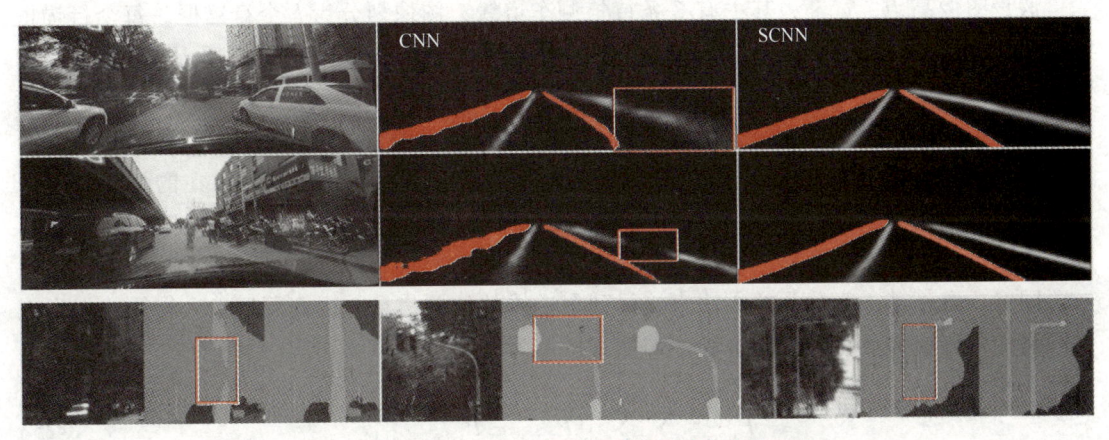

图 3-37 CNN 与 SCNN 车道线检测及语义分割对比

SCNN通过切片的形式将CNN中层接层的结构更换为片连片的卷积，使得信息可以在图像的行列间传递，能够更有效地学习检测目标的空间关系。如图3-38所示，SCNN通过将卷积神经网络的隐藏层沿水平或竖直方向切片，将每一片进行卷积操作后与下一片相加，逐片操作至最后一片。不同于马尔可夫随机场（MRF）和条件随机场（CRF），SCNN的信息传递方向是有序的，每个像素点接收的信息量较少且有效。

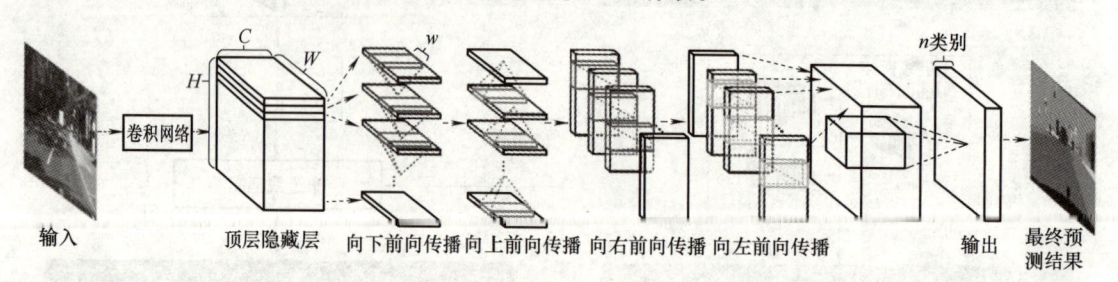

图3-38 SCNN片连片卷积

（3）基于行分类的车道线检测 基于深度学习的车道线检测除利用图像分割方法外，也有基于行分类的方法。基于分割的车道线检测本质上是对车道线像素点的分类，并对不同车道线加以区分，由于图像像素数量众多，因此基于分割的方法普遍较耗时。基于行分类的车道线检测把存在车道线的图像部分划分为若干个行锚框，将车道线检测问题转化为在每个行锚框中寻找车道线位置的问题，如图3-39所示。

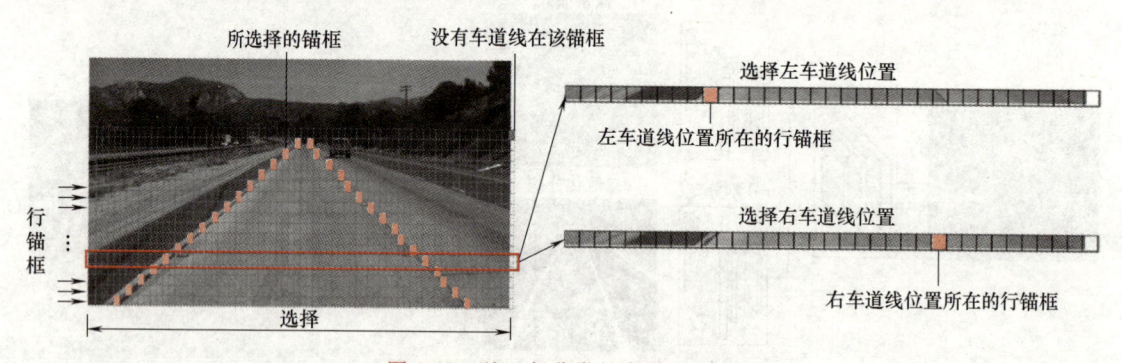

图3-39 基于行分类的车道线检测

假设图像高H，宽W，其中有C条待检测车道线，图像划分为h个行锚框，每个行锚框定义w个车道线候选位置。基于分割的方法需要给每个像素分类，要处理$H \times W$个分类问题，因每条车道线为一个单独的类别，考虑到背景类别每个分类问题的维度为$(C+1)$；而基于行分类的方法只需要在每个行锚框中找到每条车道线存在的位置，只需要处理$C \times h$个分类问题，每个行锚框有w个候选位置，考虑到车道线在当前行锚框不存在的情况，每个分类问题的维度为$(w+1)$。而h远小于H，w远小于W，使得整个车道线检测任务的计算量大大减少。

同时，由于基于行分类的方法直接得到车道线的位置信息，因而可以引入结构化损失以使网络的检测结果更符合人为经验。如下式所示为

$$L_{\text{sim}} = \sum_{i=1}^{C} \sum_{j=1}^{h-1} \| P_{i,j,:} - P_{i,j+1,:} \|_1 \tag{3-25}$$

$$L_{shp} = \sum_{i=1}^{C} \sum_{j=1}^{h-2} \| (Loc_{i,j} - Loc_{i,j+1}) - (Loc_{i,j+1} - Loc_{i,j+2}) \|_1 \qquad (3\text{-}26)$$

其中，L_{sim} 定义为相邻行锚框之间同一条车道线预测位置之差，此项损失基于车道线连续这一事实，使相邻行锚框中车道线预测位置不发生跳变；L_{shp} 定义为连续三个行锚框中两两之间同一条车道线预测位置偏移量之差，在表示图像近处的行锚框中加入这一约束将使得车道线检测结果趋于直线。

3. 基于激光雷达的车道线检测

基于相机的车道线检测研究广泛，技术相对成熟，但受外界环境的影响较大，在强光、夜晚、路面积水等情况下容易失效。随着激光雷达技术的不断发展，利用激光雷达检测车道线的研究得到越来越多的关注，该方法受外界环境条件干扰较小，可弥补基于视觉方法的不足。

基于激光雷达的车道线检测方法主要利用车道线与路面反射强度不同的特性，车道线通常为白色或黄色的特性图层，对激光呈高反射，而由沥青或混凝土构成的道路表面对激光呈低反射和漫反射。不同物体的回波强度见表3-2。

表3-2 不同物体回波强度

介质	回波强度/dBz	物体类别
沥青、混凝土	5~8	路面、建筑物等
特性涂层	12~30	车道标线
植被、金属	45~150	树木、车辆等

首先采用RANSAC拟合平面的方法滤除非地面信息，提取出路面区域，然后检测出路沿，根据路沿位置进一步缩小车道线搜索范围，再根据车道线与道路路面反射强度的不同，采用自适应阈值分割算法提取出车道线特征点，最后对车道线特征点进行聚类和拟合得到车道线，激光雷达检测车道线流程如图3-40所示。

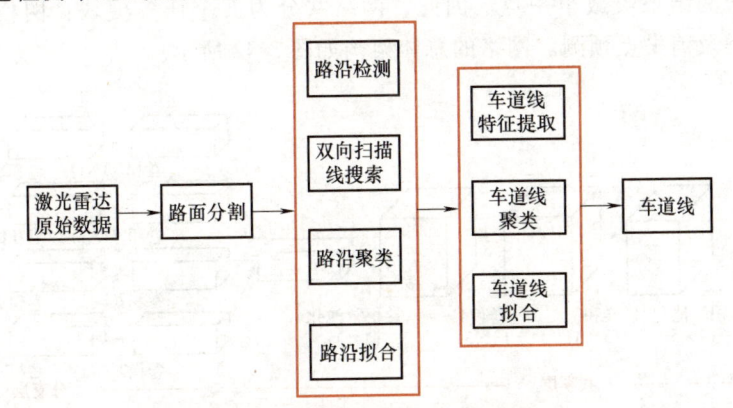

图3-40 激光雷达检测车道线流程

4. 道路标记识别

除单纯检测车道线的位置外，判断车道线类型以及路面箭头、文字等各种其他道路标记的检测也是车道线检测任务的组成部分，其对于交通场景的理解具有重要意义。

要实现道路标记的识别，首先需要创建包含各种道路标记的数据集，每一类道路标记如白、黄、虚、实、单、双等均分配有对应的标签。VPGNet 提出一个数据层以引入网格级别的注释，从而可以同时训练车道线和路面标记任务。针对道路标记不能用单个矩形框表示的问题，采用网格级别的蒙版代替回归方法，使网格上的点回归到最近的网格单元，并通过多标签分类任务进行组合以表示对象，因此 VPGNet 可以集成具有不同形状特征的车道线和道路标记，在后处理中，车道线类别仅使用多标签分类任务的输出，而道路标记类别同时使用网格框回归和多标签分类任务的输出。同时，网格级标注较像素级标注在卷积过程中更不易丢失细节信息，道路标记标注类型如图 3-41 所示。

图 3-41 道路标记标注类型
a) 像素级标注 b) 网格级标注

同时，VPGNet 还根据人对于交通场景的理解方式添加了消失点检测任务，使网络能够在训练过程中利用到全局信息。消失点指道路和道路标记向远处延伸将汇聚到一点，其对于推断车道线和道路标记的位置很重要。将消失点预测模块与多任务网络集成在一起，训练网络以使车道线检测结果收敛至一点。因此，网络共分为四个任务模块：网格回归、目标检测、多标签分类及消失点预测。网络的总体架构如图 3-42 所示。

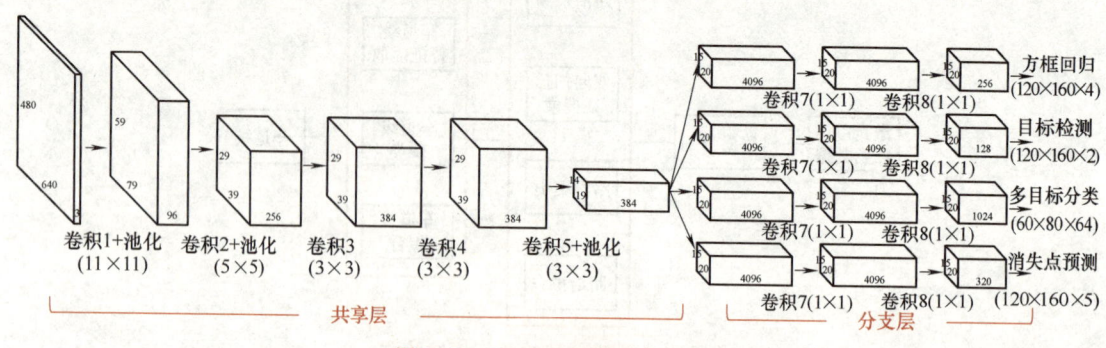

图 3-42 VPGNet 网络总体架构

对于道路标记检测，首先从网格回归任务中为多标签输出中的每个类别提取高置信度的网格单元，然后使其与相邻的同类别网格单元合并，直到相邻网格均不属于同一类别，即可得到道路标记检测结果，如图 3-43 所示。

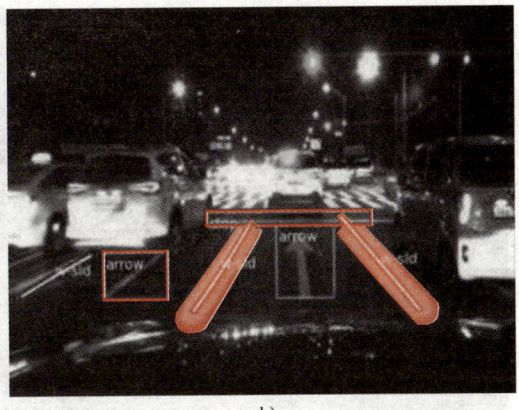

图 3-43　VPGNet 车道线及道路标记检测结果

a) 复杂城市场景　b) 多道路标记场景

3.5.2 基于激光雷达的路面检测

准确识别道路并分割道路路面是智能车辆行驶的基础。一般情况下，道路可以分为结构化道路和非结构化道路。其中结构化道路指的是路面平坦，有明显的道路几何特征和清晰道路标线的公路，如城市道路、高速公路等。非结构化道路指的是那些没有明显的道路标线，没有清晰的可行驶区域与非可行驶区域边界的道路，如农村村道等。通过激光雷达获得的点云大部分为路面信息，有效地分割出路面是智能驾驶的基础。分割地面的方法一般有水平面校准、栅格高度差、法向量方法、栅格最低高度 0.2m 以上、绝对高度、平均高度等。这些方法都是假设地面为平面而非圆弧面的方法。下面就简单介绍其中一些方法。

1. 水平面校准

水平面校准顾名思义就是通过找到地面点所在平面，然后进行校准点云的方法。通过此步可将数据采集阶段采集到的地面点云相对于激光雷达 z 轴不平行地校准为与之平行。目的是为后续处理提供更易于处理的点云。一般分为以下步骤：

1）分割出大致地点，这一步可使用栅格高度差、绝对高度、法向量等方法来进行分割，目的只需要找到大部分地面点即可，不用进行精确的分割。

2）找到地点所在平面。

3）通过变换矩阵校准平面，将原始点云与变换矩阵 T 作点积就可得到校准后点云，校准点云如图 3-44 所示。

2. 栅格高度差法

栅格高度差法一般可以分为以四个步骤：

1）根据栅格的尺寸生成栅格。

2）计算每个栅格最高点与最低点的高度差。

3）将计算所得的高度差与预先设定的高度差阈值进行比较，将栅格分类。

4）进一步将栅格内的点进行分类。栅格高度差法如图 3-45 所示。

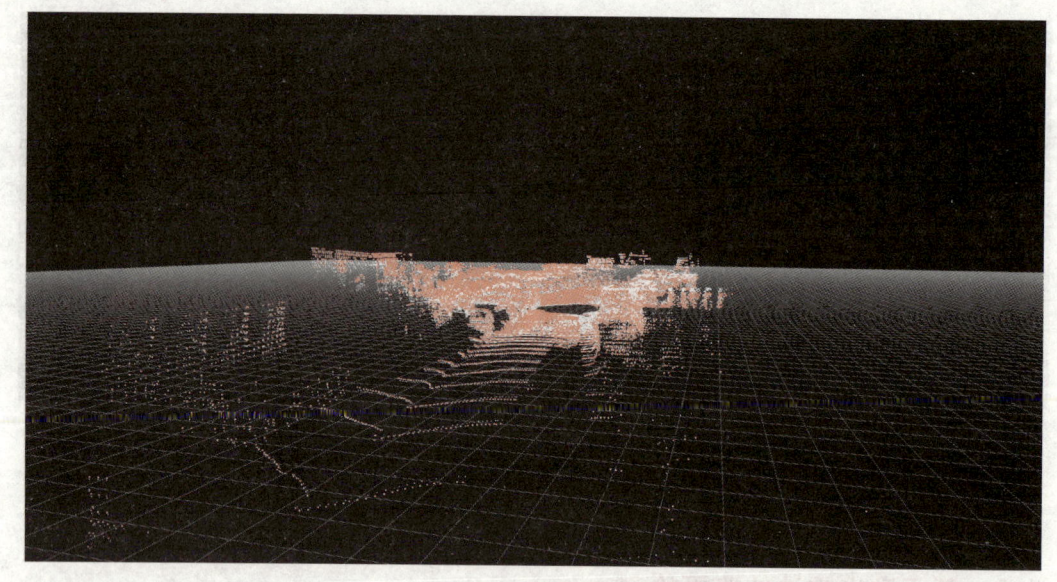

图 3-44　校准点云

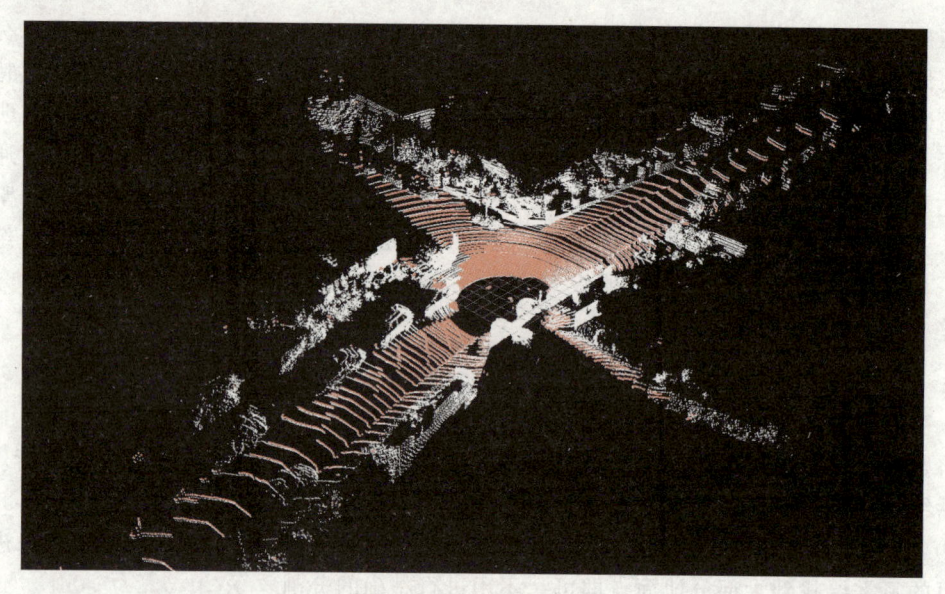

图 3-45　格栅高度差法

根据对每个栅格的高度差的大小进行分类，栅格高度差法依赖于点云数据。栅格内地面点高度差特征符合栅格高度差法，但是对于高平台仍然符合该特征，所以对于进行栅格化之后的高平台点仍然会被分类为地面点。

3. 格栅最低高度 0.2m 以上方法

格栅最低高度 0.2m 以上方法与格栅高度差法有点类似，也是根据格栅内点的高度信息来分类的。具体的步骤如下：

1）生成格栅地图。

2）找到格栅内最低点，并储存该值，记为 h。

3）将格栅内高于最低点，且不大于0.2m的点分类为地面点。

栅格最低高度0.2m以上方法依赖于栅格内的最低点选取，如果最低点正好是真实地面点时，结果较为理想，反之则不然。与栅格高度差法类似，该方法对悬浮物无法处理。

4. 姿态识别和行为分析

交通环境中，为尽可能预知可移动目标的行为轨迹，有必要进一步识别车辆和行人的姿态，用于其意图判断及行为预测。目前，在多传感器融合的帮助下，针对车辆的3D位姿识别已趋于成熟，而行人或用车人的姿态和行为分析仍主要依赖视觉图像处理技术。得益于人体面部、关节等检测方法的发展，已有学者在关节检测或面部朝向检测的基础上对行人是否有过街意图或是否注意到本车开展了研究。在道路使用者的肢体语言识别研究领域，2020年国际电子产品展会上，Mobileye展示了其在静态室内背景下对Come closer、You can pass、Stop、On the phone四类动作的检测成果，但尚处于前期探索阶段。

3.6 同步定位和地图构建SLAM技术

进入一个新的环境时，人通过眼睛获取周围环境的信息，进而确定"我在哪?"和"我的周围是什么?"，而智能车则通过传感器获取周围环境信息。传感器类型的不同对SLAM系统的实现方法和实现结果有巨大影响。如果传感器获取环境信息速度慢，处理环境信息量大，那么实现实时定位与建图对硬件的计算速度要求比较高，这样有可能会出现成本高，体积大等问题。基于传感器分类，SLAM算法主要分为激光SLAM和视觉SLAM两种。

基于激光雷达的同时定位与地图构建技术起步较早，相关理论研究比较成熟，目前被广泛应用于地图构建和导航工作。激光雷达和普通雷达相似，通过发射激光束对目标进行探测，然后搜集反射回来的激光束，进而得到一组具有准确距离信息和角度信息的点，也就是点云。激光SLAM系统对点云进行匹配和比对，计算出激光雷达距离和角度的改变，完成机器人定位。激光SLAM可以获得高精度的空间信息，测距精度达到厘米级，误差模型简单，在非强光直射的环境中能够稳定运行。激光的优点是精度高、速度快、计算量小，易于制成实时SLAM系统。缺点是缺乏语义信息且价格昂贵，但是近年来激光雷达的价格日益合理。

视觉SLAM研究主要分为三大类：单目、双目（或多目）、RGB-D。仅使用一个摄像头完成SLAM的系统成为单目相机SLAM，具有成本低廉，结构简单的特点，但是无法确定真实尺度。双目相机由左右两个相机组成，左右两个相机的距离称为基线，而双目相机获得深度信息的范围和基线有关，基线距离越小，能测量到的深度范围越小。和单目相比，立体视觉SLAM既可以在静止中估算深度，又可以在运动中估算深度，解决了单目视觉平移时无法进行三角测量的问题，但同时存在计算量大的缺点。另外，也可以在双目的基础上扩展成多目，但是本质是相同的。RGB-D相机是可以获得深度信息和图像信息，通过物理手段（红外结构光或者ToF原理）测量物体和传感器之间的距离，不需要像双目那样估计深度信息，节省了大量计算。但是RGB-D相机也存在一些缺点，比如测量范围小，容易受到日光的干扰等。

165

视觉 SLAM 和激光 SLAM 在单独使用时都各有优缺点，因此 SLAM 研究者考虑将二者融合，发挥不同传感器的优势，弥补各自的不足，进行数据融合，进一步提高 SLAM 算法的效果。

3.6.1 基于视觉的 SLAM

1. ORB-SLAM2

ORB-SLAM2 代表主流特征点 SLAM 的一个高峰，支持单目、双目、RGB-D 三种模式，有良好的泛用性。整个 ORB-SLAM2 的系统围绕着 ORB 特征点进行计算，ORB 特征点是现有特征点中一种优秀的效率和精度折中的方案，有良好的旋转和缩放不变性，并且具有大范围运动时能够进行回环检测和重定位的描述子。ORB-SLAM2 算法的整体框架如图 3-46 所示。

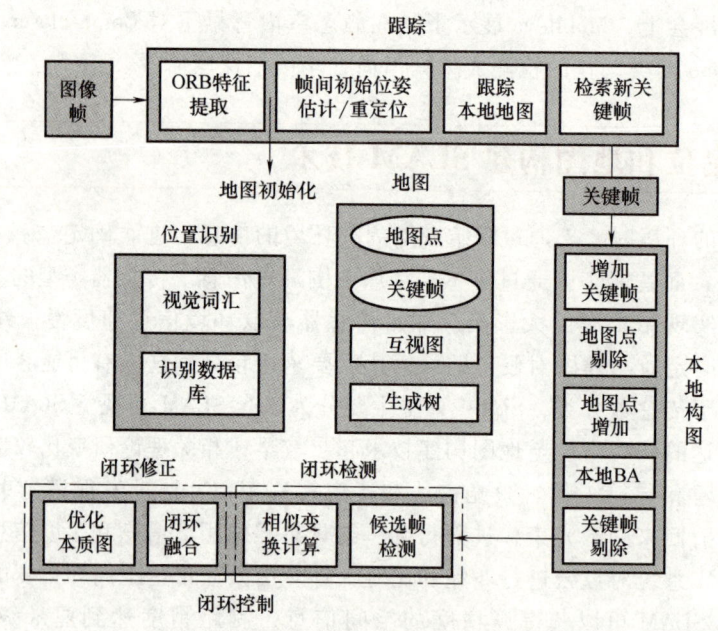

图 3-46　ORB-SLAM2 算法整体框架

该算法主要包含了 Tracking 线程、Local Mapping 线程和 Loop Closing 线程。这三个线程同时运行，Tracking 线程是跟踪线程，负责提取图像中的 ORB 特征点并初始化相机位姿，再根据帧间特征匹配的结果估计下一帧相机位姿，以达到对智能车的实时定位，同时，也会创建地图点（Mappoint）为本地地图构建线程提供环境信息数据。Local Mapping 线程是地图构建线程，负责在一系列条件下，从所有图像帧当中选取并建立关键帧，再剔除掉重复、冗余的 Mappoint，并且根据经过筛选的 Mappoint 建立局部地图。Loop Closing 线程是回环检测线程，利用 BoW 词袋模型判别场景相似性确认智能车是否回到之前到达过的位置，即回环检测，然后利用优化模块对累计误差所造成的回环首位点位置偏差进行位姿优化，保证位姿计算的准确性和地图的全局一致性。

2. LSD-SLAM

LSD-SLAM 是 J. Engel 等人在 2014 年提出的应用直接法的半稠密单目 SLAM。LSD-SLAM 的直接法针对像素进行，在 CPU 上实时实现了半稠密场景的构建，同时也具有回环检测功能，标志着单目直接法在 SLAM 中的成功应用。

算法主要有三个组成部分：图像跟踪、深度图估计和地图优化。图像跟踪部分连续跟踪从相机获取到的新一帧图像，即使用前一帧图像作为初始位姿，估计当前参考关键帧和新图像帧之间的位姿变换。深度图估计使用被跟踪的图像帧，更新或者替换当前关键帧。深度更新采用基于像素小基线立体配准的滤波方式，同时耦合对深度地图的正则化。地图优化模块将旧关键帧的深度信息插入到全局地图中，并采用尺度感知的直接图像配准方法来估计当前帧与邻近关键帧之间的相似变换，进而检测回环和尺度漂移。

因为 LSD-SLAM 采用直接法进行跟踪，所以它既有直接法的优点，也继承了直接法的缺点。例如，LSD-SLAM 虽然对特征缺失区域不敏感，但在相机快速移动时容易丢失。此外，回环检测部分还是基于特征点方法进行回环检测，没有完全脱离特征点的计算。

3.6.2 基于激光的 SLAM

1. LeGO-LOAM

LeGO-LOAM 是一种轻量级、基于地面优化的激光 SLAM 算法，和 LOAM 相比，改变了特征点提取方法，添加后端优化模块。LeGO-LOAM 建图比较稀疏，但计算量小，对硬件要求低，有更好的实时性，其框架如图 3-47 所示。

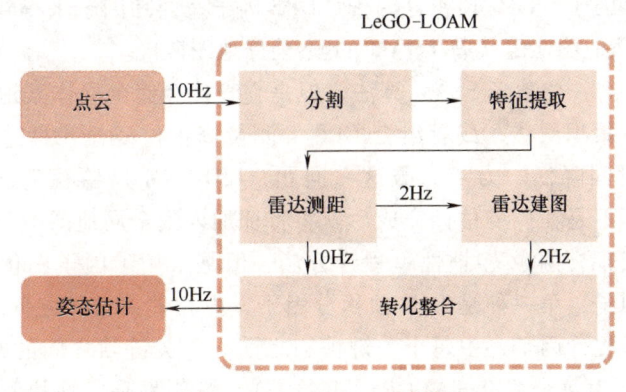

图 3-47 LeGO-LOAM 框架

LeGO-LOAM 继承了 LOAM 核心思想——分割定位和建图，通过两个算法的结合实现高精度、实时性的效果。一个算法执行高频率低精度的雷达里程计用于运动估计，另一个算法执行低频率高精度的建图模块。算法核心在四个部分：分割、特征提取、雷达里程计及雷达建图。

分割模块将一帧的点云重投影到图像中，分割地面点和非地面点，然后使用基于图像的分割方法，分为很多个聚类，同一聚类的点被标记上唯一的标识，用于后续处理，同时低于 30 个数据点的类别当作噪点处理，最后保留下来的是树干、楼房等比较静态的物体。特征提取模块按照平滑度以及是否为地面点，将一帧点云中特征点划分为四个特征点集合。

雷达里程计模块使用特征提取模块获取的四种点云类型，计算相邻时刻的位姿变换关系。在这一模块中利用点云类型，进行标签匹配和两步 LM 优化提高了匹配的准确性和效率。雷达建图模块基于雷达里程计模块获取的 scan-to-scan 的对应关系后，将单帧的点云匹配到全局地图特征点云中。LeGO-LOAM 建图效果如图 3-48 所示。

图 3-48　LeGO-LOAM 建图效果

2. LIO-SAM

LIO-SAM 是 LeGO-LOAM 的扩展版本，提出了一种紧耦合激光-惯性里程计方法，通过优化包含激光里程计因子、IMU 预积分因子、GPS 因子及回环因子来得到机器人的全局一致的位姿，使用帧-局部地图匹配代替 LOAM 的帧-全局地图匹配。

LOAM 是很经典的一个激光 SLAM 算法，但是它直接存储全局体素地图，这意味着很难执行回环检测以修正累积漂移，或者组合 GPS 等测量修正位姿，并且这种存储方式会导致地图的使用效率随时间降低。为了克服这一问题，LIO-SAM 借鉴视觉 SLAM，仅使用关键帧，剔除中间帧，而不是在位姿估计完成后就将特征加入到全局地图中。

LIO-SAM 属于紧耦合的激光-惯性里程计方法，但是采用了因子图优化。LIO-SAM 的因子图主要包含四种因子，第一种是 IMU 预积分因子，由相邻关键帧之间的 IMU 测量积分得到。第二种是激光里程计因子，由每个关键帧和之前 n 个关键帧之间的帧图匹配结果得到。第三种是 GPS 因子，由每个关键帧的 GPS 测量得到。第四种是回环检测因子，由每个关键帧和候选回环关键帧的时序相邻的 $2m+1$ 个关键帧之间的帧图匹配得到。实验结果显示 LIO-SAM 在保证实时建图的同时，仍具有较高的精度，各建图结果如图 3-49 所示。

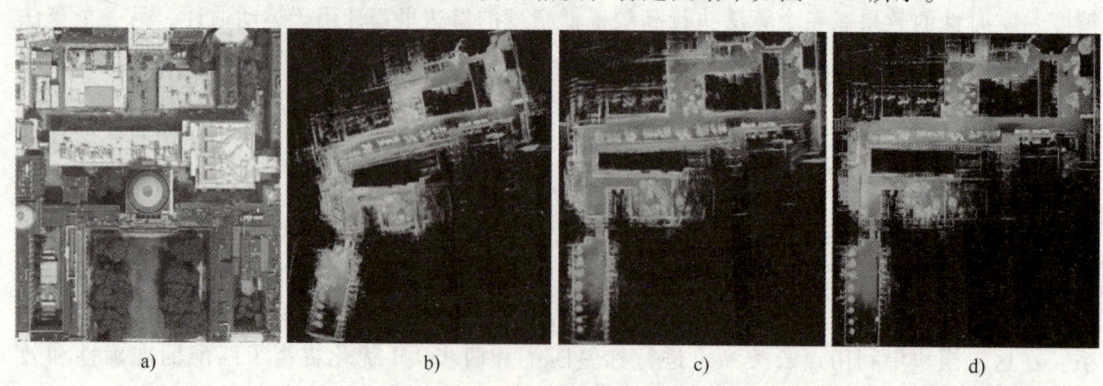

图 3-49　Google Earth、LOAM、LIOM 及 LIO-SAM 建图结果

注：LIOM 是 LIO-mapping 的缩写，LIO-mapping 联合优化了激光雷达和 IMU 的测量值，与 LOAM 相比，有更好的精度。

3.7 极端工况与天气环境感知技术

基于视觉认知的环境感知技术是对由视觉摄像头所采集的真实道路环境进行理解的技术，主要包括图片场景标注、物体检测及识别、对交通场景的语义理解等工作，主要目的是通过计算机视觉技术和算法，实现将复杂的包含多目标和场景的交通场景图片划分为预定义的分重叠区域，进而转化为抽象的语义信息，以模仿人类视觉与大脑的抽象思维的处理过程。而在基于视觉的场景理解技术中有一个很大的弊端，由于摄像头受实际道路环境条件影响较大，在特殊光照条件如夜晚、隧道以及恶劣天气条件如雨、雪、雾、沙尘等条件下的适应性较差，导致所采集的道路图像中重要信息被遮挡或模糊化，使后续场景理解过程受到影响，出现错误或偏差，对后续的规划和决策过程也会产生很大影响，出现误判现象并极大地降低了自动驾驶车辆的安全性。

由于天气或环境因素导致的场景模型效果变差降低了模型的泛化性和鲁棒性，而通过交通场景图片的预处理，先改善特殊环境条件下的图片质量，得到图片目标或场景特征较为明显的图片，再进行后续的场景理解处理会对最终的检测或分割效果有一定的提升，提高模型对极端天气环境的适应性和鲁棒性。其中极端天气条件下的雾天情况，在实际交通场景中普遍存在，由于分布不均匀的雾气遮挡，导致场景信息变弱，而基于深度学习的除雾算法可通过网络训练和学习，对雾天的图片特征信息进行提取和增强，以提升其在场景理解的效果。

3.7.1 雾天图像处理方法

随着人们生活水平的提高以及对出行的要求更高，汽车数量日益增多，而雨、雪、雾、霾等极端天气也是引起交通事故的主要原因之一。目标检测网络能够在这些极端工况中实时地检测出车辆与行人，是一项全新的挑战。拿大雾天来说，摄像头获得的图像细节丢失严重，倘若直接对降低质量的图片进行目标检测，非常容易造成误检和漏检。据此，提出了一些典型的除雾算法，如单尺度 Retinex 算法（SSR）、FD-GAN 去雾算法通过生成器除雾等。

1. 单尺度 Retinex 算法（SSR）

输入一幅给定的图像 $S(x,y)$ 可以分解为反射图像 $R(x,y)$ 和入射图像 $L(x,y)$，其算法原理图如图 3-50 所示。

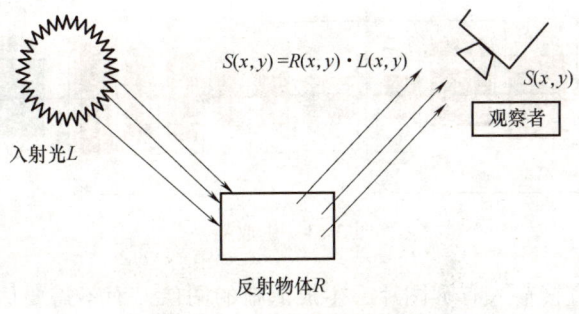

图 3-50 SSR 算法原理图

相应的算法公式为

$$S(x,y) = R(x,y) \cdot L(x,y) \tag{3-27}$$

$$r(x,y) = \lg R(x,y) = \lg \frac{S(x,y)}{L(x,y)} \qquad (3\text{-}28)$$

$$r(x,y) = \lg S(x,y) - \lg[F(x,y) * L(x,y)] \qquad (3\text{-}29)$$

其中 $F(x, y)$ 为中心环绕函数，为

$$F(x,y) = \lambda e^{\frac{-(x^2+y^2)}{c^2}} \qquad (3\text{-}30)$$

c 为高斯环绕尺度，λ 的取值必须满足公式：$\iint F(x,y)\mathrm{d}x\mathrm{d}y = 1$，单尺度 Retinex 算法的实现流程可以概括如下：

1) 读取原图 $S(x, y)$：

① 若为灰度图则将图像每个像素的灰度值由整数值（int）转换为浮点数（float），并转换到对数域。

② 若输入为彩色图像，将图像分通道处理，将每个分量的像素值由整数值转换为浮点数，并转换到对数域。

2) 输入高斯环绕尺度 c，将积分离散化，从而转换为求和，确定参数 λ 的值。

3) 根据前面的公式：

① 若为灰度图，计算得到一个 $r(x, y)$。

② 若为彩色图像，则每个通道均有一个相对应的 $r_i = (x, y)$。

4) 将 $r(x, y)$ 从对数域转换到实数域得到输出图像 $R(x, y)$。

5) 对 $R(x, y)$ 进行线性拉伸并以相应的格式输出显示；中心环绕函数 $F(x, y)$ 采用低通函数，能够在算法中估计出入射图像所对应的原始图像的低频部分。从原始图像中除去低频照射部分，留下原始图像所对应的高频部分，而在人类的视觉系统中，人眼对边缘部分的高频信息相当敏感，所以 SSR 算法可以较好地增强图像中的边缘信息。

2. 生成对抗性网络（FD-GAN）去雾

生成对抗性网络（FD-GAN）是一种完全端到端的具有融合判别器的网络。利用所提出的以频率信息为附加先验的融合判别器，该模型可以产生更自然、更真实的去模糊图像，减少颜色失真，减少伪影。生成器结构如图 3-51 所示。

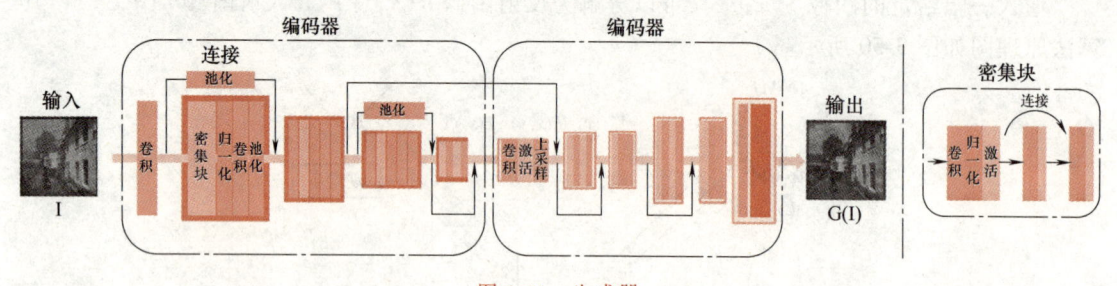

图 3-51 生成器

生成器的目的是直接输入有雾图片，生成清晰的图像，而不需要估计中间参数。为了实现这一目标，生成器应该保存图像内容，并尽可能地恢复细节，同时消除雾霾。一些工作表明，密集连接能促进特征的提取和利用，特别是对于低级视觉任务。该模型设计了一个密集连接的编码器解码器作为生成器，它可以充分利用从浅层到深层提取的所有特征。如图 3-52

所示，编码器包含三个密集块，每个密集块包括一系列卷积（Conv）、批量归一化（BN）和 ReLU 层。池化操作后，特征映射大小（高度和宽度）逐渐缩小到输入大小的 1/8。在解码器模块中，特征映射的大小逐渐恢复到原始分辨率。使用最近邻插值进行上采样，不容易产生棋盘伪影。

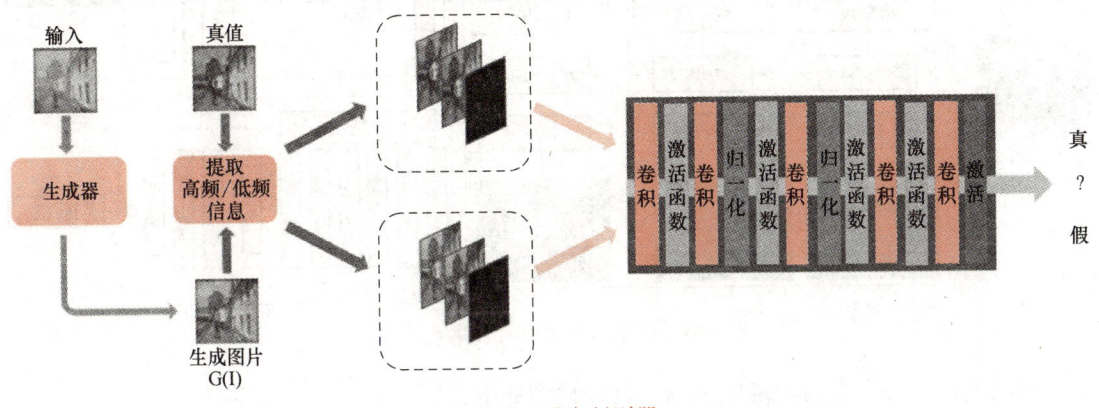

图 3-52　融合判别器

融合判别器将频率信息作为附加先验信息和监督信息集成到鉴别器中，可以引导信号发生器产生更真实的去雾结果，减少颜色失真。

3.7.2　雨天图像处理方法

将去雨技术应用到现实场景中需要高性能的硬件支持，所以发展图像去雨技术相对较晚，随着计算机处理速度的不断提升，近几年去雨技术也成了图像处理中一个比较热门的方向。搭载有视觉传感器的智能车辆在雨天行驶时摄像头镜头前会附着许多雨滴，其对视觉传感器感知检测前方障碍物会产生严重干扰，有效去除雨滴可以提高障碍物检测精度。视觉传感器相当于智能车辆的眼睛，车辆通过立体视觉传感器感知周围交通场景信息，做出相应的决策规划。由于存在着面对恶劣天气感知效果差的问题，视觉传感器的使用还存在着许多局限性。雨天行车车辆前方会产生雨线，而前方车辆在行驶过程中还会使路面雨水飞溅产生水雾，雨滴还会附着在相机镜头前，各种干扰因素都会使得障碍物检测精度下降，因此研究图像去雨就显得尤为重要。本书主要介绍的去雨方法是基于注意力生成对抗网络去雨。

注意力生成对抗网络（Attentive GAN）的总体框架如图 3-53 所示。

该网络架构总体仍然遵循生成对抗网络的原理，网络主要包含两大部分：生成网络和判别网络。当输入的图像被雨滴污染，背景场景信息大量缺失的时候，生成网络会试着生成尽可能真实，未被雨滴污染的图像。然后判别网络将会就生成网络生成的图片进行验证判断，判别其是否真实，两个网络经过多次博弈学习之后，最终会生成一张可以"欺骗"判别网络的图片作为输出结果。

生成网络中又包含两个子网络，注意力递归网络（Attentive-recurrent Network）和上下文自动编码器（Contextual Autoencoder）。注意力递归网络的作用是在输入的被雨滴污染图像中找到需要引起注意的区域，即雨滴附着的区域和其周围区域，这也同样是上下文自动编码器需要关注的区域。而上下文自动编码器的作用则是生成一个未被雨滴污染的清晰图像。

（1）雨滴污染图像的构成　雨滴污染图像可以建模为背景场景图像和雨滴图像的结合，

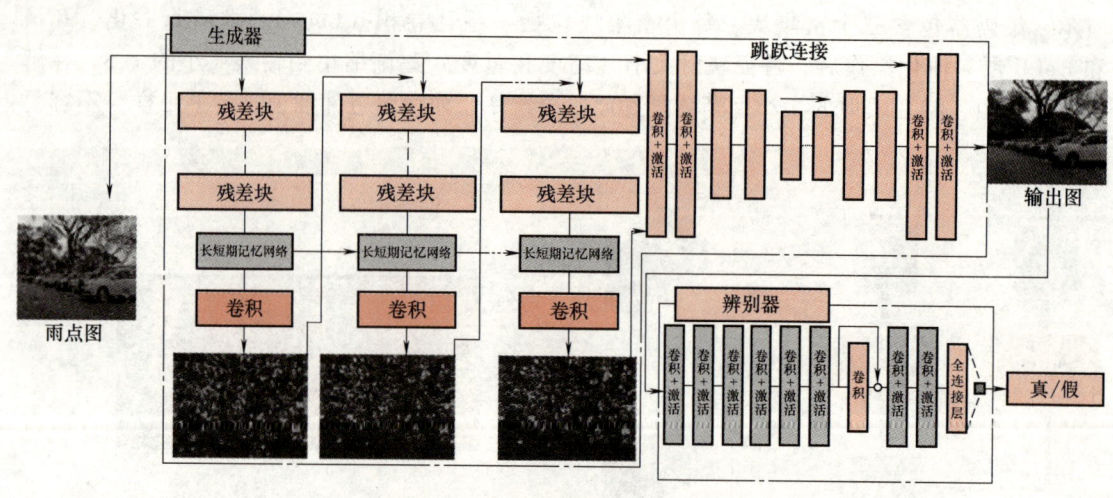

图 3-53 注意力生成对抗网络总体框架

这个雨滴模型是整个去雨网络的基础,具体模型如下:

$$I=(1-M)\odot B+R \tag{3-31}$$

公式(3-31)中 I 表示原始的被雨滴污染的图像;M 是一个二进制的掩码,也可以说 M 表示该像素区域上有雨滴的可能性,即 $M(x)=1$ 表示在 x 像素点上一定存在雨滴,是雨滴污染区域的一部分,反之如果 $M(x)=0$ 则表示在 x 像素点上一定没有雨滴,是背景场景区域;B 表示未被雨滴污染的背景场景图像。在此可以把(1-M)当作一个像素滤波器,当掩码 M 为 1 时(1-M)即为 0,(1-M)⊙B 就相当于从背景图像中把是雨滴的像素部分都抠除了,剩下没有雨滴的像素区域。R 表示雨滴对原始背景信息所带来的干扰,环境中的光线折射、雨滴附着在玻璃或者镜头上造成的干扰等。与雾、霾、粉尘等环境因素不同的是,雨滴对于图像的干扰不仅仅表现在污染原本图像使大量图像信息缺失,由于雨滴是透明且具有一定形状的,所以对于原图像的干扰还会体现在使得这部分的图像摄入镜头的光发生了大角度的折射,同时也将一部分原本不该出现在这部分的物体的光折射入相机。⊙符号表示元素相乘。为了获得掩码 M,只需将被雨滴污染图像 I 减去与其对应的原始背景场景图像 B。在这里使用阈值来确定像素是否是雨滴区域的一部分。

(2)上下文自动编码器 上下文自动编码器的作用是生成一个可以欺骗判别网络的去掉雨滴的图像。自动编码器的输入部分是输入的原始雨滴污染图像和由注意力递归网络生成的最终注意力映射的结合。由于之前生成的注意力图,自动编码器在以原始图像为依据构建新图像时将更高效准确。这一部分的工作类似于将注意力图中映射值较高的部分通过该部分周围的图像信息形成的新的色块进行替换,从而实现图像的信息还原。这里的深层自动编码器有 16 个卷积-激活(Conv-relu)块,并且还增加了跳过连接(Skip Connections),通过该方法来防止模糊输出。图 3-54 描述了上下文自动编码器的网络结构。

整个网络将起初生成的注意力图贯穿始终,无论是自动编码器复原图像时还是后来的判别器鉴别恢复程度时,通过注意力图有效提高了网络的时效性和准确性。

以上就是注意力生成对抗网络的网络架构,为了得到精度较高的网络模型,需要一定量的数据集进行训练。使用材质相同的两块玻璃,一块玻璃上撒水模仿雨天场景,另一块玻璃则保持原样,这样做的原因是大气与玻璃的折射率不同,除此之外还要尽量保证除雨滴外其

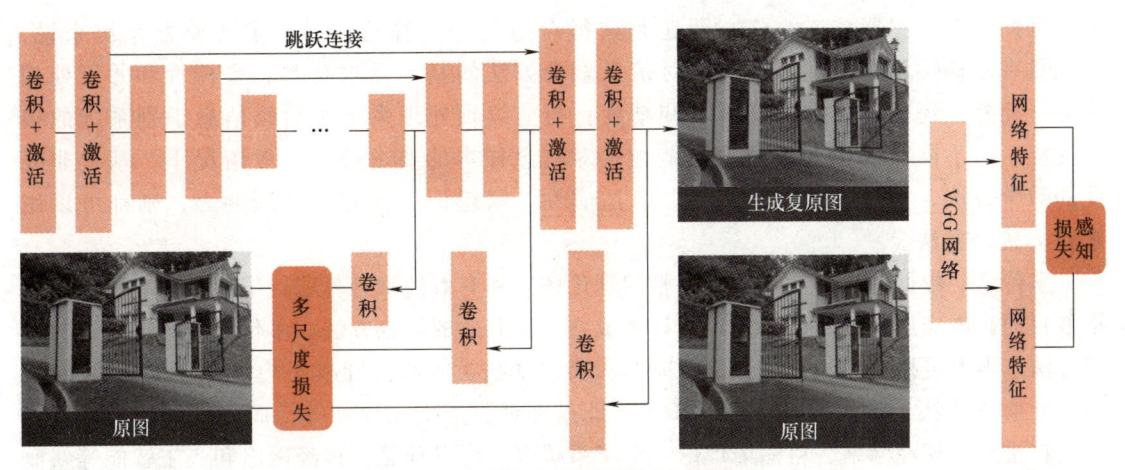

图 3-54 上下文自动编码器的网络结构

他条件的完全一致性,固定相机分别使用两块玻璃做遮挡来拍摄选定场景,拍摄过程中分别选取距离镜头 2cm、3cm、4cm、5cm 拍摄,保证数据集雨滴大小形状尽可能丰富,最终获得成对的数据集进行训练。

3.8 多传感器融合

随着数据融合和计算机应用技术的发展,多传感器数据融合比较确切的定义可概括为:充分利用不同时间与空间的多传感器数据资源,采用计算机技术对按时间序列获得的多传感器观测数据,在一定准则下进行分析、综合、支配及使用,获得对被测对象的一致性解释与描述,进而实现相应的决策和估计,使系统获得比它的各组成部分更充分的信息。

3.8.1 多传感器数据融合原理

多传感器数据融合技术的基本原理就像人脑综合处理信息一样,充分利用多个传感器资源,通过对多传感器及其观测信息的合理支配和使用,把多传感器在空间或时间上冗余或互补信息依据某种准则来进行组合,以获得被测对象的一致性解释或描述。具体地说,多传感器数据融合原理如下:

1) N 个不同类型的传感器(有源或无源的)收集观测目标的数据。

2) 对传感器的输出数据(离散的或连续的时间函数数据、输出矢量、成像数据或一个直接的属性说明)进行特征提取的变换,提取代表观测数据的特征矢量。

3) 对特征矢量进行模式识别处理(如聚类算法、自适应神经网络或其他能将特征矢量变换成目标属性判决的统计模式识别法等)完成各传感器关于目标的说明。

4) 将各传感器关于目标的说明数据按同一目标进行分组,即关联。

5) 利用融合算法将每一目标各传感器数据进行合成,得到该目标的一致性解释与描述。

3.8.2 多传感器数据融合方法

利用多个传感器所获取的关于对象和环境全面、完整的信息,主要体现在融合算法上。因此，多传感器系统的核心问题是选择合适的融合算法。对于多传感器系统来说，信息具有多样性和复杂性，因此，对信息融合方法的基本要求是具有鲁棒性和并行处理能力。此外，还有方法的运算速度和精度；与前续预处理系统和后续信息识别系统的接口性能；与不同技术和方法的协调能力；对信息样本的要求等。一般情况下，基于非线性的数学方法，如果它具有容错性、自适应性、联想记忆及并行处理能力，则都可以用来作为融合方法。

多传感器数据融合虽然未形成完整的理论体系和有效的融合算法，但在不少应用领域根据各自的具体应用背景，已经提出了许多成熟并且有效的融合方法。多传感器数据融合的常用方法基本上可概括为随机和人工智能两大类，随机类方法有加权平均法、卡尔曼滤波法、多贝叶斯估计法、Dempster-Shafer（D-S）证据推理、产生式规则等；而人工智能类则有模糊逻辑推理、神经网络、粗糙集理论、专家系统等。可以预见，神经网络和人工智能等新概念、新技术在多传感器数据融合中将起到越来越重要的作用。

1. 随机类方法

（1）加权平均法 融合方法最简单、最直观的方法是加权平均法，该方法将一组传感器提供的冗余信息进行加权平均，结果作为融合值，该方法是一种直接对数据源进行操作的方法。

（2）卡尔曼滤波法 卡尔曼滤波主要用于融合低层次实时动态多传感器冗余数据。该方法用测量模型的统计特性递推，决定统计意义下的最优融合和数据估计。如果系统具有线性动力学模型，且系统与传感器的误差符合高斯白噪声模型，则卡尔曼滤波将为融合数据提供唯一统计意义下的最优估计。卡尔曼滤波的递推特性使系统处理不需要大量的数据存储和计算。但是，采用单一的卡尔曼滤波器对多传感器组合系统进行数据统计时，存在很多严重的问题，例如：①在组合信息大量冗余的情况下，计算量将以滤波器维数的三次方剧增，实时性不能满足。②传感器子系统的增加使故障随之增加，在某一系统出现故障而没有来得及被检测出时，故障会污染整个系统，使可靠性降低。

（3）多贝叶斯估计法 贝叶斯估计为数据融合提供了一种手段，是融合静态环境中多传感器高层信息的常用方法。它使传感器信息依据概率原则进行组合，测量不确定性以条件概率表示，当传感器组的观测坐标一致时，可以直接对传感器的数据进行融合，但大多数情况下，传感器测量数据要以间接方式采用贝叶斯估计进行数据融合。

多贝叶斯估计将每一个传感器作为一个贝叶斯估计，将各个单独物体的关联概率分布合成一个联合的、后验的概率分布函数，通过使用联合分布函数的似然函数为最小，提供多传感器信息的最终融合值，融合信息与环境的一个先验模型提供整个环境的一个特征描述。

（4）D-S 证据推理法 D-S 证据推理是贝叶斯推理的扩充，其 3 个基本要点是：基本概率赋值函数、信任函数和似然函数。D-S 法的推理结构是自上而下的，分三级。第 1 级为目标合成，其作用是把来自独立传感器的观测结果合成为一个总的输出结果（ID）；第 2 级为推断，其作用是获得传感器的观测结果并进行推断，将传感器观测结果扩展成目标报告。这种推理的基础是：一定的传感器报告以某种可信度在逻辑上会产生可信的某些目标报告；第 3 级为更新，各种传感器一般都存在随机误差，所以，在时间上充分独立地来自同一传感器的一组连续报告比任何单一报告可靠。因此，在推理和多传感器合成之前，要先组合（更新）传感器的观测数据。

(5) 产生式规则 产生式规则采用符号表示目标特征和相应传感器信息之间的联系，与每一个规则相联系的置信因子表示它的不确定性程度。当在同一个逻辑推理过程中，2个或多个规则形成一个联合规则时，可以产生融合。应用产生式规则进行融合的主要问题是每个规则的置信因子的定义与系统中其他规则的置信因子相关，如果系统中引入新的传感器，需要加入相应的附加规则。

2. 人工智能类方法

(1) 模糊逻辑推理 模糊逻辑是多值逻辑，通过指定一个 0 到 1 之间的实数表示真实度，相当于隐含算子的前提，允许将多个传感器信息融合过程中的不确定性直接表示在推理过程中。如果采用某种系统化的方法对融合过程中的不确定性进行推理建模，则可以产生一致性模糊推理。与概率统计方法相比，逻辑推理存在许多优点，它在一定程度上克服了概率论所面临的问题，它对信息的表示和处理更加接近人类的思维方式，它一般比较适合于在高层次上的应用（如决策），但是，逻辑推理本身还不够成熟和系统化。此外，由于逻辑推理对信息的描述存在很大的主观因素，所以，信息的表示和处理缺乏客观性。

模糊集合理论对于数据融合的实际价值在于它外延到模糊逻辑，模糊逻辑是一种多值逻辑，隶属度可视为一个数据真值的不精确表示。在多传感器融合（Multi-sensor Fusion，MSF）过程中，存在的不确定性可以直接用模糊逻辑表示，然后使用多值逻辑推理，根据模糊集合理论的各种演算对各种命题进行合并，进而实现数据融合。

(2) 神经网络法 神经网络具有很强的容错性以及自学习、自组织和自适应能力，能够模拟复杂的非线性映射。神经网络的这些特性和强大的非线性处理能力，恰好满足了多传感器数据融合技术处理的要求。在多传感器系统中，各信息源所提供的环境信息都具有一定程度的不确定性，对这些不确定信息的融合过程实际上是一个不确定性推理过程。神经网络根据当前系统所接收的样本相似性确定分类标准，这种确定方法主要表现在网络的权值分布上，同时可以采用神经网络特定的学习算法来获取知识，得到不确定性推理机制。利用神经网络的信号处理能力和自动推理功能，即实现了多传感器数据融合。

3. 应用领域

随着多传感器数据融合技术的发展，应用的领域也在不断扩大，多传感器融合技术已成功地应用于众多的研究领域。多传感器数据融合作为一种可消除系统的不确定因素、提供准确的观测结果和综合信息的智能化数据处理技术，已在军事、工业监控、智能检测、机器人、图像分析、目标检测与跟踪、自动目标识别等领域获得普遍关注和广泛应用。

3.8.3 智能网联汽车多传感器融合

1. 智能网联汽车多传感器融合层次

智能网联汽车的多传感器融合可分为像素级融合、特征级融合和决策级融合三个层次。

(1) 像素级融合 像素级融合首先基于各传感器原始数据进行关联和配准，然后通过融合获得融合数据信息，最终在融合数据基础上完成特征提取与属性判决得到目标身份说明。该融合方式属于低级融合，在融合过程中对原始数据很少处理甚至不做处理，但它是高层次融合的基础，也是目前信息融合研究的重点之一。相较于其他层次的融合，像素级融合能够保留足够多的原始观测数据，提供更加精确、更加精密的信息，但数据处理信息量大，对处理器性能及通信带宽提出了更高要求。

（2）**特征级融合**　特征级融合是中间层次的融合。该融合方式分别对各传感器原始观测数据各自独立地进行分析并完成特征提取，为便于对特征的描述，将所提取的特征分别创建为特征矢量，然后对来自不同传感器的特征矢量作关联处理并在融合中心完成融合获得融合特征矢量，最终基于融合特征矢量实现目标身份估计。

（3）**决策级融合**　决策级融合是最高层次的融合。决策级融合首先基于各传感器原始观测数据各自独立地进行预处理、特征提取与模式分类并做出判决，然后再将各判决信息进行关联，最终完成融合得到最终的判决结果。决策级融合需要基于各个传感器独立地完成预处理、特征提取等操作，所以其明显缺点就是预处理代价高。而其能够得到广泛应用的原因主要在于它众多的优点：①容错性强，能够将单个传感器失效或误判给最终推断结果带来的影响降到最小；②灵活性高，通信量小；③对是否为同质传感器没有要求；④数据融合运算量小。

2. 智能汽车领域多传感器信息融合典型算法

（1）**基于深度学习的视觉传感器与雷达融合的目标检测**　多传感器融合方法属于像素级融合。多传感器融合网络通过输入车辆前方毫米波雷达点云数据与视觉传感器采集到的图像信息，实现了对车辆前方目标的检测。

该方法使用将雷达数据投影到垂直于道路的摄像机图像平面上的投影方法对毫米波雷达数据进行处理，投影效果如图 3-55 所示。并且将雷达数据从 2D 地平面转换到垂直图像平面。雷达回波的特征作为像素值存储在增强图像中。

假设雷达探测的 3D 坐标是从车辆行驶的地面返回的。然后，投影在垂直于该平面的方向上延伸，以说明待检测物体的垂直延伸。为了覆盖各种交通物体类型的高度，假设雷达探测的高度扩展为 3m，以将相机像素与雷达数据相关联。雷达数据以 1 的像素宽度映射到图像平面。

为了处理雷达数据的稀疏性，使用概率网格图从雷达生成连续信息。在这项工作中，最终通过将最近 13 个雷达周期（大约 1s）合并到数据格式中来增加雷达数据的密度。

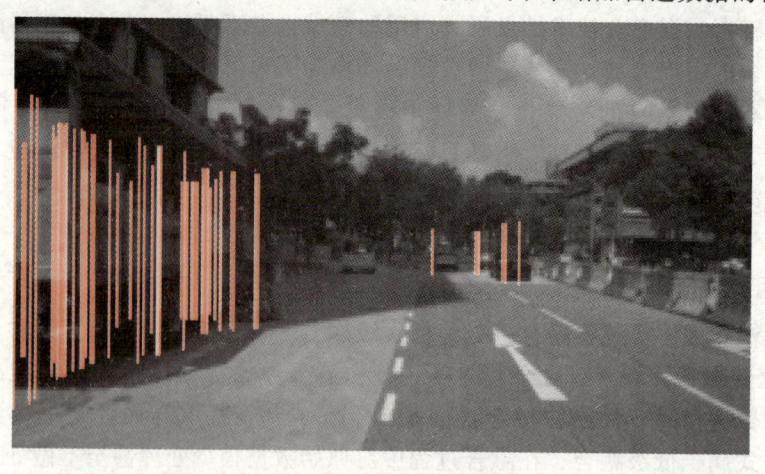

图 3-55　投影效果图

融合网络的高层结构如图 3-56 所示。融合网络的主管道显示在图的中心分支，由 vgg 区块组成。摄像机和雷达数据通过连接层连接在一起，并输入到最上面一行的网络中。网络的这一分支通过摄像机和雷达数据的 vgg 层进行处理。在左边的分支中，原始雷达数据通过最大池化以相应比例的输入大小被额外地馈送到网络的更深层。并且，在网络中引入的特征金字塔网络（Feature Pyramid Network，FPN）由 P3 至 P7 区块表示。FPN 块的输出最终由边界盒回归和分类块处理。最终实现对车辆前方目标的检测与分类。

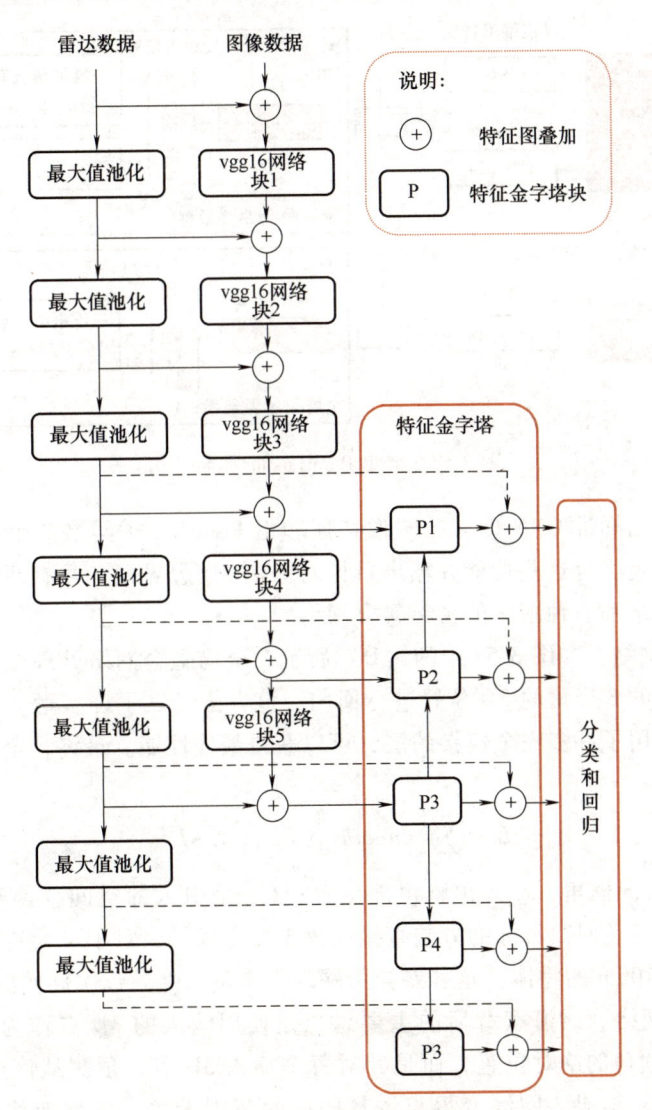

图 3-56 融合网络的高层结构

（2）点融合方法 点融合方法通过对图像和激光雷达 3D 点云信息融合实现 3D 目标检测。

在该方法中，图像数据和原始点云数据分别由 CNN 和 PointNet 架构独立处理，提取目标特征。然后，由新的融合网络组合所得到的输出，该融合网络使用输入的 3D 点作为空间锚点来预测多个 3D 盒子假设其置信度，是一种特征级的融合。

（3）密集 PointFusion 体系结构　如图 3-57 所示，PointFusion 有两个特征提取器：一个处理原始点云数据的 PointNet 变体（A），以及一个从 RGB 图像中提取视觉特征的 CNN（B）。该方法提出了两种融合网络公式：一种普通的直接回归盒角位置的全局融合网络（D），以及一种新颖的密集结构，可预测 8 个角中每个角相对于输入点的空间偏移，如（C）所示：对于每个输入点，网络预测从角落（点 1）到输入点（点 2）的空间偏移（箭头），并选择具有最高分数的预测作为最终预测（E）。

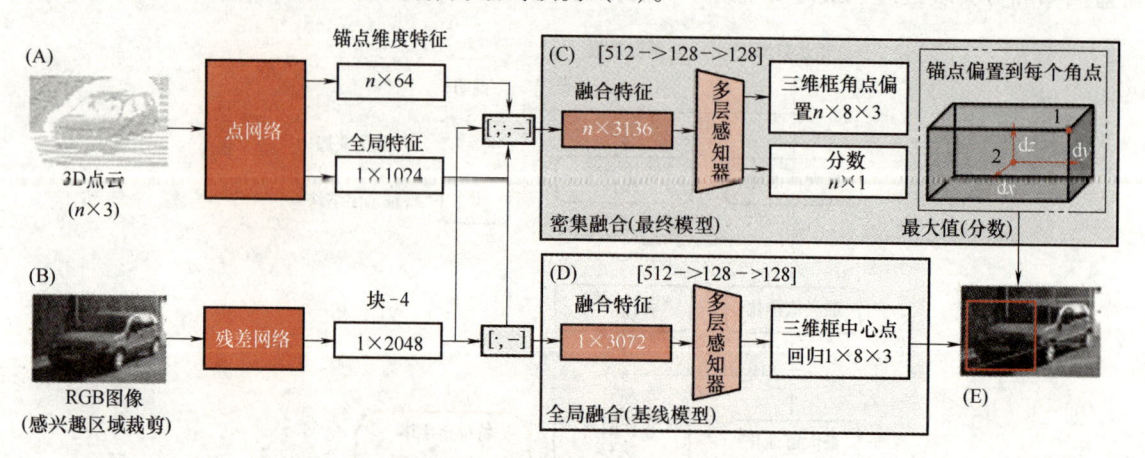

图 3-57　密集 PointFusion 体系结构

融合网络将使用标准 CNN 提取的图像特征和由 PointNet 子网络产生的对应点云特征作为输入。它的工作是组合这些功能并输出目标对象的 3D 边界框。并有两种融合网络，一种普通的全局融合网络和一种新颖的密集融合网络。

1）全局融合网络。如图 3-57 中的（D）所示，全局融合网络处理图像和点云特征，并直接对目标边界框的 8 个角的 3D 位置进行回归。该方法尝试了许多融合函数，发现两个向量的串联，然后应用了许多完全连接的层，可以获得最佳性能。最终，全局融合网络的损失函数为

$$L = \sum_i smoothL_1(x_i^*, x_i) + L_{stn} \tag{3-32}$$

式中，x_i^* 是地面实况框角；x_i 是预测角部位置；L_{stn} 是引入的空间变换正则化损失。全局融合网络的主要缺点是回归目标的方差直接取决于特定场景。对于自动驾驶，可以预期系统检测从 1m 到超过 100m 的物体。这种差异给网络带来负担并导致次优性能。

2）密集融合网络。该模型背后的主要思想是使用输入的 3D 点作为密集的空间锚点。不是直接回归 3D 盒角的绝对位置，而是针对每个输入 3D 点，预测从该点到附近盒子的角落位置的空间偏移。结果，网络变得与场景的空间范围无关。模型架构在图 3-57 中（C）示出。使用 PointNet 的变体来输出逐点特征。对于每个点，这些点与全局 PointNet 特征和图像特征连接，产生 $n \times 3136$ 输入张量。密集融合网络使用多个层处理此输入，并输出 3D 边界框预测以及每个点的分数。在测试时，选择具有最高分数的预测作为最终预测。具体地说，密集融合网络的损失函数为

$$L = \frac{1}{N}\sum_i smoothL_1(x_{offset}^{i*}, x_{offset}^i) + L_{score} + L_{stn} \tag{3-33}$$

式中，N 是输入点的数量；x_{offset}^{i*} 是地面实况框角落位置和第 i 个输入点之间的偏移量；x_{offset}^{i} 包含预测的偏移量；L_{score} 是得分函数损失；L_{stn} 是引入的空间变换正则损失。

（4）雷达摄像头数据融合在智能辅助驾驶的应用 雷达摄像头数据融合在智能辅助驾驶的整体框架如图 3-58 所示。首先，分别处理毫米波雷达与视觉传感器的数据，得到车辆前方的有效目标，通过决策级目标数据融合算法，得到融合目标信息及队列，筛选出最危险目标。

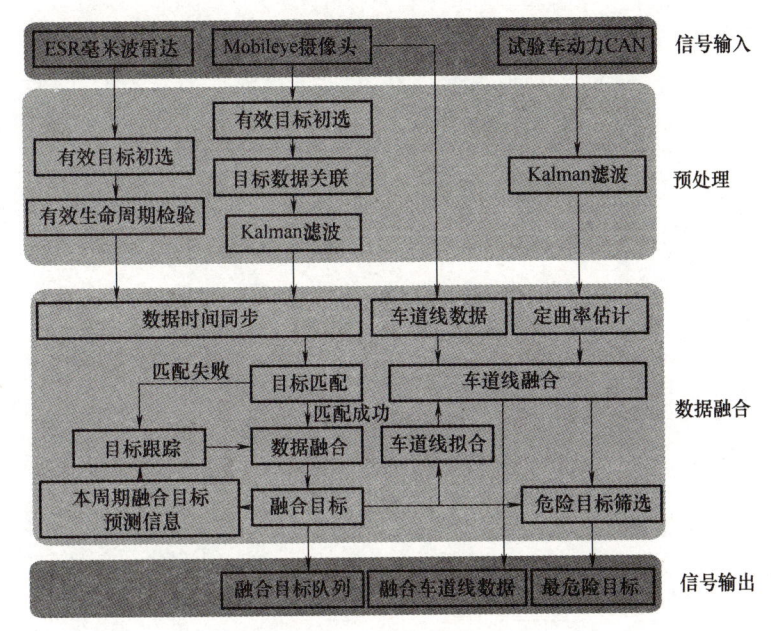

图 3-58 整体工作框架

原始数据预处理主要包括三个子模块：

1）ESR 有效目标筛选模块。该模块完成对 ESR 毫米波雷达原始 64 个跟踪目标中挑选出主车前方有效关键目标，提高系统实时性和准确性。

2）Mobileye 摄像头目标预处理模块。该模块首先从摄像头原始 10 个目标中筛除静止目标物、未明确目标物和对向行驶目标物，保留危险区域内重要的危险目标，主要包括车辆、行人等危险目标，可减少后续融合数据处理量，提高融合目标的稳定性和数据可靠性。

3）主车运动状态滤波模块。该模块完成对主车的车速、纵向加速度和横摆角速度的 Kalman 滤波以减少原始数据中存在的误差和噪声信号，减少这些随机噪声信号对融合算法的影响。

数据融合主要包括三个子模块，是本融合算法的核心内容。

1）车道线融合模块。根据主车实时车速、转向盘转角、横摆角速度等运动量完成主车近距离范围内的道路曲率估计。最终该模块综合主车运动定曲率估计，摄像头检测车道线数据和基于前方运动目标轨迹点的车道线拟合数据完成车道线数据的融合，进一步提高车道线数据的质量及融合系统的环境适应性，可应用于多种复杂交通工况。

2）目标数据融合模块。根据两传感器目标间运动状态量的相近程度完成对两传感器目标的匹配，即是判断出雷达某一目标数据与摄像头某一目标数据是对同一目标的量测。匹配成功的雷达摄像头目标数据通过数据融合处理后得到唯一的目标数据，未匹配成功的雷达摄像头目标与历史融合目标做匹配，匹配成功的目标做有效生命周期检验，确定为稳定可靠目标后亦可作为融合目标。

3）危险目标筛选模块。依据融合后的车道线数据，针对各融合目标完成危险等级评估，从中选出前方最危险跟踪目标。融合系统最终输出的危险目标可应用于车辆控制算法中，提高智能控制算法的可靠性和环境适应性。

第4章　智能网联汽车决策技术

4.1　智能网联汽车决策系统概述

智能网联汽车的决策过程，是指根据感知和定位得到的数据，来实时地计算智能车接下来的行为和运动轨迹，能够在遵守交通规则的前提下，安全、高效地导航至目的地。通常决策系统按照层级可以分为通路规划模块、行为规划模块、轨迹预测模块和运动规划模块4个部分。

1. 通路规划模块

通路规划模块是根据全局地图搜索出从起始点到目的地的路线。

在全局层面上，车辆的决策系统必须根据道路网络选择一条从当前位置到目的地的通路。通过将道路网络表示为带权有向图，可以将问题转化为在道路网络图上找到最小成本路径的问题。但是，表示道路网络的图可能具有非常庞大的数据结构，这使得经典的最短路径搜索算法（如Dijkstra或A^*）无法高效应用。道路网络中路线规划问题是交通运输领域的重点问题之一，解决这个问题有一系列算法，这些算法能够实现毫秒级的运算，并且仅需一次性的预处理。

2. 行为规划模块

行为规划模块是根据实时的交通路况和周围交通参与者的行为意图来做出规划，确保智能车能在恰当的时机做出合适的动作，完成换道、超车、转弯等任务，以沿着预期的方向前进。

规划出路线后，自动驾驶车辆必须能够在遵守交通规则的前提下进行导航，并与其他车辆进行交互。在局部行驶路段范围内，行为规划模块根据感知到的其他交通参与者的行为、路况以及交通信号等，规划未来一段时间内的驾驶行为。例如，车辆在交叉路口前到达停车线时，若红灯亮起，行为规划模块将规划出停车任务，绿灯亮起时，观察交叉路口的其他车辆、自行车和行人的行为，并在适当的时机规划出转弯任务。正如驾驶手册规定了针对特定驾驶情景的相应动作一样，自动驾驶汽车的行为规划也是参考这种做法。由于交通环境和每个环境中可采取的行为都可以建模为有限集合，因此进行决策的一种方法是在有限状态机中将每个行为建模为状态，状态间的转换由感知到的环境信息来决定。在真实的交通环境中，还需要预测其他交通参与者的意图，并得到预期的运动轨迹。通常在使用概率规划方法（如马尔可夫决策过程，Markov Decision Processes，MDP）进行决策的行为层中，交通参与者行为的不确定性会被普遍考虑。例如一些研究使用部分可观察的马尔可夫决策过程（Partially Observable MDP，POMDP）框架对未观察到的驾驶场景和行人意图进行建模，来进行行为规划。基于状态机模型和POMDP模型的行为规划系统通常需要明确地对环境进行建模，而算法的复杂性会随环境的复杂性增加，因此一些研究使用深度强化学习（Deep Reinforcement Learning，DRL）来解决行为规划问题，借助于深度神经网络强大的感知机制，来将环境与行为策略之间的关系映射到神经网络中来简化行为规划的流程。同样基于深度神经网络，也可以构建基于深度模仿学习（Deep Imitation Learning，DIL）的行为规划框架，从大量的人类驾驶数据中学习行为策略。

3. 轨迹预测模块

轨迹预测模块是对其他交通参与者的行为意图做出预测，通常用估计出的运动轨迹来描述其行为意图，通常用于对行为规划模块的修正或优化。

在真实的交通环境中需要预测其他交通参与者的未来轨迹，来做出合理的决策，以确保接下来自动驾驶汽车不会与其他参与者发生碰撞，并能够安全、高效地达成目标动作。轨迹通常是难以被预测的，因为要考虑到交通参与者轨迹高动态性、随机性以及不同参与者之间复杂的交互。传统的轨迹预测方法基于浅层学习，这类方法一般需要对智能体的运动学特征进行建模并将其与贝叶斯滤波器、马尔可夫网络、卡尔曼滤波以及贝叶斯网络结合起来，将当前状态传播到未来状态做预测，但由于这类方法对运动特征、场景信息提取不足，所预测的轨迹与真实情况存在较大差距。基于深度学习的方法一般不需要假设固定的数学模型，凭借大规模的数据集促使网络学习更加合理的映射关系，应用于轨迹预测问题能够比传统算法更接近真实情况，并能够对轨迹的多模式性和不确定性做出更有效的估计。递归神经网络（Recursive Neural Network，RNN）在处理序列数据，尤其是解决长时依赖时性能优越，自然的可以将其引入轨迹预测，可将RNN嵌入编码器-解码器（Encoder-Decoder）框架，编码器首先编写输入序列，将其编码为语义向量，后将向量传递给解码器，随后生成输出序列，然而固定长度的语义向量无法全面提取输入的信息，因此可引入注意力模型，解码时选择性地对其子集进行处理，保证了对序列所携带信息的充分利用，为了获得多模态的预测结果，则可以加入生成式模型，如生成式对抗网络（Generative Adversarial Network，GAN）、变分自编码器（Variational Auto-Encoder，VAE），另一方面，图神经网络（Graph Neural Networks，GNN）因为能够对社交行为进行有效的学习，因此可用来对不同交通参与者之间的局部和全局交互进行建模，使预测轨迹具有更好的多模态分布。

4. 运动规划模块

运动规划模块是根据规划出的行为和对交通参与者的轨迹预测结果，实时生成运动轨迹，能够准确避免碰撞并保证乘坐舒适性，最终决策系统得到的运动轨迹将送入接下来的控制模块，以完成对轨迹的追踪。

当行为规划模块给出要在当前场景执行的行为时（如车道保持、变更车道或右转弯），必须将选定的行为转换为可以由底层控制器跟踪的轨迹，且对于车辆而言轨迹必须是满足运动约束的，还要满足一定的舒适性，并能够避免与周围的障碍物发生碰撞。运动规划模块的作用便是找到这样的轨迹。在大多数情况下，运动规划问题的精确解难以计算，因此，在实际应用中通常使用数值逼近方法。在目前流行的数值方法中，有的采用基于变分的非线性优化方法来得到轨迹近似解；有的将环境离散化并使用图搜索方法和最短路径搜索来得到轨迹；还有基于树结构的增量采样方法，该方法从车辆的初始状态开始逐步构建到目标状态的树，将树的最佳分支作为轨迹。

4.2　通路规划技术

通路规划可以解释为给定起始点与目标点，在道路网中计算最短路径。道路网很容易用图来表示，顶点表示枢纽节点，边表示路段，连接两个枢纽节点。每条边被赋予权重，表示经过该路段的代价。Dijkstra算法是最经典的最短路径搜索算法，其基本原理是：每次新扩展一个距离最短的点，更新与其相邻的点的距离。当所有边权都为正时，由于不会存在一个距离更短的没扩展过的点，所以这个点的距离永远不会再被改变，即找到最短路径，但Dijkstra算法在大规模图上过于缓慢，因此许多研究提出了新的算法，这些算法都对道路网数据进行预处理，产生一定的辅助信息以加速查询，其中目标向导方法和层次化方法是两类典型方法。

1. 目标向导方法

观察Dijkstra算法的搜索过程可以发现，从源点出发的最短路径树围绕着源点均匀而缓慢地展开，使其在发现目标之前需要访问大量无关顶点，导致搜索空间巨大。而目标向导方法，顾名思义就是利用目标点的位置信息使搜索快速逼近目标点，从而达到减少搜索空间的目的。目标向导方法可以分为两类，一类是基于A^*搜索，A^*搜索通过当前顶点与目标顶点的距离估计来引导顶点的选择，ALT是这类算法的代表；另一类是基于剪枝的方法，此类算法利用预处理生成的辅助数据来判断最短路径是否有可能通过某个顶点或某条边，否则搜索不再松弛相应的顶点与边。此类算法的代表是Reach剪枝算法、几何容器法与边标记法，前者是利用顶点信息进行剪枝，而后两者是利用边上信息进行剪枝。

2. 层次化方法

目标向导方法能够有效地减少Dijkstra算法的搜索空间，其局限性在于搜索空间的下界正是最短路径中的顶点个数，而在大规模道路网上路径的平均顶点数可达上千。一般而言，较好的目标向导算法的搜索空间为路径顶点数的数倍，这就使得搜索空间仍达到了上万个顶点，阻碍了查询性能的进一步提升。层次化方法克服了这个缺陷，它通过挖掘道路网内在的层次特性并构建层次结构来降低搜索空间。考虑到在最短路径查询中，道路网的一些节点的访问频度比另一些节点更高，因此在预处理过程中，首先需要分辨顶点的重要性，对于不重要的顶点进行收缩，同时添加一些捷径以保证图中其余顶点间的最短路径长度不变，不断迭代这个过程就自底向上构建了层次结构，其关键点在于如何清晰地定义节点的重要性。层次化方法可分为两类，第一类为分割法，它利用道路网的平面特性对图进行分割，再预计算分块边界点之间的距离，以此构建高层网络；第二类是基于节点重要性的方法。

4.3　行为规划技术

行为规划系统是自动驾驶决策系统的核心，其有效性直接决定了自动驾驶车辆的安全性和可靠性，起着类似于人类驾驶人"大脑"的角色。在行车过程中，"大脑"需要谨慎严密的思维推理并做出正确决策，这个过程是非常复杂的。例如，在明确了需要到达的目的地并得到全局行驶路线之后，必须根据车辆周边的动态环境态势生成合理、安全、高效的抽象驾驶动作（如加速、减速、换道），在这一过程中，"大脑"需要根据存储的交通规则知识、驾驶经验知识、地图信息等多维信息进行快速、准确地推理。

行为规划需要充分考虑交通环境的复杂性，如对驾驶场景中的道路元素、交通参与者状态和它们之间的复杂关系（关联性、交互性）的有效组织；基于驾驶场景特征对先验驾驶知识（交通规则知识、驾驶经验知识）的有效描述和存储；基于先验驾驶知识对驾驶场景的高效推理，在实际系统中，自动驾驶车辆的行为规划系统还要处理众多难以避免的不确定性因素，如车载传感器特性及标定误差带来的感知信息的不确定性，其他交通参与者运动状态的难以预测性。

上述复杂特征和不确定性因素的存在要求行为规划系统具备对多源异构信息进行有效建模的能力：即对先验驾驶知识充分利用的能力；对其他交通参与者运动状态的预测能力；不确定环境下生成合理驾驶动作的能力。

解决行为规划问题主要的方法有：基于规则的有限状态机模型、基于效用/价值的马尔可夫决策模型、基于深度模仿学习的决策模型、基于深度强化学习的决策模型。

4.3.1　有限状态机模型

基于规则的行为规划方法中最具代表性的是有限状态机法，其因逻辑清晰、实用性强等特点得到广泛应用。有限状态机是一种离散输入、输出系统的数学模型。它由有限个状态组成，当前状态接收事件，并产生相应的动作，引起状态的转移。状态、事件、转移、动作是有限状态机的四大要素。有限状态机的核心在于状态分解。根据状态分解的连接逻辑，将其分为串联式、并联式、混联式3种体系结构。串联式结构的有限状态机系统，其子状态按照串联结构连接，状态转移大多为单向，不构成环路。并联式结构中各子状态输入、输出呈现多节点连接结构，根据不同输入信息，可直接进入不同子状态进行处理并提供输出。如果一个有限状态机系统下的子状态中既存在串联连接，又存在并联连接，则称这个系统具有混联结构。

1. 串联式结构

串联式结构的优点是逻辑明确、规划推理能力强、问题求解精度高。其缺点在于对复杂问题的适应性差，某子状态故障时，会导致整个决策链瘫痪。串联式结构适用于某一工况的具体处理，擅长任务的层级推理与细分解决。

麻省理工学院的Talos无人车行为决策系统框架如图4-1所示，其行为决策系统总体采用串联式结构。该无人车以越野工况挑战赛为任务目标，根据逻辑层级构建决策系统。其系统分为定位与导航、障碍物检测、车道线检测、路标识别、可行驶区域地图构建、运动规划、运动控制等模块,其中,导航模块负责制定决策任务。

2. 并联式结构

并联式结构将每一种工况单独划分成模块进行处理,整个系统可快速、灵活地对输入进行响应。但在复杂工况下,由于遍历状态较多导致的算法机构庞大,以及状态间的划分与状态冲突的解决是难点。并联式结构适用于场景较复杂的工况。相较于串联式结构,并联式结构的优点是具备场景遍历广度优势,易于实现复杂的功能组合,具有较好的模块性与拓展性;缺点是系统不具备时序性,缺乏场景遍历的深度,决策易忽略细微环境变化,状态划分灰色地带难以处理,从而导致决策错误。

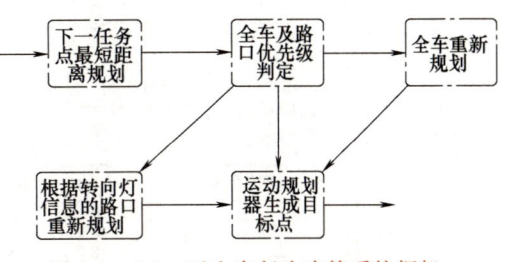

图 4-1 Talos 无人车行为决策系统框架

国防科学技术大学研发的红旗 CA7460 的行为决策系统框架如图 4-2 所示,其具备典型的并联式结构。该系统适用于高速公路工况,其决策系统划分为自由追踪行车道、自由追踪超车道、由行车道换入超车道、由超车道换入行车道等模式。

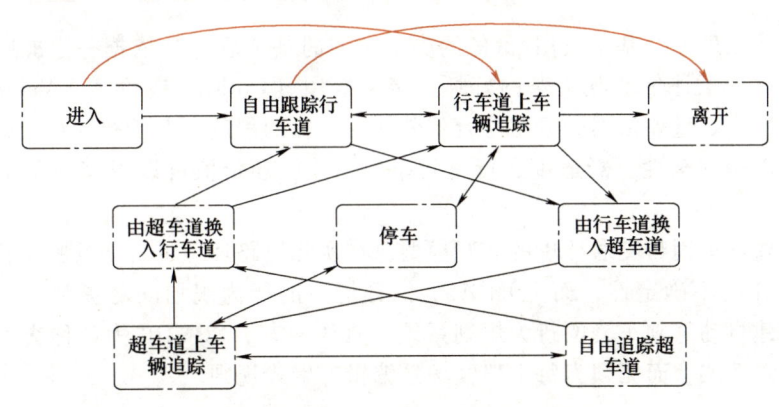

图 4-2 红旗 CA7460 的行为决策系统框架

红旗 CA7460 对车辆行驶的安全性指标和效率指标进行了衡量,根据交通状况和安全性指标选出满足条件的候选行为,再根据效率指标决策出最优行为。

3. 混联式结构

串、并联式结构具备各自的局限性,混联式结构可较好地结合两者优点,层级混联式结构是比较典型的方法。

例如卡耐基梅隆大学与福特公司研发的 Boss 无人车行为规划系统如图 4-3 所示,其具备典型的层级混联式结构。系统顶层基于场景行为划分,底层基于自车行为划分。3 个顶层行为及其底层行为分别为:车道保持(车道选择、场景实时报告、距离保持、行为发生器等)、路口处理(优先级估计、转移管理等)和指定位姿。

4. 小结

基于状态机的模型因为简单、易行,是自动驾驶领域目前应用最广泛的行为规划模型,但这类模型忽略了环境的动态性和不确定性。此外,当驾驶场景特征较多时,状态的划分和

185

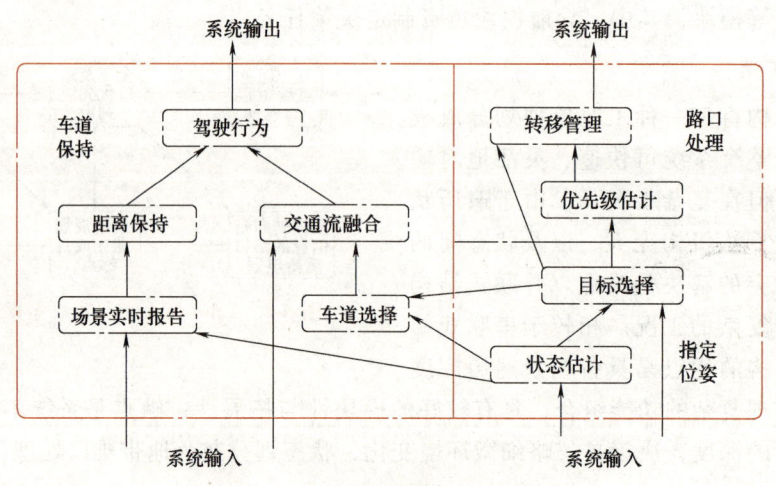

图 4-3 Boss 无人车行为规划系统

管理比较繁琐，多适用于简单场景下，很难胜任复杂交通环境下的行为规划任务。

4.3.2 基于效用/价值的马尔可夫决策模型

根据最大效用理论，基于效用/价值的决策模型的基本思想是依据一定准则来选择出最优的驾驶策略。为了评估驾驶策略的好坏，定义效用（Utility）或价值（Value）函数，根据某些准则属性来定量评估驾驶策略符合驾驶任务目标的程度，对于行为规划任务而言，这些准则属性可以是安全性、舒适度、行车效率等，效用和价值可以由其中单个或多个属性决定。

根据自动驾驶车辆与交通环境的交互模型，在实际道路环境下自动驾驶车辆面临观察的不确定性和动作的不确定性，而 POMDP 为该环境下的行为规划问题提供了通用的数学框架，可用来构建自动驾驶车辆的行为规划系统。具体而言，POMDP 为各种交通场景提供了统一的行为规划框架，而无须为每个驾驶场景编辑产生式规则。

1. 马尔可夫决策

基于马尔可夫链的序列式决策过程通常被称为马尔可夫决策过程。马尔可夫决策可以看作是一个受控的马尔可夫过程，可用来解决不确定、完全可观察、动态环境下的序列决策问题。在每一个时间步内，智能体通过环境感知系统得到环境状态，如果智能体根据自身的决策算法决定执行动作，那么根据马尔可夫假设，下一个时刻的环境状态则会按照一定的概率转移到一个新的状态，与此同时智能体也可以得到立即回报值，通常回报值是任务完成度的度量值。智能体在某个状态下所求解得到的动作通常被称为策略。当前时刻的最优策略是通过最大化决策时限内的折扣累积回报得到的，给定状态的折扣回报值可以看作是该状态得到的立即回报值加上下一个状态的期望累积回报值，对于每个策略，其对应的值函数 U 是一个方程组的唯一公共解，每个状态 S 对应于方程组中的一个方程，称为贝尔曼方程，如果有 n 个状态那么就有 n 个贝尔曼方程，通过求解这个方程组便可以求出最优值函数，进而得到最优策略。

2. 行为规划系统中的部分可观察马尔可夫决策过程

马尔可夫决策过程仅仅考虑了动作的不确定性，而忽略了观察的不确定性。在马尔可夫决策过程的基础上，部分可观察马尔可夫决策过程考虑了环境的部分可观察性，即智能体不能准确地得到所有的环境状态，如自动驾驶车辆无法通过环境感知系统直接得到其他车辆的驾驶意图等。自动驾驶车辆的状态信息是完全可观察的，通过环境感知系统可以完成对状态信息的估计。其他动态实体在局部规划窗内的位置、速度、航向和驾驶意图是部分可观察的，当环境是部分可观察时，智能体无法完全获得自身所处的真实状态，只能估计在所有可能状态上的概率分布$B(s)$，$B(s)$通常被称为信念状态。部分可观察马尔可夫决策过程可以看作是在信念空间上的马尔可夫决策过程，和马尔可夫决策过程类似，以同样的求解方法可以得到定义在信念空间上的最优值函数和最优策略。通常一个部分可观察马尔可夫决策模型包括以下几部分：

(1) **状态空间** 状态空间需涵盖局部规划窗内动态实体的所有可能状态，包括无人车自身和周边其他车辆的运动状态，特别是作为隐含状态的他车驾驶意图不能通过车载传感器直接检测得到，需要通过场景理解模块的意图预测模型进行估计和预测。

(2) **观察空间** 观察空间和状态空间相对应，自动驾驶车辆通过环境感知系统对自身状态信息和其他动态他车的状态信息进行检测和描述。

(3) **动作空间** 动作空间主要用于定义自动驾驶车辆所有可能采取的驾驶动作。通过抽象得到基本驾驶动作，如"加速""减速""换道"等，动作执行单元需要对抽象动作进行参数化表示，以得到车辆控制子系统可理解的控制策略，保证驾驶动作的可执行性。

(4) **状态转移模型** 状态转移模型是POMDP模型的核心模块，重点描述驾驶场景状态随时间的演进过程，为驾驶动作生成提供前瞻信息，通常运动状态的转移可以通过恒加速度模型计算得到。

(5) **观察模型** 观察模型是基于当前状态和驾驶动作估计信念状态的数学模型，一般定位系统提供的自动驾驶车辆自身位姿状态相对比较准确，因此可假定自动驾驶车辆的自身状态是确定的、完全可观察的，感知系统检测的状态等同于其实际状态，而感知系统对其他车辆的检测状态与他车的真实状态之间存在一定的差异，因此需要根据预测得到的其他车辆的运动状态的分布来定义其他车辆的观察状态。

(6) **回报函数** 回报函数是对自主驾驶任务完成程度的定量评估，通常根据多个目标属性进行定义，一般可选用的目标属性为：安全性、舒适度、任务完成度和任务完成效率。

在实际应用中，POMDP相对于一般运动规划算法，包含巨大的信念空间，因此需要耗费大量的计算资源进行求解。在大多数问题中，为了求解马尔可夫决策过程，需要对环境精确建模。然而汽车行驶环境包含诸多复杂因素，具有高度的不确定、不可重复、不可预测和不可穷尽性，本身难以建立精确模型，并且POMDP问题的求解复杂度会随环境模型的复杂度的增长而增长。而在自动驾驶决策模块的应用中，为了实时地求解POMDP，通常只是求解马尔可夫问题的近似解，而不考虑真正的最优解。这在一定程度上降低了POMDP对长期激励的考虑，从而降低了其进行正确决策的能力。因此，基于POMDP模型进行决策，需要平衡决策的准确度和模型的复杂度以保证安全且实时地进行决策。

4.3.3 基于深度模仿学习的决策模型

1. 深度模仿学习介绍

基于深度模仿学习的决策模型通过最小化智能体策略与数据集中人类专家演示策略之间

的差距来实现对人类驾驶行为的模仿,通常构建神经网络学习专家数据集中驾驶场景特征到驾驶动作的映射关系,然后由这种网络结构输出驾驶策略。对比基于马尔可夫规划的决策方法,这种方法不需要建立环境模型,也不需要复杂的在线优化,而与基于深度强化学习的决策方法相比,则不需要花费代价来与环境互动,也不需要手工设计回报函数。

模仿学习框架通常基于监督学习,监督学习存在协方差漂移问题,使得神经网络在训练数据集的状态分布下表现良好,但推广到新的测试集时表现不佳,数据增强技术(如向专家操作中添加随机噪声)是解决协方差漂移的一种常用技术。数据聚合技术也是一种改进方法,如基于数据聚合技术的 DAgger 算法,使用主要策略来收集训练示例的同时运行参考策略来改进监督学习。在每个迭代中,主要策略访问的状态也将发送到参考策略以输出专家操作,并将新生成的演示汇总到训练数据集中用于接下来的训练。

逆强化学习也是一种模仿学习的技术,可以用来指导强化学习,以更快、更安全地探索环境。根据专家数据集逼近最佳的回报函数,来使生成的策略逐渐逼近专家策略,在评估回报函数的过程中,需要进行正向强化学习来获得相应策略,因此逆强化学习通常计算量巨大。在一些早期的研究中,多使用迭代优化求解马尔可夫决策过程(Markov Decision Process, MDP)的方法来得到回报函数,因此需要对系统动力学进行建模,且需要高效的离线优化器来求解,这限制了其在复杂场景中的应用。而之后的研究,采用神经网络来表示高维的环境特征,来直接学习回报函数。逆强化学习的另一个问题是学习到的回报对于解释专家行为可能存在歧义性,而基于最大熵原理,最大化专家轨迹的后验概率来学习回报函数可用来解决这一问题。

2. 深度模仿学习在行为决策中的应用

在具体的应用中,模仿学习可用于构建从驾驶场景到控制的"端到端"自动驾驶系统。在这类"端到端"系统中,通常由神经网络输出轨迹或控制量,而在框架内部,弱化行为规划过程,因此只能完成基础场景下的决策任务。NVIDIA 是较早开发这类"端到端"决策模型并成功应用到自动驾驶车上的公司,其模型的原理仅仅是将有效的道路图像信息和转向盘转向角作为训练数据,直接训练一个神经网络作为自动驾驶车的决策系统。这种模型在复杂任务(如城市导航)中的可解释性和性能存在不足。而将模仿学习用于学习高级行为策略也是一种方案,如使用增强对抗逆强化学习(Adversarial Inverse Reinforcement Learning, AIRL)来学习高速公路上类似人的决策。

模仿学习算法自身存在泛化性能弱的问题,在给定场景下进行充分的训练,在新的场景下未必能够表现出色。

为了获得更好的泛化性能,通常会提取更丰富的语义信息来对模仿学习的过程进行优化,如 Waymo 提出的 ChauffeurNet,采用 CNN 对包含交通信息、动态障碍物、全局路径等信息的多层高精度地图提取语义特征,并用专家轨迹训练 RNN 生成运动轨迹,结合语义特征和损失函数来评价得到最优轨迹,在实车数据集上进行的实验结果表明,该模型能够对稍复杂的行为(如跟车、路口等待)做出合理的决策。

这类模型主要的问题在于对训练数据的依赖性较大,需要对人类驾驶数据进行精心整理、管理和更新,且由于深度神经网络解释性较差;存在"黑箱"问题,透明性差,对于实际系统中出现的问题可追溯性较差,可能难发现问题的根由。

4.3.4 基于深度强化学习的决策模型

1. 深度强化学习介绍

以深度学习和强化学习相结合的深度强化学习，将深度学习的表征能力和强化学习的试错机制相结合。深度强化学习相较于 POMDP 决策，假设系统模型是未知的，通过智能体与环境大量的交互试错，逐步改善智能体的动作策略，以求获得最大期望奖励，因此可以自动学习和改进策略。

MDP 过程是强化学习的理想数学形式，强化学习遵循 MDP 的定义。解决强化学习的目标是得到能使累计预期奖励最大化的策略，基本的方法可以分为三类：基于价值的方法、基于策略的方法和基于 Actor-Critic 的方法。

基于价值的方法通常采用深度 Q 网络（Deep Q Network，DQN）的架构，在 DQN 框架下，训练一个动作价值网络，即 Q 网络，来计算给定状态和动作下的 Q 值，训练的过程即 Q 网络的更新过程。首先，用 Q 网络选取当前状态下能够产生最大 Q 值的动作来与环境互动，得到下一状态和即时奖励，然后用 Q 网络计算出下一状态的最大 Q 值，再基于贝尔曼方程来得出 Q 网络的更新目标，根据更新目标与之前用于产生动作的 Q 值之间的损失来更新 Q 网络。基于策略的方法通常采用策略梯度（Policy Gradient，PG）方法，在 PG 框架下，训练的是策略网络，用于计算给定状态下的确定动作或动作的概率。首先，由策略网络根据状态选择动作与环境互动，然后得到即时奖励，重复互动直至最终状态，然后回溯计算这一轮互动中各个状态的累计折扣奖励，用累计折扣奖励构建策略网络的更新目标，并构建似然函数来更新策略网络。而基于 Actor-Critic 的方法，则具有两个网络 Actor 和 Critic，Actor 根据 Critic 的评价来根据状态选择策略，可根据 PG 的方法来更新参数，而 Critic 则对 Actor 的动作做出评价，可根据基于价值的方法来更新参数，训练过程中，Actor 和 Critic 的网络交替更新。Actor-Critic 框架具有基于值的方法和基于策略的方法的优点，基于该框架衍生出一些目前主流的模型，如深度确定性策略梯度（Deep Deterministic Policy Gradient，DDPG）、近端策略优化（Proximal Policy Oytimization，PPO）、异步优势 Actor-Critic（Asynchronous Advantage Actor-Critic，A3C）和软 Actor-Critic（Soft Actor-Critic，SAC）等，这些改进的方法大幅度提高了样本的利用效率。

2. 深度强化学习在行为决策中的应用

在针对决策系统的应用中，深度强化学习模型的动作空间可以作用于决策系统的不同层次，包括低级的控制动作（如转向、加速和制动）或针对特定任务设计的高级行为动作（如向左、向右和直行等）。例如 Apple 公司提出的多智能体强化学习决策模型，用于高速路环境下换道合并场景，模型的输入为栅格化的道路地图和其他智能体的相对状态，输出低级控制动作，奖励函数的设计主要考虑安全、车道保持和换道合并任务的完成。训练初始，环境中多数智能体依靠规则决策，随着训练迭代，逐渐加入依靠强化学习决策的代理，最终智能体学会了通过与其他智能体之间进行交互协商来完成换道合并任务。通常这类直接输出控制量的模型，需要考虑动作的连续性，多选择 Actor-Critic 类型的强化学习框架，但由于"端到端"的设计，模型的可解释性较差，而将强化学习应用于行为规划层的模型，通常需要输出离散的动作，许多研究基于价值模型及其变体的强化学习框架。例如 Tram 等人提出用 DQN 模型生成行为策略和用 MPC（Model Predictive Control）模型生成纵向轨迹的路口通行决策模型，在预测其他车辆未来轨迹的基础上，由 MPC 模型向 DQN 的奖励函数提供关于生成的纵向轨迹可行性的反馈，使 DQN 逐渐学习到最佳的通行策略。

虽然在多数研究中，强化学习应用于决策往往能取得比基于 POMDP 或基于规则的决策模型更好的效果，但这些研究几乎都是在模拟环境下进行的，难以应用于现实环境。一方面由于强化学习的样本利用效率较差，训练初期学习速度较慢，因此探索环境和试错的过程无法放到现实环境中。另一方面，由于现实中环境和决策任务的复杂性，状态及动作空间往往是高维、长序列的，这可能会导致维数灾难，且真实的奖励机制有可能是多模式的，依靠经验设计的奖励可能存在局限性。改进强化学习在自动驾驶决策上的应用可能需要从三个方面入手做出改进：

(1) **安全性**　一方面可以通过限制探索空间或引入安全模型检查器来改进学习的过程，如使用概率预测来识别可能导致碰撞的潜在危险动作；另一方面，可以将强化学习与传统方法相结合，如与带有硬约束的轨迹规划相结合或与 POMDP 决策相结合。

(2) **交互认知**　智能体应事先对其他交通参与者的行为进行推理，以做出被动反应或主动调整自己的策略以与其他代理合作或竞争。例如采用图卷积强化学习，其中将多主体环境构建为图，智能体由节点表示，每个节点的对应邻居由距离或其他指标确定。然后，利用图卷积层产生的潜在特征来学习合作。或将层次推理博弈论与强化学习相结合，其中层次推理用于对智能车辆在交通中的交互进行建模，而强化学习在时间扩展的情况下对这些交互进行演化。

(3) **不确定因素认知**　不同智能体之间存在随机和动态交互以及驾驶行为存在多模式性的不确定性，因此在实际部署模型之前，需要充分考虑这些不确定性。通常使用异方差损失函数来学习运动不确定性，而认知不确定性则通常由蒙特卡洛 drop-out 和 bootstrapping 做出估计。

4.4　轨迹预测技术

预测问题的本质是根据得到的智能体历史特征信息以及所处的环境信息，推断出智能体未来时刻可能出现的状态。而轨迹预测问题作为预测问题的子问题，可以被视为序列决策问题，即通过引入智能体的位置信息、自我运动历史信息、所处的环境信息等，根据智能体在过去时间段内的状态来预测未来固定时刻的状态（如位置坐标、速度、行为等）。

抽象来说，通常将轨迹预测问题分为 3 个组成元素，如图 4-4 所示。首先，是来自外部的输入激励信息，运动意图或外部环境直接（间接）地影响着智能体的运动行为过程，诸多预测方法很大程度上都依赖智能体运动的历史信息和运动学特征（如位置、速度、角速度及其他属性），同时还存在一些其他形式的环境信息输入（如道路的几何场景、树木等静态物理信息以及人-车辆、人-人等移动交互信息），而对于"端到端"的方法而言，实际上其主要依赖于原始的传感器数据序列。此外轨迹预测的复杂性还来自于不同的社会行为，因此通俗来讲在进行预测过程中一般还需要考虑智能体与环境（如障碍物）以及不同智能体和相同智能体之间的复杂交互。其次，对于轨迹预测的建模方法来说，有基于运动学和动力学方法的参数化模型，有基于浅层学习和深度学习的方法，而基于学习的方法不一。此外，

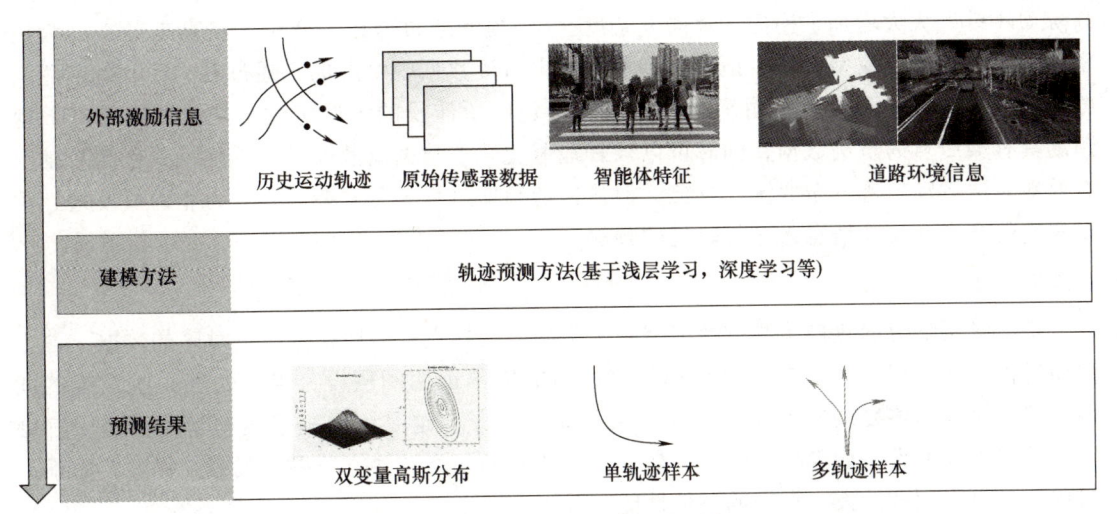

图 4-4 轨迹预测问题的组成元素

采用不同的建模方法，就会使用不同的损失函数，产生不一样的预测结果，如预测单条或多条轨迹，预测网格的概率分布，预测代理状态上的双变量高斯分布或者基于图模型的运动模式等。

4.4.1 基于浅层学习的轨迹预测方法

1. 轨迹预测中的浅层学习模型

最基本的轨迹预测算法是利用基本的运动学模型（恒定速度/加速度/转弯）和贝叶斯滤波器或其扩展组合起来，将当前状态传播到未来状态。基于贝叶斯滤波器的模型难以捕获智能体的切换动态，且其用来测试的数据集样本数量和运动类型有限，不足以支撑更为复杂的运动模型的建立与预测。有研究采用切换线性动力学系统（Switched linear dynamical system，SLDS）模型来描述非线性和时变动力学，基于马尔可夫链进行概率转移，在多种线性运动学模型间进行切换，从而处理实际情况中非线性运动情况的预测。然而基于该方法的运动特征信息有时不足以支持模型进行状态的切换，且其对于一些更加复杂的运动模型来说效果有限，需要通过构建更大的运动捕捉数据集来满足更加复杂的运动模型测试的精确性。另一方面，基于 SLDS 模型的预测方法在进行模型预测推理和数学模型搭建的过程中始终需要大量的计算，这将消耗计算设备很大的算力，而且额外的场景（如红绿灯、人行横道）下，基于 SLDS 的基本运动类型的扩展（如转弯情况）等信息体现不足。

随着机器学习的快速发展，基于运动学的方法在做预测时有时会使用一些基于机器学习的跟踪算法来改进跟踪和预测，如卡尔曼滤波（KF）模型、马尔可夫模型（Markov Model，MM）和高斯过程（Gaussian Process，GP）等。通过结合 KF 模型，其优势在于处理轨迹预测问题时能够有效地处理无噪声点的轨迹数据，对于短时间内的预测精确度较高。相反，对于长时间的预测误差较大，模型复杂度增高，严重影响预测精确性，且 KF 模型随着噪声的增大变得愈发敏感，预测精度也近似呈线性降低。MM 模型对于智能体运动过程的状态预测效果良好，但其对轨迹的波动较为敏感，且不适用于中长期的轨迹预测，一阶 MM 模型仅考虑了当前运动轨迹点对未来轨迹点的影响，历史轨迹点的数据信息无法被尽可能地利用，而高阶 MM 模型大大增加了模型计算的复杂度。GP 模型通过假设隐变量服从高斯分布，为概率预测提供非参数模型，其中预测轨迹是从历史轨迹数据中学习的，通过在 GP 中指定适当的核函数（协方差函数）来明确进行预测轨迹建模所涉及的不确定性，其能够较为有效地预测具有噪声点的轨迹数据，同时可以很好地避免轨迹数据离散性质的不足，并在此基础上有效地表达运动轨迹分布的统计特征，但是构造高斯过程十分复杂，且其为非稀疏模型，需要完整的样本或特征信息来进行轨迹的预测。

2. 小结

基于浅层学习的轨迹预测方法都有一个很明显的特点，需要根据历史时序的数据，建立时序递推公式。因为这类方法通常都具有严格的数学证明和假设，也能处理一些常规的问题，但是对于一些复杂的问题就变得"束手无策"了。这是因为基于运动学的算法中都会引入一些先验假设，如隐变量服从高斯分布，线性的状态转换方程以及观测方程等，而最终这些假设也限制和约束了算法的整体性能。

4.4.2 基于深度学习的轨迹预测方法

基于浅层学习的方法需要对模型进行复杂、严谨的建模，而基于深度学习的方法一般不需要假设固定的数学模型，凭借大规模的数据集促使网络学习更加合理的映射关系。近几年，随着深度学习热潮的兴起，各种用于处理时序数据的模型如雨后春笋般被提出，使得基于神经网络的轨迹预测算法流行起来，且预测效果较传统算法有了较大的提升。

基于深度学习的轨迹预测方法有两个关键要素：一是网络结构的选择。研究者不同，其对轨迹预测问题和场景辅助信息的使用理解不同，选择的网络结构也可能不相同，那么对轨迹预测特征进行提取、汇集及预测时，结果也会有所差异。二是损失函数的设计。在网络优化的过程中，最终模型预测效果的好坏取决于能否设计出合理有效的损失函数。损失函数不仅影响神经网络的优化过程，还决定着大型公开数据集能否得到充分有效地利用。总的来说，如何选择设计出合理有效的网络结构和损失函数是目前基于深度学习的轨迹预测算法的研究重点。

1. 基于递归神经网络的轨迹预测框架

近年来，用于序列预测的递归神经网络（Recurrent Neural Net, RNN）及其变体，包括长短期记忆网络（Long Short-Term Memory, LSTM）和门控递归神经网络（Gated Recurrent Unit, GRU）在序列预测任务中取得了巨大的成功。鉴于递归神经网络在处理序列数据，尤其是解决长时依赖时的优越性能，自然而然地可以将其引入轨迹预测领域。而序列模型 Seq2Seq 为序列生成任务提供了一个编码器-解码器（Encoder-Decoder）框架，该框架旨在学习以输入序列为条件的输出序列的条件分布，框架中可以将 LSTM 单元同时用于编码器和解码器中。编码器 LSTM 首先遍历输入序列，将其编码为语义向量，后将向量传递给解码器 LSTM，随后生成输出序列。近几年的模型大多采用了该预测框架。编码器-解码器（Encoder-Decoder）框架虽然较为经典，但是也存在一定的不足之处，即在编码和解码两者之间建立联系的唯一桥梁就是上述文中提到的固定长度的语义向量，整个序列所携带的信息都将被压缩到此向量中，这就会出现两个问题：其一是输入序列的信息不能充分地被语义向量表示；其二是后输入的序列信息会将之前输入的信息覆盖掉。此现象会随着输入序列长度的增

加越发严重，最终造成解码准确度下降。为解决此问题，注意力模型诞生，此模型不再要求编码器把整个序列所携带的信息都压缩到此向量中，而是将其输入信息编码成一个向量序列，解码时选择性地对其子集进行处理，保证了对序列所携带信息的充分利用。

(1) 在行人轨迹预测方面 基于先前的研究，阿拉希（Alahi）等提出了用于轨迹预测的社会长短时记忆网络模型（Social-LSTM，S-LSTM），该模型对智能体之间可能发生相互冲突的社交互动进行了建模。每条轨迹被建模为一个 LSTM 层，并且不同的 LSTM 可以通过社交池化层（Social-Pooling）共享信息，从而生成无冲突的轨迹，具体的计算思路是将该智能体周围的区域划分成 N×N 个网格，每个网络都是相同的大小，落入这些网格中的智能体将会参与交互的计算。该模型成功预测了不同社交互动引起的非线性行为（如人群同时移动），但是此模型仅仅建立了单一的模型设置（智能体共享空间），在此基础上还可建立诸多对象（如行人、自行车、滑板车、手推车等）的社交池化层来共享空间信息，另外也可通过加入场景中的图像信息建立人与空间的交互信息。除此之外，基于社交池化的模型在每次训练预测时都要对社交向量进行计算，使得模型预测的实时性不高，也有学者提出了将 O-LSTM（Occupay Map-LSTM）结构作为社交池化向量的简化版，以此来提升预测速度。在 O-LSTM 的基础上，薛等采用分层 LSTM 结构，提出了 SS-LSTM 模型，在 O-LSTM 考虑智能体交互的基础上，额外考虑该智能体所处的场景信息，做出轨迹预测，且相较于其他基于 LSTM 的模型，其在 ETH、UCY 数据集中有更好的表现。未来，增加智能体交互信息所占的比重（如引入智能体之间的距离）或是增加新的注意力机制（空间-时间）也会对其预测效果产生新的影响。

(2) 在机动车轨迹预测方面 梅卡（MERCAT）等利用多头注意力模块，对道路场景中的所有车辆的交互情况进行关联，之后使用长短期记忆层进行编码和预测。不同于大多数联合预测模型需要空间网格来描述所处场景，该模型仅仅使用单纯的轨迹序列，通过由 LSTM 和两层自注意力构成的网络模型，便得到轨迹的高斯混合预测。迪奥（DEO）等将多个 LSTM 模块用于预测高速公路场景下车辆轨迹的预测。该模型同时考虑车辆的轨迹及相对位置，针对不同的意图做出轨迹预测。其中，轨迹编码模块将预测车辆及主车轨迹和相对位置进行编码，然后通过解码器输出各种意图下的车辆轨迹，由意图分类分支负责对每条轨迹分配置信度，以此实现多样轨迹的预测。赵等提出将多个智能体的过去轨迹和场景上下文编码为多智能体张量，然后应用卷积融合捕获多智能体交互，同时保持智能体与场景间的空间结构，该模型用对抗性损失学习随机预测，递归地解码出多代理未来轨迹。

2. 基于生成式网络架构的预测方法

虽然基于简单的 LSTM 网络以及 Seq2Seq 架构的轨迹预测网络在精度方面能够取得较为理想的结果，但是其预测结果为单一的预测轨迹输出，预测结果是模型预测轨迹的平均状态，并且与数据集结果高度拟合，这与智能体的高动态性与随机性相冲突。为解决模型架构带来的问题，基于生成模型的一系列预测方法（如生成式对抗网络（Generative Adversarial Network，GAN），变分自编码器（Variational Auto-Encoder，VAE））被相继提出。

为解决先前模型中的平均轨迹的问题并对池化汇集模型进行改进，吉普塔（Gupta）等将基于生成式对抗网络的方法引入轨迹预测领域，基于先前的 Seq2Seq 框架和池化汇集思想，通过引入噪声 z、改进多样性损失函数，使得模型趋向于生成多样性的轨迹，并且使用

最大池化方法对全局的智能体进行交互分析，提出了 Social-GAN 模型，其优势在于强调预测轨迹在社会规则上的规范性、合理性，即相对于其他预测模型，该模型生成路径更加合理。同时解决了预测结果与现实不符的单一预测轨迹输出问题，且相比于 Vanilla LSTM、Social-LSTM 等模型速度有了较大提升，但是该模型在进行池化汇集时提取的特征是经过最大池化后的最大特征，模型忽略了对智能体交互有用的其他特征信息，并且采用了传统的 GAN 架构，网络训练不稳定，容易崩溃。阿米里亚（Amirian）等通过引入 Info-GAN 架构来改进 GAN 的架构，以此来解决 Social-GAN 模型训练崩溃和掉落的问题，通过舍弃 $L2$ 代价函数，引入基于交互信息的 Information Loss 损失函数，增强了模型对多条合理轨迹的预测能力，并引入注意力机制使模型自主分配对交互信息的关注，表明 Info-GAN 架构可以极大地改善多模式轨迹预测，避免类似训练崩溃的问题。寇萨拉居（Kosaraju）等采用了基于 Cycle-GAN 的网络架构和训练方法，保证 GAN 在生成轨迹时对于噪声的敏感性，从而有助于生成多样性的轨迹，其中使用 VGG 网络提取场景图像特征，使用 LSTM 提取智能体轨迹特征，根据提取到的特征差异，分别使用基于 Scale-Dot 和 GAT 的多种注意力机制，以得到对于各种输入最为合理的注意力向量，该模型可以理解较为复杂的智能体运动社会本质，不仅能够为特定的智能体生成多个轨迹，还可以通过多模式方式同时为多个智能体预测更真实的运动轨迹。

有研究者提出了一种不同于上述 GAN 架构的轨迹预测生成模型，模型使用了带条件的变分自编码器（Conditional-VAE，CVAE）用于实现对轨迹多样性的预测，为了刻画噪声与已知轨迹和预测轨迹之间的分布情况，模型通过引入变分估计，将噪声的分布情况简化成含有参数（均值和方差）的高斯分布，训练模型预测假定分布情况后的后验分布，并隐式地从轨迹 X 和 Y 中建立与假定分布之间的联系。

梁等同样使用 LSTM 来接收历史信息并预测智能体的未来轨迹。不同于其他算法的地方在于，这个模型不仅接收智能体的历史位置、轨迹信息，同时也提取智能体外观、周围场景布局以及周围智能体的位置关系，通过增加输入信息提升预测性能。除了预测具体的轨迹，算法还会做粗粒度预测（决策预测），输出智能体未来时刻可能所在的区域。自此，基于深度学习方法的轨迹预测算法，开始往多任务以及模块化方向发展。而孙等将轨迹预测问题视为分类和回归问题的结合体，模型预测不同意图的多个终点并基于这些终点生成不同的候选轨迹，为减少模型预测轨迹的搜索空间，将轨迹建模为三次曲线，通过生成曲线簇来生成候选轨迹集合，并对候选轨迹进行分类和回归运算，分类模块对每个候选轨迹进行二分类，回归模块对候选轨迹进行修正得到更加精准的预测结果。黄等将潜在语义层纳入轨迹生成，提出了一个能够生成既准确又多样化轨迹的模型。其中，轨迹生成器获取目标车辆过去的轨迹、车道中心线图和噪声样本，用来生成未来轨迹的样本。鉴别器识别所生成的轨迹是否真实。模型除了生成器和鉴别网络，还有轨迹语义的监督部分，以实现对轨迹更精确的预测。

总而言之，基于生成式网络架构的预测方法在进行智能体轨迹预测时能保证较高精度的轨迹，提升了模型的预测速度，并深度关注了预测轨迹在社会规则上的规范性，使复杂模型的建立更为合理有效。

3. 基于图网络的预测方法

图卷积神经网络将卷积神经网络（Convolutional Neural Networks，CNN）的概念扩展到图中，图上定义的卷积运算将目标节点属性与其相邻节点属性的加权聚合。图卷积神经网络（Graph Convolutional Networks，GCN）总体与CNN相似，但是在图上进行卷积操作需要对图的邻接矩阵进行相关的定义和计算。

吉普塔（Gupta）等和萨德吉安（Sadeghian）等利用具有交互机制的GAN或CVAE来考虑场景中所有个体。但是这两种模型都无法学习人类行为的真正多模态分布，而是学习具有高方差的单一行为模式。此外，两种模型都受到他们学习社交行为的建模方式的限制，尽管前者通过对场景中的所有智能体使用相同的社交矢量来提取信息，但后者需要手动定义排序操作，操作复杂且实时性较差。在轨迹预测问题中，可以将智能体之间的交互表达为图形，其中，节点是指智能体，而边缘代表智能体之间的交互；较高的边缘权重对应于更重要的交互。通过使图完全连接，以高效的方式对人类之间的局部和全局交互进行建模，而无须使用可能丢失重要特征的模型，如合并或排序等。在Social-BiGAT中，智能体集合被建模为时空图，其中边（时间和空间）与RNN相连，时间边捕捉单个智能体的信息，空间边捕捉智能体交互的信息，输出采用双变量高斯分布，该方法能较好地对时空信息进行有效建模，但该方式计算较为复杂。维尼特（Vineet）等将图注意力（Graph Attention Network，GAT）网络引入轨迹预测领域，图注意力网络引入了注意力机制来实现更好的邻居聚合，通过处理模型编码的轨迹信息，从而增强轨迹预测的推理能力，也赋予了模型一定的可解释性，图注意力网络允许在可以表示为图的任何类型的结构化数据上应用基于自我注意的架构。这些网络基于图卷积网络的先验而构建，允许模型隐式地为图中的节点分配不同的重要性。莫哈默德（Mohamed）等将智能体的轨迹建模为时空图，设计了一个特定的加权邻接矩阵，其中核函数定量地测量了智能体之间的影响，使用图卷积神经网络和时间卷积网络对时空图进行处理，解决递归神经网络训练时参数过多和效率低下的问题。坎德瓦（KHANDELWAL）等提出了一种基于RNN的能够感知上下文的多模行为预测方法。通过将车辆轨迹和由路网转换而来的有向图输入模型，利用图注意力结合交互的上下文最终通过解码获得预测轨迹。

虽然将图卷积神经网络应用到轨迹预测问题取得了不错的效果，但是基于图网络算法的模型存在着模型建图效率低下，邻接矩阵难以确定等问题。相信随着图网络技术的发展和成熟，基于图网络的轨迹预测方法将会越来越成熟。

4. 小结

总而言之，随着深度学习的快速发展，基于深度学习的轨迹预测方法成为研究热点。从理论上而言，基于深度学习的算法基本可以解决利用传统的浅层学习算法的轨迹预测问题，但当神经网络足够深，功能足够强大的时候，如果数据集数据量过小，就非常容易产生过拟合的问题，从而影响预测精度。数据集规模增大，社会交互场景信息越丰富，数据集所涵盖的边缘场景越完善，场景就会越接近于现实场景，并且随着数据量的不断增强以及神经网络结构及损失函数合理有效地设计，对于轨迹预测的效率及精度都会有很大的改善。

4.4.3 轨迹预测数据集及性能比较

1. 轨迹预测数据集介绍

苏黎世联邦理工学院行人轨迹预测数据集（ETH）和塞浦路斯大学行人轨迹预测数据集（UCY）等公开数据集包含在各种类型的社会交互场景下行人的全局轨迹坐标，在这些数据集中，行人包含诸多复杂的行为，包括行人交互、非线性轨迹、避免碰撞、站立及群体行人的轨迹坐标等，同时包含从固定的俯视图记录的 5 个独特的室外环境信息。每个环境中单个场景的人群密度不同，所有视频的每秒帧数为 25，行人轨迹以 2.5fps 的速度进行采样标记。其中 ETH 数据集包含 ETH 和 Hotel 两个场景，UCY 数据集包含 Zara1、Zara2 和 Univ 三个场景。数据集包括从室外监控摄像头拍摄的 5 个视频，其中包含 2206 条行人轨迹，表现出在直线运动和曲线运动样条之间变化的不同特征。随着视频捕捉到大学入口处人们的动作，ETH 场景包含了更多笔直的轨迹，几乎没有社交互动，而 UCY 场景展示了更多与人空间互动有关的场景。例如，UCY-Zara 数据集中包括在商店入口处弯曲的行人轨迹，而 UCY-Univ 则具有更多的社交互动。此外，除非考虑社会和空间环境，否则这些情况尤其会增加单个路径的不可预测性。目前绝大部分轨迹预测模型都以该数据集为训练集和测试集，并在此数据集上测试模型性能。

DUT 数据集是在我国大连理工大学（Dalian University of Technology，DUT）主校区选择具有典型混杂交通特征的路段通过航拍采集的，旨在解决适用于人车交互运动的轨迹预测模型，DUT 无人机数据集如图 4-5 所示。图 4-5a 为无交通信号的交叉路口。由于没有交通信号灯，当行人与车辆交互时，可以体现人车交互的"社会性"。图 4-5b 为环岛，行人和车辆在较大的活动空间自由移动，而不受制于路面，可以得到多个方向上的预测结果。本课题组采用一架 DJI-Mavic-Pro 无人机在行人和车辆很难察觉的高度拍摄，以达到不会因为无人机的出现影响行人运动的目的。视频分辨率为 1920×1080，fps 为 25。数据集共有 17 个交叉路口场景片段和 11 个环岛场景片段，包含了 1793 条轨迹。

图 4-5 DUT 无人机数据集
a）无交通信号的交叉路口 b）环岛

Argoverse 数据集是由 Argo AI 公司发布的第一个具备高精度地图的大型无人驾驶数据集，旨在探究高精度地图对于关键感知和预测任务的影响，该数据集主要包含 3D 轨迹跟踪和运动预测两部分，并将高精度地图与 3D 轨迹跟踪和预测结合，用确定性的地图提高整体系统的确定性。3D 轨迹跟踪数据集包含 113 个场景的三维跟踪注释。每个片段长度为 15～30s，共包含 11052 个跟踪对象。训练集和测试集的每个片段场景中包含了 5m 内的所有物体的注释，可被理解为检测汽车可驾驶区域（5m）的所有物体，并以 3D 框架形式展现。超过

70%的被跟踪对象是车辆，还观察到行人、自行车、轻便摩托车等。运动预测数据集包含324557个场景序列，主要包括：在十字路口、左转或右转、转向相邻车道、交通繁忙时等场景，每个序列时长5s，且包含以10Hz采样的每个被跟踪对象的2D鸟瞰图，每个序列的"焦点"对象始终是车辆，但是其他跟踪的对象可以是车辆、行人或自行车，它们的轨迹可用作"社会（Social）"预测模型的上下文信息，该数据集由超过1000h的街道驾驶所获取。

2. 评价指标

轨迹预测问题作为预测问题的子问题，可以看作是一个序列生成问题，其中输入序列对应着观测到的所有行人的位置，之后生成一个输出序列，表示行人在未来不同时刻所处的位置。在评估轨迹预测方法的性能时，通常使用平均位移误差（Average Displacement Error，ADE）以及最终位移误差（Final Displacement Error，FDE）两个评价指标对每个场景中智能体的轨迹进行预测评估。

（1）**平均位移误差（ADE）** ADE是指每一个行人的真实轨迹与预测轨迹的位置序列在每一个时间步长内的平均欧式距离差值，用来评估预测过程的总体性能。

（2）**最终位移误差（FDE）** FDE是指每一个行人真实轨迹与预测轨迹位置序列在终点位置的平均欧式距离差值。

3. 性能指标

目前，领域内最常用于性能测试的数据集是ETH和UCY数据集。虽然在后期有许多针对轨迹预测算法的大型数据集相继被提出，但是由于这些数据集出现的时间较为靠后，一些早期发布的轨迹预测算法在后期发布较晚的数据集上的验证缺乏充足的实验数据，难以相对准确地测试这些算法的效果，故本节只比较了基于ETH和UCY数据集的模型性能。表4-1列出了本文提到的一些轨迹预测方法在公开数据集中的性能表现。一些方法要用到场景或行人骨架等语义信息，故实验是在模型只使用轨迹信息时所得出的预测结果。

表4-1 各方法在公开数据集中的性能表现

方法	评价指标（ADE/FDE）					
	ETH	Hotel	Univ	Zara1	Zara2	AVG
Linear	1.33/2.94	0.39/0.72	0.82/1.59	0.62/1.21	0.77/1.48	0.79/1.59
S-LSTM	1.09/2.35	0.79/1.76	0.67/1.40	0.47/1.00	0.56/1.17	0.72/1.54
O-LSTM	1.05/2.21	0.81/1.68	0.71/1.45	0.47/1.02	0.64/1.25	0.74/1.52
S-RNN	2.72/4.60	0.85/1.35	1.05/2.20	1.60/3.50	1.45/3.00	1.53/2.93

随着轨迹预测领域学者的不断思考尝试、创新突破，各种轨迹预测方法层出不穷，其性能在主流公开数据集上的最佳效果被不断突破刷新。从表4-1中数据可知，基于深度学习的轨迹预测方法效果更佳，其识别精度远远高于基于传统的浅层学习方法，且在ETH、UCY两个主流公开数据集上的不同场景中性能表现都十分优异。随着基于生成式网络与图神经网络技术的发展以及与各种语义场景信息的结合，诸多轨迹预测方法在公开数据集上的测试性能更加优异，其中以Social-Ways为代表的基于生成式对抗网络的学习方法性能显著，识别率最高，Social-Ways方法在公开数据集AVG中的ADE与FDE指标达到了0.46和0.82，在性能上较之前提出的方法有了大幅度的提高。而且可以发现基于图网络的轨迹预测方法进展

迅速，在 S-RNN 提出之时，其表现性能仅仅为基于 LSTM 方法的 50%，但随着图模型的改进以及 GCN 和 GAT 模型的应用，基于该方法的预测准确率也获得了逐步的提升，尤其是最近提出的几个模型，其预测效果已经超过了基于生成式网络的预测方法，且较 S-LSTM 提高了 50% 以上。总而言之，通过合理地设计网络结构和损失函数，基于深度学习的方法可以相对精确地预测出行人接下来的轨迹，是可以较好地完成轨迹预测任务的基础框架。

4.5 运动规划技术

运动规划层负责计算从车辆当前状态到行为规划层提供的目标状态之间的轨迹，且轨迹应是安全舒适的。不同场景下，目标状态可能会有所不同。例如，目标位置可以是前方直行路线的中心点或路口停车线中心。运动规划模块接收有关车辆周围静态和动态障碍物的信息，并生成满足车辆运动学约束无碰撞轨迹。通常，运动规划器还会对给定的目标进行优化。除了保证行驶时间尽可能短，还包括避免危险动作和保证乘客的舒适。通常运动规划器输出的轨迹会输入到控制层。控制器通过反馈来调节车辆的加速、制动和转向，以追踪轨迹。车辆的运动规划可以采取规划路径或规划轨迹的形式，轨迹可以看作路径和速度的合成。路径规划框架并不会严格规定最终车辆的运动要遵循所规划的路径，且可以单独为路径选择速度曲线，也可以将速度规划交给控制层来实现。而在轨迹规划框架中，则明确考虑了车辆的状态如何随时间变化，轨迹规划允许对车辆动力学和动态障碍物进行直接建模。在这种情况下，轨迹表示为时间的函数。

路径规划问题是在满足初始全局状态和局部约束的前提下，在车辆的状态空间中搜索路径。可行路径规划是指在不考虑得到最优解的情况下，解满足某些约束条件的路径的问题；最优路径规划是指在给定的约束条件下，寻找使特定目标达到最优解的路径的问题。车辆的所有允许状态称为"自由状态空间"。通常，自由状态是不会导致车辆与障碍物发生碰撞的自由状态，但自由状态集一般还可以表示路径上的其他完整约束，如路径的微分约束可用于表示路径曲率和边界，可用于对路径实施平滑处理。

轨迹规划一般是在非线性优化的框架内规划行驶轨迹，相比于路径规划，轨迹规划更适合求解动态环境下具有动态约束的运动规划问题，轨迹即车辆状态以时间为自变量的函数，可施加避免与静态障碍物碰撞的约束，而轨迹上的微分约束可用于对轨迹施加动态约束。轨迹规划相比路径规划更为复杂，尤其是在动态环境中的轨迹规划比路径规划更困难，因为考虑动态环境时，在静态环境中易于解决的问题变得难以解决。

针对自动驾驶的运动规划方法，多数都无法精确求解，因此必须诉诸更通用的数值解法，通常这些方法不会找到精确的解，而是尝试找到收敛到最佳解的可行解序列。运动规划的数值方法可以大致分为三大类：变分法、图搜索法、增量式搜索方法。

4.5.1 变分法

变分法将路径表示为由有限维向量参数化的函数，并通过非线性优化来优化向量参数从而寻找最佳路径。这些方法可快速收敛到局部最优解。而要想找到全局最优解，则需要给定合适的初值。

变分法可用于求解轨迹规划问题。对于自动驾驶中的轨迹规划问题，无法采用精确算法，因此数值方法成为通用的解决方案。轨迹规划问题可以在时域中直接使用某些变分方法或通过将轨迹规划问题转换为数值方法来求解，还可以将路径规划问题转化为单位时间间隔内的轨迹规划问题来求解。要利用现有的非线性优化方法求解轨迹规划问题，必须投影无穷维轨迹的函数空间到有限维向量空间。另外，针对多数非线性编程方法，都需要将轨迹优化问题中的完整约束和微分约束表示为等式和不等式约束。

在某些应用中，可使用惩罚函数将约束优化问题转化为无约束的问题，约束条件也可用改进的成本函数代替。同样，可以使用惩罚函数代替不等式约束。惩罚函数的一个优点是局部极小值仍然可解。另一方面，基于惩罚的方法可以用任何轨迹初始化并优化得到局部极小值。但是，局部极小值可能会违反问题的约束。一种解决方案是使用惩罚函数的变分公式，其中使用坐标转换来转换约束，使车辆在道路上保持线性约束，并采用对数惩罚项与类牛顿法来有效地计算车辆的运动轨迹，使之具有最小的运动时间。

4.5.2 图搜索法

变分法尽管在许多情况下很有用，但由于其收敛于局部最小值而适用性受到限制。因此可在路径空间的离散化表示中执行全局搜索来解决这个问题。图搜索法将车辆的状态空间离散为图，其中的顶点表示车辆状态的有限集合，边表示状态之间的转换。对图进行搜索可以找到具有最小成本的路径。图搜索法不容易陷入局部最小值，但通常仅限于在有限的路径上进行优化。

在这种方法中，状态空间表示为 $G=(V, E)$，其中 V 为顶点的集合，E 是边的集合。假设初始状态位于图的顶点。接下来构造边，使得与之关联的路径段属于车辆的自由状态空间，并满足微分约束。可通过图中对应的边，来对各个路段进行级联。

有许多策略可以使车辆的自由状态空间离散化。通常采用三种常见的策略，包括手工构造车道图、从几何表示构造图、通过控制或状态采样构造图。

1. 车道图

当自动驾驶汽车在结构化的道路上行驶时，离散车道图包括道路以及交叉路口中车辆应遵循的路径线等。车道图通常是部分由算法生成的，部分经过人工编辑。尽管在大多数情况下，自动驾驶汽车遵循车道图中的路径就足够了，但有时它必须能在不属于车道图所表示的区域中绕过障碍物行驶。例如，发生故障的车辆阻塞本车规划的行驶车道时，在这种情况下，必须使用更通用的运动规划方法来找到能够避开障碍物的路径。

2. 几何方法

几何方法使用障碍物的几何表示，在实践中，障碍物最常被用多边形或多面体来描述。在路径规划中，几何地图是车辆可行状态空间的离散化表示，它描述了自由状态空间的连通性，并且可以从几何地图的某个顶点到达自由状态空间的任意一点。当自由状态空间可以从几何上用线性或半代数模型来描述时，可以通过算法构造自由状态空间中不同形式的几何地图，然后进一步用于路径规划算法。例如对于自由状态空间是平面多边形的情况，存在几种构建此类道路图的有效方法：如垂直单元分解、广义 Voronoi 图和可见性图。而对于由一般半代数模型描述的高维状态空间，可以使用称为圆柱代数分解的方法在状态空间中构建道路

图，进一步得出通用的路径规划算法。

3. 基于采样的方法

基于采样的方法抽象出了障碍物在内部的表示方式，并且采用一种函数来确定任何给定的路径段是否与障碍物存在冲突。在自动驾驶中，自由状态空间的几何模型通常无法直接获得，且从原始的传感数据中构建成本又过高。另外，对最终路径的要求通常不是简单的最大曲率约束，而更复杂。因此，基于采样的方法受到广泛采用，这些方法不会限制自由状态空间的表示方式和其中的动态约束。基于采样方法并不使用几何表示，而是检查转向和碰撞来找到自由状态空间的可行路径。

转向函数 (x, y) 返回从状态 x 开始到状态 y（但不一定达到 y）的路径段，并满足微分约束，使规划的运动对于所考虑的车辆模型而言是可行的。转向函数的形式取决于使用它的情景，如：

（1）随机转向 在可变或固定时间间隔内从初始状态对车辆的前进动力学模型输入任意控制值来得到一条路径。

（2）启发式转向 启发式的从初始状态引导至目标状态，引导操作会从预先设定的操作集中索引特定的操作。

（3）精确转向 该函数返回一条从初始状态到目标状态的一条可行路径。这样的路径对应于两点边界值问题的解。对于某些系统，可通过解析获得这样一条路径曲线，如用于完整约束系统的直线，用于向前运动的自行车模型的 Dubins 曲线或用于双向运动自行车模型的 Reeds-Shepp 曲线。对于可微分的系统，同样存在解析解，而对于更复杂的模型，则可以通过解决两点边值问题来获得精确转向。

（4）最优精确转向 该函数基于精确转向对给定的成本函数计算最优路径。如果假设成本函数是路径的弧长，则给定区间上的直线，Dubins 曲线和 Reeds-Shepp 曲线都是最优解。

如果路径完全位于自由状态空间中，则碰撞检查函数返回为真，该函数用于确保生成的路径不会与任何障碍物碰撞。使用转向和碰撞检查函数的主要问题在于如何构建离散化的表示，来近似自由状态空间的连通性，而不需要引入自由空间的显式模型。

一种直接的方法是选择一组运动原语，并通过从车辆的初始状态开始递归地应用它们来生成搜索图。对于没有微分约束的路径规划，运动原语可以是一组具有不同方向和长度的直线。对于车辆运动约束，运动原语可由一组弧线来表示，代表汽车不同的转向值。对于自动驾驶车辆运动原语的生成，一种简单的方法是对许多控制输入进行采样，并使用车辆模型仿真前进，以获得可行的运动。为了使路径具有连续的曲率，有时也使用回旋线段作为运动原语。运动原语也可以通过记录由专家驾驶的车辆的运动轨迹来获得。

运动原语的递归会生成树图，在最坏的情况下，任何两条边引导出的状态都不相同。但是，一种基于状态格（LATTICE）生成的运动原语，能够生成类似于晶格并具有一定规则性的图。通过状态格生成原语的优点在于，搜索图的顶点均匀地覆盖状态空间，而通常在树的根节点附近具有较高的节点密度。一种有效的方案是从初始状态开始，递归地生成状态格运动原语来实现对自由状态空间的采样，并用由特定的转向策略生成的可通行的路径来连接这些状态。

多数基于采样的道路图的构建所遵循算法框架是类似的，但是对采样点和相邻点的实现有所不同。点采样函数表示从状态空间中选择一定数量的点的策略，而相邻点函数表示从一个顶点出发选择一组相邻顶点的策略，再通过精确转向函数（x, y）得到的路线来连接x。

点采样函数的两种最常见的实现方式是：①将n个点布置在矩形网格中；②从状态空间中返回n个随机采样点。随机采样通常具有有效且易于实现的优势。实现相邻点采样函数的两种最常用的策略是：①取x附近k个最近的相邻点；②取以x为中心r为半径的球内的k个点。通常邻域以平面视角下4个或8个方向拓展，它们自然地来自于采用位图形式表示的机器人状态空间。

在概率路图（Probabilistic Roadmap，PRM）框架内使用随机采样，从而在高维状态空间中构造道路图，因为与网格不同，概率路图可以在任何时间运行。由于PRM具有一般化的表示形式，故可用于各种系统的路径规划，如具有微分约束的系统。如果使用一条直线连接两个状态时，PRM是概率完全的和渐近最优的。也就是说，结果包含有效解（如果存在）的概率会随着图的大小增加而收敛到一个值，且图中最短路径的成本会收敛到最优成本。S. 卡拉门（S. Karaman）提出了一种称为PRM*的改进PRM批处理版本，它仅将球中具有对数收缩半径的相邻点连接起来，在样本变多的情况下，可保持渐近最优性和计算效率。快速搜索随机图（Rapidly Exploring Random Graph，RRG*）是一种增量离散化策略，可以在保持渐近最优性的同时随时终止搜索。近来，快速行进树（Fast Marching Tree，FMT*）已被提出作为PRM*的渐近最优选择。该算法通过对一组采样的顶点执行惰性动态优化来将离散化和搜索结合起来，随后可以将这些顶点用于快速确定从初始状态到目标区域的路径。这种改进的PRM*同样也可扩展到微分约束系统。E. 史摩尔林（E. Schmerling）提出了PRM*和FMT*的微分版本，该方法引入了非滑行轮式车辆模型。

4. 图搜索算法

在上一节中讨论了以图的形式离散化自由状态空间的方法。为了在这种离散化表示中获得实际的最佳路径，必须采用一种图搜索算法。

Dijkstra算法是在图中搜索最短路径的最广为人知的算法。该算法执行最佳优先搜索，以构建出从给定源顶点到图中其他所有顶点路径最短的树。当只需要指向单个顶点的路径时，可以使用启发式方法来指导搜索过程。最著名的启发搜索算法是A*。如果提供的启发函数永远不会高估运动成本，A*被证明是效率最优的，并且可以保证返回最优解。对于许多问题，使用加权A*则无须太多计算即可获得有界次优解。

通常，每次使用感知信息更新环境模型时，都会反复寻找从车辆当前状态到目标区域的最短路径。由于每个这样的更新通常只影响图的一小部分，因此每次完全从头开始运行搜索可能会浪费计算资源。实时重规划搜索算法，如D*、Focused D*和D* Lite，会在基础图每次更新时有效地重新计算最短路径，同时利用先前的搜索信息。

任何时候，搜索算法都会尝试给出第一个次最佳路径，并花费更多的计算资源搜索更好的解。Anytime A*使用加权启发式找到第一个路径解，并通过以第一个路径解的成本为上限，以允许的启发式为下限继续进行随时搜索，而Anytime Repairing A*（ARA*）利用具有递减权重的膨胀启发式进行搜索，并重用了之前迭代的信息。另一方面，Anytime Dynamic A*（ADA*）结合了D* Lite和ARA*的思想，以生成用于动态环境中实时重规划的随时搜索算法。

在状态空间的离散图上搜索路径的一个明显问题，即在图上产生的最优路径可能比状态空间中真正的最短路径长得多。搜索方向考虑任何角度的路径规划算法可以在网格或者由图表示的更一般的自由状态空间上搜索路径，并通过考虑搜索过程中图上各个顶点之间的"捷径"来缓解这一缺点。

4.5.3 增量式搜索方法

增量式搜索方法对状态空间进行采样，并逐步构建图（通常是一棵树），该图可维护一组离散的可达状态以及它们之间的可行转换。一旦图足够大，使得至少一个节点位于目标区域中，就可以通过跟踪从起始状态到该节点的边来获得所需的路径。与更多的基本图搜索方法相比，基于采样的方法逐渐增加图的大小，直到在图内找到满意的解为止。而在固定的离散图上进行搜索的方法的缺点在于，它们仅在可从离散图构造的路径集上进行搜索。因此，这类方法可能无法返回可行的路径或返回明显次优的路径。

增量式搜索方法会解决此问题，并在给定充足计算时间的情况下为任何运动规划问题提供可行解。通常，这些方法在逐步离散化状态空间的同时逐步试探出从初始状态到目标区域的可行路径。在规划问题较为简单的情况下，可以快速提供解决方案，但通常计算时间不受限制。类似地，增量式最优搜索方法在找到可行路径的基础上快速进行迭代，得到逐步收敛于最佳路径的路径解。

概率完备一词来描述规划算法求解过程中，若存在解，则解是最优解的可能性随着计算时间的增加而增加。注意，如果不存在解，则概率完备算法可能无法停止搜索。类似地，渐近最优用于以概率1收敛到最优解的算法。

在有限的时间内，基于固定状态空间的离散图求解路径规划问题，并达到完备和最优，需要在每次迭代，都增加离散化分辨率。这种方法的一个缺点是，各个分辨率级别上的路径规划过程是独立的，没有重用任何信息。此外，不容易衡量离散化分辨率应该以多快的速度增加，如不容易确定是增加单个状态还是成倍增加状态，或是增加每个状态空间维度的离散数。为了克服这些问题，增量式搜索方法使状态空间离散量增加，并在整个过程中执行路径搜索。

一类重要的增量路径规划方法是基于以下想法：以车辆的初始状态作为树根，增量式的去扩展树的节点来探索可行的状态空间。对树的扩展指的是迭代从树中选择一个随机顶点并应用转向函数来扩展节点。一旦树延伸至目标区域，就可以由目标区域中的顶点向后追溯到初始状态来恢复生成的路径。

D. 薛特（D. Hsuet）等人提出第一代基于增量式随机树的规划方法——扩展空间树规划方法。该算法从顶点集中以一定概率选择一个用于扩展的顶点x，该概率值与x附近的顶点数量成反比，则可以促进算法向未探索区域扩展。在扩展过程中，该算法会在以x为圆心的邻域内选择新的顶点y，并对采样进行偏移以从相对较少探索的区域中选择顶点。之后返回x与y之间的直线路径。S.M. 拉瓦勒（S. M. La Valle）提出快速探索随机树（Rapidly-Exploring Random Trees，RRT）来搜索高维非完整系统的可行路径。通过从自由状态空间获取随机样本，并通过随机采样扩展方向来扩展树。在 RRT 中，顶点选择函数根据两个状态之间的距离度量，将最近的相邻状态返回到随机样本。然后扩展函数通过施加一个固定时间步长的控制来在状态空间中生成一条路径,并使该路径到随机样本的距离最小。在采用随机转向的情况下,RRT 算法已被证明是概率完整的。但是使用具有固定时间步长并基于启发式转向的 RRT 并不是概率完备的。

此外,S. 卡拉曼(S. Karaman)证明了 RRT 收敛到次优解的概率为 1,并设计了称为 RRT* 的 RRT 算法的对于 Dubins 曲线和双重积分系统的渐近最优版本。RRT* 在每次迭代时都会考虑位于新添加的顶点 x_{new} 附近的一组顶点,并且将 x_{new} 连接到该邻域中的顶点,从而使起始点从 x_{init} 到 x_{new} 的路径成本最小化;对邻域中的任何顶点,如果从 x_{init} 到该顶点的路径损失值更小,则对它到 x_{new} 的路径重新进行调整。该算法的一个重要特征是,将邻域定义为以 x_{new} 为中心的球,半径是树大小的函数。该算法几乎能够确定收敛到最优路径,同时保持与次优 RRT 相同的渐近复杂性。也有研究通过采用局部线性化系统动力学或导出线性动力学系统的封闭解来推导非完整系统的距离函数和转向函数。渐近最优路径规划的稳定稀疏树(Stable Spare Tree,SST),是基于系统动力学的正向模型传播的随机采样控制树,通过修剪掉局部次优分支,来确保树保持稀疏。

4.6 智能网联汽车决策构架

以百度 Apollo 无人驾驶开源平台中的 EM 规划器为例,提出了一个并行运算架构来解决变道决策问题,变道分为由全局路线引导的主动变道和为了躲避障碍的被动变道。在这个框架下针对各个候选车道进行轨迹优化,并最终由多车道的决策模块根据轨迹代价和交通规则来决定车道。EM 规划器在求解的过程中将路径与速度解耦,分别进行优化。优化前将障碍物运动轨迹投影到基于弗莱纳框架的 SL/ST 图上,优化过程又分为动态规划和二次规划,动态规划与状态格采样相结合,将 SL/ST 图、交通规则、车辆状态作为输入,生成粗略的轨迹,该轨迹包含了决策意图,如跟车、避让、超车动作;二次规划则考虑路径的平滑性和动力学模型限制,基于动态规划生成的轨迹生成更为平滑的轨迹,最终用于轨迹跟踪控制。

以一种动态场景下基于交互预测的轨迹规划算法为例,轨迹规划模块首先由全局规划模块离线生成由起点至终点的全局参考轨迹,并基于 B-Spline 曲线与车辆运动学模型对当前参考路径段进行平滑与插值,然后在现实时依据横向决策指令确定目标车道,并将对应的参考路径段平移至目标车道,其中合并车道、路口等特殊路段根据拓扑路网实时生成。然后将车辆绝对位置坐标转换为基于参考轨迹的弗莱纳坐标,并结合道路几何结构和车辆状态信息对参考路径进行横纵两个方向的自适应采样。在得到一组与参考轨迹对应的终端状态后,基于模型预测的轨迹生成方法,在考虑车辆运动学模型和控制约束的基础上生成一组连接初始和终端状态的可行路径集合。并基于时空栅格图对可行路径集合在时空坐标系下进行预碰撞检测,来为每一条空间路径划分风险等级,对高风险路径基于 S-T 图在考虑交通车辆交互作用的情况下生成速度曲线,低风险路径则根据横纵向加速度约束、交通限速、决策速度等指标基于三步曲线优化法生成速度曲线,然后合并空间路径和速度曲线得到可行轨迹集合;最后,设计轨迹代价评估函数,用以筛选出满足安全性、舒适性、行驶效率等指标的最优轨迹。

第5章　智能网联汽车控制技术

5.1 智能网联汽车控制技术概述

近年来，随着无线通信等技术在智能交通系统中的广泛应用，借助其高效可靠的通信机制，使得交通路网内车辆和基础设施之间可以进行高效可靠的信息交互，智能网联汽车控制技术随之应运而生。智能网联汽车控制系统结构如图5-1所示，通过交通控制层和车辆决策层实现车路-车车通信，基于车辆传感器获取车辆自身信号，最终由车辆控制层实现车辆横向和纵向控制。

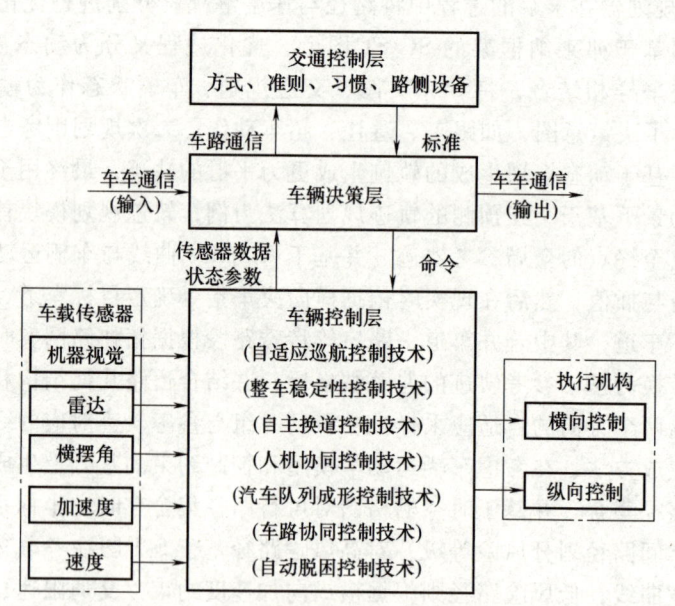

图 5-1　智能网联汽车控制系统结构图

智能网联汽车控制系统的任务是控制车辆的速度与行驶方向，使其跟踪规划的速度曲线与路径。现有自动驾驶汽车多数面向常规工况，因而较多采用传统的控制方法，如比例-积分-微分控制、滑模控制、模糊控制、模型预测控制、自适应控制、鲁棒控制等。这些控制方法性能可靠、计算效率高，已在主动安全系统中得到应用。但是，由于上述方法需要大量的测试数据和专家经验来确定关键控制参数，并且鲁棒性较差，所以无法较好地处理多变量控制问题以及复杂的动力学约束问题。因此，研究能够处理复杂动力学约束的优化控制算法，如模型预测控制算法（Model Predictive Control，MPC）、非线性模型预测控制（Nonlinear MPC，NMPC）、强化学习、深度强化学习等具有重要意义。

MPC 因其能处理复杂约束条件下的多目标优化问题，被广泛应用于自动驾驶车辆的运动控制中。例如，有资料提出了一种基于模型 MPC 的自适应巡航系统分层控制策略，利用 MPC 滚动优化的特点来提升自适应巡航系统的控制效果，以提高其鲁棒性和对复杂跟车环境的适用性。有资料针对车辆稳定性控制问题，采用 MPC 算法设计了主动转向控制器，实现了较好的控制效果。然而，MPC 控制器只能对模型进行线性化处理，无法处理非线性控制问题，所以针对 NMPC 在车辆控制过程中的实时性问题，也有资料提出了显式 NMPC 的解决方法，在显式 NMPC 中离线求解优化问题，并通过在线评估得到满足要求的次优解。但是，NMPC 在计算中对预测时域求解的过程，降低了系统的运算效率，因此，一系列的智能控制算法开始被应用到车辆的控制中。例如，有资料通过 Q 学习方法求解智能网联汽车车路协同控制问题，同时采用强化学习方法，对不同突发事件下的交通信号自适应控制进行研究，结果表明强化学习的方法对于实时变化的交通需求具有较好的适应性。有资料结合深度学习网络，从交通状态输入以及交通系统输出样本中对强化学习 Q 函数进行拟合，取得了不错的控制效果。

此外，智能网联车辆控制系统也融合了多项关键控制技术，包括自适应巡航控制技术、整车稳定性控制技术、自主换道控制技术、人机协同控制技术、汽车队列成形控制技术、车路协同控制技术以及复杂工况下的脱困控制技术。所以，针对智能网联车辆控制层包含的各种控制技术，国内外学者也进行了相应的研究，并逐步从驾驶辅助向高度/完全自动驾驶发展，研究里程碑如图 5-2 所示。

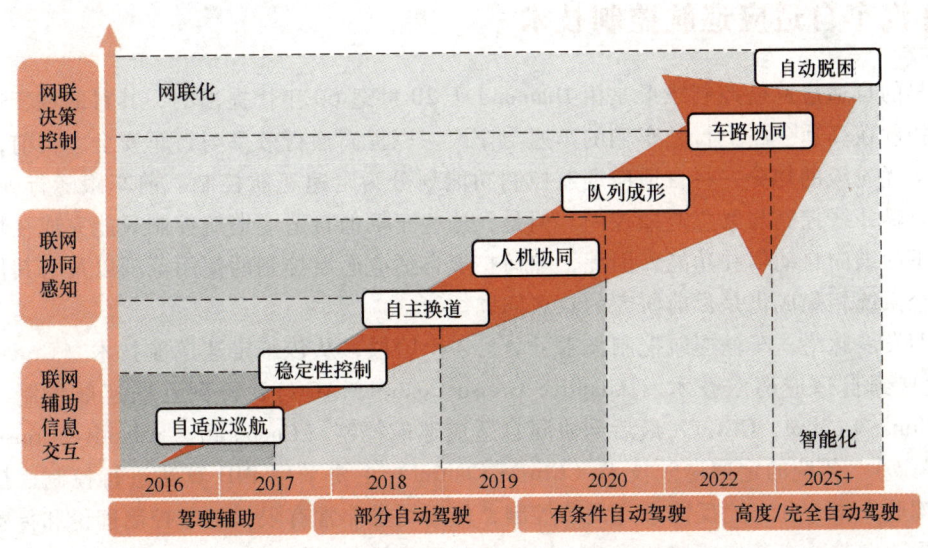

图 5-2 智能网联车辆控制技术研究里程碑

针对自适应巡航控制技术，为了简化系统并提高鲁棒性，目前研究多采用分层设计思想，上层控制器根据传感器信息及控制策略确定主车期望加速度或速度，同时引入实际加速度与速度作为控制反馈，而下层控制器根据期望加速度或速度计算执行机构的运动，使主车的实际加速度或速度跟随期望值而变化。为了提高车辆的行驶稳定性，国内外学者主要提出了3类控制方式：基于主动转向的控制、基于悬架的主动控制和基于直接横摆力矩的控制。在保证车辆安全的前提下，如何快速、通畅地变换到目标车道，对减少车辆延误，提高道路的通行效率有重要意义。针对高速公路自主换道控制技术，游峰等以车辆当前姿态和参考姿态的动态误差为输入，建立了车辆轨迹追踪控制的数学模型，运用李雅普诺夫函数设计车辆换道轨迹追踪控制器，实现了参考轨迹的快速跟踪并保证了控制过程平稳可靠。

然而，控制技术在发展的过程中，单纯地依靠计算机进行控制往往存在诸多问题，因此，有学者提出了人机协同控制技术。例如，有资料提出了一种集危险评估、稳定性控制和驾驶人行为预测于一体的人机协同框架，利用非线性模型预测控制方法，共同优化车辆的制动和转向角来保证驾驶人行车安全。同时，由于车辆队列可以显著降低油耗、提升交通效率以及提高行车安全性，所以目前基于多智能体系统方法的汽车队列成形控制技术正逐步受到学者关注。在多车智能体分布式协同控制中，"一致性"是其最基本的控制问题，围绕这一问题，许多学者从多个维度对多智能体系统进行了研究。为了刻画多智能体运动的一致性特征，有资料首次启发式地提出了分离性、聚集性和速度校准3大基本控制准则。在此基础上，有资料提出了一类基于速度一致性结合人工势场函数的多智能体控制算法，用以实现队列成形控制。

最后，随着人工智能技术的逐步发展，当道路中车辆全部搭载智能车载设备或全部为自动驾驶车辆时，可通过车路协同控制系统直接向车辆发送通行信息，无须物理的交通信号灯，这是交通系统未来的发展方向。同时，对于复杂工况，如爆胎、急转弯以及上下坡等，发展智能网联车辆的自动脱困控制技术同样至关重要。

5.2 汽车自适应巡航控制技术

最早的自适应巡航控制雏形是由Diamond于20世纪60年代提出的，其目的在于通过机械机构控制在高速公路上行驶车辆的车速与车距，以提高通行效率与行车安全。目前，按照控制响应优先级的划分，将自适应巡航控制功能划分为定速巡航控制、前车跟随行驶控制、旁车道车辆并线控制与紧急避撞控制。但是，这些车辆的自适应巡航控制只能完成在特定简单工况下的纵向自动驾驶功能，因此，如何扩展自适应巡航控制的使用范围以及与其他汽车主动安全系统相集成仍是目前研究的热点问题。

按照发展脉络，车辆巡航控制技术可分为4个阶段，从传统定速巡航技术（Cruise Control）发展到自适应巡航技术（Adaptive Cruise Control，ACC），再到互联巡航控制（Connected Cruise Control，CCC），最后到协同自适应巡航控制（Cooperative Adaptive Cruise Control，CACC）。传统的定速巡航技术（Cruise Control）主要采用PID算法进行控制，控制系统依据驾驶人指令和车速反馈进行调节控制，使用场景非常有限；随着控制理论和传感器技术的发展，尤其是车载传感器的普及，巡航驾驶系统具备了初级智能驾驶的特征，发展成了ACC；紧接着车间通信技术（V2V）的革新，使得巡航控制技术由单车自主控制向CCC发展；近年来研究人员将机器人编队控制理论迁移到智能交通领域，依托新能源和车联网的普及发展出了 CACC。本节将主要介绍自适应巡航控制技术的发展现状和协同自适应巡航控制理论的发展路线。

自适应巡航控制是一个复杂的非线性控制系统，为简化设计并提高系统的鲁棒性及可靠性，大部分研究都采用了分层设计的思想。这样各模块功能集中且控制目标明确，模块间只传递必要的有限信号且互不影响，利于对系统的调试。目前，自适应巡航控制可基本分为交通信息辨识、安全车距模型、自适应巡航主控系统与执行机构控制等模块。ACC 主控系统根据目标车辆状态及主车行驶状态确定各执行机构的控制动作，是自适应巡航控制系统的核心部分。目前大部分 ACC 决策算法可以分为基于规则的 ACC 算法和基于学习的 ACC 算法两类。基于规则的 ACC 算法一般利用模糊控制、滑模控制和模型预测控制等控制理论，通过手动编码写入规则的方式实现控制；而基于学习的 ACC 算法则是通过 DRL 直接从真实驾驶数据或交互记忆中学习巡航驾驶策略。

具体到控制算法的实现，最常采用上、下位控制器的分层设计结构，自适应巡航控制模式切换流程如图 5-3 所示，上位控制器根据传感器信息及控制策略确定主车期望达到的加速度或速度，并引入实际加速度与速度作为控制反馈，而下位控制器根据期望加速度或速度计算执行机构的运动，以使主车的实际加速度或速度跟随期望值而变化。当采用分层的控制结构设计自适应巡航控制上位控制器时，可把下位控制器看作惯性延时环节，而没有必要考虑具体的下位控制器结构。由于模型预测控制（MPC）具有显式处理系统约束以及多变量的优点，近年来被广泛地应用于自适应巡航系统上位控制器的设计。模糊 PID 控制是 PID 智能控制技术的拓展，可以将 PID 控制系统中不精确、不确定的控制指令，通过模糊 PID 控制计算变为可执行的指令，同时保留 PID 控制鲁棒性强、适应性好的优点，因而常用于自适应巡航系统下位控制器的设计。

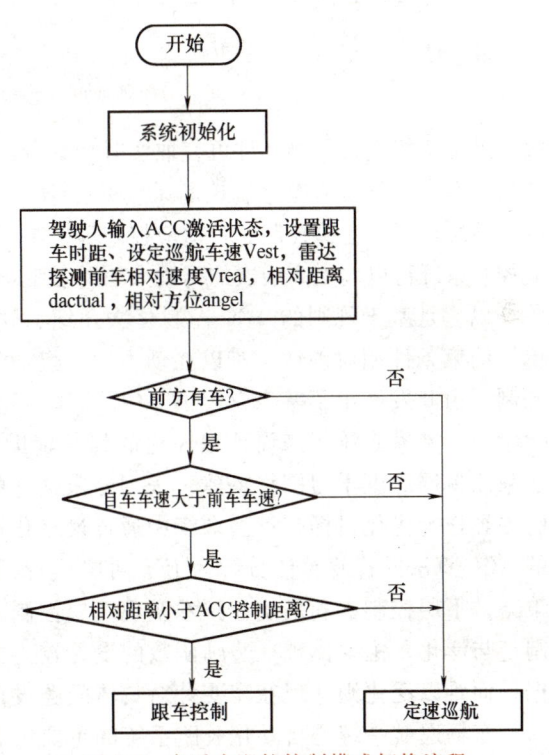

图 5-3　自适应巡航控制模式切换流程

前车加速度预测是自适应巡航控制技术发展的难点，在对对象进行控制时，约束条件设置是重要的一环，安全性、稳定性约束可以通过数学描述写入算法，而由前车加速度波动造成的跟踪延迟对舒适性和燃油经济性有较大影响。传统 MPC 是在假设预测时域内前车加速度不变的条件下预测前车加速度信息，但在实际情况中难以实现。若将前车加速度不断变化看作是控制系统受到的外部扰动，那么传统 MPC 所求得的最优解会产生偏差，针对模型预测控制的系统外部扰动问题，目前主要解决方法有两种。第一种是建立干扰补偿算法，对系统外部扰动进行观测后，基于干扰估计值设计补偿算法与 MPC 算法相结合，图 5-4 中可以看出基于高斯过程回归建立的前车加速度干扰补偿算法与普通跟踪算法的比较；第二种是在预测时域内直

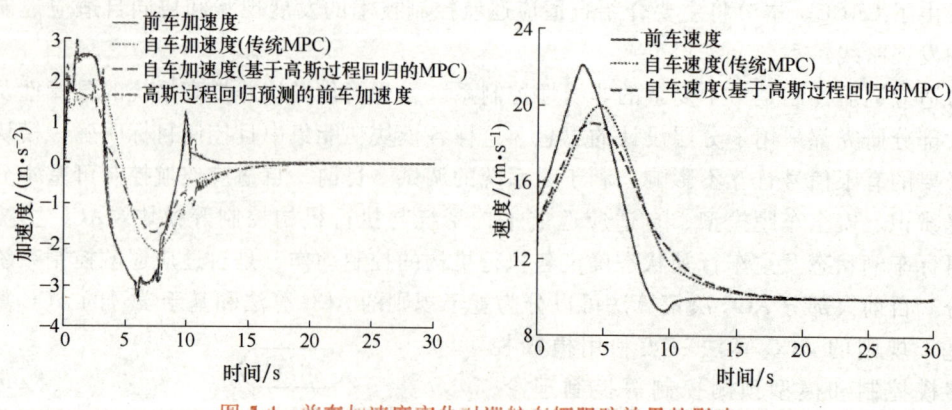

图 3-4　前车加速度变化对巡航车辆跟踪效果的影响

接对外部干扰进行预测,即可获取实时干扰量的改进 MPC 算法,如使用灰色预测模型的 MPC 算法。在实用化自适应巡航控制系统的探索上,研究者们充分借鉴了现代控制理论中最优控制、系统辨识、鲁棒控制、自适应控制等控制思想的优点对巡航控制算法进行了改进,使得巡航控制系统得以向更高层次的驾驶人辅助系统与主动安全技术方向发展。

以上是基于规则的 ACC 控制算法介绍,这类控制方法受限于写入规则控制策略较为简单,约束条件相对硬性,难以在动力性、燃油经济性、操纵性、平顺性和安全性中取得最优控制。由此发展出了基于学习的 ACC 算法,这类算法利用智能控制理论中的神经网络、强化学习、专家系统等来设计拟人化的驾驶辅助系统。目前大部分基于学习的拟人化 ACC 算法采用单层深度学习网络搭建,采用专家估计的方法设计奖励函数:以智能体和人类驾驶人的差异作为优化目标,算法训练中通过最小化这些差异实现对驾驶人的行为复制。基于学习的 ACC 算法同样将算法分解为上下两层执行,上层控制器利用深度强化学习算法制定决策策略,下层控制器利用线控技术实现底层控制。目前此类控制算法研究难点在于奖励函数的制定与泛化,主要体现在奖励函数的设计较为主观,函数类型和相关参数的选择缺乏理论依据,而难以泛化则体现在需要针对具体问题设计奖励函数且该函数很难应用于其他问题。

车辆巡航系统是自动化公路系统的重要组成部分,自动化公路系统的实现方式有基于分层结构控制和基于自主车辆控制,在基于自主车辆控制的基础上发展出了自适应巡航技术,而在基于分层结构控制的基础上发展出的则是 CACC。CACC 的前身是 CCC,若车载传感器是自动驾驶车辆的唯一信息源,当前方车辆突然采取制动操作时,该车辆的响应时间极短,难以规避潜在的碰撞事故,几乎与常规车辆的表现无异。而采用车间通信(V2V)技术的互联巡航控制算法,可以使自动驾驶车辆能及时响应其他道路使用者,帮助其节能并提升安全性。时至今日,智能交通系统与物联网融合延伸为车联网,依托车联网的数据交互和机器人编队控制理论,巡航控制发展成 ACC。经验证,CACC 通过车车通信的方式,在保证车辆安全间距的基础上,做到了缩短跟驰间距、减少自主车队车辆状态的波动,达成协同式车队控制,大大提高了交通效率、减少了环境污染、提升了驾驶感受等。

5.3　汽车整车稳定性控制技术

操纵稳定性是指汽车操纵性和稳定性的综合特性。操纵性是汽车及时而准确地执行驾驶人

转向指令的能力。稳定性是汽车在行驶过程中，受到外界干扰后维持或迅速恢复原来运动状态的能力。在车辆稳定性控制中，期望的车辆状态通常用车辆横摆角速度与质心侧偏角来表示。车辆控制目标基本分为3种类型：横摆角速度跟踪目标、质心侧偏角跟踪目标和两种跟踪目标同时考虑。横摆角速度跟踪目标主要是提升常规工况下车辆的操纵性，极限工况下则通过对质心侧偏角状态进行约束保证车辆的稳定性。尤其是在极限工况下车辆难以操作时，因为当车辆质心侧偏角持续增大，驾驶人转向盘转角引起的横摆角速度与侧向力增益迅速减小，单纯转动转向盘已很难影响车辆横摆力矩的变化，因此整车稳定性控制系统的设计尤为重要。而集成控制普遍采用分层式架构设计控制器，如模糊控制、鲁棒控制、线性二次型调节器控制、滑模控制以及模型预测控制等，对参考状态进行跟踪控制，实现车辆的稳定性控制目标。

车辆行驶的稳定性可分为侧向稳定性和纵向稳定性。车辆侧向稳定性控制大致可以分为：基于纵向力的侧向稳定性控制、基于侧向力的侧向稳定性控制和纵向、侧向力集成的侧向稳定性控制。基于侧向力的车辆稳定性控制主要通过转向系统来实现，如电动助力转向（Electric Power Steering，EPS）、主动前轮转向（Active Front Steering，AFS）、线控转向（Steer-by-Wire，SBW）等。在主动转向汽车侧向稳定性控制研究方面也有较多的成果，如图 5-5 所示线性 AFS 工作范围图，基于线性轮胎模型设计的控制器会限制 AFS 的工作范围，因此，越来越多的学者开始关注车辆系统的非线性对 AFS 控制效果的影响。基于转向和制动等独立子系统，通过设计协调规则进行侧向稳定性控制的集成控制方法，由于不能从根本解决子系统的相互干涉和耦合问题，逐渐被分层式的集成控制方法所替代。在利用分层式控制架构进行汽车侧向稳定性控制方面已取得了较好的控制效果，但较少考虑系统约束问题。而模型预测控制（Model Predictive Control，MPC）凭借擅长处理控制系统约束问题的优势，广泛应用于汽车侧向稳定性控制，并有了一些研究成果。在基于模型预测控制的电动汽车侧向稳定性控制方面，学者们开始考虑轮胎力非线性及纵侧耦合特性，以避免车辆驱动/制动与转向协同不当造成的车辆失稳现象。

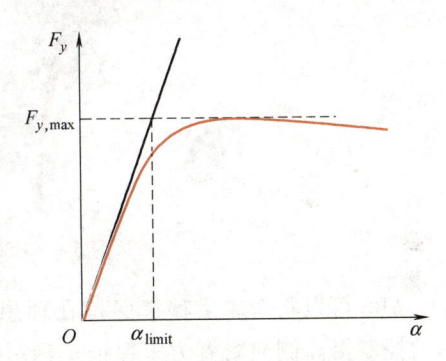

图 5-5 线性 AFS 工作范围图

根据执行器的不同，侧向力和纵向力集成的稳定性控制一般分为 AFS 与差动制动集成的稳定性控制，四轮独立转向与四轮独立驱动/制动集成的稳定性控制等。虽然侧向力和纵向力集成稳定性控制所采用的执行器存在差异，但这些集成控制方法所涉及的核心问题是一致的，即转向系统和制动/驱动系统的控制权分配问题，反映在轮胎力上则是侧向和纵向轮胎力的分配和利用问题。

国内外采用的车辆操纵稳定性测试方法种类很多，根据不同的分析角度和方法，国内外对于车辆操纵稳定评价主要可分为闭环评价和开环评价、客观评价和主观评价两种。

1）闭环评价。是驾驶人按照一定的跟随要求操纵车辆时感受操纵动作的难易程度，把车辆看成一个由驾驶人-车辆-道路环境所构成的闭环系统中的被控环节，综合分析整个系统的特性，对车辆的操纵稳定性进行研究。

2）开环评价。是把车辆本身看成一个控制系统，利用运动力学和自动控制理论，分析和研究车辆的运动特性，通过表征车辆运动的响应函数对车辆操纵稳定性进行性能分析。

3）客观评价。是通过实车试验测试一些与车辆操纵稳定性有关的车辆运动状态参数，然后与相应的标准进行对比。因此，客观评价是一种完全依据实车试验测量为基础的评价方法，是定量评价。

4）主观评价。是驾驶人根据任务要求操纵车辆，依据对操纵动作难易程度的感觉评价车辆操纵稳定性。由于车辆的操纵稳定性受多种因素的影响，单纯依靠客观定量评价往往难以全面确定，因此，主观评价在车辆操纵稳定性评价中一直占重要地位。

在整车稳定性控制方面电子稳定性控制（Electronic Stability Control，ESC）系统起到了很大作用，包含如防抱制动系统（Anti-lock Braking System，ABS）、牵引控制系统（Traction Control System，TCS）、车辆行驶动态控制（Vehicle Dynamic Control，VDC）系统等多种功能，从而根据车辆的行驶条件判断当前车辆的稳定状态，并介入车辆的制动系统和发动机管理系统，从而避免车辆失稳，ESC作用前后效果对比示意图如图5-6所示。

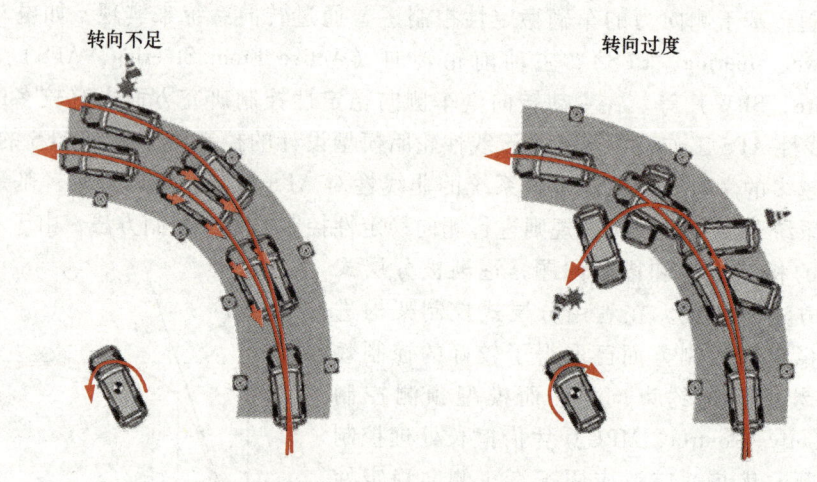

图 5-6　ESC 作用前后效果对比示意图

ABS 可以将车轮滑移率保持在理想值，并防止车轮抱死；ABS 是通过对车轮制动滑移率的控制提高侧向附着力来保证车辆制动时的侧向稳定性。因此，也可以通过对车轮驱动滑移率的限制来提高侧向附着力，进而改善车辆行驶时的稳定性。

TCS 用于保持车辆加速稳定，通过发动机 ECU 和制动系统来调节驱动轮的过度滑转，保持驱动力处在最佳车轮滑转率范围；它的作用是使汽车在各种行驶状况下都能获得最佳的牵引力，可以最大限度利用发动机的驱动力矩，保证车辆起动、加速和转向过程中的稳定性。ABS 是防止车轮在制动时被抱死而产生侧滑，而 TCS 则是防止汽车在加速时因驱动轮打滑而产生侧滑，TCS 是在 ABS 基础上的扩充，两者相辅相成。

VDC 系统用于转向角过大或者转向速率过快的工况，控制器根据横摆角速度或者质心侧偏角与目标值的偏差判断车辆是否跟随驾驶人转向意图，并对各个车轮进行有针对性的制动，减轻驾驶人操作负担并防止车辆侧滑。VDC 系统作为 TCS/ABS 功能的补充，转向量和制动操作量是通过转向角传感器和制动开关被检测到的，并通过 G 传感器、车辆速度传感器等确定车辆驾驶状态（转向不足/过量转向）。当车辆急拐弯或在光滑路面上行驶时，VDC 系统改变发动机转矩或者对各车轮实施独立制动，以保持车辆在急转弯或光滑路面上的行驶稳定。

5.4 汽车高速公路自主换道控制

高速公路自动驾驶是当前智能驾驶研究中的热点，因为高速公路具有一定的封闭性而且场景相对简单，因此在智能驾驶研究领域中，高速公路的自动驾驶可以较快落实到实际应用中。车辆在高速公路行驶的过程中，变道是发生频率极高的车辆行为。同时在变道的过程中，很容易发生交通事故以及道路堵塞，因此研究车辆的自主换道系统，有利于减少交通事故、改善乘员舒适性和提高车辆行驶效率。自主换道系统控制层面主要由行为决策系统、轨迹规划系统和跟踪控制系统三部分组成。

目前国内外自主换道系统的行为决策方法主要有：基于规则的决策、基于统计的决策、基于人工智能的决策和基于效用函数的决策。基于规则换道的方法最早是由吉皮斯（Gipps）在 1986 年提出的，主要是针对不同的换道交通场景，制定出不同换道交通场景的换道规则，比如提出的最小安全距离模型和换道避障规则等，到目前为止基于规则的换道决策是应用最广的换道模型之一。有资料针对复杂的动态高速公路环境下的自主换道问题，提出了基于滚动时域的博弈论换道决策方法，并考虑了其车载传感器存在获取信息有误差的换道分析，通过博弈论分析后车状态对自车的影响以及换道的安全性，最后综合考虑后做出换道决策。基于人工智能的决策方法主要是指由计算机模拟驾驶人，通过对周围环境和驾驶人的行驶数据集进行判断是否换道和进行目标车道的选择，可以解决很多无法用具体的数学函数表示的复杂问题，目前主要使用的方法有：模糊逻辑（Fuzzy Logic）、人工神经网络（ANN）、马尔可夫过程（MDP）、支持向量机（SVM）和贝叶斯分类等。基于效用函数的换道决策方法，其基本思想是依据选择准则在多个备选方案中选择出最优的驾驶策略或动作，在此基础上，利用效用函数研究自动驾驶汽车的换道决策问题。

轨迹规划的方法研究最早应用于智能机器人，随着汽车智能化的发展，逐渐应用于自动驾驶汽车的研究，其行驶路径的规划方法可分为轨迹规划和路径规划等，又可分为全局规划和局部规划。全局规划一般由 GPS 规划出一条从起点到终点的最短路径，局部规划指车辆行驶过程中由于周围环境的影响需要规划一条无碰撞的行驶轨迹，车辆的换道轨迹规划是属于局部规划。换道轨迹规划具体体现在需要动态地对车辆的行驶路径进行规划，以实现合理、安全地换道。目前，轨迹规划技术的研究重点主要包括环境建模和路径搜索策略两个子问题。轨迹规划和车辆面对的障碍物的环境信息紧密相关，故对于障碍物的建模方法将是轨迹规划研究中必须关注的问题。当前相关领域中，最常用的环境建模方法主要有 3 种，分别是人工势场法（Potential Fields）、单元分解法（Cell Decomposition）、道路图法（Roadmap）。其中人工势场法在车辆实时避障方面具有其独特的优势，其在进行轨迹规划时不需要提前生成完整的路径，而仅仅只根据当前的状态以及周边环境来确定下一阶段的运动，该算法规划的路径平滑，计算量小，实时性高，可以动态更新以适应障碍车辆的工况。将人工势场法用于轨迹规划的概念首先由卡海特（Khatib）提出，通过直接将感应与驱动耦合来实现，通过提供与势场梯度相对应的恢复力水平，从而对危险做出快速响应。人工势场法是根据障碍物、道路结构生成势场的，它通过沿势场下降方向移动来规划路径，图 5-7 为基于人工势场法的轨迹规划的简单的规划示意图。与其他轨迹规划方法相比，该方法的主要优点是即使在障碍物和道路结构复杂的条件下运算也较为简单。

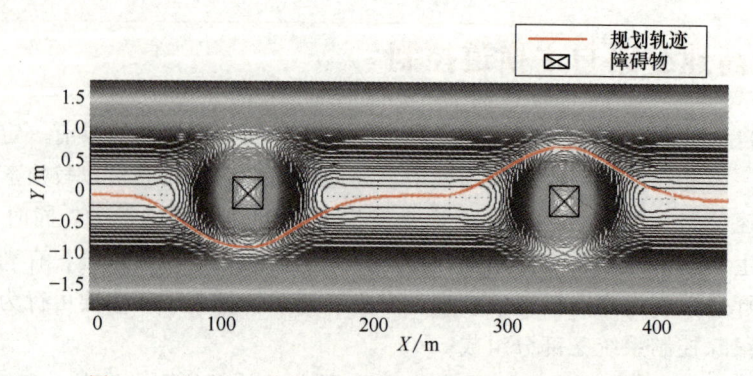

图 5-7 基于人工势场法的轨迹规划的简单的规划示意图

车辆的跟踪控制能力是实现自主换道的重要保障，也是目前车辆自动驾驶的研究重点之一。现阶段轨迹跟踪方法主要有：PID 控制、模糊控制、最优预瞄控制和 MPC 等方法。PID 控制在工业控制方面应用比较广泛，其控制参数需要不断地调试得到，该方法结构和原理简单，但局限性较大。当自身或周围环境变化时，其原来的 PID 控制参数将不再适用，因此该方法在自动驾驶汽车上的应用较少。最优预瞄控制理论最早是由郭孔辉提出的，该方法在低速时控制效果较好，在高速行驶时其跟踪误差较大，因此不适用高速工况。MPC 算法主要是在欧美等发达国家兴起，广泛应用于汽车、智能机器人和制造业上，是解决高速自主换道轨迹跟踪问题的一种有吸引力的方法。MPC 作为一种最优化控制方法，最大的优点是能够处理多约束问题，能够满足自动驾驶控制系统的要求，其主要包含 3 个过程，分别为预测模型、滚动优化、反馈校正。以下分别对 3 个过程进行介绍。

（1）**预测模型** 预测模型是 MPC 的基础，其由系统当前状态及未来输入，计算预测系统的未来输出。目前，在 MPC 的应用当中对预测模型没有严格的限制，状态方程、传递函数等传统模型都可以作为预测模型。

（2）**滚动优化** 滚动优化是 MPC 与其他最优控制方法的最大区别。该优化过程并不是离线的全局优化，而是在线实时优化求解，在每一个采样时刻，根据系统目前的状态重新求解目标函数，得到新的控制量序列，滚动地完成在线优化过程。在模型预测控制的应用当中，通常以状态误差与控制增量组成目标函数，并将控制增量作为优化量。

（3）**反馈校正** 为了防止模型失配或者环境干扰引起控制偏离理想状态，在新的采样时刻，首先检测对象的实际输出，利用这一实时信息对基于模型的预测结果进行修正，然后再进行新的优化。

通过上述 3 个过程的分析，MPC 的原理可以用图 5-8 表示。控制过程中，始终存在一条期望参考轨迹，如图 5-8 中曲线 1 所示。以时刻 k 作为当前时刻（坐标系纵轴所在位置），控制器结合当前的测量值和预测模型，预测系统未来一段时域内 $[k, k+N_p]$ 系统的输出，如图 5-8 中曲线 2 所示。通过求解满足目标函数以及各种约束的优化问题，得到在控制时域 $[k, k+N_c]$ 内一系列的控制序列，如图 5-8 中的矩形波 4 所示（从坐标系纵轴开始），并将该控制序列的第一个元素作为受控对象的实际控制量。当来到下一个时刻 $k+1$ 时，重复上述过程，如此滚动地完成一个个带约束的优化问题，以实现对被控对象的持续控制。

该控制方法需建立描述系统动态特征的系统模型，并基于系统当前状态量及系统未来的

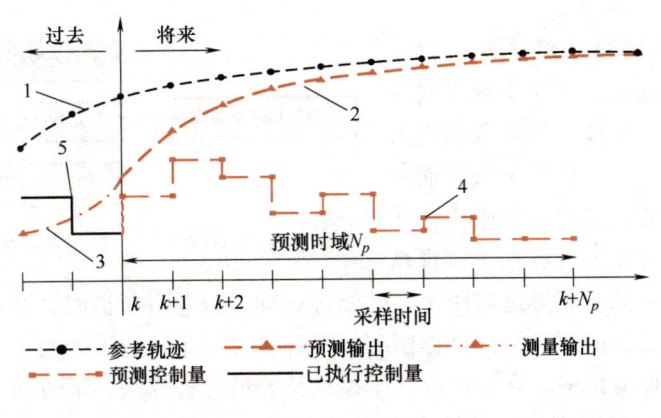

图 5-8 MPC 的原理

控制量预测系统未来的状态，通过使系统未来状态逼近期望值来构建目标函数，通过求解得到系统未来的控制量，从而实现系统控制。MPC 具有较强的鲁棒性，能够处理车辆变道行驶过程中所受到的包括环境及车辆本身的随机干扰。

5.5 汽车人机协同控制

由于汽车行驶环境的复杂性和高度不确定性，对无人驾驶技术的研究仍然停留在探索阶段，并未在实际生产生活中得到广泛应用。而且，由于社会伦理及法律法规等原因，人们对于完全无人驾驶的接受程度也有待提高，这同样限制了无人驾驶技术的发展及应用。因此，高级驾驶辅助系统（Advanced Driving Assistance System，ADAS）及人机协同控制驾驶成为新的研究热点。而且由于智能网联和云端技术的发展，使得车辆能够更加可靠地获得车辆行驶环境、驾驶人状态等信息，从而为驾驶人和控制系统之间的交互提供了更加可靠的途径。在人机协同控制过程中允许驾驶人和自动控制系统同时驾驶车辆，并根据驾驶人状态、车辆的行驶要求等因素实时分配驾驶人和控制系统之间的控制权，充分结合自动控制系统高可靠性和人类驾驶人处理复杂环境能力的优点，可以使得车辆始终处于更加可靠的控制之下，智能驾驶发展布局如图5-9所示。

人机协同控制驾驶的目标是充分结合驾驶人和自动控制系统两者各自的优点，从而使汽车始终处于高可靠性的工况下行驶。这种控制方法对于车辆的安全行驶有着重要的意义，然而在实际应用中，车辆经常行驶在不确定性极多的环境中，如何保证在各种各样的环境中实时分配自动控制系统和驾驶人之间的控制权重，使人机协同控制驾驶能够充分结合两者的优点，如何保证自动控制系统的可靠性，一直以来都是人机协同控制驾驶的研究热点和难点。近年来，国内外诸多学者对人机协同控制权分配策略进行了广泛且深入的研究，并且在理论和实践中取得了很多成果。当前，国内外对于人机协同控制方法主要分为三类：对驾驶人进行危险预警、车辆特定场景下的控制权切换和车辆行驶过程中的控制

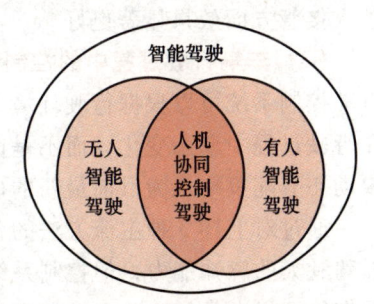

图 5-9 智能驾驶发展布局

权动态分配，如图5-10所示。

（1）对驾驶人进行危险预警 旨在增强驾驶人的感知能力，主要实现方式为通过车载激光雷达、摄像头等获取驾驶人不能了解的环境信息，并通过车载智能系统的处理以恰当的方式展现给驾驶人，在有危险的时候，对驾驶人进行预警。肖献强等学者通过车载摄像头获得道路图像，并经过处理识别左右车道线，经过坐标转换后得到车辆与最近车道线之间的距离，并依据国际标准计算得到车辆边沿触到车道线的时间，以此对驾驶人发出车道偏离预警。有资料提出了碰撞预警的警告算法，通过建立一种新的危险评估措施，即最后制动时间直接量化当前的危险状况，并评估所需的躲避操作（如制动等）所需的时间，所提出的评价指标符合人类对危险程度的自然判断，从而能够在最恰当的时间对驾驶人发出预警。有资料对应当发出预警的条件进行了更加细致的划分，根据危险程度及驾驶人状态判断驾驶人能否自我更正，只有在判断驾驶人不能调整的时候才发出预警。

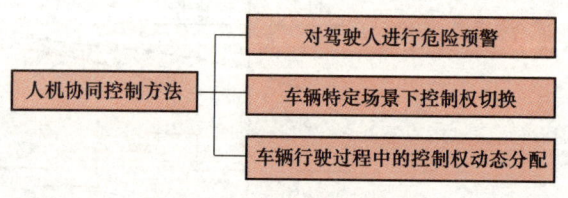

图5-10 人机协同控制方法

（2）车辆特定场景下控制权切换 指当车辆超出驾驶人的控制能力范围时，控制权切换至车辆自动控制系统；反之，当车辆超出自动控制系统能力范围时，驾驶人取得对车辆的控制权。驾驶人和自动控制系统作为控制汽车的两方，控制权既可以在一方没有能力驾驶时强制转移至另一方，又能够在双方都能安全驾驶时转移至驾驶能力更强的一方。有研究表明，驾驶人可以通过专门的操作界面将控制权交给自动控制系统，而在车辆进入自动控制系统不能处理的工况时，对驾驶人发出预警，通过触觉-多模式交互，并根据驾驶人对转向盘的握紧程度，完成控制权向驾驶人的移交。国外的一些学者研究了当道路环境超出自动控制系统的能力范围时，安全性与驾驶人离开驾驶状态的时间间隔的关系，其研究认为在交通拥堵的情况下，驾驶人手部离开转向盘的时间长短与驾驶人在接管控制权方面的性能并没有必然联系。有的学者认为当汽车在运动极限工况时，应提供接管请求（Take Over Request，TOR），以便驾驶人恢复控制车辆，通过对比听觉、触觉和多模式3种TOR模式对驾驶人接管行为的影响，发现多模式的TOR相对单一听觉触觉在驾驶人接管方面效果显著更好。

（3）车辆行驶过程中的控制权动态分配 指在控制权动态分配的人机协同控制驾驶中，自动控制系统可以根据行驶环境及驾驶人状态等信息逐渐地接管或移交控制权，使得控制权在行驶过程中动态变化，而不是简单地切换。鉴于预警和控制权切换存在的固有缺点，控制权动态分配策略成为目前最新的研究热点。

通过对上述3种主流方法的分析，可以看出，对驾驶人进行危险预警的目标是致力于增强驾驶人的感知能力，但控制系统并没有主动介入，即驾驶人由于生理限制而导致的问题并没有得到根本的解决；车辆特定控制场景下控制权切换控制的主要目的是实现当出现驾驶人不能控制的工况，控制权切换至自动控制系统，反之，当出现自动控制系统不能处理的工况，控制权移交至驾驶人，在这种控制权切换下由于控制权切换时机、如何唤醒驾驶人注意力等限制因素的存在，很可能会导致交通事故的发生；而车辆行驶过程中的控制权动态分配方法可以避免出现同样的问题，自动控制系统可以根据行驶环境及驾驶人状态等信息逐渐地接管或移交控制权，避免控制权的突变，从而形成人机之间的交互及并行控制，是目前较为主流的人机协同控制方法，在完全自动驾驶实现之前，这种人机交互方式会一直存在下去。

5.6 汽车队列成形控制及队列稳定性

在智能网联汽车的研究领域中，多车队列控制是一个重要的研究方向。多车队列控制是一种典型分布式协同运动控制方法。在此控制中，所有位于同一车道的车辆，根据其周围车辆的状态信息，自动调整运动状态，以达到所有车辆速度一致并实现期望的队列几何构形。由于所有的车辆的运行状态相似，因此智能网联汽车队列在缓解交通拥堵、改善交通效率、增强驾驶安全性和提高燃油经济性等方面具有巨大的潜力，是现代汽车研究领域的热点，车辆队列如图 5-11 所示。

图 5-11 车辆队列

在实际的交通场景中，为了适应周围复杂多变的环境，多数情况下车辆并非位于同一车道，而是以不同的车速行驶在不同的车道内。因此，从控制实现的角度出发，多车队列分布式控制可分为队列成形控制和队列稳定性控制。其中，队列成形控制关注于如何使处于不同状态下的车辆安全、平稳地组成队列，而队列稳定性控制则聚焦于如何使车辆依据期望的车速和队形稳定行驶。

5.6.1 汽车队列成形控制

汽车队列成形，是指沿道路同一方向两辆及以上的汽车，保持固定的车距和相同的速度，以队列行进的方式行驶。汽车队列成形控制需要选择相同的控制方式对车辆进行统一管理。汽车队列成形控制方式有集中式和分布式两种。

汽车队列中所有行驶状态信息首先发送到中央控制器的方式称为集中式，队列中各个车辆的行驶行为由中央控制器统一规划。集中式控制在理论上可以达到队列行驶的最优效果，但是必须满足中央控制器获得所有车辆信息的前提，并且要求无线通信带宽可以满足所有车辆数据同时交互，除此以外，集中式控制需要解决队列系统高维度的优化问题，而且中央处理器信息处理量过大容易导致控制系统滞后，从而对系统实时性能和运行效率造成严重影响。

分布式的控制方式不存在中央控制器，队列中的车辆仅能获得附近车辆的行驶状态信息。虽然分布式控制不能达到最优控制效果，但对车车通信带宽需求低，控制速度快，适合

实时性要求高的汽车队列控制。

从系统组成角度来说，实现汽车队列的集中控制需要增加路侧集中控制基站之类的中央控制器。这种控制方式会限制汽车队列的行驶范围，增加交通系统的构建成本。通过加装车车通信系统和其他传感器来获取周边车辆和道路交通情况信息的智能汽车队列，是安全性和稳定性要求很高的实时控制系统，因此最适用的控制方式是分布式控制，汽车队列控制框架如图 5-12 所示。

目前主要汽车队列分布式控制方式有下面两种。

(1) 自适应巡航控制（ACC） ACC 的主要功能是根据当前交通情况来控制车速和车距，保持车辆控制系统与前方车辆一致性的行驶状态。通过在车身安装测距传感器对道路前方行驶车辆进行检测，ACC 根据传感器信息自动调节驱动和制动来实现与前车车速一致，并保持一定的安全车距进行同向行驶。前方没有车辆时，ACC 会控制车辆按设定速度巡航行驶。该系统通过多车统一状态行驶提高了道路通行能力，并保证了车辆在无人干预情况下的行驶安全性，是常用的一种队列分布式控制。

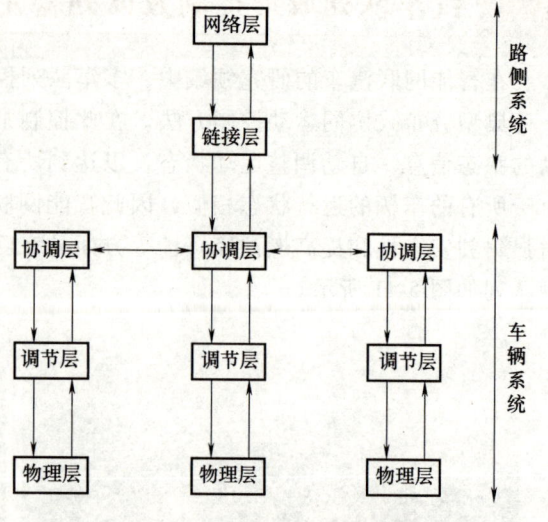

图 5-12 汽车队列控制框架

(2) 协同自适应巡航控制（CACC） CACC 是在 ACC 系统上安装了车车通信单元后升级的系统。除了具备所有 ACC 功能之外，CACC 还可以接收周围车辆行驶状态信息和道路交通传感器信息，从而获得更多信息来完成巡航控制功能，可以更好地缩短行驶车距并提高道路交通通行能力。

5.6.2 队列稳定性

作为一个整体，汽车队列需要保持整体的稳定性。满足汽车队列的稳定性是队列行驶的基本条件。队列稳定性具有多种定义方式，从维度的不同可以概括为时域定义、频域定义和 z 域定义。时域方法关注初始条件的扰动，频域方法关注外部干扰的放大，两种方法主要用于分析相对简单、预定义的通信拓扑结构的队列稳定性。z 域方法允许控制器和通信拓扑的同时设计，这是时域和频域方法所不具备的。在时域中，队列稳定性定义为干扰向队列下游传播时不会被放大；如果用传递函数来表示误差的传递关系，则表现为传递函数的幅值有界且与队列长度无关。

同样，稳定性的分析方法也可以总结为时域分析方法、频域分析方法和 z 域分析方法。z 域分析方法的本质是通过双边 z 变换将车辆索引相关的问题（不是离散时间）转换到 z 域分析，系统本身可以是离散的或连续的时间系统，但是必须是线性的。频域分析方法的关键是通过拉普拉斯变换构造系统输出和输入的传递函数，同样需要假设系统是线性的。时域方法可用于非线性系统的稳定性分析，常见的有 Lyapunov 方法和特征值分析方法。利用 Lyapunov 稳定性判据证明稳定性时，需要构造 Lyapunov 函数，但通常需要很强的技巧。特征值分析方法通常用于具有通用信息流拓扑结构的线性系统，通过分析系统的特征值判定系统的稳定性。此外，偏微分方程方法可以用来分析双向跟随结构的扩展性。

提高队列稳定性可采取以下措施：

1）扩展信息流拓扑结构。在前向跟随模式下，每辆车只获取前方跟随车的信息，在固定间距策略下不能保持队列稳定性；如果添加引导车的信息，将信息流拓扑结构扩充为前车-引导车跟随模式，则可以实现队列的稳定性。此外，将前向跟随模式扩展为双向跟随或多车前向跟随模式，可以提高稳定性。

2）松弛队列构型。固定时距相比固定间距更容易实现队列的稳定性，增加时距能够提高稳定性。

3）采用异质控制器。根据车辆在队列中的位置，为节点设置不同的控制增益可以改善稳定性，但是该方法可能会导致执行器饱和，限制队列规模的增加。

5.7 汽车交叉口通行车路协同控制

5.7.1 汽车交叉口通行车路协同控制概述

道路交叉口是城市交通的重要组成部分，是不同方向道路的连接点，在城市交通中起着至关重要的作用。当下私家车数量急剧增加，城市道路交叉口因为车流大、交通情况复杂等原因，车辆在交叉口处经常发生交通拥堵、车辆追尾、车辆碰撞等问题。城市道路交叉口已经成为制约城市道路通行能力的瓶颈之处，是城市交通拥堵和事故发生的多发地之一。

车路协同是未来智能交通发展的重中之重，是解决交叉路口通行问题的有效途径之一，为交叉口的协调控制提供新的解决途径。在车路协同环境下，路边协调控制单元通过无线通信技术与车载设备进行通信，获取一定范围内所有车辆的实时动态行驶信息（车辆、位置、速度、加速度、距离交叉口距离、行为意图等），路边协调控制单元对这些信息进行评估分析后，按照一定的控制策略和优先通行规则确定了各车的通行次序和通行速度，使各车能够安全、高效地通过交叉口。

通过包含模块和通信模块的试验车获取车辆实时运行状态信息，控制中心根据这些信息为出行者提供动态的路径诱导和路径规划，提高出行效率和安全可靠性是早期的一类策略。另外一类策略则主要通过车路协同系统提供道路交通及路面情况，向驾驶人发出警报，并让控制中心按照需要作紧急支持。为了能够预告前方可能出现的突发意外、可能出现的急转弯和提前发出十字路口防撞警告、右转车辆防撞警告等，如今基于车路协同控制，通过"车-车""车-路"通信技术发展交叉路口碰撞预防系统、弯路进入危险预防系统、前方障碍物碰撞预防系统和右转弯碰撞预防系统等安全控制技术已成为汽车交叉口通行控制的主要研究方向。

5.7.2 汽车交叉口冲突问题描述及分析

城市道路交叉口是城市道路网络的重要节点，它连接着不同方向的道路，是各方向车流、人流的中转点。各方向行人、车辆在交叉口处争抢车道，相互干扰，致使车辆行驶缓慢，延误时间增长，如何对交叉口实施科学的管理，充分挖掘交叉口的通行能力，同时保证交叉口的交通安全已经成为交通管理部门研究的重点。

根据交叉的形式,交叉口可分成十字交叉、T形交叉、环形交叉、错位交叉等类型;根据交叉口交叉道路的条数,可将交叉口分为三路交叉、四路交叉和多路交叉;按照交通的渠化程度可以将平面道路交叉口划分为拓宽路口式交叉、区划交叉以及简单交叉。同时根据相交道路的等级、交通流量以及功能地位等因素的不同,平面道路交叉口主要采用信号灯控制、主路优先控制以及全无控制等交叉口交通控制方式。因为十字交叉口应用范围广、冲突点多,因此选取十字路口作为研究的对象。

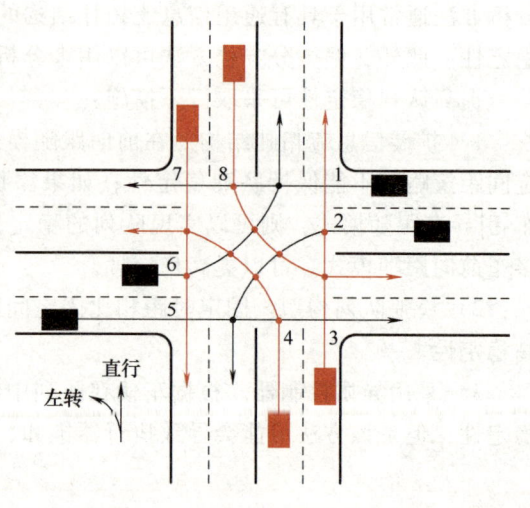

图 5-13 十字交叉口车车冲突形式

图 5-13 所示为十字交叉口车车冲突形式,该形式显示了 3 种冲突形式,分别为交叉冲突、分流冲突和合流冲突。

5.7.3 汽车交叉口控制模型的建立

传统模式下的交叉口控制可以分为无信号控制(停车让行、减速让行)与信号控制(定时控制、感应控制、自适应控制)两种方式,这两种方式都是通过给不同方向的交通流分配时间与空间通行权以减少冲突而达到安全的目的。这两种控制方式都会导致到达交叉口而无通行权的车辆不可避免地减速或停车,这就造成了交叉口车辆通行效率降低。

当车辆到达交叉口时,驾驶人最需要保证的就是通过交叉口的安全性。下面分别从低流量和高流量两个场景进行交叉口控制模型建立:

1. 低流量下的汽车交叉口控制模型

在车路协同环境下如何保证车辆在交叉口的安全,即如何避免相互冲突的车辆同时出现在交叉口。所以,从进入交叉口到离开交叉口这部分区域是重点研究对象。有大量研究表明,轨迹曲线在相关区域内的长度越小,车辆发生事故的可能性越小,因此可将安全问题转化为求解弧长的问题。当交叉口相交道路是单向直行车道,两条车道上的车辆数分别为 N_1 和 N_2 时,总弧长可用式(5-1)表示

$$L = \sum_{m=1}^{N_1} \sum_{n=1}^{N_2} \int_p^q \sqrt{1 + x'^2_m(t)} \, dt \tag{5-1}$$

L 表示交叉口上两辆车之间弧长的总和;m 和 n 为车辆标号,p 和 q 分别表示第 m 辆车和第 n 辆车驶入交叉口的时间;$\int_q^p \sqrt{1 + x'^2_m(t)} \, dt$ 表示第 m 辆车在该区域内的曲线弧长。因为两辆车同时在交叉口驶过的距离相同,所以矩形内两车的轨迹曲线的长度也是相同的,因此只需求出任意一辆车的曲线弧长即可。

当交叉口行车方向总数为每个行车方向不止一条车道时,总弧长可以用式(5-2)表示

$$L = \sum_{m=1}^{N_{ik}} \sum_{n=1}^{N_{js}} \sum_{k=1}^{L_i} \sum_{s=1}^{L_j} \sum_{i=1}^{Q} \sum_{j=1}^{Q} \int_p^q \sqrt{1 + x'^2_m(t)}\, dt \tag{5-2}$$

式中，i 和 j 为流向标号；k 和 s 为车道标号；L_i、L_j 分别表示流向和的总车道数；N_{ik} 为第 i 流向第 k 条车道上的车辆总数；N_{js} 是第 j 流向第 s 条车道上的车辆总数；p 和 q 分别表示第 i 流向第 k 条车道的第 m 辆车和第 j 流向第 s 条车的第 n 辆车驶入交叉口的时间。L 的值越小，交叉口车辆发生事故的可能性越小，所以可将交叉口的安全问题转化为求解总弧长最小的优化问题。

$$\min L = \sum_{m=1}^{N_{ik}} \sum_{n=1}^{N_{js}} \sum_{k=1}^{L_i} \sum_{s=1}^{L_j} \sum_{i=1}^{Q} \sum_{j=1}^{Q} \int_p^q \sqrt{1 + x'^2_m(t)}\, dt \tag{5-3}$$

2. 高流量下的汽车交叉口控制模型

在流量大的交叉口，上节提到的控制策略极有可能无法保证车辆运行的安全性，这时就需要使用另一种车辆协调策略。在流量大的交叉口，采用保证安全的策略则显得更为重要。

当各个流向的车辆同时向交叉口路边协同控制单元发送通行请求时，路边协同控制单元会计算互不冲突的车流平均通过交叉口的时间，计算完成后路边协同控制单元会允许平均通行时间最小的车流先行通过，其他方向的车流则在交叉口停止线前停车等待。该问题可以用式 (5-4) 来表示，即

$$\min z = \frac{\left(\sum_{i=1}^{P}\sum_{k=1}^{L_i}\sum_{m=1}^{N_{ik}} t_{ikm} + \sum_{j=1}^{P}\sum_{s=1}^{L_j}\sum_{m=1}^{N_{js}} t_{jsn}\right)(1 - d_{ij})}{N_{总}}$$

$$\text{s.t.} \begin{cases} 0 < i \leq P \\ 0 < j \leq Q \\ d_{ij} = 0 \text{ 或 } 1 \end{cases} \tag{5-4}$$

t_{ikm}、t_{jsn} 分别表示第 i 流向第 k 条车道的第 m 辆车和第 j 流向第 s 条车道的第 n 辆车驶入交叉口的时间；当两辆车冲突时 d_{ij} 为 1，反之为 0。

在车路协同环境下，路边协调控制单元可以实时获得车辆的运行状态信息，车辆当前速度、允许的最大加速度、车辆与交叉口之间的距离等。根据这些信息，路边协调控制单元就可以计算出车辆通过交叉口的时间。车辆请求通过交叉口并获得通行权后，所有车辆都会加速希望以最大允许速度驶过交叉口。在求得每个流向的车辆通行时间后，路边协调控制单元就确定了每个流向的平均通行时间，然后就可以允许平均通行时间最小的车流先行。

通过以上两个模型的建立，车路协同控制系统可以通过采集到的交通信息判断车流状况，从而在不同的流量下采用不同的交叉口协调策略，在保证车辆安全通过的前提下，尽可能提高交叉口的整体运行效益。

5.8 复杂工况下脱困控制技术

5.8.1 爆胎车辆脱困控制策略

据交管部门统计，我国高速公路上车辆爆胎占爆胎事故的 90.2%，死亡率接近 49%，

随着车速的增大其致死率急剧上升；当汽车在 120km/h 发生爆胎，死亡率接近 80%。研究发现，汽车爆胎后驾驶人反应不及时或操作失误是引发事故的主要原因。因此，面向高速爆胎汽车主动安全控制的基础理论与关键技术亟待掌握。

本节介绍一种多级闭环失效安全控制策略，具体如图 5-14 所示，提出的控制框架为三层控制结构，上层为系统决策层，通过收集车-车、车-路信息，对换道时机进行决策；中层为轨迹规划层，根据上层的决策结果，对目标工况的轨迹进行规划；下层为轨迹跟踪层，用于跟踪上一层规划的轨迹。

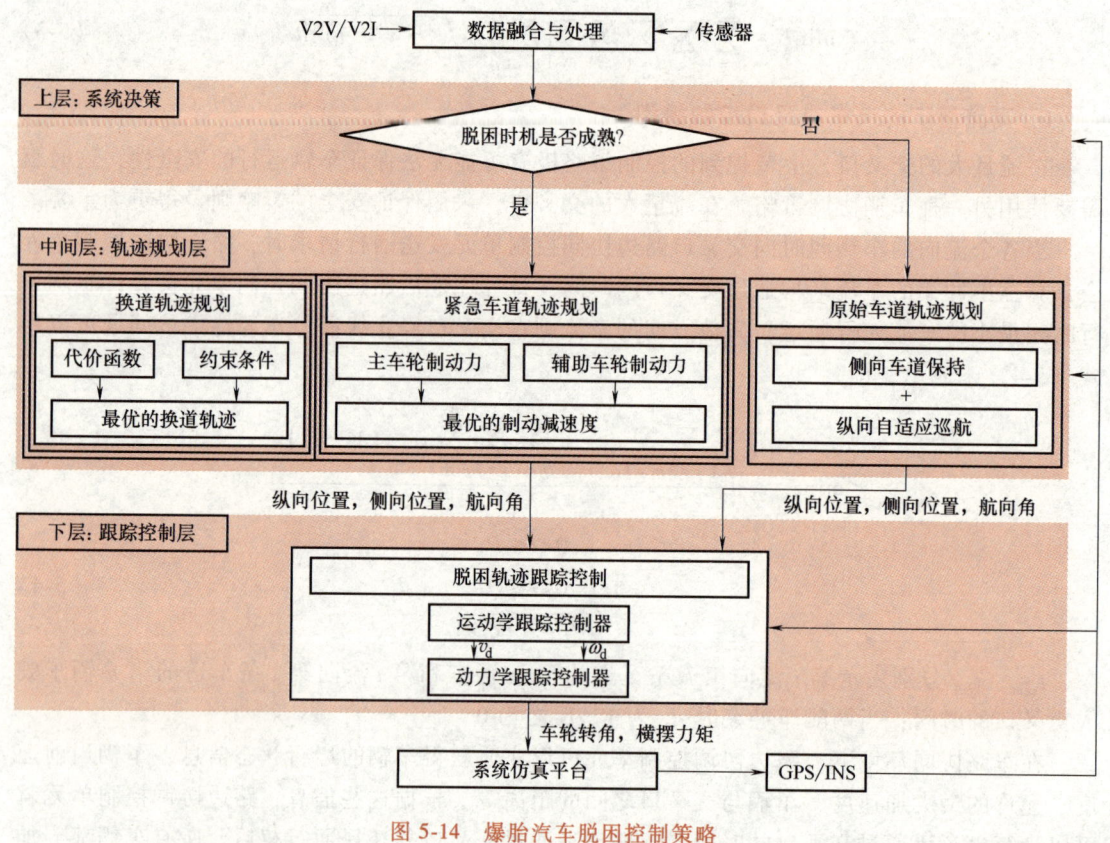

图 5-14 爆胎汽车脱困控制策略

5.8.2 上层系统决策层

上层主要包括各种检测器，基于"车-车""车-路"及车载传感器信息，系统决策层用于判断此时换道是否安全及能否实施换道；如果换道机会成熟，车辆将依次实施换道轨迹规划与跟踪，反之，则维持原车道跟驰，但如果当前车道条件允许，则车辆将直接执行紧急制动操作。关于系统换道决策方法，主要有基于规则方法、基于认知方法和基于学习方法等，更多关于系统换道决策方法可参见文献。自动换道轨迹规划是实现汽车自动换道的先决条件与前提基础，目前常用的换道轨迹规划方法主要有基于多项式函数的换道轨迹规划、基于换道过程中的梯形加速度轮廓设计的换道轨迹规划及基于滚动时域优化和动态博弈理论的换道轨迹规划等。考虑爆胎汽车安全约束的施加和规划的实时性，同时为保证车辆始末加速度的连续性，针对高速爆胎这一特殊工况，五次多项式是一种有效的轨迹规划方法。为保证汽车始末加速度的连续性，提出基于五次的多项式轨迹规划方法。同时为保证轨迹规划的有效性，需要引入如下必要的假设：①假设车辆初始及末端位置、速度、加速度已知；②当前车道所有车辆沿相同方向行驶，且目标车道无行驶车辆；③车道足够长且有足够的时间和空间完成换道操作，不考虑换道操作的失败。

基于上述假设，考虑始末车辆位姿信息，基于时间的五次多项式的纵向及侧向运动轨迹如下

$$\begin{cases} x(t) = a_5 t^5 + a_4 t^4 + a_3 t^3 + a_2 t^2 + a_1 t + a_0 \\ y(t) = b_5 t^5 + b_4 t^4 + b_3 t^3 + b_2 t^2 + b_1 t + b_0 \end{cases} \quad (5\text{-}5)$$

5.8.3 中层轨迹规划层

中层轨迹规划层主要执行上一级操作命令，本书中将系统脱困分为三个阶段：原车道跟驰、换道、应急车道紧急停车；相应地，脱困轨迹规划也分三个阶段来展开。首先，当脱困时机不成熟且当前车道无足够空间紧急停车时，车辆将执行原车道跟驰操作，该操作类似传统车辆自适应巡航控制与车道偏离系统的集成控制，与之不同的是，爆胎后汽车的垂向载荷将发生重新分配，此时该阶段的轨迹规划就转化为车辆纵向速度和转向盘转角的规划；如果当前车道交通密度低，有足够的时间/空间实施紧急制动，车辆将直接执行第三阶段，此时只需规划车辆的制动减速度。其次，当脱困时机成熟时，换道轨迹规划模块将被触发。最后，当车辆到达应急车道后开始执行紧急制动控制策略，即在保证车辆行驶方向稳定性的情况下，使车辆尽可能快地停下来。为此，提出主/辅制动车轮协调的紧急制动控制方法实现行驶方向性与快速停车综合控制。爆胎汽车紧急制动主/辅制动车轮示意图如图5-15所示，主制动车轮用于修正爆胎汽车行驶方向稳定性，剩余两完好车轮为辅助制动车轮，以两辅助制动车轮中的最小制动力为准，在保证车辆行驶方向稳定性的情况下实施主动制动，协调实现爆胎车辆在应急车道上的快速停车。此外，对爆胎车轮施加制动力矩会增加轮胎脱圈的风险，因此在紧急制动阶段，不对爆胎车轮施加制动力矩。

□ 爆胎车轮　▬ 主制动车轮　▮ 辅助制动车轮

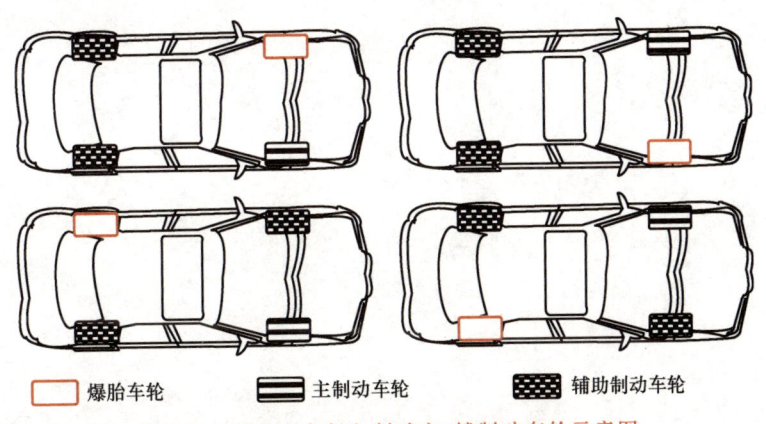

图 5-15　爆胎汽车紧急制动主/辅制动车轮示意图

5.8.4 下层轨迹跟踪层

下层轨迹跟踪层包括运动学跟踪和动力学跟踪。首先，设计基于模型预测控制的运动学

控制器，用于跟踪上层规划的脱困轨迹，产生消除车辆轨迹跟踪误差所需要的前向速度和横摆角速度。其次，针对爆胎车辆系统参数不确定性，提出基于滑模控制的速度跟踪控制器。再次，总的纵向力通过可重构的力矩分配器将虚拟的纵向力分配到有效车轮。最后，将期望的前轮转角和各车轮的纵向力作用到仿真模型，进一步形成多级闭环反馈控制系统。针对系统的过驱动、强耦合、非线性特征，提出爆胎汽车双闭环脱困轨迹跟踪控制策略，即外环的运动学控制器和内环的动力学控制器。鉴于模型预测控制易于添加约束的特点，因此在外环采用基于模型预测控制技术的运动学轨迹跟踪控制器，这样，外环的运动学控制器将为内环的动力学控制器产生参考的前向速度和横摆角速度；为克服系统动力学参数不确定性，在内环设计基于滑模的动力学控制器跟踪参考的速度信号；最后，总的力矩经由力矩分配器产生各车轮力矩信号，和前轮转角一起作用于系统仿真模型，形成分级闭环的爆胎汽车脱困控制方案。

综上所述，所提出失效安全控制策略为多级、闭环、协调控制系统，像这样的控制策略能增强系统对模型不确定的鲁棒性；另外，从控制方法角度，所采用的模型预测控制与滑模控制方法能够进一步保证整个控制框架的鲁棒性。

第6章　智能网联汽车通信技术

6.1 智能网联汽车通信技术概述与组成

随着通信技术、信息技术和汽车工业的发展，智能网联汽车已经成为未来汽车发展的主要趋势，汽车网联化催生的车联网产业已经成为全球各国重要的战略性方向，是实现智能交通、自动驾驶等新兴应用不可或缺的组成部分。伴随5G商用的到来，从2020年起全球车联网规模持续增加。目前，车联网技术正向着智能化、网联化方向演进，进入产业爆发前的战略机遇期，正在催生大量新技术、新产品、新服务。通过搭载先进的车载传感器与智能控制系统，并与现代移动通信技术相结合，车联网能够实现车与人、车与车、车与路、车与云服务平台之间的全方位网络连接，提升汽车智能化水平和自动驾驶能力，为人们的交通出行带来极大的便利。相应的，车联网正逐步从"单车智能"向"车-路-云"协同发展的车用无线通信技术（Vehicle-to-Everything，V2X）演进。

V2X是将车辆与一切事物相连接的新一代信息通信技术，目的是通过不同的通信手段促成车辆与能影响车辆行驶的实体之间完成信息交互，主要包括：

（1）V2V（Vehicle-to-Vehicle）　即车与车之间的信息交换，其不仅可以预防车辆之间的追尾和碰撞等恶性事故，同时也可以使车辆之间共享实时路况信息，帮助车辆检测死角，及时规避遮挡物，为车辆提供及时响应和处理复杂路况的能力。

（2）V2I（Vehicle-to-Infrastructure）　即车与路边交通设施间的信息交互，如红灯预警，V2I设备判断车辆无法及时通过此路口时可及时提醒驾驶人减速停车；弯道限速预警，V2I设备接收到相关弯道限速信号后及时提醒驾驶人减速慢行。

（3）V2N（Vehicle-to-Network）　即车与互联网之间的信息交互，这是车联网最广泛，同时也是关键的应用。通过连接云服务器，车辆可从云端获取最佳路径、路段限速、动态路况等信息，避免拥堵的交通情况，提高交通效率。同时，也可以实现车载娱乐、移动办公等应用需求。

（4）V2P（Vehicle-to-Person）　即车与行人的信息交互，如失控预警和倒车预警可以通过发出警示提醒人群，预防交通事故的发生。

V2X将"人，车，路，云"等交通要素联系在一起，不仅可以支撑车辆获得比单车感知更多的信息，促进自动驾驶技术创新和应用，还有利于构建一个智慧交通体系，促进汽车和交通服务的新模式、新业态发展，对提高交通效率、节省资源、减少污染、降低事故发生率、改善交通管理具有重要意义。智能网联汽车作为智能交通系统中智能汽车与车联网交集的产品，搭载先进的车载传感器、控制器、执行器等，融合现代通信与网络技术，实现 V2X 信息共享，具备复杂的环境感知、智能决策、协同控制等功能，可实现安全、舒适、节能、高效行驶。智能网联汽车的实现依赖于无线通信技术的成熟，其直接决定了信息交互的实时性和有效性，包括专用短程通信技术（Dedicated Short Range Communications，DSRC）、基于蜂窝网的车联网通信技术（Cellular-Vehicle to Everything，C-V2X）、6G 通信技术、WiFi（Wireless Fidelity）通信技术、蓝牙通信技术、ZigBee 通信技术、可见光通信（Visible Light Communication，VLC）技术、超宽带（Ultra Wide Band，UWB）通信技术、射频识别（Radio Frequency Identification，RFID）通信技术、eCall（Emergency-CALL）通信技术、NFC（Near Field Communication）技术、IrDA（The Infrared Data Associatin）技术等。以下章节对实现智能网联汽车的这些无线通信技术进行具体介绍。

6.2　DSRC 通信协议

　　V2X 无线通信是针对汽车和道路联网提出的新型通信技术，也是实现智能网联汽车的较为关键、核心的技术。目前，V2X 全球存在两大标准流派，DSRC 和 C-V2X。DSRC 是美国主导的 V2X 通信协议，在美国交通部与密歇根大学的支持下，经过 10 余年的研发、测试，验证了 DSRC 的有效性，形成了较完善的标准体系和产业布局。而 C-V2X 依托于蜂窝移动网络，处于快速发展阶段，是我国和欧盟国家主要支持的技术，主要参与厂商有华为、大唐、LG 等公司。

　　DSRC 主要基于 IEEE 802.11p、IEEE 1609 和 SAE J2735、SAE J2945 等系列标准，是一种主要应用于 V2V 与 V2I 的通信标准，可以实现小范围内图像、语音和数据的实时、准确和可靠的双向传输。根据美国 NHSTA 基于 730 万起交通事故的分析和统计，如果基于 DSRC 启用 V2V 功能后可以降低或减少近 80% 的"车-车"碰撞事故，包括在交叉路口或改变车道时所发生的碰撞。美国、日本等国家都采取了一系列试验、应用示范、政策措施助力 DSRC 技术的发展。

6.2.1　DSRC 标准化进程

　　目前，国际上已形成以美国、欧洲和日本为核心的 DSRC 标准化体系。下面进行标准化进程介绍。

1. 美国标准化进程

　　美国联邦通信委员会将 5.85~5.925GHz 频谱专门用于 V2V、V2I 通信，其中 5MHz 是预留的保护频段，余下的 70MHz 分成 7 个 10MHz 带宽的信道，包含 1 个传输高优级安全信息的控制信道（Control Channel，CCH）和 6 个传输普通 IP 数据业务的服务信道（Service Channel，SCH）。美国电气和电子工程师协会以及美国汽车工程师学会联合制定了相应标准，统称为 WAVE 体系。首先，是 IEEE 802.11p 定义了 WAVE 的物理层和 MAC 层，是

IEEE 802.11 标准的修订协议，定义了与汽车相关的 DSRC 物理标准。其次，是 IEEE 1609.x 协议族，主要包含 1609.4、1609.3 和 1609.2、1609.1 标准，定义了 WAVE 的中间层和顶层，即网络层、传输层和应用层。1609.4 是 MAC 层的扩展，包含多信道管理协作 3 大功能，即信道路由、信道协调和消息优先级。1609.3 提供网络传输服务，包含 WSMP 和 WSA。1609.2 定义了 WAVE 中的安全机制，主要包括加密、认证以及隐私等功能。1609.1 定义了在资源管理者和远程设备间的远程管理应用。另外，1609.x 协议族还涉及了 1609.0 和 1609.11 标准。IEEE 1609 的总体构架主要由 1609.0 进行定义，并为远程应用程序的管理、注册和设备中资源的存储以及提取提供了标准化的接口。1609.11 定义了电子收费服务如何应用在 WAVE 架构上。最后是由 SAE 专门为支持安全应用程序的性能制定的 SAE J2735 和 SAE J2945 标准。SAE J2735 标准指定了固定的消息格式，用于支持各种面向车辆的应用程序，其中最重要的消息格式是基本安全消息，它传达了重要的车辆状态信息来支持 V2V 安全应用程序。SAE J2945 标准规定了轻型车辆车载系统 V2V 安全通信的系统要求，包括标准配置文件，功能要求和性能要求。

2. 欧洲标准化进程

早在 1994 年，欧洲的标准化组织 CEN/TC278 第 9 工作组就开始了 DSRC 标准的起草工作，于 1995 年 2 月完成了 ENV 12253 "5.8GHz DSRC 物理层"和 ENV 12795 "DSRC 数据链路层"草案的编制工作，草案分别于 1997 年 9 月 7 日和 1997 年 7 月 25 日最终获得各国成员通过。而 ENV 12834 "DSRC 应用层"标准也于 1997 年 10 月 10 日获投票通过，至此，ENV 12253、ENV 12975 和 ENV 12834 形成了三层架构的 DSRC 标准，分别定义了物理层、数据链路层和应用层。CEN/TC278 DSRC 标准的主要特点是：5.8GHz 被动式微波通信，中等通信速率（500kbit/s 上行，250kbit/s 下行），调制方式为 ASK 和 BPSK。通信距离仅为 3～15m。2008 年 8 月，欧洲电信标准协会分配 5.8GHz 的 30MHz 频谱用于智能交通系统中，通信距离达到 100～1000m，速率也已达到 3～27Mbit/s。

3. 日本标准化进程

日本的 DSRC 体系与美国相似，20 世纪 90 年代末，日本无线工业及商贸联合会（Association of Radio Industries and Businesses，ARIB）发布了面向交通信息和控制系统的 DSRC 标准。2001 年发布的标准则对 DSRC 系统的不同设备间的无线空中接口参数进行了定义和明确。2011 年，日本开始布设和升级路侧单元为 5.8GHz 的 DSRC，2012 年 2 月，ARIB 发布的 STD-T109 中将 755.5～764.5MHz 频段用于道路安全应用。汽车信息与通信系统（Vehicle Informtion and Communication System，VICS）是日本 ITS 研究与应用开发的重要项目，用以实现网联交通应用。

6.2.2 DSRC 协议架构

作为智能交通的重要使用技术，DSRC 协议规范了路边单元与车载单元之间完成可靠数据传输的有关规程。采用了 3 层协议体系结构，包括物理层、数据链路层和应用层。其中数据链路层根据功能又分为两个相对独立的子层：MAC 子层和逻辑链路子层。其协议栈分层模型如图 6-1 所示。

在物理层和 MAC 层，DSRC 使用 IEEE 802.11p 提供车载环境下的无线接入。在协议栈

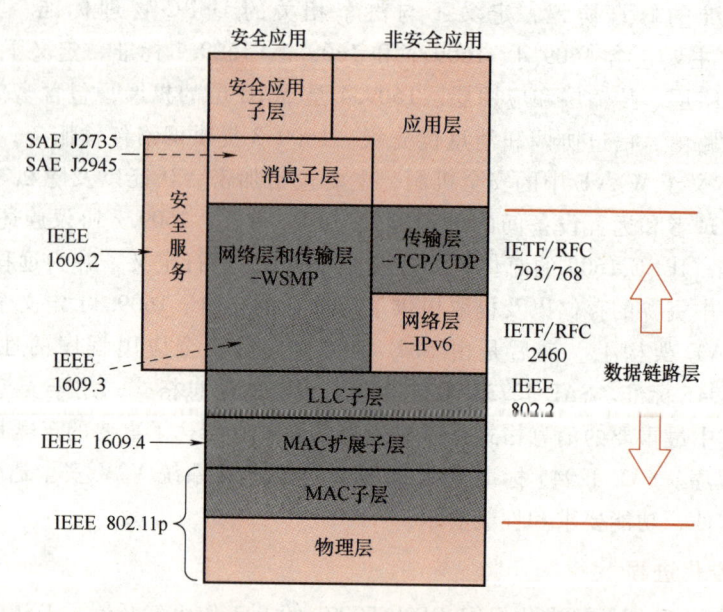

图 6-1 DSRC 协议栈分层模型

中间位置，DSRC 采用 IEEE 1609 协议族，分别用于信道切换、网络服务、安全服务等。在协议栈顶部，采用 SAE J2735 和 SAE J2945，定义了消息包中携带的信息，包括来自汽车上的传感器信息，如位置、行进方向、速度和制动信息。

物理层为协议的最底层，主要提供帧传输控制服务和信道的激活/失效服务，收发定时及同步功能。在物理层，DSRC 提供成对上/下行信道，并有优先和普通之分。DSRC 物理层采用正交频分复用（Orthogonal Frequency Division Multiplexing，OFDM）技术，并确定了与数据链路层的接口，提供同步、定时等功能，为上层协议提供数据传输基础。

数据链路层为中间层，它为 DSRC 应用层提供各种服务，其中最基本的服务便是让车载设备或路边设施实现同一个或同一组的点对点或点对多点的无差错通信，数据链路层具备了地址分配、差错检验、数据流控制等功能。该层又分为 MAC 子层和 LLC 子层。MAC 子层负责把物理层的比特信息流转化成一帧一帧的数据，提供对共享介质访问方法。LLC 子层实现的是与硬件无关的一些功能，如流量控制、差错恢复等，为系统提供了统一的逻辑视图。

应用层是协议的最高层，其功能主要围绕两个方面：数据和应用。通过对底层采集的数据进行计算、处理和挖掘，做出相应的决策，从而实现各种应用，如主动安全应用、ETC 电子收费、道路交通管理、车辆信息广播等。

6.2.3　DSRC 系统结构组成

DSRC 系统结构主要由车载单元（On Board Unit，OBU）、路侧单元（Road Side Unit，RSU）和专用短距离无线通信协议构成。OBU 即安装在车辆内部的设备，按照专用的无线通信协议与 RSU 进行信息的交互，这种通信协议的确定是 DSRC 技术的关键。

OBU 通常是具有微波装置和存储功能的电子终端。在 DSRC 系统中，OBU 主动建立与 RSU 之间的连接，形式上类似于非接触卡，在十几米的范围内实现数据高速交换。RSU 是安装在道路旁边或上方的通信及计算设备，其功能是与 OBU 实时通信，在高速公路、停车场等地方提供车辆的自主识别、自动交易、交易信息记录等服务。基于 RSU 和 OBU 的专用短距离无线通信协议可以保证核心信息技术的安全和可靠传输。

此外，根据信息传输形式的不同，DSRC 系统可分为主动式和被动式。在主动式系统中，通过可读写的数据存储器和小型微波接收机，OBU 和 RSU 之间既可以主动发送电磁波传递数据，又可以接收并存储来自对方的有关信息。在被动式系统中，OBU 将 RSU 发过来的电磁波以某种方式调制并反射回去，从而将信息传递给 DSRC 系统。主动式系统必须配置独立的电源，被动式系统电源可有可无。

6.2.4　DSRC 主要参数及性能对比

美国联邦通信委员会将 5.850~5.925GHz 频谱划分给 DSRC 通信，这段频谱包含了 7 个 10MHz 的信道和在最底部预留的 1 个 5MHz 保护间隔，由低频至高频分别给予 172、174、176、178、180、182 和 184 频道编号，并指定了每个信道的类型（服务信道或控制信道），其中，两个 10MHz 的信道也能组合成 20MHz 的信道，美国 DSRC 信道划分如图 6-2 所示。

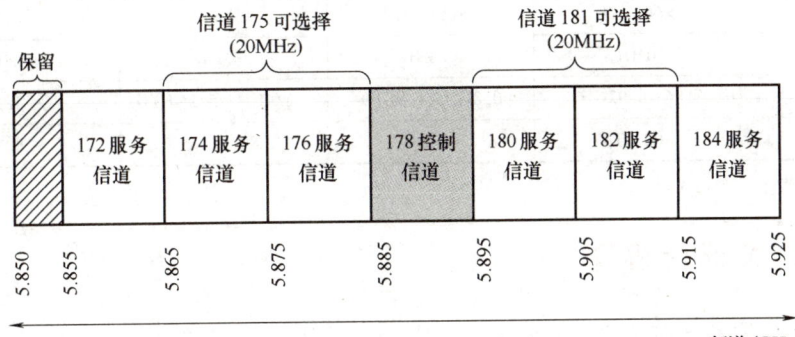

图 6-2　美国 DSRC 信道划分

测试显示，这种带宽很适合处理道路环境中所遇到的延迟和多普勒扩散，而信道阻塞问题能通过提升到 20MHz 带宽来解决。美标 DSRC 为不同的信道分配了不同的任务，其中 172 服务信道和 184 服务信道指定用于公共安全相关的业务，172 服务信道侧重于 V2V 之间的 BSM（Basic Safety Message）交互和生命财产相关，184 服务信道侧重于长距离的交叉口安全业务。174 服务信道和 176 服务信道用于中距离的共享公共安全/私有服务。178 服务信道为控制信道。180 服务信道和 182 服务信道提供共享公共安全/私有服务。

DSRC 的物理层主要基于 OFDM 技术，64 个子载波中只有 52 个子载波用于信号传输，其中 4 个子载波作为用于相位追踪的导频，剩下的 48 个子载波用于传输数据。采用 BPSK、QPSK、16QAM、64QAM 等多种调制方式，支持 3~27Mbit/s 数据传输速率，表 6-1 是 DSRC 调制方式、码率和传输速率之间的对应关系。表 6-2 是 DSRC 与其他车联网通信技术的性能对比。

表 6-1　DSRC 调制方式、码率和传输速率之间的对应关系

调制方式	码率	传输速率	OFDM 符号个数	子载波个数
BPSK	1/2	3Mbit/s	1	48
BPSK	3/4	4.5Mbit/s	1	48
QPSK	1/2	6Mbit/s	1	48

（续）

调制方式	码率	传输速率	OFDM 符号个数	子载波个数
QPSK	3/4	9Mbit/s	1	48
16QAM	1/2	12Mbit/s	1	48
16QAM	3/4	18Mbit/s	1	48
64QAM	2/3	24Mbit/s	1	48
64QAM	3/4	27Mbit/s	1	48

表 6-2 DSRC 与其他车联网通信技术的性能对比

	DSRC	Cellular	WiFi	WiMAX
数据速率	3~27Mbit/s	<2Mbit/s	6~54Mbit/s	1~32Mbit/s
延迟	<50ms	秒级	秒级	秒级
通信距离	<1km	<10km	<0.1km	<15km
移动速度	>60km/h	>60km/h	<5km/h	>60km/h
通信带宽	10MHz	<2MHz	20MHz	<10MHz
通信频段	5.86~5.92GHz	0.8GHz、1.9GHz	2.4GHz、5.2GHz	2.5GHz
IEEE 标准	802.11p	—	802.11a	802.16e

6.3　C-V2X 通信协议

尽管 DSRC 技术已在美国、欧洲进行了十余年的研究和测试评估，得到了验证和应用，但仍存在一定局限性，比如：受传输功率及传输范围的限制，DSRC 不适于长距离通信的应用场景。此外，由于 DSRC 属于视距传输技术，其不适于障碍物较多的道路场景。另外，随着智能网联汽车对通信范围、可靠性、鲁棒性等方面的要求更高，DSRC 缺乏更广阔的技术演进路线。这些局限性造成了其商用发展的片面性。蜂窝移动通信可以支持远程信息服务和信息娱乐服务，具有覆盖广、容量大、可靠性高的优点，具有产业规模优势，但是，在面对"车-车""车-路"和"车-人"等多样化通信需求时，其以人为主的通信场景、中低速移动、点对点通信等技术特性并不适用于高速移动、干扰复杂、高频度和周期性数据传输、多点对多点广播通信的车联网环境，难以满足具有严苛要求的车联网通信能力，面临着高密度和多发多收条件下低时延、高可靠通信的重大挑战。利用 C-V2X 与产业优势，将蜂窝通信技术和直通通信技术集合，解决"车-车"和"车-路"间的低时延、高可靠通信难题，是兼顾技术和成本优势的选择，这就是提出 C-V2X 的原因。

6.3.1　C-V2X 标准化进程

C-V2X 标准化工作始于 2015 年，各工作组主要从业务需求、系统架构、安全研究和空口技术 4 个方面开展工作。业务需求由 3GPP SA1 工作组负责，系统架构由 3GPP SA2 工作组负责，安全方面由 3GPP SA3 工作组负责，空口技术由 3GPP RAN 工作组负责。当前，C-V2X 的标准化可以分为 3 个阶段，如图 6-3 所示。

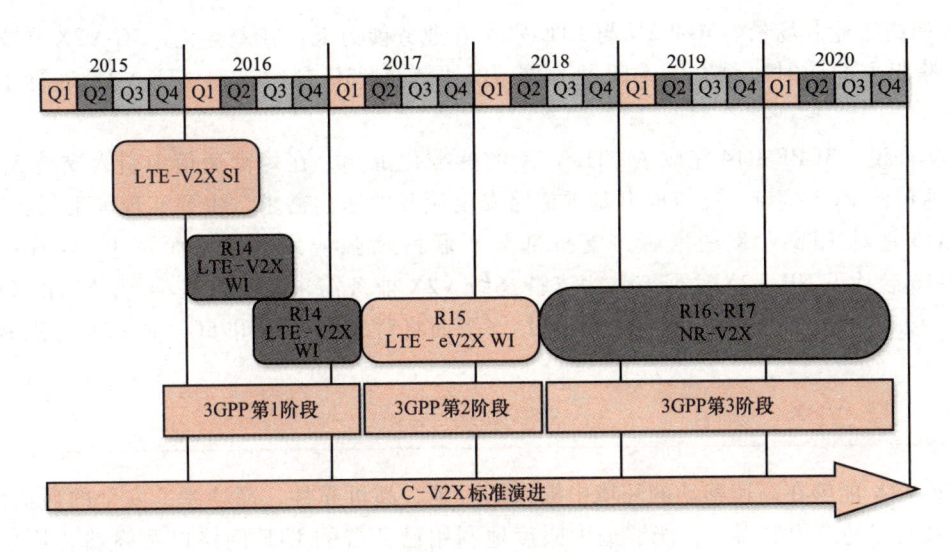

图 6-3　3GPP C-V2X 标准研究进展

第 1 阶段基于 LTE 技术满足 LTE-V2X 基本业务需求，对应 LTE R14 版本；第 2 阶段基于 LTE 技术满足部分 5G-V2X 增强业务需求（LTE-eV2X），对应 LTE R15 版本；第 3 阶段基于 5G NR（5G 新空口）技术实现全部或大部分 5G-V2X 增强业务需求，对应 5G NR R16、R17 版本。

1. LTE-V2X 标准进展

目前，3GPP 已经完成 R14 版本 LTE-V2X 相关标准化工作，主要包括业务需求、系统架构、安全研究和空口技术 4 个方面。业务需求方面，目前已经定义了包含车与车、车与路、车与人以及车与云平台的 27 个用例和 LTE-V2X 支持的业务要求，并给出了 7 种典型场景的性能要求。系统架构方面，目前已经确定了在 PC5 接口的 Prose 和 Uu 接口的 LTE 蜂窝通信的架构基础上增强支持 V2X 业务，并明确增强架构至少要支持采用 PC5 传输的 V2X 业务和采用 LTE-Uu 的 V2X 业务。安全研究方面，目前已经完成了支持 V2X 业务的 LTE 架构增强的安全方面研究。空口技术方面，目前已明确了 PC5 接口的信道结构、同步过程、资源分配、同载波和相邻载波间的 PC5 和 Uu 接口共存、无线资源控制信令和相关的射频指标及性能要求等，并且研究了如何通过增强 Uu 传输与 PC5 传输来支持基于 LTE 的 V2X 业务。

2. LTE-eV2X 标准进展

LTE-eV2X 是指支持 V2X 高级业务场景的增强型技术阶段（R15），在保持与 R14 后向兼容性下，进一步提升了 V2X 直通模式的可靠性、数据速率和时延性能，以部分满足 V2X 高级业务需求。标准 TS22.886 中已经定义了 25 个用例共计 5 大类增强的 V2X 业务需求，包括基本需求、车辆编队行驶、半自动/全自动驾驶、传感器信息交互和远程驾驶。已完成的 3GPP V2X 第 2 阶段标准研究主要包括了载波聚合、发送分集、高阶调制、资源池共享及减少时延、缩短传输间隔（TTI）的可行性及增益等增强技术。

3. 5G-V2X 标准进展

该阶段是指基于 5G NR 的技术研究阶段（R16+），国际标准化组织 3GPP 已于 2020 年 7 月 3 日宣布 5G 标准 R16 版本冻结，标志着 5G 第一个演进版本标准完成。该阶段标准用于支持 V2X 的高级业务场景。5G-V2X 与 LTE-V2X 在业务能力上存在差异化，5G-V2X 在支持更先进业务能力的同时也结合了 LTE 业务能力，既支持 5G 同时又对 LTE-V2X 进行了功能增强。

总体来说，3GPP R14 完成了 LTE-V2X 的标准化工作，在蜂窝通信中引入支持 V2X 短距直通通信的 PC5 接口，支持面向基本道路安全业务的通信需求，主要实现辅助驾驶功能。3GPP R15 是对 LTE-V2X 的增强，支持部分车联网增强应用需求。而对于 5G NR-V2X，3GPP R16 启动了 NR-V2X 的研究，为支持高级 V2X 业务需求，研究基于 5G NR 的 PC5 接口和 Uu 接口的增强，已与 2020 年 7 月冻结。下面将对 LTE-V2X 和 5G NR-V2X 分别做详细介绍。

6.3.2　LTE-V2X

LTE-V2X 能够在高速移动的环境中提供低时延、高可靠性、高速率、安全的通信能力，满足车联网多种应用的需求，能够最大限度地利用已部署的 LTE 网络以及终端芯片平台等资源，节省网络投资，共享规模经济，降低芯片成本。

1. LTE-V2X 通信方式

LTE-V2X 是一种基于 LTE 蜂窝网络系统的车辆间通信专用协议，是由大唐团队在国内外最早提出。LTE-V2X 定义了两种通信方式：直通通信方式（LTE-V-Direct）和蜂窝通信方式（LTE-V-Cell），分别对应 PC5 和 Uu 两类接口，如图 6-4 所示。两者可根据业务需求有机结合，用户可灵活地选择通信方式。

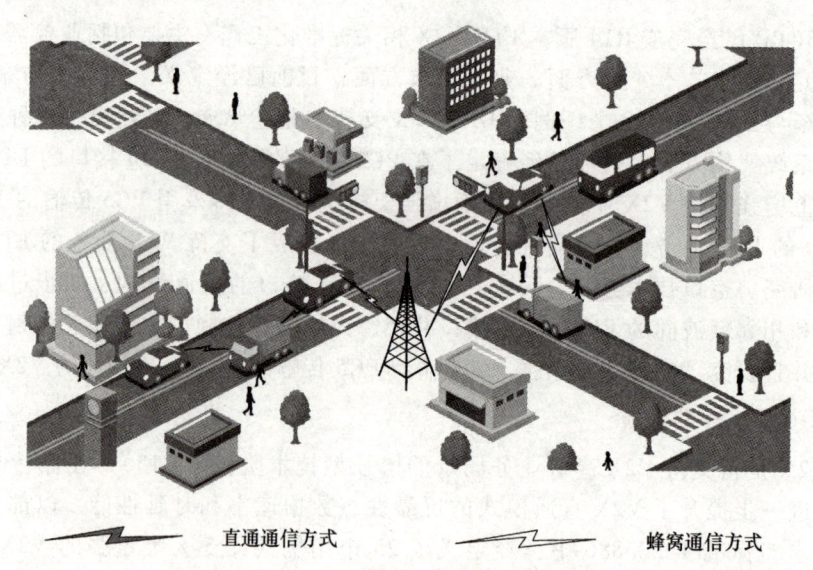

图 6-4　LTE-V-Direct 和 LTE-V-Cell 通信

（1）直通通信方式　LTE-V2X 针对道路安全业务的低时延、高可靠性传输要求，节点高速运动，隐藏终端等问题，提出了 LTE-V-Direct 的物理层技术、资源分配方法、服务质量管理、拥塞控制机制等。直通通信方式采用网状拓扑，提供独立于蜂窝网络的直接 V2V 通信，可以工作在蜂窝覆盖内和蜂窝覆盖外，当工作在蜂窝覆盖内时，资源分配可以由基站集中控制，也可采用分布式控制；当工作在蜂窝覆盖外时，采用分布式控制。车辆间直接通信，不需要经过蜂窝基站转发数据，可以支持面向低时延、高可靠性短距 V2X 通信。

（2）蜂窝通信方式 LTE-V-Cell 是 LTE-V2X 的集中式模式，采用星形拓扑，将蜂窝网络作为集中式的控制中心和数据信息转发中心，由基站完成集中式调度、拥塞控制和干扰协调等，可以显著提高 LTE-V2X 的接入和组网效率，保证业务的连续性和可靠性。发送车辆通过基站的上行链路将数据传输给基站，通过下行链路将数据送至接收端，可实现长距离、大数据量、时延不敏感的 V2X 通信。相比于 LTE-V-Direct，LTE-V-Cell 只能在蜂窝网络覆盖内。

两种通信方式可以相互补充，实现信息的有效交互，如自动驾驶汽车可以使用 LTE-V-Direct 直接从周围车辆获取信息，而在低车辆密度的情况下，LTE-V-Cell 可以提高车辆连接的可靠性。

2. LTE-V2X 网络架构

为支持 LTE-V-Direct 和 LTE-V-Cell 两种互为补充的通信方式，以及各种车联网应用的需求，3GPP 在 LTE 4G 网络架构基础上扩展设计了 LTE-V2X 网络架构。LTE 4G 蜂窝网络系统架构主要包括核心网、接入网以及用户终端（UE）部分，其中核心网与接入网间需要进行控制平面和用户平面的接口连接；接入网与 UE 间通过协议栈定义的无线空口进行连接。无线接入网与核心网遵循各自独立发展的原则，空中接口终止在无线接入网。在 3GPP R12 版本中扩展过 LTE 4G 蜂窝网络系统架构，虽然已经可以支持 Uu 和 PC5 接口通信，但当时定义的 PC5 接口通信无法满足车联网 V2X 业务的严苛通信要求。因此，为了充分利用蜂窝通信系统架构，满足不同 V2X 业务的性能需求，3GPP SA2 工作组在此基础上又扩展设计了 LTE-V2X 网络架构来支持 V2X 业务，其网络架构如图 6-5 所示。

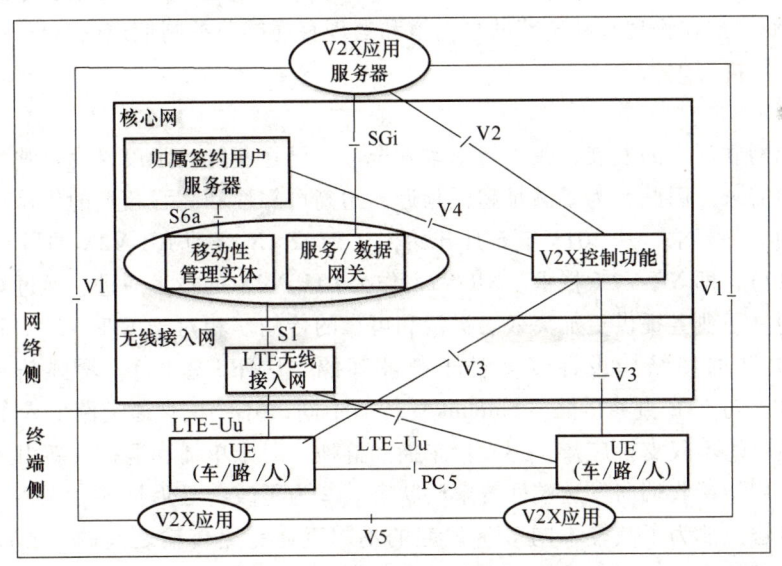

图 6-5　LTE-V2X 网络架构

LTE-V2X 通信尽量重用蜂窝通信系统的已有设计，相比原架构，引入了支持 V2X 类应用的新网元：V2X 应用服务器（VAS），在核心网中通过 SGi 接口与服务网关（SGW）和数据网关（PGW）相连接。VAS 在应用层进行消息的发送、接收和转发处理。终端侧的 V2X 应用与网络侧的 VAS 通过 Uu 通信方式在 V1 接口上进行对等通信。除此之外，该架构还针对低时延传输需求引入了 UE 间直接通信的 PC5 接口，UE 间直接通信不经过任何网络侧的

网元，可明显降低传输时延。

3. LTE-V2X 资源分配方式

由于 LTE-V2X 系统中分布式节点间可以通过共享资源池中的无线资源进行数据传输，因此，如何对有限的无线资源进行合理分配和有效管理是需要重点解决的问题。为支持 V2X 应用性能，减少系统干扰，提升系统容量及达到联合的最佳状态，LTE-V2X 的资源分配方法需考虑业务需求，多对多广播通信，集中式和分布式资源分配方法以及地理位置信息等因素，从而实现灵活的时频资源分配。根据 PC5 接口的资源分配方法和蜂窝通信基站的关系，资源分配方法可以分为以下两种：UE 自主资源选择（模式 4）；基站调度分配资源（模式 3）。

（1）UE 自主资源选择（模式 4） 模式 4 定义的自主资源选择机制不通过基站调度进行用户间直通通信，从而避免了基站调度的信令开销。由于 UE 与基站间是松耦合的关系，因此 UE 对蜂窝网络和基站的依赖性较低。在蜂窝网络覆盖内时，可通过系统信息或无线资源控制（Radio Resource Control，RRC）信令配置 UE 的收发资源池信息；在蜂窝网络覆盖外时，可通过预配置的资源池信息令 UE 自主选择适合 V2X 应用的时频资源。

（2）基站调度分配资源（模式 3） 在模式 3 定义的基站分配资源机制中，由于 UE 使用的资源由基站集中调度，因此可以很好地避免资源冲突。结合 UE 的地理位置信息，基站可实现基于地理位置的资源分配。由于基站可以比 UE 获知范围更广的资源占用信息，因此可以较好地解决隐藏节点的问题。通过基站集中调度，网络可以提高数据传输的可靠性和效率。在模式 3 基站调度分配资源时，UE 在发送数据前需要处于 RRC 连接状态，发送 V2X 数据时，UE 向基站请求传输直通链路发送资源，基站分配资源，并通过下行控制信令通知 UE 利用该资源完成在物理直通链路共享信道和物理直通链路控制信道的数据发送。

6.3.3 5G NR-V2X

随着智能网联汽车的发展，仅支持基本安全业务已经不能满足以自动驾驶为代表的车联网增强应用的需求。因此，为了满足超低延迟、超高可靠性和高吞吐量的传输，以及高连接密度这些新的业务要求，从 2018 年 6 月开始，3GPP RAN 启动 NR-V2X 的研究和标准化工作（R16，R17），即 NR-V2X 技术。NR-V2X 作为 LTE-V2X 的技术演进，通过对关键技术的增强设计，为高层业务提供更加高效、灵活和可靠的传输。相对于 LTE-V2X，NR-V2X 的技术增强包括灵活的帧结构设计（多种子载波间隔、DMRS 密度），增强信道编码技术、HARQ 反馈等。与 LTE 直通链路（Sidelink）传输不同，5G-NR 直通链路引入了 4 种新的设计，具体包括：①不仅支持广播，还支持单播和群播。对于单播和群播，新引入物理直通链路反馈信道，用于接收端向发送端回复解码状态。②为了改善延迟性能，在 NR 直通链路中采用免授权传输。③为了减轻不同 UEs 发起的不同直通链路传输之间的资源冲突，增强了信道感知和资源选择过程，并对物理直通链路反馈信道进行了重新设计。④为了实现高连接密度，在 NR 直通链路传输中支持拥塞控制和服务质量管理。

1. 5G NR-V2X 网络架构

NR-V2X 架构场景可以分为两类，分别为独立网络场景（Standalone）和复合网络场景。在独立网络场景中，核心网采用 4G 网络或 5G 网络，接入网采用 4G 网络或 5G 网络，主要包括 3 种：

1）从接入网到核心网均采用 5G 网络。5G 接入网由下一代无线接入网（NG-RAN）和非 3GPP 接入网（未使用 3GPP 组织定义的接入技术的接入网）组成，连接 5G 核心网和用户设备，包括车辆、基础设施、道路传感器、移动设备等。5G 核心网连接外部数据网，即互联网，为终端提供远程驾驶、自动驾驶等多种颇具吸引力的 V2X 服务。在该场景中，LTE 直通链路和 NR 直通链路同时存在，都由 gNB（5G 基站）提供控制和配置。

2）接入网采用 4G 网络，核心网采用 5G 网络。在这个场景中，LTE 直通链路和 NR 直通链路同时存在，都由 ng-eNB（与 4G 核心网相连接的 5G 基站）提供控制和配置。

3）从接入网到核心网均采用 4G 网络。在该场景中，LTE 直通链路和 NR 直通链路同时存在，都由 eNB（4G 基站）提供控制和配置。在复合网络场景中，核心网络采用 4G 网络或 5G 网络，而接入网同时采用 4G 网络和 5G 网络。

2. 5G NR-V2X 传输模式

基于 NR 的 V2X 通信可支持广播、组播和单播三种传输模式。广播是 V2X 中最基本的通信模式。组播通信用于支持特定群组内的信息交互，协助完成群组内终端的协商与决策等。组播通信的用户可以是临时群组，也可以是存在稳定连接关系的固定群组。V2X 单播通信则基于新定义的 PC5 RRC 信令实现终端到终端的可靠通信。

（1）组播　R16 在物理层引入距离参数"Range"，基于各种应用场景下对终端关联范围的不同需求，高层可配置不同的距离参数。在无连接组播通信中，组播消息发送车辆通过检测特定距离范围内其他车辆的"NACK"反馈信息（在指定距离范围内未能正确解码的车辆需反馈"NACK"指示）进行重传判定，从而提升传输可靠性。此外，R16 中定义了"Zone"参数，对特定区域范围使用约定大小的二维方块进行划分，通过对 Zone 编号的传输，发送端可通知其他终端自身所在的位置，结合终端本身的位置信息以及接收到的关联距离信息，接收终端可以判断其是否在应用的作用范围内。

除了无连接组播模式外，R16 同样也支持基于连接的组播。无连接的组播通常用于无固定连接关系的终端的暂时性交互，如车辆在通过路口时与周边车辆采用无连接组播方式进行协商，而基于连接的组播则应用于较长时间固定关系的终端交互，如车辆编队。通常来说，基于连接的组播成员管理在应用层完成。

（2）单播　R16 引入了新的 PC5 RRC 消息与信令协议 PC5-Signaling 以支持单播通信。PC5-Signaling 用于初始化 UE 到 UE 的单播连接。一旦连接建立，UE 通过 RRC 消息进行能力级、配置以及测量报告等信息的交互，并可在连接有效期间通过 RRC 消息对连接进行修改。

3. 5G NR-V2X 资源分配方式

NR-V2X 支持两种资源分配模式：基站调度资源（模式1）；UE 自主资源选择（模式2）。

（1）基站调度资源（模式1）　模式 1 是在基站控制下的资源分配模式，即直通链路的通信资源全部由基站分配。在模式 1 基站分配资源时，UE 在发送数据前需要处于 RRC 连接状态，发送 V2X 数据时，UE 向基站请求传输直通链路发送资源，基站分配资源。

模式 1 资源分配模式支持周期业务和非周期业务。针对不同的业务类型，模式 1 支持两种资源调度方案：动态调度和配置授权。动态调度通过下行控制信令给用户分配一次或多次传输块所需资源，而且每个传输块的发送资源都需要通过基站来指示。配置授权由基站给用户分配一个周期性重复的资源集合。针对不同的业务类型，基站可以给用户提供多个配置授权。

与模式 2 资源分配相比,基站调度模式大大降低了资源选择碰撞概率,提高了系统的可靠性。用户根据直通链路上的业务情况,向基站发送调度请求,等待基站分配资源。

(2) UE 自主资源选择(模式 2) 模式 2 是一种基于感知的自主资源选择机制。工作在模式 2 的 UE 始终处于感知状态,当触发了资源选择过程时,UE 物理层通过前面一段时间(资源感知窗)内的感知结果判断将来一段时间(资源选择窗)内的资源占用情况,排除资源选择窗内的不可用资源,最后形成一个候选资源集合上报给 MAC 层,MAC 层根据资源选择约束条件在该候选资源集合中选择传输资源。

当 UE 位于蜂窝网络覆盖范围内且处于 RRC 连接状态时,基站通过 RRC 信令配置 UE 工作在模式 1 还是模式 2;当 UE 位于蜂窝网络覆盖范围内,且处于 RRC 断开状态时,UE 工作在模式 2;当 UE 位于蜂窝网络覆盖范围外时,UE 工作在模式 1。

4. 5G NR-V2X 关键通信技术

5G NR-V2X 在智能交通、自动驾驶中的应用和部署需要与毫米波(Millimeter Wave,mmWave)通信、波束形成(Beamforming)、D2D(Device-to-Device)、小蜂窝(Small-Cell)等关键技术相结合,共同为各类应用提供感知、决策与控制能力。

(1) 毫米波通信 毫米波的频率范围为 30~300GHz,波长范围为 1~10mm。智能网联汽车上的众多传感器每秒钟可以产生大量数据在多辆车辆之间共享,需要千兆级以上的无线传输速率,这是现有标准难以实现的。毫米波通信通过增加频谱带宽,可以实现每秒数千兆的超高速无线数据传输,满足从实时传感器数据(如激光雷达的 3D 图像和摄像机的高清视频)到信息娱乐多媒体流的自动驾驶通信要求。此外,由于毫米波通信的波长在毫米级,大量天线可以封装在小空间中,从而为高度定向波束形成能力提供可能。

(2) 波束形成 在波束形成技术中,基站有多个天线,可以自动调整每个天线的相位,形成电磁波在接收点的叠加,从而提高接收信号的强度。通过在基站配备数百个天线,形成大规模天线阵列,从而能够调制几十个目标接收端的波束,同时跟踪并发射几十个数据信号。毫米波带宽丰富但衰减强,波束形成的大规模多输入多输出可以弥补该不足。波束形成可以将毫米波的功率集中在一个或多个方向,在 385Mbit/s 速率下提供超过 130m 的传输范围,在 2Gbit/s 速率下提供超过 79m 的传输范围,这对自动驾驶车辆间的通信具有重要意义。一方面,定向传输有助于在高速自主驾驶环境中定位。另一方面,波束形成通过空分多址实现并发传输,有效分离空间不同车辆之间的电磁波,减少相互干扰。利用毫米波和智能天线阵列,采用波束形成技术构建定向信号,可以对高速目标进行远距离跟踪传输,满足自动驾驶的要求。

(3) D2D(Device-to-Device) D2D 作为 5G 的一项重要技术,允许相互接近的车辆利用授权的蜂窝频带直接相互通信,可以实现高数据速率和长传输范围,支持大规模高清视频流传输。因此,D2D 适用于信息交换量大、行驶速度快的自动驾驶汽车的实时通信。传统的 CSMA/CA(载波侦听多路访问或冲突避免)认证机制具有信道争用特点,车辆通常需要花费时间进行通信退避,例如,如果某些数据包的传输时间较长或者多次重传,那么其他车辆的等待时间会较长。相反,D2D 通信是无竞争的,可以避免上述时间延迟,满足自动驾驶车辆的实时性要求。然而,D2D 技术也面临许多挑战,比如 D2D 和蜂窝用户之间的信道复用所导致的干扰管理问题。解决这个问题的有效方法包括:传输功率管理、先进的编码策略、避免干扰的 MIMO(Multiple-Input Multiple-Output)技术等。

（4）小蜂窝（Small-Cell）　小蜂窝在形状、覆盖范围和发射功率上比传统的宏蜂窝小得多，覆盖范围为 100~200m。车联网中车辆之间的行驶距离通常较小，分布会较为密集。小蜂窝可以在较小的范围内实现频率复用，并帮助宏蜂窝缓解拥堵。此外，小蜂窝可以通过减少自动驾驶车辆和接入点之间的距离来提供高速无线接入，并在偏远地区提供覆盖。

5. 5G NR-V2X 应用场景

5G 标准 R16 版已于 2020 年 7 月 3 日冻结，标志着 5G 第一个演进版本标准完成。这也是第一个 5G NR-V2X 标准。5G 网络传输时延可达毫秒级，满足车联网的严苛要求，保证车辆在高速行驶中的安全。

5G R16 支持 V2I 和 V2V 直连通信。通过引入组播和广播等多种通信方式，以及优化感知、调度、重传、"车-车"连接质量控制等技术，实现 V2X 支持车辆编队驾驶、远程驾驶等更丰富的应用场景。5G 通信技术在车联网的应用使其拥有更加灵活的体系结构和新型的系统元素，包括 5G OBU、5G RSU、5G 通信 CPE、5G 云服务器等。除了实现 V2X 信息交互以外，5G 车联网还将实现 OBU、5G 基站、5G 边缘计算、云平台的互联互通，分别给予它们特殊的功能和通信方式。

考虑到未来更高等级的自动驾驶的需求，3GPP TR22.886 对 5G NR-V2X 定义了 25 种应用场景，并归纳为编队行驶、扩展传感器、高级驾驶、远程驾驶四大类，具体如下：

（1）编队行驶　编队行驶使车辆能够动态地形成一个一起行进的编队。编队里的所有车辆都从领头车辆那里获得信息来管理这个编队。这些信息允许车辆以协调的方式比正常情况下行驶得更近，向同一个方向行驶并一起行驶。5G 编队行驶能减少运输企业对于驾驶人的需求，同时，编队行驶可以释放更多车道给其他车辆通行，显著改善交通拥堵并提升运输效率，进一步缓解交通压力。

（2）扩展传感器　车辆和 RSU 可以感知交通环境，并通过 V2V/V2I 将其感知结果共享给其他车辆。通过感知信息的实时交互，扩展车辆感知范围，丰富车辆感知信息细节，避免因车辆感知信息不足或感知盲区造成的交通危险。

（3）高级驾驶　支持半自动或全自动驾驶。每辆车和 RSU 与其附近的车辆共享从其本地传感器获得的感知数据，使各车可以同步、协调其轨迹或行驶状态，同时，每辆车也可以与附近的车辆分享其驾驶意图。

（4）远程驾驶　可以远程操作车辆。当自动驾驶车辆在道路行驶过程中发生故障时，可由平台后端驾驶器远程控制。对于变化有限且路线可预测的情况，如公共交通，可以使用基于云计算的驾驶。远程驾驶具有低时延、实时性强的特点。

6.4　6G 通信技术

随着 5G 通信技术的发展，相比 LTE-V2X，5G NR-V2X 可以实现更好的性能，但随着城市化、生活水平的提高和技术的进步，智能网联汽车的数量将在未来迅速增长，目前的 5G 技术还不足以完全实现大规模自动驾驶功能，必须进一步依赖 6G 通信技术。与 5G 相比，6G 在数据速率、频谱效率和能量效率等方面都将有进一步的提升。6G 网络的传输速率将是 5G 网络的 100 倍，最高可达 1Tbit/s。因此，6G 技术可进一步促进智能运输系统和智能 V2X 的发展。

6.4.1 6G 网络架构

6G 网络旨在开发一个高度动态、高智能的立体系统，使网络能够自适应环境，满足各种应用需求和服务类型。目前，业界有观点认为，6G 网络是 5G 网络、卫星通信网络及深海远洋网络的有效集成，卫星通信网络涵盖通信、导航、遥感遥测等各个领域，实现空天地海一体化的全球连接。空天地海一体化网络将优化空（各类飞行器及设备等）、天（各类卫星、地球站、空间飞行器等）、地（现有陆地蜂窝、非蜂窝网络设施等）、海（海上及海下通信设备、海洋岛屿网络设施等）基础设施，实现太空、空中、陆地、海洋等全要素覆盖。6G 空天地海一体化网络架构如图 6-6 所示。

与主要关注 V2V 和 V2I 通信的传统车联网不同，6G V2X 将面向更加复杂的异构网络结构，包括太空中的卫星网络、空中的无人机网络、地面的车联网及移动蜂窝网络、水下的传感网络等。此外，人工智能将与 6G V2X 高度融合，支持自优化的动态自适应、安全通信、快速响应等，进一步提高传输服务质量并降低端到端延迟，不仅会对交通产生积极影响，还将促进人类与世界的互动。

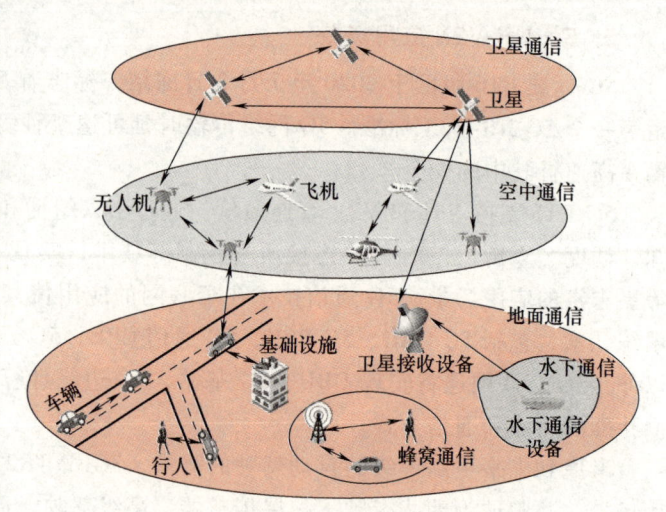

图 6-6 6G 空天地海一体化网络架构

6.4.2 6G 性能指标

与 5G 相比，对 6G 有更严格的性能要求。6G 的峰值速率、时延、流量密度、连接密度、移动性、频谱效率、定位能力、频谱支持能力和网络能效等关键性能指标都将有明显的提升。表 6-3 比较了 6G 与 5G 的关键性能指标。

表 6-3 6G 与 5G 的关键性能指标对比

指标	6G	5G	提升
峰值速率	100Gbit/s～1Tbit/s	10～20Gbit/s	10～100 倍
时延	0.1ms，接近实时处理海量数据时延	1ms	10 倍
流量密度	100～10000Tbit/(s·km^2)	10Tbit/(s·km^2)	10～1000 倍
连接密度	1 亿个/km^2	100 万个/km^2	100 倍
移动性	大于 1000km/h	500km/h	2 倍
频谱效率	200～300bit/(s·Hz)	可达 100bit/(s·Hz)	2～3 倍
定位能力	室外 1m，室内 10cm	室外 10m，室内几米甚至 1m 以下	10 倍
频谱支持能力	常用载波带宽可达到 20GHz，多载波聚合可能实现 100GHz	Sub 6G 常用载波带宽可达 100MHz，多载波聚合可能实现 200MHz；毫米波频段常用载波带宽可达 400MHz，多载波聚合可能实现 800MHz	50～100 倍
网络能效	可达 200bit/(s·J)	可达 100bit/(s·J)	2 倍

6.4.3　6G-V2X 潜在技术

作为 5G V2X 的进一步发展，6G V2X 的潜在技术包括：

1. 太赫兹（THz）通信技术

太赫兹频段通常指的是 100GHz~10THz 范围内的频谱，相应的波长为 30μm 至 3mm。太赫兹频段丰富的频率资源可提供超高带宽（高达 10GHz），并支持 V2V 以及 V2I 数据密集型通信所需的高速链路。太赫兹通信技术可以支持许多高级车联网应用，包括与原始传感器数据的协同感知、移动边缘智能和远程驾驶。除了通信优势，工作在太赫兹频段的 6G 系统在定位、传感和 3D 成像方面也有很大的潜力。

由于太赫兹信号的波长很短，天线的尺寸和间距可以做得很小，这使得大型天线阵列可以安装在移动设备和基站中。大型天线阵列可以产生窄波束，令移动设备的室外定位误差小于 1m。太赫兹的高载波频率也可以实现基于射频的传感，提供精确的位置和目标检测。传统 GPS 卫星定位方法定位精度低，在城市环境中性能有限。6G 太赫兹网络可以为车联网提供低成本、高精度、高可靠的定位和传感替代方案，成为实现自动驾驶的关键技术。

2. 动态频谱共享技术

6G 的太赫兹频率特性会使其网络密度骤增，动态频谱共享将成为提高频谱效率、优化网络部署的重要手段，通过智能化、分布式的频谱共享接入机制，灵活扩展频谱的可用范围，优化频谱使用规则，进一步满足未来 6G 系统频谱资源使用需求。未来结合 6G 大带宽、超高传输速率、空天地海多场景等需求，基于授权和非授权频段持续优化频谱感知、认知无线电、频谱共享数据库、高效频谱监管技术是必然趋势。同时也可以推进区块链+动态频谱共享、AI+动态频谱共享等技术，实现 6G 时代网络智能化频谱共享和监管。

随着以自动驾驶为代表的智能网联汽车产业的兴起，车辆将配备大量高清摄像头和激光雷达等高精度传感器，这些传感器通常需要将收集的大量数据上传至数据处理中心进行处理，需要大量的频谱资源。除此之外，非安全类服务（包括事故和拥堵提醒、智能汽车支付、车载娱乐等）呈现爆发式增长，同样需要大量频谱资源作为支撑，仅依靠为 LTE-V2X 分配的 20MHz 带宽难以满足与日俱增的 V2X 通信需求。利用频谱共享技术，V2X 通信可以复用非车联网设备的频谱资源，为车联网提供了充足的通信保障。

3. 无蜂窝通信技术

为了满足 6G 网络更高的速率要求，需要开发毫米波频段和太赫兹频段。然而，在这些频段进行通信时，通信损耗较大，使得工作在这些频段的网络的覆盖半径只有几十米。因此，车辆在行驶过程中，需要在不同的网络中频繁切换，这对高速行驶的车辆来说非常具有挑战性。

解决 6G 多尺度网络中移动性问题的一个重要方法是无蜂窝通信（Cell Free Communications）技术。在无蜂窝通信系统中，部署了大量接入点，它们通过回程网络和中央处理站进行协作，以服务分布在广阔区域上的所有用户。在这样的系统中，没有蜂窝或蜂窝边界。因此，用户可以在异构网络中快速移动，并获得优化的服务质量。除此之外，将无蜂窝通信技术、定位技术和传感技术相结合将提升车联网应用的定位能力和感知能力。

4. 人工智能与边缘智能

近年来，随着深度学习技术的突破及其在计算机视觉、自然语言处理等领域的成功应用，人工智能在移动网络中的应用越来越受到人们的关注。人工智能将在 6G 网络中发挥重要作用，包括通信和网络规划、资源管理、网络控制和自动化等。并且，随着移动计算和物联网（Internet of Things，IoT）的普及，数以亿计的移动和物联网设备连接到互联网，在网络边缘产生大量数据。在这一趋势的推动下，需要将人工智能推进到网络边缘。为满足这一需求，可以利用边缘计算将计算任务和服务从网络核心推向网络边缘，从而产生新的交叉学科——边缘智能。车联网的发展依赖通信、计算和数据分析技术，为了存储和处理智能网联汽车产生的海量数据，可以通过移动边缘计算（Mobile Edge Computing，MEC）向设备提供边缘智能服务。例如，智能网联汽车可以将一些繁重的计算任务通过高速 6G 链路卸载到 MEC 服务器中，MEC 服务器处理数据并汇总来自其他车辆的传感结果，然后为车辆做出实时驾驶决策或简单地返回传感结果（如道路上的障碍物或危险）。此外，6G MEC 还将支持分布式的人工智能和联合学习，用于联网车辆协作学习和模型训练，以保护用户隐私。

6.5　WiFi 通信技术

6.5.1　技术概述

WiFi 是一项创建于 IEEE 802.11 标准的无线局域网技术，主要使用 2.4 GHz 和 5.8 GHz 频带。WiFi 通过射频技术进行数据传播，能够实现远距离大范围的网络连接。在 WiFi 电波的覆盖范围内，个人手机、电视、计算机等联网设备的终端均能够以无线方式连接在一起，从而借助互联网实现更多的功能。

6.5.2　技术标准

WiFi 技术发展史上有 4 大标志。第 1 个标志是 802.11b 的推出，它从根本上改变了无线局域网的设计和应用现状，满足了人们在一定区域内实现不间断移动上网的需求。第 2 个标志是 802.11g 的制定，其保障了后向兼容性，提高了 WiFi 的传输速率，凭借其优越传输性成了人们关注的焦点。第 3 个标志是 802.11n 的推出，它通过使用多进多出（Multiple input Multiple Output，MIMO）技术能够实现更高的数据传输速率，并增加了传输范围，同时因其创新而做成可编程的硬件平台，使其可兼容不同的系统。第 4 个标志是 2014 年推出的 802.11ac，它对 802.11n 进行了升级，不仅传输速率得到了进一步提升，还更好地解决了通道绑定引起的操作性问题。表 6-4 为 802.11 系列标准技术指标。

表 6-4　802.11 系列标准技术指标

	工作频段	调制技术	最大速率	天线技术
802.11	2.4GHz	FHSS/DSSS	2Mbit/s	SISO
802.11b	2.4GHz	CCK/DSSS	11Mbit/s	SISO
802.11a	5GHz	OFDM	54Mbit/s	SISO

(续)

工作频段	调制技术	最大速率	天线技术
802.11g	2.4GHz	DSSS/OFDM	54Mbit/s	SISO
802.11n	2.4GHz/5GHz	OFDM	600Mbit/s	4×4MIMO
802.11ac	5 GHz	OFDM	6.9Gbit/s	MU-MIMO
802.11ax	5 GHz	OFDMA	11Gbit/s	MU-MIMO

6.5.3 技术特点

WiFi 的技术特点有：

1）覆盖范围广。相比蓝牙 10 余米的传输距离，WiFi 的覆盖半径可达 100m，能够支持中短距离传输。

2）传输速率高。WiFi 技术的传输速率高，不同版本的协议最大可实现的传输速率不同，在 802.11ac 中，速率高达 1000Mbit/s。

3）成本低廉。WiFi 最主要的优势在于不需要布线，可以不受布线条件的限制，WiFi 的安装及使用相当简单，只需建立相应的接入口即可，如果部署有线网络，相应的成本就会提高。

4）绿色低能耗。IEEE 802.11 规定的发射功率不超过 100mW，实际发射功率仅为 60~70mW。

6.5.4 WiFi 在智能网联汽车中的应用

WiFi 技术成本低，功耗低，可靠性高，提供了一个世界范围内都可以使用且传输速度较快的无线空中接口。目前，已有基于 WiFi 组网的通用智能车载终端设计，其中，智能终端由智能主机和各种智能传感器外设组成，主机与外设之间使用易于扩展的 WiFi 连接。外设主要包括视频监控外设、GIS、CAN（Controller Area Network）总线、防盗、温、湿、烟雾感知外设等。各个外设以从机的形式接入智能主机，并通过 WiFi 方式传输数据。作为中心枢纽，智能主机通过移动网络以车载终端的形式接入监控中心，建立通信链接，主要传输经纬度、图片、电子运单和视频等数据。

6.6 蓝牙通信技术

6.6.1 技术概述

蓝牙技术是由爱立信、IBM、Intel、Nokia 和东芝五家公司一起制订的近距离无线通信技术标准，是一种低成本的近距离无线通信技术。蓝牙使用了 2.4 GHz 的 ISM 频段，这个频段不需要许可，手机、便携式计算机、平板计算机等众多设备均可以通过蓝牙技术进行无线信息交换。

6.6.2 技术发展

蓝牙技术已经历 12 个版本，历代蓝牙版本见表 6-5，最新的版本是 2020 年发布的蓝牙 5.2 版本。

表 6-5 历代蓝牙版本

蓝牙版本	发布时间/年	最大传输速度	传输距离
蓝牙 5.2	2020	48Mbit/s	300m
蓝牙 5.1	2019	48Mbit/s	300m
蓝牙 5.0	2016	48Mbit/s	300m
蓝牙 4.2	2014	24Mbit/s	50m
蓝牙 4.1	2013	24Mbit/s	50m
蓝牙 4.0	2010	24Mbit/s	50m
蓝牙 3.0+HS	2009	24Mbit/s	10m
蓝牙 2.1+EDR	2007	3Mbit/s	10m
蓝牙 2.0+EDR	2004	2.1Mbit/s	10m
蓝牙 1.2	2003	1Mbit/s	10m
蓝牙 1.1	2002	810kbit/s	10m
蓝牙 1.0	1998	723.1kbit/s	10m

第 1 代蓝牙属于短距离通信早期的探索阶段，存在着许多问题，比如数据泄露问题，容易受同频率之间产品干扰等。

第 2 代蓝牙是蓝牙 1.2 版本的改良版，新增的增强速率（Enhanced Data Rate，EDR）技术提高了多任务处理和多种蓝牙设备同时运行的能力，使得蓝牙设备之间传输速度可达 3Mbit/s，并且第 2 代蓝牙支持双工模式。

第 3 代蓝牙相较于前几代蓝牙技术最明显的提升是速率得到了极大的提高，传输速率可达 24Mbit/s。

第 4 代蓝牙最重要的变化在于推出的低功耗（Bluetooth Low Energy，BLE）功能。蓝牙 4.0 实际是个三位一体的蓝牙技术，它将传统蓝牙、低功耗蓝牙和高速蓝牙技术融合在一起，这 3 个规格可以组合或者单独使用。这 3 种协议规范能够互相组合搭配，从而适应更广泛的应用模式。4.2 版本，传输速率方面比第 3 代技术提高了 2.5 倍。

第 5 代蓝牙技术是开启物联网时代大门的钥匙。蓝牙 5.0 在低功耗模式下具备更快更远的传输能力，传输速率是蓝牙 4.2 的两倍，有效传输距离是蓝牙 4.2 的 4 倍，数据包容量是蓝牙 4.2 的 8 倍，并支持室内定位导航功能。相比蓝牙 5.0，蓝牙 5.1 加入了测向功能和厘米级的定位服务。蓝牙 5.2 在 5.1 版本的基础上新增了 3 个功能：增强属性协议、低功耗功率控制功能和低功耗蓝牙同步通道。

6.6.3 技术特点

蓝牙的技术特点有：

1) 便携性。蓝牙模块体积很小、适合与便携设备集成。

2）低功耗。蓝牙模块的功耗非常小，一般只有 10mW，当集成在 Sink 网关上时，可以使用微型电池进行长时间的供电，非常适合无线传感器网络系统低功耗的特点。

3）全球范围适用。蓝牙工作在无须授权的 2.4GHz 的 ISM 频段。

4）抗干扰能力好。蓝牙采用了跳频方式来扩展频谱，抗干扰能力很好。

5）兼容性较好。蓝牙技术已经能够发展成为独立于操作系统的一项技术，实现了在各种操作系统中具有良好的兼容性能。

6）安全性。蓝牙标准在基带上提供了对传输数据的加密机制以及在链路管理器上提供的鉴权机制，保证了 Sink 网关与管理终端通信的安全性，非法设备和用户无法获得对蓝牙底层传输数据和高层服务的访问。

6.6.4　蓝牙在智能网联汽车中的应用

基于蓝牙技术在智能网联汽车应用中具有十分明显的优势，在国内外已受到高度重视，应用也不断深入。

1）蓝牙免提通信。车载系统在用户进入汽车后能够自动连接用户手机。在驾车行驶过程中，用户能够实现无接触操作，用声控完成拨号、接听、挂断和音量调节等功能。

2）汽车蓝牙防盗技术。如果汽车处于设防状态，蓝牙感应功能将会自动连接汽车车主手机，一旦车辆状态出现变化或者遭受盗窃，将会自动报警，蓝牙防盗技术的应用，为汽车提供了更安全的环境。

3）蓝牙车辆远程状况诊断。当汽车发生故障时，车载系统可以通过蓝牙与手机建立连接，将故障码等信息发往维修中心。

4）车辆定位。由于蓝牙地址具有唯一性，所以能够实现车辆的身份确认和定位。

6.7　ZigBee 通信技术

6.7.1　技术概述

ZigBee 技术基于 IEEE 802.15.4 标准，是一种模拟蜜蜂之间的交流方式而研发出来的新型短距离无线网络通信技术，适用于距离短、速率低的设备之间的数据传输，主要用于自动控制、监控、远程控制等领域，可以内嵌至各种设备内部。

6.7.2　技术特点

ZigBee 技术的技术特点有：

1）低功耗。相较于蓝牙和 WiFi 技术，ZigBee 的能耗更低，电池寿命甚至可超过十年，这是 ZigBee 的突出优势。

2）低成本。ZigBee 技术的协议很简单，又是一种开放的、免费的通信协议，因此开发成本相对较低。

3）低速率。ZigBee 工作在 250kbit/s 速率，适用于低速率需求应用场景。

4）近距离。ZigBee 相邻节点的传输距离一般介于 10～100m 之间，在增加发射功率后，可增加到 1～3km，如果通过路由或节点间通信的接力，可使传输距离更远。

5)短时延。ZigBee 的响应速度快,从睡眠转入工作状态只需 15ms,启动搜索网络设备延迟仅有 30ms,满足实时性要求。

6)网络容量高。ZigBee 网络的拓扑结构灵活,它支持星形、树形和网状 3 种拓扑方式,并且支持多级节点管理,最多可以容纳 6.5 万个网络设备。

7)免执照频段。ZigBee 工作在不需要授权的 2.4GHz 的 ISM 频段。

6.7.3 ZigBee 在智能网联汽车中的应用

通过在智能交通系统中应用 ZigBee 技术,能够对公交车运行进行全面性监测,有助于提高公交车的服务能力,优化公交车调度。利用 ZigBee 技术和数字移动通信技术共同构建无线传输网络,监测公交车离、到站的时间,及时采集公交车的日常运行信息,并把信息统一传送到监控平台,优化公交资源的配置。另外,基于 ZigBee 无线网络的智能交通系统可以实现实时的道路信息采集和信息传输,实现智能监控、最优路线规划、出行信息服务等功能,同时还可以根据道路信息实现对交通灯的控制。

6.8 VLC 技术

6.8.1 技术概述

VLC 是指利用可见光波段的光作为信息载体,不使用光纤等有线信道的传输介质,而在空气中直接传输光信号的通信方式。其中,LED 可见光通信是目前最主流的 VLC 技术,其利用 LED 比荧光灯和白炽灯切换速度快的特点,通过 LED 大型显示屏、照明设备、信号器、汽车前尾灯等发出高速调制光波信号,以此来实现对信息的调制和传输。在接收端,利用光电二极管等光电转换器接收光载波信号并获得信息。

6.8.2 技术特点

VLC 技术的技术特点有:

1)成本低。VLC 使用可见光作为数据的载体,可见光的频谱并不受监管机构监管,相比蜂窝频段而言,该技术的成本较低。

2)传输速率高。VLC 使用的是可见光频段,其带宽是无线电通信的上千倍,能够实现非常高的传输速率。

3)兼容性好。VLC 与射频无线通信完全兼容,两者可以互补,形成混合或异构网络,从而进一步提高通信性能。

4)绿色环保。可见光通信不产生电磁辐射,也不容易受外部电磁干扰影响,能够广泛应用于对电磁干扰敏感,甚至必须消除电磁干扰的特殊场合,如医院、飞机、化工厂、核电站等。

6.8.3 VLC 系统组成

VLC 系统主要由对 LED 光进行调制的 VLC 发射器和基于光电元件(通常是 PIN 光电二极管或图像传感器)的 VLC 接收器组成。发射器和接收器在物理上彼此分离,但通过 VLC

信道连接。对于 VLC 系统来说，视线通信是其能够正常工作的必要条件。

(1) VLC 发射器　VLC 发射器使用可见光将信息转换为可以在无线光通信介质上传输的消息。VLC 发射器的目的是同时提供照明并传输数据。VLC 发射器的核心组件是编码器，它将数据转换为已调制的消息。编码器根据二进制信息和所需的数据速率命令 LED 开关。二进制数据因此被转换为调制光束。通常情况下，可以使用开关键控方式调制数据，但也可以使用更高阶的调制方式。

(2) VLC 接收器　VLC 接收器用于从调制光束中提取数据。它将光转换成电信号，该电信号将被嵌入式解码器模块解调和解码。根据所需的性能和成本限制，解码器可以基于微控制器或 FPGA（Field Programmable Gate Array）。VLC 接收器的性能对 VLC 系统的性能影响很大，决定了 VLC 的通信范围和抗干扰能力。

6.8.4　VLC 技术在智能网联汽车中的应用

LED 照明不但非常可靠，节约能源，而且寿命通常较长，目前大量车辆照明系统都利用了 LED 技术。此外，新一代基于 LED 的交通信号灯也正在迅速普及。这些交通信号灯具有维护成本低、寿命长和能耗低的优点，并且具有更好的可视性。道路及车辆上的 LED 应用普及为 VLC 技术的应用提供了良好的土壤，通过 VLC 技术，道路照明也将为通信提供支持，实现车辆之间、车辆路灯之间等的高速率、高可靠的信息交互，且不受电磁干扰影响。因此，LED 照明将成为未来智能交通系统的一部分，集成在车辆和基础设施中，与 VLC 技术相结合，使智能交通系统能够有效收集数据，在智能交通灯和街道照明系统的帮助下向接近的车辆提供位置、道路交通拥塞状况、最优路径等信息。另外，车辆之间也能够通过车灯照明交换有关状态（如位置、速度、加速度、发动机状态等）的数据信息。

6.9　超宽带通信技术

6.9.1　技术概述

美国联邦通信委员会对超宽带通信技术（UWB）的规定为：如果一个无线电系统在 3.1~10.6GHz 频段中占用 500MHz 以上的带宽或者其拥有中心频率 20% 的相对带宽，则称为 UWB 技术。UWB 无线通信是一种不用载波，而采用时间间隔极短（小于 1ns）的脉冲进行通信的方式，也称作脉冲无线电或无载波通信。与普通二进制移相键控（Binary Phase Shift Keying，BPSK）信号波形相比，UWB 方式不利用余弦波进行载波调制而发送许多小于 1ns 的脉冲，因此，这种通信方式占用带宽非常之宽，且由于频谱的功率密度极小，它通常具有扩频通信的特点。

6.9.2　技术特点

UWB 技术的技术特点有：

1）抗干扰性能强。UWB 技术采用跳时扩频信号，系统具有较大处理增益，在发射时将微弱的无线电脉冲信号分散在宽阔的频带中，接收时将信号能量还原，在解扩过程中产生扩频增益。因此，与其他通信技术相比，在同等码速条件下，UWB 技术具有更强的抗干扰性。

2) 传输速率高。UWB 技术的数据传输速率为几十 Mbit/s 到几百 Mbit/s，这得益于 UWB 技术拥有非常宽的带宽。

3) 能耗低。UWB 技术将数据通过非常窄的脉冲传输，脉冲的时间只有纳秒级或者飞秒级。由于其非常窄的脉冲特点，所以能耗很低。

4) 辅助定位。冲激脉冲通常可以用于高精度定位，因此，UWB 技术容易将定位与通信结合，而常规通信手段难以做到这一点。

5) 保密性好。UWB 技术保密性表现在两方面。一方面是采用跳时扩频，接收机只有已知发送端扩频码时才能解出发射数据；另一方面是系统的发射功率谱密度极低，用传统的接收机无法接收。

6.9.3 UWB 技术在智能网联汽车中的应用

(1) 智能数字钥匙　目前，在汽车领域，UWB 技术比较成熟的应用是智能数字钥匙。首先，UWB 系统安全性高，能够解决中继器盗车的问题，传统的射频技术只能进行信号有或无的单维检测，而搭载 UWB 技术的车辆还可以精确地知道发射器到接收器之间的距离，如果这个距离超出了合理的范围，则不会解锁车辆，这样的二重效验让中继器的盗车方法无法实施。另外，相较于现有的数字化钥匙系统（Passive Entry Passive Start，PEPS），UWB 技术能够明显提高用户的体验感。现有的 PEPS 只能实现 6~10m 的通信距离，而 UWB 技术在保证通信可靠性的情况下，能够实现 10~20m 范围的通信距离。

(2) 人员体征监控　人员体征监控就是通过监测人员的呼吸、心跳等体征去反映车内人员的生命状态，目前已经出台了一些法规和评价体制在推动该应用需求。UWB 技术在人员体征监测领域优势非常明显。UWB 技术工作在 8GHz 左右的频段，在穿透人体的衣物和皮肤方面比毫米波雷达的能力强，在检测心跳变化或者胸腔变化这些微小幅度动作上的灵敏度很高。另外，相较于毫米波雷达的辐射，UWB 技术的辐射小，对人体的伤害也比较小，而且 UWB 芯片的制造成本比毫米波雷达低。

(3) UWB 短距雷达测距　UWB 短距雷达应用之一是自动泊车。通常地下车库的 GPS 信号较弱，所以 GPS 的定位精度不高，自动泊车的难度就非常高。但是，UWB 芯片可以通过车端锚点和场端锚点的配合，利用 TDOA（到达时间差）的方式，为车辆的位置提供高精度的坐标，完成自动泊车的功能。

6.10　RFID 通信技术

6.10.1　技术概述

RFID 可以识别特定目标并通过无线电信号读取/写入相关数据，是一种无须识别系统与特定目标之间建立机械或光学接触的无线通信技术。RFID 通过无线射频方式进行非接触双向数据通信，利用无线射频方式对记录媒体（电子标签或射频卡）进行读写，从而达到识别目标和数据交换的目的。

6.10.2　RFID 工作原理

RFID 无线识别系统主要由 RFID 电子标签、RFID 阅读器和数据管理系统组成。RFID 电子标签和 RFID 阅读器之间通过无线方式传输信息，因此它们都有天线（感应线圈）以及无线收发模块。

（1）RFID 电子标签　电子标签由天线和芯片组成，每个芯片都含有唯一的识别码，一般保持有约定的电子数据，在实际的应用中，射频标签粘贴在待识别物体的表面。

（2）RFID 阅读器　阅读器是根据需要并使用相应协议进行读取和写入标签信息的设备，它通过网络系统进行通信，完成对射频标签信息的获取、解码、识别和数据管理，可设计为手持式阅读器或固定式阅读器。

（3）数据管理系统　数据管理系统主要完成对数据信息的存储和管理，可以对标签进行读写的控制。

6.10.3　技术特点

RFID 通信技术的技术特点有：

1）识别速度快。RFID 标签一进入识别范围，阅读器就能读取标签的数据，一次 RFID 传输一般不超过 100ms。

2）扫描效率高。一个 RFID 阅读器可同时识别读取多个 RFID 标签。

3）可重复使用。RFID 标签内储存的信息可以重复新增、修改、删除。

4）穿透性和无屏障阅读。读取条形码，必须在无光线阻挡的情况下进行，而 RFID 则能在被不透明的塑料、木材、纸张覆盖的情况下，依旧正常读取。

5）数据容量大。无论是一维还是二维条码，存储数据能力都是有限的，RFID 最大的容量可达数 MB。

6）安全性好。RFID 标签承载的电子数据内容可进行密码加密保护，内容不易被伪造及篡改。

7）体积小、形状多样。超高频 RFID 标签可以向小型化、多样化发展，能够依据产品外形进行定制。

6.10.4　RFID 技术在智能网联汽车中的应用

RFID 技术是智能网联汽车的重要通信技术之一，具有安全性高、识别速度快、传输距离远、数据存储量大等优势。对于车辆来说，发动机、轮胎、空调、座椅等部件都可以通过安装传感器的方式进行数据表达，并通过网络进行传输。RFID 技术可自动识别车辆、建筑物等外部对象，通过网络传输到数据中心，整合信息并提取与车辆、道路相关的内容来实现车辆之间、车辆和管理中心之间信息的传递，实现交通管理智能化的目的。下面介绍一些 RFID 技术在智能网联汽车中的应用范例。

（1）车辆辅助控制　基于 RFID 技术的协作驾驶辅助系统能够辅助驾驶人驾驶车辆。当前车辆的位置、速度等信息可以通过 RFID 技术得到，当几辆车在高速公路上行驶时，协作驾驶辅助系统根据获取到的信息能保证驾驶人驾驶的横向安全；同时，这个系统也能根据得到的数据信息来计算车辆是否会碰到车道线、道路边缘、中心线和其他车辆。如果会，则协作驾驶辅助系统将帮助驾驶人改变方向和速度,避免碰到车道线、道路边缘、中心线和其他车辆。

(2) **高速公路车辆监控** 高速公路 RFID 管理系统可以分为 3 个部分:车辆携带的 RFID 标签、安装在高速公路上的 RFID 阅读器、计算机处理系统。在该系统中,不仅将车辆和驾驶人的信息,还将车辆登记号也存储在 RFID 标签中。当车辆经过装有 RFID 阅读器的入口或路段时,车辆携带的 RFID 标签将通过 RFID 阅读器发送的信号激活。然后,将存储在 RFID 标签中的信息发送到 RFID 阅读器。随后,RFID 阅读器将此信息发送到公路管理中心的计算机处理系统。计算机处理系统将使用 RFID 读取的数据信息来计算收集速度和平均速度。根据速度信息,车辆管理部门能有效地检测到超速行驶。

(3) **基于 RFID 的道路异常情况车载警报系统** 道路异常信息能够存储在远程无源 RFID 标签中,标签安装在道路异常路段之前的道路上,当标签进入读取范围时,安装在车辆中的远程 RFID 阅读器将读取标签中的道路异常信息。解码后,警报将显示在车载 LCD 屏幕上并响起警报,为驾驶人提供足够的反应时间以采取措施避免事故发生。由于 RFID 标签是可移动和可重写的,因此在道路异常路段被修复之后,它们可以在其他地方重复使用。

6.11 eCall 通信技术

6.11.1 技术概述

eCall 是欧盟和俄罗斯推出的车载紧急呼叫系统。当汽车发生事故时,eCall 系统通过手动或者触发装置自动拨打呼叫中心的紧急电话,随后与紧急服务中心自动建立语音连接,将相关的事故最简信息(Minimum Set of Data,MSD)通过语音通道发送到服务中心。MSD 信息包括经纬度、车辆情况信息等,服务中心可自动获取事故车辆所在位置及状况,及时、方便地实施救援。具体来说,当事故发生时,通过手动或 CAN 总线触发车载系统(Intelligent Video Surveillance,IVS),发起拨号语音呼叫。同时,服务器自动应答,抢在事故者与服务台通话之前,以全双工的方式将 MSD 消息传送到应急服务系统(Public Safety Answering Point,PSAP)。即在通话尚未开始前,服务台就可以看到事故车辆的准确位置信息,进而可以结合行政电子地图对附近的救援中心、医院、交警处理点进行确定,快速展开救援。

6.11.2 eCall 系统结构

eCall 系统主要包括 IVS 和 PSAP 数据调制解调器两部分,具有 push mode 和 pull mode 两种操作模式。当建立(自动或手动)紧急语音呼叫后,IVS 接收器会不断监听来自语音解码器输出的呼入信号。当收到来自 PSAP 的 MSD 信息请求时,IVS 将发送器连接到语音编码器的输入端,并在 MSD 传输期间使驾驶人的语音静音,防止其干扰 eCall 数据传输。MSD 数据的传输方式决定了 eCall 属于何种操作模式。pull mode 是 PSAP 主动请求 IVS 进行 MSD 数据传输。push mode 是 PSAP 建立通话后不发送请求,由 IVS 发送 MSD 数据到 PSAP,eCall 系统架构如图 6-7 所示。

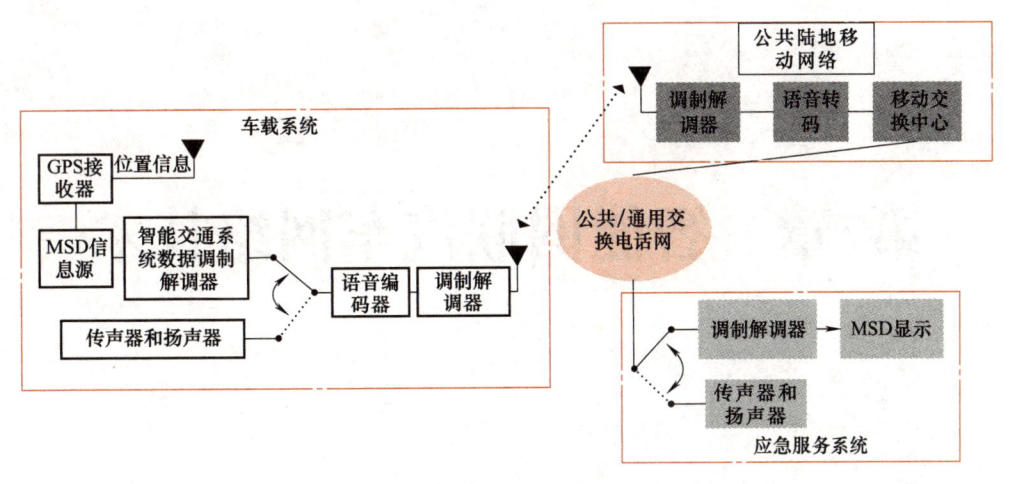

图 6-7　eCall 系统架构

第7章 智能网联汽车网络技术

7.1 智能网联汽车网络技术概述

在智能网联汽车系统中,网络是最重要的部分,也是覆盖范围最广泛的。系统中的各种节点,通过网络连接起来,互相通信,同时也产生了大量数据,这些数据是产生智能的基础和源泉。

智能网联汽车系统中的网络包括3种网络,即车载网络、车载自组织网络和车载移动互联网络。其中车载网络指车内节点通过 CAN 总线或短程无线网络进行通信的网络,车载移动互联网络指通过蜂窝网络如 5G 网络与远程节点进行通信的网络,这两种网络是比较成熟的网络,已经广泛地应用于日常生活中,所以不作为本章论述的重点。车载自组织网络(Vehicular Ad hoc Networks,VANET)是一种无线自组织网络(Ad-hoc Network),其主要特点是网络通信以点对点(Point to Point,P2P)方式为主,没有或仅有少量控制节点。该网络是车联网中独有的网络,负担大部分"车-车"(V2V),车与基础设施(V2I)的通信,车辆之间共享交通信息主要通过该网络来实现。

7.2 车载自组织网络的特点

车载自组织网络是无线自组织网络的一种。无线自组织网络是由终端节点自发组织创建的临时网络,其中不存在集中的网络管理设施,其最大的优势是网络中的节点可以不受时空限制而自组网络。无线自组织网络的特征十分明显,网络节点通过探测网络拓扑信息,自主选择路由传播策略。在无线自组织网络中,即使网络拓扑发生变化或者某些节点出现故障,也不影响整个网络的运行与通信。虽然网络中单个节点的传输范围有限,但是它可以通过多跳通信,实现远距离节点之间的信息传输。无线自组织网络的已有技术为车辆之间构建网络,实现信息共享提供了技术保证。

VANET 是移动自组织网络在交通运输领域的一个具体应用,它的基本通信节点是由移动的智能车辆构成,并通过新型的多跳无线移动通信技术自组形成网络。网络节点可以通过发布自己的交通状态、广播或转发安全相关的消息等,提高车辆获取和感知信息的能力。

VANET 可以看作是一个高效的信息共享平台，车辆通过它获取更多的信息来提高交通安全，降低交通拥塞。作为智能交通系统的最重要部分，近年来，VANET 在安全、交通效率和信息资讯等方面的优势已经吸引了研究人员和工业界的不断关注。在 VANET 中，车辆是最基本通信节点，它可以与其他车辆或者基础设施进行通信。通过这些通信信息可以避免车辆碰撞、发布紧急通告、控制交通、跟踪调查车辆等，甚至还可以实现车辆间的私密通信等。

VANET 主要包括了路边基础设施和具备通信能力的车辆，根据通信节点身份的不同，可以分为多种类型的通信方式，其中最关键的两种通信方式分别是 V2I 通信和 V2V 通信。V2I 通信是车辆和路边基础设施之间的通信，路边基础设施包括 RSU、红绿灯和交通摄像头等。车辆可以通过路边基础设施获取附近区域的道路交通情况、发布各种实时信息、下载娱乐内容以及车内办公等。V2V 通信是车辆和车辆之间的通信，它可以使车辆之间通过多跳的方式进行自动互联。车载终端实时获取周围车辆车速、车辆位置和行车情况等信息，构成一个互动的平台，实时交换各种文字、图片、音乐和视频等信息，从而实现避免交通事故、监督车辆状况、共享娱乐信息和车载通话交流等。V2V 通信提高了车辆感知外部数据的能力，并扩展了获取信息的渠道，从根本上提高了车辆安全性和道路交通效率。因此，研究、开发和部署 VANET 可以极大地改善当前的道路交通问题。

车联网虽然是无线自组织网络的一种，但它有其自身的特点，如其节点一般快速移动，造成其网络拓扑高频率动态变化；同时其节点分布可能会极度不均匀，在十字路口等繁华路段，节点密度很大，而在边远地区，节点密度又很小；另外，其"车-车"通信一般是广播通信，如果还有多跳传播，则在节点密度高的情况下可能会形成广播风暴；车联网的"车-车"通信要求实时性比较高，尤其当车辆高速行驶时，延迟的信息可能会导致事故。以上特点，在设计车联网协议时必须认真考虑。

7.3 车载自组织网络的系统结构

根据现有文献的研究，VANET 系统结构更适合采用两层网络模型，主要包括管理层和应用层两部分。管理层由证书授权中心（Certificate Authority，CA）和交通管理中心（Traffic Management Center，TMC）组成，它们经过有线或无线信道与 RSU 进行通信。应用层由 RSU 和车辆组成，它们经过无线 DSRC 信道进行相互通信，通信类型主要包括 V2V 通信和 V2I 通信。当前大多数 VANET 研究文献都采用了该系统模型，如图 7-1 所示。

网络中的各个组成部分介绍如下：

（1）CA　CA 是一个可信的第三方机构，负责所有 RSU 和车辆的注册及其证书的分配、管理和身份信息的维护。当 RSU 或车辆被检测出是内部攻击者或者发现它们有恶意行为时，

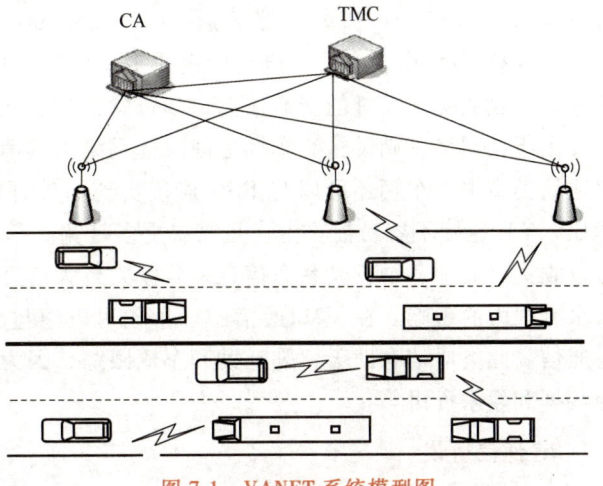

图 7-1　VANET 系统模型图

CA 负责撤销它们的证书,并通过证书撤销列表(Certificate Revocation List,CRL)进行管理和维护。CA 一般被认为拥有强大的通信、计算和存储能力,不能被任何攻击者所攻陷。

(2) TMC　TMC 是官方的交通管理部门,主要负责收集和分析交通数据,实时监控交通状况,并据此进行交通违法查处、紧急事故处理和交通拥堵疏导等工作。

(3) RSU　RSU 是固定在路边的基础设施,通过线路与管理层进行连接。它是管理层和应用层之间的通信桥梁,既可以与管理层进行有线通信,又可以与车辆进行无线通信。例如发布来自管理层的交通消息,或者转发车辆的需求到管理层等。与车辆相比,它具有更强的计算和存储能力。但由于其位置固定的特点,它容易被攻击者发现,安全性能相对较低。

(4) 车辆　车辆是 VANET 中最基本的节点单元,它安装有中央处理器、存储器、传感器、OBU、GPS 定位系统和防篡改装置(Tamper-Proof Device,TPD)等部件。这些部件不仅使汽车可以实时感知数据,还具备了无线通信能力。它不断地广播信标消息,向邻居车辆报告其位置、速度和航向等交通状态信息,提高了交通安全性。尽管每个 OBU 的通信范围是有限的,但是它可以通过消息转发,以多跳通信的方式把紧急消息传播得更远。TPD 主要用来存储重要的密钥等信息,即使车辆被攻击,攻击者也无法从 TPD 中获取到相关的密钥信息。

7.4　车载自组织网络的通信类型与协议

网络协议的设计是服务于应用的目的和效果的,车联网也不例外。车联网的主要目的是车辆节点间共享交通信息,尤其是局域的、快速变化的交通状况,这与其他网络显著不同,所以其协议设计具有鲜明特点。

1. 通信类型

在 VANET 中,安装了无线网络接口的车辆可以与其他车辆和 RSU 进行直接通信。通过不同类型的通信,VANET 可以实现多种应用,如道路安全、信息娱乐和交通优化等,因此具有很大的潜力来实现道路安全和驾驶警告。据统计,如果驾驶人在发生碰撞前 0.5s 得到警告的话,60% 的事故都可以避免。一般来说,在 VANET 中有 V2V 通信、V2I 通信、车内通信(Intra-Vehicle)和车-宽带云通信(Vehicle-to-Broadband cloud,V2B)4 种类型。

在 V2V 通信中,主要是自组织模式下车辆之间的通信。车辆可以与其他车辆之间进行发送、接收或交换关键的交通信息,如位置信息、交通事故信息以及是否拥堵等。V2I 通信主要用于在网络基础设施和车辆之间广播网络关键消息,如道路条件和安全等重要信息。在该通信类型中,车辆还可以与 RSU 连接实现与外部网络通信,如 Internet 等。与 V2V 通信相比,V2I 连接不容易被攻击,且需要更多带宽。车内通信在汽车领域扮演着重要角色,它可以收集、处理各种行驶状态信息、驾驶人行为信息以及车辆的性能信息等,对车辆自身的安全有很大的影响。在 V2B 通信中,车辆可以通过无线宽带系统,如 3G/4G/5G 网络,进行通信。此类通信有助于驾驶辅助和车辆跟踪,因为宽带云通信包含了更多的交通信息、监控数据和娱乐资讯等。

2. 通信协议

20 世纪 90 年代美国 ASTM 为车联网制定了 DSRC 相关标准,随后欧洲、日本和中国等也都制定了自己的 DSRC 标准。DSRC 是一种高效的无线通信协议，它可以实现在特定范围内对高速运动目标的识别和双向通信。在 VANET 中，它被作为 V2V 和 V2I 之间的一种短程无线通信协议。DSRC 协议主要由物理层、数据链路层和应用层组成。该协议的主要缺点是数据传输速率低，路边基础设施覆盖范围小，难以与 Internet 融合等。因此，它只能实现部分智能交通系统的功能，无法满足未来发展的需要。

目前，IEEE 制订的车载环境的无线访问（Wireless Access in Vehicular Environment，WAVE）系列标准被认为是最优秀的车联网技术，它主要用于车辆环境下节点之间的相互协调和安全通信。WAVE 协议栈主要由 IEEE 1609 和 IEEE 802.11p 两部分组成。

IEEE 1609 协议族为 WAVE 定义了一系列服务和接口的结构和标准集，实现了在车辆环境中高速短距和低延迟情况下的安全无线通信和物理访问。IEEE 1609 系列包括了 1609.1、1609.2、1609.3 和 1609.4 四个标准，是 WAVE 的高层协议。WAVE 的物理层使用的是基于 IEEE 802.11 协议，然后根据车联网的操作环境特点而做出一些修订的 IEEE 802.11p 协议。与传统的 TCP 协议栈相比，WAVE 协议栈具有相同的物理层和数据链路层，但是取消了网络层和传输层，而增加了一个安全层，如图 7-2 所示。IEEE 802.11p 和 IEEE 1609.4 分别描述了系统的物理层和 MAC 层。IEEE 1609.3 定义了路由和传输服务，它支持两个协议栈：IPv6 协议栈和 WAVE 短消息协议栈（WAVE Short Message Protocol, WSMP）。因此，它类似 TCP 协议栈的网络层和传输层。IEEE 1609.2 协议定义了安全消息格式及其处理过程，描述了车辆提供安全服务（如认证、机密性、完整性和不可抵赖性）的执行过程。IEEE 1609.1 位于应用层，它定义了消息格式和应用层数据存储方式。

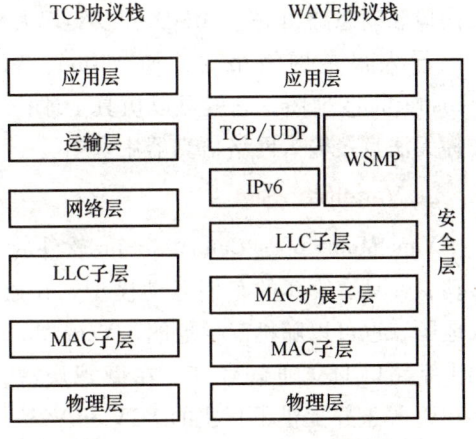

图 7-2 TCP 与 WAVE 协议栈结构图

WAVE 使用的是 5.9 GHz 频带，75MHz 的带宽按照 10MHz 带宽划分为 7 个操作信道，信道频带分布图如图 7-3 所示。其中信道 178 用作 CCH，信道 174、176、180 和 182 是 SCH，信道 172 和 184 是未来其他应用的通信预留。CCH 只能用于服务通知和安全应用的 WAVE 短消息，SCH 则用于传播公共安全信息和私人服务等。WAVE 装置需要不断监控上述两种信道。

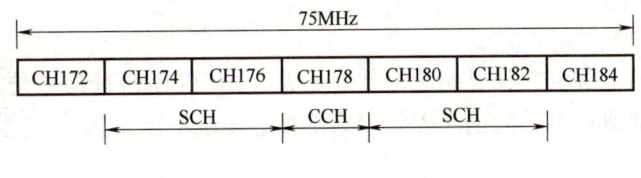

图 7-3 信道频带分布图

7.5 VANET 试验仿真工具

由于复杂性和经济开销问题，通过实际车辆进行 VANET 大规模试验是不现实的。因

251

此，对于 VANET 的系统能力和新方法，都是用仿真试验来完成的。VANET 仿真需要两种类型的内容：网络和交通。VANET 仿真器主要包括 3 种类型：交通仿真器、网络仿真器和综合仿真器。

7.5.1 交通仿真器

交通仿真产生真实的车辆移动路径，然后输入网络仿真器进行 VANET 仿真。交通仿真器主要包含两种类型：微观仿真和宏观仿真。宏观仿真只关注车流而不是车辆个体。微观仿真主要关注的是车辆的行为和移动。因此，VANET 仿真使用的是微观交通仿真器。

1. SUMO

SUMO 是一款开源的微观道路交通仿真软件，可以进行大范围的路网仿真。它支持单个车辆的自由行驶，多车同时在街道，基于连接的道路规则，多层次连接类型，开放的图形界面接口和动态路由等。SUMO 可以实现大范围路网的仿真，如 10000 条街道，更重要的是它可以导入很多网络格式，如 Visum、VISSIM 和 ArcView 等。因此，通过合并 SUMO 和 openstreetmap 地图，它就可以仿真全球任何地区的路网。但是，它最大的缺点是产生的 trace 文件无法直接输入网络仿真器中。

2. VanetMobiSim

VanetMobiSim 是 CanuMobiSim 软件的一个扩展，主要关注在宏观和微观情况下的车辆的移动，并具有真实的车辆运动模型。在宏观层次中，VanetMobiSim 可以从 TIGER 数据库导入地图，也可以随机产生地图。VanetMobiSim 支持多车道道路，独立方向车辆，不同的限速和十字路口的交通信号灯。在微观层次，它支持多种移动模型，如 IDM/IM、IDM/LC 和 MOBIL 等，并提供了真实的 V2V 和 V2I 交互。VanetMobiSim 是一款基于 Java 的软件，并可以产生不同格式的移动路径，支持多种网络仿真工具。

3. MOVE

MOVE 仿真器可以为 VANET 快速产生真实的移动模型，它是建立在 SUMO 的上层。MOVE 的输出内容为移动路径文件，包含了真实的车辆移动信息，并且可以直接应用到其他网络仿真器中。另外，MOVE 还提供了一个用户图形界面，允许用户快速产生真实的仿真场景，而不用写复杂的脚本文件。

7.5.2 网络仿真器

网络仿真通常用来仿真计算机网络。在 VANET 中，可以通过网络仿真器评估移动节点网络协议的性能和其他技术，如创建无线网络部件、车辆网络结构、发送和接收数据包以及交通数据传播等。

1. NS-2 仿真器

NS-2 是由加州大学伯克利分校 VINT 项目组开发的一款离散事件网络仿真器。该仿真器支持多种业务模型和通信协议，具有很强的仿真能力。它是一款完全免费的软件，具有开放的体系结构，并有大量的协议库支持。除此之外，它还具有支持节点移动、无线网络接口和分布式协调功能的 IEEE 802.11 MAC 协议等仿真功能。然而，NS-2 对于 IEEE 802.11 的

MAC 和 PHY 模块来说，无论从总体架构还是模型细节上，都存在较大不足。

2. NS-3 仿真器

NS-3 是面向对象的离散事件网络仿真器。它并不是 NS-2 仿真器的扩展，而是一个极具特色的新型网络仿真器，它不支持 NS-2 的应用程序编程接口（Application Program Interface，API）。NS-3 使用 C++模块化元件并直接用 C++描述拓扑。与其他网络模拟器相比，具有更好的完备性、易用性和可扩展性。它的功能极其强大，可以对各种网络和协议进行各个层次的仿真和研究。除此之外，研究者还可以根据自己的需求进行任意的扩展，这为他们提供了非常便利的网络仿真平台。

3. OMNeT++仿真器

OMNeT++是一款开源的、基于组件模块化的开放网络仿真平台，具备完善的图形界面接口和可嵌入的仿真内核。OMNeT++用户可以轻松地定义网络拓扑结构，还具备编程调试和跟踪支持等多项功能。与 NS-2 以及其他网络仿真器相比，OMNeT++可运行于多个操作系统平台。因此，它多用于通信网络和分布式系统的仿真。

7.5.3 综合仿真器

1. Veins 仿真器

Veins 仿真器是一款可以进行网络通信的车辆移动仿真器：通过扩展 SUMO 与 OMNeT++进行耦合，使它们可以通过 TCP 连接进行通信。Veins 通过专门的管理模块同步两种仿真器。在该仿真器中，有两个独立的事件序列，管理模块定期触发一个交通仿真时隙的执行，接收产生的移动路径，然后执行所有模块的位置更新。

2. TraNS 仿真器

TraNS 是一个整合了交通和网络仿真的图形工具，为 VANET 产生较真实的仿真。它提供了一个 SUMO 与 NS-2 的通信接口，可以实现在 VANET 中的信息交换，从而通过网络仿真影响交通模型中车辆的行为。然而，它执行 SUMO 部分的开销比较大。

7.6 车联网协议总结与现状分析

目前智能网联汽车的网络协议现状是标准和协议不统一，"车-车"通信方面的研究滞后。在车联网领域同时存在着多个标准和协议。如美国、欧洲和日本支持脱胎于 IEEE 802.11a 的 DSRC 标准，而由我国的多个电信公司主导的 3GPP 正在制订和完善基于 LTE 的 V2X 标准。即使是同一 DSRC 标准，美国、欧洲和日本在带宽分配、传输率、无线电频率选择与覆盖等方面也不一致。制定 DSRC 标准的实体也不一样，如北美 DSRC 标准由 IEEE 制定，欧洲相关标准由欧洲电信标准研究院制定，日本相关标准由无线电工商协会制定。近期的多项研究工作指出 DSRC 由于高冲突率的原因，在需要高可靠性和高效率的 V2X 通信中表现不佳。为解决 DSRC 中的这些问题，（the American Society for Testing and Materials，ASTM）制定了 WAVE 架构，其中包括了多个协议，如 1609 协议族以及对 TCP/UDP 和高优先权低延迟通信的支持。而由我国主导的基于 LTE 的标准已接近完成，在最近的 LTE 第 14

个版本中，LTE-V2X 是 30 多个研究之一。基于 LTE 的标准具有高网络容量、高覆盖、更好的移动支持等优点，但在高网络负载情况下，延迟较大。WAVE 与 LTE 两大协议群各有优缺点，由于互相借鉴，虽然存在共同部分，但总体上难以兼容，这给车联网的发展设置了巨大障碍。

  智能网联汽车的研究和实践在"车-车"通信方面严重滞后。车联网的最主要目的是每辆车通过广播自身的感知器数据，扩大单车的感知范围，从而更精确地为驾驶人或自动导航提供支持。这个目的只能通过"车-车"直连通信来完成，因为如果通过第三者转发，会大大增加延迟，不适用于对延迟要求高的 V2V 通信。而目前的企业界，尤其在中国，大部分只关注通过基站转发的通信，比如目前的 LTE-V2X，V2V 通信部分还没有最后完成。关于车联网的安全项目，也多关注与传统互联网类似的内容，而对车联网中特有的"车-车"通信涉及甚少。"车-车"通信是车联网的主要内容和特点，其他方面都可以在传统互联网中找到较为成熟的解决方案，所以，由于"车-车"通信引出的问题需要被更加重视，因为其可能是阻碍车联网实施的关键。

第8章　智能网联汽车交通规划技术

8.1　智能网联汽车导航中路径规划技术

8.1.1　导航技术概述

汽车导航系统是车内重要的辅助驾驶系统，它为用户的移动出行提供了必要的出行信息。随着计算机、互联网和导航相关技术的发展，目前的汽车导航系统在功能上得到了很大的提升，不仅可以在陌生环境中为用户提供路线和位置等空间信息，也能够提供实时的交通信息及信息咨询服务，对于提升道路出行者驾车出行的安全性、效率和便捷性起着重要的作用。

近年来，随着信息技术的突飞猛进和以 GPS 为代表的定位技术的日益普及，出现了汽车导航、基于位置的服务（Location Based Service，LBS）等面向大众用户的导航及相关服务。汽车导航是指在应用地理信息系统（Geographic Information System，GIS）技术构造的道路网数字化地图的基础上，运用 GPS 等定位技术进行车辆定位，确定最优行驶路线，为出行者提供静态或实时的最优出行路线信息，并在出行过程中对驾驶人适时地做出路线指引。LBS 是从导航技术上发展起来的一种面向应用的信息服务，它利用无线（或有线）通信网络，为广大移动（或固定）用户提供位置相关的信息增值服务。

8.1.2　导航的空间维度

导航的空间维度从载体运动空间的角度，可以将导航分为一维空间的导航、二维空间的导航和三维空间的导航。在汽车导航领域，汽车和行人的运动空间一般都是地面上的道路，道路是一种一维空间，因此汽车和行人的导航是一维空间的导航。当然，汽车导航并不是严格意义上的一维导航，还可以做进一步的细化。譬如，对汽车和行人在道路上的导航，由于存在从一条道路到另一条道路的变化，或者转向和变道形成道路网，使得汽车和行人的运动空间也不是严格的一维，而是介于一维和二维之间。

导航的空间维度在很大程度上决定了对导航技术和导航系统性能的要求，不同空间维度的导航，对导航系统性能和导航技术的要求差别很大。在道路网这样介于一维和二维之间的空间，载体运动的自由度受到限制，要求导航系统有精度较高的二维空间的定位，同时还需要有表示道路网的地图。

8.1.3 导航的三个基本要素

在一次导航中，需要回答三个基本问题：①车辆的目标位置。②车辆的当前位置或出发位置。③车辆的出发位置和目标位置之间的路径。只要确定了载体的出发位置、目标位置以及出发位置和目标位置之间的路径，那么就可以完成对载体的导航。因此，把载体的当前位置、目标位置以及当前位置和目标位置之间的路径称为导航的三个基本要素。车辆的当前位置和目标位置可以通过卫星定位技术、地基无线定位技术等确定。当前位置和目标位置之间的路径是由首尾相连的道路连接而成，是在导航地理数据库中的道路网上通过一定的路径规划算法获得的。

8.1.4 导航中的定位技术

想要解决前两个导航要素，就需要定位技术来支持。常用的定位技术主要包括自主定位技术、地基无线定位技术和天基卫星定位技术三种。大众导航领域用的更多的是地基无线定位技术和天基卫星定位技术。

1. 自主定位技术

自主定位技术指的是定位终端不借助于任何其他外界设施，而仅依靠自身运动的一些状态。惯性定位技术就是一种典型的自主定位技术，它根据陀螺和加速度传感器的状态信息来进行航位推算（Dead Reckoning，DR）。但是其定位精度随着时间的推移会越来越低，而且硬件成本也很高，因此在面向大众化的导航服务应用中基本上不使用这种定位技术。

惯性定位技术的意义在于知道汽车的出发位置，知道汽车的初始行进方向，知道每一时刻如何改变了行进方向，知道每一时刻是怎样走的，然后随着单位时间的推移，在不考虑各种误差时，得出的结果就应该是汽车现在的行进方向和位置。汽车行进方向和位置的改变需要各种传感器来感知，而惯性导航技术之所以叫惯性导航，就是因为使用的是加速度传感器和陀螺仪传感器来得知汽车行进的方向和位置。

2. 地基无线定位技术

地基无线定位技术是当前无线通信网络中应用最为广泛的定位技术，尤其是随着移动通信网络定位技术的发展，小区 ID（Cell-ID）、信号达时间（Time of Arrival，TOA）、信号达时间差（Time Difference of Arrival，TDOA）等一大批无线定位技术都得到了比较好的应用。无线局域网（Wave Local Area Network，WLAN）、蓝牙（Bluetooth）等专用局域网络的场强定位也取得了一定的效果。

3. 天基卫星定位技术

天基卫星定位技术是以 GPS 为代表，使用地球上空的导航卫星系统进行观测来获取用户的地理坐标；和 GPS 类似的卫星定位技术还包括俄罗斯的全球导航卫星系统（Global Navigation Satellite System，GLONASS）、欧盟正在筹建中的 Galileo 卫星导航系统和我国的北斗卫星导航系统等。这些定位技术都能够获取较高精度的用户位置坐标。在天基卫星定位技术中，GPS 是应用最广的也是最成熟的。针对 GPS 的网络动态定位的研究也是开展得最多的。当前广泛使用的网络定位技术包括网络实时动态（Real Time Kinematic，RTK）、精密单点定位（Precise Point Positioning，PPP）、虚拟参考站（Virtual Reference Station，VRS）等。虽然基于网络的 GPS 定位技术扩展了其应用面，也提高了定位的精度，但是在人们经常活动的室内却存在 GPS 定位盲区，室内对卫星信号的遮挡，城市建筑物对卫星信号的反射等都会影响定位效果，甚至根本无法完成定位。为了解决单独使用 GPS 技术时受到定位区域和精度等条件的限制，出现了一种称作辅助 GPS（Assisted GPS，A-GPS）的混合定位技术。A-GPS 技术充分利用了移动终端可以双向传输信息的能力，将卫星测量信息与通信网络基站测量信息进行联合处理，实现基于无线通信网络的差分 GPS 定位。这些移动终端可以是手机，也可以是含有通信设备的个人数字助理（Personal Digital Assistant，PDA）等，但它们都含有部分或全部 GPS 接收机的功能模块。

(1) GPS 定位原理　　GPS 是目前技术上最成熟、应用最广泛的一种天基卫星导航定位系统，能够廉价便捷地在全世界任何地方任何时候确定物体连续的位置、速度、航向和时间信息。GPS 具有以下特点：

1）全球及全天候导航定位。

2）定位精度高，实时定位速度快。

3）抗干扰性能好，保密性强。

GPS 的空间部分是由 24 颗卫星组成，其中 21 颗卫星用于导航，3 颗卫星作为备用。这些卫星分布在 6 个轨道平面上，轨道倾角为 55°。目前在轨道上运行的卫星数量已经达到 27 颗，在任何地区任何时刻都可以观测到 5~8 颗卫星。GPS 卫星发射两种频率的载波信号，即频率为 1575.42MHz 的 L1 载波和频率为 1227.60MHz 的 L2 载波。在 L1 和 L2 上分别调制多种信号，包括 C/A 码、P 码（精码）、D 码等。C/A（粗捕获码）定位精度为 100m，P 码定位精度为 10m，D 码为导航电文。

伪距定位 GPS 的工作概念是基于卫星的距离修正。用户通过测量到天空中各可视卫星的距离来计算他们的当前位置，卫星的作用相当于精确的已知参考点。每颗卫星时刻发布其位置和时间数据信号，用户接收机可以测量每颗卫星信号到接收机的时间延迟，然后根据信号传输的速度就可以计算出接收机到不同卫星的距离。

设 ρ_i 为移动终端观测各卫星所得的伪距，(X_i, Y_i, Z_i) 为所观测卫星的位置，C 为无线电波的传播速度，ΔT_i 为已知的卫星钟差改正，若接收机钟差为 ΔT，移动终端的坐标为 (X, Y, Z) 则有式（8-1）

$$\rho_i = \sqrt{(X-X_i)^2+(Y-Y_i)^2+(Z-Z_i)^2}+C(\Delta T_i-\Delta T) \tag{8-1}$$

上式中有 4 个未知的参数，因此如果同时对 4 颗卫星进行观测即可以解算出移动终端当前的位置。

在 GPS 伪距导航定位中，主要的误差源包括卫星星历误差、卫星钟误差和设备延迟误差、用户接收机测量误差、用户计算误差、电离层信号延迟、对流层信号延迟和多路径效应等。

(2) CORS 定位原理　　普通的汽车导航需要 30m 左右的定位精度，而许多 LBS 应用只需要 100m 左右的定位精度。因此，对于一般汽车的导航应用，用 GPS 的伪距定位技术或者通信网的各种无线定位技术就能满足要求。随着导航服务的发展，出现了一些新的应用需求，譬如车道级的汽车导航、汽车自动驾驶、行人导航、盲人导航等，这些导航应用需要米级甚至更高的定位精度。

普通的 GPS 伪距定位技术或者地基无线定位技术均无法满足要求，需要采用 DGPS 等高精度的定位技术。DGPS 离不开 GPS 参考站的支持。将永久性连续运行的 GPS 参考站联网，并增加相应的系统控制中心和数据发布中心，就构成了连续运行参考站网系统（Continuously Operating Reference System，CORS）。随着各地区的区域型 CORS 的不断建立，CORS 网络互联已成为必然的发展趋势。

CORS 构成如下：CORS 系统一般由 GPS 卫星跟踪基准站子系统、系统控制中心、数据发布中心、用户应用子系统和数据通信子系统 5 部分组成，前 4 个子系统通过数据通信子系统互联，形成一个分布式的网络系统。其核心是由多个基准站组成的基准站子系统和一个系统中心。

CORS 网络协作的目标：CORS 网络协作的目的是为了共享数据、共享服务，从而提高 CORS 资源的利用率，发挥 CORS 网络的整体优势。为此，本书提出 CORS 网络协作的具体目标如下：

1）自治性。CORS 网络中的各 CORS 仍然可以独立运行，本身仍然是完整的自治系统。

2）动态性。隶属于某 CORS 的基准站可能临时"加入"别的 CORS 形成新的服务覆盖区域，甚至是几个分别隶属于不同 CORS 的基准站临时组合在一起形成新的服务覆盖区域。

3）开放性。CORS 系统中心不仅可以处理本系统的基准站数据，还应该能够处理其他 CORS 的基准站数据，各系统中心的计算程序可以进行互操作。

4）平衡性。任务繁重的 CORS 系统中心可以将一部分处理工作转移至其他有较多空闲能力的 CORS 系统中心进行，从而实现整体的负载平衡，同时也提高了单个系统中心服务能力的可扩展性。

5）容错性。少量基准站的失效只会对局部区域的服务质量产生可控制的影响，不会造成服务中断，不会影响整体的服务质量。个别 CORS 系统中心的失效也不会造成该 CORS 覆盖区域的服务中断，而是能够将数据处理工作转移至别的 CORS 系统中心进行，从而继续提供服务。在由多个独立 CORS 联网而成的 CORS 网络中，相应地存在多个系统中心。事实上，每个系统中心只是相对于局部的 CORS 而言的，而对于整个 CORS 网络来说，局部系统中心已经失去了"系统中心"的意义。

8.1.5 导航地理数据库

当需要导航三要素中的出发位置至到达位置之间的路径时，可以从导航地理数据库中来获得有用信息。

导航地理数据库是指针对汽车导航、LBS 应用需求而建立的具有统一技术标准的地理数据库。导航地理数据库是一个综合的数据集，包括空间要素的几何信息、要素的基本属性、要素的增强属性、交通导航信息等，它着重表达道路及其属性信息以及汽车导航、LBS 应用所需的其他相关信息，如地址系统信息、地图显示背景信息、用户所关注的公共机构及服务信息等。导航地理数据库的主要内容是以道路网为骨架的地理框架信息，其上叠加着社会经济信息（如商业服务单位设施等）以及交通信息，其中交通信息包括静态交通信息（如交通规则、道路通行条件等）及动态交通信息（如实时路况信息）。

8.1.6　路径规划技术介绍

路径规划技术是汽车自动控制技术的重要组成部分，大体可分为两类，一是全局路径规划，二是局部路径规划。全局路径规划技术是根据环境信息的已知程度，利用全局环境已知信息，根据算法搜索出最优或接近最优的路径。

局部路径规划是对环境局部未知或完全未知，通过传感器为自动驾驶提供有用的信息，确定障碍物和目标点的位置，并规划起始点到目标点的最优化路径或接近最优化路径。

8.1.7　路径规划的具体方法

1. 全局路径规划

（1）栅格法　即用编码的栅格来表示地图，把包含障碍物的栅格标记为障碍栅格，反之则为自由栅格，以此为基础进行路径搜索。栅格法一般作为路径规划的环境建模技术来用，它作为路径规划的方法很难解决复杂环境信息的问题，一般需要与其他智能算法相结合。

（2）视图法　首先将自动驾驶车辆视为一个点，然后将起点、障碍物和目标点的每个端点连接起来，并以直线连接各个端点，从而将路径规划问题转化为从起点到目标点的最短路径的寻找问题。视图法的优点是概念直观、简单，缺点是灵活性不好。当目标点或障碍物或起始点发生变化时，需要对视图进行重构，而且障碍物的数目越多，算法越复杂。

2. 局部路径规划

（1）遗传算法　遗传算法是自动驾驶路径规划常用的算法。该算法模拟达尔文的生物进化理论，结合进化中优胜劣汰的概念，是一种基于自然选择和遗传学原理的搜索算法。该算法最大的优点是易于与其他算法相结合，并充分发挥自身迭代的优势，缺点是运算效率不高，不如蚁群算法有先天优势，但其改进算法也是研究的热点。

（2）蚁群算法　蚁群算法相对于遗传算法来说具有一定的记忆力。蚁群算法有多种原理，如觅食原理、避障原理等。蚁群算法属于群智能优化算法，具有并行性。每一个粒子都能被主动优化，而遗传算法不能。

遗传算法具有快速的全局搜索能力，因此可以快速搜索全局最优路径，但系统中的反馈信息利用率不高，往往导致不作为的冗余迭代，求解效率低。蚁群算法通过信息素的积累和更新，收敛于最优路径。蚁群算法具有分布性、并行性和全局收敛性等优点。但在初始阶段，所有路径上的信息素都是相等的，使得算法有点像贪婪算法。

（3）神经网络　神经网络可以通过大量实际驾驶行为数据，学习避障和路径规划中隐含的、难以人工设计并提取的特征。深度学习的基本模型包括基于受限玻耳兹曼机的深度信任网络、基于自动编码器的堆叠式自动编码器、卷积神经网络、递归神经网络。由于无须迭代，采用前向神经网络学习算法学习避障的速度非常快，自组织神经网络特性也可用于融合传感器信息，学习从地图上不同位置到目的地的行驶路线。一旦学习完成，自动驾驶就可以实现自主导航。通过驾驶人在场景中的驾驶操作可以得到一套训练集，输入到神经网络单元进行训练，再输出一个决策计划结果。在获得预期的轨迹后，需要控制车辆的转向、制动、驱动以跟踪轨迹。

ADAS系统的控制是根据各个状态进行来回切换的，传统控制算法存在目标或控制方式切换引起的车辆加速和减速跳跃，存在切换过程平稳性差等问题。由于控制状态的变化，原有的车辆控制算法、跟踪过程和巡航控制过程会出现加速跳跃的问题，影响舒适性。当自动驾驶处于低速时，控制问题就不那么明显。但在高速条件下，必须考虑轮胎与地面的摩擦。

由于轮胎和地面摩擦圆的约束，当车轮纵向力变化时，侧向力也随之变化。智能车的车速控制和横向轨迹跟踪性能是相互制约的。

(4) **人工势场法** 人工势场法是Khatib提出的虚拟力法。它模仿引力、斥力下的物体运动，目标点和运动体间为引力，运动体和障碍物间为斥力，通过建立引力场及斥力场函数进行路径寻优。该方法的优点是规划出来的路径平滑安全、描述简单，但是存在陷入局部最优的问题，引力场的设计是算法能否成功应用的关键。

(5) **轨迹规划算法** 时空路径是指车辆在一定时间内行驶的轨迹。轨迹不仅包括位置信息，还包括整个轨迹和车辆姿态的时间信息（时间、速度、加速度、曲率等）。局部路径规划可进一步分为轨迹规划和速度规划。轨迹规划只解决根据行为决策和综合地图信息，在二维平面上定义一定的代价函数下，对轨迹进行优化的问题。速度规划是选择一个或多个轨迹后，解决用什么样的速度来行驶的问题。速度规划由车辆当前状态、行驶目标以及轨迹曲率等决定。轨迹规划算法在很大程度上依赖于地图对道路的定义，在车辆模型和道路模型下，由轨迹规划生成的轨迹是从区间到车辆姿态向量集的连续映射。在每个轨迹的末端，轨迹优化的目标是筛选出满足所有可能轨迹曲线边界条件的轨迹曲线，然后找到平滑的、代价最低的曲线。

8.1.8 路径规划常用算法的原理

1. 经典蚁群算法

找最优路径的过程，具体流程如下：

初始化假设蚂蚁数量为num及信息素；蚂蚁在栅格地图中移动，释放定量的信息素q，称为初始信息素；然后蚂蚁根据启发信息随机选择位置向目标点移动，启发信息定义为式(8-2)，即

$$\eta_{ij} = \frac{1}{d_{i,j}}, \quad j \in \text{allow}_k \tag{8-2}$$

式中，$d_{i,j}$表示i与j点之间的欧氏距离；allow_k表示当前蚂蚁k可以选择的下一个目标点的集合。

所有蚂蚁完成一次迭代后对该路径上残余信息素进行更新，则$t+1$时刻在路径(i,j)上信息素更新为式(8-3)，即

$$\tau_{ij}(t+1) = (1-\rho)\tau_{ij}(t) + \Delta\tau_{ij}(t,t+1)$$

$$\Delta\tau_{ij}(t,t+1) = \begin{cases} \dfrac{Q}{L_k} \\ 0; \text{其他} \end{cases} \tag{8-3}$$

式中，ρ表示信息素的挥发系数，且ρ的取值范围为$(0,1)$；$\tau_{ij}(t)$表示在t时刻路径(i,j)上的信息素浓度；Q是一个定值表示信息素的总量，在一定程度上影响算法收敛速度；

L_k 表示本次循环中，蚂蚁 k 所经过的路径的长度。

状态转移概率为式（8-4），即

$$p_{ij}^k(t) = \begin{cases} \dfrac{[\tau_{ij}(t)]^\alpha [\eta_{ij}(t)]^\beta}{\sum_{j \in \text{allow}_k}[\tau_{ij}(t)]^\alpha [\eta_{ij}(t)]^\beta}, & j \in \text{allow}_k \\ 0, & j \notin \text{allow}_k \end{cases} \quad (8\text{-}4)$$

式中，α 为输入的信息素启发因子；β 为期望启发因子。

2. 遗传算法

（1）遗传算法的基本运算过程

1）初始化。设置进化代数计数器 $t=0$，设置最大进化代数 T，随机生成 M 个个体作为初始群体 $P(0)$。

2）个体评价。计算群体 $P(t)$ 中各个个体的适应度。

3）选择运算。将选择算子作用于群体。选择的目的是把优化的个体直接遗传到下一代或通过配对交叉产生新的个体再遗传到下一代。选择操作是建立在群体中个体的适应度评估基础上的。

4）交叉运算。将交叉算子作用于群体。遗传算法中起核心作用的就是交叉算子。

5）变异运算。将变异算子作用于群体。即对群体中的个体串的某些基因上的基因值作变动。群体 $P(t)$ 经过选择、交叉、变异运算之后得到下一代群体 $P(t+1)$。

6）终止条件判断。若 $t=T$，则以进化过程中所得到的具有最大适应度个体作为最优解输出，终止计算。

（2）遗传操作 遗传操作包括以下 3 个基本遗传算子（Genetic Operator）：选择（Selection）、交叉（Crossover）、变异（Mutation）。

1）选择。从群体中选择优胜的个体，淘汰劣质个体的操作叫选择。选择算子有时又称为再生算子（Reproduction Operator）。选择的目的是把优化的个体（或解）直接遗传到下一代或通过配对交叉产生新的个体再遗传到下一代。选择操作是建立在群体中个体的适应度评估基础上的，常用的选择算子有：适应度比例方法、随机遍历抽样法、局部选择法。

2）交叉。在自然界生物进化过程中起核心作用的是生物遗传基因的重组（加上变异）。同样，遗传算法中起核心作用的是遗传操作的交叉算子。所谓交叉是指把两个父代个体的部分结构加以替换重组而生成新个体的操作。通过交叉，遗传算法的搜索能力得以飞跃提高。

3）变异。变异算子的基本内容是对群体中的个体串的某些基因上的基因值作变动。依据个体编码表示方法的不同，可以有以下的算法：①实值变异。②二进制变异。

一般来说，变异算子操作的基本步骤如下：

① 对群中所有个体以事先设定的变异概率判断是否进行变异。

② 对进行变异的个体随机选择变异位置进行变异。

遗传算法引入变异的目的有两个：一是使遗传算法具有局部的随机搜索能力。当遗传算法通过交叉算子已接近最优解邻域时，利用变异算子的这种局部随机搜索能力可以加速向最优解收敛。显然，此种情况下的变异概率应取较小值，否则接近最优解的积木块会因变异而遭到破坏。二是使遗传算法可维持群体多样性，以防止出现未成熟收敛现象，此时收敛概率应取较大值。

8.1.9 改进后的路径规划算法

1. 病毒遗传策略

为了让最优路径算法更适合实际路网，同时满足实时性要求，可以采用病毒协同进化遗传算法来求解最优路径问题，这里提出一种改进 A^* 算法得到遗传算法中初始种群，利用主群体和病毒群体之间的协同进化作用，快速得到动态路网中的最优路径。

病毒遗传算法解决动态路径规划的问题基于如下策略：

1) 道路的一部分被认为是一种病毒。此外，产生一个除路径种群之外的病毒种群。

2) 其中产生的路径中只有包括病毒路径才能作为初始种群。如果在同一路径上产生两个种群，则删除其中一个。

3) 采用交叉和感染操作，从而可以产生连续几代的病毒组合。病毒种群表现为一系列交叉的符号，病毒种群不包括起点和终点，而个体（路径种群）必须包括起点和终点。

基于病毒进化理论的遗传算法在进化过程中产生两种群体：主群体和病毒群体。主群体对应问题的解空间，进行遗传算法的遗传操作，在上下代群体之间纵向传递进化信息，实施解空间的全局搜索；病毒群体是主个体编码（主染色体）的子串集合，进行病毒感染操作，在同代个体之间横向传递进化信息，实施解空间的局部搜索，这样大大改善了对问题全局最优解的搜索能力。

病毒进化遗传算法步骤如下：

1) 初始化：$t:=0, N, M, P_{cross}, P_{copy}, P_{cut}, \gamma$

2) 根据主个体编码规则，运用改进 A^* 算法产生一个有 N 个染色体的初始主群体，对每个个体计算其适用度；根据病毒个体编码原则采用复制操作，以概率 P_{copy} 从主群体中产生 M 个染色体的初始病毒群体，对每个病毒个体，令 $liftit:=0$。

3) 若停止规则满足，选择主群体中适应度最大的个体进行解码得到最优解，算法停止，否则继续步骤4)。

4) 对主群体进行概率为 P_{cross} 变异操作，产生新的主个体。

5) 对主群体按适应度值大小排序，选择适应度大的 N 个个体得到新的主群体。

6) 病毒个体和主个体之间反向代换，若主个体感染前后的适应度之差大于 0，用感染后的个体替换原来的个体。被病毒感染的子群体为 U。

7) 计算病毒个体的适应度。如果适应度小于 0，对病毒个体进行概率为 P_{copy} 的删除操作，将新的病毒个体记入病毒群体。

8) 计算病毒个体的 $liftit+1$，如果小于 0，则在主群体中随机选择一个主个体执行复制操作，产生新的病毒个体替换原来的病毒个体。

9) $t:=t+1$，转步骤 3)。步骤 4)~5) 执行普通的遗传算法过程，进行路径的全局搜索；步骤 6)~8) 执行病毒的进化过程，执行路径的局部搜索，通过病毒对主个体的感染，实现进化基因的传递，同时根据病毒感染效果的好坏调整进化基因的长度，并且产生新的病毒个体来动态调整局部的搜索能力。

2. 基于多层 Morphin 搜索树的局部路径规划算法

1) Morphin 算法原理。Morphin 算法是一种应用于月球探索机器人的局部避障算法，基本思想就是在机器人前进方向上生成一组离散的行驶路径集合，然后对每条路径按照设计好的评估函数进行投票评估，采用其中一条安全的路径提供给执行器进行跟踪。行驶路径是根据车辆运动学模型生成的一组车辆运动轨迹，每条轨迹都对应了一个不同的车辆前轮转向角，最大转向角度受到车辆机械结构的限制。

2）多层 Morphin 搜索树。基本的 Morphin 算法的搜索为无障碍最优方向，能很好地避开障碍物并趋向目标节点，搜索时间短、实时反应能力强，故其安全搜索、实时避障和对环境的适应性高，能达到局部路径规划对搜索算法的要求。但由于每条搜索弧线只对应一个角度，缺少灵活度，因此在面对复杂的未知环境时，仅仅只是针对近处的障碍进行紧急避障，并未考虑到远处障碍的位置，有时所得到的轨迹线尽管是评价值最好的，但是对于实际跟踪行驶来说并不是最佳的。针对这一问题，提出了一种改进的 Morphin 算法——多层 Morphin 搜索树的局部路经规划算法。

(1) **滚动窗** 定义地面车辆的滚动窗为式（8-5），即

$$W(p_{\text{robot}}(t)) = \{p \mid p \in C_{\text{free}}, d(p, p_{\text{robot}}(t)) \leq R_{\text{win}}\} \tag{8-5}$$

t 时刻地面无人车辆处在位置 p_{robot}，C_{free} 是地面无人车辆的自由空间，R_{win} 是地面车辆的感知半径。每个执行周期都会将滚动窗所包含的全局环境转换到地面车辆坐标系下形成一个局部环境地图，然后根据全局先验信息确定局部目标，结合局部环境地图信息构建多层 Morphin 搜索树进行局部路径规划。

(2) **紧急制动距离** 当地面无人车辆以速度 v 行驶时，对应的紧急制动距离为 d_e，这个距离是指当发生紧急情况时，车辆从制动开始到完全停下时所滑行的距离。设地面车辆制动时最大加速度为 a_{break} 则有式（8-6），为

$$d_e = v^2 / (2a_{\text{break}}) \tag{8-6}$$

生成的搜索弧线长度 L 要大于 d_e 才能做到对危险的提前预判。

8.2　交通信号灯统筹控制技术

8.2.1　交通信号灯的介绍

交通信号灯具有多种形式：

(1) **圆形信号灯** 圆形信号灯是当下各国采用的最广泛和最主要的信号灯形式。它向对向车辆直观地传达放行、停止的交通信息："绿色——放行""红色——停止""黄色——警告停止"。通常状况 3 种颜色的灯由红色、黄色、绿色 3 个固定形状的发光单元安置在金属或塑料框架内成为一个整体。

(2) **箭头信号灯** 箭头信号灯表示对车道"路权的专一分配"。布设箭头信号灯，就应该保证箭头指示方向的行驶车辆和其他方向车辆相互不影响正常行驶。箭头信号灯一般可以设置为三联灯，由红色箭头灯、黄色箭头灯、绿色箭头灯组合而成。箭头信号灯竖向安装是针对左转车道的信号。横向安装是车道控制信号。两种安装方向的颜色从上到下、从左至右顺序都是红、黄、绿。

(3) **复合信号灯** 复合信号灯是由箭头和圆形信号灯的复合，形成对直行和左转交通的控制。交通信号灯具有固定的设计特征。交通信号灯是用于告知驾驶人通行权，从而调节

交通流，因此交通信号灯务必要突出、容易被看见。交通信号灯主要由明亮的彩色灯组成，通常是圆形或箭头形的，最常见的交通信号灯配置是圆形的红、黄、绿灯，其每个状态分别表示停车、等待、通行。除明显的颜色特征以外，形状特征也是交通信号灯的突出特征。交通信号灯通常包含在一个灰黑色矩形背板中，背板内接一个或多个圆形灯。尽管气候、道路环境等（如褪色及形变）都会在不同程度上影响交通信号灯图像的采集，但交通信号灯的形状和几何尺寸却不会有太大的变化。

8.2.2 交通信号灯的设置

1. 交通信号灯的设置依据

一个交叉口是否需要设置交通信号灯，实行交通信号控制，主要是看该交叉口交通繁忙程度、混乱程度和事故多少，不过有时为了对某地点实施保护（如学校、政府机关等），限制车辆速度和车辆进入，也必须设置交通信号灯。但大致来讲，设置交通信号灯主要考虑以下几个因素：

1）横穿道路的行人和非机动车数量。
2）交叉口总的交通流量。
3）历史的事故记录。

交通流量是交叉口交通信号灯是否设置的理论依据，当交叉口主次道路的综合通行能力大于停车让路标志时的通行能力，综合延误小于停车让路标志时的延误，则设置交通信号灯控制。

我国在《道路交通信号灯安装规范》明确规定了信号灯的安装依据。当有人行横道时，必须设置保证行人能安全通过人行横道的信号相位。为行人设置的相位时间为以正常步行速度过完人行横道所需的时间，即为人行横道长度除以行人步行速度（通常取 1.2m/s）。在左右转车辆较多、危险性较大的情况下，为安全起见，有必要设置行人专用相位。当与行人交通流冲突的车流速度较低或右转车较少，且行人容易观察到车辆时，可以用同一个相位来处理车与行人。

2. 设置交通信号灯的优点

设置交通信号灯可以减少车流、人流的相互干扰和冲突，建立一个顺畅的交通秩序环境，确保交通安全。确保横穿人行横道的行人安全。合理地为相交叉的道路车流分配通行权，合理地调节路线，从而提高整个路口、路线、路网的通行效率。通过系统设计，控制车辆按合理车速行驶，从而确保交通安全、顺畅，改善交通环境。

8.2.3 交通信号灯的控制系统

1. 交叉口信号控制基本概念

交通信号控制是利用交通信号装置，对道路上运行的车辆和行人进行指挥和疏导。所谓交通信号装置是指交通管理部门根据国家有关法律规定，在道路上向车辆和行人发出通行、停止或停靠的具有法律效力的信息。交通信号控制是交通控制的重要组成部分，是科学管理交通的一种有效手段。现代化的交通信号控制系统的作用主要表现在以下几个方面：

（1）**改善交通秩序，提高通行能力**　由于交通信号控制系统采用科学的方法和手段对交通流进行时间分割，使交通流保持在一种平稳的最佳运行状态，以减少交通延误。这可以使已有的道路宽度和通行能力得到充分的利用，从而使城市交通中不断增加的拥挤堵塞现象得到有效缓解。

（2）节省能源损耗，提高交通效益 交通信号控制系统能最大限度地保证交通流运动的连续性，使受控区的交通流冲突减少，并能平稳地、有规则地运动。交通信号控制系统可以减少停车次数，减少停车过程中加速、减速带来的消耗，从而减少能源消耗，降低旅行时间，提高交通效益。

（3）预防交通事故，增加交通安全 在世界上很多国家，交通事故引起的人身伤亡已远远超过了自然灾害、火灾等意外事故，而通过使用现代化的科学技术手段对道路进行全面的协调控制，可以有效地减少交通事故，增进交通安全。

（4）减少大气污染，改善城市环境 汽车在起动过程中污染更加严重，实行交通信号控制可以减少停车次数，降低汽车尾气排放，从而改善城市环境。

（5）节省城市用地，增加城市发展空间 交通用地是城市的主要用地类型之一，交通信号控制系统的应用，可以最大限度地利用现有道路，提高道路的通行能力，从而让减少新建、扩建道路成为可能，有效地节省了城市用地，增加了城市发展空间。

2. 交叉口信号控制基本参数

交叉口信号控制常用到相位、最短绿灯时间、信号周期、绿信比等基本参数。对单交叉口信号控制主要涉及上述4个基本参数，如果涉及多路口协调，需要设置绿波带，还要考虑相位差。智能交通控制系统的控制目标就是要根据路口各种交通参数优化控制各个相位的绿灯配时。

（1）相位 在交通信号控制中，为了避免交叉口各个方向上的车流发生冲突，保证行人和行车的安全，通常需要采用分时通行的方法，即在交叉口的一个周期的一个时间段内，只有一个方向上或几个方向上的车辆具有通行权，而与通行方向车辆发生冲突的其他方向交通流均处于等待状态。用红灯和绿灯限制某个相位能否通行是世界上通行的标准。在平面交叉口各个方向上，车流通过的顺序称为相序。一个信号周期内的相位数有几个就称为几相位系统。

（2）最短绿灯时间 对于平面交叉口而言，最短绿灯时间是各信号阶段或者各个相位的最短绿灯时间限制，即不论任何信号阶段或任何一次相位绿灯时间，都不得短于最短绿灯时间。规定最短绿灯时间的目的，主要是为了保证交叉口行车安全，当某一相位获得绿灯信号后，车流离开停车线，如果绿灯信号持续时间过短，停车线后面已经起动并正在加速的车辆会来不及制动，因而酿成事故。除此之外，为了保障行人的安全，行人通行相位的绿灯时间应该能够保证行人从一个安全的驻足区到达另一个安全的驻足区，这个时间长度被称为行人过街最短绿灯时间。机动车相位绿灯时间要严格受到行人过街最短绿灯时间的约束。

一般情况下，行人过街最短绿灯时间计算公式为式（8-7），即

$$g_{0\min} \frac{L_{p\max}}{V_P} \tag{8-7}$$

式中，$g_{0\min}$表示行人过街最短绿灯时间，单位为s；$L_{p\max}$为绿灯相位对应的最长人行横道的长度，单位为m；V_P为行人过街步行速度，一般情况下取1~1.2m/s。

(3) 信号周期 信号周期是指交叉口某一相位绿灯开始（结束）到下一次该相位绿灯开始（结束）所用的时间之和。信号周期根据信号灯控制方式不同，可能是固定的，也可能是变化的，如果信号控制方案中根据排队长度或者车流量实现信号灯实时感应控制，则必须设定最短信号周期和最长信号周期。

最短信号周期是调节信号周期的最小限定值，最短信号周期的确定是以保证步行和骑自行车的行人安全通过路口为原则。一般情况下，路口最短信号周期不得低于一定值，假设路口有 P 个相位，则最短信号周期为 $P×(l_0+3)$ 秒，l_0 表示某一相位的最短绿灯时间，3 表示该相位的黄灯时间和全红时间，当排队长度较小时，一般按最短信号周期运行。

最长信号周期的设定除了要考虑各个方向的车流量大小，还要考虑人的等待耐心。工程应用中，感应控制方式如仅根据某个相位的车流量持续增加而没有限制最长信号周期的情况下给该相位设置绿灯，这样就会导致其他方向上的车辆和行人一直处于等候状态，势必会导致驾驶人和行人情绪烦躁，增加行人闯红灯现象的发生。

此外，较长的周期也会增加车辆的延误时间。一般而言，最长信号周期不超过 120s，某些交通流量[①]特别大的路口最长信号周期可以放宽到 180s。当某个相位连续等待时间即红灯持续时间过长时，不论当前通行相位的车流如何，都要先放行这个相位。

从交通控制的角度而言，当交通需求越大时，周期应越长，这样可以增加绿信比，提高绿灯的通行效率，否则某一相位在红灯期间排队等待的车辆不能在该相位绿灯期间通过交叉口，会造成堵塞现象。但信号周期过长又会造成交叉口过大的延误。因此，确定适当的信号周期对交叉口车流的有效疏散和减少车辆的等待时间有着非常重要的意义。

(4) 周期长 t_c、绿信比 g_i、饱和度 λ 的关系 周期长、绿信比、饱和度之间存在如式 (8-8)~式 (8-10) 之间的关系，即：

$$\sum_i g_i + \frac{L}{t_c} = 1 \tag{8-8}$$

此外，为使各相位的处理能力能够满足交通需求，必须令 $g_i \geq \lambda$，把此式代入

$$\sum_i g_i = 1 - \frac{L}{t_c} \geq \lambda \tag{8-9}$$

由此可以得到满足交通需求的最小周期 C_{min} 如下：

$$t_c \geq \frac{L}{1-\lambda} = C_{min} \tag{8-10}$$

3. 基于 MATLAB 软件和 Vissim 软件的智能交通信号灯控制系统

通常情况下，建造智能路口之前，需要进行仿真验证，以测试算法性能。为了解决现有仿真方法的不足，本章提出了基于 MATLAB 软件和 Vissim 软件的智能交通信号灯控制系统协同仿真，并搭建了仿真平台。

(1) MATLAB 或 Vissim 语言自建模型 在绝大多数有关交通信号灯控制方法的研究中，都是在 MATLAB 或 C/C++ 语言平台下进行算法实现和仿真评价的。马文阁采用 MATLAB 语言编写了仿真程序，并用 Simulink 进行仿真，通过对路口形状、车辆到达分布、各方向交通量、车速、拐弯比例等参数的设定，构造出所希望的路口仿真环境，从而可以对多相

---

① 交通流量是指在单位时间内通过道路某一位置的车辆数，用 q 表示，单位是辆/h。

位交叉口在不同车流量大小的情况下进行仿真。但是以平均车辆延误作为评价信号灯控制优劣的主要参数，评价参数比较单一。

虽然仿真程序对实际路口的情况进行了模拟，但有些重要参数是无法真正模拟现场情况的，比如车辆到达率的设定和车辆离开率的设定。尤其是车辆离开率的设定，直接关系到平均延误时间的计算。因此仿真程序所得到的平均延误时间只是一个参考值。

除上述仿真程序之外，若想保证设计的仿真结果真实可靠，更重要的是设计一系列仿真模型，如道路设施模型、交通规则模型、车辆跟驰模型、换道模型、常规地面公交模型、行人交通模型、非机动车交通模型，其中车辆跟驰模型、换道模型是交通仿真模型的核心。

因此，可以看出，要想建立一个科学、客观、有效、便捷的仿真平台，需要大量的工作，才能得到尽可能精准的仿真结果。

（2）自编交通仿真软件 为了能够对提出的交通信号灯控制算法进行仿真，有学者利用 VisualBasic 和 VBA 软件编写了交通信号灯控制仿真软件，设计了控制模块、输入模型模块、信号灯演示模块、实时状态监测模块、历史数据查看模块、效果评价模块，但其对交叉口的交通流模型做了以下假设：

1）绿灯期间，所有车辆以 n 辆/s 的驶离率通过交叉口。
2）所有车辆类型都相同，运行速度也相同。

以上两个假设涉及车辆驶离率的设定和车辆模型的设计，可以看出，这些假设的条件严重不符合实际交通的情况，因此该方法的仿真结果就很难符合现实情况。

（3）Vissim 软件的运行与控制 Vissim 是一款很好的用来分析许多交通问题的软件工具。可以仿真包括简单交叉口（单点）、城市路网、高速公路、地铁等交通场景。Vissim 软件的配时方案有多种，不论是通过手动输入配时方案还是调入已有的动态配时方案文件，都只能按照设定好的配时运行，不能按照 MATLAB 下的交通信号灯控制算法产生的配时方案运行。

Vissim 的 COM 接口界面支持 Microsoft Automatic，用户能够应用所有的 RAD 工具，包括 Visual Basic Script、Java Script 等脚本语言，也可以支持 Visual C++等的编译环境。模型的数据和仿真能够通过 COM 接口得到，这时 Vissim 类似于自动服务器，能够导出该文件中描述的对象、方法和特征属性。

Vissim COM 对象模型有严格的对象等级。如果要进入不同的低等级对象，如一个 Net 对象中的一个 Link 址对象，就必须按照这个等级来进行操作。Vissim 是最高等级的对象；其他的对象都是它的子集。通过 Vissim COM 对象模型关系图 8-1 可以了解一些对象间的实体相互依存关系。

在 Visual Basic 软件下可以通过编程实现对 Vissim 软件的 COM 接口中各个对象的操作，实现对仿真模型运行与控制，同时提取各种参数。在本章中，需要控制仿真的起始，计算绿灯结束时该相位平均排队长度、车流量、平均车速参数，并控制相应相位交通灯颜色变化，需要在软件 Visual Basic 上编程调用 COM 接口中相应的对象。涉及的对象有

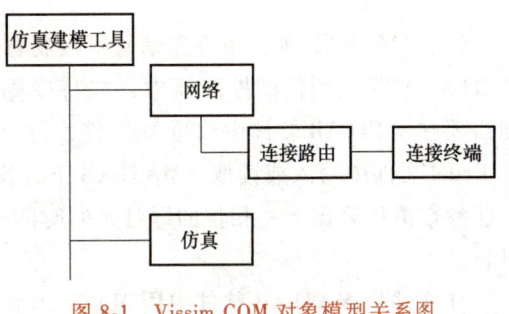

图 8-1 Vissim COM 对象模型关系图

Vissim Links、Node、Datecolletion、Queuecounter 等。其中 Visual Basic 软件下仿真程序流程图如图 8-2 所示。

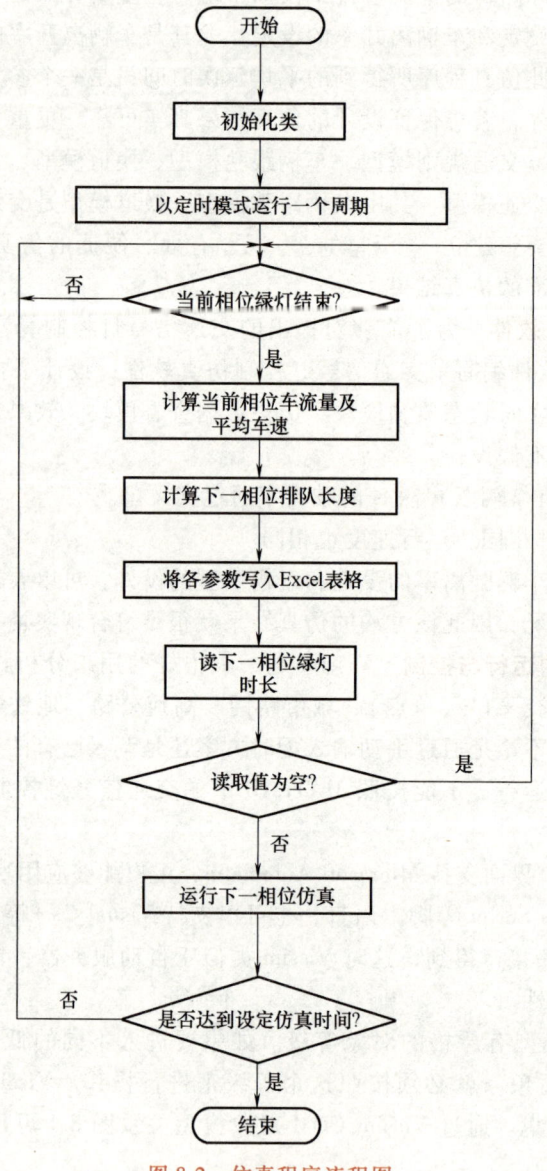

图 8-2 仿真程序流程图

（4）MATLAB 软件下交通信号灯控制算法　为了能够连续将 Vissim 输出的参数输入到 MATLAB 软件上的模糊控制器中，并将模糊控制系统计算的绿灯时长输入到 Vissim 软件，则需要在 MATLAB 软件中编写 M 文件，将上述数据从 vb_write.xls 文件和 matlab_write.xls 两个 Excel 文件中写入或读取。MATLAB 下，模糊控制器根据输入的排队长度、车流量、平均车速参数值计算出下一相位的绿灯延时时间，并根据该相位最短绿灯时间计算该相位的绿灯时长。

M 文件是 MATLAB 软件中用 MATLAB 语言编写的程序。M 文件可以根据调用方式的不同分为两类：命令文件（Script File）和函数文件（Function File）。M 文件是一个文本文件，它可以用任何编辑程序来建立和编辑，而一般常用且最为方便的是使用 MATLAB 提供的文本编辑器。

在 M 文件下，读入交通参数，通过运算得到交通信号灯绿灯时长流程图如图 8-3 所示。

首先，将设计好的模糊控制器模型调入当前控制工作台，然后读取 vb_write.xls 文件中有 Visual Basic 程序写入的排队长度、车流量、平均车速交通参数。Vissim 软件下，如果当前相位绿灯时间还没有结束，则 Visual Basic 还不能将 Vissim 的仿真参数写入 vb_write.xls 文件，此时 MATLAB 程序将重新读取 vb_write.xls 文件中的各个参数，直到 Vissim 下一个绿灯时间结束后，Visual Basic 将 Vissim 的仿真参数写入 vb_write.xls 文件。

得到各个参数后，运行模糊控制器计算绿灯延时时间，并根据相应相位最短绿灯时间计算其绿灯时间，然后写入 matlab_write.xls 文件下，等待 Visual Basic。然后重新读取交通参数。

(5) MATLAB 软件与 Vissim 软件协同仿真

在 MATLAB 和 Vissim 软件协同仿真的过程中，需要以 Visual Basic 为主控程序，调用初始化程序启动仿真软件 Vissim，加载并运行指定路径的路网文件。信号灯的第 1 个信号周期设置为固定配时，Visual Basic 从第 2 个信号周期开始编程获取 Vissim 中当前相位绿灯方向车速、车流量和下一相位排队长度的数据。

其中，Visual Basic 调用 Vissim Datecollection 接口函数 Datecollection.Getresult 采集当前相位绿灯方向的车速、车流量数据，并利用采集的数据计算车流量和平均车速，用 Vissim Queuecounter 接口函数 Queuecounter.Getresult 采集下一相位红灯方向的排队长度数据，然后将排队长度、车流量和平均车速写入 vb_write.xls 相应的表格中。在运行 Visual Basic 软件的同时，需要启动 MATLAB 软件，并运行前文中编写的 M 文件。在 M 文件中调用 xlsread 函数从 vb_write.xls 表格中读取参数到模糊控制仿真器中进行仿真，并将仿真得到的下一个相位的绿灯时长写入到 matlab_write.xls 表格中。然后，Visual Basic 程序即可调用配时程序将 matlab_write.xls 表格中 MATLAB 仿真得到的数据传给下一相位的信号灯，这样就完成了 Visual Basic、Vissim 和 MATLAB 的协同仿真。

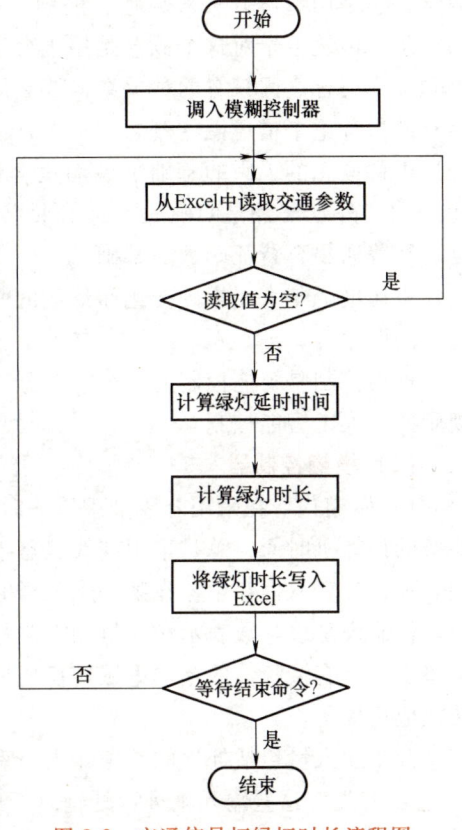

图 8-3 交通信号灯绿灯时长流程图

4. 基于模糊控制的交通信号灯系统

(1) 模糊控制理论概念 模糊控制系统是一种自动控制系统，它是以模糊数学、模糊语言形式的知识表示并以模糊逻辑推理为理论基础，采用计算机控制技术构成的一种具有闭环结构的数字控制系统。它的组成核心是具有智能性的模糊控制器。经典控制理论和现代控制理论都是建立在系统的精确模型基础之上的，对无法建立精确数学模型的系统，传统控制理论是无法求解的,而模糊控制理论就可以很方便的解决此类问题。

模糊控制理论是在模糊数学的基础上发展起来的。所谓模糊数学并不是将数学变为模糊的东西,而是将数学打入了模糊现象的禁区,改变了传统数学只能表现"非此即彼"的有限概念。概括而言,模糊数学是用来描述、研究、处理事物所具有的模糊特征即模糊概念的数学,它是用数学方法来研究"模糊"的研究对象。人类语言中最常用的词汇都是很模糊的概念,传统数学对这个概念是用集合论来描述的,这些集合的边界必须是明确的。一个对象和一个集合之间只有两种关系,要么属于,要么不属于,两者必居其一。传统数学只能用绝对的集合论来描述模糊概念,不能真实地描述和处理模糊概念。模糊数学是用隶属函数来描述模糊概念的,它的基础是模糊集合论。模糊集合中的模糊概念不像普通集合中的"内涵"和"外延"都是明确的。简单来说,模糊集合为了描述元素对模糊集合的从属贴近程度。在普通集合特征函数的基础上,引入了隶属函数的概念。把特征函数的集合推广到闭区间。隶属度随集合元素的变化而形成的函数就是"隶属函数"。隶属函数的引入标志着模糊数学的诞生。

模糊控制是智能控制的一个重要分支,它构造容易、鲁棒性好。实际上是一种基于语言规则的仿人工智能控制。

(2) 模糊控制器

1) 模糊化。在采用合成推理算法时,为了在实时控制中避免模糊关系矩阵合成计算所浪费的计算机时间,总是采用离线状态下将全部输入输出之间的关系计算出来,形成一张控制表存入计算机内存中,在某一个采样时刻根据输入变量直接去查控制表就可以得到输出响应。控制表是以整数表示输入量和控制量的。为了能够生成控制表,在合成推理中,要求必须将变量具有清晰性的基本论域转换成模糊论域。这部分的作用是将输入的精确量模糊化,转换成模糊量。

其中输入量包括外界的参考输入、系统的输出或状态等。模糊化的具体过程如下:

① 首先对这些输入量进行处理以变成模糊控制器要求的输入量。

② 将①中已经处理过的输入量进行尺度变换,使其变换到各自的论域范围。

③ 将已经变换到论域范围的输入量进行模糊处理,使原先精确的输入量变模糊,并用相应的模糊集合来表示。模糊控制的基本结构图如图8-4所示。

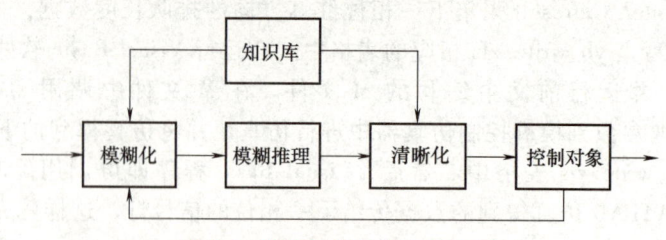

图 8-4 模糊控制的基本结构图

2) 知识库。知识库中包含了其应用领域中的知识和要求的控制目标。它通常由知识库和模糊控制规则库两部分组成。知识库主要包括各语言的隶属函数、尺度变换因子以及模糊空间的分级数等。规则库包括了用模糊语言表示的一系列控制规则。模糊控制规则是在控制过程中将操作人员的经验去粗取精、去伪存真,总结成若干条用自然语言描述的控制规则,然后利用模糊数学这一工具进行处理,构成模糊关系存放在计算机的存储器中形成"规则库"。模糊控制规则是由"IF… THEN…"形式表示的模糊条件语句。规则库中所有的规则都是并列的。

3) 模糊推理。模糊推理是模糊控制器的核心，它具有模拟人的基于模糊概念的推理能力。该推理过程是基于模糊逻辑中的组合关系及推理规则进行的。常用的模糊推理方法有两种即广义前向推理和广义反向推理。模糊控制规则采用"IF…THEN…"形式，IF 部分是规则的前提，THEN 部分是规则的结论。若已知规则的前提求结论，是广义前向推理；若已知规则的结论求前提，是广义反向推理。模糊推理一般采用广义前向推理。

(3) 清晰化　清晰化的作用是将模糊推理得到的控制模糊变换为实际用于控制的清晰量。它包含以下两部分内容：

1) 将模糊的控制经清晰化变换成表示在论域范围的清晰量。
2) 将表示在论域范围的清晰量经尺度变换变成实际的控制量。

从以上对模糊控制器的介绍，不难看出，模糊控制器完成的是一种仿人工智能工作，所以模糊控制系统也是一种智能控制系统。而这种智能控制是以模糊数学作为理论基础的，这是模糊控制与其他智能控制所不同的地方。

8.2.4　交通信号灯的识别

1. 交通信号灯识别技术现状

交通信号灯的检测识别技术研究源于 20 世纪 90 年代，最初只能固定相机位置，进行一种静态的检测识别，而现在已经发展到基于车载相机的动态检测。前期的研究只是单纯利用颜色特征来检测识别交通信号灯，而现在是利用颜色和形状的双重特征相互验证来检测识别信号灯。最初的研究需要借助颜色传感器来计算交通信号灯的颜色特征，而现在可以通过颜色空间之间转换，更精确更具体地进行交通信号灯颜色的分割。由以上的这些变化和趋势可以看出，交通信号灯检测识别的准确率会越来越高，算法的实时性随着硬件设备的升级也会日益增强，交通信号灯的检识别技术将成为人们可以信任并依赖的智能技术，成为人们行车的得力手。交通信号灯的检测识别技术是智能辅助驾驶技术下面的一个小分支技术，对驾驶人的行车安全有着重要的作用，而且，对于推动无人驾驶技术的发展也有着积极的作用。关于交通信号灯检测识别技术，国内外的许多研究学者都开展了不同程度的研究工作。

在道路交通环境日益复杂的今天，驾驶人的行车压力与以前比较增加了许多，且很多时候都处于疲劳驾驶状态。智能化地识别道路上的交通信号灯并及时反馈给驾驶人，将会有效地分担驾驶人的行车压力。复杂的外界环境，对交通信号灯的检测识别算法有着不同程度的影响，主要遇到的问题如下：

1) 在城市交通环境中，交通信号灯安装位置不是特别固定，很多情况下交通信号灯的周围存在许多其他的干扰目标，如常见的汽车尾灯、广告牌、树木等。

2) 光照的变化对颜色的影响较大，背景过于复杂时也不利于交通信号灯的分割和结果验证，这时候算法的鲁棒性将会受到严峻的考验。

3) 研究交通信号灯的检测识别算法，最终的目的是实际应用。只有及时地把检测结果反馈给驾驶人，这样的应用才会有意义。算法的实时性虽然一部分由硬件决定，但是更重要的是在于自身的简洁性。因此，算法的设计不能过于复杂，否则实时性将很难保证。

4）在夜间环境下，交通信号灯的背板不能作为补充特征进行结果验证，可依据的只有信号灯的颜色和灰度。检测识别夜间交通信号灯的研究相对较少，夜间的信号灯没有很固定的特征，因此夜间算法的研究难度很大。

2. 基于颜色和形状交通信号灯检测算法

基于颜色的交通信号灯检测算法对各种因素敏感性太高，如天气条件、一天中的时间变化、物体表面的反射率或相机的过度曝光等，因此很多研究者不认为颜色分割是绝对可靠的，而交通信号灯的形状在不同的照明条件和交通灯变脏等复杂情况下几乎不发生改变。因此基于颜色分割与形状分割方法常常被结合使用，颜色分割用于初步获取感兴趣区域，形状分割便可作为颜色分割后的滤波步骤，从而进一步准确定位信号灯。但基于颜色和形状的检测算法在复杂环境下不能有效地排除其他类似事物干扰，误检率较高。

（1）基于颜色分割的检测 颜色分割是初步缩小搜索空间最常用的方法。最基础的颜色空间是 RGB 颜色空间，它是通过对 RGB 三通道基本色进行不同程度的叠加而获得丰富的颜色。然而，在计算机视觉中，众所周知 RGB 颜色空间对光照非常敏感，RGB 三个分量会随着光照环境的改变而改变，所以其在光照变化的情况下算法的稳定性极差，且 RGB 三个分量共同作用产生不同色彩，3 个分量高度相关，需要使用多个阈值，计算复杂。因此，研究者们通常需要将 RGB 转换为其他颜色空间以适应现实应用的需求，如 HSV、HIS、YCbCr、CIELab 等不同的颜色空间都经常被应用。

HSV 颜色空间是一种比较直观的颜色模型，在交通信号灯识别算法运用中较受欢迎，它是基于人类的颜色感知，并且在很大程度上不受光照变化的影响。下面以 RGB 颜色空间转换为 HSV 颜色空间为例。

从 RGB 颜色空间到 HSV 颜色空间的转换是一个简单的非线性变换，已知归一化 RGB 在变化的光照条件下具有鲁棒性，其量化及过程如下。

RGB 图像归一化处理为

$$\begin{cases} r = \dfrac{R}{255} \\ g = \dfrac{G}{255} \\ b = \dfrac{B}{255} \end{cases} \qquad (8\text{-}11)$$

RGB 颜色空间转换到 HSV 颜色空间为

$$\begin{cases} C_{\max} = \max(r, g, b) \\ C_{\min} = \min(r, g, b) \\ \Delta = C_{\max} - C_{\min} \end{cases}$$

$$H = \begin{cases} 0°, & \Delta = 0 \\ 60° \times \left(\dfrac{g-b}{\Delta} + 0\right), & C_{\max} = r \\ 60° \times \left(\dfrac{b-r}{\Delta} + 2\right), & C_{\max} = g \\ 60° \times \left(\dfrac{r-g}{\Delta} + 4\right), & C_{\max} = b \end{cases} \qquad (8\text{-}12)$$

$$S = \begin{cases} 0, & C_{\max} = 0 \\ \dfrac{\Delta}{C_{\max}}, & C_{\max} \neq 0 \end{cases}$$

$$V = C_{\max}$$

之后便可利用基于阈值的分割方法提取候选区域。通过交通信号灯 3 色取样在归一化 HSV 颜色空间中作直方图，可分别直观地获得这 3 种颜色的阈值范围，根据阈值范围对图像进行分割，保留规定阈值范围内的图像即为感兴趣区域。

(2) 基于形状分割的检测 城市交通信号灯通常包含在矩形框架内，红色、黄色和绿色的灯垂直排列，利用矩形框的边缘特征和灯的圆形区域可以实现交通信号灯的检测。总的来说，基于形状分割的算法就是利用了交通信号灯的形状信息，目前常用的算法有边缘检测法、Hough 变换法、角点检测法等。下面简单介绍常用的边缘检测法检测交通信号灯。

图像的边缘检测可剔除许多不相关信息，大幅度减少数据量，所以常被使用在交通信号灯检测技术研究中。为了加强交通信号灯的边缘，首先要对图像进行归一化、灰度化和直方图均衡化等操作，之后再对交通信号灯边缘进行检测，最后定位交通信号灯区域。常用于边缘检测的算子有 Sobel 算子、Laplacian 算子、Canny 算子等。以 Sobel 算子为例，该算子中有两组分别作用于横向及纵向的 3×3 矩阵，A 表示为原始图像，如下式所示，分别将矩阵与 A 作平面卷积操作，则可分别获得代表边缘检测的图像灰度值的横向 G_x 及纵向 G_y。

$$G_x = \begin{pmatrix} -1 & 0 & +1 \\ -2 & 0 & +2 \\ -1 & 0 & +1 \end{pmatrix} * A$$

$$G_y = \begin{pmatrix} +1 & +2 & +1 \\ 0 & 0 & 0 \\ -1 & -2 & -1 \end{pmatrix} * A \tag{8-13}$$

然后图像像素的横向及纵向灰度值经过式（8-14）计算就能得到该像素点的灰度大小。

$$G = \sqrt{G_x^2 + G_y^2} \tag{8-14}$$

若该点的梯度大于某一阈值，则判断该点为边缘点。按式（8-15）可计算梯度方向。

$$\theta = \arctan\left(\dfrac{G_x}{G_y}\right) \tag{8-15}$$

3. 基于机器学习的交通信号灯识别算法

基于机器学习的交通信号灯识别算法主要是识别图像中感兴趣区域目标，对单个目标进行特征提取，然后利用训练的分类器对感兴趣目标进行分类。基于机器学习的交通信号灯识别算法的特征鲁棒性较差，适应性不足，且时间复杂度高，检测的实时性差。目前，用于目标检测的特征有 HOG、LBP、Haar-like 等。在图像识别分类技术中 SVM 分类器、Adaboost 分类器等都被广泛应用。下面简单介绍提取 HOG 特征。

HOG 是一种广泛应用于对象识别的特征描述符。HOG 将强度梯度或边缘方向的分布描述为直方图，因此它对复杂环境中的光照具有较高的鲁棒性。提取 HOG 特征步骤为：

1）将输入原始图像归一化处理，增强算法的鲁棒性，然后再进行灰度化处理，增强图像边缘信息。

2）计算图像的梯度值。图像像素点的像素值表示为 $H(x,y)$，其横向的梯度值 G_x、G_y 计算公式（8-16）为

$$G_x(x,y) = H(x+1,y) - H(x-1,y)$$
$$G_y(x,y) = H(x,y+1) - H(x,y-1)$$
(8-16)

该像素点的梯度值和方向计算公式（8-17）为

$$\propto(x,y) = \tan^{-1}\frac{G_x(x,y)}{G_y(x,y)}$$
$$G(x,y) = G_x(x,y) - G_y(x,y)$$
(8-17)

3）将图像均匀分割成一些小单元（Cell），一般选取 3×3 像素为一单元，统计每个单元的梯度方向直方图，得到每个单元的 HOG 特征。

4）得到图像的 HOG 特征。将相邻的几个单元组成一个块（Block），把块中的单元的 HOG 特征组合起来做归一化处理得到块的特征向量。最后将图像中所有块的特征向量组合起来就得到了图像的 HOG 特征向量。

4. 基于深度学习的交通信号灯识别算法

近年来，基于深度学习的方法在各种图像识别应用中取得了很大的进步。深度学习框架的主要优点是能够同时进行特征提取和分类，它可以从大量样本中自主学习特征，不仅避免像传统机器学习算法那样涉及手工特征的难度，而且可以训练更多的特征。由于深度学习的优良特性，越来越多的研究者将神经网络用于识别交通信号灯，这些方法首先利用卷积层提取交通信号灯的特征，然后利用神经网络算法对图像中的目标进行分类。神经网络算法运用较为广泛的主要有 BP 神经网络和卷积神经网络。目前，虽然基于深度学习的目标识别算法在交通信号灯识别方面取得了很高的成绩，但是在减少误判与交通信号灯相似目标和精确识别交通信号灯状态方面仍然需要进一步研究。

(1) **BP 神经网络** BP 神经网络是一种多层前馈神经网络，它是按照误差反向传播算法训练的。BP 神经网络由两部分组成：输入信号的正向传播和误差信号的反向传播。正向传播方向为输入层，再到隐含层，最后到输出层。数据从输入层输入并将计算的数据结果传入下一个隐含层，与此类似一直到输出层输出结果。如果输出层的输出结果与期望输出结果不相符，则转向误差反向传播并通过不断调整权值和阈值，使网络的实际输出与期望输出误差最小。

如图 8-5 所示为 3 层 BP 神经网络结构示意图。BP 神经网络结构由输入层、隐含层和输出层组成。输入层的第 m 个神经元表示为 X_m，K_i 表示隐含层的第 i 个神经元，输出层的第 y 个神经元表示为 Y_j。输入层到隐含层的连接权值为 W_{mi}，W_{ij} 表示为隐含层到输出层的连接权值。首先，初始化权值和阈值，选择激活函数，然后从输入数据的正向传播中得到均方误差，最后通过均方误差重新调整权值和阈值，直到均方误差满足设置条件或迭代次数超过最大值。

近年来，BP 神经网络已应用于天气预报、交通管理、疾病分析等领域。BP 神经网络具有很强的适应性，但在实际应用中，BP 神经网络有其自身的缺点。例如，太多的隐藏节点或太多的隐藏层容易导致较长的收敛时间，权值和阈值的随机初始化容易使结果训练成为局部最优。

(2) 卷积神经网络 卷积神经网络（CNN）是一个基于多层感知器的深度学习框架，由具有多层的多阶段体系结构组成，其中滤波器的权值和偏差可以通过反向传播来训练。图片输入到神经网络之后，CNN 中的每个特征学习阶段由卷积层和子采样层组成。在卷积层中，将前一层的输入特征映射层与用于特征提取滤波器进行卷积，并借助非线性激活函数来得到输出特征映射层。通常，在每个层中会使用多个过滤器以从输入映射中学习多种特征。在子采样或池化层中，对卷积层中的单元进行二次采样，从该块中导出单个输出。子采样是通过取平均值或在单元中找到最大值来完成的，然后将最后的子采样层连接到神经元的输出层，最终包含输出层神经元的阶段充当为 CNN 中的分类器。在神经网络的训练过程中，使用反向传播算法同时训练滤波器和分类阶段的权重。

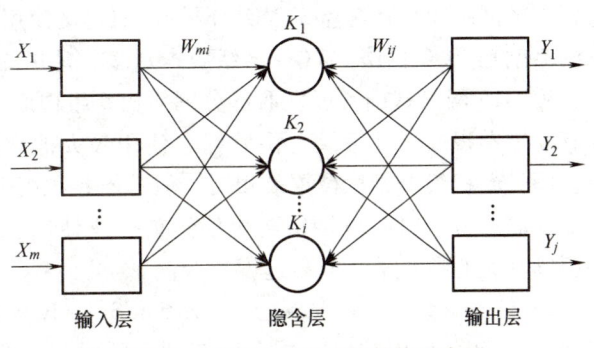

图 8-5 3 层 BP 神经网络结构示意图

CNN 通常由卷积层、池化层和全连接层 3 个基本单元组成。

1) 卷积层的卷积过程如图 8-6 所示。对图像的卷积操作就是卷积核在图像上做步长为 1 的滑动，该卷积核与其所在的图像上的像素点做内积并求和以提取特征。不同的卷积核可提取不同类型的特征。在深层卷积神经网络中，通过卷积操作可以逐步提取出图像从低级到复杂的特征。图 8-6 中所示的卷积计算过程为

$$(-1)\times0+0\times0+1\times0+(-1)\times0+0\times5+1\times4+(-1)\times0+0\times3+1\times3=7$$

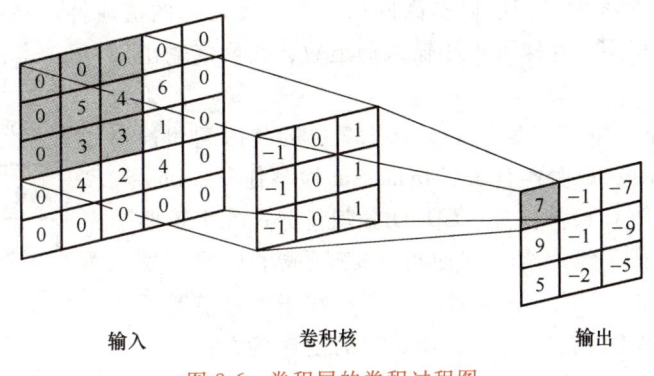

图 8-6 卷积层的卷积过程图

2) 池化层的作用主要是对特征图进行压缩以提取主要特征，剔除无关特征。它通过减少网络的参数来降低计算量，并且在一定程度上缓解过度拟合的问题。常见的池化层运算操作有最大池化、均值池化等。

3) 全连接层连接所有的特征，并将输出值传给分类器。

卷积神经网络概念提出之后，不断涌现出各种各样优秀的卷积神经网络，经典的卷积神经网络模型有 VGGNet、GoogleNet、ResNet 等。

1) VGGNet。VGGNet 是由牛津大学计算机视觉几何组和 Google DeepMind 公司联合设计的深度 CNN 网络模型。其主要的贡献在于提出并证明网络深度能深刻影响网络性能。许多

卷积神经网络模型都是基于 VGG 网络，如本文使用的 Faster R-CNN 网络其原始基本特征提取网络就是 VGG 网络。VGG 网络版本众多，常用的是 VGG16 网络。

VGG16 网络基础特征提取部分网络由 5 组构成，前两组每组有 2 个卷积层，后 3 组每组都有 3 个卷积层，且每组卷积后都会使用最大池化操作，这样做能减少计算量，提高泛化力。同一卷积组中卷积核数量相同，但不同卷积组中，卷积核数量却不相同。由于其良好的特征提取能力，VGG16 网络至今依然被广泛使用，但是，它作为一个庞大的网络结构，需要训练巨大的参数量，容易过度拟合。

2）GoogleNet。GoogleNet 是 Christian Szegedy 等提出的一种具有 22 个卷积层的深度学习模型，与 VGG 网络结构不同在于其核心贡献提出的 Inception 网络，其结构如图 8-7 所示。通过合理设计，很大程度上加深和加宽了网络，还减少了参数量，降低了错误率，但是该模型的计算复杂度较高，修改通道数困难。

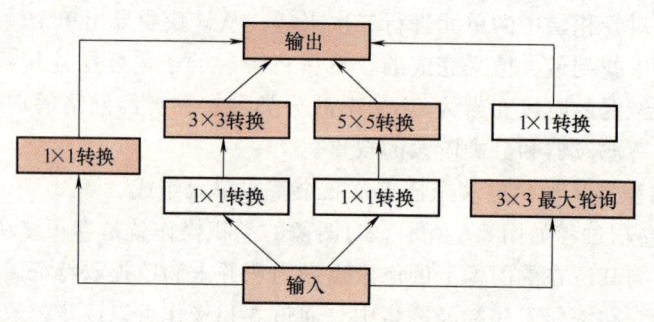

图 8-7 Inception 网络结构图

Inception 结构块包含 4 条并行路径，没有全连接层，因此可以减少计算时间，前 3 条路径使用 1×1、3×3、5×5 的卷积层以提高网络对多尺度目标的适应性。在后面 3 条路径中分别添加了 1×1 的卷积层，这样可缩小输入通道数，使网络输出有效降维。

3）ResNet 网络。ResNet 是一个具有 152 层的超深卷积神经网络，分别在 ImageNet 分类任务、ImageNet 检测任务、ImageNet 定位任务、COCO 检测任务、COCO 分割任务这 5 个重要的任务轨迹中都获得了第一名，这使得 ResNet 成了目前最受欢迎的卷积神经网络模型之一。ResNet 的贡献在于通过借鉴了 HighwayNetwork 的思想并提出了"shortcut"的全连接方式，如图 8-8 所示。运用这种连接方式，网络中的原始输入可直接传到后面的网络层，因此可使得网络能完整地保留原始信息，从而弥补传统的卷积神经网络在信息传递过程中的信息丢失问题。同时，由式（8-18）

图 8-8 "shortcut"的全连接方式

$$\frac{\partial \varepsilon}{\partial x_l} = \frac{\partial \varepsilon}{\partial x_{l+1}} \frac{\partial x_{l+1}}{\partial x_l} = \frac{\partial \varepsilon}{\partial x_{l+1}} \left(1 + \frac{\partial}{\partial x_l} F(X_i, W_i)\right) \tag{8-18}$$

可知，反向传播时梯度值可通过"1"流回任意浅层 L，弥补深层神经网络中的梯度弥散问题。整个网络需学习上一个网络输出的残差部分即可。

其中，ε 表示 1+1 层的反向传播误差，X_i 表示与 1+1 层相连接的残差块的输入，W_i 是权重参数。

8.3 智能网联汽车自动泊车技术

自动泊车作为自动驾驶技术应用的重要场景之一，为车辆到达目的地之后自主搜寻并选择合适的停车位，最终完成泊车入位。因此自动泊车主要包含以下四个方面：

（1）**泊车位探测** 一般的泊车位探测是车辆基于自身传感器，如超声波雷达、毫米波雷达、激光雷达或是视觉相机，对车辆的周遭环境进行识别，寻找到可用车位，同时对车位角点、泊位中心线和周遭障碍物进行标识，方便后续确定泊车可用空间。

（2）**泊车位选择** 在所有给出的停车空间中剔除无效泊车位（被障碍物阻挡，实际不可到达的），综合所有可信信息，在其余车位中选择合适车位作为目标泊车位。本书假定泊车位选择的信息来源可以是通过网络（获取停车场的空位信息）获取的，还可以是通过车辆自身的传感器获取的。

（3）**路径规划** 路径规划指的是在确定泊车位后，考虑位姿信息和障碍物限制，规划出一条符合车辆运动规律的路径用于指引车辆运动。

（4）**运动控制** 合理利用控制算法控制车辆按照规划路径移动。

自动泊车技术结构图如图 8-9 所示。

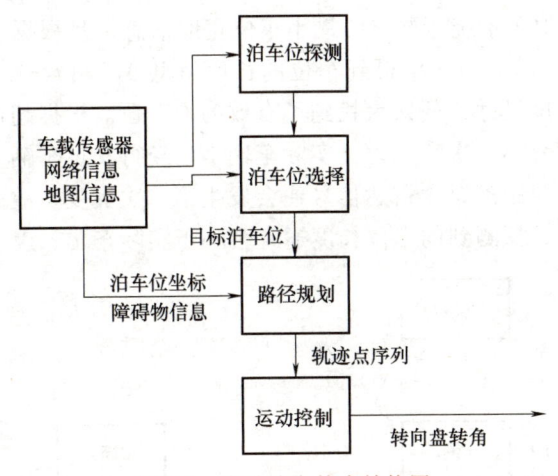

图 8-9 自动泊车技术结构图

8.3.1 泊车位探测

泊车位探测是自动泊车系统工作的第一步，准确有效的探测信息能够为后续路径规划奠定基础。

1. 超声波雷达泊车位探测原理

超声波雷达具有波长短、方向性强、成本低等优点，是目前自动泊车系统使用最为广泛的泊车位探测传感器。其主要是根据超声波的反射特性来实现距离测量的，超声波雷达通过发射端向外反射超声波信号，当该信号遇到障碍物时，会反射回来被超声波雷达的接收端接

收。根据发送信号到接收到反射信号的时间差值 t，便可计算得到距离信息，计算式为

$$\begin{cases} s = 0.5vt \\ v \approx 331.4 + 0.6T \end{cases} \qquad (8\text{-}19)$$

式中，s 为距离，单位为 m；T 为温度，单位为 K；v 是超声波的传输速度，单位为 m/s。

超声波雷达发出的信号包括旁瓣和主瓣，其探测主要是由主瓣信号获取，而主瓣信号并非直线，其存在一定的波束角，是一扇形弧面，如图 8-10 所示。当主瓣信号探测范围内存在障碍物时均会反射信号回来，故超声波雷达距障碍物越远，其探测误差将随探测距离的增加而变大。

2. 超声波雷达探测泊车位的方法

超声波雷达探测泊车位的方法主要是寻找雷达探测距离的突变信号的时间差值来推算车位尺寸信息，以平行泊车为例，车位位于两障碍物车辆 2 和车辆 3 之间，信号时间差推算泊车位尺寸信息如图 8-11 所示。假定车辆 1 车速为 v，当车辆经过车辆 2 时，超声波雷达探测的距离信号为 l_1，当车辆 1 到达泊车位时，超声波雷达探测的距离信号会由 l_1 突变至 l_2，记录突变时刻的时间为 t_1；当车辆 1 行驶过泊车位到达车辆 3 时，超声波雷达探测的距离信号会由 l_2 突变至 l_3，并记录突变时刻为 t_2。若两次突变的距离信号前后之差 l_2-l_1 和 l_2-l_3 大于自动泊车系统所要求的最小车位宽度信息，且根据车辆的车速 v 和两次雷达探测距离突变时刻的时间差 t_2-t_1 得到车位的长度信息 $\Delta l = v(t_2-t_1)$，若探测到的车位的长度满足最小泊车位长度尺寸，便认为找到了有效的泊车位。根据超声波雷达信号存在一定波束角可知，当雷达信号第一次突变时，实际车辆 1 已经行驶过车辆 2 位置一定距离，而车辆 1 距离车辆 3 还有一定距离时，雷达信号便会发生第二次突变，故采用超声波雷达探测泊车位会存在一定的误差，探测到的车位长度通常会小于实际车位长度，即 $\Delta l > l_{\text{real}}$。

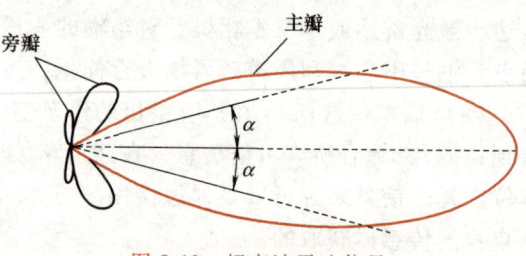

图 8-10 超声波雷达信号

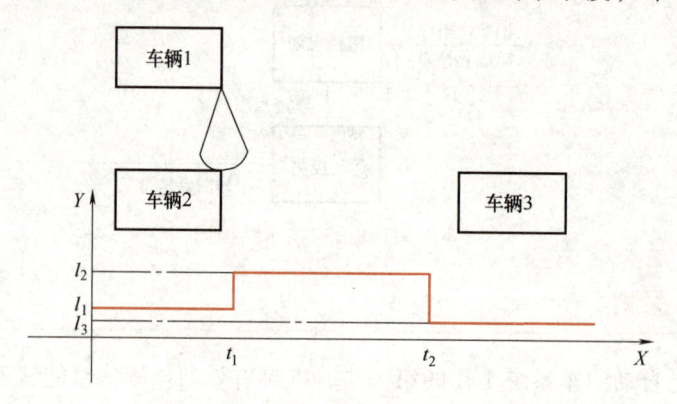

图 8-11 信号时间差推算泊车位尺寸信息

8.3.2 泊车位选择

现阶段的泊车位选择有两种方式：自主选择和被动分配。自主选择的主体可以是车主或车辆本身，现阶段最多的是由车主自发选定，像 Momenta 的 Mpilot Parking 方案，车主可以

通过手机 App 提供的空余泊车位信息按个人喜好选择泊车位；这种模式依赖于停车场具备记录泊车位空闲情况的系统，并上传到服务器，如此才能获取选择项，因而车辆本身并不具备泊车位搜寻的功能。未来泊车将不会有人类参与，因此自主泊车位选择的方式将交由车辆本身来完成。

被动分配更多的是基于停车场泊车位引导系统来完成的。停车场通过安装各类检测装置获取泊车位空闲状态，车辆发出申请，经由系统进行统一协调分配。对于泊车位分配策略，很多停车场是基于简单的随机原则来分配泊车位；复杂一些的系统会考虑泊车位密度，出入的方便程度和行驶距离等因素来决策最优泊车位，对于停车场本身或许是最优选择，然而对车主而言并不一定是最优选择。因此常常会出现停车场分配的泊车位，车主并不满意而又新选择的情况，增加了泊车耗时。因此，泊车位分配策略应当从车主或车辆本身出发，挑选出他们最关心的因素作为决策的依据。

1. 泊车位选择的影响因素

车辆可以通过视觉相机和车载雷达感知泊车位信息，并能通过网络获取停车场的全局空位信息，因此泊车位选择的影响因素有：泊车位至目的地的步行距离、泊车位离监视器的距离、到达泊车位的行驶距离、泊车位属性、泊车位左右车位占用情况以及外界障碍物对泊车难度的影响。

（1）泊车位至目的地的步行距离　这一信息表示泊车位与停车后车主前往的目的地之间的距离，这一距离自然越短越好。在车辆进入停车场前便可由地图信息和停车场在网络上提供的空位信息获得，属于泊车位决策早期最关键的信息。在车主选择好目的地后，泊车位选择模块便可开始工作，自主搜索泊车位，决策是去哪一个停车场（如果附近有）。

（2）泊车位离监视器的距离　这一属性反映了用户对车辆安全的关注，显然车辆距离摄像头距离越短，拍摄的图像越清晰，车辆就越安全。这一信息可以由停车场诱导系统给出或是由车辆摄像头捕捉到。

（3）到达泊车位的行驶距离　本书将到达泊车位的距离定义为从车辆初始位置到达泊车位正上方的平行位置所行驶的距离，因为之后的泊车过程对于同类型的泊车位而言距离是相同的，而不同类型的泊车位造成的泊车距离不同可以在泊车位属性中考虑。这一信息属于定量信息，可以由停车场诱导系统给出或车辆传感器测得。

（4）泊车位属性　泊车位属性指的是泊车位的类型，一般泊车位分为侧边泊车位、垂直泊车位和倾斜泊车位，不同类型的泊车位造成的泊车距离和操作难度是不同的。一般来说，侧边泊车由于存在转向盘转角大幅度回转，回正点难以找到，泊车的距离和难度会比垂直泊车要长和难，倾斜泊车由于形式特殊，其难度比垂直泊车难，近似于侧边泊车。

（5）泊车位左右车位占用情况　泊车位左右车位占用会影响路径规划的地形限制程度，显然泊车位左右越是空闲，泊车就越轻松。泊车位左右占用总共分为 5 种情况：左右皆占用、左侧占用、右侧占用、左右皆空闲、泊车位处于角落。

（6）外界障碍物对泊车难度的影响　当基于动态泊车位搜寻来进行泊车位选择时，停车场环境是变化的，泊车位附近极有可能出现障碍物对泊车路线造成限制，包含路上的石块、小动物等，使得可行驶安全区域缩小。

综上，泊车位优选的问题就演变成了一个多目标多属性决策问题，即结合以上 6 个主要因素，通过某种加权代入设计的评价函数后，对给出的可能泊车位进行排名，最终决策出最优泊车位。

2. 泊车"有效性"判定

在通过车辆网络交互系统获得停车场传递的泊车位空车位信息后，首先需要判定给出的空车位是否真正可用，因为停车场环境很复杂，实时变化的过程中，极有可能出现再次占用或有障碍物阻挡而使得车位实际上不可到达，称之为无效泊车位。这需要车辆传感器在行进的过程中不断检测泊车位周围环境，获取辅助信息加以判断。有效性，具体可以借用外界障碍物对泊车难度的影响来做判别：

1) 泊车位内或正上方一个车宽内有障碍物则判定泊车位无效。
2) 第一段取最小转弯半径是车辆要求的最小泊车空间。当障碍物出现在泊车位侧上方时，若第一段取最小转弯半径，而第二段圆弧触碰到障碍物则判定泊车位无效，这说明车辆在最极限的情况下依然无法泊车入位。

3. 泊车因素的"因子分析"

当车辆通过获取外界信息得到多个泊车位以后，如何通过合理决策获取最佳泊车位是一个问题。影响泊车位挑选有几个典型因素，因此可针对部分定性因素提出其定量界定的方法，并在此过程中给出排除无效泊车位的方法；在获得泊车位影响因素的定量评价矩阵后，运用"因子分析"的方法（见图8-12），分析所选因素间的相关关系，排除重复因素，达到降维简化计算的作用；然后基于"信息熵"的方法，考察各因素数据中所包含的数据价值，以此来界定出各因素间的重要程度，获得各因素的权重矩阵；最后，运用"理想点解法"结合权重矩阵计算出最优泊车位。

通过量化影响泊车位选择的因素将泊车位选择问题转化成多目标多属性决策问题之后，首先需要判定选择的属性之间是否彼此独立，互不相关。在实际考量过程中，某些因素可能存在隐含的相关关系，一个因素值大的时候另一因素必然大或必然小，称为两个因素彼此相关性很强；如在上述考虑因素中，到达泊车位的行驶时间和泊车位至目的地的步行时间在行驶路径唯一时几乎就是完全正相关的，在做泊车位分析时，若将两个因素一起考虑，事实上相当于强化了行驶时间的作用，在后续属性权重计算时增加了行驶时间的权重分配，是不合理的，而实际上这两个属性在行驶路径唯一时完全可以看作一个因素，用到达泊车位的行驶距离来代替更具代表性。由此在量化影响泊车位选择的因素后，需要对泊车位因素进行因子分析。"因子分析"法多用于发掘多变量之间的隐含关系，寻找共性因子，希望使用其中典型的几种共性因子来描述原始样本数据，

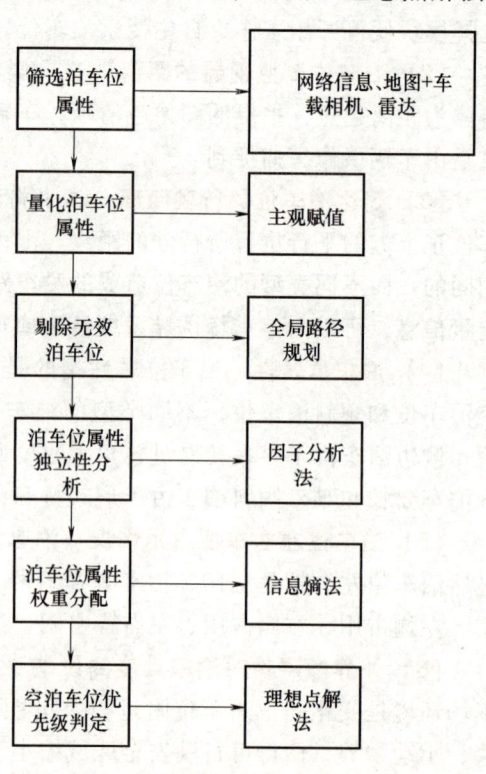

图8-12 泊车因素的"因子分析"

既能不遗失重要信息，又能借此减少变量数目，突出重要因素，简化后续分析计算。因子分析数学模型为

$$X_{n\times 1} = A_{n\times p} F_{p\times 1} + \varepsilon_{n\times 1}$$

$$A = \begin{pmatrix} a_{11} & a_{12} & \cdots & a_{1p} \\ a_{21} & a_{22} & \cdots & a_{2p} \\ \vdots & \vdots & & \vdots \\ a_{n1} & a_{n2} & \cdots & a_{np} \end{pmatrix} \tag{8-20}$$

$X_{n\times 1}$ 为包含 n 维属性的原始样本，$F_{p\times 1}$ 为 $p(p<n)$ 维的公共属性因子，$A_{n\times p}$ 为因子载荷矩阵，$\varepsilon_{n\times 1}$ 为特殊因子不能被上述公共因子包含。

因子分析利用少数共性因子通过线性组合的方式描述原属性之间的联系。因子载荷矩阵中的 a_{ij} 表示第 i 个原始属性与第 j 个公共因子间的线性组合系数，反映了第 j 个公共因子对第 i 个属性的贡献度。

(1) 公共因子累计贡献度　第 j 个公共因子对原始样本的累计贡献度表示为该因子对所有属性贡献的二次方和，是衡量该公共因子重要性的主要指标。即

$$g_j^2 = \sum_{i=1}^{n} a_{ij}^2 \tag{8-21}$$

(2) 变量共同度　h_i^2 表示为所有公共因子对第 i 个原始变量的贡献的二次方和，表征了公共因子对原始变量的解释程度，如果变量共同度趋近于 1，则表明该变量反映的信息在经过公共因子解释后几乎没有损失。即

$$h_i^2 = \sum_{j=1}^{p} a_{ij}^2 \tag{8-22}$$

8.3.3　自动泊车路径规划研究

目前，有关自动泊车的解决方案主要分为两种，一种是常规的从车辆动力学角度出发，建立车辆动力学模型，采用符合车辆运动学限制和空间约束的轨迹规划，最后通过适当的控制算法使得车辆正确泊车入位；另一种方法则是端对端的控制方法，运用神经网络算法或是模糊控制，通过采集熟练驾驶人的泊车轨迹，训练车辆的位姿与对应转向盘转角的关系来实现自动泊车，使用端对端的解决方案则理论上不需要进行路径规划。

目前，最常见的方法是第一种，基于路径规划的方式。基于对真实倒车轨迹的研究，目前自动泊车的路径规划一般选择以某种样条曲线来拟合真实轨迹。随着信息化和感知技术的不断深化和革新，汽车传感器逐渐丰富，车辆从外界获取信息的途径变得广泛，置信度更高；如何凭借感知信息设计有效的泊车运动控制器是完成自动泊车的核心问题，也是难点。目前，对于自动泊车运动控制的研究主要是路径规划的方式。

首先，以初始平行位姿时的泊车入位来介绍轨迹安全域的获取方法，初始平行位姿时的泊车入位如图 8-13 所示。

由于车辆在移动过程中位置一直在变，不变的是泊车位，因此本书可以采取反向规划，即让车辆从泊车位开至初始停车点，以此完成的规划是等价的。图 8-14 所示为轨迹上边界确定，以最终停车点（一般在车位中轴线上右移 0.8m 处）的车辆后轴中心点作为坐标原

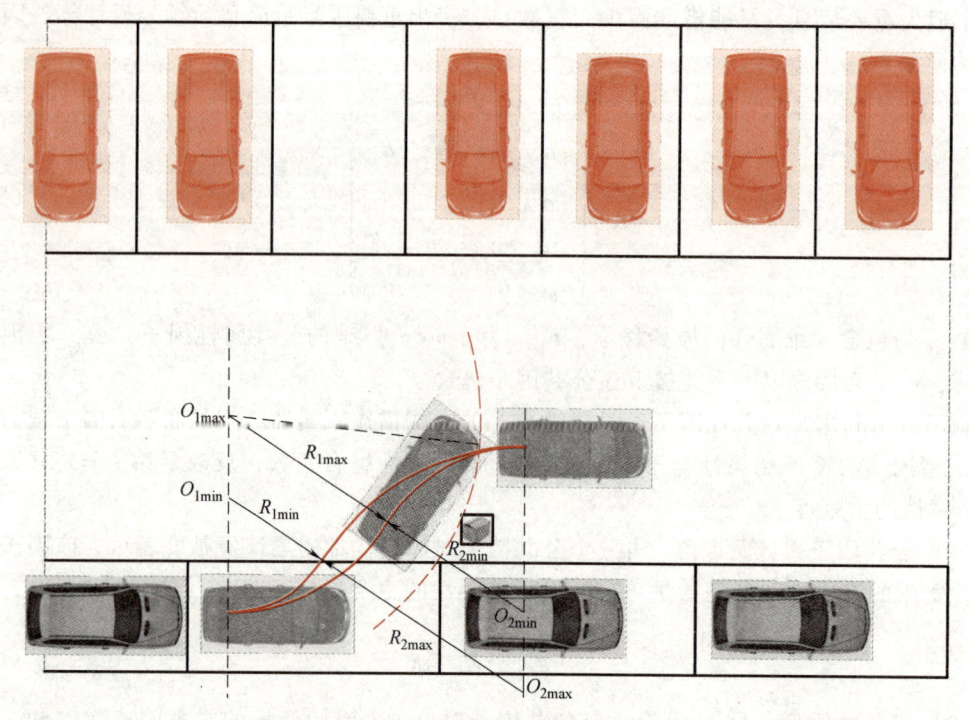

图8-13 初始平行位姿时的泊车入位

点,车头方向为 x 轴正向,垂直车辆中心线向左为 y 轴正向,建立坐标系。车辆的初始坐标为 (x_0, y_0),车辆右上侧存在一障碍物或是泊车位角点(不可触碰),第一段圆弧圆心坐标为 (x_{01}, y_{01}),第二段圆弧圆心坐标为 (x_{02}, y_{02})。基于相机给出的车辆与泊车位的初始相对位姿和距离信息,利用多段圆弧方式可求出车辆可行驶的轨迹范围。整个轨迹开始由两段圆弧构成,考虑了车辆最小转弯半径和避障等因素。显然两对圆弧($R_{1\min}$-$R_{2\max}$)和($R_{2\min}$-$R_{1\max}$)构成了轨迹安全域的上下界。

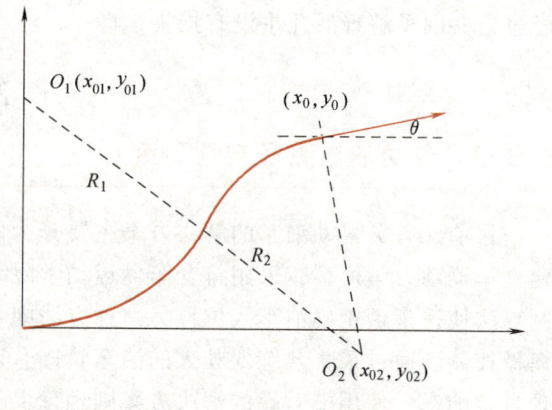

图8-14 轨迹上边界确定

(1) 确定轨迹上边界 根据几何学圆弧相切的关系可知两端圆弧半径有

$$(R_1+R_2)^2 = x_{02}^2 + (R_1-y_{02})^2 \qquad (8\text{-}23)$$

第一段圆弧取最小值时主要由车辆运动学限制,前轮转角有极限,此时 R_1 取车辆最小转弯半径,即 $R_1 = R_{1\min} = R_{\min}$。由于泊车轨迹规划是滚动规划的,在行进过程中,车辆中心线与车位中轴线存在夹角 θ,如图8-14所示,则 (x_{02}, y_{02}) 的坐标可以根据车辆初始坐标表示为

$$\begin{cases} x_{02} = x_0 + R_2\sin\theta \\ y_{02} = y_0 - R_2\cos\theta \end{cases} \qquad (8\text{-}24)$$

以上两式代入得

$$R_{2\max}=\frac{\dfrac{x_{02}^2+y_{02}^2}{2}-y_0 R_{\min}}{R_{\min}(1-\cos\theta)-x_0\sin\theta+y_0\cos\theta} \tag{8-25}$$

(2) 确定轨迹下边界 轨迹下界圆弧中，R_2 相对更容易获得，$R_{2\min}$ 的确定相对于 $R_{1\min}$ 来说则复杂一些，限制条件有车辆运动学极限和障碍物限制。

1）由车辆运动学极限得 $R_{2\min1}$，车辆前轮转角处于极限位置，此时 $R_{2\min1}=R_{\min}$。

2）第二段圆弧不与障碍物相交。

当车辆倒车车尾正好不碰到泊车位右上角点 (x_r,y_r) 时，作为一个位置极限，如图 8-15 所示，此时车辆与障碍物的几何关系可以表示为

$$(x_{02}-x_r)^2+(y_{02}-y_r)^2=(R_2-b)^2 \tag{8-26}$$

式中，b 为车辆一半轮距。

两式代入得

$$R_{2\min2}=\frac{\Delta x^2+\Delta y^2-b^2}{2(\Delta y\cos\theta-\Delta x\sin\theta-b)} \tag{8-27}$$

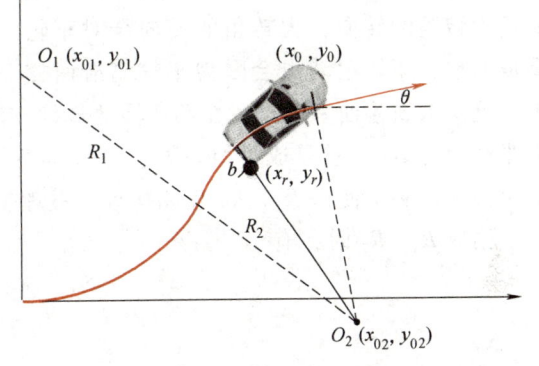

图 8-15 轨迹下边界确定

3）圆弧不与障碍物触碰。在正向入库的最后一段圆弧中，当车头刚好不与障碍物接触时，是极限安全位置，此时也是反向出库时所能允许的最大转弯半径，圆弧不与障碍物触碰如图 8-16 所示，根据几何关系可得 R_1 为

$$x_r^2+(y_r-R_1)^2=(R_1+b)^2+L^2$$

$$R_1=\frac{x_r^2+y_r^2-L^2-b^2}{2(b+y_r)} \tag{8-28}$$

式中，L 表示车辆轴距；b 表示车辆半轮距。

两式带入得到第三个极限值：

$$R_{2\min3}=\frac{\dfrac{x_{02}^2+y_{02}^2}{2}-y_0 R_1}{R_1(1-\cos\theta)-x_0\sin\theta+y_0\cos\theta} \tag{8-29}$$

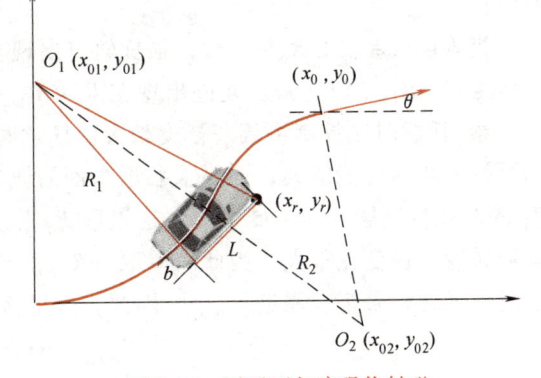

图 8-16 圆弧不与障碍物触碰

综上，$R_{2\min}$ 应取所有极限值的最大值，求得 $R_{1\max}$

$$R_{1\max}=\frac{x_{02}^2+y_{02}^2-2R_{2\min}(y_0\cos\theta-x_0\sin\theta)}{2R_{2\min}(1-\cos\theta)+y_0} \tag{8-30}$$

式中，$x_{02}=x_0+R_{2\min}\sin\theta$，$y_{02}=y_0-R_{2\min}\cos\theta$

(3) 坐标系转换 上述规划基于泊车位坐标系，然而实际倒车过程中，传感器获取的信息都是基于车辆坐标系的，因此首先需要将车辆坐标系下的坐标信息转化到泊车位坐标系下。如图 8-17 所示，在车辆坐标系 $(X'O'Y')$ 下，摄像头获得泊车位停车点的坐标为 $(x_0',$

y_0'），车辆中轴线与泊车位中轴线夹角为 θ。

车辆坐标系转化到泊车位坐标系经过了平移加旋转，因此车辆坐标系中点（x'，y'）与泊车位坐标系中同一点（x，y）的转化关系为

$$\begin{cases} x = (x'-x_0')\cos\theta - (y'-y_0')\sin\theta \\ y = (x'-x_0')\sin\theta + (y'-y_0')\cos\theta \end{cases} \quad (8\text{-}31)$$

（4）最优轨迹影响因素

1）轨迹曲率柔和。车辆控制中，应当避免大转角的转向，大转角的转向会对车轮造成磨损，车辆运动也会因为车轮侧滑而变形。这要求轨迹曲率要小，在两段圆弧规划方法下，只要初始位姿和终点位置一定，两段圆弧半径 R_1、R_2 必然是成负相关关系，R_1 若极大，则 R_2 必极小。因此，若希望整个轨迹的曲率柔和，必须使得 R_1、R_2 互相接近，最理想的是趋于一致。

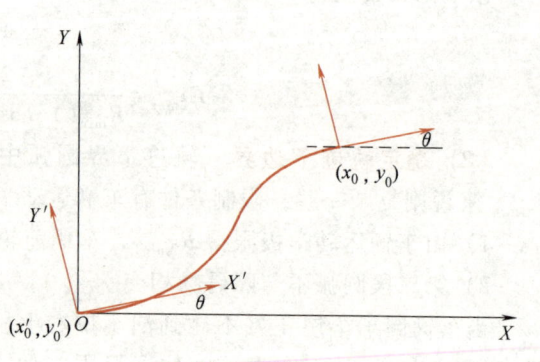

图 8-17 坐标系转换

当取 $R_1 = R_2$ 时，有

$$R_1 = R_2 = R_C = \frac{-b + \sqrt{b^2 - 4ac}}{2a} \quad (8\text{-}32)$$

式中，$a = 1 - \cos\theta$；$b = y_0 + y_0\cos\theta - x_0\sin\theta$；$c = -\frac{x_0^2 + y_0^2}{2}$。

显然，当 $R_1 = R_c$ 时，整体轨迹曲率最柔和。然而，R_1 的取值范为（$R_{\min}$，$R_{1\max}$），所以：

当 $R \in E(R_{\min}, R_{\max})$ 时，最优轨迹出现在 $R_1 = R_2 = R_c$ 处。

当 $R_0 > R_{1\max}$ 时，最优轨迹出现在 $R_1 = R_{1\max}$ 处。

2）任意时刻控制可调节裕度最大。任意时刻，如果车辆偏离预期轨迹，期望用于纠正的可控制域尽可能的大，这要求靠近车辆的轨迹尽可能居中，远离边界，也即半径为 R_1 或 R_2 的圆弧尽量居于安全域中间。这里取 R_1 作为研究对象，由于前轮转向角变化范围较小，车辆转弯半径变化很大，因此简单取（$R_{1\min} + R_{1\max}$）/2，其结果不理想，在 R_2 上界的曲率较小时，最终结果都会靠近 $R_{2\max}$。因此，这里将轨迹半径的裕度转化为前轮转角的裕度，有

$$\beta_{\max} = \arctan(L/R_{1\max})$$
$$\beta_{\min} = \arctan(L/R_{1\min}) \quad (8\text{-}33)$$

显然，前轮转角作为车辆模型的控制输入量，需要时刻保持其控制可调节裕度最大，因此，第一段圆弧半径应取为

$$R_1 = L/\tan\left(\frac{\beta_{\max} + \beta_{\min}}{2}\right) \quad (8\text{-}34)$$

（5）最优轨迹确定 通过以上分析可以知道，轨迹曲率、轨迹长度以及后续控制可调节裕度 3 个要素中，轨迹长度对最优轨迹的确定没有影响，而通过其他两个因素可以决策出两条最优轨迹对应的 R_1 值：R_{11}、R_{12}，综合考虑以上因素，最优轨迹中选取 R_1 为

$$R_1 = k_1 R_{11} + k_2 R_{12} \quad (8\text{-}35)$$

考虑到二者的重要性，取 $K_1 = 0.6$，$K_2 = 0.4$，基于 R_1 的值，可计算得 R_2 为

$$R_2 = \frac{\frac{x_{02}^2 + y_{02}^2}{2} - y_0 R_1}{R_1(1-\cos\theta) - x_0 \sin\theta + y_0 \cos\theta} \tag{8-36}$$

8.3.4 泊车的控制系统

随着信息化和感知技术的不断深化和革新，汽车传感器逐渐丰富，车辆从外界获取信息的途径变得广泛，置信度更高；如何凭借感知信息设计有效的泊车运动控制器是完成自动泊车的核心问题，也是难点。对此，国内外进行了广泛的研究。

目前，对于自动泊车运动控制的研究主要是路径规划与路径跟随控制相结合的方式。自动泊车的路径跟随控制是根据当前车辆位姿，通过合理控制车辆的转向盘转角、节气门开度、制动强度和档位，使车辆能按照规划的路径行驶，最终完成泊车入位的任务。在自动泊车的场景中，最重要的是转向盘转角和车速的控制，也即侧向和纵向控制。目前车辆轨迹跟随控制的研究主要分为两个步骤，车辆动力学建模和泊车路径跟随控制算法。

1. 车辆动力学建模

首先，建立车辆动力学模型，在这方面，绝大多数研究都将泊车看作稳定的低速过程，基于这一假设，将车辆模型简化为刚体运动，忽略车辆动态响应和侧向滑动，车辆运动也简单服从阿克曼转向，即一定转角下车辆做稳态圆周运动。车辆动力学模型如图 8-18 所示。

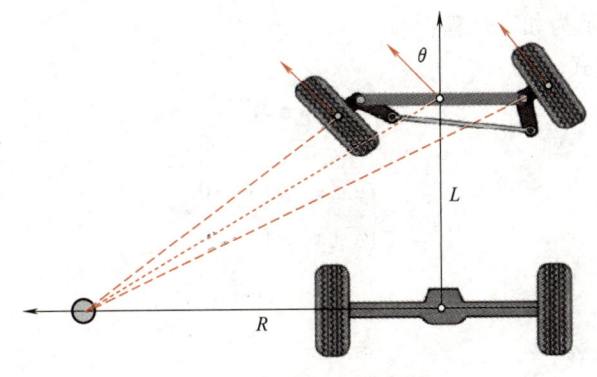

图 8-18 车辆动力学模型图

因此，简单将车辆后轴的中心点的轨迹作为车辆的运动轨迹，通过建立前轮转角 θ 和车辆转弯半径 R 之间对应关系的数学模型，就可以根据规划路径的曲率获得车辆的转向盘控制量。如式（8-37）所示，L 为车辆轴距。

$$\theta = \tan^{-1}(L/R) \tag{8-37}$$

这一方法在车辆稳定低速时取得了不错的效果，但对速度的适应性较弱。实际倒车入库过程中车速并不稳定，存在车速变化，这使得车辆的前轮转角和车辆转弯半径对应关系存在偏差；另一方面，在条件允许的宽敞情况下，尤其未来智能化技术普及之后，人类将更少地参与到泊车环境中，车辆可以适当提高车速，提升泊车效率，但车速稍做提高，车辆动态响应便不可忽视。因此，简单的刚体假设无法很好地适应变化的车速，也无法为泊车过程中的车速控制提供便利。

2. 泊车路径跟随控制算法

(1) 滑模控制 20世纪50年代，滑模控制首先由苏联学者 Utkin 和 Emelyanov 提出，经过多年发展，已经形成了一个相对独立的研究分支，成为自动控制系统的一种一般设计方法。滑模控制具有响应快速、抗扰性佳、无须系统在线辨识、物理实现简单等优点，被广泛应用于电力系统、飞机、汽车、机器人、电机、卫星等领域。

1) 滑模动态的定义。考虑一般情况，在系统的状态空间中，有一个切换面 $S(x) = s(x_1, x_2, \cdots, x_n) = 0$, $\dot{x} = f(x)$ $x \in R^n$。如果系统运动点运动到切换面 $S(x) = 0$ 附近时，从切换面的两边趋向于该面运动，则这类运动点被称为终止点。

如果在切换面上某一区域内，所有的点均为终止点，那么一旦有运动点运动到该区域附近时，则将会被吸引到切换面 $S(x) = 0$ 上。在切换面 $S(x) = 0$ 上的所有运动点都是终止点的区域称为"滑模动态区"，滑模控制的核心便是要让系统运动点均在该区域运动以达到稳定性。

滑模动态区上的运动点到达切换面 $S(x) = 0$ 附近时，有

$$\lim_{s \to 0} s\dot{s} \leq 0 \tag{8-38}$$

对系统提出了一个形如

$$v(x_1, \cdots, x_n) = [s(x_1, \cdots, x_n)]^2 \tag{8-39}$$

的李雅普诺夫函数的必要条件。

2) 滑模变结构控制设计。设有控制系统为

$$\dot{x} = f(x, u, t) \quad x \in \mathbf{R}^n, u \in \mathbf{R}^m, t \in \mathbf{R} \tag{8-40}$$

滑模控制的设计可表示为如下过程：

① 确定切换函数式

$$s(x), s \in \mathbf{R}^m \tag{8-41}$$

② 求解控制函数，即

$$u = \begin{cases} u^+(x), s(x) > 0 \\ u^-(x), s(x) < 0 \end{cases}$$

当 $u^+(x) \neq u^-(x)$ 时
使得：

a) 滑模动态区存在。
b) 在切换面 $S(x) = 0$ 以外的点都将在有限时间内到达切换面。
c) 保证滑模动态稳定。
d) 达到控制系统的动态品质要求。

3) 抗饱和滑模路径跟随控制器设计。取系统的参考状态量为

$$\begin{cases} x_1 = y_r - y \\ x_2 = -(\tan\theta_r - \tan\theta) \end{cases} \tag{8-42}$$

进行非时间参考系求导得

$$\begin{cases} \dot{x}_1 = \dfrac{\mathrm{d}(y_1 - y)}{-\mathrm{d}x} = x_2 \\ \dot{x}_2 = \dfrac{\mathrm{d}(\tan\theta - \tan\theta_r)}{-\mathrm{d}x} = \dfrac{\tan\delta_r}{(\cos\theta_r)^2 \cos\theta} - \dfrac{\tan\delta}{1(\cos\theta)^3} \end{cases}$$

若取：

$$\begin{cases} f(x) = \dfrac{\tan\delta_r}{l(\cos\theta_r)^2\cos\theta} \\ u = \tan\delta \\ b(x) = -\dfrac{1}{l(\cos\theta)^3} \end{cases}$$

$$\begin{cases} \dot{x}_1 = x_2 \\ \dot{x}_2 = f(x) + b(x)u \end{cases} \tag{8-43}$$

车辆在泊车路径跟踪过程中，等效前轮转角受到转向系统的约束，转向系统最大输出值不能超过 $\delta_{\max}$，即存在控制器输出饱和受限问题。当目标路径不符合汽车运动学约束或在执行器输出不满足控制器指令要求时，路径跟踪将会失败。转向系统的饱和问题可描述为

$$\mathrm{sat}(\delta) = \begin{cases} \delta_{\mathrm{sgnmax}}, & |\delta| > \delta_{\max} \\ \delta, & |\delta| \leq \delta_{\max} \end{cases} \tag{8-44}$$

则当控制器输出受限时，控制器实际输出 u 和控制器输出 v 之间存在差值 d_u。设计辅助系统，将 d_u 作为补偿因子引入控制器中，以消减控制器输出饱和现象。辅助系统设计为

$$\begin{cases} \dot{n}_1 = -c_1 n_1 + n_2 \\ \dot{n}_2 = -c_2 n_2 + b d_u \end{cases} \tag{8-45}$$

式中，c_1 和 c_2 均为正数；当 $d_u = 0$ 时，无须补偿，故 n_1、n_2 初始值为 0。因为引入非时间参考系跟踪误差可知，x_1 的控制目标为 0。取跟踪误差为

$$e = x_1 - n_1$$

进行非时间参考系求导可得

$$\dot{e} = \dot{x}_1 - \dot{n}_1 = x_2 - n_2 + c_1 n_1$$

设计滑模切换函数为

$$s = ce + \dot{e}$$

其中，$c>0$ 进行非时间参考系求导可得

$$\begin{aligned} \dot{s} &= \dot{e} + \ddot{e} = c\dot{e} + f(x) + b(x)u + c_1\dot{n}_1 - \dot{n}_2 = ce + f(x) + b(x)u + c_1(-c_1 n_1 + n_2) - (-c_2 n_2 + b(x)d_u) \\ &= c\dot{e} + f(x) + b(x)v + c_1 n_2 - c_1^2 n_1 + c_2 n_2 \\ &= cx_2 + c_1 n_1 - n_2 + f(x) + b(x)v + c_1 n_2 - c_1^2 n_1 + c_2 n_2 \end{aligned}$$

设计滑模控制器为

$$v = -\dfrac{1}{b(x)}(cx_2 + c_1 n_1 - n_2 + f(x) + c_1 n_2 - c_1^2 n_1 + c_2 n_2 + c_3 \mathrm{sgn}(s)) \tag{8-46}$$

式中，$c_3 > 0$。

取李雅普诺夫函数为

$$V = \dfrac{1}{2}S^2$$

对 V 求导得

$$\dot{V}=s\dot{s}=-c_3|s|\leqslant 0$$

则根据连续系统滑动模态的存在性和可达性可知,系统的滑动模态存在且可达,即系统 s 在设计的滑模控制器的作用下逐渐收敛于平衡点 $s=0$,即车辆在该控制律下纵坐标和航向角跟踪误差逐渐减少,不断接近目标路径,实现跟踪到目标路径。则可得到前轮等效转角控制器输出量为式

$$\dot{V}=\arctan\left[-\frac{1}{b(x)}(cx_2+c_1n_1-n_2+f(x)+c_1n_2-c_1^2n_1+c_2n_2+c_3\mathrm{sgn}(s))\right] \quad (8\text{-}47)$$

4)基于 fal 函数趋近律的抗饱和滑模控制器设计。通常滑模变结构控制收敛速度较慢,并且因为控制器引入了符号函数 $\mathrm{sgn}(s)$,导致系统抖振的问题。许多学者针对滑模控制不足的问题开展了研究,提出了改善滑模控制趋近速度的多种趋近律形式,以提高系统的收敛速度并抑制抖振。可以选取 fal 函数的趋近律控制器的设计。

仍取跟踪误差为

$$e=x_1-n_1$$

滑模切换面为

$$s=ce+\dot{e}$$

为改善滑模控制的趋近品质,引入趋近律

$$\dot{s}=-\varepsilon fal(s,\beta,\sigma)=\begin{cases}-|s|^{\beta}\mathrm{sgn}(s),\ |s|>\sigma\\ -\dfrac{s}{\sigma^{1-\beta}},\ |s|\leqslant\sigma\end{cases} \quad (8\text{-}48)$$

式中,$0<\beta<1$;$\varepsilon>0$;σ 是一个很小的正数。

取李雅普诺夫函数为

$$V=\frac{1}{2}S^2$$

对 V 求导,可得

$$\dot{V}=s\dot{s}=\begin{cases}-\varepsilon|s|^{\beta+1}\leqslant 0,\ |s|>\sigma\\ -\varepsilon\dfrac{s^2}{\sigma^{1-\beta}}\leqslant 0,\ |s|\leqslant\sigma\end{cases} \quad (8\text{-}49)$$

则可知系统的滑动模态存在且可达,即系统 s 在趋近律的作用下逐渐收敛于平衡点 $s=0$。可设计滑模控制器为

$$v=-\frac{1}{b(x)}(cx_2+c_1n_1-n_2+f(x)+c_1n_2-c_1^2n_1+c_2n_2-\varepsilon fal(s,\beta,\sigma)) \quad (8\text{-}50)$$

则可得到前轮等效转角输出量为

$$\delta=\arctan\left[-\frac{1}{b(x)}(cx_2+c_1n_1-n_2+f(x)+c_1n_2-c_1^2n_1+c_2n_2-\varepsilon fal(s,\beta,\sigma))\right] \quad (8\text{-}51)$$

(2)基于人机协同的递阶式智能控制系统结构

1)人机协同的定义。人机协同,到目前为止尚没有统一的准确定义。可以这样理解,人机协同的基本思想是综合人和机器的智能,协调好相互关系,充分发挥人和机器的各自优势。人机系统的整体智能表现为人的智能、机器智能和计算技术的有机结合,是一种取长补

短，相互协同的智能，具体可表示为

$$HI+AI+CT \rightarrow I^2 \tag{8-52}$$

式中，HI 表示人的智能，如抽象思维、模糊推理等模态；AI 表示人工智能，指符号推理、神经网络和进化计算等；CT 表示计算技术（主要指传统计算机技术），如数据存储管理、图形图像处理、多媒体、可视化、虚拟现实技术等；I^2 表示综合智能；符号"+"表示"综合"；"→"表示"产生"。

在综合智能的产生过程中，人的智能 HI 的发挥是核心。其主要原因在于：

① 人的智能是不可能完全代替的。人在信息综合感知、非确定性问题处理、模糊决策以及形象思维、创造性思维方面的能力是目前任何机器都无法比拟的。

② 人的智能需要发挥和协助。由于人所固有的一些弱点，如短时记忆容量有限、心理因素等，因此，人需要在计算机技术（人工智能技术、计算技术）的帮助下，稳定地、超水平地发挥这些智能。

③ 人的智能需要扩展和延伸。计算机虽然难以具备人的上述智能，但由于其巨大的存储容量和快速的运算能力，使其在大规模数值计算、精确符号推理等方面已经远远超过人类，人在这些方面需要机器的弥补。

可见，在计算技术、人工智能技术的辅助下，突破人类认知的局限，产生超越单独的人或机器的综合智能将是智能移动机器人导航控制研究的一个重要发展趋势。具体自主泊车过程，从泊车过程的安全性、实时性、驾驶人最少干预等指标出发，通过人与机器各自完成最擅长的工作，取长补短、共同感知、共同决策、协同工作，从而达到最佳的泊车性能。因此设计了一种基于人机协同的三层递阶式智能控制系统结构。

2）基于人机协同的三层递阶式智能控制系统结构。针对自主泊车系统而言，系统的任务是明确的——泊车到位。结合现有的技术水平以及实际环境，出于安全性的考虑，在整个自主泊车过程中驾驶人自始至终是参与的。所以，一方面应充分借鉴上述各种体系结构的优点，尤其是现有自主车控制系统的成功经验和最新研究成果；另一方面还需充分考虑人机最佳协同，从而为自主泊车系统构造一个更为合理的控制体系结构。本书设计了一种基于人机协同的三层递阶式智能控制系统结构，如图 8-19 所示。三个层次依次为：任务规划层、轨迹规划层和动作执行层。三个层次分别负责完成不同的任务，从上到下任务规模依次递减。

其中，任务规划层主要完成自主泊车任务的启动、泊车位图像的显示、目标停车位的确定与修正等工作，在这里人主要起决策的作用。轨迹规划层是任务规划层和动作执行层之间的连接层，它负责将任务规划层产生的行为符号结果，转换为功能实现层的各种控制器所能接收的轨迹指令。轨迹规划层的输入是车辆状态信息、行为指令以及环境感知模块提供的无碰撞路面信息，输出是向动作执行层提供车辆期望运动轨迹等指令。

任务规划层内部包括：车辆速度规划模块、车辆期望轨迹规划模块、行为执行监督反馈模块等。人主要的作用是综合周围环境信息，对规划轨迹进行选择，并进行适当修正。动作执行层的作用包括：动作执行层将来自轨迹规划层的规划轨迹转化为各执行机构动作，并控制各执行机构完成相应动作，是整个自主泊车驾驶系统的最底层。它由一系列传统控制器和逻辑推理算法组成，包括车速控制器、方向控制器、制动控制器、节气门控制器、转向控制器及信号灯扬声器控制逻辑等组成。动作执行层的输入是由轨迹规划层产生的路径点序列、车辆纵向速度序列、车辆行为转换信息、车辆状态和相对位置信息。这些信息通过操作控制

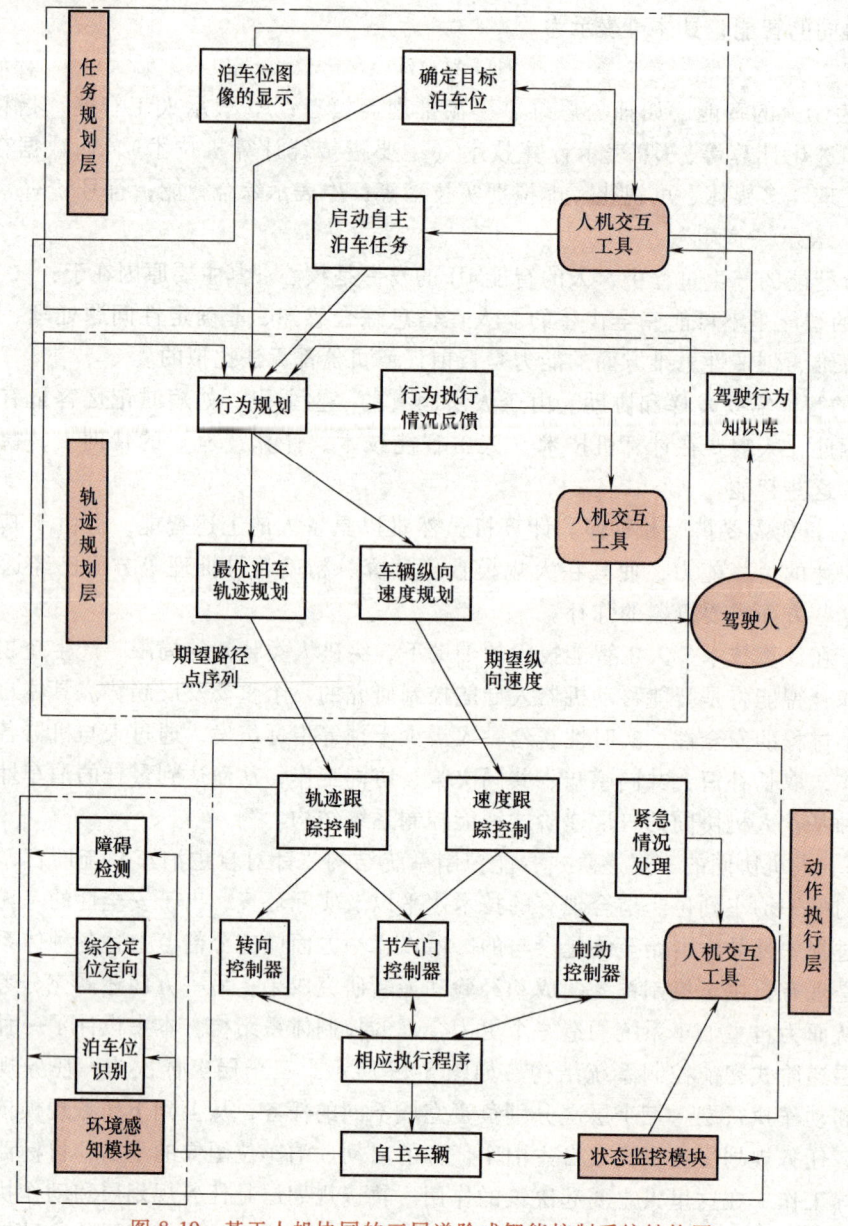

图 8-19 基于人机协同的三层递阶式智能控制系统结构图

层加工,最终变为车辆执行机构动作。人主要负责对泊车过程的监控,在突发事件发生时,向泊车控制系统发出命令,如停车、等待或者继续泊车。在有危险情况时,通过踩制动踏板、加速踏板或者接管转向盘的方式中断自主驾驶。下面从控制的角度出发,对人机协同在控制系统中所起的作用进行分析。

3)人机协同在控制系统中的介入方式。自主泊车控制系统是一个由人和机器共同组成的复杂人机系统,其智能不仅仅局限于机器的智能,而应是包括人的智能在内的人机系统的整体智能。通过以上给出的基于人机协同的三层递阶式智能控制系统结构,将人的智能引入到控制系统的每个层次中,从而实现人机协同的系统整体优化。如图 8-20 所示,在基于人机协同的三层递阶式自主泊车控制系统结构中,从控制的角度,可以将人的介入定义为 3

种：前馈介入、反馈介入、多层次介入。通过这几种方式的人机协同，就能够综合利用人在复杂场景下定性感知、决策、规划能力、应付突发事件能力和机器的定量感知、计算、高精度快速操作能力，充分地发挥人和机器的结合优势，保证自主泊车过程可靠性，提高自主泊车系统运行的安全性和环境适应性。

① 前馈介入。主要指驾驶人根据驾驶经验和车辆行驶过程中生成的泊车位图像信息，以人机协同的方式进行系统的任务决策、轨迹规划。所谓"前馈"，就是指从控制的观点来看，规划器可以认为是控制系统的前馈控制器。在前馈介入中，驾驶人可以通过开关按钮、触摸屏等方式与自主驾驶系统进行交互。例如，根据环境感知信息，在驾驶经验的基础上，调整目标泊车位置与前后车的距离。根据环境信息，对规划的泊车轨迹进行选择和调整，保证自主泊车过程的安全性及舒适性。

这种介入方式，主要在泊车位确认、轨迹规划两个阶段进行，主要由系统主动发出提示信号，提示驾驶人进行人机交互确认。

② 反馈介入。主要指在进入自主倒车动作后，驾驶人通过显示屏及后视镜等方式实时辅助观察车辆运行及障碍物情况。例如，发现实际轨迹与期望轨迹偏差较大，可以停车，通过人机交互工具通知控制系统实时重新规划轨迹，防止碰撞发生。从控制的角度出发，这也可以称为一种反馈方式。

这种介入方式，主要通过人机交互工具监控查看系统状态，无论是机器还是驾驶人，哪个先发现危险信息，就向对方报警处理。

③ 多层次介入。定义多层次介入，主要是对人机交互在控制系统中的分布层次而言的。针对提出的三层递阶式控制系统，人机交互在每一层都有介入。例如，在任务决策层，驾驶人根据车载显示屏显示出的泊车位信息，对交互系统显示的目标停车区进行修改和确认，当驾驶人完成确认后，按下开始自主泊车按钮，并将车辆档位置于倒车档，此时自动泊车系统完全接管车辆的控制权，开始进行最优轨迹规划与执行。

在轨迹规划层，轨迹规划模块可首先根据给定的任务目标点进行参考轨迹规划，然后由操作人员对参考轨迹进行合理性分析并进行有限的轨迹修正；此后，通过将轨迹修正结果以某种形式反映到轨迹规划所依赖的环境模型中，再交由机器以自动的方式重新进行规划。如此循环往复，直到规划出满足多种性能指标的最优或次优轨迹。

在动作执行层，如果泊车过程中出现紧急情况，驾驶人通过转动转向盘或者踩下加速踏板或制动踏板的方式，自动泊车系统就会自行解除工作，将车辆控制权交由驾驶人。

8.4 交通流感知和分流技术

交通流理论被定义为基于数学定律与物理学规律描述交通流动态特性的理论。交通流理论的研究主要为车辆跟车、交通波理论及车辆排队理论。从事该理论研究的相关学者也来自于多个学科领域，包括理论物理学、应用数学、控制理论、地理学、经济学以及工程领域。

交通流理论的研究目标是建立能够描述实际交通系统中一般特性的交通流模型，寻找交通流动态特性的基本规律，以揭示交通拥堵产生的机理。因此，对于交通流动态特性的研究可从宏观和微观的角度着手：利用宏观模型描述交通流的密度、速度、流量等在道路上的时空特性；利用微观模型从驾驶人及车辆的角度描述交通流的动态特性。

8.4.1 交通流感知的常见技术

在智慧交通系统的建设中，交通流的感知起到了眼睛的作用，是智慧交通中最为基础的一个环节。交通流的感知系统需要满足几个必要条件：

1）系统远程监控的实时性。城市道路环境是一个变化迅速的场景，并且容易受到特殊事件的影响。因此，为了更好地进行交通状况的分析与决策优化，交通流的感知设备需要能够低时延地将信号传输到中控中心。

2）系统有较高的响应度和灵敏度。城市道路环境受到天气条件的影响比较大，比如雨雪、大雾、夜晚。交通流感知系统首先要保证在良好天气条件下的感知准确性；其次要扩大探测器感知的工作范围，以实现在较差天气条件下的交通流监控。

在上述两点的基础上，为了更好地进行系统的工程实现，整个系统同时以空间资源占用少、能耗小、成本低为设计目标。

近十几年来，随着传感器性能的提升以及信息处理能力的增强，以交通流检测器为核心的交通流感知系统也随之取得了较大的进展，并且呈现出系统化和小型化的趋势。目前的交通流检测器工作方式分为以下两种：检测车辆在特定时间节点内是否存在和检测车辆在某一段时间内是否通过。交通流检测器至少具有上述的两种功能之一。目前，市面上的车辆检测器种类很多，技术实现原理也各不相同，较为常见的检测技术有以下几种：

1）视频检测技术。一种基于视频图像分析和计算机视觉技术对路面车辆运行情况进行检测分析的集成技术。它能够实时分析输入的交通图像，跟踪图像中的车辆，获取其中的交通数据。该技术方案具有安装灵活、使用方便的优点，不需要破坏路面，通过可视化图像可以直观实时获取精确的交通信息。但是容易受到天气、光线反射等环境影响，而且价格十分昂贵。

2）环形线圈检测技术。该技术是一种基于电磁感应原理的技术。当车辆通过环形地埋线圈时，车辆自身切割磁感线，引起线圈回路电感量发生变化，从而进行车辆检测。该技术可以实现较高的测速和交通流计数精度，且抗干扰能力强、稳定性好，不易受到气象和环境的影响，成本低廉，安装方便。目前已经取得了非常成熟的应用。但该技术对路面有一定的破坏作用，一旦遇到维修情况，成本很高。在车流拥堵情况下，车间距非常小，此时的检测精度会大幅度降低。

3）微波传感技术。远程微波传感器是一种检测交通状况的再现式雷达装置。它可以测量微波投影区域内目标的距离，通过对距离的分析来实现对多车道行驶车辆的检测。在进行车辆检测时，远程微波传感器接收到微波投影区内的各种连续不断的回波，在每一个微波层面内的固定物体回波信号将形成背景阈值，如果回波信号的强度高于微波层面的背景阈值时就表明车辆存在。该方案适用于车流量大、车辆行驶速度均匀的道路。其安装、维修都比较方便，抗干扰能力强，检测精度较高。但是这种技术在车辆流量小、速度差距较大的情况下，检测精度较差。

4）超声波传感技术。该技术是通过传感器发射能量给检测区，然后接收反射回来的能量束，利用相关的换能装置，将能量转化为所需要数据的技术。因为有车和无车时传感器所测信号有差别，据此可以分析车辆是否出现。该技术易于安装、维护，并且不受车辆遮挡影响，可以用于密集型车流场景。但是该技术反应时间长、误差大，有效检测距离小。

8.4.2 交通流感知的其他技术

1. 车辆定位数据获取

随着物联网、车联网技术的发展,大多数车辆都已经装有 GPS 或北斗定位装置,车辆定位数据实时获取主要通过已有的车辆调度系统、定位监控系统来获取。这类系统能够实时采集运输车辆的经纬度、角度、高度和速度等信息,采集频率通常需要设置为 5s 或 10s,将这类系统与车辆通行控制的工控机、红绿灯控制器相连。工控机通过有线或无线通信网络实时访问 GPS 定位数据服务器获取所有车辆的实时定位数据。

2. 车流实时感知区域划分

为了增加通用性,一方面将单通道两端分别设定为非限量端和限量端,限量端是指单通道的一端能够容纳的车辆数目有限;另一方面由于单通道多见于山区隧道、露天矿山平硐等,车辆在这类单通道中无法接收卫星信号,无法产生定位数据,因此假定单通道内部无法获取车辆的实时定位数据。在单通道及其两端分别设置扫描区、等候区及单通道内三大类区域,具体为非限量端扫描区、非限量端等候区、限量端扫描区、限量端等候区、单通道内扫描区界定:主要通过选取 GPS 扫描中心点坐标和扫描半径确定扫描区域,如图 8-20 所示。

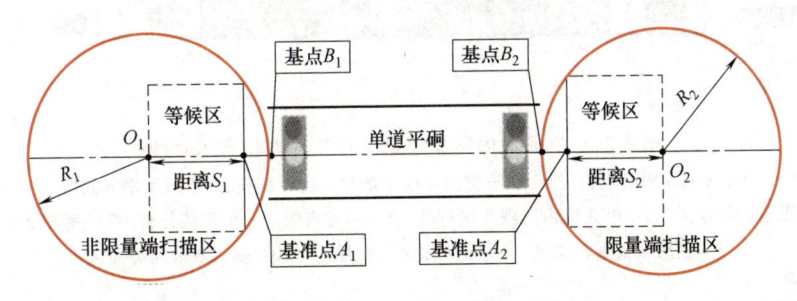

图 8-20 单通道内三大类区域

将通道两端的通道口地面水平线中点设置为基点,扫描中心点由通道基点、扫描半径、道路的中心线进行确定;扫描半径尽量根据车辆在单通道两端的行驶平均速度及定位数据回传时间来进行设置,要保证在扫描区、等候区内分别至少获得两次车辆的定位数据,即满足

$$2\bar{v}_i t < R_i \leq n\bar{v}_i t \quad i=1,2 \tag{8-53}$$

式中,$\bar{v}_i$ 为车辆在实际运输行驶中的平均行驶速度;t 为定位数据回传时间;n 为回传定位数据的次数,为了保证数据分析的实时响应,根据实际经验 n 的取值一般在 5~10 之间。

1)等候区界定。其处于扫描区内部,它的设置需要先确定基准点,基准点是指从扫描区中心点到相应等候区的最远距离所对应断面线的中点。非限量端等候区是非限量端扫描区内从扫描中心点至单通道非限量端方向基准点的直线距离为 S_1 的矩形区域。S_1 小于非限量端扫描区的扫描半径 R_1。限量端等候区是限量端扫描区内从扫描中心点 O_2 至单通道限量端方向基准点 A_2 的直线距离为 S_2 的矩形区域,S_2 小于限量端扫描区的扫描半径,如图 8-21 所示。为保证在等候区内至少获得两次车辆的定位数据,等候区的直线距离需满足

$$2\bar{v}_i t \leq S_i < R_i \quad i=1,2 \tag{8-54}$$

式中，R_i 为两端扫描区的扫描半径；$\bar{v}_i$ 为车辆在实际运输行驶中的平均行驶速度；t 为定位数据回传时间。

2）红绿灯设置。红绿灯可选择在基准点和基点之间的距离内进行布设，具体可根据实际地形进行适当调整。

根据上述内容确定扫描区和等候区后，扫描中心点 O_1、O_2 的坐标由实际测量获得，基准点和基点的坐标可根据与扫描中心点的位置关系计算得到，也可实际测量获得。

3. 车流实时感知方法

扫描区和等候区划定后，每一辆车所在的行驶状态主要有：驶入非限量端扫描区、驶离非限量端扫描区、驶入非限量端等候区、驶离非限量端等候区、单通道内向限量端行驶、单通道内向非限量端行驶、驶离限量端等候区、驶入限量端扫描区、驶离限量端扫描区、驶入限量端等候区 10 种可能状态，单通道内向非限量端行驶可能状态示意图如图 8-21 所示。

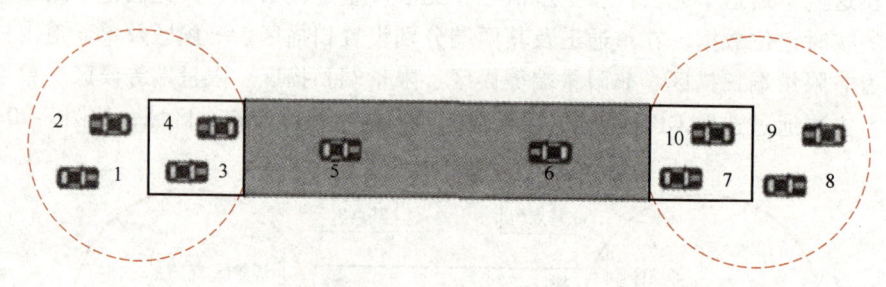

图 8-21 单通道内向非限量端行驶可能状态示意图

1—驶入非限量端扫描区　2—驶离非限量端扫描区　3—驶入非限量端等候区
4—驶离非限量端等候区　5—单通道内向限量端行驶　6—单通道内向非限量端行驶　7—驶离限量端等候区
8—驶离限量端扫描区　9—驶入限量端扫描区　10—驶入限量端等候区

工控机实时获取车辆的 GPS 定位终端的定位坐标数据和行驶方向数据，定位数据每隔一定时间进行回传，通常可以设置为 5~10s，并且保证每辆车在行驶 S_1 和 S_2 这段距离时至少能够获得两次以上的定位数据。

车辆所在的位置状态判断方法如下：首先计算该车辆定位坐标分别与非限量端扫描中心点的间距。若间距小于非限量端扫描区的扫描半径 R_i，则判断为位于非限量端区域，然后结合车辆定位数据的方向数据可判断车辆是要驶入通道，还是驶离通道，若是驶入则车辆状态为 1、3，若是驶离则车辆状态为 2、4。

然后继续计算该点与其最近等候区基准点坐标之间的间距，当与非限量端等候区基准点的间距小于 R_i 时，行驶方向数据为向限量端行驶，则判断车辆位于非限量端等候区为状态 3，若行驶方向为驶离等候区则为状态 4，为保证行驶方向判断的准确性，可继续接收下一次定位坐标数据并计算与基准点的间距，当距离在不断变小，车辆为驶入，否则为驶离。

当车辆为驶入非限量端等候区，系统经过判断开启绿灯信号后，车辆状态即由位于非限量端等候区状态 3，变为单通道内向限量端行驶的状态 5。

同理可以判断车辆在限量端的行驶状态 7、8、9、10。限量端车流总数主要包括已经进入限量端的车辆和正在向限量端行驶的车辆，主要通过以上定位数据进行计数控制，即处于状态 5、7、8、9、10 的所有车辆车数之和[12]。

8.4.3 分流技术

交通分流是解决交通拥挤，特别是偶发性交通拥挤的常用措施，即指通过对信息采集系统或装置采集到的信息进行分析，然后根据交通流模型对道路的交通流运行状态进行预测，评估平行干道上的道路剩余容量，将高速/快速路段上的分流交通量引导至绕行路径上，从而缓解高速/快速路的主路段的交通压力。

1. 交通拥堵

交通拥堵是交通拥挤和交通堵塞两种现象的叠加。交通拥挤是指在特定时间、特定路段上车流量的增加，导致过量车流的聚集现象，但是车流仍然处于运动状态。而交通堵塞是指在特定时间、特定路段空间内形成的车流停滞的现象。交通拥堵，即指车辆在道路或交叉口上排队或者缓慢移动，是出行者对时间和速度的一种感受。

交通拥堵产生的原因有很多，主要原因是由于交通需求与供给的不平衡而导致的滞留现象，是现代城市尤其是大城市中不可避免的交通问题。

路网上的交通拥堵现象主要取决于各路段与交叉口的情况，可以选取路段为单位来描述属性，从交通拥堵发生的时间、地点、原因、类型、程度五个方面分别进行阐述。

(1) **拥堵发生的时间**　一般通过交通流量的大小来划分，产生拥堵的时间不同，对路网的影响程度也不相同。通常按时段分为高峰期、低谷期等。

(2) **拥堵发生的地点**　根据交通拥堵发生的地点可分为局部拥堵和网络拥堵。若拥堵发生在主干道等重要路段，则拥堵的程度会迅速升级，演变为全局的堵塞。而若发生在次要路段，则拥堵的效果可能会得到适当的缓解。因此，对于不同等级的路段所发生的拥堵应该采取不同的措施。

(3) **拥堵产生的原因**　可以将其分为两类，即正常拥堵和非正常拥堵。正常拥堵一般是由于交通流量的激增，常发生在高峰时段，规律性较强。非正常交通拥堵则主要是由于突发事件等引起的不可预见的拥堵，没有规律性且持续时间不确定，若不及时处理可能会导致拥堵程度迅速升级。

(4) **拥堵产生的类型**　通过形成次序的先后分为原始拥堵（primary congestion）和后续拥堵（secondary congestion）。原始拥堵是在道路瓶颈处首先形成的交通拥堵；后续拥堵是由原始拥堵的蔓延而形成的。

(5) **拥堵程度**　通过交叉口的信号周期或排队长度来描述的与交叉口相关联路段的拥堵程度。如拥堵、畅通等。

2. 交通拥堵分流办法

交通分流是指通过对信息采集系统或装置采集到的信息进行分析，预测到前方路段趋向拥堵时，在平行路段上，通过对剩余通行能力的计算，将需要进行分流的流量引导到其他可选路径上，以缓解即将发生的交通拥堵。由于是提前分流，因此该方案对缓解交通压力，以及对交通进行疏导起到了积极的作用。

3. 分流步骤

如图 8-22 所示：δ 为拥堵评判综合指标；δ_0 为综合临界指标。

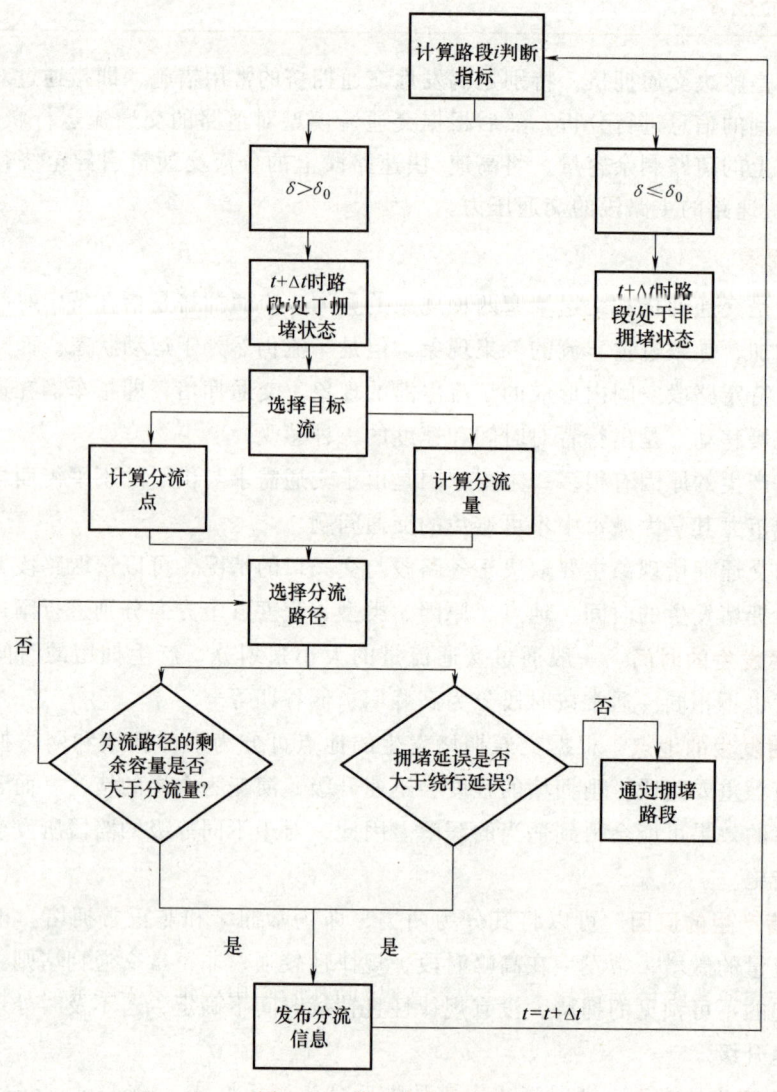

图 8-22 分流步骤流程图

分流步骤如下：

1）采集基础数据。通过数据采集技术获取路段的交通流量，进行分析。

2）通行能力分析。在采取交通分流措施前，应当考虑所研究路段的通行能力以及平行路段的通行能力。

3）交通分流方案的设计。计算研究路段的通行能力，得到当前的交通量。若当前交通量大于道路通行能力，则实施分流。分流前应先分析平行道路的剩余交通流量，计算需要分流的交通量的大小。

4）交通分流方案评价。评估交通分流效果，有必要时调整交通分流量的大小使得交通分流效益达到最优。

4. 分流流量的计算

分流流量的计算方法为

$$N_r = Q'_r \frac{l_r}{v_r} \tag{8-55}$$

$$\widehat{N}_r(t+\Delta t) = \widehat{Q}_r(t+\Delta t)[l_r / \widehat{v}_r(t+\Delta t)]$$

式中，Q'_r 为路段 r 的分流临界通行能力；$\widehat{Q}_r(t+\Delta t)$ 为 $t+\Delta t$ 时刻路段 r 的交通量；N_r 为路段 r 的分流临界容量；$\widehat{N}_r(t+\Delta t)$ 为 $t+\Delta t$ 时刻路段 r 上的车辆数；$v_r(t+\Delta t)$ 为 $t+\Delta t$ 时路段 r 上车辆平均行驶速度。

当车辆数满足条件 $\widehat{N}_r(t+\Delta t) \leq N_r$ 时，路段 r 不拥堵。当 $\widehat{N}_r(t+\Delta t) > N_r$ 时，分流的车辆数即为分流量 $\widehat{N}_r(t+\Delta t)$

$$\Delta N_r(t+\Delta t) = \widehat{N}_r(t+\Delta t) - N_r \tag{8-56}$$

5. 分流流量的计算

分流路径是指为了避免前方路段拥堵的进一步蔓延，将即将流入拥堵路段的交通流通过发布交通拥堵信息引导到平行路段上，并使绕行代价最低。在选取分流路径时，以出行时间为权重，确定分流的起点和终点，使出行时间达到最小的路径即为分流路径，从而达到路网整体运行效率最优的目的。

用 $\widehat{N}_r(t+\Delta t)$ 表示目标流中流入路径 r_n 的车辆数，比较 $\Delta N_{i_n}(t+\Delta t)$ 与 r_n 的剩余流量 $\Delta q_{r_n}(t+\Delta t)$ 的大小，若 $\Delta N_{i_n}(t+\Delta t) \leq \Delta q_{r_n}(t+\Delta t)$，则 r_n 为分流路径；若 $\Delta N_{i_n}(t+\Delta t) > \Delta q_{r_n}(t+\Delta t)$，则 $\Delta N_{r_w}(t+\Delta t)/\Delta q_{r_s}(t+\Delta t) = h$，本书中假设每条分流路径的分流能力相等，其中 h 为分流路径的条数，h 向上取整。

8.4.4 车路协同技术下的交通流优化

1. 车路协同技术概述

作为智能交通系统的关键技术之一，车路协同技术采用先进的无线通信和信息技术，以及新一代互联网技术，实施"车-车""车-路"在全方位上的动态实时信息交互，基于全时空的动态信息采集与融合，提高车辆间的主动协同安全，促进车辆与道路的协同管理，达到各个交通构成元素（人、车、路）之间的有效协同，提升交通运行效率，确保交通安全，从而建立一个高效、环保和安全的城市交通系统。这里的"人"是指一切与交通系统有关的人，包括交通管理者、参与者和操作者；"车"是指装配有可进行交通状态检测、无线通信和交通信息发布终端的车辆单元，即通信车；"路"是指路侧设施，如信息基站、交通灯、交通信息发布与控制中心等。

目前，对于 CVIS 的研究主要分为下两种通信形式，即 V2V 通信和 V2I 通信，其研究的主要两种通信形式如图 8-23 所示。

车路协同为无线通信技术在车、路和交通控制中的应用，允许通信车辆与路侧设施之间进行信息的交换和融合，其系统集成环境主要分为以下四大种类：

1) 车载站（ITS Vehicle Station）。提供 V2V 和 V2I 间的无线通信技术支持和车载应用

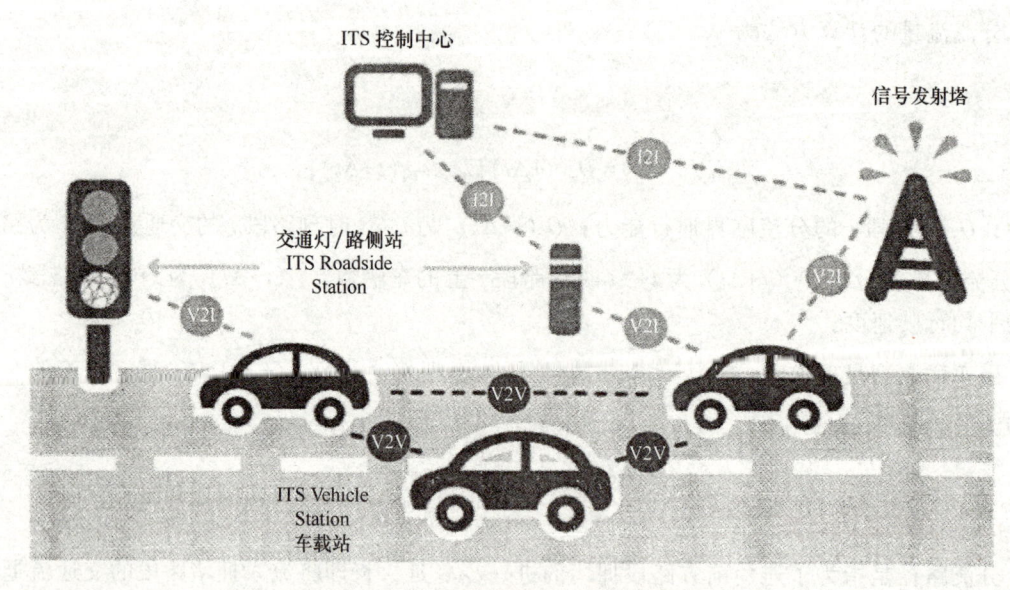

图 8-23 CVIS 研究的主要两种通信形式

支持。

2）交通灯/路侧站（ITS Roadside Station）。提供车路无线通信（C2I）技术和交通控制中的数据交换，并可针对具体应用需求进行数据提供和数据处理。

3）ITS 控制中心（ITS Central Station）。通过有线或无线方式与其他路侧基站或信号发射器进行数据交换，对数据进行处理及发布。

4）用户站（ITS Personal Station）。可集成于个人用户系统，如导航仪或智能手持设备等。

2. 车路协同技术应用理论

车路协同技术的最终目标是实现人、车、路的协同，当前，CVIS 的发展主要针对车与路的协同进行研究。对于 CVIS 的应用领域，主要面向于提升城市交通系统的通行效率与安全。

(1) 效率方面

1）不停车收费。目前已经实现了通过射频技术完成车辆出入收费系统的无人服务功能。未来的车路协同环境中，不停车收费系统的识别率将更高、识别距离更远。

2）道路状况的智能感知与实时采集技术。实现车辆的道路跟踪、障碍物检测、高精度组合定位等，并利用先进的超声波、微波雷达、激光雷达、航空器等实时采集道路交通信息。

3）路径诱导。合理安排车辆的行驶路线，在行驶过程中进行实时路线更新诱导，避免集中拥堵路段的出现。

4）交通信号的控制。可根据交叉口上不同道路方向上的车流量实时调整交通信号灯的相位定时。另外，可根据交叉口及邻近交叉口处的车辆的行驶方向不同，合理安排通行信号，对车辆进行分组通行。

5）信息服务。为出行车辆指示邻近的停车场，提供泊车位信息、预定泊车位等。通过与邻近车辆及路侧设施的实时交互，尤其对于行驶在同一路段反向行驶车辆的通信，可及时了解相关路段的交通状态以躲避突发性的交通事故及拥堵路段。

(2) 安全方面

1）安全预防。接收即时的道路交通信息，如恶劣天气预报、突发性的交通事故、道路施工等信息。

2）纵向横向防撞服务。利用车辆与道路之间的协同通信，可有效避免车辆之间发生前撞、侧撞及后撞，以及避免行人与车辆、车辆与障碍物之间的碰撞发生。并在车辆发生变道时，有效帮助其避免与相邻车道上的车辆在变更车道时的侧面碰撞。另外，在隧道口合流处与缺少隔离护栏的急转弯盲区汇车时，可避免与邻近车辆发生前撞与侧向碰撞。

3）紧急事件救援服务。车辆在道路上发生交通事故、发动机故障以及其他意外事故时，车辆中的求助系统会向交通急救中心发送信息，信息中包含了事故的发生时间、地点以及事故的严重程度等，利用车路协同系统进行求援路线上的信号灯优化定时，制定求援车辆的最优行驶路线，确保事故人员在最短的时间内得到及时治疗。

4）恶劣天气行驶辅助。通过车辆外部传感器检测车辆自身的运行信息及道路状况并反馈到车辆内部的信息平台，帮助驾驶人及时了解外部行驶环境、路面信息、车辆故障等。

5）城市道路安全跟车。实时提醒与前车的距离，合理控制车速避免发生碰撞。

3. 车路协同技术下的交通流优化

车路协同条件下，信息发布与获取的实时性较高，依据有效方法可提高对交通流状态检测的准确性。依据实时发布的交通状态检测结果，设计准确的路径选择模型，合理规划车辆的出行，降低拥堵路段的通行压力。在交通流微观特性研究方面，车辆间准确、及时的信息交互，可确保跟车行为趋于智能、理性，结合专门的研究方法，提高交通流的稳定行驶，并对交通拥堵进行抑制。

GPS 定位技术已经有了成熟的应用，将 GPS 安装在车辆上实时监控车辆的运行情况，获得车辆的位置、速度等轨迹信息。当前的智能手机大都具备 GPS 定位功能，通过在手机上安装的行车记录软件，也可以实时记录车辆行驶的轨迹数据，并通过无线通信技术发送给外部车辆及路侧设施。

车路协同环境中，路上行驶的车辆既可以接收路侧控制站发送的交通状态信息，也可接收临近车辆发送的相关道路信息（尤其是反向行驶的车辆），实时掌握相关行驶路段的交通情况。因此，交通控制中也无须收集大量的数据，避免了处理大量交通数据的额外工作，同时提高了车辆获取道路交通信息的实时性。利用通信车辆周期地发送当前车辆的位置信息，通过对采集的车辆位置信息进行深入分析，可实现对不同程度拥堵的检测，并通过对外部数据的分析得到天气状况等相关数据，提高检测精度。

第9章　智能网联汽车的安全防护技术

9.1 智能网联汽车的安全防护技术概述

任何网络都会传输信息，如果信息具有价值或者会影响其他事物，就会有信息安全的需求。车联网也不例外，但相对于其他传统网络，车联网的安全防护技术面临更大的挑战。

在 VANET 中，随时有车辆加入和离开，网络拓扑结构高速动态变化。另外，由于车辆的高速移动性，节点之间的通信和消息校验时间都非常短。VANET 的这些特征使其安全方案的设计极具挑战性。根据 DSRC 协议，事件驱动的安全消息单跳通信延时需要满足 100ms 以内。当单跳通信无法将安全消息发送到特定车辆时，就需要通过多跳广播将时间敏感的安全消息传递到相应车辆，相应的通信延时需求可以根据单跳时延与跳数的乘积得出，如紧急制动消息需要在 400ms 内传递给 1000m 之外的车辆。为了提高安全应用的性能，保护用户的隐私，VANET 需要满足很高的安全和隐私要求，主要包括以下几点：

（1）**可用性**　车辆的安全应用可以正常使用，如当碰撞快要发生时，碰撞预警系统必须能够及时提醒驾驶人。

（2）**消息完整性**　必须保证消息发送者是合法节点，并且消息没有经过伪造或篡改。

（3）**不可抵赖性**　车辆对于其发送或接收的消息具有不可抵赖性，当有事故发生时，可以保证对车辆进行追责。

（4）**访问控制**　通过访问控制定义网络内每个车辆的行为。如果发现有恶意行为的车辆，应该能够及时撤销该车辆资格，并能够阻止其恶意行为。

虽然 VANET 的应用可以带来很多好处，但同时也面临着很多安全和隐私方面的威胁。由于 VANET 的应用场景及其特点，攻击者对系统进行上述扰乱和破坏会妨害运输系统的正常工作，严重影响交通效率，在某些情况下甚至直接威胁驾驶人与乘客的生命财产安全。因此，提高安全性与保护用户隐私是 VANET 技术研究领域非常重要的问题。VANET 系统的重要性使其很容易成为各类攻击者的目标，同时它的开放性也使得其攻击形式多样化，并且难以被检测和发现。VANET 的系统安全必须进行整体考虑，在满足 VANET 系统功能与可用性的同时，提高系统的安全性与可靠性。尽管 VANET 的安全问题已经吸引了很多机构和研究人员的关注，也提出了大量的安全机制，但到目前为止，仍然面临如下很多安全问题的挑战。

（1）**可扩展性** 世界范围内的车辆数量是非常庞大的，而且还在快速的增长。目前，还没有一个全球化的机构为这样的网络提供安全，主要是因为 VANET 缺少统一的标准化规则。由于各个国家的要求不同，标准化规则的定义也是难以实现的。为了促进世界标准化安全规则，需要各国的机构进行全球化合作。

（2）**延迟限制** VANET 的很多应用，尤其是安全应用，要求能够实时响应。如果不能满足该要求，可能直接导致灾难性的后果，如发生事故或错失救援机会等。除此之外，实时性要求使应用更易于遭受拒绝服务攻击（Denial of Service，DOS）。一些研究人员认为，在实时响应的要求下，安全相关的应用更应该考虑如何预防攻击，而不是检测和发现攻击。然而，实时攻击检测也是十分关键的，尤其是当内部攻击者可以绕过现有的预防机制时。

（3）**合作性** 目前大多数文献中提出的算法或协议，都是假设通过车辆通信传播数据。该特性使 VANET 更易遭受伪造消息的攻击，而且很多安全应用也是依赖于车辆间的合作，当一些自私的节点不进行合作时，它们会对网络性能产生很大影响。

（4）**消息和节点认证** 在进行无线通信时，为了保证接收的消息来自合法的节点且未经过篡改，通信节点需要对接收到的每个消息进行认证。由于车辆的高速移动性，通信节点认证的时间非常短，对认证效率提出了更高的要求。

（5）**条件隐私保护** 隐私保护对于用户来说也是至关重要的。用户隐私一旦被泄露，攻击者不但可以实现对车辆的跟踪，甚至还可以掌握车主的身份、工作、家庭住址以及爱好等个人信息，对车主个人以及家庭都会带来潜在的安全威胁。因此，VANET 要求节点无法从接收的消息中推测出车辆的身份信息，也不能关联车辆的运行轨迹。但是，当发生纠纷或有节点恶意发布虚假消息时，必须有官方机构能够揭露该节点的真实身份，避免由于隐私保护而导致恶意节点逃脱责任。

（6）**非法节点的检测和撤销** 当车辆传播虚假和恶意消息，或存在其他非法行为时，VANET 必须能够及时地检测出恶意行为，并撤销它们参与网络的资格，从而降低对网络的危害。除此之外，车联网还面临传统无线通信网络的各种攻击。

9.2 智能网联汽车网络安全防护策略

1. 传统网络的安全防护策略依然适用

在车联网中，车辆节点和 RSU 与云端服务平台之间的网络与传统因特网（Internet）的接口和应用基本相同，所以传统 Internet 的攻击威胁，在这部分车联网中依然存在，当然，其防护策略也基本相同。

例如监听、窃取数据等被动攻击方式，可以采用加密机制进行防御。

篡改、伪造和重演数据可以采用传统安全防护方法中的保护完整性机制进行防御，如增加序列号、散列后加密等。

伪造身份、否认、中间人攻击等可以采用基于公钥基础设施（Public Key Infrastructure，PKI）的证书、签名等机制进行保护。

系统或端点可以采用防火墙、访问控制、入侵检测、fail-over、数据备份等机制进行保护。

软件漏洞、系统和网络病毒可以采用即时更新软件补丁，安装异常状态监控软件，定时扫描和进行安全评估等方法进行防护。

分布式拒绝服务攻击（Distributed Denial of Service，DDoS）目前还没有完美的解决方案，可以采用识别和隔离僵尸网络、上级 DNS 联动、保存证据事后追责等。

由于以上防护方法与传统 Internet 的防护方法基本相同，所以这里不再赘述。

2. 车联网中特有的攻击防护策略

车联网有着与传统 Internet 不同的显著特点，这些特点一方面使得一些传统的网络安全防护策略不再适用，另一方面需要引入新的安全机制。例如，在车联网中，每个车辆节点通常快速地移动，其网络拓扑高速动态变化；V2V 之间采用 P2P 的方式进行通信，通信内容一般具有高度的时效性，同时也容易泄露用户隐私；车联网中同时存在着错综复杂的 V2V、V2I、V2N 等各种传输介质（无线或有线）、协议（TCP/IP 和广播）、结构（分布式和集中式）的网络等。车联网独有的攻击方式一般是针对信息的完整性和时效性，隐私保护也是车联网信息安全的重要内容，将在下一节叙述。

按照攻击的目标可以把攻击方式分为 3 类：针对认证机制、针对可用性和针对机密性的攻击。

通过对发送者的身份和消息进行合法性认证，可以提高通信的可靠性。

（1）针对 VANET 的认证机制 主要的攻击方式和防护策略如下：

1）女巫攻击。女巫攻击是 VANET 中最危险的攻击方式之一。攻击者可以模拟多个身份发出消息，其他车辆无法区分这些消息实际上源自同一个车辆。例如，女巫攻击者可以发出含有多个位置信息的虚假消息，让其他车辆认为道路拥塞而改变路径。

防御女巫攻击的关键是限制车辆拥有多个合法身份。但为了保护驾驶人隐私，一类安全设计是由 CA 给每个节点发放多个合法假名。在这类设计中，需要限制节点在同一时间段能够使用的假名数量，同时要有监管机制。监管机制一般由 RSU 来执行。RSU 如果可以识别多个假名来自同一车辆，则及时取消该违法车辆的合法身份，如果没能力识别，则记录数据交给 CA 来处理。

2）节点模仿攻击。在 VANET 中，每个节点都有唯一的身份或 ID 用于合法性认证。节点模仿攻击者改变自己的身份，并修改其他节点发送的消息，使自己成为消息的源发送者。攻击者通过这种改变迷惑其他节点，从而使自己获得好处。

防范该攻击的方法是对消息本身进行签名，攻击者如果不能获得被模仿者的私钥，则无法伪造消息的签名。

3）消息抑制攻击。当攻击者作为消息的中继节点时，它选择性地丢弃一些包含 VANET 关键信息的包。例如攻击者故意丢弃道路拥塞的消息，使其他车辆无法得到这些信息而没有选择正确的路径，造成交通更加拥堵。

该类攻击很难即时识别和采取处理，因为攻击者大部分时间表现正常，只是偶尔采取恶意行为。而丢包的现象在通信拥堵的时候也时而发生，属于正常现象。防范该类攻击一般采取基于信誉的机制，即使用信誉值来衡量 1 个节点在一较长时间段内的正常程度。如果 1 个节点经常有恶意的丢包行为，则其信誉值快速下降，当低于某一阈值时，会被取消正常身份。但需要注意的是，该机制使得信誉值与节点身份建立了一一映射，需要使普通节点不能精确得到该映射，以防止恶意追踪。

4）篡改攻击。攻击者通过监听无线信道，捕获其他节点发布的合法消息，然后通过修改消息的内容，故意延迟消息发送或重新发送以前的消息来误导车辆，从而使自己获利。

篡改的消息可以通过对消息进行签名验证来识别。延迟发送的消息可以通过比较时间戳，对转发节点的信誉进行评估。

5）重放攻击。攻击者捕获其他节点的合法数据包，之后再重新发送该消息。重放攻击破坏了认证系统，可以误导其他通信节点。

为了抵抗此类攻击，可以在数据包中添加时间戳或序列号，接收节点通过判断延迟是否合理或序列号是否乱序，决定是否丢弃该包。

6）GPS 欺骗攻击。攻击者可以通过 GPS 模拟器给其他车辆注入错误的位置信息。车辆在通过隧道或拥堵地区后，可能在等待新的 GPS 信号。GPS 模拟器产生的信号比真正的 GPS 信号更强，即使车辆收到真正的 GPS 信号，它也会选择模拟器产生的假信号。因此，攻击者不但可以通过虚构自己的位置获利，还可以误导其他车辆的导航系统。

直接判断 GPS 的数据真伪很难，可以通过本车的运动轨迹预测、本车其他传感器或者其他车辆的位置信息来衡量本车 GPS 的数据质量，如果某个 GPS 的数据质量很低，则尽快屏蔽该数据源。

(2) 针对可用性攻击

1）DOS。DOS 攻击的核心目标是通过合理的行为停止网络服务，使其他节点无法访问网络资源。攻击者主要通过不断发送远超系统处理能力的请求来耗尽网络资源。例如，攻击者可以禁止通过 RSU 建立网络、阻止车辆和 RSU 之间的通信。造成的后果是车辆之间无法彼此通信，也无法接收到其他信息，如道路状态等，从而导致严重的后果。

2）DDOS 攻击具有更大的破坏性，它将多个攻击节点联合起来作为一个攻击平台，使攻击者可以通过不同的位置和时隙发动攻击。因此，也使检测此类攻击的难度变大。

3）垃圾消息攻击。攻击者不断发送垃圾消息，通过消耗网络带宽来增加传输延迟。由于 VANET 节点高速移动的特点，传输延迟的增加意味着丢包率也随之升高，导致大量有用消息被丢弃。在缺少中心化管理机构和必要的基础设施的情况下，此类攻击更容易发生。

4）黑洞攻击。攻击者收到路由请求包后发布虚假的可供连接的路由信息，骗取其他节点与之建立连接。攻击者的主要目标是控制其他节点尽可能地通过自己发送数据包。例如，攻击者可以利用路由协议，声称它拥有到目的车辆或 RSU 的最佳路径，是转发数据包的最佳节点。通过广播错误的路由信息，使其他车辆都通过自己转发数据包。一旦其他车辆向攻击者发送数据包，它故意丢弃部分或所有数据包，使网络丢包严重。VANET 中的数据包丢失，尤其是安全相关的数据包丢失，可能会导致重大事故的发生。

5）恶意程序。恶意程序攻击类似病毒，直接影响 VANET 的运行效率。在 OBU 或 RSU 更新时更易遭到这种类型的攻击。

6）广播风暴攻击。这是一种攻击方式，可能在车辆拥堵的情况下发生。它是指多个多跳广播包在网络中传播，形成更多的广播包，从而造成网络拥塞，甚至网络瘫痪。

以上攻击方式很难即时防御，原因在于如只观察单次的攻击行为，难以甚至无法判断其是恶意还是正常的行为。其防御方法为在传输协议中限制广播转发节点的数量，并且避免选择少数转发节点（增加选择转发节点的随机性）。同时由所有节点或只由 RSU 来记录非正常节点的行为，作为评估其信誉值的依据。一旦其信誉值达到临界值，就发出警告，甚至取消其合法身份。

(3) 针对机密性攻击

1) 监听者。监听者可以利用无线信道的特点监控整个网络、跟踪车辆移动或监听车辆的通信。恶意车辆可以轻松拦截和检查网络中传播的消息，然后根据收集到的车辆信息和通信方式发送进一步的攻击。因此，在发动其他攻击之前，一般先进行网络监听。为了发动此类攻击，攻击车辆可能是静止的，也可能是移动的，还可能会伪装成 RSU 来监视网络以获取机密数据。

该类攻击很难探测，因为监听者的表现与正常车辆无异。只能通过长期观察其行为，基于异常检测进行判别。

2) 中间人攻击。攻击者位于两个通信节点之间，可以监听到它们之间所有的通信。因此，它可以通过插入或修改通信车辆的消息发动攻击，而通信双方仍然认为是在彼此通信。中间人攻击者可以控制网络中的信息交互，给 VANET 带来严重的安全威胁。

可以对消息增加时间戳，进行签名认证来防范此类攻击。

3) 控制车辆。通过 Internet 控制访问的车辆。例如控制车辆传感器，篡改车辆收集的数据，控制车辆存储单元，获取密钥信息等。

防护方法是为车辆安装监控和防护软件，及时更新补丁。

4) 针对车辆节点的直接物理接触攻击。由于车辆的驾驶人一般并不是固定为一个人，所以攻击者一般较容易接触到车辆节点中存储机密信息的硬件。攻击者可以采用非常规手段（如内存直接读取方法）直接获得机密信息，如密钥等，使所有安全机制形同虚设。

这种攻击应该引起足够的重视。虽然以前也存在此类攻击，但由于存储机密信息的主机一般处于严密的物理管控下，这种攻击仅偶尔出现在对游戏机和 ATM 机的破解上。可信计算试图防止此类攻击，但由于代价大、效率低，其技术和硬件一直没有普及。随着车联网的实施，该类攻击必将造成更加广泛而深远的影响。可信计算是防范此类攻击的基础，其中内存的机密性和完整性保护技术是其关键。

3. 车联网中的隐私保护策略

在 VANET 中，节点通过开放的无线信道进行通信。车辆不断以通用格式周期性广播可公共获取的信标消息。这些信标通常包含时间戳、车辆 ID、当前车辆位置、速度和行驶方向等信息。如果没有采取相应的隐私保护机制，攻击者可以很容易地获得车辆的隐私信息，如车辆的路径、驾驶人的身份以及偏好等。因此，隐私保护机制是车联网实施的必要条件，同时也是较新的研究方向，还面临很多挑战。

然而，隐私保护是相对的，即这些隐私信息对普通的用户和车辆是隐藏的，但是当出现紧急情况时，可信的第三方应该能够检测和跟踪消息源的身份。例如当某车辆肇事或存在过多恶意行为时，交通管理部门可以获得驾驶人的真正身份，进行处罚。因此，一个完善的认证方案除了满足普通的安全和隐私要求外，还应该是可追溯的。隐私保护面临的威胁有：

1) 身份泄露。攻击者非法获得车辆身份，进一步可能获得驾驶人的个人信息。

2) 定位跟踪。通过车辆广播的消息，对车辆进行精确定位并跟踪。如果长期对车辆跟踪，很容易建立车辆档案，并分析出驾驶人的家庭和工作地址、日常行为及兴趣偏好等。这会对驾驶人的人身安全造成极大的隐患。

隐私保护的关键是防止攻击者把车辆运行轨迹与驾驶人身份联系起来。为此目的，可采用假名（或可称临时证书）策略，方法是为车辆提供一组假名，根据假名变换策略，每个假名仅在一段时间内使用。假名的使用时间可以是固定的，也可以是根据实际环境或车辆行驶的上下文来确定。假名是匿名的证书，它们由证书颁发机构签署以确保车辆之间的可信性。此外，除可信的第三方之外，同一车辆使用的假名无法与车辆的真实 ID 或以前使用的假名相关联。

假名策略的目的是使攻击者无法将车辆的假名与车辆的真实 ID 相关联，但是基本的假名变换策略无法有效地保护车辆的轨迹隐私。由于车辆定期发送的信标含有车辆的实时位置和速度信息，因此即使车辆采用了周期性改变假名的策略，攻击者仍然可以根据车辆信标中的实时信息对车辆轨迹进行预测，从而把变换假名前后的车辆联系起来。另一方面，根据驾驶人的行驶特点，通过机器学习算法，有可能识别出特定行驶轨迹的驾驶人。

基于假名的防止追踪的方案有静默期（Silent Period）和混合区（Mix-Zone）策略。静默期策略通过在一定时期内停止部分车辆的信标广播或者采取对广播信标进行加密的方式，阻断攻击者对信标的连续监听，从而降低监听间断期前后车辆信标之间的时空关联性，有效降低攻击者对于监听间断期内车辆跟踪的成功率。混合区策略及其变种，如加密混合区（CMIX-Zone）、稠密混合区（Density Zones）或社交地点（Social Spots）指车辆在某个特定区域停止信标广播。这些方案虽然为车辆提供了良好的隐私保护，但也破坏了信标广播的连续性，降低了车辆间的相互感知能力，因而可能会对车辆的安全行驶造成不良影响。同时，由于人工智能算法的发展，这些方法依然可能被高级的机器学习算法破解。改进方法是在基本的静默期和混合区机制中增加更多的随机性和迷惑性，车辆只在某些容易使跟踪者混淆的环境中才进行假名变换，如在很多车辆的区域中同时变换假名，在混合区中使变换假名的时刻更加随机等。较新的方法是交换假名策略，该策略使攻击者不能检测到假名变换的时刻，从而跟踪错误的目标，但该策略必须保证由 RSU 或 CA 记录变换时刻以备追溯，并且车辆不能再使用变换前的假名。此外，反跟踪也可以使用人工智能算法，如可以使用跟踪者的策略来评估假名变换的时机，从而选择最可能使跟踪者失败的假名变换策略。

暴露轨迹不仅可以通过证书，还可以通过信源的网络地址、MAC 地址或其他特征。例如，如果采用信誉机制，其信誉值也是可能暴露踪迹的特征，因为一般节点的信誉值不会大幅度变化。因此，当交换假名时，也要尽量改变这些可能暴露隐私的特征。信誉值一般无法改变，则可以采取对其模糊化的策略，只有权威节点可以知道某节点的确切信誉值，而普通节点只需知道其他节点的信誉值在某个区间或是否合格。

一些基于位置的服务请求也可能暴露位置信息，如当驾驶人询问离某个地点最近的餐厅位置时，则向服务器暴露了自己的位置信息，而提供这些服务的机构一般不属于可信领域。防止此类信息泄露的策略是模糊化自己的位置信息，但又保证能得到正确的回答。如可以通过可信或随机的第三者代为提出请求，或者多个车辆联合提出基于位置的服务请求等。

隐私保护机制在车联网中是重要而且必要的，目前已成了阻碍其广泛实施的主要障碍。但隐私保护机制与已有的很多网络协议、安全机制需求有冲突，如网络性能、身份认证、信息隐藏等，需要进一步研究。

9.3 车联网的网络安全技术基础

车联网的网络安全研究需要用到较多的基本安全技术,下面分别进行简单介绍。

1. 椭圆曲线

椭圆曲线密码学(Elliptic Curve Cryptosystems,ECC)是由 Neal Koblitz 和 Victor Miller 在 1985 年提出的公钥算法。ECC 安全性的数学基础是基于有限域的椭圆曲线离散对数问题(Elliptic Curve Discrete Logarithm Problem,ECDLP)难解性。与传统的 RSA(Rivest Shamir Adleman)加密技术相比,ECC 具有更高的安全性。ECC 不但计算量小,处理速度快,而且占用存储空间小。160 位 ECC 与 1024 位 RSA 的安全强度相同,密钥小了很多倍。它可以用于 PKI 和基于身份的加密和签名技术。

(1) 椭圆曲线的定义 椭圆曲线 E 是一个光滑的 Weierstrass 方程在 $P^2(K)$ 中的全部解 (x,y) 的集合。K 为域,K 上的摄影平面 $P^2(K)$ 是一些等价类集合 $\{(X,Y,Z)\}$,如下所示。

$$E: Y^2Z + a_1XYZ + a_3YZ^2 = X^3 + a_2X^2Z + a_4XZ^2 + a_6Z^3, a_i \in K$$

在椭圆曲线 E 上恰有一个点,称为无穷远点,即 $(0:1:0)$ 用 O 表示。可以用非齐次方程形式表示椭圆曲线的 Weierstrass 方程,如下所示。

$$y^2 + a_1xy + a_3y = x^3 + a_2x^2 + a_4x + a_6$$

式中,$x=X/Z$,$y=Y/Z$。此时椭圆曲线 E 就是上式在摄影平面 $P^2(K)$ 上的全部解和一个无穷远点 O 的集合。

在基于椭圆曲线的加密算法中,使用较多的是有限域 F_p 上一种特殊形式的椭圆曲线,方程如下式所示。

$$E_p(a,b): y^2 = x^3 + ax + b \bmod p$$

式中,特征值是 $p>3$ 的素数;a,$b \in F_q$ 且满足 $4a^3 + 27b^2 (\bmod p) \neq 0$。则椭圆曲线 E 由 (x,y),$x \in F_p$,$y \in F_p$ 中满足上式的所有点和无穷远点 O 的集合。

(2) 运算规则 $P=(x_1,y_1)$,$Q=(x_2,y_2)$ 分别为椭圆曲线 E 上两个不同的点,$R=(x_3,y_3)$ 是 P 和 Q 的和,它是 P 和 Q 的连线与椭圆曲线交点的关于 x 轴的对称点,椭圆曲线上两个点的加法运算如图 9-1 所示。

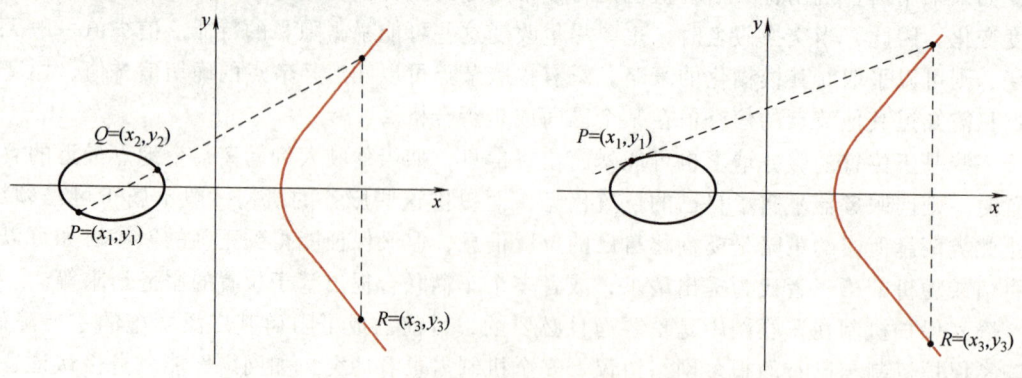

图 9-1 椭圆曲线上两个点的加法运算

其运算规则如下：

1）对于所有 $P \in E_p$，$P+O = O+P = P$。

2）如果 $P \neq \pm Q$，则 $P+Q = R$。

3）如果 $P \neq -P$，则 $P+P = 2P = R$。

(3) 产生密钥对

1）选择一个 160 位的素数 q 和一个 1024 位的素数 p，其中 $q|p-1$。

2）选择一个 q 阶循环群的产生数 g。产生域参数 (p, q, g)。

3）节点 A 在集合 $\{1, 2, \cdots, q-1\}$ 中随机选择一个整数 x。

4）计算 $y = g^x \bmod p$。

5）则节点 A 的私钥为 x，公钥为 y。

2. 哈希函数

哈希函数又称为散列函数，它可以将任意长度的消息压缩为固定长度的摘要，并且从输入到输出的过程是不可逆的，即是一种单向函数。哈希函数虽然不是加密算法，但是在近代密码学中具有很重要的地位。记 M 为任意长度的原始消息，$H( )$ 记为哈希函数的一个公开函数，m 记为固定长度的摘要消息，哈希函数表示为

$$m = H(M)$$

哈希函数产生的摘要消息与原始消息具有近似唯一对应的关系。只要原始消息发生变化，而不论发生变化的大小，再次经过哈希函数运算后就会产生不同的摘要消息。因此，通过哈希函数可以校验消息的完整性。为了使哈希函数可以用来认证消息，它需要满足以下特性：

1）哈希函数可以为任意长度的消息 M 产生一个固定长度的摘要消息。

2）对于给定任意长度的消息，很容易计算 $H(M)$。

3）给定任意的摘要消息 m，很难找到 M 满足 $H(M) = m$。即通过摘要消息无法计算出原始消息，满足单向性。

4）对于给定的消息 M，找出长度相同的消息 M_1，使其满足 $H(M) = H(M_1)$，在目前的计算环境下是无法实现的，又称为抗弱对抗性。

5）对于给定的消息 M，找出长度不同的消息 M_1，使其满足 $H(M) = H(M_1)$，在目前的计算环境下是无法实现的，又称为抗强对抗性。

目前，在密码学中已经设计了很多著名的哈希函数，如 MD4、MD5、SHA-1、SHA-2 等。

3. 双线性映射

(1) 双线性映射的定义

G_1 和 G_2 是两个素数阶为 q 的循环群。G_1 为加法群，G_2 为乘法群，P 为 G_1 的一个生成元。双线性映射是指在两个群中存在满足下列性质的一个映射 e：$G_1 \times G_1 = G_2$。

1）双线性。对于任意的 $Q, R \in G_1$，$a, b \in \phi_q^*$ 有 $e(Q^a, R^b) = e(Q, R)^{ab}$。

2）非退化性。$e(Q, R) \neq 1_{G_2}$，其中 1_{G_2} 是乘法群 G_2 的单位元。

3）可计算性。对于任意的 $Q, R \in G_1$，存在有效计算 $e(Q, R)$ 的算法。

对于群 G_1 和 G_2，可以利用有限域上超奇异曲线和超椭圆曲线上构造，而双线性映射可

由 Weil 映射和 Tate 映射得到。

（2）**离散对数问题** 公钥算法的安全性是基于有限域上离散对数问题的困难性。双线性映射应用于密码学主要依赖于以下两个问题：

1）CDH（Cloudera's Distribution Including Apache Hadoop）问题。对于未知的 $a,b \in \phi_q^*$ 和已知的 $aP,bP \in_1$，计算 P^{ab} 的问题。

2）DDH（Ddecisional Diffie-Hellman）问题。对于未知的 $a,b \in \phi_q^*$ 和已知的 $aP,bP,abP \in G_1$，判断 $e(aP,bP)=e(abP,P)$ 是否成立。

4. 基于 PKI 的加密体制

PKI 是指用公钥概念和技术来实施和提供安全服务的具有普适性的安全基础设施。它通过可信的第三方机构为用户的身份和公钥提供证明。PKI 系统可以实现一系列涉及法律和技术问题的认证政策、规则以及运行制度制定等。因此，一个完整的 PKI 系统一般包括由 CA、注册机构（Registration Authority，RA）和轻量目录访问协议（Lightweight Directory Access Protocol，LDAP）服务器组成。

（1）**CA** CA 是 PKI 的核心组成部分，也称作认证中心。它具有自己的密钥对，负责为 RSU 和车辆签发证书，同时公布自己的公钥。消息接收者通过 CA 的公钥校验证书来认证消息发送者的身份是否合法。CA 是 PKI 应用中权威的、可信任的、公正的第三方机构。它的功能主要包括：

1）证书发放。在公钥体制中，节点的公钥需要证明自己的真实合法性。因此，CA 作为一个可信的第三方为其提供证明公钥与身份的匹配关系，为合法节点发放证书。证书是一个权威的电子文档，它不是节点的数字身份证，而是相当于身份认证机构的印章。

2）证书撤销。CA 签发的证书是对节点的身份和公钥的证明。当节点身份发生改变、私钥遭到破坏或由于节点的恶意行为，CA 不再为其提供证明。因此，必须存在一种机制撤销对身份和公钥的认可，该机制称为证书撤销。CA 通过证书撤销列表（Certificate Revocation List，CRL）管理和维护撤销的证书。

3）密钥备份及恢复。如果用户丢失了密钥，会造成已经加密的文件无法解密，引起数据丢失，为了避免这种情况，PKI 提供密钥备份及恢复机制。

4）证书更新。每个证书都应该有一个有效期。当前的证书过期后，需要更换证书为自己的身份提供证明，该过程称为证书更新。如在 VANET 中，RSU 和车辆都需要定期到 CA 那里更新证书。

（2）**RA** RA 主要管理证书申请者的身份信息。它负责申请者身份信息的录入和真实身份的审核等工作。它可以看作是 CA 的前提工作，也是整个 PKI 系统中不可缺少的一部分。

（3）**LDAP 服务器** 其负责发布用户的证书和证书撤销列表 CRL。用户可以通过标准的 LDAP 查询该服务器，获得已发布的证书和黑名单等信息。

5. 基于身份的加密体制

基于身份的加密体制克服了 PKI 加密体制中证书的存储和验证的缺点，提高了认证效率。在基于身份的加密体制中，用户通过自己的标识如 ID、电子邮件以及一个每个节点都知道的哈希函数，可以根据 ID 标识产生等长且形式相同的公钥。私钥是通过私钥生成器

(Private Key Generator，PKG）计算出来的。因为用户公钥可以通过身份信息进行计算，因此，不再需要证书证明公钥。

（1）基于身份的加密过程 基于身份的加密过程主要包括参数生成、密钥提取、加密和解密 4 个算法构成。

1）参数生成。根据输入的安全参数 k，PKG 生成系统的主要参数并进行公开，如有限明文空间 M 和一个有限密文空间 C，然后选取系统主密钥进行机密保存。

2）密钥提取。以系统主密钥和用户身份作为输入，计算出用户身份对应的私钥，然后通过安全信道颁发给用户。

3）加密。通过用户身份进行加密。

4）解密。接收到加密消息后，用 PKG 颁发的私钥解密消息。

例如，如车辆 V_A 向车辆 V_B 发送消息 M，车辆 V_A 以车辆 V_B 的公钥进行加密，车辆 V_B 收到消息密文时，用自己的私钥进行解密，如果 V_B 不知道自己的私钥，向私钥产生器发出请求，私钥产生器根据车辆 V_B 的身份标识的哈希值产生私钥发送给车辆 V_B[119]，基于身份加密过程如图 9-2 所示。

（2）基于身份的签名机制 基于身份的签名机制由以下 4 个算法构成：

1）初始化。输入一个安全参数 k，根据概率多项式时间算法生成公共参数 $params$ 和 PKG 的密钥对（SK, PK）。

2）密钥提取。输入身份 ID 和公共参数 $params$，根据概率多项式时间算法生成身份 ID 对应的私钥 SK_{ID}。

图 9-2 基于身份加密过程

3）签名。输入公共参数 $params$、明文消息 m、签名者私钥 SK_{ID} 和接收者身份 ID，根据概率多项式时间算法生成签名 σ。

4）校验。输入公共参数 $params$、签名 σ、明文消息 m、发送者身份以及接收者私钥，根据多项式时间算法计算校验结果。如果签名 σ 是合法的，则校验消息为合法的，否则消息是非法的。

6. 群签名技术

群签名技术是指每个群成员可以代表群进行签名，验证者可以通过群公钥验证消息的合法性，但是不知道是哪个群成员签署的消息。群签名技术不但校验了消息的合法性和完整性，还保护了成员的隐私。它既可以基于 PKI 证书系统，也可以基于身份加密体制。

（1）群签名技术需要满足的安全特性

1）匿名性。除了群管理员，其他成员无法根据群签名计算出签名成员的身份。

2）不可伪造性。没有获得合法私钥的非群成员无法产生合法的群签名。

3）不可关联性。普通群成员无法确定两个群签名是否来自于同一个群成员。

4）可跟踪性。争论发生时，可由群管理员确定签名者身份。

5）抗联合攻击。群成员通过共谋也无法伪造其他成员的签名和确定签名者身份。

6）防陷害攻击。任何群成员无法伪造其他成员的合法签名。

（2）群签名方案的模块组成

1）创建。产生群公钥、私钥和群管理员私钥等公共参数以及所有成员公私钥的算法。

2）加入。用户执行与群管理员之间的交互协议，由群管理员为新成员产生私钥，用户获得私钥后成为群成员。

3）签名。成员用自己的私钥对消息进行签名，能够产生有效的群签名。

4）验证。通过群公钥对消息的签名进行校验。

5）打开。管理员通过自己的私钥对消息及签名进行计算，确定签名的群成员身份。

7. 卡尔曼滤波算法

卡尔曼滤波算法是将状态空间分析方法引入滤波理论，得到时域上的递推滤波算法。该算法采用了信号与噪声的状态空间模型，分别用状态方程和测量方程表示。然后利用前一时刻的估计值和当前时刻的观察值来更新对状态变量的估计，求出当前时刻的估计值。卡尔曼滤波的基本过程其实就是递推估计以及预测矫正的过程，如图9-3所示。

卡尔曼滤波的数学模型结构如图9-4所示。

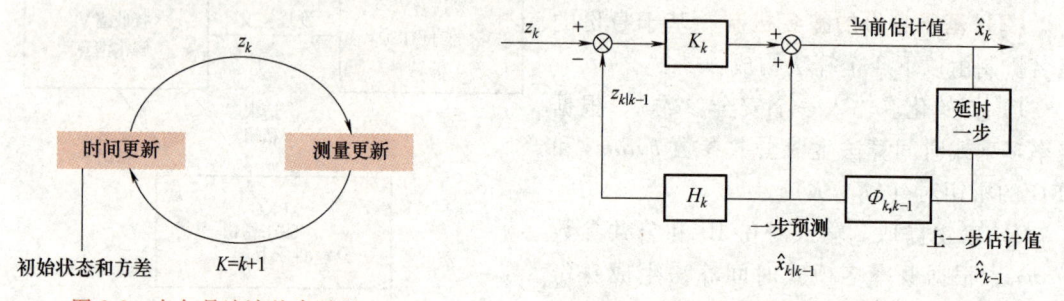

图9-3 卡尔曼滤波基本过程　　图9-4 卡尔曼滤波的数学模型结构图

1）确定系统的状态空间方程为

$$x(t) = Ax(t) + Bu(t) + FW(t)$$
$$z(t) = Hx(t) + Du(t) + V(t)$$

式中，W 为过程噪声；V 为观测噪声。假设它们都为高斯白噪声，方程分别为 Q 和 R。

2）将状态空间方程离散化为

$$x_k = \Phi_{k,k-1} x_{k-1} + \Gamma_{k,k-1} W_k$$
$$z_k = H_k x_k + V_k$$

式中，x_k 是 k 时刻的系统状态；z_k 是 k 时刻系统的观测值。

3）根据系统的上一个状态预测当前的状态为

$$\hat{x}_{k,k-1} = \Phi_{k,k-1} \hat{x}_{k-1}$$

式中，$\hat{x}_{k,k-1}$ 是预测的当前结果；$\hat{x}_{k-1}$ 是上一个状态的最优结果。

4）计算预测误差方差矩阵为

$$P_{k,k-1} = \Phi_{k,k-1} P_{k,k-1} \Phi'_{k,k-1} + \Gamma_{k,k-1} Q \Gamma'_{k,k-1}$$

5）根据当前状态的测量值，结合3）中计算的预测值，可以计算当前状态的最优化估算值为

$$\hat{x}_k = \hat{x}_{k,k-1} + K_k(y_k - H_k \hat{x}_{k,k-1})$$

式中，K_k 为卡尔曼增益。

$$K_k = P_{k,k-1} H_k^T (H_k P_{k,k-1} H_k^T + R)^{-1}$$

6）目前已经计算得到 k 状态下的最优估算值，为了让卡尔曼不断运行，还要更新当前状态下的滤波误差方差，即

$$P_k = (I - K_k H_k) P_{k,k-1}$$

8. 数据关联技术

当单传感器提供动态目标的时间采样信息或多传感器提供同一目标的独立测量时，需要融合多组测量数据，导出目标位置或运动状态信息。在此过程中包含两类基本处理：状态估计和数据关联技术。数据关联的主要目的是建立单一传感器数据和以前其他车辆数据的关系，确定它们是否是一个公共源。

测量可能涉及不同的坐标系，在不同的时间观察不同的源，即在时间上不同步，并且可能有不同的空间分辨率。关联处理必须建立每个测量与大量的可能数据集合的关系，每个数据集合表示一个该观测源的假设，它们可能是下列几种可能之一：

1）对已检测到的每一个目标都有一个集合，当前一个单一目标测量与其中之一有同一个源。

2）新目标集合，表示该目标是真实的，并且以前没有该目标的测量。

3）虚警集合，该测量不真实，可能是由噪声、干扰等产生，在一定条件下可将它们消除。

假设 A_1 和 A_2 是两个已知实体的位置的估计值，测量误差噪声和人为干扰等产生的误差由误差椭圆来表示，固定实体关联如图9-5所示。当前获得两个实体的3个观测位置分别为 Z_1、Z_2 和 Z_3，对于固定不动的实体关联过程如下：

1）建立观测 Z_i 与实体 A_j 的关联矩阵。

2）对每个观测实体对 (Z_i, A_j)，将几何向量距离 S_{ij} 与先验门限 γ 进行比较，确定 Z_i 能否

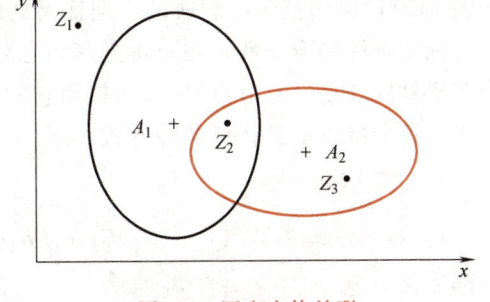

图9-5 固定实体关联

与实体 A_j 进行关联。如果 $S_{ij} \leq \gamma$，则用判定逻辑将观测 Z_i 分配给实体 A_j，没有被关联的观测，用追加逻辑确定另一个假设的正确性，如是新实体或虚警等。

3）最后进行观测与实体的融合处理，改善实体的位置与身份估计精度。

如果实体是运动的，则与静态实体关联过程不同。假设实体 A 和 B 正在进行匀速直线运动，在 t_0 时刻它们位于"+"位置。首先根据实体的运动方程将它们分别外推到任一时刻 t_1 的位置，如图9-6所示。移动实体关联过程如下：

1）把实体 A 和 B 在时刻 t_0 的位置均外推到新的观测时间 t_1，即 $A(t_0) \to A(t_1)$，$B(t_0) \to B(t_1)$。

2）给出新的观测集合 $Z_j(t_1)$，$j=1, 2, 3$。

3）计算观测 $Z_j(t_1)$ 与各已知实体在时间 t_1 的估计位置之间的关联度量 S_{ij} 形成关联

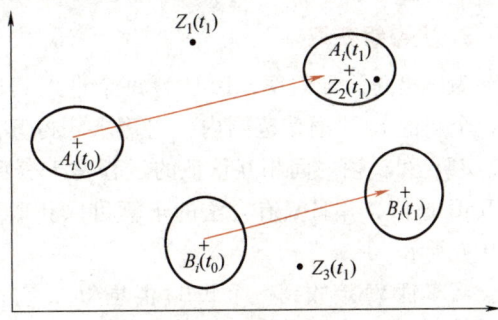

图9-6 移动实体关联

矩阵。

4）根据 S_{ij} 和门限 γ，确定哪一个观测 $Z_j(t_1)$ 与确定运动轨迹关联。

5）确定关联之后，把该观测集合分配给实体运动轨迹，利用位置估计技术更新实体的估计位置。

9.4 安全机制与通信性能均衡技术

车联网对实时性要求非常高，而附加在车联网之上的安全机制必然会带来性能的损失，因此在实际的设计中，要注意安全机制与通信性能的折中。

车联网中通信最为频繁的部分是"车-车"之间的广播通信，其性能瓶颈也在这里。为了防止车辆节点发布假消息，它需要对每一个收到的信息进行认证。认证成功后才能采信该信息并进行后续的分析处理。如果该认证过程不能保证信息的实时处理，则安全机制也就失去了意义。

下面用一个设计实例来说明如何解决上述的挑战。这是一个局部基于身份签名的匿名认证协议。它有效地利用了基于身份加密方案的认证效率和基于 PKI 方案的撤销管理便利。在该协议中，每个节点在注册过程中，从 CA 获取一个唯一的长期 PKI 证书。当车辆进入一个新的 RSU 通信范围，它通过长期证书请求获得局部主密钥。相互认证机制保证了该通信过程的安全性和合法性。在获得主密钥之后，车辆可以产生局部匿名身份来签名信标消息。当车辆被发现是恶意节点时，CA 撤销它的长期证书。为了提高效率，该协议可以实现单个消息认证和批量消息认证两种方式。

1. RSU 初始化

1）根据系统参数 $(P,q,G_1,G_2,e,PK_{CA},H,h)$，RSU 选择两个随机数 m_i^1 和 m_i^2 作为它的局部主密钥。

2）RSU 计算它的局部公钥 $RPK_i^1 = m_i^1 P$ 和 $RPK_i^2 = m_i^2 P$，然后分别获得邻居 RSU 的局部公钥。

3）RSU 定期广播一个 hello 消息 M_h，如每 5s。该消息除了包括它自己的一些相关参数外，还包括了邻居 RSU 的公钥。消息内容格式如下：$M_h = (PK_{Ri}, Cert_{Ri}, T_e, RPK_i^1, RPK_i^2, RPK_{i-1}^1, RPK_{i-1}^2, RPK_{i+1}^1, RPK_{i+1}^2, \sigma_{Ri})$，其中 σ_{Ri} 是 R_i 的签名，T_e 是消息的时间戳。签名 σ_{Ri} 的内容格式如下：

$$\sigma_{Ri} = Sign(r_i, H(PK_{Ri}, Cert_{Ri}, T_e, RPK_i^1, RPK_i^2, RPK_{i-1}^1, RPK_{i-1}^2, RPK_{i+1}^1, RPK_{i+1}^2))$$

2. 主密钥获取

为了提高认证效率，RSU 为每个进入其通信范围的车辆分配局部主密钥。当车辆进入到一个新的 RSU 通信范围内，它请求获得其局部主密钥来产生自己的匿名身份。在此过程中，RSU 和车辆之间相互认证的过程是十分必要的。相互认证可以确保车辆是和一个合法的 RSU 通信，并且只有合法的车辆可以获取到局部主密钥。RSU 和车辆的相互认证过程如图 9-7 所示。

当车辆 V_i 接收到一个 hello 消息 M_h，它首先检查 RSU 的证书 $Cert_{Ri}$，判断它是否是一个新的 RSU。如果是新的证书，则意味着它已经进入到一个新的 RSU 的通信范围。那么它需

```
      RSU                                                          车辆
┌─────────────────────────┐                              ┌─────────────────────────┐
│ $(PK_{Ri}, Cert_{Ri}, \sigma_{Ri}, RPK_1^1, RPK_1^2,$ │   Broadcast    │ 检查RCRL，校验$Cert_{Ri}$ and $\sigma_{Ri}$ │
│ $RPK_{i+1}^1, RPK_{i+1}^2, RPK_{i-1}^1, RPK_{i-1}^2)$ │───────────────▶│                          │
└─────────────────────────┘                              └─────────────────────────┘
                                                                      │
                                                                   如果合法
                                                                      ▼
┌─────────────────────────┐                              ┌─────────────────────────┐
│ 解密，检查VCRL           │    $PK_{Ri}$                 │ 加密$(PK_{Vi}, Cert_{Vi}, \sigma_{Vi}, T_{Vi})$ │
│ 校验$Cert_{Vi}, \sigma_{Vi}, T_{Vi}$ │◀─────────────│                          │
└─────────────────────────┘                              └─────────────────────────┘
           │
        如果合法
           ▼
┌─────────────────────────┐                              ┌─────────────────────────┐
│ 加密$(H(RPK_1^1 \| RPK_1^2),$        $PK_{Vi}$         │ 解密，校验消息           │
│ $Sig_{SKRi}(H(RPK_1^1\|RPK_1^2),m_i^1,m_i^2))$ │───────▶│ 获得局部主密钥$m_i^1, m_i^2$ │
└─────────────────────────┘                              └─────────────────────────┘
```

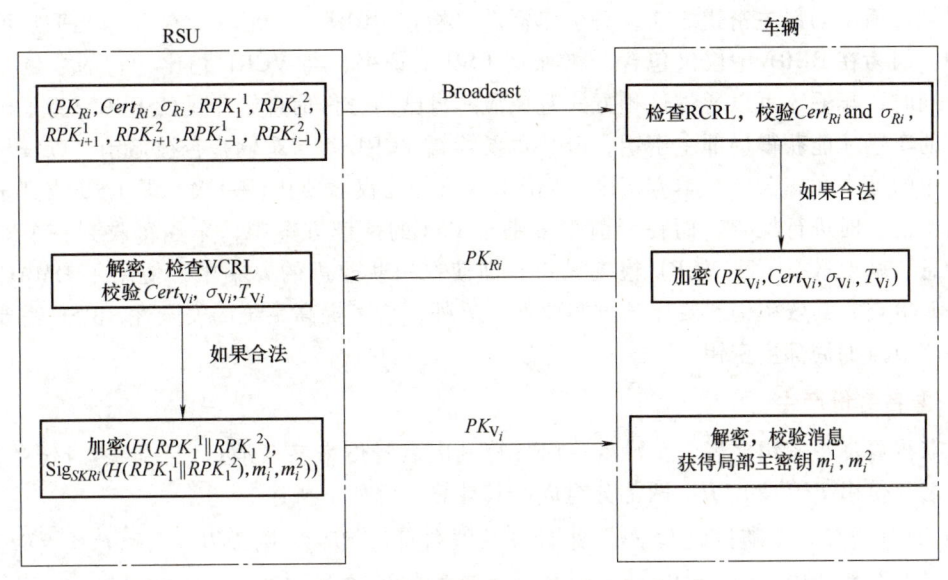

图 9-7　RSU 和车辆的相互认证过程

要申请新 RSU 的主密钥。因此，车辆和 RSU 之间的相互认证程序开始启动。需要注意的是，如果 RSU 已经被撤销，则 CA 添加它的证书到 RCRL 中，并广播更新后的 RCRL。因此，每辆车都可以得到被撤销 RSU 的信息。车辆通过与 CA 交互来校验 RSU 的合法性。同理，当 RSU 接收到车辆发送的请求主密钥消息后，也可以校验消息和车辆的合法性。相互认证过程的详细描述如下：

1）当车辆 V_i 接收到 hello 消息 M_h 后，它首先检查 RSU 证书，判断该消息是否来自新的 RSU，如果不是，则丢弃该消息。反之，为了抵抗重放攻击，它需要检查消息的时间戳 T_e，以确保该消息是新的。接下来检查 RCRL，看 RSU 是否被撤销。如果都是合法的，最后校验证书和签名，以确保消息的完整性和可靠性。如果所有的校验都是合法的，则 V_i 存储 RSU 的局部公钥 $(RPK_i^1, RPK_i^2, RPK_{i-1}^1, RPK_{i-1}^2, RPK_{i+1}^1, RPK_{i+1}^2)$ 到 TPD 中。在校验过程中，如果任意一项校验失败，则丢弃该消息。

2）当 M_h 校验通过后，车辆 V_i 发送请求消息 $M_r = (PK_{V_i}, Cert_{V_i}, \sigma_{V_i}, T_{V_i})PK_{Ri}$ 给当前区域的 RSU。其中 T_{V_i} 是请求消息的时间戳。为了避免在此过程中泄露车辆的隐私，该消息使用了 RSU 的公钥 PK_{Ri} 进行加密。

3）当 RSU 接收到该请求消息 M_r 后，校验过程与车辆校验过程相类似。它首先使用自己的私钥 SK_{Ri} 解密消息。然后检查时间戳 T_{V_i}，校验 VCRL（车辆 CRL）判断车辆证书是否被撤销。最后校验证书和签名。同样地，任何一项检查失败，则丢弃该消息。

4）当校验请求消息 M_r 后，判断它是一个合法消息，并且来自于一个合法车辆后，RSU 发送自身的局部主密钥 m_i^1 和 m_i^2 到请求车辆。由于该主密钥是机密消息，所以，使用请求车辆的公钥 PK_{V_i} 进行加密消息。该消息的内容如下：

$$(Cert_{Ri}, m_i^1, m_i^2, Sign(SK_{Ri}, H(Cert_{Ri}, m_i^1, m_i^2)))PK_{V_i}$$

5）当车辆 V_i 接收到该消息后，通过自己的私钥 SK_{V_i} 解密消息。校验签名和证书。如果都是合理的，则保存局部主密钥 m_i^1 和 m_i^2 到 TPD 中。

尽管在请求局部主密钥之前，每个车辆需要检查 RCRL，但是其计算开销几乎是可以被忽略的。因为在 RCRL 中仅仅包含了被撤销 RSU 的证书，与 VCRL 相比，它的数量是极其少的。同时，车辆还可以通过这种方式避免泄露自己的身份信息给撤销的 RSU。为了确保只有合法的车辆才能获得局部主密钥，RSU 也要检查 VCRL 判断车辆是否被撤销，以及校验请求消息中的证书和签名。在本方案中，VCRL 检查操作仅需要执行一次，即 RSU 收到车辆请求主密钥消息时进行检查。而在当前很多基于 PKI 的认证方案中，车辆每收到一个安全相关的消息，就要进行一次 VCRL 检查操作。即使在一些改进的方案中，使用了 HMAC 来替代 VCRL 检查，其效率仍然要比该方案要低。另外，为了提高系统的安全性，RSU 需要定期更新各个节点的局部主密钥。

3. 匿名身份产生

在获得局部主密钥之后，车辆就可以计算其匿名身份来签名消息。在匿名身份产生中，每个匿名身份由 PID_i^1 和 PID_i^2 两部分组成。其计算过程如下所述。

1）TPD 选择一个随机数 $k_i \in \phi_q^*$ 来计算其匿名身份 PID_i。则 $PID_i^1 = k_iP$，$PID_i^2 = RID_i \oplus H(k_iPK_{CA})$，其中 RID_i 是车辆 V_i 的真实身份。匿名身份 $PID_i = (PID_i^1, PID_i^2)$。

2）TPD 根据主密钥和匿名身份计算 $PSK_i^1 = m_i^1 PID_i^1$ 和 $PSK_i^2 = m_i^2 H(PID_i^1, PID_i^2)$，则其私钥 $PSK_i = (PSK_i^1, PSK_i^2)$。

车辆通过使用匿名身份可以避免泄露其真实身份，但是无法保护其位置隐私。因为攻击者可以根据车辆的固定身份跟踪车辆的位置。假名变换机制可以通过一定的方式不断改变消息发送者的身份信息以迷惑攻击者，从而保护车辆的位置隐私。在匿名身份产生中，车辆在此阶段可以通过选择多个随机数来产生足够的匿名身份。当车辆广播消息时，可以选择某种假名变换策略改变匿名身份。

4. 签名校验阶段

（1）消息签名 根据 DSRC 协议，车辆需要定期广播安全相关的消息，如每 300ms。根据 VANET 的安全要求，这些消息需要发送者进行签名。接收者根据签名可以校验消息的完整性和合法性。消息签名过程如下：

1）车辆 V_i 产生一个安全相关的消息 $M_s = m_s \| T_i$，其中 m_s 是当前的交通状态，T_i 是当前的时间戳。

2）V_i 随机选择一个匿名身份以及相应的私钥进行签名 $\sigma_i = PSK_i^1 + h(M_s)PSK_i^2$。

3）然后车辆 V_i 广播该消息 M_i，其格式为 $M_i = (PID_i, M_s, PK_{Ri}, \sigma_i)$。

（2）签名校验 当其他节点接收到该安全相关的消息 M_i 后，它们需要首先检查消息中嵌入的 RSU 的公钥 PK_{Ri}，来判断该消息是否来自同一 RSU 范围内车辆发送的消息。如果是来自同一 RSU 范围，那么当前的 RSU 的局部公钥被用来校验该消息。否则，接收者选择存储在其 TPD 中的对应局部公钥进行校验消息。为了提高认证效率，该协议提供了单个消息校验和批量消息校验两种模式。其详细实现和证明不再赘述。

9.5 位置隐私保护技术

位置隐私威胁是指在未经用户授权的情况下，攻击者通过窃听传输位置信息的信道、攻击提供位置服务的服务器等方式访问到用户的请求信息内容以及原始位置信息数据，并通过计算、推理等方法获取到与位置信息相关的个人隐私信息。位置服务中的隐私有两种：位置隐私和查询隐私。位置隐私指用户所处的位置信息，查询隐私指用户所查询的基于位置的服务中所包含的关于位置的信息。例如，王先生想查询从他当前位置开车去机场的最快路线，那么，王先生的当前位置即王先生的位置隐私，而王先生所查询的"从当前位置开车去机场的最快路线"则属于王先生的查询隐私。

位置隐私泄露的途径有3种：①直接交流（Direct Communication）泄露，是指攻击者从位置设备或者位置服务器中直接获取用户的位置信息。②观察（Observation）泄露，是指通过观察被攻击的行为直接获取用户的位置信息。③连接泄露（Link Attack），是指攻击者通过与被攻击者位置相关的背景知识进行推理分析，从而确定在该位置发送该消息的用户。在基于位置的服务（Location Based Services，LBS）中，存在两类位置隐私问题：第一类是基于位置的隐私，指攻击者通过使用定位设备等获知用户的位置信息，从位置信息推断出用户的职业及生活习惯等，从而威胁到用户的隐私。如通过用户去过的某专科医院，能够推测出用户身体某些方面的健康状况，通过用户常去的政治场所，推断出用户的政治宗教信仰等隐私信息；第二类是基于轨迹的隐私，指攻击者获知了用户在一个时间段内连续的位置信息，并将不同时刻用户的位置信息连接起来得到用户的运动轨迹，通过此轨迹信息可能分析推理出用户的身份、行为模式等隐私信息，从而威胁到用户的隐私。如果得到了用户的历史轨迹信息，攻击者便可能通过这些信息推断出用户的家庭住址、工作地点、个人行为习惯等个人隐私信息，并利用这些信息从事违法活动。

同时，在LBS中，用户享受高质量的位置服务与位置隐私保护是矛盾的。在使用基于位置的服务时，用户如果希望得到更高质量的位置服务（如导航服务），就需要向服务器实时发送更为精确的位置信息，这时用户的位置隐私便会完全暴露在为其提供导航服务的服务器中，若此时该服务器受到攻击，那么对用户位置隐私的威胁极为严重。因此，在向用户提供高质量的位置服务的同时，必须设法对用户的位置隐私信息给以保护。

车联网的隐私问题是在车联网的设计之初就一直存在的。由于大多数安全和交通效率应用都依赖于车辆以通用格式周期性广播的不加密的信标消息。这些信标通常包含时间戳、车辆ID、当前车辆位置、速度和行驶方向等信息。在信标中使用ID会导致全局窃听者通过链接后续信标的ID，很容易地实现对车辆的跟踪，或者还原车辆的行驶轨迹。

为避免这种情况，研究人员提出了假名策略，方法是为车辆提供一组假名，根据假名变更策略，每个假名仅在一段时间内使用。假名的使用时间可以是固定的，也可以是根据实际环境或车辆行驶的上下文来确定的。假名是匿名的公钥，它们由证书颁发机构签署以确保车辆之间的可信性。此外，除可信的第三方之外，同一车辆使用的假名无法与车辆的真实ID或以前使用的假名相关联。

9.5.1 匿名轨迹的隐私问题

在可信的第三方不被攻陷的前提下，假名策略可以保证攻击者无法将车辆的假名与车辆的真实ID相关联，因此可以有效地将车辆的真实ID与车辆的轨迹分离。而假名变换策略的初衷则是为了借助车辆间轨迹的相互干扰和假名的切换策略，进一步将车辆的轨迹分离成若干无法相互连接的子轨迹，从而保护车辆的轨迹隐私。然而研究表明，假名变换的策略无法有效地保护车辆的轨迹隐私。

由于车辆定期发送的信标含有车辆的实时位置和速度信息，因此即使车辆采用了周期性改变假名的策略，攻击者仍然可以根据车辆信标中的实时信息对车辆实施跟踪，从而还原出车辆的行驶轨迹。另一方面，虽然这些轨迹是匿名的，并且没有线索可以指示哪条轨迹来源于哪个车辆，但是利用车辆轨迹对驾驶人进行重新识别是可以实现的。通过对车辆轨迹的观察可以得到一个重要的结论：在大多数情况下，它们几乎都是独一无二的。例如，观察中很少发现两个邻居每天同时在相同或相近的地方上班，并遵循完全相同的驾驶路线。因此，车辆起动和结束行程的时间、车辆选择的路线以及它在每周、每月中选择此路线的频率等都是车辆轨迹的具有高度区分性的特征。而且，诸如已经以信标发送的车辆属性的准标识符（如车辆大小、车辆类型等）可以帮助在混合的轨迹之间进行区分。此外，驾驶特征，无论是来源于车辆的特性还是驾驶人的行为，都可以用来识别车辆的轨迹。因此，通过利用工作-家庭对行驶起止点匹配，前 N 个最常去的地点并结合社交地理网络，对车辆匿名轨迹的重新识别是可行的。

9.5.2　对匿名轨迹的隐私保护

正如前文所述，攻击者可以借助各种手段实现对车辆的重新识别。然而，当这些轨迹仅能反映车辆的部分行程时，由于在进行任何进一步的分析之前必须首先实现对轨迹片段的连接，从而大大增加了车辆跟踪的难度。因此，如何有效地防止攻击者对车辆行驶轨迹的完整还原成为当前车联网环境下位置隐私保护的关键问题。

由于车辆定期发送的信标中包含车辆的实时位置和速度信息，即使车辆改变了假名，也无法避免攻击者使用多目标跟踪技术对车辆实施跟踪。出于这个原因，研究人员提出了相应的位置隐私方案，如前文中提到的静默期（Silent Period）策略和混合区（Mix-Zone）策略，以避免车辆被连续跟踪。与随机静默期（Random Silent Period）或静默串（Silent Cascades）或其他概念（如摇摆切换（Swing&Swap）策略，慢速 SLOW 策略和随机加密期（Random Encryption Periods）策略）一样，与位置无关的静默期策略通过在一定时期内停止所有车辆的信标广播或者采取对广播信标进行加密的方式，阻断攻击者对信标的连续监听，从而降低监听间断期前后车辆信标之间的时空关联性，增加攻击者对监听间断期前后信标进行关联的难度，从而有效降低攻击者对于监听间断期内车辆跟踪的成功率。混合区策略及其变种，如加密的混合区（CMIX-Zone）、稠密策略（Density Zones）或社交场所（Social Spots）则是打断监听的思想在地理区域或者空间上的不同实现方式。显然，随机静默期策略和混合区策略的效果主要取决于监听间断期内对目标车辆具有混淆关系的车辆数量和每个车辆对目标车辆的混淆程度。然而，在这些隐私方案中，除了使用加密消息继续保持车辆间信标通信的"随机加密期"和"加密的混合区"之外，其他隐私保护策略为车辆提供了良好的隐私保护的同时，也破坏了信标广播的连续性，降低了车辆间的相互感知能力，因而会对车辆的安全行驶造成不良影响。

由于信标通常是由安全驾驶程序使用的，因此分析位置隐私方案对安全驾驶的影响是非常重要的。位置隐私策略应在保护车辆位置隐私的基础上，尽可能地保持车辆的通信功能，从而尽量减少对安全应用程序的影响。Lefevre 等人评估了静默期假名变更策略对基于 V2X 的交叉口避碰系统的影响。他们强调了联合设计安全应用和隐私计划的重要性。在随机静默

期策略的研究方面，一些文章实现了基于车辆跟踪的隐私评估方法，并提出了几种方法来量化随机静默期的隐私收益和对安全应用的影响，因此需要在安全和隐私二者之间进行权衡。而在混合区策略的研究方面，只有少数研究了混合区的隐私保护效果的评估方法，但评估时使用的车辆跟踪方法过于简陋，无法客观地反映混合区对车辆的隐私保护程度。另外，一些研究，如致力于研究混合区的综合部署和动态部署，以达到对整个路网中的车辆隐私实施有效的保护。然而，实施混合区综合部署及动态部署的前提是研究人员能够准确评估每个混合区的隐私保护效果。因此，设计针对单个混合区的更加准确的隐私评估方案，并设法提高混合区的隐私保护效果，是一切后续工作的基础，也是当前阶段必须解决的问题。

9.5.3 基于混合区的位置隐私保护方案

1. 混合区

如图 9-8 所示，混合区（Mix-Zone）是设置在固定地理位置的具有一定形状和大小的特定区域。混合区的概念最初由 Beresford 和 Stajano 提出，是保护用户位置隐私的一种重要方法。车联网的混合区则是由 J. Freudiger 和 M. Raya 等人提出的。通常，混合区可设置为圆形或者方形区域，部署在车流较密集或道路较复杂的区域（如交叉口），以增强隐私保护效果。车联网中的每个车辆个体都知道混合区部署的确切位置及覆盖范围，当车辆驶入混合区后，按照预定的工作方式切换通信状态或者加密方式。

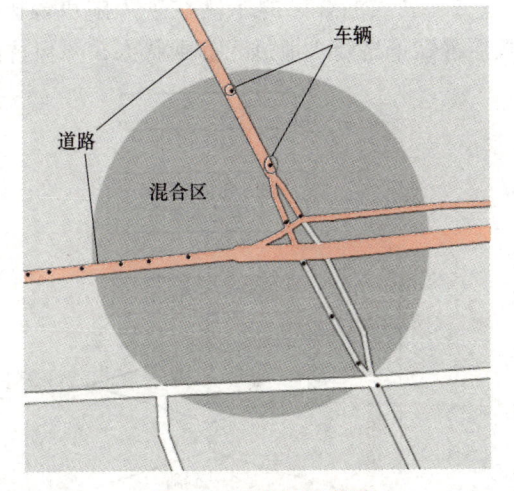

图 9-8 混合区示意图

2. 混合区工作方式

（1）**静默式混合区** 对于静默式的混合区，所有车辆都预先知道部署在道路上的静默区的位置及大小。车辆通过自身携带的定位装置实时获取所处的位置，当发现车辆已经进入混合区内部时，便立即停止一切通信，进入静默状态。车辆在混合区内保持静默状态，并更换自身假名。车辆驶出混合区后立即恢复通信状态，并在发送的信标中使用新的假名。

（2）**加密式混合区** 对于加密式的混合区，所有车辆都预先知道部署在道路上的静默区的位置及大小。车辆通过自身携带的定位装置实时获取所处的位置，当发现车辆已经进入混合区内部时，停止广播未加密的信标，更换假名，并用新的假名发送经过加密的信标，实现与混合区内部车辆的加密通信。车辆驶出混合区后立即停止发送加密的信标，继续发送未加密的信标。

利用现有的技术针对混合区实施的车辆跟踪已经可以达到较高的准确度，即使是在较为复杂的场景下，跟踪率仍然可以高达 50%。经试验，在部分简单十字路口的车辆跟踪率可以达到 90%。若基于现有的混合区隐私保护方案来部署混合区，为达到理想的隐私保护效果，必须提高混合区的部署密度，但这样会增加对车联网内车辆的基本通信功能的影响，对车联网的性能产生负面影响。为尽可能地保持车联网基本功能的可用性，应尽量减少混合区的部署，因此必须改善混合区的设计和工作方式，以提高混合区的隐私保护程度。

3. 随机静默区

接下来介绍一种随机静默区隐私保护策略。随机静默区是与混合区同心的圆环区域，设置于传统的混合区的外围，增加了随机静默区的混合区示意图如图 9-9 所示，其内侧与混合区的边界重合。混合区的半径记为 r，随机静默区外圆的半径记为 R，随机静默区的宽度记为 r_0。外圆的半径 R 可以根据实际的隐私需要进行设定。

对于增加了随机静默区的混合区，改进的混合区内车辆通信状态变化过程流程图，如图 9-10 所示。

图 9-9 增加了随机静默区的混合区示意图

1）驶入混合区的车辆在驶入随机静默区后，将按照静默策略随机地进入静默状态，并保持静默状态直至车辆驶入混合区。

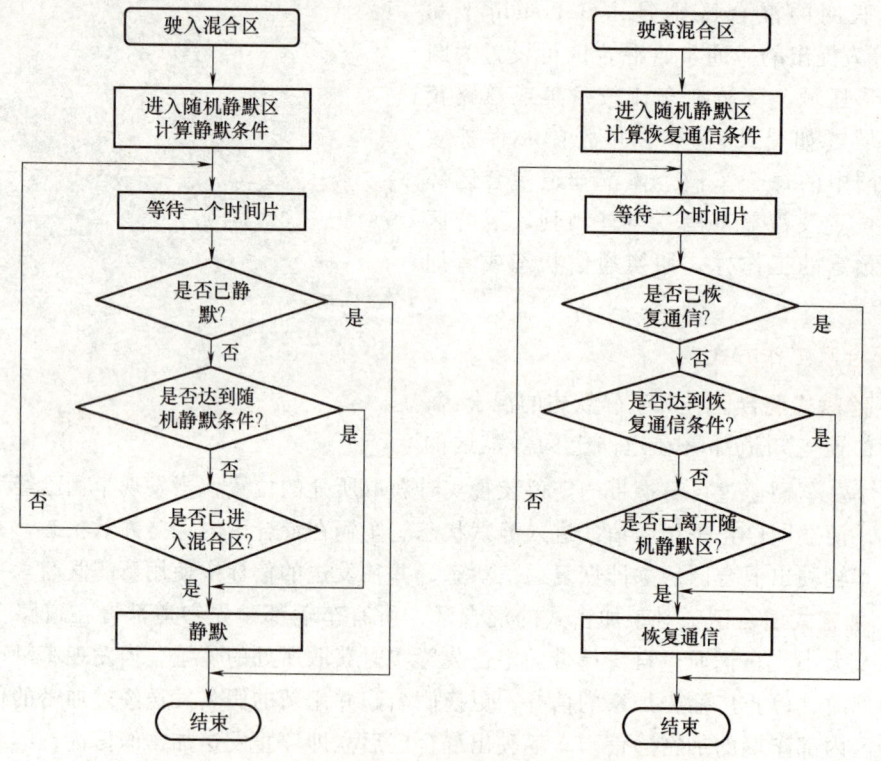

图 9-10 改进的混合区内车辆通信状态变化过程流程图

2）当车辆进入混合区时，若仍没有进入静默状态，则立即转入静默状态，并在混合区内保持静默状态，直至车辆重新驶入随机静默区。

3）车辆从混合区重新进入随机静默区后，再随机地恢复通信状态，并保持通信状态直至驶离随机静默区。

4）当车辆驶离随机静默区进入非隐私区域时，若仍没有恢复通信状态，则立即转为通信状态，然后保持该状态直到下一次进入随机静默区。

车辆在随机静默区内可选择多种静默策略进行通信状态的改变，即车辆驶入静默区的时机和位置是难以预测的，这增加了车辆跟踪的难度。为达到隐私保护与车联网基本通信功能之间的平衡，本方案提供了具有较高隐私保护效果的完全随机策略和尽可能保持车辆通信功能的梯度随机策略等。

（1）完全随机策略 完全随机策略是为了使车辆驶入静默区的位置能够较为均匀地分布在随机静默区的道路内，使得传统的跟踪方法无法奏效。静默方式主要包括依据时间静默的方式和依据距离静默的方式。

依据时间静默的主要方法是：定义时间参数 t，表示车辆进入随机静默区后的行驶时间。车辆根据当前速度推算通过随机静默区的大致时间 τ（称为通过时间），取随机时刻 $t_c \in (0, \tau)$ 作为车辆在随机静默区内改变通信状态的时刻，即 $t=t_c$ 时，车辆改变当前的通信状态。

依据距离静默的主要方法是：定义距离参数 l（称为驶入距离）为

$$l = R - r_v$$

依据距离静默的参数示意图如图 9-11 所示。其中，R 是随机静默区外圆的半径，r_0 是随机静默区的宽度，r_v 是车辆当前位置距离混合区中心的直线距离。显然，驶入距离 l 表示的是车辆驶入随机静默区的径向深度。车辆在驶入随机静默区时产生均匀随机数 $L \in (0, r_0)$，以 $l = L$ 作为车辆在随机静默区内改变通信状态的位置。具体的做法是：车辆每隔一段时间（如一个信标间隙）利用车辆的定位装置获取车辆所处的位置，然后根据上式计算 l 的值。对于驶向混合区的车辆，当发现 $l \geq L$ 时，车辆改变当前的通信状态，并保持改变后的通信状态直到下次驶入随机静默区。对于驶离混合区的车辆，当发现 $l \leq L$ 时，车辆改变当前的通信状态，并保持改变后的通信状态直到下次进入随机静默区。考虑到车辆的定位存在误差，以及驶入混合区的路径可能存在弯曲或者转弯，从而导致车辆反复地在 $l=L$ 附近徘徊的情形，因此，规定车辆在第一次出现符合的条件时进行通信状态的改变，并且，在一次出入混合区的过程中通信状态只能改变一次。

图 9-11 依据距离静默的参数示意图

（2）梯度随机策略 梯度随机策略是为了在保持车辆随机静默带来的隐私性的同时，让随机静默区的车辆尽可能晚地进入静默，减小车辆由于过早地进入静默状态对车联网性能造成的影响。其方法基于空间静默的思想，定义梯度距离参数 l' 为

$$l' = (R - r_v)^g, \quad g > 1$$

式中，R、r_v 的定义同前；g 表示梯度指数。

车辆取均匀随机数 $L' \in (0, r_0^g)$ 作为它在随机静默区内改变通信状态的位置参数，即当 $l' = L'$ 时，车辆改变当前的通信状态。显然，g 越大，车辆随机静默的梯度也越大，车辆越倾向于在靠近混合区的位置进入静默状态。车辆依据梯度随机策略改变通信状态的过程与完全随机策略是相同的，在此不再赘述。

（3）车辆速度和位置噪声策略 基于神经网络的跟踪方法之所以可以取得更为理想的跟踪效果，是因为它综合利用了车辆的路径因素、速度因素和道路拥堵因素对车辆的通过时间进行更加准确地建模和估计。其中，车辆的速度是对车辆进行有效跟踪的一个重要因素，同时也是车辆信标中所包含的基本信息。因此，可以通过在随机静默区内车辆发送的信标中增加车辆速度和位置噪声的策略，来增加车辆的实时状态的不确定性。攻击者如果继续依据增加了噪声的速度信息对车辆实施跟踪，则必然不能准确地预测车辆通过时间，从而降低攻击者的跟踪成功率。当然，攻击者也可以采取类似所述的卡尔曼滤波技术的方法，利用车辆的历史位置速度信息来对车辆的速度进行更加准确地估计，以抵消部分人为增加的误差。然而，即使采用了这种方式，攻击者也不可能完全地抵消误差，因此噪声机制的引入必然增加车辆的隐私程度。但是，从安全驾驶的角度出发，车辆速度和位置噪声的引入，必然会影响到随机静默期内车辆的行驶安全，如果噪声过大，甚至会造成交通事故。因此，必须谨慎选择所加噪声的大小，不能为了增加隐私程度而忽略了车辆的行驶安全。

9.6 智能网联汽车安全态势感知平台设计

9.6.1 安全态势感知平台概述

安全问题是制约车联网这一国家重要战略发展的主要瓶颈，其特有的网络边界模糊、数据异构海量、场景多变复杂、威胁种类多样、事故影响深远等特点对车联网安全防护带来了严峻挑战。传统的被动防御体系已难以应对复杂的车联网安全问题，尤其当考虑到整个多层级车联网产业链条时，孤岛式的防护手段无法满足行业对车联网安全的高度要求。本节介绍旨在面向整个行业建设全覆盖、高智能、快响应的车联网安全监测与态势感知平台，重点解决人-车-路-云复杂车联网环境下安全态势感知存在的多样化数据采集难、威胁分析响应慢、系统兼容性差、威胁防护覆盖窄等问题，为科研机构和车联网企业的安全态势感知研发提供数据和威胁情报支撑，为整车企业提供威胁监测和预警等服务，为整个行业链提供车联网安全监测与态势感知服务能力，为国家对整个行业的安全态势把控和政策导向提供重要支撑。下面介绍一个可伸缩的安全态势感知平台的设计思路。

1. 平台的重要功能

1）全方位的数据收集功能。车联网中节点的数量与类型众多，包括大量的车辆、路边单元以及通过移动通信联入车联网的其他网络节点。通过日志采集、探针部署等多种方式收集数据信息，将与安全有关的数据按照层次型管理架构进行收集和管理。

2）具有高效的安全分析功能。基于大数据关联分析处理与人工智能技术，配合数据的分层管理，形成资产识别、威胁信息监测等车联网安全态势感知能力。与工业主干网对接，与其他网络的安全防护软件互动和协作，发现紧急安全事件，及时预警并联动采取措施。分析引擎可以及时发现 DDoS 攻击、僵木蠕等传统网络中的各种攻击，也可发现车联网特有的盗取隐私、女巫攻击等攻击手段，支持发现车联网安全攻击行为、安全病毒或恶意软件类型。

3）具有快速、智能化的反馈和响应功能。通过对一段时间以及一个区域的数据进行评估，可以将安全态势进行量化，并用直观的可视化形式展示，为管理者提供便利的决策支持。具备主动探测、被动诱捕、流量分析等安全感知能力，可以自动预警与干预，使可能扩大的危机及时化解和止损。

实现的安全态势感知平台能够接入大量车节点，可无缝扩展兼容，可与国家工业互联网安全态势感知与风险预警等平台对接，可自适应地收集来自每个车辆和车企的数据，在网络边缘实时分析、处理并及时发现异常和攻击行为，快速发出警报并采取必要措施阻断攻击，恢复网络正常状态，为整车企业、行业提供完备的威胁监测和安全预警等服务。

2. 多样化数据的采集与管理

对整个车联网的节点和交互信息进行全面而细致的数据采集是对其安全状态进行准确评估的前提。需要采集的数据有节点的日志，车辆各部件的实时运行数据，车辆的行驶数据，节点间通信数据，节点与智能交通系统、其他工业网和 Internet 的交互数据等，数据量大、种类繁多、管理复杂。

3. 复杂安全问题的分析与检测

复杂的应用场景和技术实现使得车联网存在的安全风险是多层面且极其复杂的，涉及车端、传输层、应用层、企业云端等多个方面，既包括 DDoS、高级持续性威胁（Advanced Persistent Threa，APT）、应用站点攻击、应用注入攻击、CAN 总线攻击等车联网安全攻击行为，又涉及僵木蠕、勒索、挖矿等病毒或恶意软件。

4. 平台功能的管理与升级

平台需实现大量功能，如数据采集、处理、分析功能，数据可视化，平台管理，与外系统互联等功能，涉及大量的功能模块。这些模块不仅种类繁多，还需要覆盖车联网的各个角落。大量功能模块都需要不断地替换和升级，如果管理不善，容易引发突发事故，甚至造成交通系统整体瘫痪。

5. 平台规模的可扩展性

接入平台的节点数是逐步增加的。因此平台的软件架构能否承受逐步增加的巨量节点接入是决定项目成败的关键。另外，车辆密度分布极不均匀。一些农村或无人居住区，每平方公里只有几辆车，而北京、上海等发达城市则车辆密布。平台应能适应这种节点密度差异极大的情况，相应地部署处理服务器，避免资源浪费和处理资源不足等现象。

9.6.2 安全态势感知平台设计

建立分层结构的，全网覆盖的车联网安全态势感知平台，包括数据收集、数据管理、态势分析、可视化和响应等几个模块，具有可定制的数据收集，规模可扩展的数据处理与分析，可持续升级的软件框架和模块化适配，可与其他网络紧密配合等优势，实现高效、灵活、准确地识别和预测车联网内的从单车到车辆群，从单点到一个区域，从瞬时到一段时间的攻击识别，安全态势评估以及未来趋势判定，并进行直观的可视化展示，为领导提供决策支持，如图 9-12 所示。

1. 车联网安全专用系统框架

平台软件框架是系统结构图的软件主体实现，它对系统数据的流动，各个模块的功能，

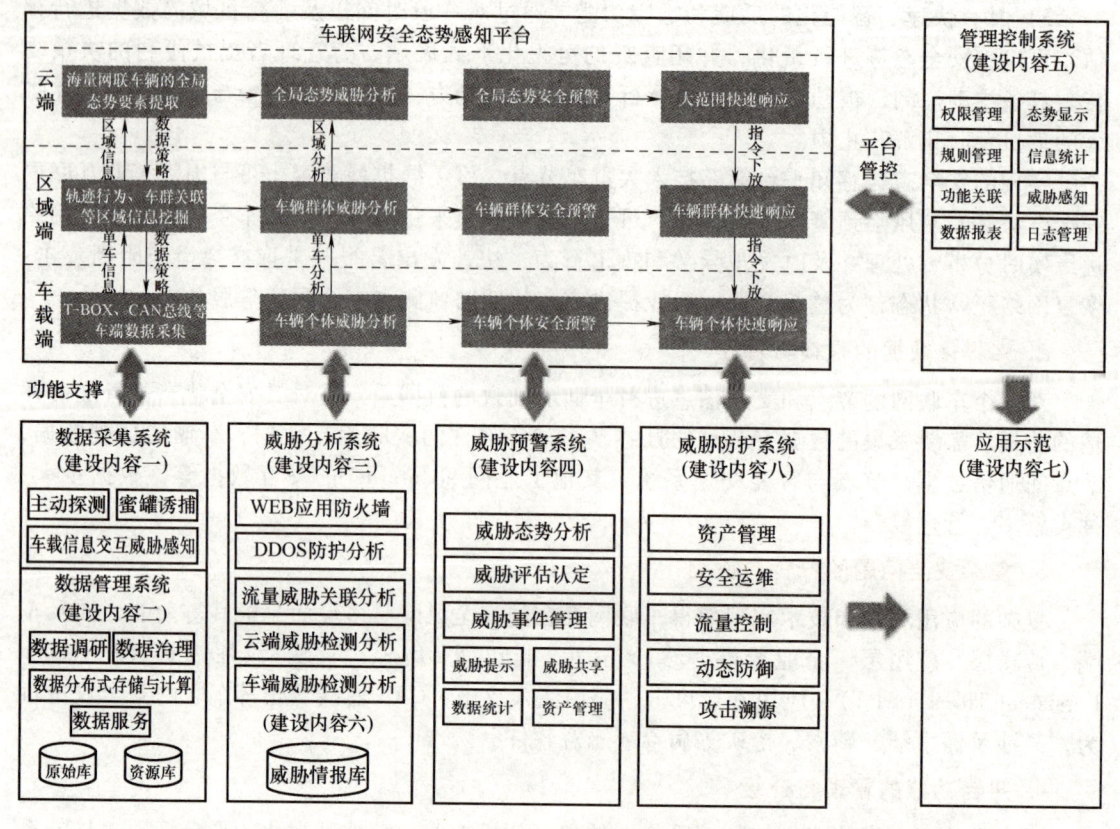

图 9-12 车联网安全态势感知平台

数据传输的方式,以及与其他系统的交互接口做了详细的规定和定义。框架定义了各个模块之间数据流动的接口,其他功能模块只要按照框架接口定义,实现如提交数据需求,返回处理结果等功能,就可以无缝接入框架,参与平台的整体工作。平台框架实现了大量的数据网络传输功能,功能模块一般不需要自己实现网络传输功能,这样的设计减少了系统中的冗余功能,使得功能模块更精简,也更便于实现。除了一些基本模块,大部分功能模块都是可替换的,可以公开框架的接口规范,公开征集更优秀的模块实现,使得整个平台可以平滑、持续地升级。

框架中,同层的模块对同一范围的数据进行处理和分析,不同层则对不同范围的数据进行处理,上层的处理范围都比下层大。这样的设计使得平台可扩展性强,可以弹性地适应不同规模的安全应用。根据实际需要,平台可以增加更多的层以适应更大规模的部署和应用。

2. 平台框架功能与接口

平台框架定义了多种接口,主要分为 3 类:层内接口,层间接口,管理接口和外联接口。

层内接口包括框架图中同层模块之间交互的接口,如图 9-13 所示,具体有数据收集模块与数据处理模块,数据处理模块与数据分析模块,数据分析模块与预警展示模块之间的接口等。在同层中,数据的流向一般是从左到右单向流动,如果模块之间不在同一个处理硬件单元,模块之间的传输需要加密和认证等安全措施。

层间接口包括框架图中不同层之间的接口，一般是数据相关的通信接口，需要进行加密和认证等操作。上层调用下层的接口，包括数据收集策略定制接口、分析任务下放接口、计算任务分发接口等，下层调用上层的接口包括异常情况上报、收集数据上报、计算任务结果返回等接口。下层上报的数据一般进行了过滤和压缩，以减轻网络负载。框架实现了压缩功能，层间调用接口的参数可以选用框架默认的压缩功能，也可以自己根据数据特点实现压缩功能，但目的层的接口需确保能够正确解压数据。

图 9-13 车联网安全态势感知平台层内接口

上层根据分析要求，可能改变下层数据报送的策略。如当某区域安全态势较好，并且其网络带宽较为紧张时，上层可以调用数据收集策略接口，减少所收集数据的种类和延长数据报送周期，减少数据传输量，释放网络带宽资源。在分析过程中，如果上层发现疑点，需要进一步收集更详细的数据时，可以改变下层的数据收集策略，增加数据收集类型或提高报送数据的频率，对安全态势分析提供更详尽的数据支持。

框架中还定义了管理接口和外联接口。单独的管理模块通过管理接口实现对整个平台的安全监控和管理，其部署也可以与云平台在一起，如图 9-14 所示。外联接口可以实现与其他工业互联网或 Internet 的交互。车联网并不是一个独立的网络，实际上，在车联网中不可避免地要与其他网络互联，如 5G、Internet 以及其他工业互联子网或主干网等。安全事件可能不仅局限于车联网，与其他网络的安全软件进行联动是必然趋势。外联接口目前实现比较简单，未来将随着异种网络的安全互联标准逐渐制定而进行响应的完善。

3. 网络通信

框架中的接口实现一般都涉及数据的网络传输。对于层内的接口，如果配对模块部署在同一个运行单元上，则不必进行网络传输，如果需要进行网络传输，可以在双方进行数据传输前，协商数据格式，发送带宽或压缩算法。

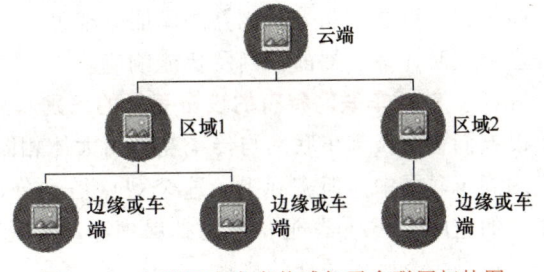

图 9-14 车联网安全态势感知平台联网拓扑图

同层传输一般只涉及同类网络传输，但异层接口则可能涉及网络的范围改变。例如车端在向上层报送数据时，数据从"车-车"通信范围通过 5G 发送到区域端或云端 Internet 范围，其数据流动主要单向地由下层向上层流动。数据在离开所属网络范围过程中，需要根据网络特点加强安全检查和保障，防止攻击者窃取数据或乘机进行攻击。

4. 界面功能

平台框架不仅定义和实现了众多的接口，还实现了一些基本功能，以确保平台框架可以正常运行。

框架实现了基本的分析算法库。包括对车端数据分析，对车联网流量进行分析，对"车-车"关系进行分析，异常情况分析等算法。每个算法实现相对独立，可以替换和升级。

框架实现了数据的加密、认证、压缩等功能，在数据传输过程中，框架调用相应的功能确保数据传输的完整性、机密性以及传输效率。

框架实现了子模块的安装、卸载、测试和升级等功能，只要模块按照平台规范来实现，就可以具有易用的安装、部署和升级等功能。框架对各个功能模块也进行数据监测，可以提供功能评估，对是否替换和升级提供决策支持。

5. 平台特点

(1) **平台架构可伸缩，易扩展的设计** 车联网中的车辆节点众多，且分布广泛。在一些节点聚集，在一些区域又非常稀少。为应对这种特殊网络的管理，本项目提出一种分层架构，可以自适应地针对地域特征设置中间功能层。比如在一些车辆稀少的地区，可以不设立中间层，每辆车直接将数据上报到云端，但在一些车辆易于拥挤的区域，如大型城市，可以设立更多功能层，以便减少网络开销，平摊服务器负载。

框架的定义和设计可以使各个功能模块划分清晰，方便并行开发，同时可以使得单个模块的缺陷影响不会扩大，方便换下低质量的功能模块，不断平滑升级。未来还可向社会公开征集优秀功能模块，让更多优秀的开发资源参与到平台的建设中。

(2) **构建基于人工智能技术的车联网安全态势感知算法库** 车联网的安全威胁是极其复杂的，包括不同层次、不同方式、不同类型、不同属性等，这使得传统的基于数学模型、概率统计、规则推理等算法存在一定局限性，如何针对车联网的复杂安全态势进行有效分析及预测是一个巨大挑战。本设计将基于先进的人工智能技术针对车联网安全态势构建算法库，以海量数据为驱动，以车载端、区域端、云端的不同数据类型和感知目标为导向，设计车联网安全威胁分类/聚类、车联网安全态势预测、车联网智能安全策略制定、车联网安全防御工具推荐、车联网安全态势可视化等算法模块，并为用户提供可编程接口，允许其进行功能扩充、算法定制等。该算法库能够辅助平台形成完善的车联网安全威胁画像，对安全态势进行实时评估、提前预判及智能响应。

(3) **针对车联网特有的攻击手段的识别和防御方法** 由于车联网还是一个较新的领域，所以人们普遍认为车联网与传统互联网大体相同，因此，传统网络的安全防护手段可以直接应用到车联网中。但实际上，这个观点是十分错误的。车联网有很多异于传统互联网的特点，如它的"车-车"通信、隐私保护等，到现在也没有完美的解决方案，所以说车联网的安全还是一个巨大的新的挑战。

(4) **全覆盖、自适应的数据收集策略** 一般来说，安全机制会影响所实施系统的性能，因为安全机制需要审查系统中流动的数据，不可避免地会增加数据流动的延迟。在车联网中，单车数据的收集就占用了很大一部分网络带宽。

为尽量减少数据收集所占用的带宽，设计了弹性、可定制的数据收集策略。上层功能模块可根据当前安全状态以及网络负载情况，动态地调整下层的数据上报策略。比如，当在安全状态良好，且带宽资源比较紧张的时候，上层可以改变下层收集数据的类型、频率等，可以极大地缓解带宽紧张。如果上层检测到某种异常情况，需要收集更详细数据，以便进一步确定时，可以要求下层增加上报数据类型或增大上报频率。这种按需上报数据的设计是本设计的一大优势。

参 考 文 献

［1］ 冯冠平. 谐振传感理论及器件［M］. 北京：清华大学出版社，2008.
［2］ 段宝明. 单片集成 CMOS-MEMS 三轴电容式加速度传感器［D］. 济南：济南大学，2014.
［3］ 赵源. 压阻式加速度传感器的设计与仿真［D］. 成都：电子科技大学，2016.
［4］ 丁弘. MEMS 谐振式加速度计灵敏度提升与量程自适应机制研究［D］. 杭州：浙江大学，2019.
［5］ ROY A L，SARKAR H，DUTTA A，et al. A high precision SOI MEMS-CMOS±4g piezoresistive accelerometer［J］. Sensors and Actuators A：Physical，2014，210：77-85.
［6］ 耿宏达. 基于加速度传感器的混凝土结构健康监测研究［D］. 济南：济南大学，2020.
［7］ 张和民. 基于模态局部化的弱耦合谐振式加速度传感器敏感机理研究［D］. 西安：西北工业大学，2018.
［8］ P. THIRUVENKATANATHAN J Y，J. E-Y. Lee，and A. A. Seshia. Enhancing parametric sensitivity using mode localization in electrically coupled MEMS resonator［C］. 15th International Conference on Solid-State Sensors，Actuators and Microsystems. Transducers，2009：2350-2353.
［9］ WEI L，HOU Z，YAN S，et al. Application of Micro Blow-torching Process with Whirling Platform for Enhancing Frequency Symmetry of Micro Shell Structure［J］. Journal of Micromechanics & Microengineering，2018.
［10］ 黄冬. 高精度光纤陀螺仪的研究［D］. 西安：西安石油大学，2019.
［11］ 闫云敬. 电动汽车驱动系统传感器故障检测与诊断技术研究［J］. 科学技术创新，2018（28）：138-139.
［12］ 谢恩，汪兆栋，汪玄旺. 电动汽车电机驱动系统速度传感器故障诊断及容错控制研究［J］. 镇学院学报，2016，31（6）：1-5.
［13］ 蒋玮，王晓东，杨永标等. 电动汽车电池组智能管理及其无线传感器网络路由协议［J］. 电力系统自动化，2015，39（18）：62-68.
［14］ 夏草盛. 传感器技术在电动汽车上的应用与发展［J］. 电子元器件与信息技术，2019（1）：55-58.
［15］ 王贺. 雷达摄像头数据融合在智能辅助驾驶的应用［D］. 长春：吉林大学，2019.
［16］ 刘俊生. 基于激光点云与图像融合的车辆检测方法研究［D］. 重庆：重庆理工大学车辆工程，2019.
［17］ CHEN L C，PAPANDREOU G，KOKKINOS I，et al. DeepLab：Semantic Image Segmentation with Deep Convolutional Nets，Atrous Convolution，and Fully Connected CRFs［J］. IEEE Transactions on Pattern Analysis & Machine Intelligence，2018，40（4）：834-848.
［18］ ZHAO H，SHI J，QI X，et al. Pyramid Scene Parsing Network［J］. arXiv preprint arXiv：1612. 01105，2016.
［19］ LIN G，MILAN A，SHEN C，et al. RefineNet：Multi-path Refinement Networks for High-Resolution Semantic Segmentation［C］//2017 IEEE Conference on Computer Vision and Pattern Recognition（CVPR）. IEEE，2017.
［20］ 梁乐颖. 基于深度学习的车道线检测算法研究［D］. 北京：北京交通大学，2018.
［21］ ALY M. Real time Detection of Lane Markers in Urban Streets［C］// Intelligent Vehicles Symposium. IEEE，2014.
［22］ 常亮亮. 基于激光雷达的车道线检测方法研究［D］. 重庆：重庆邮电大学，2019.
［23］ 张名芳，付锐，郭应时，等. 基于三维不规则点云的地面分割算法［J］. 吉林大学学报（工学版）. 2017（5）.
［24］ BOJARSKI M，DEL TESTA D，DWORAKOWSKI D，et al. End to end learning for self-driving cars［J］.

arXiv preprint arXiv：160407316，2016.

［25］ BANSAL M，KRIZHEVSKY A，OGALE A. Chauffeurnet：Learning to drive by imitating the best and synthesizing the worst［J］. arXiv preprint arXiv：181203079，2018.

［26］ TANG Y. Towards learning multi-agent negotiations via self-play［C］//Proceedings of the IEEE/CVF International Conference on Computer Vision Workshops. 2019.

［27］ TRAM T，BATKOVIC I，ALI M，et al. Learning when to drive in intersections by combining reinforcement learning and model predictive control［C］//2019 IEEE Intelligent Transportation Systems Conference（ITSC）. IEEE，2019：3263-3268.

［28］ CHENG H，YANG W L，YING M，et al. Context Conditional Variational Autoencoder for Predicting Multi-Path Trajectories in Mixed Traffic［J］. arXiv preprint arXiv：200205966，2020.

［29］ LIANG J，JIANG L，NIEBLES J C，et al. Peeking Into the Future：Predicting future person activities and locations in videos［C］// 2019 IEEE Conference on Computer Vision and Pattern Recognition. Piscataway：IEEE Press，2019：5725-5734.

［30］ SUN J，JIANG Q，LU C. Recursive social behavior graph for trajectory prediction［C］//Proceedings of the IEEE/CVF Conference on Computer Vision and Pattern Recognition. 2020：660-669.

［31］ HUANG X，MCGILL S G，DECASTRO J A，et al. Diversity-aware vehicle motion prediction via latent semantic sampling［J］. arXiv preprint arXiv：191112736，2019.

［32］ 王少博. 动态场景下基于交互性预测的自动驾驶汽车轨迹规划方法研究［D］. 合肥：中国科学技术大学，2020.

［33］ KUANG X，ZHAO F，HAO H，et al. Intelligent connected vehicles：the industrial practices and impacts on automotive value-chains in China［J］. Asia Pacific Business Review，2018，24（1）：1-21.

［34］ YANG D G，JIANG K，ZHAO D，et al. Intelligent and connected vehicles：Current status and future perspectives［J］. Science China Technological Sciences，2018，61（10）：1446-1471.

［35］ 李升波，李克强，王建强，等. 非奇异快速的终端滑模控制方法［J］. 信息与控制，2009，38（1）：1-8.

［36］ NASCIMENTO T P，DÓREA C E T，GONçALVES L M G. Nonlinear model predictive control for trajectory tracking of nonholonomic mobile robots：A modified approach［J］. International Journal of Advanced Robotic Systems，2018，15（1）：1729881418760461.

［37］ 刘文祥，李强. 基于MPC自适应巡航系统控制策略联合仿真研究［J］. 浙江科技学院学报，2020（4）.

［38］ LI S，WANG G，GUO L，et al. NMPC-based yaw stability control by active front wheel steering［J］. IFAC-PapersOnLine，2018，51（31）：583-588.

［39］ 陈杰，李亮，宋健. 基于LTV-MPC的车辆稳定性控制研究［J］. 汽车工程，2016，38（3）：308-316+336.

［40］ 赵国荣，盖俊峰，胡正高，等. 非线性模型预测控制的研究进展［J］. 海军航空工程学院学报，2014，29（3）：201-208.

［41］ ABDULHAI B，PRINGLE R，KARAKOULAS G J. Reinforcement learning for true adaptive traffic signal control［J］. Journal of Transportation Engineering，2003，129（3）：278-285.

［42］ ASLANI M，MESGARI M S，WIERING M. Adaptive traffic signal control with actor-critic methods in a real-world traffic network with different traffic disruption events［J］. Transportation Research Part C：Emerging Technologies，2017，85：732-752.

［43］ 马国成. 车辆自适应巡航跟随控制技术研究［D］. 北京：北京理工大学，2014.

［44］ 秦严严，胡兴华，何兆益，等. CACC车头时距与混合交通流稳定性的解析关系［J］. 交通运输系

统工程与信息，2019，19（6）：61-67.

[45] 秦晓辉，谢伯元. 协同式自适应巡航技术发展现状及趋势［J］. 现代电信科技，2014，3：1-7.

[46] 张宝玉. 基于模糊 PID 的汽车巡航控制系统研究［J］. 汽车实用技术，2020，45（24）：19-21.

[47] 何德峰，彭彬彬，顾煜佳，等. 基于高斯过程回归的车辆巡航系统学习预测控制［J］. 上海交通大学学报，2020，54（9）：904-909.

[48] FURDA A，VLACIC L. Enabling Safe Autonomous Driving in Real-World City Traffic Using Multiple Criteria Decision Making［J］. IEEE Intelligent Transportation Systems Magazine，2011，3（1）：4-17.

[49] TOLEDO TOMER，KOUTSOPOUL OS HARIS N，BEN-AKIVA MOSHE. Integrated driving behavior modeling［J］. Transportation Resear ch Part C：Emerging Technologies，2007，15（2）：96-112.

[50] 倪捷，刘志强. 基于驾驶人决策机制的换道意图识别模型［J］. 交通运输系统工程与信息，2016，16（1）：58-63.

[51] HOU YI，EDARA PRAVEEN，SUN CARLOS. Modeling mandatory lane changing using Bayes classifier and decision trees［J］. IEEE transactions on intelligent transportation systems，2014，15（2）：647-655.

[52] WEI J，DOLAN J M，LIKOUHI B. A prediction and cost function based algorithm for robust autonomous freeway driving［C］. Intelligent Vehicles Symposium. IEEE，2010：512-517.

[53] NILSSON JULIA，SILVLIN JONATAN，BRANNSTROM MATTIAS，et al. If，When，and How to Perform Lane Change Maneuvers on Highways［J］. IEEE Intelligent Transportation Systems Magazine，2016，8（4）：68-78.

[54] FLEMISCH F，BENGLER K，BUBB H，et al. Towards cooperative guidance and control of highly automated vehicles：H-Mode and Conduct-by-Wire［J］. Ergonomics，2014，57（3）：343-360.

[55] 唐晔. 多约束条件下基于信息一致性的智能网联汽车队列控制研究［D］. 西安：长安大学，2019.

[56] 闫茂德，张倩楠，刘小敏. 智能网联汽车变车距队列控制与仿真［J］. 计算机仿真，2020，37（1）：126-130.

[57] 苏致远，徐友春，李永乐，等. 自动驾驶车队队列控制技术综述［J］. 军事交通学院学报，2020，22（11）：90-95.

[58] BU D，HU X. Research on influencing factors and analysis of characteristics of vehicle tyre burst in traffic accident［C］//The 16th International Forum of Automotive Traffic Safety（INFATS 2019）. Springer，2019：33-41.

[59] BLYTHE W，DAY T D，GRIMES W D. 3-dimensional simulation of vehicle response to tire blow-outs［R］. SAE Technical Paper，19980221，1998.

[60] CHEN K，YEH C. Preventing tire blowout accidents：a perspective on factors affecting drivers' intention to adopt tire pressure monitoring system［J］. Safety，2018，4（2）：4020016.

[61] SATHISHKUMAR P，WANG R，YANG L，et al. Trajectory control for tire burst vehicle using the standalone and roll interconnected active suspensions with safety-comfort control strategy［J］. Mechanical Systems and Signal Processing，2020，142：106776.

[62] GUO L，GE P S，YUE M，et al. Lane changing trajectory planning and tracking controller design for intelligent vehicle running on curved road［J］. Mathematical Problems in Engineering，2014.

[63] LUO Y，XIANG Y，CAO K，et al. A dynamic automated lane change maneuver based on vehicle-to-vehicle communication［J］. Transportation Research Part C：Emerging Technologies，2016，62：87-102.

[64] WANG M，HOOGENDOORN S P，DAAMEN W，et al. Game theoretic approach for predictive lane-changing and car-following control［J］. Transportation Research Part C：Emerging Technologies，2015，58：73-92.